미래를 위한 과거로의 산책

세상을
움직이는 책

에게 드립니다

Oriental classics—Chuang Tzu : The Extemal Chapters

一峰 박일봉 편저

장자

(외편) 개정판

육문사
Yukmoonsa

Oriental classics – Chuang Tzu

세상을 움직이는 책

일봉 장자(외편) 개정판

초판 1쇄 | 2015년 2월 15일 발행

편저자 | 박일봉
교   정 | 이정민
디자인 | 박자경 · 인지숙
펴낸이 | 이경자
펴낸곳 | 육문사

주소 | 서울 마포구 월드컵로 11길 35, 101동 502호
전화 | 02-336-9948
팩시밀리 | 02-337-4315
출판등록 | 제313-2011-2호 (1974. 5. 29)

ISBN 978-89-8203-120-5   04140
      978-89-8203-000-0 (세트)

국립중앙도서관 출판시도서목록(CIP)

장자 : 외편 = Chuang Tzu : The external chapters / 박일
봉 편저. -- 개정판. -- 서울 : 육문사, 2015
    p. ;   cm. -- (세상을 움직이는 책 ; 20)

한자표제: 莊子外篇
중국어 원작을 한국어로 번역 ; 본문은 한국어, 중국어가 혼
합수록됨
ISBN 978-89-8203-120-5 04140 : ₩35000
ISBN 978-89-8203-000-0 (세트) 04140

장자(인명)[莊子]
중국 철학[中國哲學]

152.226-KDC5
181.114-DDC21   CIP2015001028

■ 이 책은 저작권법에 따라 보호를 받는 저작물이므로 무단전재나 복제를
  금하며 이 책의 전부 또는 일부를 사용하려면 반드시 저작권자와 출판사
  의 서면동의를 받아야 합니다.
■ 본문 중 오·탈자나 틀린 부분을 알려 주시면 다음 판에 수정하겠습니다.
■ 파손된 책은 구입하신 서점에서 교환해 드리며 책값은 표지에 있습니다.

莊 子
(外篇)

序文

　장주(莊周)의 사상은 춘추전국시대에 활약한 제자백가(諸子百家) 중에서도 특출한 것이다. 주(周) 왕조가 쇠미해지고 군웅이 할거하는 새로운 시대가 전개되는 상황에서 대부분의 사상가들이 현실에 입각하여 격동의 세상을 '부국강병'에 의해ㅎ 하나로 통일하려고 계획한 데 반해, 장주는 현실을 뛰어넘은 세계에서 인생의 평화를 구하고자 했다. '부국강병'의 방책을 거부한 사상으로는 장주, 즉 도가(道家) 외에 유가(儒家)가 있는데 이들은 이상주의적 '왕도정치(王道政治)'를 주장했다. 그러나 유가의 사상도 현실을 주목한 것으로, 그 주장하는 바는 '인의예악(仁義禮樂)'의 실현에 있었다. 장주는 유가의 그러한 점을 예리하게 비판했다. 장주의 그러한 비판은 깊이 성찰해 보면 유가의 형식주의(老莊의 입장에서 볼 때에 그렇다)에만 국한되는 것이 아니라 외형적인 형식을 주장하는 일체의 사상에 대한 거센 반발이었음을 발견하게 된다.

장주는 인간의 지각(知覺)을 배척했다. 인간의 지각이야말로 개인에게 번뇌를 가져다주는 몹쓸 것이며, 세상의 온갖 분쟁과 환난을 일으키는 근본이라고 보았다. 태고의 순박한 세상을 이상향으로 여긴 것은 그러한 이유에서였다. 이러한 사상은 한편으로 보면 '현실 도피'의 경향이 농후하다. 그러나 현대의 우리들이 《장자(莊子)》를 읽어 보면 그의 사상에 공감하지 않을 수 없다. 그 이유는 여러 가지일 것이다. 세상이 복잡하게 되면 될수록 사람들은 그것을 초월하고 싶다는 강한 소망을 가지게 되는데, 이러한 점도 현대의 우리들로 하여금 장주의 사상에 빠져들게 하는 이유 중 한 자리를 차지할 것이다. 이유야 어떻든 현대를 사는 우리들이 《장자》를 읽고 그에서 무엇인가를 얻는 것이 있다면 그로써 좋지 않을까? '얻는 것'이라고 말하면 장주로부터 비웃음을 받을지도 모르지만…….

외편
(外篇)

≪경전석문(經典釋文)≫의 서록(序錄)에 '≪장자≫의 내편은 누구의 본이
건 모두 7편으로 되어 있으나 그 밖의 부분은 주석자의 뜻에 따라 거취(去
取)되어 외편은 있으나 잡편이 없는 것도 있다.'고 했다. 덧붙여 말하면 서록
에 언급되어 있는 사마표주본(司馬彪注本) 21권 52편은 내편 7, 외편 28, 잡
편 14로 되어 있으며 최찬주본(崔譔注本) 10권 27편은 내편 7, 외편 20으로
잡편이 없다. 곽상주본(郭象注本)은 내편 7, 외편 15, 잡편 11로 되어 있다.

〈일러두기〉

- 이 책은 ≪남화진경(南華眞經)≫을 원본으로 한 일본 슈에이샤(集英社) 간 全釋漢文大系 17, 18 ≪莊子≫ 상·하(赤塚忠 편저)를 대본으로 하여 그것을 내편·외편·잡편으로 나누어 번역·재편집한 것이다.
- 편마다 각각의 독립된 우화와 논문을 구별하고 따로 제목을 붙였다.
- 우화나 논문이 장편일 경우에는 적당히 단락을 지었다.
- 본문은 원문·번역·어의(語義)·보설(補說)·여설(餘說)의 순으로 되어 있다.
- 원문의 오자를 정정할 경우, 우선 원본의 원문을 기재한 다음 ( )를 하고 그곳에 바른 글자를 밝혔으며, '无' 자는 모두 '無'로 갈음하였다.
- 어의(語義)에서는 난해한 어구·사항에 관하여 해설하는 외에 주요한 이설(異說)을 설명하고, 종래의 설을 수정할 필요가 있을 때에는 그 이유를 밝혔다.
- 보설(補說)에서는 각 우화와 논문의 요지를 정리하여 독자들로 하여금 장주(莊周)의 사상을 쉽게 이해할 수 있도록 했다.
- 여설(餘說)에서는 원문 이해에 있어서의 문제점, 각 우화와 논문이 갖는 다른 우화·논문과의 관계, 그리고 제기되는 문제점 등 참고 사항에 관해 해설했다. 긴 논문 형식으로 이루어져 있는 것이 적지 않아 각각 제목을 붙였다.

차례 / 장자(외편)

제8편
변무(騈拇)

　편 머리의 두 글자를 취하여 편명으로 삼은 것이다. 외편과 잡편에
서는 모두 이 방법으로 편명을 만들고 있다. 이 편은 한 개의 논문으
로 되어 있다. 이 편 이하 마제·거협·재유(馬蹄·胠篋·在宥)까지
4편은 대체로 같은 주장의 것들이다. 이것들이 장주의 사상을 이어받
은 것인지 아니면 노자의 사상을 이어받은 것인지는 명확하지 않지만
전국 말기(戰國末期:B.C. 3세기 후반) 이후 도가 계통의 사람들이 지
었다고 하는 것이 최근 학자들의 일치된 견해이다.

성명론(性命論)

> 騈拇・枝指, 出乎性哉, 而侈於德. 附贅・縣肬, 出乎形哉,
> 而侈於生. 多方乎仁義, 而用之者, 列於五藏哉, 而非道德之正也.
> 是故騈於足者, 連無用之肉也. 枝於手者, 樹無用之指也. 多方
> 騈枝於五藏之情者, 淫僻於仁義之行, 而多方於聰明之用也.

달라붙은 발가락이나 육손이는 선천적인 것인가, 보통 사람들이 갖고 있
는 것보다 많다. 혹이나 사마귀는 인간의 신체에 이미 갖추어져 있는 것인
가, 보통 사람들이 태어나면서 갖추고 있는 것보다 많다. 인의(仁義)의 수
단・방법이 많아 이것을 여러 가지로 사용하는 것은 인간의 내면에 뿌리내
린 것인가, 그렇다 하더라도 도덕의 올바름을 얻고 있지는 못하다.

따라서 발가락이 달라붙어 있는 것은 발가락과 발가락 사이에 쓸데없는
살이 들어가 두 발가락을 붙이고 있는 것이며 육손이는 불필요한 손가락
을 하나 가지고 있는 셈이다. 그와 마찬가지로 인간 내면의 진정(眞情)에
다가 달라붙은 발가락이나 육손이와 같이 쓸데없는 것을 더하는 것이, 인
의를 멋대로 행하여 인간이 타고난 이목(耳目)의 작용을 지나치게 사용하
는 것이다.

【語義】騈拇(변무):태어나면서부터 엄지발가락과 둘째발가락이 붙어 있는
　　　것. '騈'은 '幷(병:합쳐지다)'의 차자(借字). '拇'는 엄지손(발)가락.
　　　枝指(기지):'枝'는 태어날 때부터 손가락이 여섯 개인 불구. 육손이.
　　　出乎性哉(출호성재):'性'은 여기서는 선천적인 것을 가리킨다.

而侈於德(이치어덕):'侈'는 많다는 뜻. '德'은 '통상인에게 갖추어져 있는 것'을 뜻한다.

附贅縣肬(부췌현우):혹과 사마귀. 騈拇・枝指・附贅・縣肬 등에 관해 서술하고 있는 것은 다음의 '多方乎仁義'를 말하기 위한 수사 기교이다.

多方乎仁義而用之者列於五藏哉(다방호인의이용지자열어오장재):고의서(古醫書)인 ≪황제소문(黃帝素問)≫의 음양응상대론편(陰陽應象大論篇)에 '하늘에 사시(四時)와 오행(五行:木・土・水・火・金)이 있어 그로써 생장수장(生・長・收・藏)을 이루며 한서조습풍(寒・暑・燥・濕・風)이 일어난다. 사람에게는 오장(五藏:肝・心・脾・肺・腎)이 있으며 오기(五氣)가 섞여 희노사우비(喜・怒・思・憂・悲)가 일어난다.'고 하고, 또 오행의 木(東・春)에 筋・肝・目・腎 등을, 火(南・夏)에 脈・心・舌・喜 등을, 土(中央)에 肉・脾・口・思 등을, 金(西・秋)에 皮毛・肺・鼻・憂 등을, 水(北・多)에 骨・腎・耳・恐 등을 배당했다. 漢나라의 익봉(翼奉:B.C. 1세기경의 사람)은 肝에 仁, 心에 禮, 脾에 信, 肺에 義, 腎에 知를 배당하고 역일(曆日)에 의해 사람의 仁・禮・信・義・知 오성(五性)의 작용을 관찰하는 법을 고안해 냈다 한다(≪한서(漢書)≫ 翼奉傳 참조). 이것들은 변무편(騈拇篇)보다 후세의 것들이다. 그러나 이미 전국시대 때에 갖가지 사상(事象)을 오행에 배당하고 그 관계를 살피는 것이 행해졌던 것은 확실하므로 어쩌면 그 당시에 이미 오상(五常:仁・義・禮・知・信)을 五臟에 배당한 설이 있었는지도 모른다. 일설에 순자(荀子)가 자사(子思)와 맹가(孟軻)를 비난하여 '옛일을 상고하여 자설(自說)을 만들고 그것을 오행이라 이름하였다(案往舊造說, 謂之五行)'(≪순자≫ 非十二子篇)라 한 것은 오상을 오행에 배당한 것을 가리킨다고 했다. 그렇지만 '多方乎仁義列於五藏哉'라 하지 않고

'而用之者'라는 구를 삽입한 것을 보면 五常의 五臟에의 정확한 배정을
생각한 것은 아닌 것 같다. '五藏(藏은 臟의 차자)'은 內心을 가리키는
말. 아래의 '五藏之情'도 內心의 情, 즉 眞情을 가리킨다. 또 '聰明' 이하
에서 언급하고 있는 것도 五性에 관한 것은 아니다. '多方'은 방법·수
단 등이 번거롭고 많다는 뜻.

道德(도덕):노자의 가르침을 가리킨다. '道'는 생육의 본원, '德'은 천
성의 작용, 요컨대 무위자연(無爲自然)을 가리킨다.

多方騈枝於五藏之情(다방변기어오장지정):"多方' 두 자는 다음의 '多
方於聰明之用'의 '多方'과 중복된다. 필시 군글자일 것이다.

淫僻(음벽):치우쳐 정도를 지나치는 것.

【補說】 이상은 제1절이다. 인간에게 있어 생득적(生得的)이라고 생각되는
것마저 무용(無用)한 것이며 騈拇·枝指·附贅·縣肬의 비유를 들어,
가령 仁義의 행위가 인간의 내심에서 출발되는 것이라 하더라도 그것은
騈拇처럼 무용한 것이며 무위자연의 道에 반하는 것임을 지적하고 있
다. 또 이로써 편 전체의 주제를 시사하고 있는 것이다.

是故騈於明者, 亂五色, 淫文章. 青黃·黼黻之煌煌, 非
乎. 而離朱是已. 多於聰者, 亂五聲, 淫六律. 金·石·
絲·竹·黃鐘·大呂之聲, 非乎. 而師曠是已. 枝於仁者,
擢德塞(搴)性, 以收名聲, 使天下簧鼓以奉不及之法. 非乎.
而曾·史是已. 騈於辯者, 累瓦結繩, 竄句遊心於堅白同
異之間, 而敝跬(毀)譽無用之言. 非乎. 而楊·墨是已. 故
此皆多騈旁枝之道, 非天下至正也.

彼正(至)正者，　不失其性命之情．　故合者不爲騈，　而枝
(歧)者不爲跂(枝)．　長者不爲有餘，　短者不爲不足．　是故
鳧脛雖短，　續之則憂，　鶴脛雖長，　斷之則悲．　故性長非所
斷，　性短非所續．　無所去(怯)憂也．

　　그러므로 시력(視力)을 함부로 쓰는 자는 오색(五色)의 아름다움을 구하
느라 마음을 어지럽혀, 무늬의 아름다움에 정신을 잃게 된다. 파랗고 노란
색채(色彩), 아름다운 자수의 눈부신 모양 등은 바람직한 것이 아니다. 그
리고 세상에 명찰(明察)하기로 이름 높은 이주(離朱)의 일은 그 좋지 않은
예이다. 청력(聽力)을 함부로 쓰는 자는 오음(五音)의 가락을 구하느라 마
음을 어지럽혀, 육률(六律)의 선율에 정신을 잃게 된다. 갖가지 악기를 울
려 묘한 가락을 연주하는 것은 바람직한 것이 아니다. 그리고 세상에 뛰어
난 악사(樂師)로서 명성을 얻은 사광(師曠)의 일은 그 좋지 않은 예이다. 인
(仁)을 함부로 내세우는 자는 인간의 천성적인 성(性)과 덕(德)을 무리하게
막아 버리고 세속적인 명성을 얻어 사람들에게 피리와 북을 크게 울리고
그것을 극구 칭찬하게 하며 도저히 실행할 수 없는 법을 받들어 모시게 한
다. 좋지 않은 일이다. 그리고 세상에서 덕행 높은 사람으로 칭찬받는 증자
(曾子)나 사어(史魚)의 경우는 그 좋지 않은 예이다. 변론을 함부로 휘두르
는 자는 기와를 이고 새끼를 묶듯 세심하게 연구하여 굳음[堅]과 흼[白]을
분석하고 이동(異同)을 명백하게 하는 物의 명사(名辭)와 실체의 문제에 관
하여 온갖 표현을 이어 가며 그 진의를 그릇되게 하고, 서로 헐뜯거나 찬양
하는 무용(無用)의 말을 늘어놓을 대로 늘어놓는다. 좋지 않은 일이다. 그
리고 세상에서 훌륭한 변자(辯者)로서 찬양받는 양주(楊朱)나 묵적(墨翟)
은 그 좋지 않는 예이다. 따라서 세상에서 우러름을 받는 총명·인의·변

론 따위는 모두 불필요한 살덩이를 붙여 육손이를 만드는 것처럼 무용 유해(無用有害)한 것이며 천하에서 가장 바르지 않은 것이다.

가장 올바른 것은 인간이 지니고 태어난 德을 고스란히 보전하고 잃지 않는 것이다. 따라서 태어날 때부터 붙어 있는 것에 대해서는 쓸모없는 것이 붙어 있는 것이라고 하지 않고, 태어날 때부터 나뉘어져 있는 것에 대해서는 쓸모없는 손가락이 있는 것이라고 하지 않는다. 태어날 때부터 긴 것을 쓸모없이 남아도는 것이라 하지 않고, 태어날 때부터 짧은 것을 부족한 것이라 하지 않는다. 왜냐하면 예컨대 들오리의 다리가 짧다 하여 그것을 길게 늘이려 하면 들오리는 매우 괴로워할 것이며 학의 다리가 길다 하여 그것을 잘라 짧게 하려 하면 학이 슬퍼할 것이기 때문이다. 요컨대 태어날 때부터 긴 것은 잘라 짧게 해서는 안 되며 태어날 때부터 짧은 것은 다른 것을 덧붙여 길게 해서는 안 된다. 그러한 것들은 조금도 두려워하거나 괴로워할 일이 아니기 때문이다.

【語義】騈於明者(변어명자):이 '騈'은 앞의 騈拇에서 연역되어, 無用한 것을 지나치게 쓴다는 뜻으로 사용되었다.

亂五色(난오색):아름다운 색채를 구하느라 마음을 어지럽힘. '五色'은 靑·黃·赤·白·黑의 다섯 가지 빛깔.

淫文章(음문장):아름다운 무늬를 추구하는 데 마음을 빼앗기는 것. 여기서 '淫'은 도(度)를 지나치는 것.

黼黻(보발):'黼'는 흰 실과 검은 실로 도끼를 수놓은 것. '黻'은 푸른 실과 검은(일설에는 붉은) 실로 '巳' 자를 수놓은 것. 모두 제복(祭服)을 꾸미는 데 쓰인다.

煌煌(황황):눈부시게 빛나는 모양.

非乎(비호):좋지 않은 것임. '乎'는 감탄의 뜻을 나타내고 있다.

而離朱是已(이리주시이):‘離朱’는 離婁(≪맹자≫) 또는 朱婁(≪회남
자≫) 등으로도 쓰며 예로부터 시력이 좋은 사람을 대표하는 인물로 손
꼽혀 왔다. 황제(黃帝) 때 사람으로 백 보 밖에서 가는 털의 끝을 능히
분별했다 한다. ‘離朱’가 ‘蜘蛛’의 완언임을 생각하면 태고에 명찰
(明察)한 神으로 거미 모양을 한 神이 있었다는 전설로 보아 명찰한 인
물을 대표하는 인물이었던 듯하다. ‘已’는 강하게 단정하는 뜻을 나타
내는 조사.

亂五聲淫六律(난오성음륙률):‘五聲’은 궁(宮) · 상(商) · 각(角) · 치(徵) ·
우(羽)의 다섯 음계. ‘六律’은 육려(六呂:呂는 半音)와 함께 선율(旋律)을
구성하는 여섯 개의 가락. 태주(太簇) · 고선(姑洗) · 황종(黃鐘) · 이칙(
夷則) · 무역(無射) · 유빈(蕤賓)을 가리킨다. 이 구의 ‘亂五色’, ‘亂五聲’
은 ≪노자≫에 ‘다섯 가지 빛깔은 사람으로 하여금 눈을 멀게 하고, 다
섯 가지 음은 사람으로 하여금 귀먹게 한다(五色令人目盲, 五音令人耳
聾)’(제12장)고 한 것에 근거한 말일 것이다.

金石絲竹(금석사죽):악기의 종류를 총괄적으로 든 것이다. 이들은 각
각 鐘 · 磬 · 琴 · 笛에 해당한다.

黃鐘大呂(황종대려):육률(六律)과 육려(六呂:大呂 · 來鐘 · 仲呂 · 林
鐘 · 南呂 · 應鐘) 중에서 한 가지씩을 들어 다른 것을 대표한 것이다.

師曠(사광):춘추시대 진(晋)나라 평공(平公) 때의 악사(樂師).

擢德塞性(탁덕색성):‘擢’은 무리하게 가려내는 것. ‘塞’은 ‘搴(건:억지
로 뽑아 냄)’의 차자.

簧鼓(황고):피리와 큰 북을 울려 격찬하는 것.

不及之法(불급지법):누구에게도 지켜지지 않는 법.

曾史(증사):‘曾’은 공자의 제자인 증자(曾子). 성은 曾, 이름은 參, 자
는 子輿. 효심이 두터웠고, ≪효경(孝經)≫을 전술(傳述)했다고 전해진

다. '史'는 사추(史鰌), 자는 子魚라 했다. 위(衛)나라의 대부로 공자로 부터 道를 오직 한마음으로 행한다는 칭찬을 들었는데(≪논어≫ 衛靈公篇), 순자는 오직 자신의 道를 관철시켜 이름을 도둑질했다고 비난했다(≪순자≫ 不苟篇·非十二子篇). ≪한비자≫ 守道篇·八說篇 등에도 나오는데 욕심이 없는 사람으로 나와 있다.

纍瓦結繩(누와결승):지붕을 이기 위해 기와를 쌓고, 나무를 마름질하기 위해 새끼를 몇 겹으로 묶는 것처럼 노고하며 잔손이 많이 가는 것(崔譔의 설).

竄句遊心(찬구유심):문구(文句)를 교묘히 늘어놓아 거짓을 표현하는 것. '竄'은 '纘(찬 : 모으다, 연결하다)'의 차자. 여기의 '遊'는 '遊心於德之和'의 '遊'와는 달리, 그 근본으로부터 이탈하여 다른 곳으로 간다는 뜻에서 나아가 진실을 떠난 거짓을 가리킨다.

堅白(견백):희고 단단한 돌은 흰 것과 단단한 것의 두 개념이라고 하는 이른바 명가(名家)의 명제.

同異(동이):이른바 명가(名家:辯者)의 근본 문제로 物의 상위(相違)를 어떻게 인식하고 그 바른 명사(名辭)를 정할 것인지를 논하는 것을 가리킨다.

敝蛙譽無用之言(폐규예무용지언):헐뜯거나 칭찬하는 말로 쓸데없는 말들. '敝'는 '弊'와 같다. 낭비하다, 써 버리다의 뜻. '蛙'는 그 음이 비슷한 '毁(비방하다, 욕하다)' 또는 '詭(책망하다)'의 차자일 것이다. '毁譽'는 서로 비판하는 것을 가리킨다.

楊墨(양묵):'楊'은 양주(楊朱)로 이른바 위아주의(爲我主義:극단적인 개인주의)를 제창했던 기원전 4세기경의 사상가. 단, 양주가 堅白同異의 궤변을 전개했다고는 전해지지 않는다. '墨'은 묵적(墨翟)으로 겸애주의(兼愛主義)를 제창했던 사상가.

彼正正者(피정정자):‘彼至正者’를 잘못 베낀 것이다.

性命之情(성명지정):인간이 태어날 때 타고난 그대로의 소박함으로 자연스런 감정·의욕을 가리킨다. 餘說 참조.

而枝者不爲跂(이기자불위기):‘跂’는 ‘歧(기:두 갈래 길, 나뉘어져 있는 것)’의 이체자.

鳧(부):들오리.

性長非所斷(성장비소단):‘性’은 ‘生’의 뜻. ‘所’는 ‘可’의 뜻.

無所去憂也(무소거우야):‘去’를 글자 뜻대로 해석해도 어느 정도 통하나 ‘怯(겁:무서워하다)’을 잘못 베낀 것으로 보아야 한다.

【補說】이상은 〈성명론〉의 제2절이다. 앞 절의 내용을 받아, 聰明·仁義·辯論을 과도하게 쓰는 자의 폐단을 지적하고, 그것은 모두 지정(至正)의 道가 아님을 비판하고 있다. 또, 性命의 情을 잃지 않는 것이 至正의 道라는 주장을 펴면서, 그것을 ‘鳧脛·鶴脛’의 예로써 설명하고 있다. 나아가 그에 의해 이 논설이 지니고 있는 주요한 논점의 소재를 명확하게 하고 있는 것이다.

意仁義其非人情乎. 彼仁人何其多憂也.

且夫駢於拇者, 決之則泣, 枝於手者, 齕之則啼. 二者或有餘於數, 或不足於數, 其於憂一也. 今世之仁人, 蒿目而憂世之患, 不仁之人, 決性命之情, 而饕貴富. 故意仁義其非人情乎. 自三代以下者, 天下何其囂囂也.

且夫待鉤繩規矩而正者, 是削其性也. 待繩(纆)約膠漆而固者, 是侵其德也. 屈折禮樂, 呴兪仁義, 以慰天下之心者, 此失其常然也.
天下有常然. 常然者, 曲者不以鉤, 直者不以繩, 圓者不以規,
方者不以矩, 附離不以膠漆, 約束不以纆索. 故天下誘然皆
生, 而不知其所以生, 同焉皆得, 而不知其所以得. 故古今不
二, 不可虧也. 則仁義又奚連連如膠漆纆索, 而遊乎道德之閒
爲哉. 使天下惑也.

　필시 인의(仁義)는 인간의 참된 마음이 아닐 것이다. 저 인의를 제창하는
사람들은 어찌하여 마음을 괴롭히는 일이 많을까!
　[그 까닭은 인의는 참마음이 지향하는 바가 아니기 때문일 것이리라.]
　엄지발가락과 둘째발가락이 달라붙어 있는 자는 누군가가 그것들을 갈
라놓으려 하면 아파서 펄펄 뛸 것이며, 육손이는 누군가가 그 덧붙은 손가
락 하나를 떼어 내려 하면 비명을 지를 것이다. 변무(騈拇)와 기지(枝指)는
보통 사람보다 발가락을 적게 가지고 있거나 손가락을 많이 가지고 있어
그 수에는 차이가 있으나 그들이 보통 사람과 다르기 때문에 근심한다는
점은 똑같다. 이와 마찬가지로 지금, 세상에서 인의를 갖춘 사람이라고 칭
송받는 사람들은 자신의 일은 제쳐 놓고 세상의 어지러운 일에 마음을 쓰
며 괴로워하고, 반대로 인의를 어기는 사람이라 비난받는 사람들은 타고난
德을 깎아 내며 악착같이 부(富)와 권세를 탐내고 있다. 모두 인간의 참마
음이 지향하는 바에 반하는 일이다. 따라서 仁·義는 인간의 참마음이 지
향하는 바가 아니라고 의심받는 것이다. 세상 사람들이 성왕(聖王)의 치세
라고 칭찬하는 夏·殷·周 삼대(三代) 이후 세상은 어찌 이리도 소란스러
운가. [인간이 참마음을 잃었기 때문이다.]
　무릇 그림쇠·먹줄·곱자 등의 규준(規準)을 사용하여 바르게 하는 것은

타고난 천성을 마구 깎아 내는 것이다. 밧줄·노끈·아교·옻칠 등을 사용하여 굳게 고정시키는 것은 그 천성의 德을 손상시키는 것이다. 그러므로 무턱대고 몸을 굽히게 하는 예악(禮樂)과 장황하게 늘어놓는 인의(仁義)에 의해 천하 만민의 마음을 눌러 하나로 하려는 것은 영원히 변하지 않는 참마음을 잃는 것이다.

천하에는 늘 일정하여 변하지 않는 것[常然]이 있다. 이 상연(常然)이란 구부러져 있는 것은 자를 사용하지 않고도, 곧은 것은 먹줄을 쓰지 않고도, 둥근 것은 그림쇠를 쓰지 않고도, 사각이 진 것은 곱자를 쓰지 않고도 본디부터 그렇게 된 것을 말하며, 또 단단히 붙어 있는 것은 아교나 옻칠을 쓰지 않고도, 묶여 있는 것은 밧줄이나 노끈을 쓰지 않고도 본디부터 그렇게 된 것을 말한다. 따라서 천하 만물은 曲·直·方·圓 등 갖가지 다름을 가지고 있더라도 자연스럽게 자라며, 어떻게 하여 그처럼 자라는지는 전연 알지 못한다. 모든 物이 다같이 각각의 德을 지니고 있으나, 어떻게 하여 그처럼 德을 지니고 있는지는 알지 못한다. 따라서 천성이나 德은 예나 지금이나 항상 변하지 않으며 또 없어지지 않는 것이다. 그럼에도 인의는 세상 사람들을 아교와 옻칠로 붙게 하고 밧줄과 노끈으로 잡아맨 것처럼 억지로 질질 끌고 다니면서, 어찌하여 무위자연인 도덕의 구역에서 멋대로 행동하려 하는가! 천하의 만민을 현혹시킬 뿐이다.

【語義】 意仁義其非人情乎(의인의기비인정호):'意'는 의심스럽게 생각하는 것. '人情'은 인간 본래의 마음의 작용, 즉 性命의 情에 응하는 것이다. 仁義는 天性을 손상시킨다는 것을 강조한 말이다.

決之則泣(결지즉읍):'決'은 '抉(결:들추어내다)'의 차자.

齕之則啼(흘지즉제):'齕'은 글자 뜻 그대로 '물다·씹다'의 뜻으로 해석해도 통하나, '刮(괄:깎아내다)'의 차자로 보는 게 좋다.

其於憂一也(기어우일야):천성적인 騈拇나 枝指는 보통 사람들보다 손가락이 적고 많은 차이는 있으나, 그것을 근심하는 점에서는 같다는 뜻.

蒿目(호목):'蒿(香草의 일종)'는 '矐(확)'의 차자. 한 곳을 눈여겨보는 모양.

饕貴富(도귀부):'饕'는 탐내는 것.

三代(삼대):하·은·주의 3왕조, 특히 하의 우왕·은의 탕왕·주의 문왕과 무왕 때의 치세를 가리킨다.

囂囂(효효):떠들썩한 모양.

鉤繩規矩(구승규구):외부로부터 가해지는 법규를 가리킨다. '鉤'는 각도를 알아내는 데 쓰는 공구. '繩'은 먹줄. 직선을 긋는 데 쓰인다. '規'는 그림쇠. 원형을 그릴 때 쓴다. '矩'는 곱자. 방형(方形)을 그리는 데 쓰는 자.

削其性也(삭기성야):무리하게 천성을 상하게 하는 것을 가리킨다. 통행본(通行本)에는 '性' 자 아래에 '者' 자가 있다.

待繩約膠漆(대승약교칠):'繩'은 다음에 '約束不以纆索'이라는 말이 나온다는 점을 생각하면 '纆'을 잘못 베낀 듯하다. '約'은 끈. '膠'는 아교. '漆'은 옻칠.

侵其德也(침기덕야):'侵'은 '慘(참:상하게 하다)'의 차자. 통행본에도 '德' 자 아래에 '者' 자가 있다.

屈折禮樂(굴절예악):무리하게 몸을 굽히며 꾸며낸 행위를 하게 하는 예악.

呴俞仁義(구유인의):'呴俞'는 말만으로 간절하고 공손하게 타이르는 것.

以慰天下之心(이위천하지심):'慰'는 '尉(위:눌러 안정하게 함)'의 차자. '위로하다·달래다'의 뜻으로 해석하는 것은 적당하지 않다.

常然(상연):항상 일정하여 변하지 않는 것. 性命의 情을 가리킨다.

附離(부리):본디부터 착 달라붙어 있는 것. '離'는 '麗(려:儷와 통용되며 짝을 짓는다는 뜻)'의 차자.

纆索(묵삭):두 자 모두 '노'를 뜻한다. '纆'은 '繹'으로도 쓰며 두 겹 또는 세 겹 노. '索'은 바·노끈·새끼 따위로 주로 굵은 것을 이른다.

誘然(유연):'油然'과 같다. 物이 처음으로 아름답게 생겨나는 모양.

古今不二(고금불이):옛날이나 지금이나 변함이 없는 것을 가리킨다.

連連(연련):세상 사람들을 질질 끌고 가는 것을 가리킨다.

而遊乎道德之間爲哉(이유호도덕지간위재):'而'는 '그럼에도 불구하고'의 뜻. '遊'는 거리낌없는 것. '道德'은 맨 앞 절의 '而非道德之正也'의 '道德'과 같다. 노자의 가르침을 가리킨다. '爲'는 의문의 뜻을 나타내는 조사로 여기서는 강한 반어의 뜻을 나타낸다.

【補說】이상은 〈성명론〉의 제3절이다. 이 논설의 주론부(主論部)의 전단인데 仁義가 바른 것이 아님을 설하고 있다. 또, 仁義가 이른바 性命之情을 잃게 하는 이유는 그것이 인간 본디의 '마음이 지향하는 바'에 위배되기 때문임을 밝히고 있다. 그리고 하·은·주 삼대 이후 仁義가 강하게 제창되어 인간의 영원불변한 것이 되어야 할 德을 잃게 했음을 논하고, 仁義는 무위자연의 도덕에 반하는 것이어서 인간을 현혹시킬 뿐이라고 주장하고 있는데 이는 다음 단의 논설을 전개하기 위한 준비이기도 하다.

夫小惑易方. 大惑易性. 何以知其然邪. 自虞氏招仁義以撓天下也, 天下莫不奔命於仁義. 是非以仁義易其性與.

故嘗試論之, 自三代以下者, 天下莫不以物易其性矣. 小人則以身殉利, 士則以身殉名, 大夫則以身殉家, 聖人則以身殉天下. 故此數子者, 事業不同, 名聲異號, 其於傷性以身爲殉, 一也. 臧與穀, 二人相與牧羊, 而俱亡其羊. 問臧奚事, 則挾筴讀書, 問穀奚事, 則博塞以遊. 二人者, 事業不同, 其於亡羊, 均也. 伯夷死名於首陽之下, 盜跖死利於東陵之上. 二人者, 所死不同, 其於殘生傷性, 均也. 奚必伯夷之是, 而盜跖之非乎. 天下盡殉也. 彼其所殉仁義也, 則俗謂之君子, 其所殉貨財也, 則俗謂之小人. 其殉一也, 則有君子焉, 有小人焉. 若其殘生損性, 則盜跖亦伯夷已. 又惡取君子·小人於其閒哉.

　무릇 작은 미혹은 나아가야 할 방향을 잘못 잡게 하며 큰 미혹은 인간의 천성을 완전히 바꾸어 버린다. 무엇으로써 그러함을 아는가? 제순(帝舜)이 천하에 군림하면서 인의를 내세워 사람들의 마음을 어지럽히기 시작한 뒤, 천하 사람들은 모두 자신을 잊고 인의를 위해 내달리지 않을 수 없게 되었다. 이것이 바로 세속적인 인의와 인간 본래의 천성을 바꾸어 버린 것이 아니고 무엇이겠는가.

　그래서 이에 관해 좀 더 논해 본다면 하·은·주 삼대 이후 천하에는 외물과 천성을 바꾸지 않은 자가 없게 되었다. 바꿔 말하면 서민은 이익을 위해 자신을 버리고, 선비는 절의의 명예를 위해 자신을 버리며, 대부는 일가 일족의 번영을 위해 자신을 버리고, 천하를 통치하는 성인(天子)은 정치 때문에 자신을 버린다. 이들 신분이 다른 사람들은 영위하는 일과 그 일의 결과, 그리고 평판에 있어서도 다르지만 모두 천성을 손상시키고 외물 때문에 자신을 희생한다는 점에서는 같다.

양을 지키는 계집종과 사내종이 있었는데 모두 양을 잃어버리고 말았다. 계집종에게 그 까닭을 물었더니 대쪽을 엮어 만든 책을 옆에 끼고 정신없이 그것을 읽다 그렇게 되었다고 하며, 사내종에게 그 까닭을 물었더니 박색(博塞)을 즐기다 그렇게 되었다고 했다. 이들 두 사람이 한 일은 다르지만 임무를 게을리 하여 양을 도망치게 했다는 것은 같다. 백이는 도의의 명예를 지켜 수양산 아래에 숨어 살다 굶어 죽었고, 도척은 재물의 이득을 탐내다 동릉산 위에서 죽었다. 이들 두 사람이 죽게 된 이유는 다르지만 그 생명을 없애고 천성을 손상시킨 것은 똑같다. 어찌 세상에서 말하는 것처럼 백이는 바르고 도척은 나쁘다고 할 수 있겠는가.

이처럼 천하 사람들은 누구나 외물에 의해 희생된다. 그런데 그 외물이 인의인 경우에는 세상에서는 그 사람을 군자라 하여 우러러보고, 외물이 재화인 경우에는 그 사람을 소인이라 하여 경멸한다. 그들이 자신을 희생했다는 데는 조금도 차이가 없는데 군자니 소인이니 하는 차별을 두는 것이다. 생명을 없애고 천성을 손상시켰다는 점에서 보면 소인인 도척도 결국 군자인 백이와 다를 바가 없는 것이다. 그렇다면 어찌 사람들을 차별하여 군자니 소인이니 할 수 있겠는가.

【語義】 小惑易方(소혹역방):작은 미혹은 나아가야 할 방향을 변화시킴.

虞氏(우씨):순(舜)임금을 가리킨다.

招仁義以撓天下也(초인의이뇨천하야):'招'는 내세우는 것. '撓'는 '어지럽히다 · 혼란하다'의 뜻.

奔命(분명):명령에 쫓아 분주히 돌아다닌다는 뜻에서 나아가 자신을 잊고 노력하는 것을 가리킨다.

自三代以下者(자삼대이하자):'者'는 윗말을 강하게 제시하는 조사. 다음의 '數子者', '二人者'의 '者'도 같다.

殉利(순리):스스로 이득의 희생물이 되는 것. '殉'은 다른 것을 위해 자신의 목숨을 던지는 것.

聖人則以身殉天下(성인즉이신순천하):여기의 '聖人'은 천자를 가리킨다. 천자를 성인이라 한 것은 진시황 이후에 뚜렷이 나타난 현상으로 생각된다.

名聲異號(명성이호):小人·士·大夫 등, 각각 그 평판이 다름. '名聲'은 평판. '號'는 세상에 말을 퍼뜨리는 것.

臧與穀(장여곡):'臧'은 계집종을 낮추어 이르는 말, '穀'은 사내종을 낮추어 이르는 말. 前漢의 양웅(揚雄)이 지은 ≪방언(方言)≫ 권3에 '臧·勇·侮·獲은 奴·婢의 賤稱이다'라고 했는데 '穀'은 '獲'이 음전(音轉)된 것이리라.

挾筴讀書(협책독서):'筴'은 죽간(竹簡). 글자를 적어 넣은 나무쪽 또는 대쪽으로 옛날에는 이것을 엮어 책으로 삼았다.

博塞(박색):내기를 하는 것.

事業(사업):여기서는 행위를 가리킨다. 본디 '事'는 일을 영위하는 것을 가리키고 '業'은 그 결과를 가리킨다.

首陽(수양):산의 이름. 산서성 영제현(永濟縣)의 남쪽에 있다고 한다. 이 산의 소재지에 관해서는 여러 설이 있다.

盜跖(도척):중국 고대의 대도적을 대표하는 인물이다. 잡편에 도척편(盜跖篇)이 있다.

東陵(동릉):산의 이름. 산동성 장구현(章丘縣)의 남쪽에 있다. 태산(泰山)을 가리킨다고 하는 설도 있다(李頤의 설).

其殉一也則……:이 '則'은 '乃(그러함에도)'의 뜻.

若其殘生損性(약기잔생손성):'若'은 '~한 일에 이르러서는'의 뜻. 즉 '생명을 없애고 천성을 손상시켰다는 점에서는'의 뜻.

【補說】〈성명론〉의 제4절이다. 본 논설의 주된 주장을 밝힌 후단이다. 인간이 크게 미혹된 결과, 천성과 세속적 인의의 가치를 혼동하여 스스로를 외물 때문에 희생하게 됨을 지적하고, 인간이 어떠한 외물에 의해 희생되느냐에 따라 군자니 소인이니 하는 평판이 붙게 되는데 이는 인간이 천성을 상실했다는 점에서 생각하면 아무런 의미도 갖지 못하는 것임을 논하고 있다.

且夫屬其性乎仁義者, 雖通如曾·史, 非吾所謂臧也. 屬其性乎五味, 雖通如俞兒, 非吾所謂臧也. 屬其性乎五聲, 雖通如師曠, 非吾所謂聰也. 屬其性乎五色, 雖通如離朱, 非吾所謂明也. 吾所謂臧者, 非仁義之謂也. 臧於其德而已矣. 吾所謂臧者, 非所謂仁義之謂也. 任其性命之情而已矣. 吾所謂聰者, 非謂其聞彼也. 自聞而已矣. 吾所謂明者, 非謂其見彼也. 自見而已矣. 夫不自見而見彼, 不自得而得彼者, 是得人之得, 而不自得其得者也. 適人之適, 而不自適其適者也. 夫適人之適, 而不自適其適, 雖盜跖與伯夷, 是同爲淫僻也. 余愧乎道德. 是以上不敢爲仁義之操, 而下不敢爲淫僻之行也.

무릇 그 천성을 인의에 쏟으면 인의에 통달하게 되는 바 증자(曾子)나 사어(史魚)처럼 되겠지만 그것은 내가 좋게 생각하는 것이 아니다. 그 천성을 오미(五味)의 요리에 경주(傾注)하면 유아(俞兒)처럼 맛에 정통하게 되겠지만 그것도 내가 좋게 생각하는 것이 아니다. 그 천성을 오음(五音)의 조화에 기울이면 사광(師曠)처럼 음악에 통하게 되겠지만 그것은 내가 생각하는 총민(聰敏)함이 아니다. 그 천성을 오색(五色)의 아름다움을 구하는 데 쏟으면 이주(離朱)처럼 색채에 정통하게 되겠지만 그것은 내가 생각하는 명찰(明察)함이 아니다.

내가 선(善)한 것으로 생각하는 것은 인의가 아니라 인간의 타고난 덕(德)에 전념하는 것이다. 즉 내가 말하는 좋은 것[善]이란 세상에 전해지고 있는 인의를 가리키는 것이 아니라 인간의 타고난 성질 그대로에 맡기는 것을 말한다. 따라서 내가 생각하는 총명함은 자기 몸 밖의 것을 듣는 것이 아니라 자신 안의 소리를 듣는 것이다. 또 내가 생각하는 명찰(明察)은 자기 몸 밖에 있는 것을 찾는 것이 아니라 자신 안의 덕(德)을 성찰하는 것이다.

자기 내부에 있는 것을 성찰하지 않고 밖의 것을 보는 것, 요컨대 자신 안의 것을 잡지 않고 밖의 것을 구하려는 것은 타인의 이득을 자신의 이득인 것처럼 생각하고, 자신의 德에 만족하지 않는 것이다. 그렇다면 그것은 타인의 쾌락에 봉사하고 그것이 자신의 쾌락인 것처럼 생각하여 자기 본래의 쾌락을 자신이 즐겁지 않다고 하는 것이다. 이처럼 타인의 쾌락에 봉사할 뿐으로 자기 본래의 쾌락을 즐기지 않는다면 그 행위에, 세상에서 도척을 악인이라 하고 백이를 선인이라 하듯 큰 차이가 있다 하더라도 사실 그것은 타고난 德에 어긋난다는 점에서는 똑같이 道에 벗어난 사악(邪惡)인 것이다. 나는 이처럼 자기 본래의 즐거움을 알지 못하는 것을 무위자연의 도덕에 대하여 부끄러운 짓이라 생각한다. 따라서 위로는 인간의 참마음에 반하는 인의를 지키려 하지 않고, 아래로는 타인의 쾌락에 봉사하는 사악한 행위를 하지 않으려 한다.

【語義】 且夫屬其性乎仁義者(차부속기성호인의자):‘且夫’는 문장이 바뀌었음을 나타내는 발어사(發語辭). ‘屬’은 ‘가두다・묶다’의 뜻. 나아가 경주(傾注)하는 것을 가리킨다. ‘者’는 ‘사람・것’ 등으로 해석해도 괜찮으나

여기서는 '則(즉:~하면)'의 뜻으로 해석하는 것이 더 좋다.

非吾所謂臧也(비오소위장야):'臧'은 '臣'과 '戕(장:손상을 입히다, 죽이다)'으로 이루어진 글자이므로 본디 도살(屠殺)을 담당하는 사람을 뜻하고 나아가 하천자(下賤者)를 뜻하는 말로 사용되었으리라 생각되는데 여기서는 昌 · 祥 등과 음이 통하므로 '善'의 뜻을 차용하고 있다.

俞兒(유아):요리의 명인이라 전해지는 사람이다. 미묘한 맛까지 분별했다 한다. 黃帝 때 사람이라고도 하고 齊나라 사람이라고도 한다(≪경전석문≫의 설).

臧於其德而已矣(장어기덕이이의):郭象 · 成玄英 등은 '德'을 '自得'의 뜻으로 해석했는데 글자 뜻 그대로 해석하는 것이 좋다. '德'은 道에 의해 정해져 있는 인간으로서의 천성(天性)이다. '性命之情'임에 틀림없다.

自見而已矣(자견이이의):자신의 천성을 성찰하는 것을 가리킨다. ≪노자≫에 '다른 사람을 잘 아는 자는 智者라 할 수 있는데 자기를 잘 아는 자야말로 진실로 총명한 자라 할 수 있다. 타인을 이기는 자는 힘이 있는 자라 할 수 있는데 사욕 · 사정(私欲 · 私情)을 극복하는 자야말로 진실로 강자라 할 수 있다. 만족을 아는 자는 부자라 할 수 있으며 애써 道를 행하려는 자는 뜻이 있는 자라 할 수 있다. 자신이 있어야 할 곳에 있어 그것을 잃지 않는 자는 오래 편안하며, 道를 얻어 우주의 영원한 생명 활동에 참여하는 자는 비록 육체는 죽더라도 그 참된 생명은 죽지 않는다. 이런 자를 진정 장수하는 자라 하는 것이다(知人者智, 自知者明. 勝人者有力, 自勝者强. 知足者富, 强行者有志. 不失其所者久, 死而不亡者壽)'(제33장)라고 한 것은 이와 통하는 주장이다.

不自得而得彼者(부자득이득피자):'得'은 타인 · 타물에 관해 말하면 세속적인 욕망을 만족시키는 이득, 또는 그것을 획득하는 것이지만 자신에 관해 말하면 자신의 안에 갖추어져 있는 것을 깨닫는 것이며 또 그에 만족하는 것이다.

夫適人之適……:'適'은 快樂.

余愧乎道德(여괴호도덕):'余'는 이 편의 작자의 자칭인데 그가 누구인지는 확실하지 않다. 郭象은 장주로 보았는데 잘못일 것이다. '愧'는 부끄럽게 생각하는 것. '道德'은 노자의 무위자연의 가르침을 가리킨다.

【補說】 이상은 〈성명론〉의 제5절이다. 우선 자신의 천성을 仁義·五聲·五色 등에 경주하는 인간의 不善을 지적하고, 다음으로 이른바 '性命之情'에 모든 것을 맡겨야 함을 거듭 강조하고 있다. 전자는 제1절에 응하는 것이며 후자는 제2절에 응하는 내용이다. 또 聰·明은 내성 자득(內省自得)에 사용되어야 한다는 것을 설하고, 나아가 '性命之情'에 맡긴다는 것은 결국 자적(自適)하는 것임을 주장하면서, 그에 쫓겠다는 작자 자신의 결의를 표명하여 그것을 본론의 결론으로 삼고 있는 것이다.

【餘說】 '性命之情'에 관하여

내편의 여러 편을 거쳐 이 변무편에 이르면 뭔가 기이한 느낌이 들고 이질적인 것이 아닌가 하는 의심을 갖게 될 것이다. 騈拇·枝指와 같은 기형(奇形)은 덕충부편·대종사편 등에서는 잊어야만 할 것이자 무심하게 감수해야만 할 것이었는데 이 편에서는 비유적 예증이긴 하지만 통상의 생득(生得)과는 같지 않다 할 뿐 아니라 그것을 제거하는 고통을 서술하고 있어, 오히려 세속적인 주장에 치우쳐 있음을 나타내고 있다. 인의를 배격함에 있어서는 공통점이 있으나, 내편에서 그것은 이른바 천형(天刑)의 질곡이며 그로부터 해방되어 무한한 자유의 경지에서 노는 것에 그 배격의 주안을 두고 있었는데 이 편에서는 다시 현실계에 되돌아와 인의를 비난 공격하는 것으로 일관하고 있다.

특히 이 편에서는 인간이 결코 잃어서는 안 될 것에 '性命之情'이 있음을 제창하고, 나아가 그것을 자기본위적인 自得 · 自適의 주장에 연결시키고 있다. 이러한 주장은 내편에서는 그리 뚜렷하지 않았다. 오히려 대종사편의 '坐忘', 인간세편의 '心齋', 소요유편의 '至人無己', 또 제물론편의 '無物' 등처럼 자기 망각(自己忘却) · 자기 부정(自己否定)을 강조하고 그것을 현실로부터 탈출하여 자유 · 독립의 경지를 여는 열쇠, 또는 생사의 고뇌로부터 벗어나 그 자연스러움에 드는 문이라 했던 것이다.

그런데 잘 생각해 보면 이것들은 차원을 달리한 사고방식일 뿐 서로 대조될 만큼 이질적이지는 않으며 서로 관계가 있는 듯하다. 대체로 만물의 존재는 不眞實이고 착오에 가득 차 있으며 끊임없이 변화하는 현상에 지나지 않는다 하더라도 그 진실을 추구하여 그것들이 道를 근원으로 한 전개임이 밝혀지면 나아가 物을 주체로 하여 그 자연스런 전개인 物 각각에 응하는 진인(眞因)이 왜 있는지를 사색하게 되는 것도 필연적이라고 생각할 수 있다. 그 사색이 어떠한 경과를 더듬었는지를 상세하게 보여 주는 자료가 없으므로 하나의 추정을 시도해 보면 요컨대 도가에 있어서 德이란 본디 物 각각이 타고난 것이라고 생각된 것이다.

단, 그것이 道에 근거하여 道와 일체가 됨으로써 物 각각의 참인 자연스런 전개가 있다고 한다면 그 자연스런 전개도 구체적 존재인 物에 있어서는 하나의 物이지만, 현실적 생활 없이는 존재할 수 없는 인간으로서는 그 德이 어떠한 성격의 것인지를 생각하게 되는 것이다. 예를 들면 인간은 造化에 의해 변화하는 一氣에 지나지 않는다 하더라도 대종사편에서 말한 것처럼 그것이 구체적 형체를 지니고 지상에서 生死하는 것이 그 자연스러움이라면 德은 한층 더 구체적인 것이 아니면 안 될 것이다. 이러한 사고로써 얻어지는 하나의 귀결은 德은 '性命之情'이라는 것이다.

변무편은 '臧於其德而已矣'라 하고, '任性命之情而已矣'라는 기정적 명제(旣定的命題)를 들고 있을 뿐, 그 내용을 상세하게 설명하고 있지는 않다. '性命之情'에 관한 특색 있는 설명은 다음의 마제편에서 다루고 있다. 그에 관한 해설은 다음으로 미루고, '性命之情'이란 그 글자 뜻으로 판단하면 '性'이란 인간의 천성적인 의욕과 감정을 말하며 '命'이란 天命이란 말에서 알 수 있듯 인간의 자유 의지로는 도저히 어떻게 할수 없는 필연율(必然律)로서 규정되어 있는 것을 말한다. 또 '情'이란 있는 그대로의 것을 가리키는 말이므로 인간의 현실 생활을 지향하면서 그 근원적인 진인(眞因)으로서 생각해 낸 것임은 재론할 여지가 없다.

천지편 〈물성생리론〉에 '泰初有無. 無有無名, 一之所起. 有一而未形, 物得以生, 謂之德. 未形者有分, 且然無閒, 謂之命. 留(流)動而生物, 物成生理, 謂之形. 形體保神, 各有儀則, 謂之性'이라고 정의하고 있다. 이 것은 無·一·德·命·形·性 등의 여러 개념을 정리하여 도식화한 것으로 생각되기 때문에 늘 性·命 등이 이런 의미로 쓰였다고는 볼 수 없지만 性·命이 형체를 갖춘 物의 본질적 자질로서 인식되었음을 알 수 있는 것이다.

간단하게 말하면 '性命之情'은 도가에서 생각하는 인간 존재의 구체적 자질이다. 이 편에서 '常然'이란 말을 쓰고 있듯이 그것은 진실로 인간인 이상, '古今不二, 不可虧也'한 것으로 누구라도 본디부터 지니고 있는 것이다. 또 이로써 인간의 절대적 독립이 현실적으로는 어떠한 것인지를 명확하게 할 수가 있을 것이다. 그 독립이란 소요유편의 〈유무궁 우화〉나 대종사편의 〈영녕우화〉에 의하면 모든 현실적 조건을 초월하고 道와 일체가 되어 조화(造化)의 자연스러움에 모든 것을 맡기는 것인데 바로 그 道와 일체인 경지임에 주목하면 '性命之情'은 독립성 바로 그것임에 틀림없을 것이다.

그래서 '性命之情'은 무엇으로도 대신할 수 없는 존엄한 것이 된다. 단, '性命之情'은 현실의 고뇌를 초월하고 극복하려고 道를 구한 장주나 정통적인 도가의 주장이 아니라 이미 道와 일체인 경지가 있음을 전제로 하고, 그것을 인간의 천성으로 실체화한 후기(後起)의 사고방식에 의한 것이며 특히 다른 학파의 주장에 대하여 그 특색을 현저하게 나타내어 그 우위를 쟁취할 필요에 의해 나온 것이라고 생각된다.

그런데 장주나 맹자 등보다 앞 시대 사람으로 극단적인 개인주의를 부르짖은 양주(楊朱)는 ≪회남자≫ 범론편(氾論篇)에 의하면 이미 '生을 온전히 하여 眞을 보존하고, 物에 의해 신체를 해쳐서는 안 된다'고 설했다 한다. 또 맹자도 生身의 욕망과 色欲 등이 천성임을 안정하고 있다 (≪맹자≫ 진심 상편). 필시 당시 이런 종류의 주장을 했던 자가 있어 그러한 사실이 반영된 것이리라. 자신의 소박한 생명에의 충실이 중요하다고 하는 것은 인간의 문제를 생각하면 쉽게 떠오르는 사실이다. 또 이상과 같은 전승이 있었음을 근거로 추측하면 '性命之情'과 흡사한 개인주의적 주장은 이미 장주 이전부터 있었던 것으로 보지 않으면 안 된다.

그러나 개인의 생명 보전을 모든 人事의 근본으로 알고, '性命之情'에 통효(通曉)하여 性을 완수하고 德을 완수할 것을, ≪장자≫ 이외에 현존하는 것 가운데 가장 상세히 설하고 있는 것은 진의 시황제 초기에 편집된 ≪여씨춘추≫이다(本生·重己·貴生·先己 등의 여러 편 참조). ≪여씨춘추≫도 그 당시 설들만을 전하고 있는 것은 아니며 오히려 그 이전의 설들에 의존하는 경우가 많고, 특히 그 性을 완수한다는 주장은 자화자(子華子)의 설에 근거한 듯하다. 자화자의 전기는 명확하지 않으나 맹자가 활약하던 때의 사람이라는 설이 있다. 개인의 생명을 안존시키는 것을 천하를 다스리는 것보다도 우선하는 요건으로 알고 신체의 안일을 추구하는 일, 기욕(嗜欲)을 탐하는 일, 미색 음락(美色淫樂)에 빠지는 일 등을 물리쳐 신심(身心)의 적의(適宜)한 조화에 의해 수명을 기를 것 등을 설하고 있다.

이처럼 ≪여씨춘추≫의 주장에는 그 의존했던 선행의 주장이 있었는데 그것에 이 정도 중요한 비중을 주고 있다는 것은 편집 당시 '性命之情'에 맡겨야 한다는 사상이 성행하여 그것이 반영되었기 때문이라고 보아야만 할 것이다. 오랜 전란의 뒤끝, 천하 통일에는 아직도 많은 세월이 필요하고 모든 것이 불안정했던 시황 초기에는 그러한 사상이 성행할 수밖에 없는 필연성이 있었다. 그리고 도가의 설이 거기에 전개된 것도 그럴 때쯤이었을 것이며 도가설 자체의 전개가 아니라고 하더라도 생명 보전의 요소를 문제 삼고 있다는 것은 이러한 사정에 기인한 것이라고 생각할 수 있다.

적어도 변무편이 전국 말기에 지어진 것인지, 아니면 秦漢 때에 지어진 것인지는 확실하지 않지만 내편의 주요한 우화들보다 후기의 것이라는 것은 상론(詳論)할 것까지도 없이 명확하다. 특히 '性命之情'에 관한 설이 이미 성립된 뒤에 지어진 것이다. 그래서 '性命之情'에 관해서는 그다지 설명을 더하는 일 없이 그것을 주제로 설정한 다음 그에 대한 논설의 전개를 기도하여 그 표현에 비유를 넣고 삽화를 두어 대우(對偶)를 열거하는 등 기교를 집중시키고 있다. 단, 일종의 과제 작문이어서 기교를 응집하고 있긴 하나 그다지 유창하지 않고 초점이 명확하지 않은 점도 있다. 이하 같은 주제를 다루고 있는 마제·거협·재유 등의 편들 중에서도 가장 후기의 것이리라.

그렇다 하더라도 이 편에서 설하는 바에도 경청할 만한 특색이 있음은 말할 것도 없다. 그것은 의도 그대로 현실 문제에 대한 비판을 더없이 예리하게 하고 있다는 것이다. '性命之情'과 같은 자기 본성을 추구하는 자에게 인간의 현실은 항상 이에 대치하는 것이며 이를 압박하는 것, 심지어 이를 말살하는 것이라고 생각하지 않으면 안 된다. 인의는 본디 그 대치 · 모순을 없애기 위해 제창되어야만 하는데 오히려 천성인 자기에 대한 속박이 된다. 그것은 내편의 '天刑'이라는 말에도 잘 표현되어 있지만 이 편에서는 한층 신랄하게 '天下盡殉也'라고 잘라 말하고 있는 것이다. 이것은 '性命之情'이 과연 자기의 유일한 본래성인지 아닌지는 의문이지만 적어도 그러한 자기의 진실을 구하는 자에게 인간계의 현실은 늘 그것을 상실시키는 위기임을 생각하게 하는 것으로서 현재에도 여전히 문제를 제기하고 있는 것이리라.

제9편

마제(馬蹄)

편의 첫 두 글자를 취하여 편명으로 했다. 전편이 하나의 논문으로 말[馬]의 성(性)을 해치는 백락(伯樂)의 예를 비유로 들어 성인(聖人)의 인의가 소박 자족(素朴自足)한 인간성을 해친다고 논하고 있다. 세 절로 이루어져 있다.

민성론(民性論)

馬, 蹄可以踐霜雪, 毛可以禦風寒, 齕草飮水, 翹足而陸. 此
馬之眞性也. 雖有義臺 · 路寢, 無所用之. 及至伯樂, 曰, “我
善治馬.” 燒之剔之, 刻之雒之, 連之以羈馽, 編之以皁棧. 馬
之死者, 十二三矣. 飢之渴之, 馳之驟之, 整之齊之. 前有橛
飾之患, 而後有鞭筴之威. 而馬之死者, 已過半矣.
陶者曰, “我善治埴. 圓者中規, 方者中矩.” 匠人曰, “我善治木.
曲者中鉤, 直者應繩.” 夫埴 · 木之性, 豈欲中規 · 矩 · 鉤 ·
繩哉. 然且世世稱之曰, “伯樂善治馬, 而陶 · 匠善治埴 · 木.”
此亦治天下者之過也.”

말은 태어나면서부터 발굽으로 서리와 눈을 밟으며 돌아다닐 수 있고,
털로 바람과 한기를 막아 명을 보전할 수 있으며, 배고프고 목마르면 못가
로 내려가 풀을 뜯어 먹고 물을 마시며, 배가 차면 다시 다리를 높이 들어
언덕 위로 달려 올라간다. 이것이 말의 참된 성질인 것이다. 따라서 말에
게는 위엄 있는 의대(義臺)나 광대한 궁전 따위는 아무 소용이 없다. 그런
데 백락(伯樂)이 나타나, ‘나는 말을 잘 다룬다’고 말하고는 말의 털을 태
우기도 하고 깎아내기도 하여 고르고, 달군 인두로 낙인을 찍고, 머리에
는 굴레를 씌우고 발에는 밧줄을 매어 마굿간에 몰아넣거나 말뚝에 매거
나 하여 조(組)를 갈랐다. 그리하여 열 필의 말 가운데 두세 필은 그만 목
숨을 잃고 말았던 것이다. 그뿐만 아니라 말을 훈련시키기 위해 주리게도
하고 목마르게도 하며, 빠른 걸음으로 걷게도 하고 빨리 내닫게도 하여 보

폭을 똑같게 하고 열을 맞추게 했다. 말은 앞에서는 재갈 때문에 괴로움을 당했고, 뒤에서는 채찍과 회초리 때문에 위협을 받았다. 그래서 죽는 말이 반 이상이 되었다.

이 백락처럼 질그릇을 만드는 자는 '나는 찰흙을 더할 나위 없이 잘 만진다. 둥근 그릇을 만들면 그 둥근 것이 그림쇠의 원에 꼭 들어맞고, 사각의 그릇을 만들면 그 모서리가 곱자에 꼭 들어맞는다'고 지껄이고 있으며 목수는 '나는 목재를 잘 다룬다. 둥근 것을 만들면 그 곡선은 마치 자를 대고 한 것과 같고, 곧은 것을 만들면 먹줄을 댄 듯 그 선이 바르다'고 지껄이고 있다. 무릇 찰흙이나 목재의 본래 성질이 그림쇠·곱자·자·먹줄 등에 맞기를 바라지는 않을 것이다. 그런데도 세상에서는 대를 이어가며 이들을 칭찬하여 '백락은 더할 나위 없이 말을 잘 기른다. 그릇을 만드는 자와 목수는 찰흙과 나무를 참으로 잘 다룬다'고 한다. 이렇게 된 것은 천하를 다스리는 군주가 그러한 일이 일어나도록 그들의 기교를 중요시했기 때문인데 이는 군주의 큰 허물인 것이다.

【語義】毛可以禦風寒(모가이어풍한): '禦'는 '防'의 뜻. 막아낸다는 뜻.

翹足而陸(교족이륙): '翹'는 '驕(교: 발을 높이 들고 높은 곳에 올라감)'의 차자(馬敍倫의 설). '足'이 '尾'로 되어 있는 판본도 있다(≪經典釋文≫의 설). '陸'은 '陵(릉: 높은 곳에 오르는 것)'의 차자로 해석해야 한다. 음식에 있어서의 自適을 '齕草飲水'라 한 데 대하여 이것은 말이 자유로운 상태에서 마음대로 내닫는 자유를 말한 것이리라.

義臺路寢(의대노침): '義臺'의 '義'는 '峨(아: 높이 솟아 있는 모양)'의 차자. '臺'는 양 옆에 흙 단(壇)을 쌓고 그 위에 사방을 바라볼 수 있게 지은 집. '路寢'의 '路'는 大의 뜻. '路寢'은 천자나 제후가 정무를 행하는 정전(正殿). 따라서 '義臺·路寢'은 크고 화려한 궁전을 가리키는 말들이다.

及至伯樂(급지백락):'伯樂'은 춘추시대 진(秦)나라 목공(穆公) 때의 사람으로 마필 조교(馬匹調敎)의 명인. 성은 孫, 이름은 陽, 伯樂은 그의 자(일설에, 白樂은 天馬星座를 지배하는 별의 이름이라 한다). 또, 馬匹 감정의 명인이라 하며 후세에는 말 중매인(仲買人)을 뜻하는 말로도 쓰였다.

燒之剔之(소지척지):잡털을 태우고 갈기를 잘라내는 것.

刻之雒之(각지락지):말의 몸에 낙인을 찍음. '刻'은 새긴다는 뜻. '雒'은 '烙(락:달군 인두로 지져서 표시를 함)'의 차자.

羈馽(기칩):'羈'는 굴레. 말 머리에서 재갈에 걸친 장식 끈. '馽'은 말 다리를 얽어매는 줄.

編之以皁棧(편지이조잔):'編'은 조(組)를 나누는 것. '皁'는 마구간. '棧'은 말을 묶어 두는 나무.

馳之驟之(치지취지):빠른 걸음으로 달리게 하고, 매우 빨리 내닫게 함.

橛飾之患(궐식지환):재갈 때문에 고통을 당하는 것을 가리킨다. '橛'은 재갈. 말을 어거하기 위하여 입에 가로 물리는 쇠토막.

陶者(도자):질그릇을 만드는 사람.

治埴(치치):'埴'는 찰흙. '식'으로도 읽는다.

匠人(장인):목수.

此亦治天下者之過也(차역치천하자지과야):伯樂·陶者·匠人들이 자기의 기교를 과시하는 것은 천하를 다스리는 자가 그들의 기교를 중시하기 때문임을 말하고 있다.

【補說】이상의 제1절은 서론이다. 말의 참된 성질을 손상시키는 백락의 예를 들고 이로써 도자·장인의 잘못을 유추하여 백락·도자·장인 등의

기교가 존중되는 근본 원인은 치자(治者)의 그릇된 견해에 기인하는 것임을 지적하고 있다.

吾意, 善治天下者不然. 彼民有常性. 織而衣, 耕而食. 是謂同德. 一而不黨, 命曰天放. 故至德之世, 其行塡塡, 其視顚顚. 當是時也, 山無蹊隧, 澤無舟梁. 萬物羣生, 連屬其鄕, 禽獸成羣, 草木遂長. 是故禽獸可係羈而遊, 鳥鵲之巢可攀援而闚. 夫至德之世, 同與禽獸居, 族與萬物竝. 惡乎知君子・小人哉, 同乎無知. 其德不離, 同乎無欲. 是謂素樸. 素樸而民性得矣. 及至聖人, 蹩躠爲仁踶跂爲義, 而天下始疑矣. 澶漫爲樂, 摘僻爲禮, 而天下始分矣.
故純樸不殘, 孰爲犧樽, 白玉不毀, 孰爲珪璋. 道德不廢, 安取仁義. 性情不離, 安用禮樂. 五色不亂, 孰爲文采. 五聲不亂, 孰應六律. 夫殘樸以爲器, 工匠之罪也. 毀道德以爲仁義, 聖人之過也.

내가 생각하건대 천하를 잘 다스리는 자라면 그렇지는 않을 것이다. 저 모든 사람들에게는 태어나면서부터 지니고 있는 일정한 성질이 있다. 그 것은 제각기 자신의 생명을 보전하기 위해 스스로 옷을 지어 입고 밭을 갈 아 먹을 것을 얻는 것으로, 이른바 자급자족하는 것이다. 나는 이것을 사람 들 누구나 지니고 있는 德이라 한다. 이 德에 있어서는 누구나 같은데 모두 가 한패가 되어 그렇게 하는 것이 아니라 각자가 그것을 갖추고 있는 것이 다. 따라서 그것을 천방(天放:자연 그대로의 자유)이라고도 하는 것이다.

그러므로 德이 아주 잘 행해졌던 시대에는 사람들은 어떠한 꺼릴 것도 고칠 것도 없이 유유하게 걸어 돌아다니고 두 눈을 크게 뜨고 마음대로 物을 보았다. 그때에는 험한 산을 헐어 만든 좁은 길도 없었고 깊은 못 주변에 배나 다리도 없었으며 사람들은 먼 곳에 갈 일도 없었다. 수많은 物이 무리를 지어 생겨나 너나 구별 없이 모두가 한곳에 살며 새와 짐승은 무리를 지어 놀고 초목은 쑥쑥 성장했다. 그래서 새나 짐승에게 해를 입히는 일도 없고, 오히려 그물을 걸어 함께 장난하며 놀 수 있었으며 날짐승의 새끼를 놀라게 하는 일도 없고 나무 위에 올라가 나뭇가지를 당겨 작은 새나 까치의 집을 엿볼 수 있었다.

이처럼 德이 잘 행해졌던 시대에는 사람들이 모여서 조수(鳥獸)와 함께 살고 무리를 이루어 모든 物과 같이 살았다. 그러니 어찌 군자와 소인의 차별 따위를 알았겠는가. 세상의 예법 같은 것은 변별하지 못하고 무지했을 따름이다. 뿐만 아니라 모두 타고난 德을 고스란히 지키며 살아, 이익이라는 것도 모르고 오직 무욕했다. 이와 같이 무지·무욕한 것을 '소박(素樸)'이라 한다. 소박이야말로 인간의 천성이 완전하게 발휘된 것이다. 그런데 성인(聖人)이 나타나 애써 仁의 가르침을 세우고 무리하게 義의 행위를 힘쓰게 했기 때문에 사람들은 처음으로 서로를 의심하거나 질투하게 되었던 것이다. 거기서 멈추지 않고 소용도 없는 음악을 만들어 교화하고 두려워하며 꺼리어 예(禮)를 정하고 통제했기 때문에 사람들은 비로소 다투게 되었던 것이다.

원목 그대로의 훌륭함이 파괴되지 않았는데 누가 그 나무를 베어 무늬를 새겨 희준(犧樽)을 만드는가. 천연의 백옥(白玉)의 아름다움이 손상되지 않았는데 누가 그 옥을 깎아 내어 규(珪)와 장(璋)을 만드는가. 이와 마찬가지로 무위자연의 도덕이 버려지지 않았는데 어찌 인의를 제창할 수 있는가? 태어날 때부터의 성정(性情)이 흩어져 없어지지 않았는데 어찌 예악을 필요로 하겠는가. 자연의 오색(五色) 아름다움이 어지러워지지 않았는데 누가 오색을 이용하여 아름다운 무늬를 그리는가. 오성(五聲)의 화합이 흐트러지지 않았는데 누가 오성을 육률(六律)의 가락에 맞추어 연주하는가. 그런데도 천하 사람들은 인공의 제작을 존중하고 있는 것이다. 이처럼 타고난 아름다움을 파괴해 버리고 인공의 기물을 만들어 내는 것이야말로 세공인의 그릇된 행위인 것이다. 이와 마찬가지로 무위자연의 도덕을 손상시키면서 인위적인 인의의 가르침을 세우는 것이 성인의 잘못이다.

【語義】 吾意(오의):'吾'는 이 편의 작자를 가리키는 말인데 누구인지는 확실하지 않다. '意'는 '생각하다'의 뜻.

織而衣耕而食(직이의경이식):다른 사람에게 의지하지 않고 자신의 생명을 유지하는 데 필요한 물자를 자급자족하는 것을 가리킨다.

同德(동덕):누구에게나 공통되는 德. '德'은 태어날 때부터의 작용.

一而不黨(일이부당):同一을 뜻하나 당파를 조직하고 있다는 뜻은 아니다. '一'은 '同德'의 '同'을 받는 말. '黨'은 도당(徒黨), 즉 뇌동(雷同)하여 도당을 조직하는 것.

命曰天放(명왈천방):자연 그대로의 자유라고 부름. '命'은 名의 뜻. '天'은 자연 또는 절대의 뜻. '放'은 解放·放逸 등의 '放'과 같으며 자유를 가리킨다. 자급자족의 德은 천성이므로 독립·자유·자적이라고 한 것이다.

其行塡塡(기행전전):'塡塡'은 느릿느릿 생각 내키는 대로 걷는 모양.

其視顚顚(기시전전):'顚顚'은 '塡塡'과 동음의 의태어로 두려워하거나 겁내는 것 없이 눈을 크게 뜨고 유심히 쳐다보는 모양. 《예기》 곡례 하편에 '무릇 시선을 얼굴보다 위쪽에 두면 거만하게 보이고, 帶보다 아래쪽에 두면 근심스러워 보이며 곁눈질을 하면 간사해 보인다(凡視上

於面則敖, 下於帶則憂, 傾則姦)'라고 한 것처럼 상대방을 똑바로 쳐다
보는 것은 禮에 맞지 않는다. 이상의 두 구는 천성 그대로 자유롭게 행
동하는 것을 가리킨다.

山無蹊隧(산무혜수):'蹊'는 '徯(혜:꼬불꼬불 구부려진 작은 길)'와 같
다. '隧'는 산허리에 굴을 뚫거나 산을 헐거나 나무를 베어 만든 길.

澤無舟梁(택무주량):'梁'은 다리.

連屬其鄕(연속기향):모두가 자타의 구별 없이 화합하여 생활하는 것
을 가리킨다. ≪노자≫에 '자신들의 거처를 편안히 여기며 자신들의 풍
속을 즐긴다.(安其居, 樂其俗)'(제80장)라고 한 것과 취지를 같이한다.

可係羈而遊(가계기이유):개처럼 굴레를 쓰고 함께 놀 수도 있음.

可攀援而闚(가반원이규):나무에 올라가 나뭇가지를 당기고 엿볼 수
도 있음.

惡乎知君子小人哉同乎無知(오호지군자소인재동호무지):현명함을 존
중하여 군자·소인의 구별 따위를 하지 않고, 무지(無知) 그대로인 것
을 가리킨다.

其德不離同乎無欲(기덕불리동호무욕):하늘이 준 자급자족의 德에 쫓
아 무용(無用)한 욕망을 추구하지 않는 것을 가리킨다. '離'는 이산(離
散)하는 것.

是謂素樸(시위소박):'是'는 無知·無欲을 가리킨다. '素'는 염색하지
않은 흰 실, '樸'은 잘려진 그대로 세공이 가해지지 않은 목재. 본디 그
대로의 순수함, 인공 허식이 없는 자연스러움을 소박(素樸)이라 한다.

民性得矣(민성득의):인간의 참된 性이 현실계에 발휘된 것을 가리킨다.

蹩躠爲仁(별설위인):'蹩躠'은 '蹩(별:절름발이가 발을 끌며 걸음)'의
첩운(疊韻) 완언으로 고생하며 행하는 것을 가리킨다.

踶跂爲義(제지위의):'踶跂'는 무리한 일을 하는 것. 踶·跂 모두 힘

쓴다는 뜻.

澶漫爲樂(단만위락):'澶'은 '誕(탄:거짓을 말함. 과장하여 말함)'의 차자. '漫'은 '謾(만:속이다)'의 차자.

摘僻爲禮(적벽위례):'摘僻'은 '惕(척:무서워 벌벌 떠는 것)'의 쌍성(雙聲) 완언. '摘'을 '蹢(척:머뭇거리다‧멈추다)'의 차자로, '僻'을 '避(피:물러나다)'의 차자로 해석해도 통한다.

純樸不殘(순박부잔):'不殘純樸'을 '純樸'의 강조를 위해 도치한 표현이다. '純樸을 손상하지 않게 되면'의 뜻이다. '五聲不亂'에 이르기까지 표현 형식이 같다. '殘'은 부수어져 뿔뿔이 흩어지는 것.

犧樽(희준):소나 말 등 동물 모습의 장식이 붙어 있거나 그러한 형으로 만들어진 술통으로 제례 때 신 앞에 올린다.

珪璋(규장):'珪'는 '圭'와 같다. 공적 의식에 참가하는 귀인이 자신의 신분을 나타내기 위해 지니는 얇고 긴 장방형의 '璋'은 珪를 세로로 절반으로 가른 형(形)을 하고 있는 옥제(玉製)의 홀(笏)로 용도는 珪와 거의 같다.

道德不廢安取仁義(도덕불폐안취인의):≪노자≫의 '큰 道가 무너졌기 때문에 仁義가 생겨나게 되었다(大道廢, 有仁義)'(제18장)를 뒤집어 표현한 것이다.

性情不離(성정불리):'性情'은 위의 '性' 또는 '德'에 해당하는 말로 천성의 자연스런 작용을 가리킨다. '不離'는 후천적인 물사에 의해 쓸모없게 되거나 하지 않는 것을 가리킨다.

五色不亂孰爲文采(오색불란숙위문채):이 이하 네 구는 ≪노자≫에 '五色은 사람으로 하여금 눈을 멀게 하고, 五音은 사람으로 하여금 귀를 멀게 한다(五色令人目盲, 五音令人耳聾)'(제12장)라고 한 것에 근거하여 뒷사람이 추가한 것이리라. 문맥상으로도 순조롭지 않고, '亂' 자를

거듭 사용한 것도 세련되지 못한 수사법이다. 그렇지 않으려면 '道德不
廢'의 구 앞에 있어야 한다.

　夫殘樸以爲器(부잔박이위기):《노자》에 '산에서 베어진 통나무에
사람의 손이 가해져, 잘리고 새겨짐으로써 세상에 필요한 그릇이 된다
(樸散則爲器)'(제28장)라고 했다.

【補說】 이상 한 절은 이 논설의 본론이다. 앞 절에서 나아가 인간의 천성
은 自主自由한 자급자족의 소박한 德임을 규정하고, 그러한 이상사회
로 모두가 타고난 생명의 성장을 자타 · 인간 · 금수 · 초목의 차별 · 반
목이 없이 완수한 자연조화계(自然調和界)를 들고, 또 그 본질은 인간
의 무지 · 무욕의 소박함에 있음을 설하면서, 그 조화를 깨뜨려 시의
(猜疑)와 배반(背反)을 일으키게 하는 것은 성인의 인의예악이란 작위
의 작용임을 지적하고, 인의예악은 犧樽 · 珪璋처럼 천성의 소박함이 파
괴됨으로써 성립되는 것이라 하여 성인의 잘못을 비난 공격하고 있다.

【餘說】 〈민성론〉의 사상

　이 논설은 본편의 여러 논설 중에서도 가장 생기가 있으며 '性命之情'
을 논한 것들 가운데서도 가장 독창적일 뿐만 아니라 그 이상사회관(理
想社會觀)은 후세에까지 많은 영향을 주었다. 그 영향에 관해서는 나중
에 이야기하기로 하고, 여기서는 천성을 자족 · 소박한 것으로 규정한
의의에 관해 조금 생각해 보기로 하자.
　'殘樸以爲器'라고 한 것은 말할 것도 없이 역설이다. 썩은 나무로는
그릇을 만들 수 없다. 樸에 器가 될 수 있는 소인이 있어야만 인공도 가
해지는 것이다. 이와 같은 이치로 인의예악도 그 천성이 있어야만 성립

된다. 그런 의미에서 보면 이 편에서 인의예악이 성인의 과오라고 하는 것은 너무 일방적인 주장이다.

仁義禮智의 사단(四端)은 인간의 고유한 성품이다. 즉 인간의 본성이 선하다고 주장한 것은 전국시대의 사상가 맹자였다. 그 주장하는 바는 이 편과 상반되나 천성에 관해 언급하고 있다는 데는 공통점이 있다. 고대에는 실천적인 문제이건 이론적인 문제이건 근본적으로 천성에서 인간의 문제를 출발시키지 않으면 안 되었다. 따라서 맹자의 주장도 결코 잘못된 것이 아니다.

그런데 맹자의 주장은 '仁의 근본은 어버이를 섬기는 것이고, 義의 근본은 형을 따르는 것이다. 智의 근본은 이 두 가지를 알아 거기서 벗어나지 않는 것이다. 禮의 근본은 이 두 가지를 절도에 맞게 하여 외모를 잘 조절하는 것이다. 樂의 근본은 이 두 가지 道를 즐거워하는 데 있다. 즐거워하면 자연히 仁과 義를 행하고자 하는 마음이 생긴다. 그런 마음이 생기면 어찌 仁과 義를 행하는 것을 그만둘 수 있겠는가. 그만둘 수 없게 되니 자신도 모르는 사이에 손과 발이 음악에 맞추어 춤을 추게 된다(仁之實, 事親是也. 義之實, 從兄是也. 智之實, 知斯二者弗去是也. 禮之實, 節文斯二者是也. 樂之實, 樂斯二者. 樂則生矣. 生則惡可已也. 惡可已, 則不知足之蹈之, 手之舞之)'(≪맹자≫ 離婁 上篇)라고 한 것처럼 인간 생활에 있어서의 필연적인 인륜 관계를 지향하고, 거기에 용솟음치듯 발로하는 동정심의 실천적·자각적 근거를 설정하고 있는 것이다. 따라서 '군자는 동식물에 대해서는 아껴 주기는 하나 仁을 베풀지는 않고, 백성에 대해서는 仁을 베풀기는 하나 친밀하게 대해 주지는 않는다. 어버이를 고이 받들고서야 백성들에게 仁을 베풀고, 백성들에게 仁을 베푼 다음에야 동식물을 아껴 준다(君子之於物也, 愛之而弗仁. 於民也, 仁之而弗親. 親親而仁民, 仁民而愛物)'(盡心 上篇)라고 한 것처럼 인간계에 통용한다고 하는 한정(限定)이 있으며 나아가 그 현실적인 질서를 상정했다. 또 맹자는 요순의 세상과 같은 이상 사회를 생각하여 묘사하고 있는데 그것은 과거에 실재했던 것을 이야기하려는 것보다는 장차 실현되어야 할 왕도사회(王道社會)를 이야기한 것이다.

이에 대해 이 편이 주장하고 있는 인간의 천성은 초목·금수·인간에 아무런 차별도 없는 자연계에 존재하는 모든 物에게 평등한 근거로서 생각된 것이다. 만약 그와 같은 자연계가 있다면 그 천성은 맹자가 주장하는 性처럼 인간에게 보편적일 뿐 아니라 오히려 '同德'이란 말대로 한층 보편적으로 타당할 것이다. 또 그런 까닭에 '一而不黨'이라 한 것처럼 인간뿐 아니라 모든 物이 각각 그 공통의 근거 위에 존재하는 한, 모든 物은 각각 평등·독립·자유의 경지에 존재할 것이다. 物의 독립·자유는 개인적인 자각이나 전체적인 질서의 실현 뒤에 보장되는 것보다는 보편적 근거에 의해 한층 이론적으로 확립된다. 이처럼 이 편에는 맹자보다도 철저했던 사변이 있는 것이다.

그런데 사람과 짐승이 서로 잡아먹지 않는 자연계가 있었을까? 가령 실재했다 하더라도 순자가 '물과 불에는 氣가 있지만 생명이 없고, 초목에는 생명이 있지만 知가 없고, 금수에게는 知가 있지만 義가 없다. 오직 인간에게만 氣·生·知·義가 있는 것이다(水火有氣而無生, 草木有生而無知, 禽獸有知而無義, 人有氣有生有知亦且有義)'(왕제편)라고 규정한 것처럼 物에는 각각 본질적 차이가 있다는 것도 자연계의 사실이다. 오히려 그 차이 때문에 인간은 협동·분업의 사회를 발전시키고 그에 따라 인의예악도 세울 수 있었던 것이다. 이런 점에서 보면 이 편에서 제시하고 있는 이상사회는 너무나도 과거로 후퇴하여 상정된 원시적 사회이다.

'素朴'이라는 것이 과연 인간의 천성을 완수한 것일까? 그것은 인간을 금수·초목과 같은 수준으로 후퇴시켜 원시적 사회의 존재로 볼 때에 가능할 것이다. 요컨대 '織而衣, 耕而食'이라고 한 천성은 실제로는 인간이 원시적 사회에까지 되돌아간 경우의 최저 요구임에 틀림없다.

이 편의 주장에는 이처럼 철저한 사변과 함께 일면성, 아니 후퇴성이라 해야 할 것이 있다. 또한 그것이 특색이기도 하다. 대체로 이 편의 의론(議論)의 중점은 인의예악을 비판 배격하는 데 있다. 인의예악은 좀처럼 실현될 수가 없다. 인의예악에 국한되지 않고 일반적으로 인간이 부르짖는 교설(敎說)은 고정되어 교조화되면 그 본의를 잃고 어떤 특정한 사람들의 방어 수단이나 공격 수단이 되어 다른 사람들의 창조적 발전을 철저히 방해하게 된다. 이 편은 인의예악이 현실에서 그와 같은 장애가 된 때에 성립된 것이리라.

이 편의 인의는 도덕을 폐기시키는 것이라는 주장은 인의예악을 주장하는 공자·맹자·순자 등 유가의 설을 부인한 것이자 그에 대한 배격이다. 단, 그 배격은 배격만으로 그치는 것이 아니다. 이 부정·배격은 유가, 아니 유가에 국한되지 않고 인간 사회에 知와 욕망을 갖춘 존재로서 살고 있는 인간으로 하여금 인간의 행복을 증진해야 할 사회가 과연 금수·초목과 혼화된 사회보다 열등한 것인가, 인간의 知나 욕망은 이것을 적극적으로 확충하는 것으로는 만족할 수 없는 것인가 하는 점들을 반성시킬 것이다.

夫馬陸居, 則食草飮水, 喜則交頸相靡, 怒則分背相踶. 馬知已此矣. 夫加之以衡扼, 齊之以月題, 而馬知介倪, 闉扼, 鷙曼, 詭銜, 竊轡. 故馬之知而能(態)至盜者, 伯樂之罪也.
夫赫胥氏之時, 民居不知所爲, 行不知所之, 含哺而熙, 鼓腹而

遊. 民能以此矣. 及至聖人, 屈折禮樂, 以匡天下之形, 縣跂仁
義, 以慰天下之心. 而民乃始踶跂好知, 爭歸於利, 不可止也.
此亦聖人之過也.

무릇 말은 들에 살면서 마음 내키는 대로 돌아다니며 풀을 뜯고 물을 마
시며 기분이 좋으면 서로 목을 맞대고 비비며 화가 나면 등을 돌리고 앞발
을 높이 쳐든다. 말의 지혜는 고작 이것뿐이다. 그런데 말을 잡아다 마차
의 횡목(橫木)에 매고 머리에 굴레를 씌우면 말은 끌채를 부러뜨리려 하거
나 멍에를 구부러뜨리려 하고, 일부러 느릿느릿 걷거나 재갈을 뱉어 버리
거나 고삐를 물어뜯으려 한다. 즉 나쁜 짓을 알게 되는 것이다. 요컨대 그
지혜가 무심(無心)했던 말이 가끔 약은 짓을 하게 된 것은 백락(伯樂)이 말
을 조교(調敎)한 과오를 저질렀기 때문이다.

무릇 태고의 무위(無爲)의 제왕이라 하는 혁서씨 때에는 백성은 평소 자
신이 무엇을 하고 있는지도 모르고 걸어가더라도 어디에 가는지를 모르며
그저 입 속에 먹을 것을 넣고 우물거리고 배를 두드리며 놀았다. 백성들이
할 수 있고, 또 하는 일이란 그것뿐이었다. 그런데 성인이 나타나 멋대로
예악을 지어내고, 천하 인민의 더없이 바른 몸을 바로잡겠다며 인의를 높
이 내세우고는 그 순수한 마음을 억눌렀다. 그리하여 인민은 그때부터 애
써 지혜를 좋아하고 이익을 다투게 되었으며 그 형세는 오늘날에 이르러 도
저히 꺾을 수 없게 된 것이다. 이는 전적으로 성인의 잘못이다.

【語義】 陸居(육거):자유롭게 산야에 사는 것. '陸'은 높고 평평한 토지.
　　交頸相靡(교경상마):머리를 교차시키고 서로 비비는 것. '靡'는 '摩
　　(마:문지르다, 비비다)'의 차자.

分背相踶(분배상제):등을 돌리고 서로 말발굽을 들어올림. '踶'는 발을 높이 들어올리는 것.

馬知已此矣(마지이차의):말의 지혜는 이것뿐임. '已'는 '멈추다 · 다하다'의 뜻.

加之以衡扼(가지이형액):'衡'은 마차의 채끝에 댄 횡목(橫木). 이 횡목에 말을 맨다. '扼'은 '軛(액:멍에)'의 차자.

齊之以月題(제지이월제):'月題'는 말의 이마 부분에 매는 달 모양의 장식.

介倪(개예):'介'는 '拐(월:부러뜨리다)'의 차자. '倪'는 '輗(예:끌채의 끝)'의 차자.

闉扼(인액):'闉'은 구부러뜨리는 것. '扼'은 멍에.

鷙曼(지만):'鷙'는 본디 매 · 수리 등의 맹금을 가리키나, 여기서는 '鷙(지:말의 발이 진흙에 빠져 앞으로 나아가지 못하는 것)'의 차자로 쓰였다. '曼'은 '蹒(반:비틀거리며 걷는 것)'의 차자.

詭銜(궤함):말이 재갈을 뱉어 냄.

竊轡(절비):고삐를 물어뜯음. '竊'은 '齧(설:깨물다 · 씹다)'의 차자. 詭銜, 竊轡는 기속(羈束)된 것이 제어하기 어렵도록 항거함을 비유한 말.

而能至盜者(이능지도자):저본에는 '能'으로 되어 있으나, 郭象注本에 '態'로 해야만 뜻이 명백해진다 했으므로 '態'로 고쳤다. '態'는 '乃'의 차자로 여기서는 '이따금 · 가끔'의 뜻으로 쓰였다. '盜'는 불법이나 거짓을 범한다는 뜻. 훔친다는 뜻이 아니다.

赫胥氏(혁서씨):상고의 제왕으로 염제(炎帝)인 듯함(≪경전석문≫의 설). 생각건대 '赫胥'는 '虛'의 완언으로 虛無의 道가 행해지던 때의 제왕이란 뜻을 지니고 있는 듯하다.

含哺而熙鼓腹而遊(함포이희고복이유):음식물을 입에 넣고 즐거운 듯이 우물우물 씹고, 또 배를 두드리면서 놂. 생명을 충족시키면 그 이상의 일은 없음. 소박·자족한 것을 가리킨다. '熙'는 '喜'의 차자. 晉의 황보밀(皇甫謐)이 편술한 《제왕세기(帝王世紀)》에도 보이며 《십팔사략(十八史略)》의 帝堯의 世에 채록되어 있는 '늙은이 하나가 배불리 먹고 배를 쓰다듬고 땅을 두드리면서 노래하길, "해 뜨면 일하고 해 지면 쉬네. 샘을 파 물 마시고 밭 갈아 먹고 사네. 제왕의 덕, 내 알 바 아니네."라고 한 '격양가'는 필시 이 편의 서술에서 전개된 것이리라.

民能以此矣(민능이차의):'以'는 已와 같다. '다하다'의 뜻.

屈折禮樂(굴절예악):변무편에서 언급했다. 변무편의 언급은 이 편에 근거한 것이리라.

縣跂仁義以慰天下之心(현기인의이위천하지심):'縣'은 '매어 달다'의 뜻. '跂'는 '庪(기:올려 놓다)'의 차자. 요컨대 '縣跂仁義'는 인의의 가르침을 높이 내세우는 것을 가리킨다. '慰'는 '尉(위:억누르다)'의 차자.

【補說】이 절은 이 논설의 결론이다. 서론에 호응하여 말을 비유로 들고 있다. 말이 그 무심한 본성을 잃게 되는 것은 백락의 조교(調敎) 때문이며 또 그것은 백락의 잘못임을 거듭 주장한 다음, 소박한 사회를 이루었던 혁서씨의 세상을 이야기하여 그때 인민들의 자족 자적(自足自適)을 상기시키고 있다. 그리고 그러한 인민이 본성을 잃고 이익 추구에 몰두하게 된 것은 인의예악이 만들어졌기 때문이며 그러한 인의예악을 만든 것은 성인의 잘못이라고 결론짓고 있다.

【餘說】노·장의 이상사회관(理想社會觀)

마제편은 거의 같은 논지의 변무편 이하 재유편에 이르는 4편 중에서 가장 특색 있으며 독립자족·자유평안 등의 인간의 근본적 욕구와, 특히 무차별 평등·순수소박·자연화합 등의 사회적 조화의 기본적 요건을 잘 제시하고 있어, 너무나도 인위와 교지(狡知)로 내닫는 현실에 대한 예리한 비판과 함께 이상적 사회에의 강한 희구를 보여 주고 있다. 뿐만 아니라 문장도 매우 정돈되어 있다.

인간의 무지·무욕과 그러한 사람들의 소박한 사회는 ≪노자≫에서 강조하는 것이다. 그 한 예로서 ≪노자≫ 제80장에서는 '작은 나라에다 백성도 적은 것이 이상적이다. 다른 사람보다 매우 뛰어난 기량을 갖춘 사람이 있더라도 그 재능을 쓰지 못하게 한다. 백성이 생명을 귀중하게 여겨 죽음을 중대한 일로 여길 수 있게 하고, 멀리 이사하여 살고 싶다는 마음이 일어나지 않게 한다. 배나 수레가 있더라도 그것을 탈 필요를 느끼지 못하게 한다. 갑옷과 무기가 있더라도 그것을 벌여 놓고 전쟁 따위를 하게 하지 않는다. 백성으로 하여금 고대의 순박한, 새끼를 매어 약속을 삼던 상태로 되돌아가게 한다. 이와 같은 지극한 다스림을 구현하여 백성으로 하여금 음식을 달게 여기고 옷을 아름답게 생각하며 주거를 편안하게 생각하여 풍속을 즐기게 한다. 이웃 나라와 서로 마주볼 만큼 가까이 있어 닭과 개의 소리를 서로 들어도 모두가 자신의 땅에 만족하여 늙어 죽을 때까지도 이웃나라에 왕래할 생각을 하지 않는다. 이러한 나라야말로 우리의 이상향이다.(小國寡民. 使有什伯人之器而不用. 使民重死而不遠徙. 雖有舟舉, 無所乘之. 雖有甲兵, 無所陳之. 使民復結繩而用之. 甘其食, 美其服, 安其居, 樂其俗. 鄰國相望, 雞狗之聲相聞, 民至老死, 不相往來)'라고 했다.

단, 마제편이 이상적인 소박 사회를 이념적인 면에서 제시하고 있는데 비해 ≪노자≫ 제80장은 그것을 실현하기 위한 현실적 시책을 설하고 있다. 통설에는 ≪노자≫가 ≪장자≫에 앞선 것으로 되어 있는데 오히려 ≪노자≫의 설이 마제편의 설을 응용한 것이 아닌가 생각된다. 그런데 마제편의 표현에 수사 기교가 집중되어 있다는 점에서 추찰(推察)하면 마제편이 독창된 것이라고는 보기 어렵고 기조로 삼았던 것이 있었던 듯하다. 어쩌면 ≪노자≫ 제80장과 마제편은 거의 같은 시기에 지어졌는지도 알 수 없다. 어쨌든 이것들은 중국에 있어서 이상향론의 전형이 되었으며 유가에도 적지 않은 영향을 주었다.

≪예기≫의 예운편(禮運篇)은 秦·漢 사이에 이루어졌다고 생각되는데 여기서는 공자와 자유의 문답을 통해, 예의를 강기(綱紀)로 삼은 禹·湯·文·武·成 등 성왕의 세상을 이른바 '소강(小康)'의 시대라 하고 그 이전에 '대동(大同)'의 시대가 있었다 하여 '큰 道가 행해진 세상에서는 천하가 만인의 것이었다. 사람들은 어진 사람과 재주 있는 사람을 가려내어 관직에 앉히고, 온갖 정성을 다하여 서로의 신뢰와 친목을 두렵게 했다. 그러니 사람들은 자기의 부모만을 부모로 하지 않고 자기의 자식만을 자식으로 하지 않았다. 노인에게는 그 생애를 평안하게 마칠 수 있도록 해 주었고 장정에게는 일을 주었으며 어린이들에게는 마음껏 뛰어 놀며 자랄 수 있게 해 주었고 과부·고아·불구자들에게는 안심하고 생활할 수 있도록 해 주었다. 남자에게는 직분을 주었고 여자에게는 섬길 수 있는 남편을 갖게 했다. 재화를 헛되이 쓰는 것을 미워하였으나 꼭 자신만이 독점하려 하지 않았고, 힘이란 개인에게서 나오는 것이나 그 힘을 자신의 이익을 위해서 쓰지 않았다. 모두가 이러하였기에 모략이 있을 수 없었고 절도나 폭력이 있을 수 없었으며 누구도 문을 잠그는 일이 없었다. 이것을 대동의 세상이라 한다.(大道之行也, 天下爲公, 選賢與能, 講信脩睦. 故人不獨親其親, 不獨子其子, 使老有所終, 壯有所用, 幼有所長, 矜寡孤獨廢疾者, 皆有所養. 男有分, 女有歸. 貨惡其棄於地也, 不必藏於己. 力惡其不出於身也, 不必爲己. 是故謀閉而不興, 盜竊亂賊而不作. 故外戶而不閉. 是謂大同)'라고 했다. 이 '대동'에는 유

가적인 도덕관, 묵가적인 공동 정신 외에, ≪노자≫나 마제편 등의 평등·소박한 이상사회관이 짙게 배어 있다 할 수 있으리라.

漢代에는 공적으로는 유가가 추앙받았으나 모든 사람의 정신 밑바탕에는 노·장의 도가설이 깊게 자리잡고 있었다. 漢 왕실의 위세가 기운 후한 후기에 장형(張衡:78~129)은 〈歸田賦〉를 지어 전원생활의 자유스러움을 동경하는 마음을 서술했다. 정정(政情)이 불안정하며 사회상이 험악했던 魏·晉 시대에는 노·장·역 등 이른바 현학(玄學)이 유행하였다. 죽림의 산기슭에 모여 마음 내키는 대로 술을 마시며 놀았다고 하는 완적(阮籍)·혜강(嵇康)·산도(山濤)·유령(劉伶)·완함(阮咸)·상수(向秀)·왕융(王戎) 등 이른바 '죽림칠현(竹林七賢)'은 현실 사회에 죽림(竹林)이라는 이상향을 현출(現出)시키려 했던 것이다. 완적에게는 무차별·자유가 그의 이상이었고, 혜강에게는 자유스럽게 방종하는 것이 지원(志願)이었다.

인간 세상의 추악함을 싫어하면 싫어할수록, 인간 세상을 떠나 자연 속의 평안함과 즐거움을 구하게 되는데 이는 인정의 필연적 귀결이리라. 단, 자연을 어떠한 것으로 파악하느냐는 노·장에 대한 이해, 인생에 대한 사색과 경험 등으로 그 깊이가 달라진다. 이런 점에서 이채를 발하고 있는 것은 다름 아닌 도연명(陶淵明:365~427)의 문학이다. 그는 자신이 꿈꾸는 이상향을 〈도화원기(桃花源記)〉라는 작품을 통해 세상에 드러냈다. 그는 ≪노자≫ 제80장에 '雞狗之聲相聞, 民至老死, 不相往來'라고 한 자족안락(自足安樂)의 경지가 현실에 실재하는 것처럼 秦의 난리 이후 漢이 있었다는 것도 魏·晉의 시대가 있다는 것도 모르는 격절(隔絶)의 땅을 상정하고, 그곳에 사람들이 모여 도원향(挑源鄉)을 이루고 있는 것을 미적으로 묘사하여 이상향을 갈망하는 사람들의 소망을 비등시켰던 것이다.

그는 자신이 꿈꾸는 이상향을 현실에 실현시켰는데 그것이 바로 그의 전원생활이었다. 그것은 '친척들과 정담을 나누며 즐거워하고, 거문고를 타고 책을 읽으며 시름을 달랜다. 농부가 찾아와 봄이 왔다고 일러 주니, 곧 서쪽 밭에 나아가 밭을 갈리라.(悅親戚之情話, 樂琴書以消憂. 農人告余以春及, 將有事于西疇)'(〈귀거래사(歸去來辭)〉)고 한 것처럼 소박하고 자연스런 정애(情愛) 속에 자적의 즐거움을 발견하는 것이며 '지팡이에 늙은 몸 의지하며 발길 멎는 대로 쉬다가 때때로 머리 들어 먼 하늘을 바라본다. 구름은 무심히 산골짝에서 피어오르고, 날다 지친 새들 둥지로 돌아오네. 저녁 빛 어두워지며 서산에 해 지려 하는데 홀로 외로운 소나무 어루만지며 서성이고 있네(策扶老以流憩, 時矯首而游觀. 雲無心以出岫, 鳥倦飛而知還. 景翳翳以將入, 撫孤松而盤桓)'(〈歸去來辭〉).

또 '사람들 틈에 오두막집 짓고 살지만 시끄럽게 수레 몰고 찾아오는 이 없네. 어찌 그럴 수 있느냐고 묻기에 마음이 속세에서 멀어지면 거처하는 곳이 절로 외진 곳처럼 된다고. 동쪽 울타리 밑에서 국화를 따드니 유연히 남산이 눈에 들어오네. 산기운 날 저물자 더욱 좋고, 날던 새 짝 지어 집으로 돌아오네. 이처럼 자연 따라 사는 속에 참뜻이 있는데 말로는 도저히 표현할 수 없네(結廬在人境, 而無車馬喧. 問君何能爾, 心遠地自偏. 採菊東籬下, 悠然見南山. 山氣日夕佳, 飛鳥相與還. 此間有眞意, 欲辯已忘言)'(〈음주(飮酒)〉)라고 노래한 것처럼 자적이 갖는 자유를 자연의 풍물에 투영시키고, 그에서 영원한 참 실상을 발견하는 것이었다. 노·장에 의해 설정된 이상향을 현실에 존재하는 전원생활에서 구하여 그것을 인생의 善과 자연의 眞의 일치라고 했을 뿐 아니라 문학적 아름다움으로까지 승화시켰던 것이다. 그래서 도연명이 보여 준 경지는 그 후 오래도록 '전원 문학'의 전형이 되었다.

晉代에 포경언(鮑敬言)이란 사람은 노·장의 글을 좋아하여 '옛날엔 군주가 없었지만 지금 세상보다 좋았다'라고 하는 무정부적 주의를 세우고, 군주제와 그 정교(政敎) 등에 대한 비판론을 전개했다 한다(≪포박자(抱朴子)≫ 외편·詰鮑篇 참조). 그로부터 시대는 멀리 떨어졌지만 淸末의 인물 강유위(康有爲:1858~1927)는 ≪대동서(大同書)≫를 저술하여 박애평등·무정부적 이상사회론을 전개했다. ≪대동서≫가 기조로 삼고 있는 것은 ≪예기≫ 예운편의 내용인데 그것은 또 노·장의 설에 영향 받았음은 이미 지적한 바 있다.

요컨대 노·장의 이상향론은 이처럼 후세까지 길이 사람들에게 이상향을 희구하게 하는 정을 샘솟게 했던 것이다.

제10편
거협(胠篋)

편의 첫 문장 중 두 글자를 취하여 편명으로 했다. 전편이 하나의 논문으로서 대강 다섯 개의 절로 이루어져 있다. 도적을 방비하고자 하는 인간의 지혜가 결과적으로 대도적(大盜賊)의 이익에 이바지한다는 기경(奇警)한 발상에서 출발하여 聖知 · 仁義에 의한 정치를 배격하고 무위의 정치를 해야 할 것을 설하고 있다. 변무 · 마제의 편들과 유형을 같이하고 있는데 그 논조가 가장 격렬하다. ≪노자≫의 설을 부연하고 있는 듯한 경향이 있다. '胠'는 '去'의 차자로 연다는 뜻. '篋'은 '匧'과 같다. 버들고리처럼 옷을 넣는 데 사용되는 뚜껑이 달린 상자.

난성지지론(難聖知之論)

將爲胠篋探囊發匱之盜而爲守備, 則必攝緘縢, 固扃鐍. 此世俗之所謂知也. 然而巨盜至, 則負匱揭篋擔囊而趨, 唯恐緘縢・扃鐍之不固也. 然則鄕之所謂知者, 不乃爲大盜積者也.

　옷고리짝을 열고 옷가지 등을 가져가거나 자루 속을 뒤져 금붙이를 가져가거나 나무 상자를 열고 값진 물건들을 가져가거나 하는 좀도둑에게 도난당하는 일을 막고자 하면 틀림없이 새끼나 노끈 따위로 몇 겹을 동여매거나 튼튼한 자물쇠를 구하여 잠그거나 할 것이다. 이것이 세상에서 지혜라 이르는 것이다. 그런데 큰 도둑이 들면 나무 장자는 짊어지고 옷고리짝은 손에 들고 자루는 여럿이 나누어 메고 달아날 것이다. 그럴 경우에 큰 도둑은 주머니의 아가리를 동여맨 끈이 풀어지거나 옷고리짝을 칭칭 동여맨 새끼가 끊어지거나 나무 상자에 채운 자물쇠가 풀려 안에 든 것들이 밖으로 쏟아지지나 않을까 하는 것만을 걱정한다. 이러한 사실에서 보면 앞서 세상에서 지혜롭다고 격찬 받은 일이 사실은 큰 도적을 위하여 物을 열심히 모아 놓은 게 되지 않을까?

【語義】 發匱(발궤) :‘發’은 ‘撥’과 같다. 비틀어 여는 것. ‘匱’는 ‘櫃’와 같다. 중요한 물건이나 옷 따위를 넣어 두는 나무로 만든 상자.
　攝緘縢(섭함등) :‘攝’은 통상 ‘묶다・매다’ 등으로 해석되는데 여기서는 ‘固扃鐍’의 ‘固’와 대응하는 말로 ‘襲(습:포개다・거듭하다)’ 또는 ‘緝(즙:비틀어서 하나가 되게 하다)’의 차자이리라. ‘緘’은 뚜껑과 몸체를 묶는 끈. '縢'은 빙빙 몇 겹으로 감은 새끼.

固扃鐍(고경휼):'扃'은 빗장. 자물쇠를 채우기 위해 가로질러 놓은 막대기. '鐍'은 자물쇠를 잠그는 것.

揭(게):손에 든다는 뜻. 등에 진다는 뜻도 있다.

唯恐……:篋·囊·匱 등이 단단히 묶이지 않아 그 안에 든 물건이 밖으로 쏟아지지나 않을까를 걱정함.

鄉(향):'嚮(향:앞)'의 차자.

不乃……:'無乃', '無寧' 등과 같다. '오히려 ~한 것이 아닐까?'의 뜻. 반어적인 표현이다.

積(적):모으다. 《노자》에 '성인은 자신을 위하여 쌓아 놓는 법이 없다. 모두 사람들을 위해 써 버린다. 이처럼 진실을 다 써 버리기 때문에 사람들에게서 감사의 말을 들으며 오히려 더욱 더 많이 갖게 되는 것이다.(聖人不積. 旣以爲人, 己愈有, 旣以與人, 己愈多)'(제81장)라고 했다.

【補說】이상은 제1절이다. 도적에 대비하는 세상의 지혜가 실은 도적의 이익을 도모하게 된다는 역설을 들어 이하의 논술을 유도하고 있다. 인간의 지혜가 상대적인 것임은 이미 제물론편에서 자세히 논한 바 있다. 상식적인 善·美가 사실은 不善·不美가 된다는 역설을 이 편에서는 도둑을 막고자 하는 지혜가 결국은 도둑을 돕는 일이 된다는 기발한 예로써 증명하고 있다. 이것이 이 편을 비할 데 없이 통쾌한 작품으로 만들고 있는 것이다.

故嘗試論之, 世俗之所謂知者, 有不爲大盜積者乎. 所謂聖者, 有不爲大盜守者乎.
何以知其然邪. 昔者, 齊國, 鄰邑相望, 雞狗之音相聞, 罔罟

之所布，耒耨之所刺，方二千餘里. 闔四竟之內，所以立宗
廟·社稷，治邑·屋·州·閭鄉曲者，曷嘗不法聖人(知)哉.
然而田成子一旦殺齊君而盜其國. 所盜者，豈獨其國邪，并與
其聖知之法而盜之. 故田成子有乎盜賊之名，而身處堯·舜之
安，小國不敢非，大國不敢誅，十二(世)世有齊國. 則是不乃
竊齊國，并與其聖知之法，以守其盜賊之身乎.

그래서 시험 삼아 한 번 논하여 보겠다. 세상에서 이른바 뛰어난 지혜라
하는 것도 사실은 큰 도적과 같은 악인을 위해 物을 모아주는 것에 지나지
않는 것이 아닐까? 세간에서 추앙받는 성스런 지혜라는 것도 사실은 대도
적과 같은 악인을 지켜 주는 것에 지나지 않는 것이 아닐까?

어떻게 그렇다는 것을 아느냐 하면 다음과 같은 이유 때문이다. 옛날 제
(齊)나라는 마을끼리 서로 빤히 보일 만큼 가까이 있어 이웃 마을의 개와
닭소리를 들을 수 있었으며 또 그물을 쳐 고기를 잡을 수 있는 호수와 늪
이 있고 쟁기와 괭이로 개간한 경지가 사방 이천 리에 걸쳐 있었다. 그 사
방의 끝에까지 걸쳐 종묘·사직을 세워 국가의 주권을 명확하게 하고 邑·
屋·州·閭 따위의 지방 구역을 설계하여 다스린 정책은 그 어느 하나도
명지·성모(明知·聖謀)에 준하지 않은 것이 없었다. 그런데 전성자(田成
子)는 하루아침에 군주를 죽이고 그 나라를 도둑질해 버렸다. 그가 도둑질
한 것은 제나라의 국토뿐이었을까? 그 성지(聖知)가 정해 놓은 법제까지
도 함께 훔쳤던 것이다. 그래서 전성자는 도적이라는 오명을 얻긴 했으나
몸은 요·순과 같이 안락했다. 당시의 작은 나라들은 그의 악역을 비난하
지 못했고, 큰 나라들도 그의 죄를 책하지 못하여 그 자손이 대대로 제나라
에 군림했다. 이것은 제나라의 국토뿐 아니라 성지(聖知)에 의해 만들어진

법제까지 도둑질함으로써 도적인 그 몸을 온전히 지킨 것이 아니겠는가.

【語義】 所謂聖者(소위성자):‘世俗之所謂聖者’의 생략된 표현이다. ‘聖’은
　　본디 귀가 밝아 神의 소리를 듣는 능력, 또는 그 능력을 지닌 사람을 말
　　하며 나아가 모든 물사에 통달한 뛰어난 德, 또는 그러한 德을 지닌 사
　　람을 말하여 결국 이상적 인격을 가리키는데 여기서는 천하·국가를 다
　　스리는 뛰어난 재지(才知)를 가리킨다.
　　齊國(제국):周나라 武王 때, 태공망(太公望) 여상(呂尙:성은 姜)이 처
　　음으로 봉해졌던 나라로 임치(臨淄:산동성)에 수도를 두고 산동성 동
　　부와 하북성 일부를 거느렸으며 해산물·소금·비단 등의 상업으로 번
　　영했다. 28대까지 지속되었으며 14대 환공(桓公) 때 가장 국위가 성했
　　는데 25대 때 간공(簡公)이 전씨(田氏)에게 지배받아 결국 전씨가 대신
　　하게 되었다.
　　鄰邑相望雞狗之音相聞(인읍상망계구지음상문):인구가 조밀한 것을
　　가리킨다. ≪노자≫ 제80장에 ‘鄰邑相望, 雞狗之聲相聞, 民至老死, 不
　　相往來’라고 한 것을 이용한 표현이다.
　　罔罟之所布(망고지소포):어업이 행해지는 늪과 못을 가리킨다. ‘罔’은
　　‘網(망:그물)’의 본자. ‘罟’도 물고기를 잡는 그물.
　　耒耨之所刺(뇌누지소자):농경지를 가리킨다. ‘耒’는 쟁기. ‘耨’는 괭
　　이. ‘刺’는 耜(사:보습, 나아가 경작한다는 뜻)’의 차자.
　　方二千餘里(방이천여리):≪전국책(戰國策)≫ 齊策에도 ‘제나라는 사
　　방 이천 리……’라는 말이 있는데 전국시대에 齊의 성대함을 표현하는
　　상용어였던 것 같다. 단, 약간 과장된 표현이다.
　　闔四竟之內(개사경지내):‘闔’는 ‘蓋(개:덮다)’의 차자. ‘竟’은 ‘境(경:경
　　계, 땅)’의 차자.

宗廟社稷(종묘사직):'宗廟'는 임금의 조상을 제사지내는 묘로 이것을 세운다는 것은 주권을 장악하는 것을 상징한다. '社稷'은 대사 · 국사(大社 · 國社)라고도 하며 국토의 신을 제사지내는 것으로 이것은 바로 국토의 통치권을 장악했음을 상징한다. 일설에 社와 稷은 별개의 神으로 社는 국토의 神이며 稷은 오곡(五穀)의 神이라 한다.

邑屋州閭鄕曲(읍옥주여향곡):행정 구획을 가리킨다. ≪사마법(司馬法)≫에, 일부(一夫:성년 남자 한 사람)가 백묘(百畝:약 182아르)를 경작하며 3夫를 1屋, 3屋을 1井, 4井을 一邑이라 했다 한다. 또 ≪주례(周禮)≫에 의하면 5家를 比라 하고, 5比를 閭, 5閭를 族, 5族을 黨, 5黨을 州, 5州를 鄕이라 했다 한다.

聖人(성인):齊나라의 법제를 정했던 자를 가리키는 말로 생각되는데 그 법제를 최초로 정한 자는 태공망(太公望)이며 그것을 정비한 자는 제14대 환공(桓公)을 보좌했던 관중(管仲)이었다.

田成子(전성자):성은 田(또는 陳으로도 쓴다), 이름은 恒(항:常으로도 쓴다), 成子는 그의 시(諡). 당시 田氏 일가는 강대하여 제나라 정권을 위협하였다. 이들을 제거하려는 기도가 있었으므로 제나라의 군주인 간공(簡公:B.C. 484~B.C. 481 재위)을 살해하였다. ≪논어≫ 헌문편에 기술된 바에 의하면 이 사실을 전해들은 공자는 토벌군 파견을 魯의 애공(哀公)에게 진언했으나 거절당했다.

一旦(일단):'一朝'와 같다. 얼마 안 되는 기간.

十二世(십이세):田氏는 陳完이 陳國에서 齊나라로 망명하여 大夫가 된 다음부터 서서히 그 세력을 확장하여 田常은 齊나라의 簡公을 죽이고, 또 그 후 田太公和는 齊의 주권을 탈취했다. ≪사기≫에 근거하여 그 世系를 도시하면 다음과 같다. ① (陳)完(敬仲), ②(田)稺(孟夷), ③ 湣(孟莊), ④ 須無(文子), ⑤ 無宇(桓子), ⑥ 乞(釐子), ⑦ 常(成子), ⑧

盤(襄子), ⑨ 白(莊子), ⑩ 和(太公), ⑪ 午(桓公), ⑫ 因齊(威王), ⑬ 辟
疆(宣王), ⑭ 地(湣王), ⑮ 法章(襄王), ⑯ 建. 이에 의해 《경전석문》
에서는 陳完부터 田白(莊子)까지, 즉 齊의 大夫였던 9대와, 장주가 활
약하던 시대까지, 즉 田氏가 齊王이었던 3代를 합한 12代를 가리킨다
고 해석했는데 田成子를 중심으로 하여 그보다 앞선 조상까지 소급하
여 센다는 것은 불합리하다. 또, 田成子 이후 齊나라가 멸망하기까지는
10대에 지나지 않는다. 따라서 '十二世'는 '世世'를 옮겨 쓰는 과정에서
잘못 표기된 듯하다.

【補說】 이상은 제2절이다. 앞 절에서 연역하여 세간에서 존중하는 聖知는
악역(惡逆)을 조장하는 것임을 齊의 전성자의 예를 들어 논하고, 나라
를 다스리는 聖知는 惡逆에 지나지 않음을 시사하고 있다. 물론 백성
의 요망에 부응하여 국가를 창건하고 나라의 영구한 보존을 도모한 聖
知와 일족(一族)의 이익을 위해 주권을 탈취한 교지(校知)는 모두 '知'
라는 이름을 붙이고 있긴 하지만 그 내용은 판이하다. 그러나 주권을
둘러싸고 다투는 족간(族間)의 관계를 주로 하여 생각하면 앞서 국권
을 장악한 族이 明知를 작용시켰다고 하면 후에 그것을 탈취한 族은 한
층 더 明知를 작용시켜, 결국 明知의 끝없는 싸움이 되어 모든 知 그 자
체가 惡이라 하지 않을 수 없다. 이것이 본편이 논하고자 하는 바이다.

【餘說】 田成子에 관하여

이 이야기에서 들고 있는 전성자(田成子)는 본론에 있어 매우 적절한
예였을 것이다. 본문에서는 '田成子一旦殺齊君而盜其國'이라 한 데 그치
고 있지만 田氏에 관해 알고 있는 독자는 색다른 감흥을 일으켰을 것이다.

≪춘추좌씨전≫ 昭公 3년(B.C. 539) 항에는 晋의 平公에게 비(妃)를 보내는 사자로서 齊나라에서 晋나라에 간 안영(晏嬰)이, 晋의 현인인 숙향(叔向)과 만나 田氏의 민심 수람(民心收攬)의 일을 진술하여 '齊는 田氏의 나라가 될 것입니다. 齊의 군주가 백성을 버려 田氏에게 돌아가게 합니다.'라고 하자 숙향도, 晋의 정권이 경들에게 있고 백성들이 지쳤는데도 군주의 궁실이 점점 사치스러워지니 '지금은 바야흐로 말세입니다.'라고 하여 서로 세상을 개탄한 이야기가 실려 있다. 齊가 田氏에 의해 왕위가 바뀐 것과 晋이 韓 · 魏 · 趙 삼국으로 분열(B.C. 403)된 것은 역사의 변천이라는 점에서 생각하면 춘추시대에 패업(覇業)을 자랑했던 두 대국으로서는 누적된 구폐(舊弊)가 불러들인 필연적인 혁신이라고 밖에 말할 수 없다. 단, 田氏의 찬탈은 ≪사기≫에 의하면 더없이 교활한 지혜에 의한 것이었다. 예를 들면 전성자의 아버지 乞은 齊 경공(景公)의 신임을 받는 것과 함께 백성에게 곡물을 빌려 줄 때에는 많이 드는 되를 사용하고 곡물을 수납할 때에는 적게 드는 되를 사용하여 백성에게 음덕(陰德)을 베풀어 민심이 자신에게로 기울어지게 했으며 齊나라 국정의 실권을 쥐고 있는 高 · 國 양씨(兩氏)에게 잘 보인 다음 그들의 이간을 꾀하여 결국 그들은 몰아내고 齊의 군주를 폐위시키는 데 성공한다. 전성자는 백성에게 음덕을 베푸는 방책과 齊나라 구귀족을 제거하는 정책을 펴, 마침내 齊의 간공을 죽인 다음 그의 아우 평공을 옹립하고 자신은 재상이 된다. 齊가 여러 나라를 침략하여 빼앗았던 땅을 다시 돌려주고 수호(修好)의 사자를 보내 자신의 군주 살해에 대한 비난을 사전에 막고, 평공에게는 행상권(行賞權)을 주고 자신은 형벌권(刑罰權)을 장악하여 권위를 확립한다. 그리하여 마침내는 평공보다 많은 영토를 차지하기에 이른다. 정권의 다툼, 나아가 정치가 언제나 이러한 책략에 의해 이루어진다는 것은 실로 걱정스런 일이 아닐 수 없다.

嘗試論之, 世俗之所謂至知者, 有不爲大盜積者乎. 所謂至聖者, 有不爲大盜守者乎. 何以知其然邪. 昔者, 龍逢斬, 比干剖, 萇弘胣, 子胥靡. 故四子之賢而身不免乎戮.

故跖之徒問於跖曰, "盜亦有道乎." 跖曰, "何適而無有道邪. 夫妄意室中之藏, 聖也. 入先, 勇也. 出後, 義也. 知可否, 知也. 分均, 仁也. 五者不備而能成大盜者, 天下未之有也."

由是觀之, 善人不得聖人之道不立, 跖不得聖人之道不行. 天下之善人少而不善人多. 則聖人之利天下也少, 而害天下也多.

故曰, "脣竭則齒寒." "魯酒薄而邯鄲圍." 聖人生而大盜起. 掊擊聖人, 縱舍盜賊, 而天下始治矣. 夫川竭(渴)而谷虛, 丘夷而淵實. 聖人已死, 則大盜不起, 天下平而無故矣.

시험 삼아 논하여 보겠다. 세상에서 무엇과도 비길 수 없이 훌륭하다고 하는 명지(明知)가 사실은 악독하기 이를 데 없는 큰 도적을 위해 物을 모아두는 것이 아닐까? 성(聖)과 통했다고 하는 것이 사실은 극악한 대도적을 지켜 주는 것이 아닐까?

어떻게 그러한지 아느냐 하면 다음과 같은 이유에서이다. 옛날 현인인 관용봉(關龍逢)은 포학한 하(夏)의 걸왕에게 죽임을 당했고, 현인 비간은 포악한 은(殷)의 주왕에게 가슴을 찢겨 죽임을 당했으며, 현신 장홍(萇弘)은 우매한 주(周)의 경왕에게 거열형을 받았고, 명민한 오자서는 완미(頑迷)한 오왕(吳王) 부차에게서 자결을 명받았을 뿐 아니라 그의 시체는 말가죽 부대에 담겨 강물에 던져졌다. 이들 네 사람은 현명했기 때문에 오히려 포악한 왕으로부터 욕을 보고 죽임을 당하는 것을 피할 수 없었던 것이다.

이와는 반대로 다음과 같은 이야기가 있다. 큰 도둑 척(跖)의 부하들이

두목에게,

"도둑에게도 道가 있습니까?"

하고 물었다. 이에 척이 다음과 같이 대답했다.

"어느 일엔들 훌륭한 道가 없을 수 있겠느냐? 아무 단서도 없이 집 안에 어떤 물건이 감추어져 있는지를 알아내는 것은 성(聖)이다. 집 안에 들어갈 때에 맨 앞에 서는 것은 용(勇)이다. 도적질을 끝내고 집에서 빠져 나올 때에 맨 뒤에 나오는 것은 의(義)이다. 도적질한 물건의 가치를 정확히 분별하는 것은 지(知)이다. 각각의 몫을 공평하게 나누는 것은 인(仁)이다. 이 다섯 가지 德을 갖추지 않고서 큰 도둑이 된 자는 천하에 아직 없었다."

이같은 일로 볼 때 善人이 성인의 道를 따르지 않고서는 善人이 될 수 없지만 척(跖)과 같은 큰 도둑도 성인의 道를 따르지 않고서는 도둑질을 할 수 없는 것이다. 하물며 천하에 착한 사람은 적고 착하지 않은 사람이 많음에랴! 성인의 道는 착하지 않은 사람들에게만 잘 이용되어, 결국 道를 정한 성인이 천하에 이익을 남긴 것은 적고 해악을 남긴 것만 많은 것이다. 따라서 '입술이 잘 닫히지 않으면 찬 기운이 이빨에까지 스민다'거나 '노(魯)나라의 술맛이 싱거워지니 조(趙)나라 한단(邯鄲)이 포위되었다'는 속담처럼 모든 물사는 인(因)·과(果)의 우연한 만남이므로 성인이 세상에 나타났기 때문에 큰 도둑도 생기게 된 것이다. 성인을 타도하고 도적을 방면해 버려야만 천하가 제대로 다스려질 것이다. 무릇 냇물이 말라 버리면 골짜기의 물도 없어지고 언덕이 평평해지면 깊은 못도 메워져 천하에 험조(險阻)가 없게 된다. 이와 마찬가지로 성인이 죽어 나타나지 않으면 큰 도둑도 일어나지 않아 천하가 태평해질 뿐 아니라 아무 일도 생기지 않게 될 것이다.

【語義】 龍逢(용봉):관용봉(關龍逢)을 가리킨다. 하(夏)나라 걸왕(桀王) 때의 현신. 인간세편에도 나왔다.

比干(비간):은(殷)나라 주왕(紂王)의 한집안 사람. 주왕을 간하다 가슴을 찢겨 죽임을 당했다.

萇弘胣(장홍이):'萇弘'은 춘추시대 말기에 周나라의 영왕(靈王)·경왕 (敬王)에 출사했던 현신. 周의 국력 유지에 노력했으나, ≪한비자≫ 內儲說 하편에 의하면 晉나라 숙향(叔向)의 계략에 걸려 경왕에게 살해당했다(B.C. 492) 한다. '胣'는 거열(車裂)을 가리킨다. 일설에 장(腸)을 도려내는 것, 또는 장을 찢는 것을 가리킨다고 했다.

子胥靡(자서미):성은 오(伍), 이름은 원(員). '子胥'는 그의 자. 춘추시대 말기의 사람. 伍氏는 대대로 楚나라를 섬겨 온 집안이었는데 子胥의 아버지 사(奢)가 강력히 간(諫)하다 죄를 얻자 子胥는 吳나라로 망명했다. 오왕(吳王) 합려(闔閭)를 섬겨 吳軍을 이끌고 楚에 쳐들어가 마침내 아버지의 원수를 갚았다. 이어서 합려의 뒤를 이은 부차(夫差)를 섬겼으나 월(越)나라에 대한 정책에서 이견을 보여 夫差로부터 죽음을 명받았으며 그의 시체는 말가죽으로 만든 부대에 넣어져 강물에 던져졌다. '靡'는 썩어 문드러지는 것.

四子之賢而身不免乎戮(사자지현이신불면호륙):현인임에도 죽임을 당했다는 것이 至知·至聖은 大盜를 위한 것이라고 한 전제와 꼭 들어맞는 이야기는 아니리라. 여기서는 인간세편에 '王公必將乘人而鬪其捷'이라고 한 것처럼 현인인 것이 오히려 포학한 군주를 능멸하는 바가 되었다는 의미를 포함하고 있으리라.

跖(척):'도척(盜跖)'이라고도 한다. 또 '蹠'으로도 쓴다. 黃帝 때의 큰 도둑이라고도 하며 또 춘추시대 말기의 큰 도둑으로 현인 유하혜(柳下惠)의 아우라고도 한다. 중국의 큰 도둑을 대표하는 인물이다. 뒤에 도척편(盜跖篇)이 있으며 도척과 공자의 대화가 실려 있다.

何適而無有道邪(하적이무유도야):≪여씨춘추≫ 당무편(當務篇)에는

'奚啻其有道也(道가 있을 뿐 아니라)'로 되어 있고, ≪회남자≫ 도응훈
(道應訓)에는 '奚適其無道也'로 되어 있다. 郭慶藩은 ≪여씨춘추≫를 따
라야 한다고 했지만 원문대로 해석해도 통한다.

夫忘意室中之藏(부망의실중지장):≪여씨춘추≫ 당무편에는 '忘意關
內中藏'으로 ≪회남자≫ 도응훈에는 '意而中藏'으로 되어 있지만 원문대
로 해석하겠다. '忘意'는 아무런 단서도 없는데 알아내는 것.

天下之善人少而不善人多……:이것은 군더더기로 끼어든 문장으로
논지에서 약간 벗어난 말이다. 善人의 많고 적음이 문제가 되는 것이
아니라 善人이 천하를 해친다는 것을 말하기 위한 기교적인 수사이다.

脣竭則齒寒(순갈즉치한):상관관계에 있음을 나타내는 속담이다. '脣
竭而齒寒'(≪여씨춘추≫ 權勳篇), '脣揭則齒寒'(≪전국책≫ 韓策) 등으
로도 쓴다. '竭'은 '歇(헐:氣가 다 없어지는 것)'의 차자. 노령 등의 이유
로 입술이 잘 닫히지 않아서 차가운 외기(外氣)가 입안으로 들어와 이빨
이 시림. 울타리가 붕괴되어 어려움이 안에까지 미치는 것을 가리킨다.

魯酒薄而邯鄲圍(노주박이한단위):서로 아무런 관계가 없는 것 같은
일도 상관관계에 있음을 나타내는 속담이다. '魯'는 산동성 곡부현(曲阜
縣)에 도읍을 두었던 나라. '邯鄲'은 지금의 하북성 한단시(邯鄲市) 부근
에 있었던 조(趙)나라의 수도. 楚의 선왕(宣王:B.C. 369~B.C. 340 재
위)이 제후들을 조회(朝會)시켰을 때, 魯의 공공(恭公)은 회합에 늦었을
뿐 아니라 선왕에게 바친 술의 맛이 신통치 않았다. 선왕이 공공을 책
하자 공공은 그대로 귀국해 버렸다. 선왕이 공공의 무례함에 노하여 제
(齊)와 연합하여 魯를 공격하자 그때까지 楚의 강대함을 꺼려 조(趙)나
라를 공격하지 못했던 위(魏)나라의 혜왕(惠王)은 드디어 趙의 한단을
포위해 버렸다. 이상은 ≪경전석문≫에 실려 있는 내용이며 이 구는 이
것을 가리킨다. 또 일설(許愼 ≪회남자≫ 繆稱訓注說)에 의하면 다음과

같은 역사적 사실을 가리킨다 한다. 楚가 제후를 회동시켰는데 魯에서 바친 술은 신통치 않았고 趙에서 바친 술은 진하고 좋았다. 趙에서는 楚나라의 술 받는 일을 담당한 자에게 술을 주지 않았는데 이에 앙심을 먹은 그자는 魯의 술과 趙의 술을 바꾸어 楚王에게 바쳤다. 이에 楚王은 趙에서 바친 술이 신통치 않다며 趙를 공격하여 한단을 둘러싸 버렸다.

掊擊(부격):'掊'는 가르는 것. '擊'은 물리치는 것. 즉 타도하는 것을 가리킨다.

縱舍(종사):'縱'은 해방하다 · 풀어 놓다. '舍'는 내버려 두다. 즉 자유롭게 풀어 주는 것을 가리킨다.

夫川竭而谷虛丘夷而淵實(부천갈이곡허구이이연실):'竭'은 '渴(갈:물이 마르다)'의 차자. '夷'는 '㒨(이:평평하다)'의 차자. '實'은 여기서는 '막히다 · 메다 · 채워지다'의 뜻. ≪회남자≫의 說林訓에 '川竭而谷虛, 丘夷而淵塞, 脣竭則齒寒. 河水之深, 其壤在山'이라고 했다.

【補說】 이상은 제3절로 본론의 전반에 해당한다. 앞 절에서 약간 진전하여 道 때문에 목숨을 버린 관용봉 · 비간 등의 예와, 도적에게도 道가 있음을 보여 주는 한 일화를 들어 세간에서 추앙받는 至知 · 至聖도 결국 악인에게 이익을 더해 줄 뿐이라고 하여 성인 배격을 주장하고 있다.

【餘說】 도척(盜跖)의 도(道)

이 논설에 흥미를 더해 주는 것은 도척의 무리에게도 道가 있다는 것이다. 물론 이것은 희화(戱畵)이다. 跖의 집단에서는 도둑의 術이 세상의 도의(道義)라고 하는 범주에 구속받아야 한다고는 꿈에도 생각하지 않을 것이다. 그러나 어떤 집단의 질서를 유지하기 위한 術과 도의도 더 큰 집단체의 질서와 이익에 위배되지 않아야 하는 것임을 잊고 그것을 오직 자신들의 이익이나 질서만을 위한 것으로 생각한다면 그것은 跖 집단의 道처럼 자가류(自家流)의 강변이나 억지가 된다. 그러한 편협한 고집은 세상에 너무나 많다. 이러한 점에서, 跖의 희화는 야유 섞인 풍자이다. 세상에서 성인의 道라 하는 것도 大道를 망각한 跖의 道와 마찬가지로 자기 멋대로의 강변 혹은 억지에 지나지 않음을 이야기하고 있는 것이다.

그래서 '聖人已死, 則大盜不起'라 한 주장과는 표현의 순서가 바뀌어 있는 것으로 ≪노자≫에 '大道가 무너지자 仁義라 하는 次善의 것이 나오게 되었다. 지혜 있는 자가 나타났기 때문에 심한 거짓도 행해지게 되었다. 가족이 불화하는 일이 생겼기 때문에 부모에게 효도하는 자가 칭찬을 받게 되었다. 국가가 혼란해졌기 때문에 충신의 존재가 드러나게 되었다(大道廢有仁義. 智惠出有大僞. 六親不和有孝慈. 國家昏亂有忠臣)'(제18장)라는 말이 있는 것이다.

聖人不死, 大盜不止. 雖重聖人而治天下, 則是重利盜跖也. 爲之斗斛以量之, 則并與斗斛而竊之. 爲之權衡以稱之, 則并與權衡而竊之. 爲之符璽以信之, 則并與符璽而竊之. 爲之仁義以矯之, 則并與仁義而竊之.
何以知其然邪. 彼竊鉤者誅, 竊國者爲諸侯. 諸侯之門而仁義存焉. 則是非竊仁義·聖知邪. 故逐於大盜, 揭諸侯, 竊仁義并斗斛·權衡·符衡之利者, 雖有軒冕之賞, 弗能勸, 斧鉞之威, 弗能禁. 此重利盜跖, 而使不可禁者, 是乃聖人之過也. 故曰, "魚不可脫於淵, 國之利器不可以示人." 彼聖人(知)者,

天下之利器也. 非所以明天下也. 故絶聖棄知, 大盜乃止. 擿
玉毁珠, 小盜不起. 焚符破璽, 而民朴鄙. 掊斗折衡, 而民不
爭. 殫殘天下之聖法, 而民始可與論議.
擢亂六律, 鑠絶竽·瑟, 塞瞽曠之耳, 而天下始人含其聰矣.
滅文章, 散五采, 膠離朱之目, 而天下始人含其明矣. 毁絶鉤
繩, 而棄規矩, 攦工倕之指, 而天下始人有其巧矣. 故曰, "大
巧若拙." 削曾·史之行, 鉗楊·墨之口, 攘棄仁義, 而天下
之德始玄同矣.
彼人含其明, 則天下不鑠矣. 人含其聰, 則天下不累矣. 人
含其知, 則天下惑矣. 人含其德, 則天下不僻矣. 彼曾·史·
楊·墨·師曠·工倕·離朱, 皆外立其德, 而以爐亂天下者
也. 法之所無用也.

성인이 죽어 없어지지 않는 한 큰 도둑도 없어지지 않는다. 성인을 모조
리 모아다 천하를 다스리게 한다 해도 그것은 오히려 큰 도둑에게 되풀이
하여 이익을 주는 것밖에 되지 않는다. 되를 만들어 物의 출납을 엄하게 하
면 도둑은 그 되마저 훔친다. 저울을 만들어 物의 경중을 정확하게 재려 하
면 도둑은 그 저울마저 훔친다. 부절(符節)과 도장을 만들어 서약의 증거로
삼으려 하면 그 부절과 도장까지 훔친다. 인의(仁義)를 정하여 바르지 못한
것을 교정하려 하면 도둑은 그 인의마저 훔쳐 버리는 것이다.

어떻게 그렇다는 것을 아느냐 하면 다음과 같은 이유 때문이다. 무릇 허
리띠에 붙은 장식을 도둑질하는 정도의 작은 도둑은 죽임을 당하지만 나라
를 훔친 큰 도둑은 제후가 되며 더욱이 제후 일족의 권세야말로 인의를 빙
자한 것이다. 이것이 바로 큰 도둑은 仁義·聖謀·明知까지 훔친다는 것을

말해 주는 것이 아닐까? 그렇다면 성인의 다스림은 큰 도둑을 몰아내는 것 같아도 실은 그들로 하여금 제후의 높은 자리에 오르게 하는 것이다. 인의와 아울러 되·저울·부절·도장까지 훔치는 자라면 그들에게 높은 벼슬을 주어 선도하려 해도 할 수가 없고, 엄벌의 위협으로도 그들의 비행을 막을 수 없다. 이처럼 도척과 같은 큰 도둑에게 계속 이익을 줄 뿐 그들의 비행을 막지 못하게 된 것은 다름 아닌 성인의 잘못 때문이다.

그러므로 '물고기는 깊은 못에서 나오면 안 된다. 마찬가지로 나라의 귀중한 보배는 사람들에게 함부로 보여 주어서는 안 된다'고 하는 것이다. 성인의 생각과 현인의 영지(英知)는 천하의 귀중한 보물이다. 천하의 귀중한 보배는 천하 사람들에게 보여서는 안 되는 것이다. 그래서 '聖謀와 明知를 버려야만' 큰 도둑이 일어나지 않게 된다. 옥과 구슬 따위의 보물을 몽땅 두들겨 부수면 작은 도둑이 일어나는 일이 없게 된다. 부절을 불사르고 도장을 부수어 버리면 사람들은 자연 그대로의 소박함으로 되돌아간다. 말과 휘[斛]를 되는 되를 부수어 버리면 사람들은 이익을 구하려 다투는 일을 하지 않는다. 이처럼 하여 천하의 聖謀·明知가 정한 법제를 모조리 버리고 쓰지 않아야만 인민들은 비로소 소박하게 자적(自適)하는 생활을 이야기하게 되는 것이다.

육률(六律)의 소리와 가락을 어지럽히는 우(竽)나 슬(瑟) 따위를 거두어 불살라 버리고 사광(師曠)과 같은 악인(樂人)의 귀를 틀어막아 버려야 천하 사람 모두가 그 귀 밝음을 안에 간직하게 될 것이다. 의복의 아름다운 무늬와 모양을 없애고 오색의 빛을 뒤죽박죽으로 하며 이주(離朱)와 같이 더없이 밝은 눈을 가지고 있는 자의 눈꺼풀을 붙여 버려야만 천하 사람 모두가 그 눈의 밝음을 안에 지니게 될 것이다. 그림쇠와 먹줄을 끊고 그림쇠와 곱자를 부수며 공수(工倕)와 같은 세공인의 손에 수갑을 채워야만 천하 사람 모두가 타고난 훌륭함을 간직하게 될 것이다.(그래서 '참으로 훌륭한 것은 오히려 형편없는 것처럼 보인다'고 하는 것이다.) 증자(曾子)나 사추(史鰌)가 보여 준 절의 있는 행동을 하지 못하게 하고 양주(楊朱)나 묵적(墨翟)처럼 변론에 능한 자들의 입을 막아 버리며 仁義를 흙 버리듯 버리게 해야만 천하 사람들의 德은 비로소 오묘한 道와 하나가 될 것이다.

사람들이 그 눈의 밝음을 안에 간직하면 천하에는 눈을 속이려는 일이 없게 된다. 사람들이 그 귀의 밝음을 안에 간직하면 천하에는 어지러운 일이 없게 된다. 사람들이 지혜를 안에 간직하면 천하에는 미혹되는 일이 없게 된다. 사람들이 德을 안에 간직하면 천하에는 사악함에 치우치는 일이 없게 된다. 이에 반하여 저 曾子·史鰌·楊朱·墨翟·師曠·工倕·離朱 등은 모두 그 德을 무리하게 내세워 천하를 혼란시킨 자들이다. 이와 같은 자들은 어떤 법으로도 그들의 잘못을 멈추게 할 수가 없는 것이다.

【語義】 重聖人(중성인):성인을 늘어놓음. '重利盜跖'과 호응시키기 위해 '重' 자를 사용한 것이다.

斗斛(두곡):되[枡]. '斗'는 열 되. '斛'은 '石'과 같으며 열 말. 여기에서 '斗斛'을 이야기한 것은 앞의 餘說에 언급되어 있는 田氏 일가의 책략을 연상시키고, 나아가 다음의 '竊仁義'를 유도하기 위한 수사이다.

權衡(권형):저울. '權'은 분동(分銅). '衡'은 저울대.

符璽(부새):'符'는 부절(符節). 후일에 맞춰 보아 증거로 하는 문서나 감찰 따위. '璽'는 도장.

彼竊鉤者誅竊國者爲諸侯諸侯之門而仁義存焉(피절구자주절국자위제후제후지문이인의존언):誅·侯(侯部韻), 門·存(文部韻)으로 압운하고 있다. ≪사기≫ 유협열전에, '갈고리를 훔친 자는 죽임을 당하고, 나라를 훔친 자는 侯가 된다(竊鉤者誅, 竊國者侯)'와 '제후의 門에는 仁義가 있다(侯之門仁義存)'라는 말이 나온다. ≪사기≫의 문장은 ≪장자≫에

나오는 말을 근거로 하여 수사를 정리한 것으로 생각된다. 뒤의 도척편
에는 '小盜者拘, 大盜者爲諸侯. 諸侯之門, 義士存焉'이라는 말이 나온
다. 여기서 '而'는 앞의 '諸侯之門'을 강하게 제시하는 조사.

鉤(구):대(帶)를 고정시킬 때 쓰이는 쇠로 만든 장식. 혁대 장식. 옛
날 귀인의 복장에 쓰였다. 여기서는 보잘 것 없는 도난품에 비유되었다.

故逐於大盜揭諸侯(고축어대도게제후):난해한 문장이다. '逐'은 글자
그대로, 쫓는 것. '揭'는 높이 오르게 하는 것. '諸'는 '之於'의 약언(約
言:約音). 즉 '逐於大盜'는 '竊鉤者誅'에 대응하는 것으로 큰 도둑을 쫓
아 버린다는 뜻이다. '揭諸侯'는 '竊國者爲諸侯'에 대응하는 것으로 侯라
는 높은 자리에 올라가게 한다는 뜻. 따라서 성인의 통치는 큰 도둑을
몰아내는 것 같지만 실은 그들로 하여금 제후의 자리에 오르게 하는 것
과 다름없다는 뜻.

雖有軒冕之賞弗能勸(수유헌면지상불능권):후한 상을 내려 仁義·斗
斛 등을 훔치지 않도록 하려는 것을 가리킨다.

軒冕之賞(헌면지상):대부 이상의 고관으로 발탁되는 매우 후한 상.
'軒'은 수레, '冕'은 예복에 딸린 관(冠). 이러한 것들을 이용하여 조정에
출사하는 것은 대부 이상의 관리에 한한다.

斧鉞之威(부월지위):죽을죄에 처하겠다는 위협. '斧'는 작은 도끼, '鉞'
은 큰 도끼. 여기서는 참수형을 행할 때 쓰는 형구를 가리킨다.

魚不可脫於淵國之利器不可以示人(어불가탈어연국지리기불가이시
인):《노자》에, '약해 보이는 것이 강해 보이는 것에 이긴다. 물고기는
못에서 나와서는 안 된다. 나오면 금세 잡혀 버린다. 마찬가지로 나라
를 지키고 다스리는 이기(利器)를 함부로 사람들에게 보여 주어서는 안
된다.(柔弱勝剛强. 魚不可脫於淵, 國之利器, 不可以示人)'(제36장)라고
한 것에 근거한 말일 것이다. 단, 《노자》에서는 '利器'를 주권에 비유

했지만 여기서는 국가를 통치하는 성지(聖知)에 비유하고 있다. '利器'
는 귀중한 도구라는 뜻.

彼聖人者(피성인자):전후 문맥으로 보면 '聖人'은 '聖知'여야만 한다.

絶聖棄知(절성기지):'絶'은 폐기한다는 뜻. ≪노자≫에 '세상에서 높
게 평가하는 성인이나 智者를 멀리하고 쓰지 않으면 인민의 이익은 백
배로 늘 것이다. 仁이니 義니 하는 위압적인 德目을 버리면 인민은 자
연스런 人情으로 孝와 사랑을 하게 된다. 기교와 이익을 추구하는 마
음을 떨쳐 버리면 천하에는 도적이 있을 수 없다(絶聖棄智, 民利百倍.
絶仁棄義, 民復孝慈. 絶巧棄利, 盜賊無有)'(제19장)라고 한 것에 의거
한 표현이리라.

朴鄙(박비):'朴'은 꾸밈이 없는 것. '鄙'는 본디 '촌스럽다·더럽다'의
뜻인데 여기서는 자연 그대로의 모습을 가리킨다.

殫殘(탄잔):모두 멸함.

而民始可與論議(이민시가여론의):지치(至治), 즉 소박하게 자적하는
생활에 관해 이야기를 주고받는다는 뜻이리라.

擢亂六律(탁란육률):음악의 가락을 혼란하게 함. 여기서 '擢'은 '掉
(도:마구 흔들림)'의 차자로 보아야 한다. '六律'은 黃鐘·大蔟·姑洗·
蕤賓·夷則·無射의 여섯 음계를 가리킨다.

鑠絶竽瑟(삭절우슬):'鑠'은 '녹이다·불태우다'의 뜻. '竽'는 笙 비슷
한 관악기. '瑟'은 琴의 일종.

瞽曠(고광):춘추시대, 진나라 평공(平公)에게 출사했던 음악사(音樂師).

五采(오채):五色과 같다. 靑·赤·黃·白·黑의 다섯 가지 빛깔.

離朱(이주):시력(視力)이 매우 좋았던 인물이라고 전해 내려온다.

鉤繩(구승):'鉤'는 곡선을 그리는 데 쓰이는 도구. '繩'은 직선을 긋는
데 사용하는 먹줄.

攦工倕之指(여공수지지):'攦'는 '꺾다·부러뜨리다'의 뜻으로 많이 해
석되지만 여기서는 '櫪(력:수갑을 채우다)'의 차자로 보아야 한다. '工
倕'는 ≪서경≫ 요순편에 의하면 帝舜에게서 공작자를 감독하는 관리
가 되라는 명을 받았다 한다. 기구를 만들거나 발명하는 데 뛰어났던
인물로 전해진다.

而天下始人有其巧矣(이천하시인유기교의):'有'는 '舍'을 잘못 베낀 것
인 듯한데 원문대로 번역했다.

故曰大巧若拙(고왈대교약졸):≪노자≫에 '진실로 더없이 곧은 것이
오히려 굽은 것처럼 보이고, 참으로 훌륭한 것이 오히려 형편없는 것처
럼 보이며, 천금의 가치를 지닌 웅변이 오히려 눌변인 듯 보인다(大直
若屈, 大巧若拙, 大辯若訥)'(제45장)라고 한 것의 한 구이다. 누군가 방
주(傍注)한 구가 본문에 삽입된 듯하다. 연문(衍文)이다.

削曾史之行(삭증사지행):'削'은 '消(소:없애다)'의 차자. '曾'은 증삼(曾
參). '史'는 사추(史鰌). 모두 절의 있는 행동을 하여 칭송받던 인물들이다.

玄同(현동):≪노자≫ 제56장에 '자신의 耳·目·口·鼻를 막고 마음
의 문을 닫으며 자신의 예기를 꺾어 그로써 일어나는 분쟁을 풀어 버리
며 지혜의 빛을 부드럽게 하여 그것을 먼지 속에 묻는다. 이상과 같이
하는 것을 현묘한 道와 하나가 된다고 한다(塞其兌, 閉其門, 挫其銳, 解
其紛, 和其光, 同其塵. 是謂玄同)'라는 말이 있는데 이에 근거한 것이
다. '玄'은 유심(幽深)의 뜻. '同'은 하나가 된다는 뜻. 즉 사람들이 道를
체득하여 어떠한 차별도 없이 하나가 되는 것을 가리키는 말이리라. 마
제편에 나오는 '同德'과 거의 같은 뜻의 말이다.

天下不鑠(천하불삭):'鑠'은 '燿(요:눈을 속이다)'의 차자로 보아야 한다.

天下不僻(천하불벽):'僻'은 변무편에 '夫適人之適, 而不自適其適, 雖
盜跖與伯夷, 是同爲淫僻也'라고 한 '僻'과 같다. 편협하고 사악하게 되

는 것을 가리킨다.

爛亂(약란):앞의 '攉亂'과 같다.

法之所無用也(법지소무용야):어떠한 法으로도 금제(禁制)할 수 없을
만큼 문란(紊亂)의 정도가 매우 심한 것을 가리킨다.

【補說】이상은 제4절로서 본론의 후반이다. 聖知는 악인에게 이용당할 뿐
이며 나아가 대개 나라를 훔치는 자의 교지(狡知)임을 지적하며, 聖知를
버리고 모든 작위를 배제하여 무위자연의 현동 (玄同)에 돌아가야 함
을 주장하고 있다.

'諸侯之門而仁義存焉'이란 인간 세상의 실태에 대한 통렬한 비판이
다. 말할 것도 없이 인의는 만민을 위해 태평(泰平)을 전개해야 하는 것
이다. 그런데 '싸움에 이기면 관군(官軍), 지면 적군(賊軍)', 즉 '成則君
王, 敗則逆賊'이란 말처럼 힘 있는 자·권력을 쥔 자가 인의의 준거마
저 좌지우지하는 것이 잔혹한 현실이다. 그래서 본편에서는 仁義도 聖
知도 없는, 일체의 작위를 떨쳐 버린 무위(無爲)의 지치(至治)를 갈구하
고 있는 것이다. 역사상 이 소원이 이루어진 경우가 있었을까? 어쨌든
중국 역사상 '諸侯之門而仁義存焉'이란 사실이 너무도 잦았던 것이 이
러한 비판의 출발점이 되고 있는 것이다.

子獨不知至德之世乎. 昔者, 容成氏·大庭氏·伯皇氏·中央
氏·栗陸氏·驪畜氏·軒轅氏·赫胥氏·尊盧氏·祝融氏·
伏戲氏·神農氏. 當是時也, 民結繩而用之, 甘其食, 美其服,
樂其俗, 安其居. 鄰國相望, 雞狗之音相聞, 民至老死, 而不相
往來. 若此之時, 則至治已.

今遂至使民延頸舉踵, 曰某所有賢者, 贏糧而趣之, 則內棄
其親, 而外去其主之事, 足跡接乎諸侯之境, 車軌結乎千里之
外. 則是上好知之過也. 上誠好知而無道, 則天下大亂矣.
何以知其然邪. 夫弓 · 弩 · 畢 · 弋 · 機變之知多, 則鳥亂於上
矣. 鉤 · 餌 · 網 · 罟 · 罾 · 笱之知多, 則魚亂於水矣. 削格 ·
羅 · 落 · 罝 · 罘之知多, 則獸亂於澤矣. 知詐 · 漸毒 · 頡滑 ·
堅白 · 解垢 · 同異之變多, 則俗惑於辯矣. 故天下每每大亂,
罪在於好知.
故天下皆知求其所不知, 而莫知求其所已知者. 皆知非其所不
善, 而莫知非其所已善者. 是以大亂. 故上悖日月之明, 下爍
山川之精, 中墮四時之施. 惴耎之蟲, 肖翹之物, 莫不失其性.
甚矣, 夫好知之亂天下也.
自三代以下者, 是已. 舍夫種種之民, 而悅夫役役之佞, 釋夫
恬淡 · 無爲, 而悅夫啍啍之意. 啍啍已亂天下矣.

지극한 덕(德)으로 다스려졌던 세상이 있었음을 모르는가? 옛적 용성씨(容成氏) · 대정씨(大庭氏) · 백황씨(伯皇氏) · 중앙씨(中央氏) · 율륙씨(栗陸氏) · 여축씨(驪畜氏) · 헌원씨(軒轅氏) · 혁서씨(赫胥氏) · 존로씨(尊盧氏) · 축융씨(祝融氏) · 복희씨(伏戱氏) · 신농씨(神農氏) 등이 세상을 다스렸는데 그때 인민들은 서로 약속을 하는 데 문자 따위를 쓰지 않고 새끼를 매듭지었을 뿐이며 늘 자신들이 먹는 것을 달게 여기고 입는 것을 아름답게 여기며 풍속을 즐기고 살고 있는 집을 안락하게 생각했다. 이웃 나라의 마을이 빤히 바라보이고 그곳의 닭과 개의 소리가 들려 와도 인민들은 늙어 죽을 때까지 왕래하지 않았다. 그러한 시대에는 참으로 세상이 잘 다스려졌다.

그런데 지금은 사람들이 목을 길게 빼고 발돋움을 하여 '뭔가 호기(好機)는 없을까?' 하며 늘 기다리게 하고, 혹 '어떤 곳에 현인이 있다'는 소리라도 듣게 되면 양식을 준비하여 아무리 멀더라도 급히 찾아가 안으로는 부모를 섬기는 일을 버리게 하고, 밖으로는 그때까지 힘써 받들던 일을 떠나사람들의 발자국은 여러 제후의 나라들에까지 이어지며, 마차의 수레 자국은 천 리 밖 먼 곳까지 어지러이 뒤섞이게 되었다. 이것은 인민을 다스리는자가 지(知)를 좋아하기 때문에 생긴 잘못이다. 인민을 다스리는 자가 이처럼 지(知)를 좋아하여 道를 무시하면 천하는 크게 혼란에 빠질 것이다.

어떻게 그것을 알 수 있는가? 활·쇠뇌·그물·주살·돌로 만든 살촉장치 등, 새를 잡고자 하는 지혜가 갖가지로 동원되기 때문에 하늘을 나는새들이 군열(群列)을 흩뜨린다. 낚싯바늘·미끼·큰 그물·던지는 그물·물고기를 몰아 떠올리는 손 그물·통발 등, 물고기를 잡고자 하는 지혜가갖가지로 동원되기에 물속을 헤엄쳐 다니는 물고기가 어지러이 흩어진다.울짱·빙 둘러 치는 큰 그물·토끼잡이 그물·차일 사이에 치는 그물 등,짐승을 잡고자 갖가지로 지혜가 동원되므로 못 주변에서 뛰노는 짐승이 어지러워진다. 이와 마찬가지로 교활하고 빈틈없는 거짓·악의에 찬 소문·혼란함·견백(堅白)의 번잡함·매도(罵倒)·동이(同異)의 억지 등, 말 잘하는 사람이 많이 나오면 나올수록 사람들은 그들의 변론에 미혹되는 일이많아질 것이다. 그래서 천하는 매우 어둡고 크게 혼란에 빠지게 되는데 이죄는 지(知)를 좋아한 데 있는 것이다.

그래서 천하 사람들 누구나, 결코 알 수 없는 것을 알려고만 할 뿐 꼭 알고 있어야 할 것을 알려고는 하지 않으며, 또 좋지 않다고 생각하는 것을물리칠 줄만 알고 자신이 좋다고 생각하는 것을 반성하여 물리칠 줄은 모른다. 그리하여 더욱 크게 혼란해지는 것이다. 그 결과 위로는 일월이 순환하는 영구불변의 명백함을 거스르며 아래로는 산천 정기(精氣)의 작용을 어지럽히고, 그 사이로는 사계 변화의 자연의 보시(布施)를 미치게 하여 땅위를 기어다니는 벌레와 하늘을 나는 새들까지 그 본성을 잃지 않을 수 없게 된다. 이루 형언할 수 없도다, 지혜를 좋아함이 천하를 어지럽히는 폐해는!

하·은·주 삼대 이후의 세상은 오직 이러한 상태이다. 저 우직한 인민을 버려두고 혀끝만 잘 놀려 대는 녀석을 기뻐하여 쓰며, 저 무욕·무위를 팽개치고 마음에 걱정을 끼칠 뿐인 인의 따위를 장황하게 설명하는 것만을 즐긴다. 저 장황함과 그것을 좋아함이 천하를 어지럽히는 것이다.

【語義】 容成氏(용성씨)·大庭氏(대정씨)·伯皇氏(백황씨)·中央氏(중앙씨)·栗陸氏(율륙씨)·驪畜氏(여축씨)·軒轅氏(헌원씨)·赫胥氏(혁서씨)·尊盧氏(존로씨)·祝融氏(축융씨)·伏戲氏(복희씨)·神農氏(신농씨):成玄英은 '이상의 氏는 모두 상고의 제왕이다'라고 해석했는데 이 가운데 몇몇 氏는 다른 문헌에도 나오며 또 본편에만 나오는 이름도 있다. '容成'은 '盈(영:가득차다)'의 완언. 따라서 '容成氏'는 정기가 가득 찼다는 뜻의 이름을 지닌 신이리라. '大庭氏'는 '大呈氏'의 뜻으로 가득 찬 정기가 신장(伸長)한다는 뜻을 근거로 붙여진 이름이리라. '皇'은 '煌(황:빛나다)'의 뜻을 지닌 글자인데 여기서는 '廣大'의 뜻을 가지고 있다. 따라서 '伯皇氏'는 정기가 널리 퍼져 만물이 자란다는 뜻의 이름을 지닌 신이리라. '中央氏'는 글자 뜻 그대로 중앙에 군림하는 자라는 뜻이리라. '栗陸氏'는 필시 '稑(륙:가장 빨리 익는 벼. 나아가 熟의 뜻)'의 완언으로 지어진 이름이리라. '驪畜氏'는 '翏(료:높이 나는 모양. 나아가 飛의 뜻)'의 완언에서 취해진 이름이 아닐까. '軒轅氏'는 황제(黃帝)의 이름(≪사기≫ 五帝記), 또 黃帝가 기거하던 언덕의 이름(≪帝王世紀≫)이라 하는데 乾(건:陽氣가 높이 올라간 것을 뜻한다)의 완언으로

생각할 수 있다. '尊盧氏'는 필시 '전려씨(奠盧氏)', 즉 '처음으로 주거를 만든 우두머리'라는 뜻이리라. '祝融氏'는 ≪여씨춘추≫ 孟夏紀에 의하면 夏·南方의 火神이다. '祝融'은 '融'의 완언으로 熱氣를 뜻한다. '伏戲氏'는 삼황(三皇:伏犧·神農·燧人)의 한 사람(≪白虎通≫)으로 처음으로 ≪역(易)≫의 괘(卦)를 만들고 수렵·어업·목축 등을 인민에게 가르쳤다(≪주역≫ 계사전)고 한다. 실제는 '妣(비:어미. 후세에는 죽은 어머니를 가리키는 말로 쓰였다)'의 완언으로 처음으로 인간을 만들어 낸 신이다. '神農氏'는 글자 뜻 그대로 농업을 처음으로 열었던 신으로 삼황(三皇)의 하나라 한다. 전설상의 신들을 고대 제왕으로 설정하고 거기에 정기(精氣) 전개의 차원에서 새롭게 여러 신을 설정하여 더한 것으로 생각된다.

民結繩而用之……而不相往來:≪노자≫ 제80장 후반에 나오는 문장인데 ≪노자≫에는 '雞狗'의 '狗'가 '犬'으로 되어 있으며 또 중요한 것으로 '民結繩……'의 앞에 '使' 자가 있다. ≪노자≫에서는 '使民結繩而用之'가 법률·문서·학문 등을 배척하여 소박함을 받아들이게 하는 정책의 하나였는데 본편에서는 인민의 소박 자족한 상태를 표현한 것으로 전용되었다.

延頸擧踵(연경거종):목을 길게 늘이고 발돋움을 함. 뭔가 새로운 일은 없을까 하고 기대하는 것을 가리킨다.

贏糧(영량):'贏'은 등에 짊어진다는 뜻.

車軌(거궤):'軌'는 수레가 지나간 흔적. 즉 바퀴자국.

弓(궁)·弩(노)·畢(필)·弋(익)·機變之知(기변지지):'弩'는 석궁(石弓). 용수철 장치를 이용하여 돌을 날려 보내는 활. '畢'은 오리를 잡는 데 쓰는 그물. '弋'은 주살. 오늬(화살의 머리를 시위에 끼도록 에어 낸 부분)에 끈을 매고 쏘아 새를 잡는 사냥 기구. '機變'의 '變'은 '磻(반:潘

과 동자로 주살에 쓰는 돌로 만든 살촉)'의 차자. '機'는 장치.

鉤(구)·餌(이)·網(망)·罟(고)·罾(증)·笱(구):'罟'는 던지는 그물. 수면에다 던져 물고기를 잡는 그물. '罾'은 얕은 물에서 고기를 몰아 잡을 때 쓰는 네모진 그물. '笱'는 통발. 대나무를 엮어 만든 것으로 그 안에 들어온 물고기는 나가지 못하도록 만들어져 있다.

削格(삭격)·羅落(나락)·罝(저)·罘(부):'削格'은 통상, 그물을 걸어 놓는 말뚝, 또는 날카롭게 깎은 나무를 세워 짐승을 막는다는 뜻으로 해석하는데 '柵(책:울짱)'의 완언으로 보아야 한다. 울짱을 둘러 짐승을 그 가운데로 몰아넣으려 하는 것이다. '羅落'은 새를 잡기 위해 빙 둘러친 그물. '罝'는 토끼를 잡기 위한 그물. '罘'도 토끼 그물. '罘'가 '罦'로 되어 있는 판본도 있다. '罦'는 覆車·翻車라고도 하며 새를 잡기 위해 수레의 차일 사이에 치는 그물.

知詐(지사)·漸毒(참독)·頡滑(힐활)·堅白(견백)·解垢(해구)·同異之變(동이지변):'知詐'의 '知'는 교지(狡知), 즉 교활하고 빈틈없다는 뜻. '漸'은 '讒(참)'의 차자로 헐뜯는 것. '毒'은 '讟(독:원망하다, 헐뜯다)'의 차자. '頡'은 '黠(힐:교활하다)'의 차자. '滑'은 '搰(골:흐리게 하다, 어지럽히다)'의 차자. '堅白'에 관해서는 제물론편에서 상세히 설명했다. '解垢'는 '謑詬(혜후:꾸짖어 욕을 보임)'의 차자. '變'은 여기서는 '諞(편:말을 잘 하다, 교묘하게 말을 잘 둘러맞추다)'의 차자. '同異'는 '흰 말은 말이 아니다.' '산은 못보다도 낮다.'와 같은 物의 변별에 관한 궤변을 가리킨다.

每每(매매):'昧昧(매매:매우 어두운 모양)'의 차자.

故天下皆知求……其所已知者:'其所不知'는 쉽게 알 수 없는 타인이나 외계 등에 관한 것. '其所已知'는 자신이 가장 잘 알아야 할 자기 자신에 관한 것.

皆知非其所不善……其所已善者:'其所不善'은 타인이 주장하는 不善. '其所已善'은 자신이 주장하는 善.

悖日月之明(패일월지명):'悖'를, 司馬彪는 일식·월식의 뜻으로, 馬敍倫은 '庇(비:덮다, 감싸다)'의 차자로 보았다. '明'에 반하는 뜻으로 쓰였다. 여기에 日·月을 초든 것은 낮에는 태양이 빛나고 밤에는 달이 빛을 내어 일월이 순환함으로써 영원불변하게 날이 지속된다는 것을 말하기 위한 것이다. '明'은 단순히 밝음만을 뜻하는 것이 아니라 오랜 세월이 간직한 불변의 明法을 가리키는 것으로 해석해야 한다. 따라서 '悖'는 글자 뜻 그대로 '어그러지다, 어긋나다'의 뜻으로 해석하는 게 좋다.

爍山川之精(삭산천지정):'爍'은 통상, '없애다, 녹여 버리다'의 뜻으로 해석되는데 여기서는 앞의 '爐亂天下'의 '爐'과 같아 '어지럽히다'의 뜻이다. '精'은 정기·정령. ≪예기≫ 제법편(祭法篇)에 '산림·천곡·구릉 등이 능히 구름을 일으키고 바람과 비를 만들어 여러 가지 괴이한 일을 보이는 것, 이들을 일러 神이라 한다(山林川谷丘陵, 能出雲爲風雨見怪物, 皆曰神)'라고 한 것처럼 산천의 신(精)은 바람과 비를 일으킨다고 믿어졌다. '爍山川之精'은 운행 우시(雲行雨施)의 천후(天候)를 매우 어지럽혀 버린다는 뜻.

墮四時之施(휴사시지시):'墮'는 무너뜨리는 것. '四時'는 사계. '施'는 春生·夏長·秋收·冬藏의 보시(布施), 즉 자연의 작용을 가리킨다.

惴耎之蟲(췌연지충):'惴'는 어떤 판본에는 '蝡(천)'으로 되어 있다 (≪경전석문≫의 설). '蝡'은 벌레가 꼼지락거리는 모양. '蟲'은 '蝡(연: 벌레가 꿈틀거리는 모양)'의 차자. '蟲'은 ≪설문해자≫에 '발이 달린 것을 모두 蟲이라 한다'고 한 것처럼 벌레뿐만 아니라 다른 동물도 포함하고 있다. 따라서 인간도 그에 속한다. 생물을 지상에서 꿈틀거리는 것과 공중에서 나는 것으로 나누어 그 전자를 가리키는 것이다.

肖翹之物(초교지물):하늘을 나는 새 종류를 가리킨다. '肖'는 '逍' 또는 '趙'의 차자로 보아야 한다. 따라서 '肖'도 '翹'도 높이 난다는 뜻.

種種之民(종종지민):'種種'은 '偅偅(종종)'의 차자. 느리다는 뜻인데, 나아가 마음이 너그럽고 성의가 있다는 뜻.

悅夫役役之佞(열부역역지녕):옛날에는 '悅'을 '說'로 썼다(盧文弨의 설). 즐거워한다는 뜻. '役役'은 노고하여 애쓰는 모양.

恬淡無爲(염담무위):'淡'은 '憺(담:편안함)'의 차자. '恬'도 '憺'도 무욕하며 마음이 안정된 것을 뜻한다. '無爲'는 작위하지 않는 것. 恬淡(憺)과 無爲는 도가의 특징적 주장이다.

啍啍(순순):장황하게 설명하는 것. 知를 사용하여 仁義 따위의 도리를 제창하는 것이다.

【補說】 이상은 제5절로 결론이다. 태고의 지치(至治)를 이야기한 다음, 그에 반하는 현세의 어지러움을 서술하여 현세가 이처럼 어지러워진 것은 지혜를 좋아한 탓임을 지적하면서 그 폐해를 상기시키고 있다.

【餘說】 〈난성지지론〉의 성립

이상 변무·마제·거협 세 편과 다음 재유편의 전반부는 모두 무위의 다스림을 주장하는 논설인데 특히 변무·마제·거협 세 편은 서로 긴밀한 관계를 가지고 있다.

변무편이 주로 인의(仁義)가 자연의 정(情)에 반하는 것임을 설하고 마제편은 주로 지덕(至德)의 소박·자족을 설하는 등 상호 보완의 관계에 있다 할 수 있다. 거협편은 지교(知巧)·인의(仁義)의 정치가 무도(無道)를 조장할 뿐 아니라 그 자체가 바로 無道임을 설하여 그 논하는 바가 세 편 중에서 가장 뛰어나다. 문장 표현에 있어서도 세 편 중 가장 많은 기교를 부리고 있어 그리 많이 차이가 나는 건 아니라 하더라도 세 편 중 가장 나중에 만들어진 것으로 생각된다.

현세로부터의 초월, 인간의 독립·자적 등을 설한 내편의 여러 편의 주장에도 인의에 대한 배척과 정치에 대한 비판이 자연스럽게 담겨져 있는데 거협편처럼 노골적으로 그것을 죄악시하는 주장은 단순히 유가설을 비롯한 다른 학파의 주장을 공격하는 데 그치지 않고, 현실 정치에 대한 강한 저항을 보여 주는 것이라 할 수 있다.

일반적인 논설이라고는 할 수 없겠지만 소요유편·인간세편 등에서처럼 우화의 범위 내에서 의의를 연역하는 것과는 달리 어떤 주제를 정하여 논문을 작성하는 것은 그 학설·주장이 확립된 뒤의 일일 것이다. 이들 세 편은 '至德·無爲의 세상은 소박·자족하다'는 전제 아래 이루어진 것인데 바로 이 전제는 도가의 교의가 확립되었음을 나타내는 것이다.

거협편의 '田氏는 12대 동안 제(齊)나라에 군림했다'고 한 것을 근거로 생각하면 이 편은 齊의 멸망 후, 진(秦)의 시황제 이후에 성립된 것이 되는데 '12대'라는 표현 자체가 불확실한 것이어서 이를 근거로 논할 수는 없다. 그런데 글 가운데 '諸侯'만이 이야기되었을 뿐 제왕(諸王)에 대해 언급이 없어 오히려 秦 이후의 것이 아닌가 의심스럽다. 물론 '諸侯'는 전국시대에 천하의 패권을 다투던 효웅(梟雄)들을 가리키는 말인데 이 편에서는 漢代 초기의 제후들을 가리키는 말이 아닐까?

거협편은 '絶聖棄知', '甘其食, 美其服' 등 명확하게 ≪노자≫의 설을 고스란히 인용하고 있다. ≪노자≫라는 책의 성립 연대에 관해서는 학자들 사이에 이견이 많은데 대체로 전국시대 말기에 현존본과 같은 형태가 성립되었다고 본다면 거협편은 그보다도 후대에 지어졌을 것이다. 漢代 초기에는 도가설을 주로 하는 황로사상(黃老思想)이 행해졌는데도 유가설을 채용한 제후도 있고, 또 제국(帝國)에도 그러한 경향이 현저했다. 이러한 풍조 속에서 거협편이 만들어진 것 같으며 따라서 다른 두 편은 이보다 약간 앞선 시기에 만들어진 것으로 추측할 수 있다.

제11편
재유(在宥)

편 머리의 '聞在宥天下, ……'에서 '在宥' 두 글자를 취하여 편명으로 했다. 편을 몇 개의 장절로 나눈 것에 관해서는 약간의 이설이 있는데 6개의 논설과 2개의 우화를 수록한 것으로 보는 게 일반적인 견해이다. '在宥'의 뜻에 관해서 본문 중에 '在之也者, 恐天下之淫其性也, 宥之也者, 恐天下之遷其德也'라고 해설되어 있는데 이는 '在宥'의 본뜻을 언급한 것이 아니어서 그 글뜻이 명확하지 않다. 郭象·成玄英은 '在'는 자재(自在:각각의 자유에 맡김)의 뜻이고, '宥'는 관용으로써 대하는 것을 가리킨다고 했는데 이는 각각의 글자에 의한 해석이 아니라 그 문장이 無爲의 다스림을 설하고 있다는 데서 추측한 해석이다. 이밖에도 '在'를, 살핀다는 뜻(司馬彪의 설), 자신이 있다는 것을 알게 한다는 뜻(劉須溪의 설), 마음에 감추어 둔다는 뜻(蘇輿의 설) 등으로 해석하며 '宥'를, 범위의 뜻(方以智의 설), 돕는다는 뜻(馬敍倫의 설)으로 해석하는 등 여러 설이 있는데 '在'는 '栽(재:세우다, 심다, 기르다)'의 차자이며 '宥'는 '右(우:돕다)'의 차자일 것이다. 본편은 군주의 다스림에 관하여 전면적인 무위(無爲)를 말하는 것이 아니라 인민의 본생(本生)을 도와야 함을 본지로 하고 있다. 또 이러한 뜻을 '在宥'라 한 것이라고 해석해야 할 것이다.

제1장 재유론(在宥論)

聞在宥天下, 不聞治天下也. 在之也者, 恐天下之淫其性也. 宥之也
者, 恐天下之遷其德也. 天下不淫其性, 不遷其德, 有治天下者哉.
昔, 堯之治天下也, 使天下欣欣焉人樂其性. 是不恬也. 桀之
治天下也, 使天下瘁瘁焉人苦其性. 是不愉也. 夫不恬不愉,
非德也. 非德也而可長久者, 天下無之.
人大喜邪, 毗於陽. 大怒邪, 毗於陰. 陰·陽并毗, 四時不至,
寒暑之和不成, 其反傷人之形乎. 使人喜怒失位, 居處無常,
思慮不自得, 中道不成章. 於是乎天下始喬詰卓鷙, 而後有盜
(桀)·跖·曾·史之行. 故擧天下以賞其善者不足, 擧天下以
罰其惡者不給. 故天下之大, 不足以賞罰. 自三代以下者, 匈
匈焉終以賞罰爲事. 彼何暇安其性命之情哉.
而且說明邪, 是淫於色也. 說聰邪, 是淫於聲也. 說仁邪, 是
亂於德也. 說義邪, 是悖於理也. 說禮邪, 是相於技也. 說樂
邪, 是相於淫也. 說聖邪, 是相於藝也. 說知邪, 是相於疵也.
天下將安其性命之情, 之八者, 存可也, 亡可也. 天下將不安
其性命之情, 之八者, 乃始臠卷傖囊而亂天下也. 而天下乃始
尊之惜之. 甚哉, 天下之惑也. 豈直過也而去之邪. 乃齊戒以
言之, 跪坐以進之, 鼓歌以儛之. 吾若是何哉.
故君子不得已而臨蒞天下, 莫若無爲. 無爲也而後安其性命
之情, 故貴以身於爲天下, 則可以託天下. 愛以身於爲天下,
則可以寄天下. 故君子苟能無解其五藏, 無擢其聰明, 尸居而
龍見, 淵默而雷聲, 神動而天隨, 從容無爲, 而萬物炊累焉.
吾又何暇治天下哉.

천하 사람들을 재유(在宥)한다는 말은 들었어도, 천하를 다스린다는 말은 듣지 못했다. 천하 사람들을 '在'하는 것은 그 타고난 본성을 그릇된 방향으로 향하게 할까 그것을 두려워하기 때문이다. 천하 사람들을 '宥'하는 것은 그 덕(德)을 잘못된 곳에 쓸까 그것을 두려워하기 때문이다. 천하 사람들이 그 성(性)을 그릇된 방향으로 향하게 하지도 않고, 또 그 덕(德)을 잘못 쓰는 일도 없는데 굳이 천하를 다스리려는 자가 있겠는가?

옛날 요(堯)임금이 천하를 다스릴 때에는 천하 사람들 모두가 즐겁게 그 본성을 누리도록 했다. 그리하여 사람들의 마음은 안정되지 못했다. 하(夏)의 걸왕(桀王)이 천하를 다스렸던 때에는 천하 사람들 누구에게나 자신들의 본성을 괴롭혀 지치게 했다. 그리하여 사람들의 마음은 편안할 수가 없었다. 사람의 마음이 안정되지 않은 것이나 편안하지 않은 것 모두 인간 본래의 덕(德)이 아니다. 인간이 그 본래의 덕(德)을 행하지 않는데도 세상의 물사가 영구히 잘 행해지는 일은 이 광대한 천하에서도 그 예를 찾을 수가 없다.

사람이 크게 기뻐하면 그것은 양(陽)에 치우치는 것이 된다. 크게 노(怒)하면 그것은 음(陰)에 치우치는 것이 된다. 음이건 양이건 어느 한쪽으로 치우치게 되면 사계(四季)의 갈마듦이 일정하지 않고 한서(寒暑)의 화합이 이루어지지 않아 도리어 사람의 몸이 상하게 된다. 이와 마찬가지로 사람에게 그 喜·怒의 알맞은 조화를 잃게 하면 그 거소(居所)가 일정해지지 않고 사려(思慮)는 자신마저도 알 수 없게 될 뿐 아니라 중정(中正)의 道가 아름답게 빛을 발할 수 없게 된다. 그리하여 교활하게 꾀를 부리거나 다른 사람을 위협하게 되어 천하에는 걸왕(桀王)·도척(盜跖)·증삼(曾參)·사추(史鰌)와 같은 작위적 선악의 행위가 성하게 된 것이다. 이렇게 되어 천하의 부(富)를 다 쏟아 착한 행위를 상 준다 해도 모든 사람들이 선(善)을 행하게 할 수 없으며 천하의 위력을 다하여 불선(不善)을 벌준다 해도 모든 사람들의 악(惡)을 금할 수 없다. 요컨대 아무리 성대하게 하더라도 상벌(賞罰)로는 다스릴 수 없다. 그럼에도 하·은·주 삼대 이후에는 떠들썩하게 언쟁을 벌이며 상벌을 정치의 근본으로 삼고 있다. 이러한 지경에서 어떻게 인민이 성명(性命)의 참된 정(情)에 안주할 수가 있겠는가?

그런데도 사람들이 그 시력의 밝음을 좋아한다면 이는 외계의 색채에 미혹되는 것이다. 청력의 뛰어남을 좋아한다면 이는 외계의 소리에 미혹되는 것이다. 더욱이 인(仁)을 좋아하면 이것은 타고난 덕(德)을 어지럽히는 것이다. 의(義)를 좋아하면 이는 자연의 이치를 등지는 것이다. 또 예(禮)를 좋아하면 이는 작위적 기교를 조장하는 것이다. 음악을 좋아하면 이는 물(物)에 탐닉되는 것을 조장하는 것이다. 성(聖)을 좋아하면 이는 物을 교묘하게 다루는 재능을 조장하는 것이다. 지(知)를 좋아하면 이는 다른 사람을 비난하는 것을 조장하는 것이다.

만약 천하 사람들이 모두 성명(性命)의 참된 정(情)에 안주하게 된다면 이상의 여덟 가지 일에 대해서는 있든 없든 전혀 관여하지 않는다. 그러나 천하 사람들이 그 근본을 잊고 저마다 성명의 참된 정에 안주하지 못하면 그야말로 이 여덟 가지 일은 얽히고 설켜 천하를 어지럽히게 될 것이다. 그럼에도 사람들은 이 여덟 가지를 높이 받들고 있는 것이다. 심하도다, 천하 사람들의 미혹됨이! 단지 지나다 들르는 정도의 일이라 할 수 있겠는가? 심신을 청결히 하고 이것들을 말하며 무릎을 꿇고 더 없이 정중하게 이것들을 추진하여 음악을 연주하고 노래를 부르고 춤까지 추어 가며 이것들을 경하해 마지않는다. 내 이를 어이해야 좋단 말인가!

그러므로 군자가 어쩔 수 없이 천하에 군림하지 않으면 안 될 경우에는 무위인 것이 가장 좋다. 군주가 무위여야만 비로소 사람들은 그 성명의 참된 정에 안주할 수가 있다. 그래서 군자가 자신의 몸을 천하를 다스리는 것보다 귀하게 여기면 그에게 천하를 부탁할 수 있는 것이다. 자신의 몸을 천하를 다스리는 것보다 사랑하면 그에게 천하를 맡길 수 있는 것이다. 따라서 군자가 오장(五臟)의 정(情)을 둔하게 하지 않고 그 총명함을 일부러 두드러지게 하는 따위의 일을 하지 않으면 신주(神主)처럼 고요하게 있으면서도 德이 용처럼 밝게 드러나 심연과 같이 고요하면서도 위엄은 우레처럼 사방을 떨게 하고 그 하는 바는 신처럼 영묘하게 행해진다. 나아가 천연의 도리에 쫓게 되어 어떠한 物에도 번뇌하지 않고 여유가 있으며 아무런 꾸밈도 없으므로 만물이 자연스럽게, 막히는 일 없이 다스려지는 것이다. 이렇게 된다면 무슨 까닭에 내가 천하를 다스리는 일 따위를 설하려 하겠는가?

【語義】 治天下(치천하):여기서 '治'는 인위를 가하여 바르게 한다는 뜻을 그 근본으로 하고 있다. 정치를 함에는 전체의 목적을 위해 뭔가 강제적인 수법을 동원하여 인민을 바로잡을 필요가 필연적으로 생기게 된다. 유가에서는 재위자(在位者)의 덕(德)에 의한 인민의 감화를 주장하는데 이는 전체적 목적을 달성하기 위한 인민의 제일화(齊一化)를 선행시키려는 것이다. 더욱이 정치의 실제에 있어서는 아무리 유가적 덕치주의를 신조로 하더라도 법가적인 강제를 혼용시키지 않을 수 없는 것이다. 이 논설에서 배격하는 것은 그러한 전체적 제일성(齊一性)과 인위적 강제이다.

　淫其性(음기성):변무·마제편 등에 설명되어 있듯이, 소박한 인간의 본성을 외재적인 목적을 위해 그릇된 방향으로 향하게 하는 것을 가리킨다. '淫'은 그 본바탕에서 벗어난 방향으로 잘못 가게 하는 것.

　遷其德(천기덕): '德'은 태어나면서부터 인간에게 갖추어져 있는 활동을 가리킨다. 예를 들면 마제편에 '織而衣, 耕而食'이라 한 것과 같은 본성을 충족시키기 위한 자활의 활동을 가리킨다. 그런데 인간은 자활의 수단인 옷 만드는 기술을 본성 충족의 정도에서 그치지 않고 더욱 아름다운 것을 만들려고 애쓰게 된다. 이처럼 수단을 목적화하고 그에서 파생되는 후천적 가치를 다투게 되는 것을 '遷其德'이라 한다.

使天下欣欣焉人樂其性(사천하흔흔언인락기성):구체적으로 어떠한 것을 가리키는지 명확하지 않다. ≪상서(尙書)≫에 의하면 제요(帝堯)의 세상은 최초로 성인이 군림하여 역일(歷日)을 정하고 官을 설정하여 다스렸던 시기이므로 그때를 가리키는 말로 걸(桀)의 세상과 대조시킨 듯하다. '欣欣然'은 매우 즐거워하는 모양. '焉'은 然과 같다. 상태를 나타내는 말을 만드는 조사이다.

是不恬(시불염):'恬'은 마음이 안정된 모양.

瘁瘁焉(췌췌언):너무 애를 써서 초췌해진 모양을 가리킨다.

不愉(불유): '愉'는 마음이 상쾌한 모양. '不恬·不愉'는 외적 조건에 지배된 것이며 스스로 만족하는 것이 아니므로 '德'이 아니다.

毗於陽(비어양):'毗'는 어느 한쪽으로 치우치는 것. 여러 가지로 해석하고 있는데 '比'의 차자로 보아 이렇게 해석해야만 할 것이다. 喜는 陽에 속한다 할 수 있고 怒는 陰에 속한다 할 수 있다. 陽이 陽에 친하여지는 것은 陽이 지나친 것이 되어 陰陽의 조화를 원칙으로 하는 사시(四時)의 순당한 추이를 어지럽히게 된다.

使人喜怒失位居處無常……:'位'는 다음의 '常'·'中道' 등에 응하는 표현이며 喜·怒에도 일정한 정도가 있어야만 함을 가리킨다. '居處無常'은 있을 만한 곳도 정해지지 않고 정착할 곳도 없는 것을 가리킨다.

思慮不自得, 中道不成章(사려부자득중도불성장):≪중용≫에, '희로애락이 아직 발동하지 않은 것을 中이라 하고, 발동하여 모두 절도에 맞는 것을 和라 한다. 中은 천하의 대본이다. 知는 천하에 행해지는 道의 작용이다.(喜怒哀樂之未發, 謂之中, 發而皆中節, 謂之和. 中也者天下之大本也. 和也者天下之達道也)'라고 했다. 위 두 구는 이상의 ≪중용≫의 설을 근거로 한 것인 듯하다. ‘章’은 아름다운 무늬. 나아가 선미(善美)를 뜻한다.

喬詰卓鷙(교힐탁지):‘喬詰’은 ‘黠(힐:교활함)’의 쌍성(雙聲) 완언. ‘卓鷙’는 ‘摯(지:두려워하다)’의 쌍성 완언.

而後有盜跖曾史之行(이후유도척증사지행):‘盜’는 뒤의 문장을 참고하여 유추하면 ‘걸(桀)’을 잘못 베낀 것임에 틀림없다(馬敍倫의 설).

匈匈焉(흉흉언):‘匈’은 ‘訩(흉:말다툼, 소란스러움)’의 차자.

性命之情(성명지정):인간이 타고난 진실된 생활 방식.

而且說明邪……:이 이하는 ≪노자≫에 ‘오색은 사람의 눈을 멀게 하고 오음은 귀를 먹게 하며 오미는 입맛을 깨뜨린다……(五色令人目盲, 五音令人耳聾, 五味令人口爽……)’ (제12장)고 한 것과 같은 주장이다. 또 변무편에서는 ‘駢於明者, 亂五色, 淫文章. ……多於聰者, 亂五聲, 淫六律……’이라고 했다.

是相於技也(시상어기야):‘相’은 조장한다는 뜻. ‘技’는 기교.

是相於藝也(시상어예야):‘藝’는 갖가지 일을 완수해 내는 재능을 가리킨다.

是相於疵(시상어자): 疵(흉터, 흠)’는 ‘訾(자:헐뜯다, 비방하다)’의 차자.

天下將安其性命之情(천하장안기성명지정):뒤의 ‘天下將不安其性命之情’과 대비되는 문장으로 그것을 유도해 내기 위한 문장이다. ‘將’은 가정의 뜻을 강하게 나타낸다.

存何也亡可也(존하야망가야):‘存·亡’을 의식하지 않는 것을 가리킨다. 이미 ‘性命之情’에 안주하므로 어느 것에도 관여하지 않는 것이다.

乃始臠卷傖囊而亂天下也(내시련권창낭이란천하야):‘臠卷’은 ‘戀(련:뒤얽히다)’의 첩운(疊韻) 완언이다. ‘傖囊’은 搶攘(창양:어지러움, 문란함)과 같으며 ‘攘(녕:어지럽다, 소란하다)’의 첩운(疊韻) 완언.

豈直過也而去之邪(기직과야이거지야):‘也’는 군글자인 듯하다. ‘去’는 行(행:가다)의 뜻.

鼓歌以儛之(고가이무지):‘儛’는 ‘舞’의 속자.

故貴以身於爲天下則可以託天下愛以身於爲天下則可以寄天下(고귀이신어위천하즉가이탁천하애이신어위천하즉가이기천하):≪노자≫에 ‘故貴以身爲天下者, 可以寄於天下. 愛以身爲天下者, 乃可以託於天下’(제13장)라 한 것에 의해 ‘於’를 ‘治’의 뜻, ‘爲’는 군글자로 보는 설(王念孫의 설)이 있는데 ‘以身’의 以는 ‘有(유:가지다, 유지하다, 지키다)’의 뜻으로 해석해야 한다. 일신(一身)이 천하나 국가보다 중요하다고 하는 주장은 전국시대 말기에서 漢代 초기에 걸쳐 현저하게 나타났던 사상이다.

苟能無解其五藏無擢其聰明(구능무해기오장무탁기총명):‘解’는 ‘懈(해)’와 같은 뜻. 태만하게 하다, 즉 천여(天與)의 작용을 못하게 하는 것을 가리킨다. ‘五藏’은 ‘五臟’으로 여기서는 변무편의 ‘五藏之情’과 같다. 타고난 감정을 가리킨다. ‘擢’은 무리하게 뽑아낸다는 뜻. 변무편에 ‘擢德塞性’이라 했다.

尸居而龍見(시거이룡현):시(尸)처럼 꼼짝도 않고 있으면서 용처럼 확실하게 드러남. ‘尸’는 신령의 대리로서 신좌(神座)에 나아가는 자로 신좌에 정좌(靜座)한다. ‘龍’은 중국 신화에 있어서 가장 영묘한 동물인데 여기서는 전광(電光)을 뜻하는 말로 쓰였으리라. 또 龍은 강건한 德, 천자의 위광(威光) 등에 비유된다.

淵默而雷聲(연묵이뢰성):‘淵’은 깊은 것을 가리킨다. ‘雷聲’은 천자의 명(命)에 비유된다. 우레 소리는 사방을 떨게 한다.

神動而天隨(신동이천수):그 움직임이 신묘하며 나아가 자연 바로 그 자체임을 가리킨다. ‘天’은 천리(天理), 필연.

炊累(취루):여러 설이 있는데 ‘炊’의 자음과 ‘累’의 모음을 합친 ‘수(邃)’

의 완언으로 보아야 할 것 같다. 만물이 막힘없이 잘 다스려지는 것을
가리킨다.

【補說】 이상은 정치의 근본을 사람들이 각자의 '性命之情'에 안주하게 하
는 데 두어야 함을 설하면서 제요(帝堯) 이래의 정치가 인간의 정신적인
조화를 깨뜨려 쟁란(爭亂)의 인(因)을 조장시켜 왔음을 지적하고, 군주
는 자신의 몸을 사랑하는 것을 근본으로 하는 무위(無爲)의 정치를 해
야 한다고 제창하고 있다.

　논설은 4개의 단락으로 구성되어 있다. 첫째 단락에서는 정치의 근
본은 사람들이 '性'을 그르치지 않게 하며 '德'을 변화시키지 않게 하는
'在宥'에 있음을 밝히고, 둘째 단락(昔……彼何暇安其性命之情哉)에서
는 帝堯 때부터의 정치가 인간의 정신적 조화를 깨뜨리며 오직 형벌주
의에 치우쳐 있음을 지적하고, 셋째 단락(而且……五若是何哉)에서는
聰·明·仁·義·禮·樂·聖·知의 여덟 가지 화인(禍因)을 높이 받드
는 세속의 미혹을 깨뜨려야 함을 상기시키고, 넷째 단락에서는 군주 자
신이 일신의 평안함을 근본으로 하는 무위의 다스림을 행해야 한다는
것을 들어 결론으로 삼고 있다.

　이상의 〈재유론〉은 '性命之情'을 근본 주장으로 하는 것으로 앞의 변
무편 이하 세 편과 그 유형이 같다.

　변무 이하 세 편이 인의의 정치를 '性命之情'을 어지럽히는 화인으로
규정짓고 격렬하게 그 죄악을 지적하고 있는 것과 비교하면 그것을 화
인으로 인식하고 있는 것은 같지만 그 화인의 근본이 일신의 성정(性情)
의 안정과 조화를 파괴하는 데 있다고 하여 일신을 기본으로 하는 무위
의 다스림을 설하는 데 이 논설의 특색이 있다.

　그런데 이 특색은 앞의 것들보다 진일보한 것이라고는 하지만 미온

적·실제적이다. 마제편에서와 같은 이상사회를 제시하는 바도 없고, 오히려 현존 정치와 타협하는 태도를 보이고 있다. 혹 이 논설은 도가의 주장이 현실 정치와의 타협점을 구하려는 시기의 소산물이 아닐까?

제2장 최구·노담문답:인의질곡론(崔瞿·老聃問答:仁義桎梏論)

崔瞿問於老聃曰, "不治天下, 安臧人心."

老聃曰, "汝愼無攖人心. 人心排下而進上, 上下囚殺. 淖約柔乎剛彊, 廉劌彫琢. 其熱焦火, 其寒凝冰, 其疾俛仰之閒而再撫四海之外. 其居也淵而靜, 其動也縣而天. 僨驕而不可係者, 其唯人心乎.

昔者, 黃帝始以仁義攖人之心. 堯·舜於是乎股無胈, 脛無毛, 以養天下之形, 愁其五藏, 以爲仁義, 矜其血氣, 以規法度. 然猶有不勝也. 堯於是放讙兜於崇山, 投三苗於三峗, 流共工於幽都. 此不勝天下也.

夫施及三王, 而天下大駭矣. 下有桀·跖, 上有曾·史, 而儒·墨畢起. 於是乎, 喜怒相疑, 愚知相欺, 善否相非, 誕信相譏, 而天下衰矣. 大德不同, 而性命爛漫矣. 天下好知, 而百姓求竭矣. 於是乎, 釿鋸制焉, 繩墨殺焉, 椎(錐)鑿決焉, 天下脊脊大亂. 罪在攖人心. 故賢者伏處大山嵁巖之下, 而萬乘之君憂慄乎廟堂之上.

今世, 殊死者相枕也, 桁楊者相推也, 刑戮者相望也. 而儒墨乃始離跂攘臂乎桎梏之閒. 意, 甚矣哉. 其無愧而不知恥也, 甚矣. 吾未知聖知之不爲桁楊接槢也, 仁義之不爲桎梏鑿枘也. 焉知曾·史之不爲桀·跖嚆矢也. 故曰, '絕聖棄知, 而天下大治.'"

최구가 노담에게 물었다.

"군주가 천하를 다스리지 않으면 어떻게 사람들의 마음을 선량하게 할 수 있겠습니까?"

노담이 다음과 같이 대답했다.

"자네는 조심하여 사람의 마음을 어지럽히지 않도록 하라. 사람의 마음은 자기보다 아래에 있는 자를 누르고 그 위에 나아가려 하기 때문에 위에 있는 자와 아래에 있는 자가 서로 구속하거나 견제한다. 견고하고 강한 것까지도 조금씩 유연하게 하여 잘라 내거나 장식을 새겨 넣거나 한다. 그것이 뜨거워지면 불을 붙인 것처럼 뜨겁고, 그것이 차가워지면 얼음이 생길 만큼 차갑다. 그 회전의 빠름은 머리를 잠시 들었다 숙이는 사이 세상 끝까지 두 번이나 돌고 올 정도이다. 그것이 가만히 있을 때에는 심연처럼 조용하고, 그것이 움직일 때에는 멀리 떨어진 하늘에까지 도달한다. 의마심원(意馬心猿:날뛰는 말과 떠드는 원숭이)처럼 어떻게 해도 멈추게 할 수가 없는 것이 바로 사람의 마음인 것이다.

옛날 황제(黃帝)가 처음으로 인의를 부르짖어 사람들의 마음을 어지럽혀 버렸다. 그 후 요(堯)·순(舜)은 그야말로 넓적다리의 솜털이 없어지고 다리의 굵은 털이 없어질 만큼 자신의 몸을 혹사시키고 노고하여 천하 사람들의 몸을 기르기에 힘쓰고, 자신의 오장(五臟)에는 근심과 고통을 주면서 천하를 위해 인의를 닦고, 자신의 혈기를 쇠약하게 해 가면서 사람들의 법칙을 정했다. 그러나 천하는 잘 다스려지지 않았다. 그래서 제요(帝堯)는 환두(驩兜)를 숭산(崇山)으로 추방시켜 버렸고 삼묘(三苗)를 삼위산(三峗山)으로 쫓아냈으며 공공(共工)을 유도(幽都)에 유배시켜 가두었다. 이것은 바로 천하가 잘 다스려지지 않았다는 증거이다.

그 뒤를 이어 하(夏)의 우왕·은(殷)의 탕왕·주(周)의 문왕, 이른바 삼왕(三王) 시대가 되자 천하는 크게 소란스러워졌다. 한쪽에서는 걸왕·도척과 같은 인간이 나타나고 다른 쪽에선 증삼·사추와 같은 인간이 나타난데다 유가·묵가 등의 제가(諸家)가 앞을 다투어 나타나기 시작했던 것이다. 그리하여 사람들은 기뻐하거나 슬퍼하며 서로 의심하고, 어리석은 자와 교활하고 빈틈없는 자가 나타나 서로 속고 속이며, 옳다·그르다 하며 서로 비방하고, 허위니 진실이니 하며 서로 논쟁하여 천하의 소박한 아름다움은 쇠약해져 버렸다. 참다운 큰 德은 사람마다 같지 않게 되어 인간의 성명(性命)은 무너져 버렸다. 사람들은 현명함을 좋아하게 되어 사람의 성명에 필요한 것은 완전히 없어져 버렸다. 그리하여 도끼나 톱으로 사람을 토막내거나, 밧줄로 묶어 죽이거나, 송곳과 끌로 얼굴에 낙인을 새겨넣거나 하는 형벌을 행하게 되어 천하는 혼잡하고 어지럽게 되었다. 사람들의 마음이 어지러워졌기 때문이다. 그래서 참된 현자는 사람들 곁이 아닌 큰 산의 험한 바위 밑에 숨어 살고, 천자는 홀로 종묘의 당상(堂上)에서 왕위를 잃을까 걱정하며 벌벌 떨지 않으면 안 되게 되었다.

지금 세상은 형(刑)을 당해 죽은 자의 유해가 포개져 있고, 차꼬를 찬 자들이 이곳저곳에 모여 웅성거리며, 치욕스런 낙인이 찍힌 자들이 줄을 지어 서 있는 때이다. 그런데도 유가나 묵가 따위들이 이처럼 칼과 수갑을 걸치고 있으면서 젠체하여 발돋움을 하거나 팔을 들어 올리거나 하고 있다. 아아, 너무도 심하여라! 부끄러움을 느끼는 마음도 없고 부끄러움이 무엇인지도 모르는 저들의 한심스러움이여. 이러니 나로서는 성지(聖知)란 사람들을 어지럽히고 욕되게 하는 형구이거나 그에 박아 넣는 쐐기가 아닌지, 인의란 목에 씌우고 손에 채우는 형구이거나 그에 쓰이는 장부가 아닌지 모르겠다. 하물며 증삼·사추와 같이 인의를 귀하게 여긴 자가 걸왕과 같은 포학한 군주나 도척과 같은 극악한 인물의 효시가 아니라고 어찌 알겠는가! 그래서 '聖을 끊고 知를 버리면 천하는 편안하게 다스려진다'고 하는 것이다."

【語義】 崔瞿(최구) · 老耼(노담):'老耼'은 노자. 노자에게 최구라고 하는
제자가 있었는지, 아니면 다른 사람이 있었는지 분명하지 않다. '瞿'는
'懼(구:몹시 두려워하다)'의 뜻이며 '崔'는 '㦅(최:마음 상해 우울함)'의
뜻이어서, '崔瞿'는 外物에 의해 끊임없이 공포에 시달린다는 뜻의 이름
을 지닌 인물로 설정된 것이리라.

安臧人心(안장인심):'臧'은 '昌(창:善의 뜻)'의 차자.

無攖人心(무영인심):'攖'은 어지럽히는 것.

人心排下而進上(인심배하이진상):다른 사람을 눌러 자기 밑에 두고
자신은 보다 더 높은 곳에 나아가려 하는 것은 인지상정임을 가리킨다.
다음의 '上下囚殺'과 관계있으며 인간세편에 '是以火救火, 以水救水, 名
之曰益多'라 한 것처럼 인간의 마음이 투쟁심으로 충만해 있음을 가리
킨다.

上下囚殺(상하수살):'囚'는 억압하는 것. '殺'은 상대방의 힘을 꺾어 버
리는 것. 上下의 갈등에 관해 말하고 있다.

淖約柔乎剛彊, 廉劌彫琢(작약유호강강,염귀조탁):이 두 구는 일심
(一心)의 굳셈을 이야기한 것이다. '淖約'은 '綽約'과 같으며 매우 유연
한 것을 가리킨다. 마음은 무형(無形)으로 무엇에도 대응하기 때문에
이렇게 말한 것이다. '柔'는 '揉 · 煣'와 같으며 '구부러지게 하다 · 휘게
하다'의 뜻. '廉'은 각을 세워 가며 자르는 것이며 '劌'는 베어내거나 잘
라내는 것, 또 '彫'는 새기는 것이며 '琢'은 옥 따위에 무늬를 새겨 넣는
것. 요컨대 마음의 강인함을 금속 · 옥석 등을 다루는 경우에 비겨 표
현한 것이다.

其熱焦火其寒凝冰(기열초화기한응빙):喜 · 怒의 情이 격하게 교체하
는 것을 가리킨다.

其疾俛仰之閒而再撫四海之外(기질부앙지간이재무사해지외):마음의

움직임이 더없이 민속(敏速)한 것을 가리킨다. '撫'는 순회한다는 뜻.

其居也淵而靜, 其動也縣而天(기거야연이정, 기동야현이천):'縣而'의 '而' 자가 없는 판본도 있다(≪경전석문≫의 설). 앞구가 '靜而淵(而는 如의 뜻)'이었거나, 뒷구가 '天而縣(而는 然의 뜻)'이던 것을 이렇게 잘못 베낀 것이리라. '縣'은 멀리 떨어져 있다는 뜻. 여기서는 원문대로 번역했다.

僨驕(분교):'僨(넘어지다)'은 '奔(분:달리다, 달아나다)'의 차자. '驕'는 힘차게 앞으로 나아간다는 뜻. '의마심원(意馬心猿:날뛰는 말과 떠드는 원숭이를 진정시키기 어려운 데서, 번뇌와 정욕 때문에 산란한 마음을 억누를 수 없음을 비유한 말)'과 같은 뜻으로 인간의 마음이 여러 갈래로 나뉘어 어지럽게 움직이는 것을 가리킨다.

黃帝(황제):黃帝라는 이름은 그 연대가 확실한 것으로는 제(齊)나라 위왕(威王:B.C. 357~B.C. 320 재위)의 그릇에 새겨져 있는 것이 그 최초의 것인데 그것이 그 시조의 존칭인지, 皇天上帝를 가리키는 것인지, 아니면 오제관(五帝觀)에 의한 黃帝인지 명확하지 않다. 이 문장이 五帝觀이 성립된 후에 지어진 것인지 그 이전에 지어진 것인지는 확실하지 않은데 여기의 '黃帝'는 ≪사기≫에 보이듯이 중국의 개조(開祖)로 지칭되는 사람이다.

股無胈脛無毛(고무발경무모):신체를 혹사해 가면서까지 애를 쓰는 것을 가리킨다. '胈'은 '毳(취:솜털)'의 뜻.

矜其血氣(긍기혈기):'矜'은 '瘽(근:병든 모양)'의 차자. 괴롭히고 피곤하게 한다는 뜻.

堯於是放讙兜於崇山投三苗於三峗流共工於幽都(요어시방훤두어숭산투삼묘어삼위유공공어유도):'讙兜'는 ≪상서≫ 堯典에는 '驩兜'로 되어 있다. ≪산해경≫ 大荒北經에는 '전욱(顓頊)의 자식이며 묘민(苗民)의 아버지이다.'라고 했으며 大荒南經에는 '鯀의 자식으로 인면조훼(人面鳥喙)에다 날개를 달고 있으며 바다의 물고기를 잡아먹는다.'라고 했다. '숭산(崇山)'은 호남성 대용현(大庸縣)에 있는 산. '三苗'는 《상서》 呂刑篇에 의하면 처음으로 잔혹한 형벌을 제정했던 인물이다. '苗民'에는 동(獞)·요(猺)·려(黎)의 세 지족(支族)이 있었는데 이들을 뭉뚱그려 '三苗'라 했으며 중국에서 보면 이민족이므로 악덕을 대표하는 집단으로 간주되었던 듯하다. '三峗'는 '三危'로도 쓰며 감숙성 돈황현(敦煌縣)에 있는 삼위산(三危山). '共工'은 《상서》 堯典篇에는 영인(佞人)으로 천도(天道)를 모멸한 자라고 기록되어 있으며 《국어(國語)》 魯語·《예기》 祭法篇 등에는 천하의 패자가 된 자로 그의 아들은 사신(社神)이 되었다고 기록되어 있으며 《국어》 周語·《산해경》 海外北經·《회남자》 原道訓 등에는 帝顓頊과 제위를 다투다 하늘을 받치는 기둥을 꺾어 대홍수를 만연시키고 멸망했다고 되어 있다. 사실은 鯀의 완언이므로 우(禹)에 앞서 鯀이 홍수를 다스리려다 실패했다는 전설이 분화되어 전개된 것이다(楊寬氏의 설). '幽都'는 《서경》 舜典篇에는 '幽州'로 되어 있다. 하북성 고밀현(高密縣)이라는 전설이 있는데 요컨대 햇빛이 비치지 않는 곳이다. 《상서》 舜典篇에는 讙兜 등을 추방한 것은 帝舜 때의 일이며 또 이들 세 사람뿐 아니라 鯀을 우산(羽山)에 가둔 것으로 되어 있다. 이 문장에 鯀에 관한 일이 빠져 있는 것은 堯典·舜典篇보다 약간 앞선 시기의 전설을 근거로 했기 때문인 것으로 생각된다.

儒墨畢起(유묵필기):유가와 묵가가 일어남. 제물론편의 '道隱於小成, 言隱於榮華. 故有儒墨之是非'에 근거한 말이리라. 다음에 나오는 '喜怒相疑' 등의 표현에도 제물론편에서 인심에 관해 논한 것을 본뜬 흔적이 있다. '下有桀跖' 이하는 운문(韻文)이다.

大德不同而性命爛漫矣(대덕부동이성명란만의):'大德'은 마제편의 '至德'과 같다. 무지·무욕의 소박함을 가리킨다. '同'은 마제편에 '彼民有常性. 織而衣, 耕而食. 是謂同德'이라 한 것처럼 사람들이 한결같이 소박한 가운데 자족하는 것을 가리킨다. '爛漫'은 爛의 완언으로 우르르 무너져 내리는 것.

百姓求竭矣(백성구갈의):'求'는 성명(性命) 유지를 위해 필요한 것. '竭'은 '渴(갈:다하다, 말라버리다)'의 차자.

釿鋸制焉繩墨殺焉椎鑿決焉(근거제언승묵살언추착결언):'釿'은 '斤(근:도끼)'과 같으며 참형(斬刑)을 행할 때 쓴다. '鋸'는 톱. 발을 자르는 형벌을 행할 때 쓰인다. '制'는 여기서는 '切(절:자르다)'의 뜻. '墨'은 '纆(묵:노)'의 차자. 새끼줄의 일종. '繩纆'은 죄인을 묶는 데 쓰이는 것인데 여기서는 '구속하다·속박하다'의 뜻을 극단적으로 표현한 것이든지 또는 그것으로 죽인다는 뜻으로 쓰인 듯하다. '椎'는 '錐(추:송곳)'를 잘못 베낀 것. '鑿'은 끌. 묵형(墨刑)을 행할 때 쓰인다. '決'은 '剧(궐:새기다)'의 차자. ≪한서≫ 刑法志에, '대형(大刑)에는 갑병(甲兵)을 쓰고, 그 다음의 형에는 부월(斧鉞)을 쓰며 중형(中刑)에는 도거(刀鋸)를 쓰고, 그 다음의 형에는 찬착(鑽鑿)을 쓰며 박형(薄刑)에는 편박(鞭朴)을 쓴다'고 했다.

脊脊(척척):고음(古音)이 비슷한 '嘖嘖(책책:떠들썩한 모양)'의 차자로 보아야 할 것이다.

嵁巖(감암):산이 높고 험한 모양.

廟堂(묘당):천자가 제정상(祭政上) 중요한 예를 행하는 선왕의 묘당으로, 나아가 조정을 뜻한다.

殊死者相枕也(수사자상침야):'殊死者'는 사형에 처해진 자. '枕'은 포개져 있다는 뜻.

桁楊(항양):죄인의 발목에 채우는 차꼬나 목에 씌우는 칼 따위를 가리킨다.

離跂攘臂乎桎梏之閒(이기양비호질곡지간):차꼬와 수갑을 차고 있는 자가 마치 자유스러운 몸인 듯이 발돋움을 하고 손을 높이 들어 뽐내는 것과 같다. 그 애절함과 우스꽝스러움을 조소하고 있는 것이다. 덕충부 편에 있는 노자와 숙산무지의 문답에 '공자는 천형(天刑)을 받은 자'라는 요지의 대화가 실려 있는데 이 문장은 그 천형에서 힌트를 얻어 이루어진 듯하다. '離'는 '摛·攡(리)'의 차자로 '펴다·뻗다'의 뜻. '跂'는 '企(기)'와 같으며 발돋움하는 것.

意(의):'噫'와 같으며 감탄사.

接槢(접습):차꼬나 수갑 따위가 풀리지 않도록 박는 쐐기.

鑿枘(조예):구멍과 장부. '枘'는 이쪽 끝을 저쪽 구멍에 맞추기 위해 얼마쯤 가늘게 깎아 낸 부분으로 순자(笋子)라고도 한다.

嚆矢(효시):우는 살. 적을 위협하거나 주의를 환기하기 위해 쏘는 화살. 郭象은 '화살이 사나운 것을 말하며 曾·史가 桀·跖의 유능한 하수인이 된 것을 비유한 것이다.'라고 했다. 우는 살은 살이 도착하기도 전에 살이 날아오는 소리가 먼저 도착한다는 데서, 혹은 개전(開戰)의 신호로 맨 먼저 이 화살을 쏘았다는 고사에서 사물의 시초를 뜻하게 되었다.

絶聖棄知而天下大治(절성기지이천하대치):현존 ≪노자≫에는 '絶聖棄知, 民利百倍. 絶仁棄義, 民復孝慈. 絶巧棄利, 盜賊無有……'(제19장)으로 되어 있어 이 구와 약간 다르다. '絶聖棄知'의 구에 이 문장의 작자가 '而天下大治'를 추가한 듯하다.

【補說】이상은 노담이 최구의 물음에 답하여 '인간의 마음을 어지럽혀서는 안 된다. 황제 때부터 인의를 내세워 사람의 마음을 어지럽혔기 때문에 천하가 매우 혼란하게 되어 형벌을 시행하지 않을 수 없게 되고 마침내

오늘날처럼 형벌을 받은 자들이 무리를 짓게 되었다. 聖知 · 仁義는 형구(刑具)임에 틀림없으며 인의를 부르짖는 인간은 포학을 조장하는 것이다.'라고 극론(極論)하고 '絕聖棄知'를 주장하고 있다.

【餘說】'마음'의 난문제(難問題)

　　이 우화는 노담 자신이 '絕聖棄知'의 주장을 해설하는 형식으로 되어 있으며 또 앞의 〈재유론〉의 '천하는 다스릴 수가 없다'는 주장에서 좀 더 발전하여 천하를 다스리려 함으로써 야기되는 폐해를 밝히고 있다. 그런데 이것은 실제로 노자가 그러한 대화를 가졌던 것이 아니라 응제왕편의 양자거 · 노담문답처럼 후인이 노자를 등장시켜 이야기를 만든 것임에 틀림없다. 노담 설화의 유형에 속하는 작품이다. 〈재유론〉의 뒤를 이어받고 있는 것도 처음부터 그렇게 만들어진 것이 아니라 ≪장자≫의 어떤 편자가 그렇게 접합시킨 것이리라. 〈재유론〉과 약간 논점이 다르며 뒤의 여러 설과 긴밀하게 연관되어 있다고 볼 수도 없다.

　　이 우화도 '性命'의 보전을 정치의 근본으로 삼아, 그에 반하는 인의의 정치를 배격하고 있어 변무편 이하와 같은 유형을 이루고 있다. 인의의 정치에 대한 배격은 거협편과 동공이곡(同工異曲)인데 유가와 묵가를 가리켜 형구를 달고 있으면서도 그것을 모르고 발돋움을 하고 팔을 높이 들어 올리며 젠체하는 후안무치(厚顏無恥)의 무리라고 희화화하고, 인의(仁義)와 성지(聖知)는 목에 쓰는 칼이나 손발에 차는 수갑과 차꼬라고 통렬히 매도한 것이 더없이 뛰어나면서도 신랄하여 유가의 가르침에 반감을 가지고 있는 사람에게 쾌재를 불러일으키기에 충분하다. 이 우화는 필시 거협편이나 〈재유론〉보다 후에 성립되었을 것이다. 인의의 정치에 대한 배격을 언급하면서 변무편 등에서는 삼대(三代:夏 ·

殷·周) 이하라 했는데 〈재유론〉에서는 帝堯 때까지 소급되고 이 우화에서는 황제(黃帝)의 시대까지 소급되었다.

이 우화는 인의의 정치가 사람의 마음을 어지럽히기 때문에 그것을 배격해야 한다고 한다. 〈재유론〉에서와 마찬가지로 한번 어지러워진 마음은 쉬이 멈추지 않고 미쳐 버린다고 한다. ≪맹자≫에 의하면 공자는 '지키면 남아 있지만 방치하면 없어진다. 출입에 정함이 없고 그 머무는 곳도 알 수 없다. 이는 인간의 마음을 두고 한 말이 아닐까?(操則存, 舍則亡. 出入無時, 莫知其鄕, 惟心之謂與)'(告子章句 上)라고 했다 한다. 즉 공자도 마음의 불기분방(不羈奔放)함을 잘 알고 있었던 것이다. 그런데 공자를 필두로 유가는 도의심에 의한 마음의 자율적 통일을 생각하여 도의심으로 사람의 마음을 감화시키고 또 사람들은 그에 심복하리라고 기대했던 것이다.

심복을 기대하더라도 점점 양식(良識)으로부터 일탈해 가는 것이 사람들의 마음이다. 맹자보다 뒤에 나타난 묵가는 하늘의 의지와 귀신의 위력을 생각하여 그 초월적·신비적 힘에 의해 박애와 사회적 정의를 사람들에게 강제시키려 했다. 유가인 순자도 사람의 마음은 무한한 욕망을 지니고 있다고 생각하여 사회 질서인 예의 엄존을 주장하고 그에 의해 사람의 마음을 억제해야 한다고 설했다. 더욱이 전국시대 말기 법가의 한 사람인 한비(韓非)는 처음부터 국가의 목적과 개인의 마음은 상반하는 것이라 인간의 선의를 기대한다는 것은 어리석을 뿐이며 오로지 법에 의한 강제만이 최선이라고 주장했다. 이 우화에서 말하는 것처럼 시대가 내려올수록 사회생활이 복잡해짐에 따라 사람의 마음에 대한 불신이 증대했던 것이다. 어쩌면 이러한 불신이 이 우화에 반영되어 있는 것은 아닐까? 이 우화는 당시의 정치에서 이러한 불신을 본 자가 ≪노자≫를 해석하는 방식을 빌려 지어낸 것이 아닐까?

제3장 황제·광성자문답:정기독존우화(黃帝·廣成子問答:精氣獨存寓話)

黃帝立爲天子十九年, 令行天下. 聞廣成子在於空同之上. 故往見之. 曰 "我聞吾子達於至道. 敢問至道之精. 吾欲取天地之精, 以佐五穀, 以養民人. 吾又欲官陰陽, 以遂羣生. 爲之奈何."
廣成子曰 "而所欲問者, 物之質也. 而所欲官者, 物之殘也. 自而治天下, 雲氣不待族而雨, 草木不待黃而落, 日月之光, 益以荒矣. 而佞之心翦翦者. 又奚足以語至道."
黃帝退, 捐天下, 築特室, 席白茅, 閒居三月. 復往邀之. 廣成子南首而臥. 黃帝順下風, 膝行而進, 再拜稽首而問曰 "聞吾子達於至道. 敢問, 治身奈何而可以長久."
廣成子蹶然而起曰 "善哉問乎. 來, 吾語女至道. 至道之精, 窈窈冥冥. 至道之極, 昏昏默默. 無視無聽, 抱神以靜, 形將自正. 必靜必淸, 無勞女形, 無搖女精, 乃可以長生. 目無所見, 耳無所聞, 心無所知, 女神將守形. 形乃長生. 愼女內, 閉女外, 多知爲敗. 我爲女遂於大明之上矣, 至彼至陽之原也. 爲女入於窈冥之門矣, 至彼至陰之原也. 天地有官, 陰陽有藏. 愼守女身, 物將自壯. 我守其一, 以處其和. 故我脩身千二百歲矣, 吾形未常衰."
黃帝再拜稽首曰 "廣成子之謂天矣."
廣成子曰 "來, 余語女. 彼其物無窮, 而人皆以爲終. 彼其物無測, 人皆以爲極. 得吾道者, 上爲皇而下爲王. 失吾道者, 上見光而下爲土. 今夫百昌皆生於土, 而反於土. 故余將去女, 入無窮之門, 以遊無極之野. 吾與日月參光, 吾與天地爲常. 當我緡乎, 遠我昏乎. 人其盡死, 而我獨存乎."

황제가 천자의 자리에 있은 지 19년이 되었고 그 정령(政令)은 천하에 잘 행해졌다. 그때 황제는 광성자가 공동이라는 땅 부근에 있다는 것을 듣게 되었다. 그래서 찾아가 그를 만나 다음과 같이 물었다.

"저는 당신이 지극한 道에 이르렀다고 들었습니다. 부디 지도(至道)의 정묘함을 가르쳐 주시기 바랍니다. 저는 천지의 정기를 모아 오곡의 성장을 돕고 인민을 기르고자 합니다. 저는 또 음양의 두 기운을 각각의 관직에 앉혀 부림으로써 갖가지 物의 성장을 이루고 싶습니다. 어떻게 하면 좋을까요?"

이를 듣고 광성자가 대답했다.

"네가 듣고자 하는 것은 物의 본질에 관한 것이다. 그런데 관직에 앉혀 부리려는 것은 사물의 쓸모없는 찌꺼기다.

그런 생각을 하기 때문에 네가 천하를 다스리고 나서부터 구름이 떼 지어 모이지도 않았는데 비가 내리고, 가을이 되어 초목이 누렇게 물들지 않았는데도 낙엽이 지고, 해와 달의 빛마저 좁고 어둡게 된 것이다. 너는 입으로만 그럴 듯하게 꾸미려는 마음을 지니고 하잘 것 없는 말을 지껄이는 놈이다. 그러면서 어찌 지극한 道를 이야기하려 하는가?"

황제는 광성자 앞에서 물러나와 천하의 정무를 그만두고 방 하나짜리 작은 집을 지어 그곳에서 두문불출하며 하얀 띠로 만든 깔개에 앉아 재계하면서 조용히 석 달 동안이나 보냈다. 그런 다음 다시 광성자를 찾아뵈었다. 광성자는 머리를 남쪽으로 향한 채 자고 있었다. 황제는 그의 아래 자리에서부터 무릎걸음으로 조심스럽게 나아가며 지극한 경례를 올리고 다음과 같이 물었다.

"당신은 지극한 道에 이르렀다고 들었습니다. 부디 가르쳐 주시기 바랍니다. 제 몸을 어떻게 다스리면 생명을 길이 보존할 수 있겠습니까?"

이 말은 들은 광성자는 깜짝 놀란 듯이 상을 박차고 일어나더니 다음과 같이 가르쳤다.

"좋은 물음이네. 자, 내 자네에게 지도(至道)에 관해 이야기해 보겠네. 지도의 정묘(精妙)함은 너무나 심오하여 인간의 지혜로는 알 수가 없다네. 지도의 극치는 오직 허정(虛靜)을 이루고자 애쓰며 조용히 기다리는 가운데 체득된다네. 따라서 눈으로 보려고 하거나 귀로 들으려 하지 않고, 자신의 내부인 신기(神氣)를 굳게 지니고 고요히 있으면 자신의 외부인 신체는 저절로 바르게 될 것이네. 고요하고 편안한 가운데 자네의 몸을 노고시키지 않고 또 자네의 정기를 동요시키지 않게 되면 비로소 자네의 생명을 길이 보존할 수 있을 것이네. 즉 눈으로 보려고 하는 일도 없고 귀로 들으려 하는 일도 없으며 마음으로 아무것도 알려고 하지 않게 되면 자네의 신기는 자네의 몸을 지킬 것이네. 그러면 자네의 몸은 길이 생명을 간수하게 되는 것이지. 마음 안의 일을 항상 조심하고 몸 밖의 일로 번뇌하지 말게. 몸 밖의 일에 이것저것 지혜를 사용하면 실패할 뿐이네.

이와 같이 자네가 마음 안의 일을 조심하면 내 자네를 위해 대명(大明) 위로 빠져나가 저 양(陽)의 극에 이르겠네. 또 오심(奧深)한 어둠의 문으로 들어가 저 음(陰)의 극에 이르겠네. 그러면 천지는 정해진 작용을 하며 음양은 바르게 자리 잡고 잘 조화하여 만물을 순조롭게 만들어 낼 것이네. 자네는 그저 그 몸을 조심하여 지키기만 하면 천하의 만물은 저절로 성해지게 될 것이네.

나는 정기인 일원(一元)을 지켜 德의 조화를 향수하고 있네. 그렇기 때문에 내 몸을 닦은 지 이천 년이나 되었지만 몸이 조금도 쇠하지 않은 것이네."

황제는 크게 감탄하여

"광성자야말로 하늘이라고 부르지 않을 수 없습니다."

라고 부르짖었다.

광성자는 이어 다음과 같이 말했다.

"자, 내 자네에게 말하겠네. 만물은 끝이 없는데도 사람들은 끝이 있다고 생각하네. 만물은 헤아릴 수가 없는데도 사람들은 궁구(窮究)할 수 있다고 생각하네. 나의 道를 심득(心得)한 자는 무한한 物을 지혜로써 밝히려 하지 않고 오로지 자신의 몸을 닦을 뿐 저절로 만물을 포용하므로 위로는 영원한 성천자가 되고 아래로는 세상에서 우러름을 받는 성왕이 되네. 나의 道를 깨닫지 못한 자는 오직 위에서 영원히 빛나는 빛을 볼 뿐 그 몸은 떨어져 흙이 될 따름이네.

그런데 지금, 저 만물은 모두 흙에서 태어나 흙으로 돌아가네. 그대도 마찬가지네. 그래서 나는 자네로부터 떠나 지금부터 무궁의 문으로 들어가 무한한 광야에서 자유롭게 놀려 하네. 나는 일월과 함께 영원히 빛을 나누고 천지와 더불어 항구 불변의 법규를 시행하겠네. 내게 가까이 오려는 자도 나를 분명하게 알 수 없고 내게서 멀리 있는 자도 나를 알 수 없을 것이네. 지상의 사람들은 누구든 죽지 않을 수 없지만 나만은 언제까지나 죽지 않을 것이네."

【語義】 黃帝(황제):오제설(五帝說)에 의한 황제가 아니라 황천상제(皇天上帝), 즉 전 우주를 지배한다고 믿어졌던 상제를 의인화한 것이다. 우주의 지배자도 지배 의식을 가지고 있는 한 유일자가 아니라는 뜻의 우화다.

十九年(십구년):오랜 세월을 가리킨다. 수는 '一'에서 시작하여 '十'에서 끝난다. 十年이라 하면 물사가 갱신되어야 함을 뜻하는데 '十九年'은 그러한 기간이 두 번 되풀이된 세월이다.

廣成子(광성자):글자 뜻 그대로 '널리 물사를 이루어 내는 사람'이라는 뜻의 인물로 설정되었으리라. 대종사편에 '夫道……未有天地, 自古

以固存.……生天生地……'라 한 것처럼 道는 天·上帝보다도 근원적인, 만물 성립의 유일한 근원이다. 그래서 그 체도자(體道者)인 광성자를 황제의 스승으로 한 것이다. 체도자는 無心·無欲·無爲여서 그 실질은 無이다. 그래서 '공동(空同)'에 있다고 한 것이다. 이것은 음양과 형체의 관계에서 말하면 그것을 성립시키는 일원(一元)인 정기이다.

空同之上(공동지상):광성자의 실질이 무(無)임을 시사하기 위해 설정한 지명이리라. '空'은 '虛(허:공허, 허무)'의 뜻. '同'은 '洞(동)'의 차자로 역시 '空'의 뜻.

至道之精(지도지정):'至道'는 지극한 道, 가장 심원한 근본의 道. '精'은 정묘함을 뜻한다. 단, 道에 정조(精粗)가 있다는 뜻은 아니다. 여기서는 '精'에 정기(精氣)의 뜻이 숨겨져 있다. 다음의 '天地之精'의 '精'과 같다.

官陰陽(관음양):음(陰:寒冷·濕·暗)·양(陽:溫熱·乾·明) 두 기의 작용을 적절하게 하는 것을 의인화하여 각각의 관직에 앉힌다고 표현한 것이다. 음양의 작용이 조화되어 만물이 이루어지고 자란다고 생각한 것이다.

而所欲問者(이소욕문자):成玄英은 '而'는 '女'와 구별되어 쓰였으며 여기서는 비난하는 뜻을 담고 있는 2인칭 대명사로 쓰였다고 했다.

物之質(물지질)·物之殘(물지잔):'質'은 실질·본질·정기, 즉 다음 글의 '神'을 가리킨다. '殘'은 그 본질이 손상된 조각. '形骸'라 한 것과 거의 같다. 오곡을 성숙시키는 氣와 일정한 작용을 해야만 하는 음·양은 이미 그 작용이 후천적으로 규정된 物이 되고 있으며 영묘하고 무한한 작용을 하는 일원의 정기로부터 멀어져 있는 것이다.

益以荒矣(익이황의):'益'을 통상 글자 뜻 그대로 '점점 더, 더욱'의 뜻으로 해석하는데 그럴 경우 문맥이 순당하지 않다. '隘(애:좁음)'나

'阨(액:막히다, 메다)'의 차자로 보아야 한다. 널리 비치는 일월의 빛마저 좁아진다는 뜻. '荒'은 '怳(황:흐릿하여 분명하지 않은 모양)'의 차자로 보아 어둡다는 뜻으로 해석해야 한다.

翦翦(전전):'佞人之心'을 받고 있는 것으로 미루어 '諓諓(전전:말을 교묘하게 잘하는 모양)'의 차자로 보아야 할 것이다.

築特室席白茅(축특실석백모):재계하며 반성하는 것을 가리킨다. '築特室'은 사람들과 교제를 끊기 위해 별도로 방 하나를 만들어 그곳에서 두문불출한다는 뜻. '席白茅'는 띠[茅]의 하얀 줄기로 짠 깔개에 앉는 것. 백모 깔개는 본디 신에게 바치는 물건 밑에 깔거나 높은 사람에게 올리는 물건 밑에 깔았다. 사람이 백모에 앉는다는 것은 자신을 신에게 바친다는 뜻이며 또 그에서 나아가 심신을 청정하게 하는 의례로 생각한 듯하다. 백모 깔개는 신성한 것을 상징하는데 여기서는 그런 뜻으로 쓰이지는 않았다.

南首而臥(남수이와):남면(南面)은 본디 천자가 정무를 볼 때의 예다. 그런데 남면한 채 잠을 잔다는 것이니, 상식적인 예를 무시하고 마음 내키는 대로 행동하는 것을 표현한 것이다.

順下風(순하풍):아래쪽 자리로부터. 광성자 쪽에서 바람(威風에 비긴 말이나)이 불어오는 것으로, 황제는 남쪽에 자리를 잡고 북면하여 신하의 예를 갖추고 있는 것이다. 광성자의 존대(尊大)함과 황제의 공순(恭順)함을 교묘하게 대조시키고 있다.

再拜稽首(재배계수):가장 정중한 경례이다. '拜'는 양손을 가슴 앞에서 깍지 낀 다음 머리를 그곳에까지 숙이는 경례. '稽首'는 땅에 꿇어 엎드려 머리를 땅에 대는 경례.

治身奈何(치신내하):앞의 〈재유편〉에 '貴以身於爲天下'라고 한 것과 거의 같은 주장이다. '奈何'는 '如何'와 같다.

蹶然(궐연):상(床)을 차며 날듯이 일어나는 모양(司馬彪의 설). 황제가 천하의 일을 그만두고 몸을 닦는 것에 관해 물었으므로 광성자가 앞의 방종한 태도를 바꾸어 급히 몸을 일으킨 것이다.

來(래):여기서는 주의를 환기시키기 위한 말로 쓰였다.

至道之精窈窈冥冥(지도지정요요명명):'至道'는 심원하여 인지(人知)로는 알 수 없는 것이다. 이 이하 '多知爲敗'까지는 운문이다. 이른바 수신 양생의 교조로 삼으려 한 것이리라.

至道之極昏昏默默(지도지극혼혼묵묵):허정(虛靜)을 한마음으로 성취하고자 노력해야 道가 체득되는 것을 가리킨다. '極'은 단순히 '精' 대신 쓰인 말이 아니라 여기서는 지도(至道)에 달하는 방법을 가리킨다. '昏昏'은 전심으로 노력하는 모양. 단, 여기서는 허심(虛心)을 목표로 하고 있는 것이다. '默默'은 아무 말 하지 않고 기다리는 모양.

無視無聽(무시무청):인간세편 〈심재우화〉에 '若一志, 無聽之以耳, 而聽之以心. 無聽之以心, 而聽之以氣'라고 한 것과 거의 같은 주장이다.

抱神以靜形將自正(포신이정형장자정):≪관자≫ 심술 하편에, '形이 바르지 않은 자에게는 德이 오지 않는다'고 했다. 용모·태도를 엄정하게 하면 자연히 정기가 신체에 깃들게 됨을 가리킨다. 이에 대해 이 우화는 정기는 이미 신체에 내재하는 것이라 하여 이것을 포지(抱持)하면 신체의 수명이 보전된다고 말하고 있는 것이다. '神'은 소박하게는 인간세편 〈심재우화〉에 '鬼神將來舍'라고 한 것의 '鬼神'이지만 정기와의 관계에서 말하면 영묘한 작용을 갖춘 정기, 바로 그것이다.

必靜必淸(필정필청):'淸'은 '靖(정:편안함)'의 차자(馬敍倫의 설).

乃可以長生(내가이장생):능히 오래 살 수 있음. ≪관자≫ 심술 하편에 '사람이 正靜하면 근육이 강인하고 뼈가 강하다'고 했는데 이와 비슷한 주장이다.

多知爲敗(다지위패):양생주편에 '已而爲知者, 殆而已矣'라고 한 것과 같은 주장이며 또 '絶聖棄知'와도 통한다.

我爲女遂於大明之上矣……:일원의 氣인 광성자가 황제에게, 至道를 지킬 수 있게 되면 근본으로부터 음양을 조화시켜 만물을 생육시키게 된다고 말하고 있는 것이다. 이것을 천계·지계의 유행(遊行)으로써 표현한 것이다. '大明之上'은 지고의 하늘, '窈冥之門'은 땅 밑으로 들어가는 입구. '至陽'은 태양, '原'은 근원을 뜻한다.

天地有官(천지유관):덕충부편 〈화덕유심우화〉에 '而況官天地府萬物, ……'라고 한 것과 비슷한 표현이다.

陰陽有藏(음양유장):음양의 氣가 깃들어야 할 곳에 깃들어 적시 적절한 조화를 이루어 순조롭게 만물을 성육(成育)시키는 것을 가리킨다.

我守其一以處其和(아수기일이처기화):'其一'은 神, 즉 정기를 가리킨다. '其和'는 '德之和', 즉 마음속의 조화 평형을 가리킨다. 덕충부편에 '自其同者視之, 萬物皆一也. 夫若然者, 且不知耳目之所宜, 而遊心乎德之和'라고 한 것과 같다.

廣成子之謂天矣(광성자지위천의):황제가 자기보다 위대한 것이 있음을 깨닫고 한 말이다. 여기의 '天'은 ≪노자≫ 제16장에 '항상(恒常)의 진리를 알면 세상일에 안달을 부리며 애쓰지 않으므로 관용해지며 관용하므로 사람들에게 공평해진다. 공평한 것은 왕자로서 덕을 갖춘 것이다. 왕자의 덕을 갖추면 천리(天理)에 맞게 행동한다. 천리에 맞게 행동하면 道에 다다른다. 道에 다다른 자는 오래 수명을 보존하고 평생 위험한 일에 빠지지 않는다(知常容, 容乃公, 公乃王, 王乃天, 天乃道, 道乃久, 沒身不殆)'고 한 것에 근거한 말이리라.

彼其物(피기물):'其'는 '之'와 같다.

上爲皇而下爲王(상위황이하위왕):皇(帝)王을 나누어 표현한 수사(修

辭)이다. '皇'은 無爲의 聖帝, '王'은 그에 버금가는 聖王.

上見光而下爲土(상견광이하위토):광성자가 일원의 정기인 데 반해 광성자의 道를 잃은 자, 즉 다음의 '百昌'은 혼백(魂魄)이 분리되어 있음을 말하는 것이리라. ≪예기≫ 祭義篇에, '살아 있는 것은 언젠가 죽는다. 죽으면 반드시 흙으로 돌아간다. 그것이 鬼이다. 인간의 뼈와 살은 땅 속에서 썩어 흙이 된다. 그런데 그 氣는 하늘에 올라 照明한 神이 된다. 氣가 피어올라 사람을 슬프게 하는 것은 만물의 精이다. 神이 나타난 것이다(衆生必死, 死必歸土. 此之謂鬼. 骨肉斃于下, 陰爲野土. 其氣發揚于上, 爲昭明. 焄蒿悽愴, 此百物之精也. 神之著也)'라고 했다. 이 구에는 이와 같은 사고가 담겨져 있다고 생각된다.

百昌(백창):衆生·百物 등과 같다. 앞의 '物將自壯'과 상응시켜 '昌(번영하다)'이라 한 것이리라.

入無窮之門以遊無極之野(입무궁지문이유무극지야):無를 오득(悟得)하고 무한한 자유를 향수하는 것을 가리킨다. 소요유편의 '無何有鄕, 廣莫之野'와 같은 취향의 표현이다.

吾與日月參光吾與天地爲常(오여일월참광오여천지위상):절대 보편이며 영원불멸한 것을 가리킨다. 광성자는 황제보다 우위에 있는 天이자 道이므로 자신을 日·月·天地와 함께하는 존재라 한 것은 모순된 표현이다. 단, 여기서는 광성자가 자신도 하나의 인물로 간주하여 그렇게 표현한 것이다.

當我緡乎遠我昏乎(당아민호원아혼호):'緡'은 '泯(민)'의 차자로 확실하게 잡을 수 없는 것을 가리킨다. ≪노자≫에 '그것은 앞에서 맞아들이려 해도 그 머리가 보이지 않고, 뒤에서 따라가도 그 뒤가 보이지 않는다(迎之不見其首, 隨之不見其後)'(제14장)고 한 것과 같은 취향의 표현이다. '當·遠'은 모두 범인(凡人)들의 행동이다. 범인으로서는 無心·

無形의 체도자인 광성자를 알 수 없는 것이다.

人其盡死而我獨存乎(인기진사이아독존호):유형의 인간은 멸하지만 道 또는 체도자는 불멸함을 가리킨다.

【補說】이상은 황제와 광성자의 문답을 빌려, 천하와 만민의 일보다 자신의 정기를 기르는 것이 중요한 일이며 또 그 정기를 길러 장수를 이어 나가야 한다고 설하고 있다.

황제는 여기서 황천상제(皇天上帝)의 뜻으로 쓰였는데 일반적으로 상제는 천후(天候)를 지배하며 만물에 생명을 주어 자연계와 인간계의 질서를 바로잡는 존재로 인식되었다. 이 우화는 그 황제를 인간적인 제왕으로 바꾸고, 그보다 절대적인 우위에 있는 존재로서 광성자라는 인물을 상정하여 광성자 앞에서는 그 유명한 황제조차 비소(卑小)할 뿐이라고 한 점에 독특한 흥미가 있다.

이야기는 황제도 인민을 기르며 음·양을 관직에 앉혀 부리려는 정치적 목적을 가지고 의식적으로 천하를 다스리려 하면 인간계의 제왕과 다를 바 없다고 하는 것에서 시작된다. 이는 이른바 '物之殘'을 다스리는 것이며 ≪노자≫에 '만물을 사랑하여 기르면서도 그 주인이 되려고는 하지 않는다(愛養萬物, 而不爲主)'(제34장)라고 한 가르침에 상반한다. 그래서 구름이 모이지 않았는데 비가 내리는 것과 같은 천질(天秩)의 혼란함이 생기는 것이다.

다음으로 황제가 재계하고 반성하여 몸을 닦는 법에 관해 묻게 된다. 천하를 다스리는 것보다 몸을 닦는 것을 근본으로 삼는다는 것은 〈재유론〉에서 '貴以身於爲天下'라고 한 주장을 계승한 것처럼 보인다. 그런데 몸을 닦는 것에 관한 광성자의 설은 변무편이나 〈재유론〉에서와는 달리 세속의 작위·허위를 배척하는 것을 주로 하지 않고, 몸 안의 정기를 닦아 장명(長命)을 보전하는 것을 주요 골자로 하고 있다. 정기를 닦는다는 것은 인간세편 〈심재우화〉의 주요 문제였다. 〈심재우화〉 등에서는 어떻게 하여 정기를 얻을 수 있을까를 역설하고 있지만 이 우화에서는 '無視無聽'을 설하면서 정기는 인간에 내재한다는 것을 전제하고, 또 추상적인 음양관을 덧붙이고 있다.

마지막으로 황제가 광성자야말로 참된 하늘이라고 부르지 않을 수 없다고 한 데 대해 광성자는 자신이 만물과는 달리 불멸 독존하는 일원의 정기임을 분명히 하고 있다. 우화로서의 체재는 정비되어 있지만 설명 위주의 느낌이 짙고, 혼백에 관한 사고까지 끌어들였으며 일원의 氣를 日·月·天地에 비기는 등의 모순까지 혼입되어 있다. 〈심재우화〉보다 나중에 만들어졌기 때문일 것이다.

제4장 운장·홍몽문답:물자화우화(雲將·鴻蒙問答:物自化寓話)

雲將東遊. 過扶搖之枝, 而適遭鴻蒙. 鴻蒙方將拊脾雀躍而遊.
雲將見之, 倘然止, 贄然立. 曰, "叟何人邪. 叟何爲此."
鴻蒙拊脾雀躍不輟, 對雲將曰, "遊."
雲將曰, "朕願有問也."
鴻蒙仰而視雲將曰, "吁."
雲將曰, "天氣不和, 地氣鬱結, 六氣不調, 四時不節. 今我願
合六氣之精, 以育羣生. 爲之奈何."
鴻蒙拊脾雀躍掉頭曰, "吾弗知. 吾弗知." 雲將不得問.
又三年東遊. 過有宋之野, 而適遭鴻蒙. 雲將大喜, 行趨而進曰,
"天忘朕邪. 天忘朕邪." 再拜稽首, 願聞於鴻蒙.
鴻蒙曰, "浮遊不知所求, 猖狂不知所往. 遊者, 鞅掌以觀無妄.
朕又何知."
雲將曰, "朕也自以爲猖狂, 而民隨子所往. 朕也不得已於民.
今則民之放也. 願聞一言."
鴻蒙曰, "亂天之經, 逆物之情, 玄天弗成. 解獸之羣, 而鳥皆
夜鳴, 災及草木, 禍及昆蟲. 意, 治人之福也."
雲將曰, "然則吾奈何."
鴻蒙曰, "意, 毒哉. 僊僊乎歸矣."
雲將曰, "吾遇天難. 願聞一言."
鴻蒙曰, "意, 心養. 汝徒處無爲, 而物自化. 墮爾形體, 吐爾
聰明, 倫與物忘, 大同乎涬溟. 解心釋神, 莫然無魂. 萬物云
云, 各復其根. 各復其根而不知. 渾渾沌沌, 終身不離. 若彼

知之, 乃是離之. 無問其名, 無闚其情, 物故自生."
雲將曰, "天降朕以德, 示朕以默. 躬身求之, 乃今也得." 再拜
稽首, 起辭而行.

운장(雲將:구름 장군)이 자신의 군대를 이끌고 동녘으로 여로에 올랐다.
하늘 높이 솟은 부요목(扶搖木) 가지를 지나다 우연히 홍몽(鴻蒙)을 만났
다. 홍몽은 막 넓적다리를 손으로 두들기며 껑충껑충 뛰며 놀고 있던 참이
었다. 운장이 보고 갑자기 발을 멈춘 채 꼼짝 않고 그 자리에 섰다. 그리
고 천천히,

"노인께서는 어떤 분이십니까? 노인께서는 어인 일로 이런 일을 하고 계
신지요?"

라고 물었다.

홍몽은 변함없이 넓적다리를 손으로 두들기며 껑충껑충 뛰면서 운장을
향해

"놀고 있다네."

라고 말했다.

이를 듣고 운장이 말했다.

"여쭙고 싶은 게 있나이다."

홍몽은 운장을 바라보며

"아."

하고 맥없이 대답했다.

운장은 홍몽의 태도에 상관하지 않고 내쳐 물었다.

"요사이 하늘의 기(氣)는 내려와 화합하려 하지 않고 땅의 기는 뭉쳐진
채 위로 올라가려고 하지 않아 육기(六氣)의 변화가 순조롭지 않으며 사

계(四季)의 추이가 질서를 잃고 있습니다. 그래서 지금 저는 육기의 정묘한 작용을 모아 곤란을 겪는 많은 생물을 길러 주고 싶습니다. 어떻게 하면 좋겠습니까?"

홍몽은 여전히 넓적다리를 손으로 두들기며 껑충껑충 뛰고 머리를 흔들며,

"나는 몰라, 몰라!"

라고 했다.

운장은 더 이상 아무것도 물을 수가 없었다.

그로부터 3년이 지나 운장은 다시 동녘으로 여로에 올랐다. 송(宋)나라의 넓은 들에 다다랐다가 뜻밖에 홍몽을 만나게 되었다. 운장은 크게 기뻐하며 잔걸음으로 나아가,

"하늘처럼 존경하옵는 분이시여, 저를 잊으셨나이까? 하늘이시여, 저를 잊으셨나이까?"

하며 정중하게 예를 올리고 가르침을 받고 싶다고 말했다.

홍몽은,

"나는 물결치는 대로 배가 표류하듯 떠돌아다닐 뿐, 어떠한 바람도 마음에 지니고 있지 않네. 마음 내키는 대로 큰 새가 날개를 펴고 하늘 위를 유유히 돌듯 흘러 다닐 뿐으로 어디로 가는 지도 알지 못하네. 이렇게 떠돌면서 오직 만물의 거짓 없는 모습을 볼 뿐이네. 이런 내가 무얼 알겠는가?"

라고 하며 상대하지 않으려 했다.

운장은 다시,

"저 역시 나름 마음 내키는 대로 날아다니고 있다고 생각하는데 백성들이 제가 가는 곳이라면 어디든지 따라옵니다. 그래서 어쩔 수 없이 그들을 다스리고 있는데 요즘은 제가 하는 일이라면 무엇이든 백성들이 흉내를 냅니다. 이런 사정이오니 부디 한 말씀만이라도 가르침을 베풀어 주십시오."

하며 간절히 홍몽의 가르침을 구했다.

홍몽은 이에,

"자네는 하늘의 상도(常道)를 매우 어지럽히고 만물의 참된 정(情)을 거스르며 하늘로부터 받은 인간의 근본인 덕(德)조차 이루지 못하고 있네. 그래서 자연스럽게 무리를 이루어 생활하는 짐승의 무리가 뿔뿔이 흩어져 버리고, 보금자리에 든 새들이 모두 밤에 울며 소란스럽게 되어 그 화가 초목·곤충에까지 미치게 된 것이네. 아아, 이것은 무리하게 백성을 다스리려고 하기 때문에 생긴 재난일세."

라고 말하였다.

운장은 한 걸음 더 나아가

"그렇다면 제가 어떻게 해야 할까요?"

라고 물었다.

홍몽은,

"아아, 백성을 다스리는 일에 구애받음이 너무도 심하도다! 춤추듯 하늘하늘 날아올라 돌아가거라!"

라고 말했다.

운장은 그 말에 조금도 개의치 않고 다음과 같이 간청했다.

"저는 오늘 하늘과 같은 분을 뵙고 있습니다. 이런 일은 여간해서 있는 일이 아닙니다. 부디 한 말씀만이라도 가르침을 베풀어 주시기 바랍니다."

그리하여 홍몽은 어쩔 수 없이 다음과 같이 가르쳤다.

"아아, 마음을 기르도록 하라. 그러면 그대는 오직 무위(無爲)하며 만물은 저절로 성육(成育)할 것이네. 자네의 몸 따위는 미련 없이 버리고 귀와 눈의 작용을 없애며 관계 맺은 사람이나 갖가지 물사도 깨끗하게 망각하여 무(無)인 대도(大道)와 완전히 하나가 되는 것이네. 자신의 마음과 정신마저도 완전히 풀어 놓아 어떤 생각도 없이 쥐 죽은 듯이, 마치 혼조차 없는 것처럼 하는 것이네. 그러면 만물은 왕성하게 성육을 이루고 모두 각각의 근원인 道로 돌아가네. 저마다 그 근원인 道로 돌아가며 더구나 그들은 그러한 사실조차 모르는 것이네. 이처럼 어떠한 사려나 분별도 없이 道와 하나가 되면 道는 평생토록 그 몸에서 떠나지 않지만 알려고 의식적으로 애를 쓰면 오히려 道는 그들로부터 떠나는 것이네. 그래서 자네는 物의 이름은 말할 것도 없고 物의 참된 情을 탐구하려고 해서도 안 되네. 만물은 본디부터 저마다 자연스럽게 생육하고 있는 것이네."

이 말을 듣고 운장은

"지존하신 분께서는 제게 德을 내려 주시고. 더욱이 그것을 말없는 가운데 깨우치도록 해 주셨습니다. 저는 이제서야 비로소 깨달았습니다."

하고 정중하게 예를 올린 다음, 조용히 일어나 작별을 고하고 떠나갔다.

【語義】 雲將(운장):구름은 크고 작은 덩어리가 뭉게뭉게 피어올라 집단을 이루어 이동하며 점점 넓게 퍼진다. 그리고 비를 뿌린다. 그래서 구름이 모인 것을 군대로 보고 그 우두머리를 생각하여 '구름의 장군'이라 한 것이다. 구름은 인간에게는 초월 · 자유의 상징으로 인식되는데 여기서는 有形 · 有爲의 지배자를 상징한다.

扶搖之枝(부요지지):'扶搖'는 '飄(표:회오리바람)'의 완언. 동해에서 일어난 회오리바람을 구름을 덮는 큰 나무에 비유한 것이리라. 일설에 의하면 '扶搖木'은 동해에 있는 신목(神木)으로 소위 부상(扶桑:해가 뜨는 곳에 있다고 하는 큰 나무)이라고 한다.

鴻蒙(홍몽):'鴻'은 '大'의 뜻. '蒙'은 본디 풀이 덮여 어둡다는 뜻인데 여기서는 '濛(몽:분명하지 않은 모양. 아지랑이)'의 차자. '자연의 원기'를 뜻한다. 또 '鴻蒙'은 大蒙(매우 어리석음)의 뜻이기도 하며 '渾(혼:物의 구별이나 차별 따위가 없는 것)'의 완언이기도 하다.

方將拊脾雀躍而遊(방장부비작약이유):여기서 '將'은 '方'을 강조하는 조사이다. '脾'는 '髀(비:넓적다리)'의 차자. '雀躍'은 본디는 '躍(약:깡충깡충 뛰는 것)'의 완언인데 통상 참새처럼 뛰어오른다는 뜻으로 해석한다.

倘然止(당연지):'倘'은 갑자기 멈추는 모양.

贄然立(지연립):'贄(신이나 조정에 바치는 지방의 특산물)'는 '熱(집:마음을 긴장하여 한 가지 일에 집중하는 모양)'의 차자. '熱然立'은 꼼짝 않고 서서 바라보는 것.

叟(수):장로(長老:나이가 많은 현자)에 대한 존칭.

朕(짐):자칭의 대명사. 옛날에는 우두머리를 나타내는 일인칭 대명사로 쓰였고, 전국시대 말기 드물게 주격으로 쓰인 예가 있었다. 이것을 천자의 자칭으로 한정시킨 것은 진(秦)의 시황제라고 한다.

吁(우):의아스러움을 나타내는 탄성의 소리이다.

天氣不和地氣鬱結(천기불화지기울결):'鬱結'은 '맺히다·막히다·메다'의 뜻. 천기(天氣:陽)가 내려오고 지기(地氣:陰)가 상승하여 양자가 중화됨으로써 구름이 비를 내리고 비가 만물을 윤택하게 한다고 생각했던 것이다.

六氣(육기):陰·陽·風·雨·晦·明의 기상 변화를 가리킨다. 소요유편의 '六氣之辯' 참조.

今我願合六氣之精……:앞서 황제의 '吾欲取天地之精……'과 같은 취향의 표현이다. 그런데 이 우화가 앞의 우화를 본뜬 것이 아니라 오히려 앞의 우화가 이것을 본뜨지 않았을까? 이 구의 표현 쪽이 순당하다고 생각된다. '精'은 여기서는 정묘(精妙)한 작용을 뜻한다.

有宋之野(유송지야):'宋'은 하남성 상구시(商丘市) 부근에 있던 나라. 장주가 태어난 나라다. 이 부근은 하남성 동남방의 평야다. '有'는 '有夏', '有周' 등의 예에서 알 수 있듯, 국명 앞에 붙이는 미칭(美稱)으로 '大'의 뜻.

天忘朕邪(천망짐야):'天'은 극도의 존경과 믿음의 뜻을 나타낼 때 쓰는 호명. ≪의례(儀禮)≫ 상복전(喪服傳)에 '아내는 남편을 하늘이라 부른다'고 했다. 앞의 '叟' 대신 '天'이라 한 데 주의.

浮遊(부유):'浮'의 완언. 떠돌다, 표류하다, 방황하다.

猖狂(창광):통상 제멋대로, 마음 내키는 대로 하다. 즉 구속받지 않는다는 뜻으로 해석하는데 본디는 '翔(상:날개를 펴고 빙빙 돌며 나는 것)'의 완언으로 尚羊·徜徉·相羊(이리저리 거닐다, 떠돌다)과 같다.

鞅掌以觀無妄(앙장이관무망):'鞅掌'에 관해서는 용의(容儀)를 무너뜨리는 것(≪시경≫ 北山篇 毛傳), 분주한 모양(같은 편 鄭箋), 自得(郭象의 설), 不仁(崔譔의 설), 다사 분망한 모양(馬瑞辰의 설), 이 밖에도 해석이 여러 가지다. 毛傳은 필시 '枉(왕)'의 완언으로 해석한 것이리라. 뒤의 경상초편 〈위생우화〉에 '擁腫之與居, 鞅掌之爲使'라 했는데 그 '鞅掌'은 '尪(왕:절름발이)'의 완언이다. 여기의 '鞅掌'은 결국 첩운이므로 '泱' 자 류의 완언으로 보아야 할 것이다. '泱'은 물이 깊고 넓다는 뜻. '秧穰'은 벼가 촘촘히 자라 있는 것이며 '泱泱'은 감정이 마음속에 응어리져 있는 것을 뜻한다. 따라서 '鞅掌'은 어떠한 일에 마음을 몽땅 빼앗긴 것을 뜻한다. 즉 無妄을 보는 데 열중한 것을 가리킨다. 바꿔 말하면 다음 글의 '無心한 상태에서 정신없이 바라보는 것'이다. '無妄'은 허망(虛妄:거짓)이 없는 진실, 바로 그것임을 가리킨다. 다음의 '物自生'을 설하기 위한 복선이다. ≪주역≫에도 천뢰무망(天雷无妄)이란 괘가 있는데 서괘전(序卦傳)에 '무망이란 허위가 없는 것으로 至誠眞實의 의미다.'라고 했다.

民之放也(민지방야):'民放之也'의 도언이다. 운장이 의식적으로 인민으로 하여금 본뜨게 하는 것은 아니지만 계속 그 행위가 남아 있어 인민이 그를 본뜨는 것이다. 요컨대 허정(虛靜)을 철저하게 하지 않으면 안 된다는 암시다.

天之經(천지경):하늘이 정한 절대 불변의 법칙, 즉 천도(天道)를 가리킨다. 유가적 냄새가 물씬 풍기는 표현이다.

玄天弗成(현천불성):통상 '玄天'을 자연의 화육(化育)을 가리킨다고 해석하는데(成玄英의 설), '玄天'은 '天玄'의 도치이며 하늘이 준 현덕(玄德)을 가리키는 말로 보아야 한다. 요컨대 다음의 '天降朕以德'을 말하기 위한 복선이다. 또 '玄德'은 道와 하나이자 무작위이면서 총명한 德을 가리킨다.

禍及昆蟲(화급곤충):저본에는 '昆'이 아니라 '止'로 되어 있지만 '昆'으로 되어 있는 판본이 있다는 설(≪경전석문≫의 설)에 근거하여 고쳤다. 昆'은 떼를 지어 모이는 것. 일설에는 '小'의 뜻이라고 했다.

毒哉(독재):'毒'은 '篤(독)'의 차자로 여기서는 그 정도가 매우 심하다는 뜻으로 쓰였다. 운장이 여전히 '奈何'라 하는 등 뭔가에 구속되어 무위를 깨닫지 못하고 있자 그것을 지적한 말이다.

僊僊乎(선선호):'僊(仙의 본자)'은 '遷(천:옮기다)'의 차자. '乎'는 앞의 말을 상태를 나타내는 말로 만드는 조사이다. 운장은 구름이므로 이처럼 말한 것이다. 교묘한 표현이다.

心養(심양):인간세편에서 '心齋'라 한 것과 비슷한 표현이다. '養心'의 도치인데, 마음을 바르게 유지하기 위해 힘쓰는 것이 아니라 마음을 자연스런 상태 그대로 보존하는 것을 가리킨다. 그 세목은 다음 글에 기술되어 있다.

汝徒處無爲而物自化(여도처무위이물자화):응제왕편의 '汝遊心於淡, 合氣於漠, 順物自然, 而無容私焉. 而天下治矣'와 거의 같은 주장이다. 이 이하는 운문을 이루고 있다. 이 글의 작자가 자신의 주장을 좀 더 강하게 표명하기 위해 그렇게 한 것이리라.

墮爾形體吐爾聰明(타이형체토이총명):대종사편 〈좌망우화〉에 '墮枝體, 黜聰明'이라 한 것과 거의 같다. '吐'는 '咄(돌)', 즉 '黜(출:물리치다)'의 차자(王引之의 설). 일설에 '杜(두:막다)'의 차자라 했다(俞樾의 설).

倫與物忘(윤여물망):'忘倫與物'의 도치. '倫'을 郭象은 '理(도리)'의 뜻으로 해석했는데 '인륜·사람'의 뜻(王先謙의 설)으로 해석하는 게 더 좋다.

大同乎涬溟(대동호행명):대종사편 〈좌망우화〉에 '同於大通'이라 한 것과 같다. '涬'은 '莖(경:空의 뜻)'의 차자. '溟(바다)'은 '冥(명:暗의 뜻)'의 차자. 따라서 '涬溟'은 無인 大道를 가리킨다. '大同'은 완전히 하나가 되는 것.

莫然無魂(막연무혼):'莫然'은 '寞然'으로 쓰기도 하며 죽은 듯이 고요한 것. '魂'은 인간의 생명을 지배하는 영기(靈氣). '無魂'은 어떠한 정신적 영위도 멈춘 것을 가리킨다. '心固如死灰'와 같다.

萬物云云(만물운운):'云云'은 생기가 넘치는 모양.

各復其根而不知(각복기근이부지):'復'은 다시 근본으로 돌아가는 것. 복초(復初)·반본(反本)의 사고방식이다. '不知'는 다른 사람이 알지 못한다는 뜻으로 해석해도 통하지만 이 문장은 '渾渾沌沌'과 관계있으므로 만물 자신이 알지 못한다는 뜻(郭象의 설)으로 해석해야 할 것이다.

渾渾沌沌(혼혼돈돈):뒤섞이어 하나가 된 모양.

若彼知之乃是離之(약피지지내시리지):'彼'와 '離之'의 '之'는 物과 사람을 가리키며 '知之'의 '之'와 '是'는 道를 가리킨다.

無問其名無闚其情(무문기명무규기정):'名'은 외형에 의해 物을 규정한 것. 이에 대해 '情'은 '性命之情'처럼 物에 내재하는 참된 情이다.

天降朕以德(천강짐이덕):'降'은 내려 준다는 뜻. '德'은 '大同乎涬溟', 즉 덕충부편에서 말한 '德之和'를 가리킨다.

示朕以默(시짐이묵):'默'은 '無爲', '解心釋神'과 같은 것을 가리킨다.

躬身求之(궁신구지):스스로 체득하는 것을 가리킨다. '身'은 '自'를 잘 못 베낀 듯하다.

【補說】 이상의 〈물자화우화〉는 운장과 홍몽의 문답을 빌려, 사람을 다스리려 하지 말고 자신의 마음을 길러 철저히 무심하게 物의 자연스러움에 맡겨야만 한다고 설하고 있다. 단편이지만 숙달된 필치로 노·장의 특색적인 사상을 묘사하고 있는데 특히 '物自化'의 높은 경지를 보여 주는 걸작이어서 대단히 흥미있다.

하늘을 떠다니는 구름은 자유의 상징이다. 그런데 이 우화에서는 형체를 이루고 있는 존재로서 같은 무리와 함께 동방, 즉 봄의 생육을 상징하는 곳으로 여행하여 강우(降雨)의 은택을 베풀려고 하며 군병을 지휘하는 장군에 비유되고 있다. 이에 대조되는 것이 유산부정(流散不定)의 홍몽이다. 홍몽은 모습이 없을 뿐 아니라 아무 생각 없이 오직 노는데 정신이 팔려 있는, 말할 것도 없이 어리석은 자이다. 그러한 자가 道를 체득하고 있기에 더 흥미가 있다.

무리를 다스리는 일이 염두에서 떠나지 않는 운장은 홍몽으로부터 거부당하지만 운장도 나름대로 道를 구하고 있는 자다. 운장은 홍몽의 무심·자유에는 미치지 못하지만 그렇게 되려고 노력한다. 운장이 홍몽의 무심·자유에 미치지 못하는 까닭을, 운장은 무심·자유의 경지를 이루려 해도 백성들이 그를 따르며 그의 행위를 적극적으로 본뜨려 하기 때문이라고 설명하고 있는데 바로 이것이 이 우화의 중요한 시사이다. 요컨대 아무리 작더라도 物에 구애되어 다스리고자 하는 의식이 있으면 道에 이반하는 것이 된다.

홍몽은 운장의 간청에 어쩔 수 없이 가르침을 베푼다. 바로 '心養'이라 하는 것이다. '心養'은 인간세편 〈심재우화〉나 대종사편 〈좌망우화〉, 또는 덕충부편의 '德之和'의 주장을 계승하고 있다고 할 수 있다. 그런데 그것들이 일신의 허심, 현덕(玄德)을 주로 하고 있는 데 비해 이 우화는 '物의 自化'를 설하고 있으며 또 그것이 이 우화의 특색이다. 이 주장도 응제왕편의 '順物自然'과 같은 류의 주장을 계승한 것이라고 생각되지만 '物自化', 특히 그 道에의 복귀를 상설하고 있으며 그것과 '心養'의 상즉일치(相卽一致:萬有는 그 眞如에 있어서 융합일체라는 뜻)를 설함으로써 높은 경지를 전개시키는 것이다. 마지막으로 운장의 말을 통해, 이 경지는 오직 묵식(默識)·체득될 뿐임을 부언하고 있다.

【餘說】 '복초사상(復初思想)'에 관하여

현실의 허망함 속에 있는 인간이 道를 구하는 입장에서 말하면 현실을 둘러싸고 있는 만물은 끊임없이 변화하여 진위가 일정하지 않으며 제물론편에 '與物相刃相靡'라 한 것처럼 구도(求道)의 미혹이자 질곡이다. 그래서 그런 입장에서는 '外物'(대종사편 〈영녕우화〉), '彼且何肯以物爲事乎'(덕충부편 〈화덕유심우화〉)라 하는 物의 부정·초월을 주장하게 된다. 그런데 道에 이른 인간의 입장에서 보면 만물도 나도 절대보편이며 나아가 유일한 일원인 道에서 전개되고 있기 때문에, '萬物與我爲一'(제물론)이라 한 말 그대로 모든 것을 진실의 상(相)으로 보게 되기에 이를 것이다. 그러면 인간은 '順物自然, 而無容私焉'(응제왕)의 상태에 있게 되어 아무런 불안도 착오도 갖지 않게 되리라.

단, 그것은 이미 유일한 일원인 道의 전개이므로 조금이라도 나와 物을 구별하는 의식이 있어서는 안 된다. 자기 스스로 道를 구하여 道를 얻었다는 식의, 道와 나를 이원화하는 의식이 있어서도 안 된다. 그것은 '墮爾形體, 吐爾聰明, 倫與物忘, 大同乎涬溟'이라는 말 그대로 자신의 모든 의식을 떨쳐 버리는 것에서 시작하여 그 구극으로 도달하는 부지불식간의 깨달음이다. 무아무심(無我無心), 굳이 말하자면 충실한 감동, 참새처럼 깡충깡충 뛰어노는 홍몽의 '遊'만이 있게 될 것이다. 道의 전개를 달관한 진지(眞知)가 있어 이와 같은 物과 道, 物과 자신이 일체라는 경지에 관해 설명하려고 하면 物 각각이 자연스런 발달을 이루고 있음은 그것들이 끊임없이 道에 복귀하기 때문이라고 대답할 것이다. 바꿔 말하면 道가 완전하게 구현되어 모든 物은 그 진실의 상(相)을 전개하며 物 각각에게 그 본래의 것과 후천적인 것의 일치된 조화가 있고, 또 모든 物이 큰 화합을 이루고 있는 것이다. 이것을 이 우화에서는 '物自化'라고 말하고 있다.

이상과 같은 '物自化' 또는 '復其根'이라 하는 설은 체도(體道)의 입장에서 만물을 재인식하기 위한 사변이다. 이에 관한 언급은 ≪장자≫의 다른 편에도 있으나 이 우화만큼 상세하게 다루고 있지는 못하다. ≪노자≫ 중에도 이와 비슷한 설이 있다.

致虛極, 守靜篤, 萬物竝作, 吾以觀其復. 夫物芸芸, 各歸其根. 歸根曰靜, 靜曰復命, 復命曰常, 知常曰明. 不知常, 妄作凶, 知常容. 容乃公, 公乃王. 王乃天, 天乃道. 道乃久, 沒身不殆.

허심(虛心)을 극진히 하고 고요함을 굳게 지키면 만물이 왕성하게 성장을 이루며 더욱이 그것은 그 근원으로 돌아가는 것임을 볼 수 있다. 무릇 만물은 각각 왕성하게 성장을 이루고 그 근원으로 돌아간다. 그렇게 그 근원으로 돌아가는 것을 '고요함'이라 하며 고요함 속에서 그 이루어야 할 필연의 명(命)에 돌아가는 것이며 그렇게 命에 돌아가는 것이야말로 항구불변한 전개이며 사람이 그 항구불변함을 아는 것을 '밝다'고 한다. 사람이 만물의 이 항구불변성을 알지 못하면 망동하여 흉하게 되지만 이것을 아는 명지(明知)를 갖추게 되면 만물을 넓게 포용할 수 있다. 사람이 만물을 포용할 수 있으면 공평무사하게 되고, 공평무사한 자야말로 왕자가 될 수 있다. 왕자가 된 자는 하늘을 좇으며, 하늘을 좇으면 道와 하나가 된다. 道와 하나가 되면 영원불멸하여 어떠한 불안도 없는 것이다(제16장).

《노자》의 문장과 이 우화의 서술을 비교해 보면 《노자》 쪽이 표현도 정리되어 있으며, 또 명(命:필연성)·상(常:불변성)·명(明:명지) 등의 구체적인 개념을 도입하고, 동시에 物에 대한 왕자의 실천적 덕까지 설하고 있어 한층 상세하다. 《노자》 쪽이 《장자》보다 시대적으로 앞선다는 전통설에 의하면 이 우화는 《노자》에 근거한 것이라고 말하지 않을 수 없다. 그런데 근대의 학설처럼 《노자》는 전국시대 말기 이후에 편집되었다고 하면 이 우화가 《노자》의 소재가 되었는지도 알 수 없다. 어찌 되었든 이 우화는 도가의 최고도의 사변을 보여 주고 있는 것이다.

'物自化' 또는 '復其根'의 사고방식은 중국 학예에 매우 큰 영향을 주었다. 예를 들면 육조말(六朝末)의 시인 도잠(陶潛)은 전원시라고 하는 시의 한 양식을 확립했는데 그것은 '物自化'의 사고를 문학으로 결정시킨 것이었다. 그의 걸작 〈음주(飮酒)〉 가운데 한 편에,

結廬在人境 而無車馬喧
問君何能爾 心遠地自偏
採菊東籬下 悠然見南山

山氣日夕佳 飛鳥相與還

此中有眞意 欲辯已忘言

사람들 틈에 오두막집 짓고 살지만

시끄럽게 수레 몰고 찾아오는 이 없다.

어찌 그럴 수 있느냐고 묻기에

마음이 속세에서 멀어지면 거처하는 곳이 절로 외진 곳처럼 된다고.

동쪽 울타리 밑에서 국화를 따 드니

유연히 남산이 눈에 들어온다.

날 저물자 산기운 더욱 좋고

날던 새 짝을 지어 집으로 돌아온다.

이렇게 자연 따라 사는 데 참 맛이 있는데

말로는 도저히 표현할 수 없노라.

라고 한 것처럼 세속과 교제를 끊은 부정 사변(否定思辨)이 자연 속에서의 진실 탐구로 승화되고, 그것이 그대로 자연물을 사랑으로써 수용하게 되며 나아가 자신이 몰입된 망아(忘我)의 자연미가 되고 있는 것이다.

또, '復其根'에 해당하는 반본(反本) 또는 복초(復初)는 物의 완전한 모습을 구하여 그것을 선천·선험의 명증(明證)으로서 조정(措定)한 중국 중세 이전 철학의 중요한 논리가 되었다. 예를 들면 송(宋)의 대철학자 주희(朱熹)는 명덕(明德)이 세상에 실현되어야만 하는 이상, 그 완전한 모습은 선천적으로 인간에게 갖추어져 있지 않으면 안 된다고 보았다. 단, 인간은 후천적으로 그 구현을 방해하는 계기를 갖고 있기 때문에 그러한 계기를 불식하여 명덕을 구현시키지 않으면 안 되므로 '명덕은 인간이 하늘로부터 받은 것으로 더없이 명석하고 모든 도리를 갖추어 어떠한 일에도 잘못 없이 대응할 수 있다. 그런데 인간은 후천적인 기품(氣稟)에 구속된다. 그래서 그 명덕이 가려지고 때때로 도리에 어둡게 되는 일이 있다. 그렇지만 인간의 본체인 명덕은 언제 어떠한 경우에도 작용하고 있다. 그렇다면 학문을 하는 자는 그 명덕이 자신의 행위로서 나타나는 바를 널리 퍼뜨려 그 처음으로 돌아가도록 하지 않으면 안 된다(明德者, 人之所得乎天, 而虛靈不昧, 以具衆理, 而應萬事者也. 但, 爲氣稟所拘, 人欲所蔽, 則有時而昏, 然, 其本體之明則有未嘗息者. 故學者, 當因其所發而遂明之, 以復其初也)'(《대학장구(大學章句)》)고 설하였다.

제5장 독유인설(獨有人說)

世俗之人, 皆喜人之同乎己, 而惡人之異於己也. 同於己而欲
之, 異於己而不欲者, 以出乎衆爲心也.

夫以出乎衆爲心者, 曷常出乎衆哉. 因衆以寧所聞, 不如衆技
衆矣. 而欲爲人之國者, 此攬(覽)乎三王之利, 而不見其患者也.
此以人之國僥倖也. 幾何僥倖而不喪人之國乎. 其存人之國
也, 無萬分之一, 而喪人之國也, 一不成而萬有餘喪矣. 悲夫,
有土者之不知也.

夫有土者, 有大物也. 有大物者, 不可以物. 物而不物, 故能
物物. 明乎物物者之非物也, 豈獨治天下百姓而已哉. 出入六
合, 遊乎九州, 獨往獨來. 是謂獨有. 獨有之人, 是之謂至貴.

세상 사람들은 누구나 다른 사람이 자기와 같은 의견을 가져야 좋아하
고, 다른 의견을 가지면 싫어한다. 그런데 다른 사람이 자기와 같은 뜻을
갖기 바라고, 다른 뜻을 갖기 바라지 않는 것은 사실 자신이 그들보다 매우
뛰어나다는 마음을 가지고 있기 때문이다.

무릇 다른 사람들보다 자신이 뛰어나다고 마음속 깊이 생각하고 있는 자
가 과연 다른 사람들보다 진실로 뛰어난 적이 있었을까? 있을 수 없는 일
이다. 왜냐하면 많은 사람들의 의견의 일치로 자신이 들어 알고 있는 것의
타당함을 명확하게 하려 해도 그보다 다른 사람들이 알고 있는 바가 너무
도 많아 도저히 그 일치를 이룰 수 없기 때문이다. 그런데도 세상에서 나라
를 다스리려고 하는 군주들은 고대 성왕들의 이점만을 보고 그들의 폐해는

보지 않는다. 이것은 그 나라의 모든 백성을 움직여 만에 하나의 행운인 의견 일치를 구하려는 것이다. 만에 하나의 행운을 노려 국가를 멸망시키지 않고 건질 자가 몇이나 되겠는가? 그러한 짓으로 국가를 영속시킬 수 있는 경우는 만에 하나도 없다. 그러한 짓을 하면 나라 하나의 안존도 보존하지 못하고 망국만이 만여 국에 이르게 된다. 슬픈 일이도다, 국토를 보유한 군주들이 이러한 사실을 알지 못함이!

　무릇 군주가 국토를 보유한다고 하는 것은 큰 物을 소유하고 있다는 것이다. 그런데 큰 物을 소유한 자가 그것을 다스리기 위해서는 자신이 국토나 백성과 같은 차원의 한 物이어서는 안 된다. 군주도 지상에 존재하는 하나의 物이지만 그 物의 차원에 머무르지 않아야 한다. 그래야만 비로소 국토나 백성 등 여러 物 각각에 어울리는 작용을 할 수가 있는 것이다. 이처럼 여러 物 각각에 어울리는 작용을 한다는 것은 실은 같은 物이 아님을 명백하게 하는 것이다. 또, 그것을 명백하게 한 군주가 어찌 천하만을 다스리겠는가? 천지 사방에 출입하여 전 세계에서 놀며 마음 내키는 대로 홀로 갔다 홀로 돌아오는 것이다. 이것을 '독유(獨有)'라 한다. 독유의 인간이야말로 가장 존귀한 자이다.

【語義】 以出乎衆爲心也(이출호중위심야):다른 사람이 자기와 같은 의견이기를 바란다는 것은 상식적으로는 자신의 의견이 보편적인 것이기를 기대한다는 것인데 여기서는 자신의 의견을 남에게 강제로 주입시켜 지배하려고 하는 속셈에서 그런 생각을 갖게 됨을 지적하고 있다.

　曷常出乎衆哉(갈상출호중재):'常'은 여기서는 '甞(상:어떤 일을 몸소 겪는 것)'과 같다. 衆보다 뛰어날 수 없는 이유는 다음 글에 보인다.

　因衆以寧所聞不如衆技衆矣(인중이령소문불여중기중의):郭象은 '寧'에서 구를 나누어, '나 한 사람의 所聞은 衆技의 많음에 미치지 못한다.

따라서 衆에 의지하면 평안하다. 만약 衆에 의지하지 않으면 千萬이 모두 나의 敵이 된다(吾一人之所聞, 不如衆技多. 故因衆則寧, 若不因衆, 則衆之千萬皆我敵也)'라고 해석했는데 여기서는 '衆人의 聞見으로 자신의 聞見을 타당화하려 해도 그것에는 衆人의 聞見이 수용되지 않는 일이 훨씬 많다는 것을 가리키고 있다'(陸長庚의 설)는 해석을 쫓았다. 馬敍倫의 설에 의하면 이 문장에는 빠진 구가 있다고 한다.

此攬乎三王之利而不見其患者也(차람호삼왕지리이불견기환자야): '攬' 대신 '覽'으로 되어 있는 판본도 있다(≪경전석문≫의 설). 아래의 '見'에 대응하는 말임을 생각하면 '覽'으로 해야 한다. '三王'은 하·은·주 3대의 성왕들로 앞 문장에 적용하면 '衆'의 의견에 해당할 것이다. '其患'은 '仁義로써 사람의 마음을 어지럽히는' 따위의 일을 가리키는 말이리라.

此以人之國僥倖也(차이인지국요행야):전후 문장에 '人之國'이라 칭한 경우가 많은데 모두 국가의 뜻이다. '僥'는 '구하다·남의 눈을 속여 훔치다'의 뜻. '倖'은 '幸'과 같다. 특히, 뜻하지 않은 행운을 가리킨다.

而喪人之國也一不成而萬有餘喪矣(이상인지국야일불성이만유여상의):'一不成'은 삽입구로 '一'은 앞의 '萬分之一'의 '一'을 받으며 '萬有……'의 '萬'과 대조된다.

有大物者不可以物物而不物故能物物(유대물자불가이물물이불물고능물물):郭象은 '大物'은 천자의 존위를 가리킨다고 하고, '不可以物物'에서 구를 나누어 '物을 物로서 유용하게 쓸 수 없게 되면……'으로 해석했다. 그런데 '大物'은 영토 및 그 인민을 가리킨다. 또 '不可以物'에서 구를 나누어(俞樾의 설) 物로서 유용하게 쓰이지 못함을 가리킨다고 해석한다. '物而不物'은 땅을 소유하고 있는 군주도 지상의 한 物이지만 物의 차원(요컨대 어떤 목적에 사용되는 物)에 그쳐서는 안 됨을 가리킨다. '어떻게 하면 모든 대상에 대해 잘못 없는 통일적 처리가 가능할까?'라는 문제는 고대의 중요한 문제였다. 이 서술은 그 문제를 언급하고 있는 것이다.

明乎物物者之非物也豈獨……:'非物'이 과연 무엇인지는 명확하게 말하고 있지 않다. 요컨대 物을 物로서 성립시키는 道를 체득한 것이다.

六合(육합):천지 사방을 가리킨다.

九州(구주):전 세계를 가리킨다. 고대에는 중국의 구주(九州:冀·兗·靑·徐·揚·荊·豫·梁·雍)와는 다른, 그 구주를 한 주로 삼는 구주(九州:神·次·戎·弇·冀·台·泲·薄·陽)로 세계가 이루어졌다는 설이 있었다.

獨有之人之是之謂至貴(독유지인시지위지귀):'獨'은 대종사편에 '朝徹而後能見獨. 見獨而後能無古今'의 '獨'과 같다. 대종사편에 '其一與天爲徒'라 한 것처럼 유일의 道와 하나가 되면 유일 독유·절대 존엄하게 된다.

【補說】이상의 〈독유인설〉은 사람(특히 군주)이 한 物로서 다른 物에 구애받으면서 그것들보다 뛰어난 존재로서 그것들을 다스리려는 것은 요행이며 여러 物을 적절하게 다스리려면 物을 초월하여 이른바 '獨有', '至貴'의 존재가 되지 않으면 안 된다고 설하고 있다.

앞의 〈재유론〉·〈정기독존우화〉 등과 같이 정치론이며 동시에 物로부터의 초월을 설하고 있어 이 편 속에 수록된 것이리라. 그런데 내용상 그것들과 긴밀한 관계를 가지고 있다고는 할 수 없다. '사람은 다른 사람이 자기와 같은 의견을 가지기를 바라며 나아가 다른 사람보다 자신이 뛰어나다고 생각한다'고 한 것만이 인심의 기미를 정확하게 포착했을 뿐, 그 외는 문체에 있어서도 표현에 있어서도 기교에 치우치고 추상적이어서 그다지 눈을 줄 만한 것이 없다.

제6장 대인지교지설(大人之敎之說)

> 大人之敎, 若形之於影, 聲之於嚮, 有問而應之, 盡其所懷,
> 爲天下配. 處乎無嚮, 行乎無方, 挈汝適復之撓撓, 以遊無端.
> 出入無旁, 與日無始, 頌論 · 形軀, 合乎大同. 大同而無己. 無
> 己, 惡乎得有有. 觀有者, 昔之君子, 觀無者, 天地之友.

대인의 가르침은 마치 형체와 그림자, 소리와 메아리처럼 물음이 있으면 곧 알맞게 대답하여 다른 사람의 마음속에 있는 의념(疑念)을 맑게 씻어 버리므로 이 세상에서 가장 좋은 상담역이 된다. 대인은 無의 고향에서 어딘지 알 수도 없는 곳으로 가고, 상대방을 데리고 아득히 먼 곳을 순회하며 끝없는 자유의 경지에서 노닌다. 대인은 어디로 가는지 또 어디에서 오는지도 알 수 없으며 태양처럼 영원불변하고 그 말하는 것은 물론 몸마저도 無인 대동(大同)과 하나인 것이다. 대동과 하나이기 때문에 자아를 주장하는 일이 없다. 자아를 주장하는 일이 없는데 어찌 이 세상에 존재하는 物에 구애받겠는가? 이 세상에 존재하는 物의 법칙을 밝히고자 하는 자는 옛날 성왕의 흔적을 본받는 군자이지만 無를 밝히는 자는 천지자연의 영원한 벗이다.

【語義】 大人(대인):유덕자(有德者)의 칭호이다.

若形之於影聲之於嚮(약형지어영성지어향):形 · 影, 聲 · 嚮이 서로 즉시 응하는 것과 같음. '嚮'은 '響'의 차자.

爲天下配(위천하배):'配'는 가장 좋은 짝이라는 뜻. '天下'는 최상임을 나타내는 말.

處乎無嚮(처호무향):'嚮'을 통상 글자 뜻 그대로 해석하여 '無方'을 정적(靜寂)의 뜻으로 해석하는데 여기서 '無嚮'은 뒷글의 '無方'에 짝하는 말이므로 '嚮'은 '鄕'의 차자로 보지 않으면 안 된다. '無鄕'은 무하유(無何有)의 고향을 가리킨다.

挈汝適復之撓撓(설여적복지효효):앞의 '我爲女遂於大明之上矣, 至彼至陽之原……'과 거의 같은 취향의 표현이다. '適復'은 왕복과 같다. '撓撓'는 '遶遶(요요)'의 차자로 멀리 순회하는 것. '適復'의 모습을 형용한 것이다.

以遊無端(이유무단):소요유편의 '以遊無窮'과 같다. '端'은 '厓(애:끝)'의 뜻.

出入無旁(출입무방):'旁'은 '方'과 같다.

與日無始(여일무시):태양과 함께 영원한 것을 가리킨다.

頌論形軀合乎大同(송론형구합호대동):이른바 조화자(造化者)와 하나인 것을 가리킨다. '頌'은 '誦(송)'의 차자로 말로 표현하는 것. '論'은 논리를 세워 말하는 것. 요컨대 '頌論'은 언어 및 그 활동을 가리킨다. '形軀'는 행의(行儀) 및 신체를 가리킨다. '大同'은 필시 앞의 '大同乎涬溟'을 받은 표현이리라.

惡乎得有有(오호득유유):'有有'에서 뒤의 '有'는 인간계의 여러 가지 물사, 이른바 物을 가리킨다. '노자'에 '有는 無에서 생겨난다(有生於無)'(제40장)라고 했다.

觀有者昔之君子(도유자석지군자):인간세편 〈심재우화〉의 '成而上比者, 與古爲徒'에 해당하는 말이리라. '觀'는 분명하게 본다는 뜻으로 해석해도 통하지만 분명하게 한다는 뜻으로 해석해야 한다.

觀無者天地之友(도무자천지지우):〈심재우화〉의 '與天爲徒者' 또는 '天使'에 해당하는 말이리라.

【補說】이상의 〈대인지교지설〉은 대인은 無를 체득하여 無心한 속에서 자유 무애(無碍)하며 상대방의 마음속에 의념이 남지 않게 적절하게 가르친다는 것을 설하고 있다.

이 절을 앞 절 〈독유인설〉의 결론 부분으로 생각하는 학자가 많다. 확실히 체도자의 자유를 설하고 있다는 점에서는 공통점이 있다. 그런데 앞 절이 '物物者'를 주제로 하고 있는 데 비해 이 절은 '大人之敎'를 주제로 삼고 있어 이 두 개의 절은 각각 독립된 문장으로 보지 않으면 안 된다. 필시 이 절은 인간세편 〈심재우화〉의 '入則鳴, 不入則止. 無門無毒, 一宅而寓於不得已'라고 한 것과 같은 주장을 연역한 것이든지, 아니면 그 한 부분일 것이다. 그것을 ≪장자≫의 편자가 여기에 수록한 것이리라.

제7장 물불가불위지설(物不可不爲之說)

> 賤而不可不任者, 物也. 卑而不可不因者, 民也. 匿而不可不
> 爲者, 事也. 麤而不可不陳者, 法也. 遠而不可不居者, 義也.
> 親而不可不廣者, 仁也. 節而不可不積者, 禮也. 中而不可不
> 高者, 德也. 一而不可不易者, 道也. 神而不可不爲者, 天也.
> 故聖人觀於天, 而不助. 成於德而不累. 出於道而不謀. 會於
> 仁而不恃. 薄於義而不積. 應於禮而不諱. 接於事而不辭. 齊
> 於法而不亂. 恃於民而不輕. 因於物而不去. 物者莫足爲也,
> 而不可不爲.
> 不明於天者, 不純於德. 不通於道者, 無自而可. 不明於道者,
> 悲夫.
> 何謂道. 有天道, 有人道. 無爲而尊者, 天道也. 有爲而累者,
> 人道也. 主者天道也. 臣者人道也. 天道之與人道也, 相去遠矣.
> 不可不察也.

군주로서 하찮은 것이지만 처리하지 않을 수 없는 게 物이며 신분은 낮지만 의지하지 않을 수 없는 게 인민이며 귀찮지만 힘쓰지 않을 수 없는 게 事이며 정밀하고 구체적이지 않으나 시행하지 않을 수 없는 게 法이며 人情으로부터 떨어져 있지만 그에 의거하지 않을 수 없는 게 義이며 많지 않은 사람들만의 친밀함이지만 널리 사람들에게 퍼지게 하지 않으면 안 되는 게 仁이며 세세한 것이지만 되풀이하지 않을 수 없는 게 禮이며 중정(中正)함이지만 숭고하게 하지 않으면 안 되는 게 德이며 유일한 것이나 널리 미치게 하지 않으면 안 되는 게 道이며 신비하지만 닦지 않으면 안 되는 게 하늘의 작용이다.

그래서 성인은 하늘의 작용을 감안하여 자연에 맡기며 자신의 작위를 더하여 조장하려 하지 않는다. 자신의 덕을 성취하여 화합하는 것을 주로 하고 타인으로 하여금 미혹에 걸리지 않게 한다. 道를 근본으로 삼아 물사에 응하며 지교(知巧)를 더하여 일을 꾀하려 하지 않는다. 仁을 근본으로 사람들을 회합시키지만 자신의 은혜임을 억지로 인식시키려 하지 않는다. 義에 가까이하기를 힘쓰고 자신의 사정에 구애되는 일이 없다. 禮에 응하여 행동을 바로잡고 그것을 꺼리지 않는다. 세세하다고 하는 事를 거행하며 그것을 피하려 하지 않는다. 法에서 규준을 취해 정돈하며 질서를 어지럽히지 않는다. 백성을 의지하며 경시하지 않는다. 物을 쓰되 폐기하는 일이 없는 것이다. 이처럼 物은 군주가 문제 삼아야 할 만큼 가치가 있는 것은 아니지만 결국 처리하지 않을 수 없는 것이다.

그런데 하늘의 작용을 명확하게 하지 않는 자는 그 德을 순일하게 할 수 없다. 또, 道에 통하지 않은 자는 아무리 해도 德을 잘 닦을 수 없다. 道를 명확하게 하지 않는 자들이여, 참으로 슬픈 일이로다!

무엇을 道라 하는가? 道에는 천도(天道)와 인도(人道)가 있다. 어떠한 작위도 없이 높은 것이 천도이며 물사를 행하여 갖가지 규제가 있는 것이 인도이다. 이 가운데 군주가 취해야 할 것은 천도이며 신하가 취해야 할 것은 인도이다. 따라서 천도와 인도는 큰 차이가 있다. 군주는 이러한 점을 명찰하지 않으면 안 된다.

【語義】 賤而不可不任者物也(천이불가불임자물야):통상 '物'은 '事'까지 포함하지만 여기서는 '物'이 여러 가지로 세분되어 있으므로 이 구의 '物'은 주로 토지·물산 등을 가리킨다. '任'은 처리하는 것. 유가는 적극적

으로 物과 事에 접할 것을 주장한다. 예를 들면 ≪대학(大學)≫에 '物에
는 근본과 말단이 있고, 일에는 끝과 시작이 있다. 먼저 해야 할 일과 나
중에 해야 할 일을 알면 道에 가까운 것이다(物有本末, 事有終始. 知所
先後, 則近道矣)'라고 했다.

匿而不可不爲者事也(익이불가불위자사자):'匿'은 '縟(욕:세세하여 번
잡한 것)'의 차자. '事'는 정무(政務)를 가리킨다.

麤而不可不陳者法也(추이불가부진자법야):'麤'는 정세(精細)하지 아
니하고 거친 것. 법률은 개략을 규정하는 것이기 때문에 세밀하고 구체
적인 규정이 아니다. '陳'은 포진(布陳), 시행하는 것.

遠而不可不居者義也(원이불가불거자의야):'遠'은 인정으로부터 멀
어지는 것. 공의(公義)는 개인의 情으로부터 멀리 떨어져 있다. '居'는
'據·据(거:의거하다, 근거하다)'의 차자.

節而不可不積者禮也(절이불가부적자예야):'節'은 절도. '禮'는 개별적
인 행위의 규정이지만 계속하여 행하지 않으면 안 된다. '積'은 적습(積
習). 오랫동안 행하는 것.

中而不可不高者德也(중이불가불고자덕야):'中'은 중용. 공평 중정
(公平中正)함으로써 사람들과 화합하는 德.

一而不可不易者道也(일이불가불이자도야):'易'는 앞 글의 '高'에 대응
하는 말임을 생각하면 '施(이:뻗다, 미치다, 옮겨지다)'의 차자이다.

神而不可不爲者天也(신이불가불위자천야):'神'은 神秘·靈妙의 뜻.
'天'은 자연을 가리키는 말이리라. ≪노자≫에 '하늘은 道를 법 삼고,
道는 자연을 법 삼는다(天法道, 道法自然)'(제25장)라고 했다.

成於德而不累(성어덕이불루):'不累'는 자신이 미혹되지 않는다는 뜻
보다는 다른 사람이 미혹에 빠지지 않도록 한다는 뜻으로 해석해야 될
것이다. 덕충부편에 '遊心乎德之和'라 한 것과 같은 류의 주장이라 할 수

있다. 이 단은 天·德의 순서로 되어 있는데 전단이 德·道·天의 순서로 되어 있다는 것을 생각하면 이 구는 '出於道而不謀' 다음에 있어야 할 것이다. 다음 단의 '不明於天者, 不純於德'에 이끌려 잘못된 것이리라.

會於仁而不恃(회어인이불시):'會'는 사람들을 회합시켜 친밀하게 하는 것. '恃'는 자신의 은혜를 드러내는 것.

薄於義而不積(박어의이부적):'薄'은 '迫(박:가까이하다)'의 차자. '積'은 여기서는 '막히다, 침체하다'의 뜻. 자신의 감정이나 이해 따위로 義를 좇지 않는 것.

不明於天者不純於德(불명어천자불순어덕):도가에서는 德을 천성의 것으로 본다.

不通於道者無自而可(불통어도자무자이가):위의 '不明於天者, 不純於德'과 대응하는 말이다. 따라서 아래의 '不明於道者'의 道는 天道인데 다음에 人道·天道의 다름을 설하기 위해 '天' 자를 생략한 것이다.

【補說】 이상의 〈물불가불위지설〉은 군주는 어쩔 수 없이 물사를 처리하지 않을 수 없는데 그럴 경우 천도를 근본으로 하여 天·德·道·仁·義·禮·事·法·民·物 모두 10가지의 것을 닦지 않으면 안 된다고 설하고 있다.

【餘說】 ≪장자≫에서의 〈물불가불위지설〉의 위치

〈물불가불위지설〉의 '物者莫足爲也, 而不可不爲'라는 주장은 내편 소요유편에 '孰肯以物爲事'라고 한 주장이라든가 덕충부편 〈화덕유심우화〉 제2절의 주장과는 상당히 거리가 있다. 또 '天道'와 '人道'를 구별한 것은 마제편의 '夫至德之世, 同與禽獸居, 族與萬物竝. 惡乎知君子小人哉'

라는 주장과는 견해를 달리하는 것이다. 또 仁과 義를 '不可不廣者'와 '不可不居者'라고 한 것은 본편의 '仁義桎梏'과도 거리가 먼 주장이다. 이러한 점에서 본절은 장주의 본지를 전하지 못하며 후인이 첨가시킨 작품일 것이라고 주장하는 학자도 적지 않다(宣穎 · 王先謙 · 馬敍倫 · 關鋒 등).

예를 들면 〈재유론〉이 '무위의 정치'를 주장하며 최구 · 노담의 문답이 인심을 어지럽히는 정치의 폐해를 지적하여 그것을 물리칠 것을 주장하며 황제 · 광성자의 문답이 몸을 닦는 것이 위정의 근본임을 설명하며 운장 · 홍몽의 문답이 몸을 닦는 道를 밝히며, 그리고 편말에서는 군신의 예법에 관해 상론하고, 천도 · 인도의 상위가 있지만 모두 인심에서 출발하여 사업으로 나타남을 말한다(褚伯秀의 설)고 한 것처럼 본편의 여러 절들이 상관관계를 가지고 있다고 하는 설도 있지만 각각의 절이 설하고 있는 사항에 관계가 있을 뿐, 그 논리까지도 치밀하게 통일성을 갖추고 있는 것은 아니다. 그 논하는 바도, 성립 시기도 상위한 여러 설 가운데 정치에 관한 것을 몇 개 모아 본편을 편집한 것으로 생각된다. 애써 통일적인 이해를 구하려는 것보다는 같이 道를 근저로 하면서도 서로 다른 전개를 보여 준다는 사실에 주목해야 할 것이다. 본절도 앞의 〈물자화우화〉, 〈독유인설〉 등에서 物에 관해 언급했기 때문에 그 유연(類緣)인 탓에 여기에 덧붙여졌으리라 생각된다. 또 앞의 여러 설이 物로부터의 초월을 주로 하는데 본절은 그와는 다른 견해를 주장하고 있다.

본절은 내편뿐 아니라 본편의 여러 절과도 그 설을 달리하고 있다. 단, 이른바 道나 德을 근본으로 하고 있다는 점은 같고 物과 仁 · 義 등이 서로 관계있다고 하는 점에서만 견해를 달리하고 있는 것이다. 이것은 노장 사상의 한 전개 방향을 나타내고 있는 것이다. 현실 생활의 여러 物의 허망함에 구속되어 그 구출의 길을 구하는 경우에는 여러 物을 부정·배격하고 그것들로부터 초월하지 않으면 안 되지만 이미 道와 德을 체득하고 현실생활에 되돌아온 경우에는 여러 物과 仁·義·禮·法 등이 엄존하는 한 그것과 밀접하게 관계있음을 설명하지 않으면 안 된다.

노·장의 소박한 주장을 나타내고 있다고 생각되는 ≪관자≫ 심술 상편에 '따라서 모든 물사는 法에 의해 바로잡히고, 法은 權으로부터 나오며 權은 道에서 나온다'고 하여 事·法·道의 절충을 설하고 있는 것을 보면 노장사상이 전개되는 초기부터 이런 시도가 있었는지도 알 수 없다. 그렇지만 道와 物·仁·義 등을 접합하고자 하는 것은 노장사상이 확립된 시기에 현저했을 것이다.

한 무제 초기에 만들어진 ≪회남자≫는 노장 사상을 근간으로 한 것인데 〈요략훈(要略訓)〉 등에서는 道와 事를 상즉(相卽)하는 것으로 파악하지 않으면 안 됨을 설하고 있다. 본절도 ≪회남자≫보다 앞서 성립된 것이겠지만 결국 道와 物·事 등의 상즉을 설하고 있는 것이다.

道와 物·事의 상즉을 구하는 데도 여러 가지 방향이 있을 것이다. 예를 들면 앞의 덕충부편에 보이듯이 자신의 '德의 和'를 확립함으로써 사람들과 조화하는 것도 한 방향이며 마제편·변무편 등에 보이듯이, 道의 순수·자유를 고스란히 실현하여 현실의 복잡·허영의 기구(機構)를 타파하고 소박 자족의 사회를 추구하는 것도 한 방향이다. 이에 대해 본절은 物과 仁·義 등을 현존하는 그대로 인지하고 또 인민·법제 등과의 한층 적극적인 관계를 생각하고 있다. 그 결과 어쩌면 의식적으로 그렇게 한 것인지도 알 수 없지만 분명히 유가설에 접근하고 있는 것이다. 그 仁·義·禮·德의 관념은 유가설의 그것과 거의 다름이 없다.

요컨대 본절은 노장사상이 현실의 사회생활에서 갖는 기능의 한 면을 명확히 하려 하고 있다. 그런데 노장 사장을 物과 仁·義 등의 조건에 직접 적용함으로써 스스로 노장사상의 기본 입장에 위배됨을 보여 주고 있다. 어떤 사상을 수립하는 것도 쉽지 않지만 그것을 현실화하는 것도 사색을 요하는 일이다. 본절은 그러한 직접적 적용으로 파탄을 보여 주고 있는데 이는 노장사상의 현실화에는 문제가 있다는 것을 은연중에 말하려는 것이 아닐까? 다음의 천지·천도편 등도 본절과 성격이 같아 본절은 《장자》에서 그 도입을 유도하는 위치에 있기도 한 것이다.

제12편
천지(天地)

편의 첫 두 글자를 취하여 편명으로 삼았다. 여섯 개의 논설과 아홉 개의 우화로 구성되어 있다. 주로 군주의 덕을 주제로 하고 있지만 이들이 서로 긴밀한 관계를 가지고 있다고는 할 수 없다.

제1장 군주천덕설(君主天德說)

天地雖大, 其化均也. 萬物雖多, 其治一也. 人卒雖衆, 其主
君也. 君原於德, 而成於天. 故曰, "玄古之君天下, 無爲也."
天德而已矣.
以道觀言, 而天下之君正. 以道觀分, 而君臣之義明. 以道觀
能, 而天下之官治. 以道汎觀, 而萬物之應備.
故通於天地者, 德也. 行於萬物者, 道也. 上治人者, 事也. 能
有所藝者, 技也. 技兼於事, 事兼於義, 義兼於德, 德兼於道, 道
兼於天. 故曰, "古之畜天下者, 無欲而天下足, 無爲而兼物化,
淵靜而百姓定." 記曰, "通於一, 而萬事畢, 無心得, 而鬼神服."

천지는 넓고 크나 그 만물을 생멸 변화시키는 것은 균일하다. 지상의 만
물은 더없이 많지만 그것들이 다스리는 것은 동일하다. 백성은 매우 많지
만 그들이 우러러 받드는 주재자는 한 군(君)이다. 이렇게 보면 군주는 그
德을 근본으로 삼으며 그 德은 하늘에 근거하여 성립된 것이다. 그래서 '태
고에 천하를 다스렸던 명군은 무위로써 다스렸다'고 전해지고 있다. 즉 하
늘에 근거한 무위의 德을 지켰던 것이다.

즉 군주가 자의적으로 행동하지 않고 道로써 시비를 판단하면 사람들
의 언설에 미혹되는 일이 없으며 명지(明知)가 바르게 보존된다. 다음으로
道로써 감시하면 신하들은 월권행위를 할 수 없으며 군주의 義가 명백하게
된다. 그 위에 道로써 신하의 능력을 평가하면 적재(適材)를 적소(適所)에
쓸 수 있어 천하의 관직이 잘 다스려진다. 이처럼 道를 근거로 하여 널리

관찰하면 모든 물사에 대한 대응은 모자람 없이 행해지는 것이다.

그렇게 말할 수 있는 까닭은 천지간에 널리 행해지는 것은 군주의 무위의 德이며 일체의 물사에 바르게 행해지는 것은 道이기 때문이다. 군주가 관리를 통솔하는 것은 정무에 의한다. 또 군주가 신하의 능력을 판단하는 것은 정무를 완수해 내는 신하의 솜씨에 대해서다. 그런데 솜씨는 정무에 통합되고 정무는 군신의 義에 통합되며 義는 군주의 德에 통합되고 德은 道에 통합되며 道는 하늘에 통합된다. 그러므로 '옛날 천하의 인민을 잘 기른 명군은 무욕했기 때문에 인민이 모두 만족했으며, 무욕했기 때문에 만물이 모두 성장을 완수하고, 참으로 고요했기 때문에 허다한 인민들이 편안하게 다스려졌다'고 전해지고 있다. 또 옛 문헌에 '일원에 통하게 되면 모든 물사는 막힘없이 행해지며 무심해야만 비로소 귀신까지도 복종하게 된다'고 쓰여 있는 것이다.

【語義】 天地雖大其化均也(천지수대기화균야):이것은 다음에 '군주의 통일'을 언급하기 위한 도입이다.

　萬物雖多其治一也(만물수다기치일야):'一'은 '같다'는 뜻과 '유일하다'는 뜻을 겸하고 있다. '같다'의 경우에는 하늘의 은혜나 군주의 다스림을 가리키며 '유일하다'의 경우에는 하늘이나 군주를 가리킨다.

　人卒(인졸):민중. '卒'은 사람에게 부림을 당하는 신분이 낮은 民. 이와 비교하면 '人'은 관리.

　君原於德而成於天(군원어덕이성어천):德을 근본으로 한 위에, 하늘에 근거하여 완성시키지 않으면 안 됨을 말한다. '德'은 군주가 무위인 것을 가리킨다. '天'은 쓰이는 경우에 따라 그 뜻을 약간 달리하는데 여기서는 ① 필연의 道, 바로 그것의 근원, ② 무형·무위, 즉 자연 바로 그것, ③ 유일 절대의 권위 등의 뜻을 포함하고 있다.

玄古(현고):태고(太古). '玄'은 여기서는 '元(원)'의 차자로 처음, 근본 등을 뜻한다.

無爲(무위):군주의 전횡을 광정(匡正)한다는 뜻인데, 군주가 모든 망집(忘執)을 부정하고 몸을 닦는 것을 가리키는 것도 아니고 글자 뜻 그대로 아무것도 하지 않는다는 뜻도 아니며 군주가 신하에 대하여 자신의 주관적 의식을 작용시키지 않는 것을 가리킨다. 다음 글에 나와 있듯이 신하에 대한 감시 · 평가 · 등용 등을 행하는 것이다.

天德(천덕):'原於德, 而成於天'을 짧게 줄인 것이다. 이른바 무위에 철저한 것.

以道觀言而天下之君正(이도관언이천하지군정):이 이하는 법가가 주장하는 신하에 대한 군주의 통어술, 이른바 '형명참동(形名參同)'을 근거로 한 서술이다. 《한비자》 主道篇에 '명군은 마음을 비우고 고요한 태도로 상대방의 태도를 지켜보아, 자연스럽게 신하가 자신의 주장을 설명할 수 있도록 하여 일의 실적을 스스로 정하게 한다. 마음을 비우면 상대방의 참모습을 알 수 있고, 고요한 태도를 지키면 상대방이 움직이고자 하는 본마음이 무엇인지 저절로 밝혀진다(虛靜以待, 令名自命也, 令事自定也. 虛則知實之情, 靜則知動者正)'고 했다. '道'는 천도, 즉 '자연(필연)의 법칙'이라는 뜻인데 실질적으로는 물사를 객관적으로 규정하는 법률을 가리킨다. 《한비자》 主道篇에 '道는 만물의 시초이며 시비의 근본이다. 그래서 명군은 그 시초를 지킴으로써 만물이 생겨나는 근본을 알고, 그 근본을 다스림으로 성패의 갈림을 아는 것이다.(道者萬物之始, 是非之紀也. 是以明君守始, 以知萬物之源, 治紀以知善敗之端)'라고 했다. '言'은 《한비자》 主道篇의 '名'에 해당한다. 즉 신하가 어떤 정책을 진언하거나 어떤 관직에 채용되기를 원하는 것 따위. 그럴 경우 군주는 신하의 교묘한 말솜씨나 자신의 개인적인 호오의 감정에 의해 판단해서는 안 되며 그 실적을 법규에 비추어 냉엄하게 판단해야 한다.

觀分(관분):'分'은 직분. 신하는 자신의 신분보다 큰 권력을 휘두르고 싶어 한다.

觀能(관능):'能'은 그 '言'과 '分'을 수행하는 신하의 재능을 가리킨다.

故通於天地者德也行於萬物者道也(고통어천지자덕야행어만물자도야):≪장자궐오(莊子闕誤)≫에는 '故通於天者道也. 順於地者德也. 行於萬物者義也'라고 되어 있는 판본도 있다고 기록되어 있는데 이것은 뒷글에 '事兼於義'라 하고서도 '義'를 설명한 글이 없으므로 그것을 보충하기 위해 원문을 개작한 것이다. '通於天地者德也'는 앞의 '天地雖大, 其化均也'에, '行於萬物者道也'는 '萬物雖多, 其治一也'에 대응하는 표현이다. '上治者事也' 이하에 결문(缺文)이 있는 것 같지도 않다.

事(사):정사(政事).

能有所藝者技也(능유소예자기야):'藝'는 뛰어난 재능이 있다고 평가하는 것. '技'는 기량, 즉 신하의 솜씨를 가리킨다.

故曰古之畜……百姓定:운문을 이루고 있다. 무엇에 근거한 것인지 확실하지 않은데 기존의 진술이 있었든지 아니면 그러한 류의 것을 운문화한 것이리라. '畜'은 '養(양:기르다, 양육하다)'의 뜻.

記曰通於一而萬事畢無心得而鬼神服(기왈통어일이만사필무심득이귀신복):이것도 운문이다. 다음의 천도편, ≪관자≫ 심술 하편 및 내업편 등에 이와 비슷한 표현이 있는 것을 보면 고언(古言) 또는 그것을 수정한 것이리라. '一'은 무위의 德, 또는 천도(天道)를 가리킨다. '畢'은 완수하는 것. '鬼神'은 천지간의 갖가지 현상을 나타나게 하는 신령.

【補說】 이상의 〈군주천덕설〉은 군주가 된 자는 하늘에 의거하여 무위의 德을 근본으로 삼아 정치하지 않으면 안 된다고 설하고 있다.

【餘說】〈군주천덕설〉의 성격

　　이 한 절은 군주의 도덕에 관한 논설·우화를 모으기에 앞서 ≪장자≫
의 편자가 그 총론으로서 여기에 둔 것인 듯하다. 단, 그 편자가 누구인
지는 알 수 없다. '故曰', '記曰' 등 다른 문헌에 의존한 흔적이 현저하여
≪장자≫ 중에서도 제2차·3차적 문장임을 나타내는 작품이다. 이것을
한대(漢代) 초기의 작으로 보는 학자도 있다.

　　도가 사상을 군주가 정치를 행하는 실제 상황에 적용하고 있는데 그
과정에서 사상을 적잖이 변형시킨 점도 없지 않다. 예를 들면 대종사편
에 '夫道……自古以固存. 神鬼神帝, 生天生地'라 하고, 또 ≪노자≫에
'하늘은 道를 법 삼고, 道는 자연을 법 삼는다.(天法道, 道法自然)'
(제25장)라 한 것처럼 도가사상 본래의 입장에서 보면 道야말로 모든
物을 성립시키는 유일 절대의 근원인데 이 절에서는 '道兼於天'이라고
주장하고 있다. 이것은 현실의 군주의 위치를 자명하게 하려는 본절의
작자가 군주를 하늘의 절대적 권위에 비교하려 한 것으로 보지 않을 수
없다. 도가사상 본래의 주장과 다를 뿐만 아니라 변무편·마제편 등과
도 그 주장을 달리하고 있는 것이다.

제2장 군자십사설(君子十事說)

夫子曰, "夫道覆載萬物者也. 洋洋乎大哉. 君子不可以不刳
心焉.

無爲爲之之謂天. 無爲言之之謂德. 愛人利物之謂仁. 不同
同之之謂大. 行不崖異之謂寬. 有萬不同之謂富. 故執德之謂
紀. 德成之謂立. 循於道之謂備. 不以物挫志之謂完. 君子明
於此十者, 則韜乎其事心之大也. 沛乎其爲萬物逝也.

若然者, 藏金於山, 藏珠於淵, 不利貨財, 不近貴富. 不樂壽,
不哀夭, 不榮通, 不醜窮. 不狗一世之利, 以爲己私分, 不以
王天下, 爲己處顯, 顯則明, 萬物一府, 死生同狀."

선생은 다음과 같이 말했다.

"무릇 道는 만물을 널리 육성한다. 크고도 위대하여라! 군자는 마음을 비
우고 道를 좇지 않으면 안 된다.

작위하지 않고 자연 그대로 행하는 것, 이것이 天이다. 天에 근거하여 자
연스럽게 가르침을 시행하는 것, 이것이 德이다. 德을 근본으로 하여 인민
을 사랑하고 이익을 주는 것, 이것이 仁이다. 자신의 생각을 굽히지 않으
면서도 자연스럽게 사람들과 협동하는 것, 이것이 큰 도량이다. 사람들에
게 등을 돌리거나 그들과 다른 행동을 하거나 하지 않고 친밀한 것, 이것이
관용이다. 이와 같이 하여 갖가지 다른 것을 보유하는 것, 이것이 부(富)이
다. 그래서 군자가 德을 굳게 지키는 것, 이것이 道를 본받는 시작이다. 다
음으로 그 德이 자신에게서 성취되는 것, 이것이 군자로서 서는[立] 것이

다. 그리고 이상의 일이 모두 道에 좇아 잘못이 없는 것, 이것이 군자로서 갖추어지는[備] 것이다. 나아가 어떠한 물사에 있어서도 그 도덕성이 꺾이지 않는 것, 이것이 군자로서의 완전함이다. 이와 같이 군자가 이상의 열 가지 일을 명확하게 성취하면 그 마음이 더 없이 위대하게 되어 모든 물사의 법도가 되는 것이다.

이러한 군자는 금은 자연스럽게 그대로 산에 감추어지게 하고, 진주는 못에 감추어져 있는 그대로에 맡겨, 이러한 재화를 자신의 이익으로 하려는 따위는 생각하지도 않고 부귀한 자리에 가까이하려고도 하지 않는다. 명(命)이 긴 것을 즐거운 것으로 보려고도 않고 단명(短命)을 슬픈 것으로 생각하지도 않으며, 높은 지위에 오르는 것을 명예롭게 생각하지도 않고 비천하게 곤궁한 것을 치욕으로 생각하지도 않는다. 이 세상의 큰 이익을 억지로 구하여 자기 것으로 하려 하지도 않고 천하에 왕자로서 군림하려고도 하지 않는다. 유유하게 만물을 하나로 포용하고 초연히 삶과 죽음을 같은 것으로 생각하는 것이다."

【語義】 夫子(부자):노담을 가리킨다(成玄英의 설), 장주를 가리킨다(司馬彪의 설), 공자를 가리킨다(宣穎의 설)는 등 여러 설이 있는데 어느 누구도 아닌 것 같다. 노·장을 해설하는 풍조가 막 유행하던 때의 어떤 선생을 가리키든지 장자를 본뜬 인물일 것이다.

夫道覆載萬物者也(부도복재만물자야):통상 만물을 덮는 것은 天이라 불리며 만물을 싣는 것은 地라 불리지만 여기서는 道가 천지의 공(功)을 겸하고 동시에 만물을 성육시키는 것을 가리킨다.

劌心(고심):'허심(虛心)'과 같다. '劌'는 글자 뜻 그대로 '속을 파내다'로 해석해도 뜻이 통하지만 '虛'의 차자로 보아 해석하는 게 더 좋다.

無爲爲之之謂天(무위위지지위천):이 이하는 군자의 행위에 관한 것으로 여기에 나열되어 있는 十事는 단순한 병렬이 아니라 단계를 이루며 서로 영향을 미치는 것이다. '無爲爲之'란 의식적으로 그렇게 하는 게 아니라 자연스럽게 그렇게 되는 것을 말한다. '天'은 앞 절과는 약간 다른 의미로 쓰였으며 여기서는 절대적인 필연의 道임을 주요한 의미로 하고 있다.

無爲言之之謂德(무위언지지위덕):이른바 '不言之敎'를 가리킨다. '言'은 여기서는 정치를 주로 하여 서술하고 있으므로 가르침, 요컨대 인민을 이끌어 가는 것을 가리킨다.

愛人利物之謂仁(애인리물지위인):인의를 나쁜 것으로 보는 종래의 주장과는 달리, 여기서는 仁도 있어야 할 것으로 취급하고 있다. '愛人利物'은 '愛利人物'을 나누어 표현한 것으로 필시 묵자의 '兼愛交利'를 본뜬 것이리라. ≪맹자≫에 '군자는 금수초목과 같은 物에 대해서는 가엾게 여기고 사랑하는 마음을 지니지만 仁의 마음까지 지니지는 않는다. 인민에 대해서는 仁의 마음을 갖지만 한집안 사람이 아니므로 친밀한 마음까지 지니지는 않는다. 즉 친족과 친밀하게 지내고, 인민을 仁하고, 物을 아끼고 사랑하는 것이 바른 태도다.(君子之於物也, 愛之而弗仁. 於民也, 仁之而弗親. 親親而仁民, 仁民而愛物)'(盡心章句 上)라고 했듯이 유가에서는 物에 대한 愛와 民에 대한 仁을 구별하지만 여기는 그러한 구별이 없다.

不同同之之謂大(부동동지지위대):앞의 '同'은 부화뇌동의 뜻. 뒤의 '同'은 협동 화합을 가리킨다. ≪논어≫에 '군자는 和할 뿐 同하지는 않으나, 小人은 同하므로 和할 수 없다(君子和而不同, 小人同而不和)'(자로편)라고 했다.

行不崖異之謂寬(행불애이지위관):'崖'는 '乖(괴:어기다, 등을 돌리다)'의 차자.

有萬不同之謂富(유만부동지위부):'富'는 단순히 재산을 많이 저축하

는 것을 가리키는 것이 아니다. ≪주역≫ 계사전에 '物로서 없는 것이
없어 하나도 부족함이 없는 것이 大業이다.(富有之謂大業)'라 한 것처
럼 대사업을 영위하는 것을 가리킨다. 國君으로서 정치를 행하는 것도
富의 하나라 할 수 있다.

執德之謂紀(집덕지위기):'紀'는 실의 끝. 나아가 시초, 기본 등을 뜻
한다.

德成之謂立(덕성지위립):'立'은 ≪논어≫ 위정편의 '나이 서른에 자신
의 입장을 갖게 되었다(三十而立)'나 요왈편의 '예를 모르면 설 수가 없
다(不知禮, 無以立也)'의 '立'과 같다. 버젓한 한 남자로서 독립하는 것.

不以物挫志之謂完(불이물좌지지위완):'完'은 완전·완성의 뜻. '物'은
사회적 사상(事象). ≪맹자≫ 告子 上篇에 '귀나 눈 같은 기관은 생각을
할 수 없기 때문에 외부의 物에 가려진다. 그래서 외물과 끊임없이 접
촉하는 동안 외물에 끌려 버린다. 마음은 생각한다. 잘 생각하면 도리를
이해할 수 있고, 생각하지 않으면 도리를 이해하지 못하여 대체(大體)를
잃고 만다. 이 이목(耳目)도 마음도 이미 하늘이 우리에게 준 것이므로
그 큰 것, 즉 마음을 확고하게 하면 그 작은 것, 즉 이목의 욕망이 마음
을 빼앗을 수 없다. 이것이 바로 대인(大人)이다.(耳目之官, 不思而蔽於
物. 物交物, 則引之而已矣. 心之官則思, 思則得之, 不思則不得也. 此天
之所與我者, 先立乎其大者, 則其小者不能奪也. 此爲大人而已矣)'라 하
고, ≪순자≫ 권학편에 '이렇게 되면 어떠한 권세나 이익도 그 마음을
동요시킬 수 없고 아무리 많은 사람의 압력도 그 마음을 변하게 할 수
없으며 천하의 대세조차 그 마음을 움직일 수 없고 살아가는 것도 죽는
것도 이 正道에 의존한다. 바로 이것을 절조 있는 德이라 한다.(是故權
利不能傾也, 羣衆不能移也, 天下不能蕩也, 生乎由是, 死乎由是. 夫是之
謂德操)'라고 했다. 이 대인(大人)·덕조(德操)와 이 구의 '完'이 같은 경

지이며 또 권리 · 군중 · 천하 등이 '物'이다.

則韜乎其事心之大也(즉도호기사심지대야):'韜'는 '滔(도:넓은 모양)'
의 차자로 보아야 할 것이다. 다음의 '沛'와 대조된다. '事'는 '倳(사:세
우다, 확립하다)'의 차자.

沛乎其爲萬物逝也(패호기위만물서야):'沛'는 수세(水勢)가 성한 모
양. 나아가 성대하다는 뜻. '逝'는 '制(제:법칙)'의 차자로 보아야만 한
다. 사람을 포함한 만물 · 만사의 기준임을 뜻한다.

不拘一世之利(불구일세지리):'拘'는 '鉤(구:끌어당기다)'의 차자. 무리
하게 취한다는 뜻.

不以王天下爲己處顯顯則明(불이왕천하위기처현현즉명):'處顯'은 '顯
處'의 도언으로 현영(顯榮)의 位, 즉 명예로운 위치라는 뜻이다. '顯則
明'은 '顯' 자의 방주(傍注)가 본문에 혼입된 것이리라.

萬物一府死生同狀(만물일부사생동상):만물을 포용하고 죽음을 초월
하는 것을 가리킨다. '府'는 물건을 감추어 두는 창고.

【補說】 이상의 〈군주십사설〉은 군자는 道에 근거하여 天 · 德 · 仁 · 大 ·
　　　　 寬 · 富 · 紀 · 立 · 備 · 完의 十事를 닦아 큰 마음을 세우고 일시동인(一
　　　　 視同仁), 생사초월(生死超越)에 이르러야만 한다고 설하고 있다.

【餘說】 〈군자십사설〉의 성격

　　　유가적 덕목인 仁 · 寬 · 立 등을 들고 있는 것으로도 확실히 알 수 있
듯이 유가설과의 절충을 꾀하고 있다. 그래서 허심(虛心)을 말하면서도
사심(事心), 즉 의지의 확립을 중요한 주장으로 삼고 있다. 필시 한대
(漢代)에 이루어진 문장이리라.

제3장 왕덕설(王德說)

夫子曰, "夫道, 淵乎其居也, 漻乎其清也. 金·石不得, 無以
鳴. 故金·石有聲, 不考不鳴. 萬物孰能定之.
夫王德之人, 素逝而恥通於事. 立之本原, 而知通於神. 故其
德廣, 其心之出, 有物探之. 故形非道不生, 生非德不明. 存
形窮生, 立德明道, 非王德者邪. 蕩蕩乎, 忽然出, 勃然動, 而
萬物從之乎. 此謂王德之人.
視乎冥冥, 聽乎無聲. 冥冥之中, 獨見曉焉, 無聲之中, 獨聞
和焉. 故深之又深, 而能物焉. 神之又神, 而能精焉. 故其與
萬物接也, 至無而供其求, 時騁而要其宿. 大小長短脩遠(小
大·脩短, 各有其具)."

선생은 다음과 같이 설명했다.

"무릇 道는 물을 가득 채우고 있는 못처럼 정지하고 있으며 깨끗한 물처
럼 맑다. 아름다운 소리를 내는 쇠나 돌로 만들어진 악기도 그 道에 의하지
않고는 소리를 낼 수 없다. 인간은 쇠나 돌로 만든 악기를 두드려 보지 않으
면 소리가 나는 것을 알 수 없다. 이와 마찬가지로 범인으로서는 누가 만물
을 안정시키고 있는지 그것이 드러나 보이지 않으면 알 수가 없는 것이다.

무릇 道를 체득하여 왕덕을 갖춘 사람은 허심으로써 物에 응해 자신이
세세하게 업무에 통하는 것을 부끄럽게 여긴다. 물사의 근본을 세우고 그
영지(英知)는 신령과 통한다. 그래서 그 德은 광대하며 일단 그 생각이 밖
으로 나타나면 物(인민)이 그것을 취하여 자신의 生을 완수한다. 왜 그런

고 하니, 모습이 있는 한 物은 道에 의해 생존하며 생존하는 한 物은 德에 의해 그 생존의 道가 명확해지기 때문이다. 그리고 그 모습을 이룬 物, 생존하는 物의 성장을 이루게 하는 것처럼 德을 세워 道를 명확하게 하는 자야말로 왕덕을 지닌 사람이 아닐까? 그 德은 더없이 광대하여 표현할 수가 없지만 사람이 모르는 사이에 문득 그 생각을 보여주고 느닷없이 그 행동을 나타내어 모든 物이 이에 심복하는 것이다. 이런 사람이야말로 왕덕을 갖춘 사람이라 하는 것이다.

왕덕을 갖춘 사람은 아무것도 구별할 수 없는 어둠 속에서도 物을 보고 아무런 소리도 없는 침묵 속에서도 소리를 듣는다. 더욱이 그런 어둠 속에서 홀로 밝은 道를 보고 그런 침묵 속에서 홀로 만물의 화합을 듣는 것이다. 따라서 그 德은 깊은 가운데 또 깊어 物을 바르게 다스리고, 그 知는 영묘한 가운데 또 영묘하여 物의 진실을 명확하게 할 수 있는 것이다. 그래서 그 사람이 만물을 접하는 데에는 완전히 무심·무위하며 나아가 만물의 어떠한 요구도 만족시켜 주며 적시 즉응(適時卽應)하여 만물의 안정을 도모시켜 준다. 큰 일, 작은 일, 긴 일, 짧은 일, 어떤 일에도 응할 준비가 되어 있는 것이다."

【語義】 淵乎其居也澄乎其淸也(연호기거야요호기청야):이 두 구는 道가 無形·無聲임을 표현하면서 왕덕은 허정(虛靜)함이 그 근본임을 말하기 위한 도입이다. '淵乎'는 매우 깊은 모양. '居'는 정지하여 있는 것. '澄乎'는 깊고 맑은 모양.

金石不得無以鳴(금석부득무이명):'金'은 금속으로 만든 악기. '石'은 돌로 만든 악기. 앞의 물로써 한 비유에 대응하여 여기서는 有形·有聲의 物을 들고 있다. 악기가 소리를 내는 것은 道에 의해 그렇게 결정되어 있다고 하는 사고이다.

故金石有聲不考不鳴(고금석유성불고불명):쇠나 돌로 만들어진 악기가 내는 소리는 이미 道에 의해 결정되어 있지만 그 소리는 인간이 악기를 두드리지 않으면 알 수 없음을 말하고 있다. 무형의 道는 유형의 物로부터 역추(逆推)할 수 있다. '故'는 여기서는 '而(그런데)'의 뜻. '考'는 '敂(고:두드리다, 치다)'의 차자.

萬物孰能定之(만물숙능정지):'不考不鳴'을 받는 문장으로 도가의 사고방식으로는 만물의 生을 결정하는 것이 道라는 것은 말할 것도 없는데 범인(만물)은 그것이 분명하게 나타나 보이지 않으면 누가 그렇게 시키는지 알 수 없다고 하여 다음에 王德之人을 언급하기 위한 도입으로 삼고 있다. '萬物'은 글자 뜻으로는 道·金·石을 받고 있으므로 '物'이라 했을 뿐, 실제로는 '인민'을 가리킨다. 이하 '物'이라 한 것도 이와 같다. 더욱이 '萬物'과 '之'는 동격으로 '定'의 목적어이다.

王德之人(왕덕지인):道를 체득하고 德을 갖춘 군주.

素逝而恥通於事(소서이치통어사):'素'는 꾀하는 바가 없는 허심을 가리킨다. '逝'는 응대하는 것.

其心之出有物採之(기성지출유물채지):≪한비자≫ 主道篇에 '군주는 자신의 뜻을 나타내서는 안 된다. 군주가 자신의 뜻을 나타내면 신하는 자기가 훌륭하다고 교묘히 꾸미려 한다(君無見其意. 君見其意, 臣將自表異)'라고 한 것에 해당하리라. 단, 여기에는 신하가 꾸며서 군주의 마음에 들려고 한다는 의미는 들어 있지 않다.

蕩蕩乎(탕탕호):광대무변한 모양.

忽然(홀연)·勃然(돌연):모르는 사이에 갑자기 나타나는 모양.

視乎冥冥……神之又神而能精焉:≪노자≫에 '큰 德을 지닌 사람의 모습은 道를 꼭 닮았다. 그런데 道의 모습은 황홀하여 정할 수 없다.(단, 마음을 虛靜하게 하여 道를 응시하면) 그 가운데 어떤 象, 어떤 物이 있다는 것을 알 수 있다. 유명(窈冥), 즉 오심(奧深)한 가운데 정(精), 즉 순일무잡(純一無雜)함이 있다. 그것은 참으로 진실하고 거짓됨이 없으며 그 이름은 예로부터 지금에 이르기까지 사라져 없어지지 않는다. 그리하여 만물 생성의 근본을 다스리고 있다. 내가 어찌하여 만물이 이처럼 道에서 나오는지를 아느냐 하면 바로 허심(虛心)으로써다.(孔德之容, 唯道是從. 道之爲物, 唯恍唯忽, 忽兮恍兮, 其中有像. 恍兮忽兮, 其中有物. 窈兮冥兮, 其中有精. 其精甚眞, 其中有信. 自古及今, 其名不去. 以閱衆甫. 吾何以知衆甫之然哉. 以此)'(제21장)라고 한 것을 약간 바꾸어 道로써 만물에 대응하는 정묘함을 얻을 수 있음을 말하고 있다.

故其與萬物接也(고기여만물접야):여기의 '萬物'은 신하·인민 등을 가리키는 말이리라.

時騁而要其宿(시빙이요기숙):'時'는 적시(適時)의 뜻. '要'는 '邀(요:맞다, 만나다)'의 차자. '宿'은 여기서는 '騁(빙:말을 달리게 하다)'과 관계 있는 말이므로 만물이 묵는 곳, 즉 안정하는 곳을 가리킨다.

大小長短脩遠(대소장단수원):이것만으로는 정확한 서술이 되지 못하며 동시에 脩와 遠이 대어가 되지 못한다. 일설에, '脩'는 '邇(주:가깝다)'의 차자(馬敍倫의 설)라 했다. ≪회남자≫ 原道訓에 이와 비슷한 말이 있는데 그에 근거하여 원문을 약간 고쳐 해석했다.

【補說】 이상의 〈왕덕설〉은 만물의 생존을 완성시키는 자는 道를 밝히고 德을 지닌 왕덕(王德)의 인물이며 그 왕덕의 인물은 물사의 근본에서 만물까지 어떠한 섭섭함도 주지 않고 대응한다는 것을 설하고, 또 그것을 찬미하고 있다.

【餘說】〈왕덕설〉의 성립 연대

≪경전석문≫에 앞의 '夫子曰' 이하 〈군자십사설〉의 일절과 여기의 '夫子曰' 이하의 〈왕덕설〉은 별도의 문장이었다고 되어 있다. 예로부터 각기 독립된 문장으로 취급되었던 것이다. 문체가 서로 비슷하여 거의 같은 시대에 성립된 작품인 듯한데 주제는 같지 않다.

앞 절에도 그런 폐단이 있었지만 특히 이 절의 서술에는 비약이 심해 문맥이 순당(順當)하지 않다. 뭔가 의거한 바가 있는 해설적 문장의 문집에서 채록한 것 아니면 안문(案文:초잡아 쓴 글)이 아닐까 생각된다.

이 절에서 주장하는 바의 특색은 '至無而供其求. 時騁而要其宿'이라 했듯이, 만물(신하·인민)에 대한 왕자의 전능이라고도 할 수 있는 대응을 설한 데 있다. 물론 道를 근본으로 하고, 또 그 道는 완전무결하므로 道에 의하는 한 전능하게 된다는 것은 지극히 당연한 귀결이지만 그것이 현세의 왕자의 일로 언급되고 있다는 데 시대적 반영이 있는 것은 아닐까? 앞 절이 유가설과 절충된 내용의 것이라는 것도 이러한 사실을 방증하는 것이리라.

진나라 시황제 초기에 성립된 ≪여씨춘추≫는 제가(諸家)의 사상을 절충하고 있는데, 군주의 道에 부분적으로 노·장의 사상을 혼입시켜 주권의 절대성과 전능성 등을 설하고 있다. 한 무제 초기에 만들어진 ≪회남자≫는 노·장의 사상을 기간(基幹)으로 하여 제가 사상을 절충하려는 ≪여씨춘추≫의 시도를 이어받은 저서인데 노·장 사상에 많이 경도됨과 아울러 '제왕은 道를 갖추고 있다'(요략훈)고 한 것처럼 그 전능성도 강조하고 있다. 이들 사정에 비추어 생각해 보면 이 절과 같은 류의 문장은 ≪여씨춘추≫와 ≪회남자≫ 사이의 시기에 만들어진 것이 아닐까?

제4장 황제사상망:상망우화(黃帝使象罔:象罔寓話)

> 黃帝遊乎赤水之北. 登乎崑崙之丘, 而南望. 還歸. 遺其玄珠.
> 使知索之, 而不得. 使離朱索之, 而不得. 使喫詬索之, 而不得
> 也. 乃使象罔. 象罔得之. 黃帝曰, "異哉, 象罔乃可以得之乎."

　황제가 적수(赤水)를 거슬러 올라가 그 북쪽을 여행했다. 곤륜산에 올라 아득히 먼 남쪽을 조망했다. 그리고 귀로에 올랐다. 돌아와서는 귀중한 검정 패주(佩珠)를 잃어버린 것을 알았다. 그 이름마저 지(知)인 명지(明知)의 사람으로 하여금 찾게 했지만 찾을 수가 없었다. 눈이 밝기로 이름난 이주(離朱)로 하여금 찾게 했지만 그도 찾지 못했다. 그리하여 끽후(喫詬)로 하여금 찾게 했지만 그도 찾을 수가 없었다. 할 수 없이 멍청한 상망(象罔)에게 그 일을 맡기게 되었다. 그런데 상망은 황제의 검정 패주를 찾아내었다. 황제는 너무나 놀라,

　"이상하도다, 상망 따위에 이 보물이 발견되다니……."

　라고 말했다.

【語義】黃帝(황제):천계를 지배하고 있는 상제를 인간계의 제왕에 비긴 것이다.

　遊乎赤水之北(유호적수지북):고대의 전설에 의하면 ≪산해경≫·≪회남자≫ 등에서 말하는 것처럼 적수(赤水)는 곤륜산(崑崙山)의 동남 모서리에서 출발하여 그 동남쪽으로 흘러가는 물이었다. 적수의 북쪽에서 놀았다는 것은 동남쪽에서 적수를 거슬러 올라가 곤륜으로 향하고

있었다는 것을 가리키는 것이리라.

崑崙之丘(곤륜지구):곤륜(崑崙:崑崙·昆侖 등으로도 표기한다)산. 중국 고대 신화에 자주 나오는 성산(聖山)으로 중국 서북방에 있으며 천제의 지상 거처가 있는 곳이라 한다. 대종사편 참조.

還歸(환귀):어디로 돌아가는지가 명기되어 있지 않지만 오행설에 의하면 하늘의 중앙으로 돌아가는 것이리라. 그런데 한대(漢代)에 성행했던 천계설(天界說)에서는 상제의 좌(座)는 북극성에 있다고 했다.

玄珠(현주):무위의 제도(帝道)에 비유한 것이다. 《예기》 월령(月令)에 '천자는 겨울에는 검은 옷을 입고 현옥(玄玉)을 착용한다(孟冬之月, 天子衣黑衣, 服玄玉)'라고 했듯이, 현(玄:黑)은 北·闇·靜 등, 음(陰)의 극(極)을 상징한다. 여기서는 더없이 허정한 무위를 상징한다. '珠'는 진주, 옥의 한 종류라 하며 영성(靈性)을 상징한다.

離朱(이주):명찰함에 비유한 말이다. 이주는 시력이 너무나 좋아 백보 밖에서 털끝을 분별했던 인물이라 전해진다. '離婁'라고도 한다. 離朱·離婁는 '蛛(주:거미)'의 완언으로 어두운 곳에 거미줄을 치고 황혼에 날아다니는 벌레를 잡아먹으므로 '어둠 속에서도 명찰한 神'으로 생각됐던 듯하다. 산동성에 있던 邾(주:鄒)나라로부터 전개된 이야기일 것이다.

喫詬(끽후):헐뜯어 말함. 그런데 여기서는 의인화되어 '총명함'에 비유되고 있다.

象罔(상망):수신(水神)을 망상·망량(罔象·罔兩) 등이라 하는데 그것을 흉내낸 이름이리라. 단, 뜻하는 바는 무심(無心)이다(成玄英의 설).

異哉象罔乃可以得之乎(이재상망내가이득지호):'異'는 그 걸출함을 찬양하는 것이 아니라 놀라 괴이하게 생각한다는 뜻. '乃'는 '象罔'을 강하게 나타내는 조사. '乎'는 '異哉'에 응하여 의문을 나타내는 조사.

【補說】이 〈상망우화〉는 황제가 현주(玄珠:無爲의 帝道에 비유된다)를 잃어버려 명지·명찰·총명·무심(明知·明察·聰明·無心)을 의미하는 지·이주·끽후·상망(知·離朱·喫詬·象罔) 등으로 하여금 찾게 했는데 상망만이 찾아낼 수 있었다. 즉 無心하게 되어야만 무위의 제도를 얻을 수 있음을 주장하는 우화이다. 인물 설정 외에도 황제조차 상망(無心)만이 현주를 발견할 수 있음을 간신히 알아차렸다고 한 데에 이 우화의 재미가 있는 것이다.

제5장 요·허유문답:물해우화(堯·許由問答:物絯寓話)

堯之師曰許由, 許由之師曰齧缺, 齧缺之師曰王倪, 王倪之師
曰被衣.

堯問於許由曰, "齧缺可以配天乎. 吾藉王倪以要之."

許由曰, "殆哉, 圾乎天下. 齧缺之爲人也, 聰明叡知, 給數以
敏. 其性過人. 而又乃以人受天. 彼審乎禁過, 而不知過之所
由生. 與之配天乎, 彼且乘人而無天. 方且本身而異形. 方且
尊知而火馳. 方且爲緒使. 方且爲物絯. 方且四顧而物應. 方
且應衆宜. 方且與物化, 而未始有恆. 夫何足以配天乎. 雖然
有族有祖.

可以爲衆父, 而不可以爲衆父父. 治亂之率也. 北面之禍也.
南面之賊也."

제요의 스승은 허유이고 허유의 스승은 설결이며 설결의 스승은 왕예이
고 나아가 왕예의 스승은 피의였다.

요임금이 스승인 허유에게,

"선생님의 스승인 설결을 상제의 짝으로서 천자의 위(位)에 오르도록 해
도 좋을까요? 저는 그 일을 설결의 스승인 왕예의 힘을 빌려 실현하려 합
니다."

라고 말했다.

허유는 다음과 같이 대답했다.

"당치도 않은 일이다. 그런 짓을 하면 아마 천하가 무너져 버릴 것이다.

설결의 사람됨은 총명할 뿐 아니라 지혜로우며 변설이 유창하고 물사를 더 없이 민속하게 처리한다. 이처럼 태어날 때부터의 성질이 일반 사람들보다 훨씬 뛰어나다. 어디 그뿐이랴, 하늘이 만들어 낸 인민을 후천적 재능으로 다스리고 있다. 그는 인민이 범하는 과오를 작은 것까지 따져 엄하게 단속하지만 그 과오가 어찌하여 일어나는지는 알려고 하지 않는 것 같다.

설결은 자신을 상제의 짝으로 하려 한다는 것을 알면 그의 후천적 재능을 멋대로 발휘하여 천제를 무시해 버릴 것이다. 틀림없이 천생의 자기 몸을 근본으로 삼으려 하지만 사실은 다른 것을 위해 그 몸을 부리게 될 것이다. 틀림없이 자기의 지혜를 존중하여 불이 옮겨 붙는 것처럼 마음을 격렬하게 수고롭히게 될 것이다. 틀림없이 지혜가 내달리게 될 것이다. 또, 그저 만물 가운데 하나의 物로 전락해 버릴 것이다. 틀림없이 두리번두리번 주변을 둘러보고 物에게 자기 생각에 응할 것을 요구하리라. 그런데 실은 갖가지 物의 적의함을 구하여 자신이 그에 응하게 될 것이다. 결국 단지 갖가지 物과 함께 변화하여 갈 뿐, 천도를 체득한 일정성(一定性)을 전혀 지니지 못하게 될 것이다. 이러할진대 어떻게 상제의 짝이 될 수가 있겠는가?

그렇다 하더라도 다스리고 있는 일족도 있고 제사를 지내는 조상도 있으므로 그 제정(祭政)을 담당하는, 중인(衆人)의 아버지가 될 수는 있어도 중인의 아버지의 아버지가 될 수는 없다. 그는 세상을 어지럽히는 선도자이며, 신하가 되는 자에게는 재난의 근본이고 군주가 되는 자에게는 파멸을 선물하는 적(賊)이다."

【語義】 堯之師曰許由……王倪之師曰被衣:요와 허유의 문답은 소요유편에, 설결과 왕예의 문답은 제물론편에, 또 설결과 피의의 문답은 응제왕편과 지북유편에 보인다. 이 계보는 이것들에 근거하여 만들어진 것으로 이 우화가 비교적 뒤에 만들어진 것임을 나타내고 있다. '曰'은

'爲'와 같은 뜻.

配天(배천):지상에서 오직 한 사람, 상제의 짝이 되는 지위의 사람, 즉 천자의 위(位)에 오르는 것을 가리킨다. 고대에는 천계에 있으면서 천상·천하를 지배하는 상제가 지상에서 가장 유덕한 자를 뽑아, 이른바 천자로 삼아 자신의 명령을 대신 집행케 했다고 생각했다. '配天'은 '配命'이라고도 한다.

岌乎天下(급호천하):'天下岌乎'의 도언이다. '岌'은 높고 험하여 곧 무너질 듯한 위태로운 모양.

給數以敏(급삭이민):'給'은 말재간이 좋은 것. '數'은 빠르다는 뜻. '敏'은 사무적 처리가 썩 빠르고 솜씨 있는 것.

而又乃以人受天(이우내이인수천):'人'은 앞 구의 '其性過人'의 '人'을 받는 말로 그 뛰어난 후천적 재능을 말하며 '天'은 그 인위에 비교한다면 자연을 가리키지만 여기서는 다음의 '乘人而無天'의 天과 응하여 상제를 가리키며, 특히 그 상제가 만들어 낸 인민을 가리킨다. 다음의 '彼審乎禁過……'는 그 구체적 일례이다.

審乎禁過而不知過之所由生(심호금과이부지과지소유생):郭象은 '그 잘못은 총지(聰知)에 기인한다. 그런데도 知를 사용하는 것을 금하지 않아 그 잘못은 더욱 깊어진다.'라고 하여 자기 일신에 관한 것으로 해석하고 또 이에 좇는 학자가 많은데 이것은 자신에 관한 일이 아니라 자신이 다스리는 인민에 관한 일을 언급한 것으로 보지 않으면 안 된다. ≪논어≫ 안연편에 "공자께서 말씀하셨다. '한쪽 말만 듣고도 옥사(獄事)를 처리할 수 있는 사람은 由이리라.' 자로는 결정을 미루는 법이 없다.(子曰, 片言可以折獄事者, 其由也與. 子路無宿諾)", "공자께서 말씀하셨다. '소송을 처리하는 것은 나도 남만큼 할 수 있다. 내가 힘쓰고자 하는 것은 송사가 일어나지 않게 하는 것이다.'(子曰, 聽訟吾猶人也. 必

也使無訟乎)"라는 기록이 있다. 자로는 민속하게 의옥(疑獄)을 처리했으므로 '審乎禁過'에 해당한다. 공자는 송사가 일어나지 않도록 해야 한다고 했으므로 '知過之所由生'에 해당한다.

方且本身而異形(방차본신이이형):郭象은 자기 본위로 物을 제어한다는 뜻으로 해석했고, 또 이에 좇는 학자가 많다. 단, 이것은 자신의 일신에 관하여 身과 形으로 나누어 표현한 것으로, 요컨대 하늘로부터 받은 일신을 근본으로 삼으려 하지만 사실은 그 형체를 이물(異物)로서 다루기 때문에 일신의 통일이 보전되지 않고, 결국 다음에 설명하고 있듯이 物에 부림을 당하게 됨을 가리키는 것으로 보아야 한다. 제물론편에 '百骸九竅六藏, 賅而存焉. 吾誰與爲親. 汝皆說之乎. 其有私焉'라고 한 것처럼 자기 분열에 빠지는 것이다. '方且'는 '틀림없이 ~하게 되다'의 뜻.

尊知而火馳(존지이화치):'火'는 ≪상서≫ 반강편(盤康篇)에 '불이 들을 태워 가까이 갈 수가 없도다.(火之燎于原, 不可嚮邇)'라고 한 것처럼 불이 사방으로 옮겨 붙는 격렬함을 가리킨다. 또, 오상(五常:仁・智・信・義・禮)을 오행에 배당하면 知(智와 같다)는 火에 해당한다. 그래서 '火馳'라 한 듯하다. 漢代에는 화치성류(火馳星流)는 빨리 움직이는 것을 가리키는 상투적 표현이었다. 그처럼 급히 달리는 것이 마음이라는 것은 말할 것까지도 없다. 知를 사용하려고 생각하면 그 생각은 끝없이 많아진다.

緒使(서사):'緖'는 '諝(서:슬기, 지혜)'의 차자. 지혜가 있기 때문에 부림을 받게 되는 것이다.

物絯(물해):'絯'는 '賅(해:갖추다)'의 차자. 만물을 성립시키는, 만물 가운데 한 物이 되는 것이다.

方且與物化而未始有恆(방차여물화이미시유항):단순한 물체로서 사멸하는 것을 가리킨다. 소위 말하는 '德之和'를 얻을 수 없는 것이다.

有族有祖(유족유조):'族'은 일족의 사람들, 즉 설결이 다스리는 인민을 가리킨다. '祖'는 글자 뜻 그대로 '祖宗'의 뜻으로 해석해도 통하지만 '社'와 같은 성격의 '사당(祠堂)'으로 해석해야 한다. 설결이 '族·祖'의 제정(祭政)을 담당한다는 것을 나타내려는 것이다. ≪예기≫ 제법편(祭法篇)에 '왕이 群姓을 위해 社를 세우는 것을 大社라 하며, 자신을 위해 세우는 것을 王社라 한다. 제후가 백성을 위해 社를 세우는 것을 國社라 하며, 자신을 위해 세우는 것을 侯社라 한다. 대부 이하의 사람들이 공동으로 社를 세우는 것을 置社라 한다.(王爲羣姓立社, 曰大社. 王自爲立社, 曰王社. 諸侯爲百姓立社, 曰國社. 諸侯自爲立社, 曰侯社. 大夫以下, 成羣立社, 曰置社)'라고 한 것처럼 고대에는 부족집단체의 단결을 꾀하기 위해 社를 세웠으며 社를 숭배하는 것이 곧 그들의 신앙이었다.

可以爲衆父而不可以爲衆父父(가이위중부이불가이위중부부):'父'는 '군주'의 뜻. '衆父父'는 천자를 가리킨다.

治亂之率也(치란지솔야):郭象은 '단지 다스림의 주체일 뿐 아니라 마침내 어지러워진다'라고 해석했다. 단 '治亂'은 多小·厚薄 등과 같이 양극을 초들며 구성된 숙어이며, 특히 여기서는 '亂'에 주된 뜻이 있음에 주의해야 할 것이다. '率'은 선도한다는 뜻.

北面(북면)·南面(남면):'北面'은 신하된 자의, '南面'은 군주된 자의 예이다. 조정의 의식에서 군주는 남쪽을 향하여 자리를 잡고, 신하는 그 남쪽에서 군주를 향해 자리를 잡는다.

【補說】 이상의 〈물해우화〉는 제요가 설결을 천자에 추대하려는 것을 허유가 간지(諫止)했다고 하는 우화를 빌려, 聰知·英知·能辯 등 절륜(絕倫)의 재능을 지닌 자가 군림하는 것은 그 자신의 지혜를 내달리게 하는 것이어서 결국 그는 한낱 物로 전락해 버릴 뿐, 국가·인민에게 화

란(禍亂)의 근본이 됨을 설하고 있다.

 소요유편의 요 · 허유문답(〈명실우화〉), 제물론편의 설결 · 왕예문답(〈부지이해우화〉)를 근거로 하여 지어진 작품일 것이다. 우화 구성의 흥미보다도 설결의 명민함은 자신뿐 아니라 남에게도 화를 가져다 준다는 것을 설하는 데 힘을 쏟고 있다.

제6장 요·화봉인문답:제향우화(堯·華封人問答:帝鄕寓話)

堯觀乎華. 華封人曰, "嘻, 聖人. 請祝聖人. 使聖人壽."
堯曰, "辭."
"使聖人富."
堯曰, "辭."
"使聖人多男子.'
堯曰, "辭."
封人曰, "壽·富·多男子, 人之所欲也. 女獨不欲何邪."
堯曰, "多男子, 則多懼. 富則多事. 壽則多辱. 是三者, 非所
以養德也. 故辭."
封人曰, "始也, 我以女爲聖人邪. 今然君子也. 天生萬民, 必
授之職. 多男子而授之職, 則何懼之有. 富而使人分之, 則何
事之有. 夫聖人鶉居而鷇食, 鳥行而無彰. 天下有道, 則與物
皆昌, 天下無道, 則脩德就閒. 千歲厭世, 去而上僊, 乘彼白
雲, 至于帝鄕. 三患莫至, 身常無殃. 則何辱之有."
封人去之. 堯隨之, 曰, "請問."
封人曰, "退已."

제요가 화산의 풍경을 즐겼다. 화산의 봉인이 요임금을 보더니,
"아아, 말로만 듣던 성인이 나타나셨군요! 부디 성인의 행운을 빌 수 있
도록 허락해 주십시오. 성인의 장수를 기원합니다."
라고 감격하여 말했다.

요임금은

"거절하겠네."

라고 잘라 말했다.

"그러시다면 성인의 부(富)를 기원하겠습니다."

라고 봉인이 말했다.

요임금은 다시

"거절하겠네."

라고 말했다.

"성인의 다남(多男)을 기원하겠습니다."

라고 봉인이 기원을 바꾸어 말했다.

그런데 요임금은 또 다시

"거절하겠네."

라고 잘라 말했다.

그러자 봉인이,

"장수·부유·다남은 누구나 바라는 것입니다. 그런데 당신만은 그런 것을 바라지 않으니 어찌된 일입니까?'

라고 물었다.

요임금은 이렇게 대답했다.

"남자 아이들이 많으면 형제끼리 싸우게 되어 걱정이 많아진다. 부유하면 그것을 지키기 위해 번거로운 일을 많이 치른다. 오래 살다 보면 이 세상의 욕된 일을 많이 당한다. 이들 세 가지 것은 나의 안정된 德을 기르는 데 방해가 된다. 그래서 거절하는 것이다."

이 말을 듣고 봉인은,

"전에는 당신을 성인이라 생각했는데 이제 보니 군자에 지나지 않습니다. 하늘은 만민을 이 땅에 내시지만 또 그들에게 합당한 직분도 내리십니다. 아들이 많더라도 각자에게 알맞은 직분을 내린다면 무슨 걱정이 있겠습니까? 부유하더라도 다른 사람들에게 고루 나누어 준다면 어찌 골치 아픈 일이 있겠습니까? 무릇 성인은 메추라기처럼 둔세(遁世)하고 새끼 새처럼 자연의 생활에 만족하며 허공을 나는 새처럼 자유롭게 다니며 세속의 번거로움을 받지 않는다고 합니다. 천하에 道가 행해지면 세상의 여러 物과 함께 번영하고, 천하에 道가 행해지지 않으면 홀로 德을 닦으며 안정을 온전히 합니다. 이렇게 하여 오랫동안 이 세상에서의 생활을 충분히 누리고, 하늘에 올라 저 백운을 타고 상제가 계신 곳에 갑니다. 세 가지 걱정도 거기까지는 따라갈 수 없어 아무런 재앙도 없습니다. 그러니 무슨 욕된 일이 있겠습니까?"

라고 말하고 자리를 떠났다.

요임금은 급히 뒤를 쫓으며

"가르침을 받고자 합니다."

라고 간청했지만 봉인은,

"거절하겠습니다."

라고 말하고는 사라져 버렸다.

【語義】　華(화):섬서성 화음현(華陰縣) 남쪽에 있는 태화산(太華山)을 상정한 것이리라. 표고(標高) 1,400m 남짓, 가운데 봉우리를 둘러싸고 여러 봉우리가 우뚝 솟아 마치 꽃이 핀 것 같은 모습을 하고 있다. 경승지로 이름 높다. 고대부터 신앙의 대상으로 여겨졌던 성산(聖山)으로 이른바 오악 가운데 서악(西嶽)이다. 그 서쪽 봉우리에 언제 세워졌는지 알 수 없는 오래된 묘(廟)가 있다.

　　封人(봉인):통상 국경을 지키는 하급 관리를 가리킨다. 여기서는 필시 화산(華山)의 성역을 지키는 사람으로 설정되었으리라. 이러한 사람들이 은세(隱世)의 인물로 설정되는 경우가 많다.

嘻聖人(희성인):다음의 '始也我以女爲聖人邪'와 대응한다. 성인을 만난 기쁨의 정을 표현한 것이다.

祝(축):행운을 비는 것. 그 행운은 다음에 보이는 壽·富·多男子 등이다.

今然君子也(금연군자야):'然'은 '乃'의 뜻(王引之의 설). 어쩌면 본디는 '今不然. 君子也'였는지도 알 수 없다. '군자'는 성인(德을 완비한 인간)으로서의 자격이 없음을 완곡하게 표현한 것이다.

天生萬民必授之職(천생만민필수지직):≪시경≫ 대아 〈증민(烝民)〉에 '하늘이 모든 백성을 낳고, 物이 있음에 법이 있네(天生烝民, 有物有則)'라 한 것에 근거한 말이리라. 단, '職'을 초들고 있어 더욱 흥미 있다.

鶉居而鷇食(순거이구식):양생주편에 '澤雉十步一啄, 百步一飮. 不蘄畜乎樊中'이라 한 것처럼 자연에서의 생활에 만족하는 생물의 비유로서 들면서, 다음에 '鳥行而無彰'을 이야기하기 위해 새를 초든 것이리라. '鶉'은 그 음이 비슷한 '遁(둔)'의 뜻으로 둔세(遁世), 나아가 세속에 구애되지 않는 것을 가리킨다. '鷇'는 그 음이 같은 '穀'의 뜻으로 육식에 대한 곡식, 나아가 다음의 '無影'과 대구인 점을 보면 글자 본디의 뜻은 '새끼 새'와는 별로 관계가 없으며 자연 그대로 그 생을 지켜나가는 것을 가리키는 말이리라.

鳥行而無彰(조행이무창):'彰'에는 '跡(적)'의 뜻이 있었다(馬敍倫의 설). 공중을 나는 새처럼 세상의 행적에 구속되지 않고 자유로운 것을 가리킨다.

天下有道……則脩德就閒:'閒'은 '閑'과 같다. '有道'는 道가 행해져 잘 다스려지는 것. '就閒'은 한정(閑靜)한 곳으로 간다는 뜻으로 해석해도 통하지만 무욕정안(無欲靜安)의 행위를 성취했다는 뜻으로 해석해야 한다. '就'는 '脩'와 대어가 된다. ≪논어≫ 태백편에 '굳게 道를 믿으며 학문을 좋아하고, 목숨이 붙어 있는 한 道를 완수한다. 위태로운 나라에 가지 않으며 어지러운 나라에 머물지 않는다. 천하에 道가 행해지면 나서지만 道가 없으면 숨는다(篤信好學, 守死善道. 危邦不入, 辭邦不居. 天下有道則見, 無道則隱)'고 한 것처럼 유가에서도 세상이 어지러우면 물러나 몸을 닦는 것이 좋다고 주장하는데 그럴 때도 세도(世道)를 지키는 것이다. ≪맹자≫ 진심 상편에는 '천하에 道가 행해지면 나의 몸에 道를 좇게 하여 세상에 나아가 道를 행한다. 천하에 道가 행해지지 않으면 道에 나를 좇게 하여 나도 물러나 홀로 몸을 지키는 것이 좋다. 어떠한 세상이 되었든 道와 몸은 하나여야만 하며 道로써 사람에 좇는, 즉 나의 바른 道를 다른 사람을 좇기 위한 도구로 사용한다는 말은 들어 본 적이 없다(天下有道, 以道殉身, 天下無道, 以身殉道. 未聞以道殉乎人者也)'라고 했다.

千歲厭世(천세염세):수명(壽命)을 다하는 것을 가리킨다. '厭世'는 세상에서의 生을 충분히 누린다는 뜻이지, 그것을 싫어한다는 뜻이 아니다.

去而上僊(거이상선):'僊'은 '遷(천:昇의 뜻)'의 차자. 선인(仙人:僊은 仙의 본자)이 된다는 뜻이 아니다. 단, '帝鄕'에서 그 生을 계속한다고 하고 있으므로 漢代 이후에 성행한 불로장생의 선인에 대한 관념을 이미 나타내고 있다.

帝鄕(제향):상제가 있는 곳. 殷·周 시대에는 왕자의 영혼이 상제가 있는 곳에 올라가 지상의 왕국을 감시한다고 믿었다. ≪초사(楚辭)≫ 이소편(離騷篇)에 '皇天 밝은 곳에 오르니 저 아래로 보이는 아, 나의 옛 고향(陟陞皇之赫戲兮, 忽臨睨夫舊鄕)'이라고 한 것을 보면 전국시대에는 뛰어난 사람의 영혼이 상제가 있는 곳에 올라간다고 믿었던 것 같다. 단, 그것은 영원 번영의 이상향이지 선계(仙界)는 아니었을 것이다. 이

'帝鄕'은 후대에 들어 불로장생의 낙원을 가리키게 되었다.

【補說】 이상의 〈제향우화〉는 요임금과 화산 봉인의 대화를 빌려 성인, 나아가 걸출한 인물은 수명·부·자손 등 세속적 계루(係累:딸린 가족, 또는 일)가 많더라도 그것을 자연스럽게 받아들일 뿐 아니라 그것에서 초월하여 자유를 누리지 않으면 안 된다고 흥미 깊게 설하고 있다.

【餘說】 〈제향우화〉의 우의와 그 흥미

　책략이 담긴 우화다. 유가가 신봉하는 ≪상서≫에 의하면 제요는 덕이 태양처럼 빛나 사방을 덮고 만민을 화합시켰으며 처음으로 역법을 정하고 중국의 정무를 연 성천자다. 그의 부(富)는 천하를 보유한 것이었으며 연수(年壽)도 높고 정무(政務)에 싫증이 나자 순(舜)을 찾아내어 그에게 천자의 자리를 물려주고 세상을 떠나는 것으로 되어 있다. 또, 제요는 그의 자식 9남 2녀로 하여금 舜을 보필하도록 했다는 ≪맹자≫의 기록에 의하면 다남(多男)의 복도 누렸던 듯하다. 이 우화는 제요가 순수(巡狩)하던 어느 때인가를 배경으로 한 것인 듯한데 제요에게 화산의 봉인이 '嘻, 聖人'이라고 감탄하면서 壽·富·多男 등을 기원하도록 허락해 달라고 한 것은 실은 악의에 찬 야유라 할 수 있다. 長壽·富·多男은 천자만이 갈망하는 것은 아니다. 누구나 그것을 원하며 그것이 인지상정이다. 그런데 제요는 그것들을 사양할 뿐 아니라 그러한 세속적인 것들은 자신의 수양을 방해한다고 했으니, 일단 표면적으로는 일신의 德의 평안함을 원하는 충실한 도가의 인물로 표명되어 있다. 이것이 이 우화가 지니는 첫 번째 취향이다.
　두 번째 취향은 세속적 번영에도 의미가 있음을 나타내어 일신의

德만 고집하는 제요의 초라함을 부각시키고 속세의 일에 구속되지 않는 자유와 초월의 경지를 묘사한 점이다.

또, 그 이유를 설명하는 데 약간 부족한 감은 있으나 교훈적인 내용도 있다. 그것은 노·장의 사상이 무위자연과 '德之和'를 주로 하고 있는데 그것이 그저 세속의 일과 결별하고 일신의 德에 구애되기를 주장하는 것은 아님을 보여 주는 것이라 할 수 있다. 속루(俗累)를 통해야만 비로소 초속(超俗)의 경지도 있다는 것을 암시하는 우화라 할 수 있다.

제7장 우 · 백성자고문답 : 난시우화(禹 · 伯成子高問答 : 亂始寓話)

> 堯治天下, 伯成子高立爲諸侯. 堯授舜, 舜授禹. 伯成子高辭
> 爲諸侯而耕.
> 禹往見之, 則耕在野. 禹趨就下風, 立而問焉. 曰, "昔堯治天
> 下, 吾子立爲諸侯. 堯授舜, 舜授子. 而吾子辭爲諸侯而耕.
> 敢問, 其故何也."
> 子高曰, "昔堯治天下, 不賞而民勸, 不罰而民畏. 今子賞罰,
> 而民且不仁. 德自此衰, 刑自此立, 後世之亂, 自此始矣. 夫
> 子闔行邪. 無落吾事." 俋俋乎耕而不顧.

요(堯)가 천자로서 천하를 다스릴 때 백성자고는 제후가 되었다. 요임금은 천자의 자리를 순(舜)에게 물려주었고, 순임금은 후에 우(禹)에게 물려주었다. 그러자 백성자고는 제후의 자리에서 물러나 서민이 되어 경작에 힘썼다.

우임금이 백성자고를 만나러 갔는데 마침 백성자고는 밭을 갈고 있었다. 우임금은 조심스럽게 백성자고의 아래쪽에 내려가 선 채로 물었다.

"옛날 요임금께서 천하를 다스리실 때 선생께선 제후의 자리에 계셨습니다. 그 후 요임금께선 순임금에게 제위를 물려주시고, 순임금께선 제게 제위를 물려 주셨습니다. 그런데 선생께서는 제후에서 물러나 농사를 짓고 계십니다. 감히 그 까닭을 묻고자 합니다."

자고는,

"옛날 요임금이 천하를 다스릴 때에는 상을 주어 장려하지 않아도 인민들이 모두 힘써 일하고, 벌을 내리지 않아도 인민들은 나쁜 짓 하는 것을 두렵게 생각하였습니다. 그런데 지금은 우임금께서 상벌을 행하고 계시기 때문에 인민들은 친애의 마음을 잃고 말았습니다. 사람들의 덕은 지금부터 조금씩 쇠해지고 형벌은 지금부터 엄하게 되어 다음 세상의 혼란함은 바로 지금부터 시작될 것입니다. 돌아가 주십시오. 제 일을 방해하지 말아 주십시오."

라고 대답하고 갈던 밭을 다시 급히 갈면서 우임금을 돌아다보지도 않았다.

【語義】 堯治天下……:이 우화는 ≪여씨춘추≫ 장리편(長利篇), ≪신서(新序)≫ 절사편(節士篇) 등에도 수록되어 있으며 문장이 약간 다를 뿐이다. ≪장자≫를 전국시대에 편집된 것으로 보면 ≪여씨춘추≫는 ≪장자≫를 근저로 하여 개수(改修)된 것이라고 하지 않을 수 없는데 이 편의 서술 쪽이 ≪여씨춘추≫보다 표현이 부족하며 절록(節錄:알맞게 줄이어 기록하는 것)의 흠이 있기 때문에 ≪여씨춘추≫가 본편을 근거로 했다고 잘라 말할 수는 없다.

伯成子高(백성자고):≪경전석문≫에는 ≪통변경(通變經)≫의 기록을 인용하여 '노자는 천지개벽 이래 그 몸이 천이백 번 변했다. 그 후세에 道를 얻은 자는 백성자고이다.'라고 했는데 가탁(假託)의 설임은 두말할 나위가 없다. 成玄英은, 어떤 사람인지 명확하지 않으며 道를 터득한 선비일 것이라고 했다. 필시 제순 때 禹와 함께 치수 사업을 담당했고 禹의 사후 제위를 이을 후보에까지 올랐던 백익(伯益)이 있었는데 그의 이름에서 안출(案出)된 인물이리라.

耕在野(경재야):이 '在'는 '於(于)'와 같은 뜻이다.

禹趨就下風(우추취하풍):禹의 공건(恭虔)한 태도를 표현한 것이다. '趨'는 어른 앞에서 공손히 종종걸음으로 걷는 것.

今子賞罰而民且不仁(금자상벌이민차불인):백성자고가 제후를 사퇴한 주요한 이유인데 설명이 부족한 감이 있고, 또 '不仁'이라 한 것도 추상적이다. 禹는 전설에 의하면 제순 때 대홍수를 다스려 중국을 안정시키고 마침내 제순으로부터 천자의 자리를 물려받았는데 그 후부터는 선양하지 않고 제위를 세습하여 하(夏) 왕조를 열었다 한다. 세습 왕조를 시작한 것이 '상벌의 다스림'이라 불리는 원인(遠因)이리라.

闔行邪(합행야):'闔'은 '盍(합:어찌 ~하지 않느냐)'와 같다. 완곡하게 재촉하는 것을 나타내고 있다.

無落吾事(무락오사):'落'은 '絡(락:잡아매다. 나아가, 거추장스럽다는 뜻)'의 차자.

侶侶乎耕而不顧(읍읍호경이불고):'侶侶乎'는 급히 서두르는 모양.

【補說】 이 〈난시우화〉는 제요 때 제후였던 백성자고가 禹가 즉위하자 제후에서 물러나 농민이 되고는 그 까닭을 묻는 禹에게, 상벌로써 천하를 다스리는 것은 후세에 생길 혼란함의 씨앗을 뿌리는 것과 같다는 말을 했다는 우화로 상벌에 의한 정치를 비판하고 있다.

【餘說】 〈난시우화〉의 전승

≪여씨춘추≫에는 선비의 처세를 설한 장리편에 이 우화가 수록되어 있다. 이것을 사전(史傳)으로 간주하여 백성자고를 실재의 인물로 하고, 동시에 그의 행위를 선비로서의 모범으로 삼으려 했다. 절대적 권력을 쥔 왕 밑에서는 백성자고와 같은 행위가 일신의 안전을 꾀하는 술(術)이기도 하며, 또 후세 인민의 이익에도 기여한다고 한 것이다. 이 우화의 본의에서는 벗어났지만 흥미 있는 해석이다. 漢의 유향(劉向)이 편집한 ≪신서(新序)≫ 절사편(節士篇)에도 이 우화가 수록되어 있다.

제8장 물성생리론(物成生理論)

泰初有無. 無有無名, 一之所起. 有一而未形, 物得以生, 謂
之德. 未形者有分, 且然無閒, 謂之命. 留(流)動而生物, 物成
生理, 謂之形. 形體保神, 各有儀則, 謂之性.
性脩反德, 德至同於初. 同乃虛, 虛乃大, 合喙鳴. 喙鳴合, 與
天地爲合. 其合緡緡, 若愚若昏. 是謂玄德. 同乎大順.

모든 物의 최초는 오직 無이다. 그것은 존재하지 않으므로 '無'라고도 어떤 것이라고도 이름 붙일 수 없는데 그것에서 오직 하나의 시초가 시작된다. 그 하나의 시초는 어떠한 모습을 지녀야만 하는데 아직 그 형체를 갖추고 있지는 않다. 그렇지만 그것이 있어야만 物이 이루어지며 이 하나의 시초를 '德'이라 하는 것이다. 德은 구체적인 모습을 하고 있지 않지만 각각의 物로 분화되는 구별을 지니면서도 일반 공통적이어서 어떠한 구별도 짓지 않는다. 이와 같은 분화의 경향을 '命'이라 하는 것이다. 이상의 一·德·命이 작용하여 비로소 구체적인 物이 성립되게 된다. 物에는 理가 갖추어져 있다. 이 구체적인 모습과 理를 갖춘 것을 物의 形이라 한다. 그래서 物의 형체는 그 영묘한 정신을 지니고 있으며 그 각각의 활동에는 법칙성이 있어야만 한다. 이 법칙적 활동을 하는 정신을 '性'이라 하는 것이다.

따라서 物의 性을 잘 닦으면 그 근본인 德에 복귀하게 되고, 德이 완전하게 이루어지면 그 근본인 최초에 돌아가 無와 합치한다. 無와 합치해야만 완전히 허심(虛心)하게 되고 허심이야말로 위대하며 천박한 말재간 따위로 떠드는 짓을 멈추게 될 수 있다. 입 끝을 놀리는 것을 멈추고 무언(無

言)을 지키면 더할 나위 없는 무위(無爲)로 천지와 합일하게 된다. 그 합일한 모습은 어떠한 차별도 없이 완전히 일체여서 마치 더없이 어리석은 자처럼 무지(無知)한 모습이다. 이 무지를 '현덕(玄德)'이라 한다. 이 현덕이야말로 道의 자연스런 전개와 합일한 것이다.

【語義】 泰初有無(태초유무):이 이하의 서술은 物 각각의 생성 과정을 도식화하여 그 존재 구조를 명확하게 한 것이다. 도가의 사변을 총합하고 있을 뿐 아니라 중국에서 발생한 이와 같은 사변의 기본을 보여 주고 있어 주의를 기울여야 할 문장이다. '泰'는 '太'와 같다. 즉 '泰初'는 최초를 가리킨다. 모든 것의 근본은 道이자 無임을 가리킨다. 제물론편에 '而未知有無之果孰有孰無也'라 하고, 또 지북유편 〈무무우화〉에 '無無'라 한 것처럼 근원인 道는 '無'라는 한 마디 말로는 표현할 수가 없다. 그래서 이 문장에서도 道에 관해 보충 설명을 하고 있는 것이다.

無有無名(무유무명):인간의 감각으로는 인식할 수 없어, 결국 그 성질·상태를 표현할 수 없음을 가리킨다.

一之所起(일지소기):'一'은 개개의 物 자체의 유일한 性. 그 物의 본질, 본체이며 진실이다. 즉 덕충부편 〈화덕유심우화〉에 '命物之化, 而守其宗也'라고 한 '宗'이 바로 物로 내화(內化)된 것이다. ≪노자≫에 '옛날 하나의 道에서 출발한 일원의 氣를 체득하는 것이 있었다. 하늘은 이 一을 얻어 맑고 땅은 이 一을 얻어 편안하며 神은 이 一을 얻어 영묘하며 골짜기는 이 一을 얻어 가득 차며 만물은 이 一을 얻어 생겨나고 제후는 이 一을 얻어 천하를 다스려 바르게 했다. 하늘에 맑음을, 땅에 편안함을, 神에 영묘함을, 골짜기에 충만함을, 만물에 生을 주고 제후에게 천하의 정치를 시켰던 것은 바로 이 一이었다.(昔之得一者. 天得一以淸, 地得一以寧, 神得一以靈, 谷得一以盈, 萬物得一以生, 侯王得

一以爲天下正. 其致之一也)'(제39장)라 했다. 그런데 근원적인 '一'을 크게 나누면 두 가지로 분류할 수 있다. 그 하나는 ≪노자≫에 '道'는 모든 것의 근원으로서 하나의 것, 즉 太極이 된다. 太極은 분열하여 陰과 陽이 된다. 陰·陽의 두 기운은 다시 감응하여 새로운 충기(沖氣), 즉 창조적 생명력이 된다. 이 충기에 의해 만물이 생겨난다. (道生一, 一生二, 二生三, 三生萬物)'(제42장)라고 한 것처럼 만물의 존재를 규정하는 유일한 근거이며 나아가 절대 보편인 것, 즉 道이다. 이때의 一, 즉 道를 '太極'·'太一'이라고도 한다. 또 여기서 설하고 있는 것처럼 개물(個物)인 '一'을 가리킬 때도 있다. 그런데 개물인 '一'은 보편의 '一'이 있어야만 존재한다. 또, 보편인 '一'이 어떻게 하여 개별인 '一'이 될 수 있느냐 하는 문제가 생기게 되는데 이 점에 관해 언급한 것이 이 이하의 문장이다.

有一而未形(유일이미형):道로부터 개물로의 분화가 직접적으로는 행해지지 않는 것을 가리킨다. 바꿔 말하면 道는 무형·무성, 추상적이어서 이른바 '태초의 無'이지만 이 '一'은 구체적인 개물을 지향하므로 '有'이다. '無에서 有가 생긴다'고 하는 것이 어떻게 하여 있을 수 있는지 그에 관한 문제를 시사하고 있는 것이다.

物得以生謂之德(물득이생위지덕):'德'에 관해서는 이미 해설했다. 간단하게 말하면 개개의 物의 본질, 이른바 본체인데 道에서 분화된 것으로서 만물 어느 것에나 적용되는 보편적 공통성을 갖추고 있다. 유가에서 주장하는 '性', 宋代의 학자들이 주장하는 '본연의 性'에 해당하리라. ≪장자≫에서는 德이 구체화된 경우를, ① 내면의 순수함이 이룬 조화, ② 일신의 평안함의 보전, ③ 자급자족의 본능의 구현, ④ 無爲 등 여러 가지로 해석하고 있는데 여기서는 그러한 구체화된 의미는 포함하지 않고 있다.

未形者有分且然無閒謂之命(미형자유분차연무간위지명):예를 들면 사람은 두 발이고 말은 네 발이며 불은 뜨겁고 얼음은 차듯이, 物의 형상・성질 등의 구별이 선천적으로 결정되어 있음을 가리킨다. '命'은 자연적 필연성, 또는 선천적 결정성을 가리킨다.

留動而生物(유동이생물):'留'를 어떤 판본에서는 '流'로 했는데(≪경전석문≫의 설), '流'가 옳다(馬敍倫의 설). 앞에서 설명한 一・德・命이 작용한다는 뜻이다. 단 여기서는 氣의 유행(流行)을 상정하고 있다고 볼 수도 있다.

物成生理謂之形(물성생리위지형):'理'는 宋代의 학자가 제창하는 것과 같은 보편적 진리가 아니라 개개의 物을 성립시키는 구체적 진실이다.

形體保神各有儀則謂之性(형체보신각유의즉위지성):陽의 형체는 道・一・德・命・理에 의해 성립되어 있으므로 그 작용(행동)은 영묘하며 자연적으로 현실적 법칙성을 지녀야만 한다. 그 주체를 '性'이라 한다.

性脩反德德至同於初(성수반덕덕지동어초):재유편 〈물자화우화〉의 '萬物云云, 各復其根'과 같은 '복초사상(復初思想)'을 보여 주고 있다. '初'는 無이자 道이다.

同乃虛虛乃大(동내허허내대):'虛'는 '泰初의 無'를 바꾸어 표현한 것. 無에 처하여 道와 합일하는 것. 道는 절대보편이다. 그래서 '大'라 한다.

合喙鳴(합훼명):'合'은 闔(합:닫다)'의 차자. '喙'는 새[鳥]와 관계있는 수사로 입에 발린 말, 또는 천박한 생각 등을 뜻한다. '鳴'은 인간세편 〈심재우화〉 '入則鳴'의 '鳴'과 같은 수사이다. 즉 천박한 말을 멈추고 무언(無言)이 되는 것을 가리킨다.

與天地爲合……:'天'은 虛, '地'는 靜이다(≪관자≫ 심술 상편). 虛靜・無爲를 이루어 가는 것이다.

若愚若昏(약우약혼):'若昏愚'를 이렇게 표현한 것이다. 더없이 무지

(無知)한 모습을 가리킨다.

是謂玄德(시위현덕):'玄德'은 무위ㆍ자연의 德을 가리킨다.

同乎大順(동호대순):道의 자연스런 전개와 일체가 되는 것을 가리킨다.

【補說】 이상의 〈물성생리론〉은 우선 인간을 기조로 하여 그것을 일반화시켜 物의 생성에 관해 설하고, 物은 無→一→德→命→形→性의 순서로 성립된다고 하고 있다. 이것은 설명의 편의상, 시간적 경과에 따라 이루어지는 형식으로 되어 있으며 개개의 物의 존재에 적용하여 생각하면 그 존재의 사변(논리)적 구조를 보여 주고 있는 것이다. 物은 이들의 요건에 의해 그 존재가 성립되는 것이다.

다음으로 이 구조를 근본으로 하여 복초(復初)의 논리에 의해 物, 특히 인간은 허무의 현덕을 체득하지 않으면 안 된다고 주장하고 있다.

【餘說】 〈물성생리론〉의 중요성

본절에 나오는 物의 성립에 관한 설은 고대에 있어서는 매우 독특한 것으로, 또 중요한 의의를 지니고 있다.

본디 어떻게 하면 인간이 道를 체득할 수 있을까에 대한 추구를 주된 목표로 하는 ≪장자≫의 사상에서는 개개의 物의 존재에 관해 규정하는 일이 드물다. 예를 들면 物의 인식을 문제로 삼은 제물론에서도 그 주장은 物의 부정ㆍ초월 위에서 성립하는 것이다. 그에 대해 이 〈물성생리론〉은 개물(個物)의 존재 그 자체를 주요한 문제로 삼고 있다. 따라서 제물론을 비롯한 그와 동류의 사상과는 약간 다른 주장을 내세우고 있는 것이다. 물론 노ㆍ장이라는 같은 뿌리에서 출발하고 있어 '泰初有無'라 한 것처럼 그 근본 주장에서마저 이견을 보이는 것은 아니나, 物은

理를 갖추고 있어 '各有儀則'한 것으로서 엄존한다고 보고 있는 것이다.

物은 ≪장자≫의 사색에서 중요한 대상이라 物에 관한 설이 이 논설 이외의 곳에서도 전개되고 있지만 그 대부분은 物에 대한 인간의 자기 성찰과 인식인 주관적 체험을 주로 하여 결국 인간과 物, 道와 物 등의 일반적 관계의 영역에 머물든지, 아니면 단편적 통찰에 머물고 만다. 이 ⟨물성생리론⟩도 주관적 사변에 의한 분석이며, 또 無·一·德·形·反 등의 개념으로 알 수 있듯 선행의 통찰에 근거한 것이다. 그렇다 하더라도 이것은 각각의 物에 적용하여 그 분석을 기술한 것이며, 특히 여러 개념을 하나의 체계로 통합한 것으로 노·장 사상의 物에 관한 사변의 총합일 뿐 아니라 후대에까지도 物의 존재에 관한 사변의 기본형이 되는 것이다. 이것은 노·장 사상의 발전임은 두말할 여지가 없는데 ≪묵자≫ 경설편(經說篇)·≪순자≫ 정명편(正名篇) 등처럼 物의 인식에 관한 체계적 의론이 활발히 행해지던 때에 지어졌으리라 생각된다.

≪묵자≫·≪순자≫처럼 物의 존재를 전제로 경험적 인식을 설명하는 것을 제외하면 중국 사상의 物의 존재에 관한 논술은 발생론적, 이른바 생성론의 형식을 취했다. 그 생성론의 고전적 유형은 이 ⟨물성생리론⟩ 외에 두 가지가 있다.

그 하나는 물체의 성립에 주목하여 '氣'의 집산·확장으로 설명하는 것인데 예를 들면 무기(無氣)인 태역(太易)에서 시작하여 氣의 시초인 태초(太初), 形의 시초인 태시(太始), 質의 시초인 태소(太素)를 거쳐, 형질(形質)이 혼화된 혼륜(渾倫:혼돈)이 되고 그로부터 '一'이 되며 마침내 만물이 성립된다고 하는 것이다. 이 설은 ≪열자≫ 천서편(天瑞篇)에도 보이지만 ≪열자≫는 후세에 가필된 저서여서, 실제는 漢代의 위서(緯書:경서에 가탁하여 미래의 일을 설명한 책, 또는 미래의 일과 길흉화복을 예언한 책)인 ≪역건착도(易乾鑿度)≫의 설일 것이다. '물성생리론'과 이 설을 비교하면 이 설은 氣의 形·質에 관한 사변을 복잡하게 하고 있지만 '無'에서 '一'로 바뀌는 기본에 있어서는 거의 다를 것이 없으며 '一' 이후는 〈물성생리론〉에 의존하고 있다.

또 하나는 이것도 氣의 개념을 수반한 것인데 주로 物 상호간의 상승·반발·조화 등의 여러 관계에 주목하고 그 사이의 필연율(必然律)을 생각하여 物의 전개를 설명하는 것이다. 예를 들면 우주의 태초에는 오직 일원(一元:太一, 太極)이 있었는데 그것이 상반하는 陰·陽의 양의(兩儀)로 나뉘고, 양의의 갖가지 교착으로 木·火·土·金·水 등 물질적 상위가 있는 오행이 순환하며 그 순환에 의해 천차만별의 物이 전개된다고 설한다(《상서》洪範篇, 《관자》五行篇, 《예기》樂記篇, 《주역》繫辭傳, 《회남자》天文訓·地形訓 등 참조). 이 설은 논리로서의 넓이와 깊이를 지니고 있어 근세까지 성행했던 것이다. 〈물성생리론〉에는 처음부터 이 설과 같은 규모의 웅대함은 없다. 또 만물의 전개에는 이 설의 주장처럼 모순과 질적 차별이 있게 마련인데(실제는 無에서 一로의 轉化나 復初의 이론은 그 점에 관해 언급하고 있는 것이다) 〈물성생리론〉은 너무나도 개물(個物)의 직접적이고 연속적인 전개에 치우친 감이 짙다. 그렇다 하더라도 〈물성생리론〉의 無에서 一로의 사변을 결한 음양오행설만으로는 物의 필연적인 전개 외에 物 각각의 자주적 활동은 설명할 수 없게 될 것이다.

宋代의 정주학(程朱學)의 기초가 되는 《태극도설(太極圖說)》은 음양오행설에 의하면서도 '無極으로서 太極이다(無極而太極)'라 하고, 또 '오행은 음양으로 합쳐지고 음양은 태극으로 합쳐진다. 태극은 본디 무극이다. 오행은 생겨남에 따라 각각 그 성질을 달리한다(五行一陰陽也. 陰陽一太極也. 太極本無極也. 五行之生也, 各一其性)'고 제창하고 있다. 추상적인 표현이지만 이것은 오행에 의해 형과 질이 다른 만물이 성립되고 있지만 만물은 갖가지 음양의 서로 모순되는 성격을 내포하며 나아가 그것들은 하나의 태극에 의해 통일됨을 표현한 것이다. 따라서 '각각의 物은 그 자주적 활동의 본원인 性을 고유(固有)한다. 그 性과 太極도 無極에서 시작된다'고 말하고 있는 것이다. 그런데 형질의 상위와 음양의 모순을 제거하면 이 설의 無極—太極—物(形)—性이라는 개념의 계열은 〈물성생리론〉의 無——一……形—性의 계열과 비슷하다. 결국 ≪태극도설≫의 저자 주돈이(周敦頤 : 濂溪)가 〈물성생리론〉에 근거하여 그런 주장을 했는지 어떤지는 확실하지 않지만 物의 성립에 관해 개물(個物)의 존립을 생각하기 위해서는 이와 비슷한 사고를 근거로 했던 것이다. 이런 의미에서 〈물성생리론〉은 사유의 한 기본형을 제시하고 있다고 말하지 않을 수 없다.

제9장 공자 · 노담문답:망기우화(孔子 · 老耼問答:忘己寓話)

夫子問于老耼曰, "有人, 治道若相放, 可不可, 然不然. 辯者
有言, 曰, '離堅白若縣寓.' 若是則可謂聖人乎."
老耼曰, "是胥易 · 扶係, 勞形怵心者也. 執留之狗成思, 猨狙
之便, 自山林來.
丘, 予告若而所不能聞, 與而所不能言. 凡有首有趾, 無心無
耳者衆. 有形者, 與無形無狀而皆存者, 盡無. 其動止也, 其
死生也, 其廢起也, 此又非其所以也. 有治在人. 忘乎物, 忘
乎天, 其名爲忘己. 忘己之人, 是之謂入於天."

공자가 노담에게 다음과 같이 물었다.

"어떤 사람이 道를 닦으면서 道가 마치 타인의 설을 반박하는 데 있기라
도 하듯 타인이 좋지 않다고 하는 것을 좋다 하고 그렇지 않다고 하는 것
을 그렇다고 설명하고 있습니다. 그 변자(辯者)는 '나는 저 지극히 어려운
문제인 견백론(堅白論)을 마치 한 현(縣)과 한 나라를 분석하듯 명확하게
분석해 보이겠다.'라고 주장하고 있습니다. 이런 사람이 총명한 성인이라
고 불릴 만한지요?"

노담은 다음과 같이 대답했다.

"그놈은 잡부나 광대 같은 놈으로 제 몸을 피로하게 하고 마음에 불안함
을 안고 있는 자다. 마치 묶여 있는 개가 그로부터 벗어나려고 갖가지 생각
을 하고, 원숭이의 민첩함이 사실은 산림에서의 부자유한 생활 때문에 생
긴 것과 같다고 할 수 있다.

구(丘)여! 내 너에게 입 끝의 말장난이 아닌, 너로서는 들을 수도 없고 말로 표현할 수도 없는 것을 가르쳐 주겠다. 세상에는 머리와 발을 갖추고 있으면서 무형·무성의 것을 생각하는 마음과 그것을 듣는 귀를 가지고 있지 않은 자가 많다. 그러니 인간의 몸을 갖고 있는 자로서 아무런 형체도 없는 道에 준하여 그것을 완전한 德으로서 갖추고 있는 자가 있겠는가! 하물며 인간의 동정(動靜)·생사(生死)·흥폐(興廢) 따위를 어찌 인간의 중요한 문제라 할 수 있겠는가! 그것들을 다스리려는 것은 천박한 인간의 일일 뿐이다. 따라서 인간은 이 세상의 모든 物을 잊고 하늘마저 잊지 않으면 안 된다. 이처럼 몽땅 잊어버리는 것을 '자기 망각'이라 한다. 자기 망각을 할 수 있는 사람이야말로 참으로 하늘의 자연스러움과 하나가 된 성인이라 하는 것이다."

【語義】 夫子(부자):본문 중에 공자의 이름인 '丘'가 있으므로 공자를 가리키는 말이리라. 공자의 제자가 기록한 듯한 형식을 취하기 위해 이렇게 한 듯하다.

若相放(약상방):《경전석문》에 의하면 '放'은 본디 '方'으로 되어 있었다 한다. '方(放)'은 '거스르다, 반항하다'의 뜻. 논쟁을 좋아하며 다른 사람의 설에 반대하는 것이다.

辯者有言(변자유언):'辯者'는 앞의 '有人'의 '人'과 같은 사람이다. 이 넉 자는 방주(傍注)가 본문 속에 끼어들어간 듯한데 여기서는 원문대로 해석했다.

離堅白(이견백):'堅白'은 이른바 명가(名家)가 제창하던 궤변. 제물론 편에 '彼非所明而明知. 故以堅白之味終'이라 한 것처럼 가장 어려운 의론의 예로서 이것을 든 것이다.

若縣寓(약현우):명확함을 가리키는 말이므로 '縣寓'는 그 차별이 현저한 것을 나타내는 말로 보아야 한다. '縣'은 나라 속의 한 縣이며 '寓'는 '宇'와 같고 우내(宇內), 즉 한 나라를 가리킨다.

胥易技係(서역기계):잡역부와 광대. 남에게 부림을 당하는 자들이다.

執留之狗成思猨狙之便自山林來(집류지구성사원저지편자산림래): '留'가 '貓' 또는 '狸'로 되어 있는 판본도 있다. 또, 응제왕편에는 '猨狙 之便, 執蒤之狗來藉'이라고 했다. 이것들에 의해 '留'를 '貓(쥐의 일종)' 로 보고(司馬彪), '思'를 '累(잡히다, 붙들리다)'의 뜻으로 보며(孫詒讓의 설), 따라서 '來'를 '붙잡혀 끌려온다'는 뜻으로 해석하는 설이 있다. 그 런데 이 문장을 굳이 어떠한 것의 장점이 그것에 비운을 초래함을 말하 고 있다고 해석할 필요는 없으리라. 글자 뜻 그대로 '執留'는 묶여 있다 는 뜻으로 '成思'는 그로부터 달아나려고 갖가지 궁리를 한다는 뜻으로 해석하는 게 좋다. 즉 개의 능력과 원숭이의 민첩함은 당면(當面)한 경 우 때문임을 말하고 있다.

無心無耳(무심무이):다음의 '無形無狀'에 대응하는 말이다. 無形의 것 을 생각하거나 無聲의 것을 들을 수 없음을 가리킨다.

無形無狀(무형무상):道(宣穎의 설), 또는 德을 가리킨다.

其動止也其死……:'可·然'으로부터 인간의 행동·생명·사업으로 확대되는 것이다.

有治在人(유치재인):이 문장 다음에 '無治在天'을 보충하면 그 의미 가 명확하게 된다.

忘乎天(망호천):구체적으로는 자기의 천생(天生), 즉 生의 집착을 가 리키는 것이리라.

忘己(망기):대종사편 〈좌망우화〉의 '坐忘'과 같다.

入於天(입어천):道의 자연스러움과 일체가 되는 것을 가리킨다.

【補說】이상의 〈망기우화〉는 공자와 노담의 대화를 빌려, 인간은 자신의
    명지(明知)를 타인에게 과시하려 해서는 안 되며 자신을 철저히 잊고 자
    연의 道와 하나가 되어야만 한다고 설하고 있다.

【餘說】〈망기우화〉의 성립 연대

    이것은 ≪장자≫ 가운데 자주 보이는 공자·노담의 문답 형식으로 된
우화에 속하는데 그 중에서도 후기에 지어진 것이리라.
    응제왕편의 양자거·노담문답(〈유어무유우화〉)을 근본으로 하여 그
것이 은연중에 공자를 풍자하고 있기 때문에 별도로 공·노 문답을 지
었던 것으로 생각된다. 표현에 약간 진기함이 있지만 문맥은 원활하지
않다.

제10장 장여면 · 계철문답:진독지우화(將閭葂 · 季徹問答:進獨志寓話)

將閭葂見季徹曰, "魯君謂葂也曰, '請受敎.' 辭不獲命. 既已告矣. 未知中否. 請嘗薦之. 吾謂魯君曰, '必服恭儉, 拔出公忠之屬而無阿私, 民孰敢不輯.'"

季徹局局然笑曰, "若夫子之言, 於帝王之德, 猶螳蜋之怒臂以當車軼. 則必不勝任矣. 且若是, 則其自爲遽, 危其觀臺, 多物將往, 投迹者衆."

將閭葂覤覤然驚曰, "葂也茫若於夫子之所言矣. 雖然, 願先生之言其風也."

季徹曰, "大聖之治天下也, 搖蕩民心, 使之成敎易俗, 擧滅其賊心, 而皆進其獨志, 若性之自爲, 而民不知其所由然. 若然者, 豈兄堯 · 舜之敎民, 溟涬然弟之哉. 欲同乎德, 而心居矣."

장여면이 계철을 만나 다음과 같이 말했다.

"노나라의 군주가 제게 '가르침을 받고 싶다'고 말했습니다.

거절했지만 받아들여지지 않았습니다. 할 수 없이 제 의견을 말씀드리게 되었습니다. 저로서는 제가 한 짓이 옳은지 그른지 판단할 수 없습니다. 시험 삼아, 제가 노나라 군주에게 한 말을 말씀드릴 터이니 그것을 비판해 주시기 바랍니다. 저는 노나라 군주에게,

'스스로 삼가고 공경한 태도를 취하며 충실한 인물을 공평하게 뽑아 써 사사로운 정에 치우치지 않도록 하면 백성 가운데 어느 누가 화합하지 않으려 하겠습니까?'

라고 말씀드렸습니다. 어떻습니까?"

계철은 장여면의 말을 듣고 크게 웃고는 이렇게 말했다.

"그대가 말한 것은 제왕의 德에 대해 마치 사마귀가 커다란 두 앞발을 높이 들고 달려오는 마차의 바퀴를 노려보는 것과 같이 자신의 분수를 모르는 무모한 짓입니다. 자신도 어쩔 수 없는 일은 이미 결정되어 있습니다. 더구나 그대가 말한 것을 실행하면 군주 자신이 해야 할 일이 너무나 많아져 관대(觀臺)에서 행하는 중요한 정무를 위험에 빠지게 하며, 또 많은 물사가 군주 아래 모일 뿐 아니라 여러 나라로부터 몸을 의탁하고자 하는 자들이 모여들게 되겠지요."

장여면은 계철의 말에 깜짝 놀라 이렇게 말했다.

"저는 선생의 말씀을 듣고 뭐가 뭔지 도무지 알 수가 없습니다. 선생의 말씀이 무엇인지, 그 대강을 들려주시기 바랍니다."

그래서 계철은 다음과 같이 장여면에게 가르침을 베풀었다.

"큰 성인이 천하를 다스리는 것을 보면 다음과 같습니다.

우선 옛날 정치에 물든 인민의 마음을 깨끗하게 씻어 맑게 하며, 새로운 가르침을 베풀어 그릇된 풍속을 바로잡게 하며, 다른 사람을 해치려는 나쁜 마음을 모두 버리게 하며, 누구나 본디 지니고 있는 세속에 구애받지 않고 자유스런 마음을 지니고 펼쳐 그것이 그들의 본성으로부터 자연스럽게 행해지도록 하며, 또 어떻게 하여 그런 일이 이루어지는지를 알지 못하도록 합니다. 이러한 사람이 어찌 요임금이나 순임금이 인민을 가르쳤던 것을 형을 받들듯 신봉하며, 무엇인지 알 수 없는 것에 아우가 하듯 순종하려 하겠습니까? 德과 하나가 되어 마음이 편안하게 되는 것이야말로 그가 원하는 것입니다."

【語義】 將閭葂(장여면):어떤 인물인지 알 수 없으나, 필시 '將閭葂'이란 우

의를 지닌 인물로 설정되었으리라. 이 우화에서는 유가적 군주의 道를 설하는 자로 묘사되어 있다.

季徹(계철):일설에 계씨 일족의 인물일 것이라고 한다(≪경전석문≫ 의 설). 계씨는 노(魯)나라의 공족(公族)으로 춘추시대 魯의 실권을 장악했었다. '徹'에는 통달하여 밝다는 뜻이 있다. 따라서 季徹은 魯나라 季氏를 상정함과 동시에 道에 통달한 사람으로 설정된 것이리라.

魯君(노군):공자 때 魯의 군주였던 정공(定公)일 것이라는 설이 있지만 근거가 없다. 유가설을 채택한 군주임을 나타내기 위해 공자의 고국인 魯의 군주라 한 것이리라. '魯君'이란 칭호는 전국시대에 행해졌으리라 생각된다.

請嘗薦之(청상천지):'薦'은 '譔(선:소상하게 이야기함)'의 차자로 보아 해석하는 게 좋다.

必服恭儉(필복공검):'服'은 행한다는 뜻. '恭'은 다른 사람에 대해 삼가고 조심하는 것. '儉'은 간소한 것.

民孰敢不輯(민숙감부집):'輯'은 '集(집:모이다)'의 차자. 나아가, 화합한다는 뜻.

局局然(국국연):'局局'은 크게 웃는 소리.

帝王之德(제왕지덕):무위(無爲)로써 자연스럽게 인민을 감화시키는 이상적 군주의 덕.

猶螳蜋之怒臂以當車軼(유당랑지노비이당거철):실력도 없이 공연히 허세를 부리는 자를 비유한 말이다. '軼'은 '轍(철:수레바퀴)'과 같다.

則其自爲遽(즉기자위거):군주가 해야 할 일이 많아 분주하게 되는 것을 가리킨다.

危其觀臺(위기관대):'觀臺'를 단순히 조망을 위한 높은 누대로 해석하는 학자가 많은데 적당하지 않다. ≪춘추좌씨전≫ 희공(僖公) 5년경의 기록에 의하면 '觀臺'는 군주가 무엇보다 신성한 정무인 역(曆)을 바로 잡기 위해 천상(天象)을 관찰하기 위한 고대(高臺)로 군주의 성무(聖務)를 상징하는 것이다.

多物將往(다물장왕):'多物'은 번잡한 업무를 가리킨다.

投迹者衆(투적자중):'投迹'의 '投'는 '逗(두:머무르다)'의 차자. 즉 '投宿'의 '投'와 같다. '迹'은 계속되는 발자국, 나아가 '여로(旅路)'를 뜻한다. 천하를 유력(遊歷)하던 자가 그 나라의 군주가 현자를 등용한다는 소식을 듣고, 여행을 멈추고 그 나라에 몸을 의탁하는 것이다.

覾覾然(혁혁연):몹시 놀라 두려워하는 모양.

茫若(망약):뭐가 뭔지 모르고 어리둥절해하는 모양.

願先生之言其風也(원선생지언기풍야):'風'은 '凡(범:개요, 대강)'의 차자(俞樾의 설).

搖蕩民心(요탕민심):'搖蕩'은 씻어내어 맑게 하는 것.

成敎易俗(성교역속):≪장자≫는 不言의 가르침을 설하므로 '成敎'라는 표현은 부적당하다고 생각한다. 관용적인 표현이기 때문에 쓴 것일까? 어쩌면 본디는 '變敎易俗'이었는지도 알 수 없다. '易俗'은 세속의 나쁜 관습을 바로잡는 것.

擧滅其賊心(거멸기적심):'擧'는 '皆'의 뜻. '賊心'은 다른 사람을 해치려는 마음. 여기서는 다른 사람과 현명함을 다투려는 마음을 가리킬 것이다.

獨志(독지):속사(俗事)에 초연한 인민 각각의 고유한 마음을 가리킨다.

豈兄堯舜之敎民溟涬然弟之哉(기형요순지교민명행연제지재):'兄'·'弟'는 같은 사실을 正·負 양면에서 서술한 기교적 수사이다.

心居(심거):'居'는 여기서는 안정을 뜻한다. '虛'의 차자로 해석해도 통한다.

【補說】 이상의 〈진독지우화〉는 유가적 정치설을 채택한 장여면이 魯의 군
주에게 진언한 군주의 道를, 도가설에 정통한 계철이 비판하는 형식으
로 구성되어 있으며 유가적 정치설을 배척하고, 군주는 무위의 德을 닦
고 인민으로 하여금 각각 고유의 소지(素志)를 달성케 하는 것이 이상적
인 제왕의 道임을 설하고 있다. 정치의 주안이 '進其獨志'에 있다고 한
것은 주목할 만한 내용이다.

제11장 자공·장인·공자문답:기심우화(子貢·丈人·孔子問答: 機心寓話)

子貢南遊於楚, 反於晉, 過漢陰. 見一丈人, 方將爲圃畦. 鑿隧而入井, 抱甕而出灌. 搰搰然用力甚多, 而見功寡.

子貢曰, "有械於此. 一日浸百畦. 用力甚寡, 而見功多. 夫子不欲乎."
爲圃者, 卬而視之, 曰, "奈何."

曰, "鑿木爲機, 後重前輕. 挈水若抽, 數如泆湯. 其名爲槔."
爲圃者, 忿然作色, 而笑曰, "吾聞之吾師, '有機械者, 必有機事. 有機事者, 必有機心. 機心存於胸中, 則純白不備. 純白不備, 則神生不定. 神生不定者, 道之所不載也.' 吾非不知, 羞而不爲也."

子貢瞞然慙, 俯而不對.

有閒, 爲圃者曰, "子奚爲者邪."

曰, "孔丘之徒也."

爲圃者曰, "子非夫博學以擬聖, 於于以蓋衆, 獨弦哀歌, 以賣名聲於天下者乎. 汝方將忘汝神氣, 墮汝形骸, 而庶幾乎. 而身之不能治, 而何暇治天下乎. 子往矣. 無乏吾事."

子貢卑陬失色, 頊頊然不自得. 行三十里而後愈.

其弟子曰, "向之人何爲者邪. 夫子何故見之變容失色, 終日不自反邪."

曰, "始吾以爲天下一人耳. 不知復有夫人也.
吾聞之夫子, '事求可, 功求成, 用力少, 見功多者, 聖人之道.'
今徒不然. 執道者德全, 德全者形全, 形全者神全. 神全者,聖人之道也.

託生與民, 竝行而不知其所之, 汒乎淳備哉. 功利機巧, 必忘夫人之心. 若夫人者, 非其志不之, 非其心不爲. 雖以天下譽之, 得其所謂, 謷然不顧, 以天下非之, 失其所謂, 儻然不受. 天下之非·譽, 無益損焉. 是謂全德之人哉. 我之謂風波之民."

反於魯, 以告孔子.

孔子曰, "彼假脩渾沌氏之術者也. 識其一不知其二. 治其內而不治其外. 夫明白入素, 無爲復朴, 體性抱神, 以遊世俗之間者, 汝將固驚邪. 且渾沌氏之術, 予與汝何足以識之哉."

자공이 남쪽 초(楚)나라까지 여행을 하고, 그곳에서 북쪽 진(晋)나라로 되돌아가다가 한수(漢水) 남안(南岸)을 지나게 되었다. 자공은 그곳에서 한 노인을 보게 되었는데 그 노인은 채소밭을 경작하는 중이었다. 지하도를 뚫어 물이 나오는 곳까지 내려가 그곳에서 항아리에 물을 담은 다음 항아리를 안고 다시 바깥으로 나와 밭에 물을 주고 있었다. 쉬지 않고 애를 썼으나 힘만 많이 들 뿐 효과는 적었다.

자공은 보기가 안쓰러워 노인에게

"이런 일에 쓰는 좋은 기계가 있습니다. 하루에 백 이랑의 밭에 듬뿍 물을 댑니다. 힘은 적게 들고 효과는 큽니다. 노인께서는 그것을 사용해 보지 않으시겠습니까?"

라고 말했다. 밭일을 하던 노인은 자공을 물끄러미 보더니

"그게 대체 무엇인가?"

하고 물었다.

"나무에 구멍을 뚫어 장치를 한 다음, 뒤쪽은 무겁고 앞쪽은 가볍게 합니

다. 그것을 사용하면 물을 아주 쉽게 퍼 올릴 수 있을 뿐만 아니라 매우 빠르게 물을 댈 수 있습니다. 그것을 이름하여 두레박이라 합니다."

노인은 불쾌한 듯 잠시 낯빛을 바꾸고 말없이 있더니, 곧 빙그레 웃으면서 이렇게 말했다.

"나는 스승으로부터 '교묘한 기계를 지니고 있는 자는 틀림없이 교지(巧知)를 짜내어 훌륭한 일을 한다. 훌륭한 일을 하는 자는 틀림없이 어떤 일을 꾀하려는 마음을 지니고 있다. 어떤 일을 꾀하려는 마음이 가슴 속에 자리잡게 되면 순수한 혼이 갖추어지지 않는다. 순수한 혼이 갖추어 지지 않으면 인간의 영묘한 본성이 안정되지 않는다. 영묘한 본성이 안정되어 있지 않은 사람은 道를 길러내려 하지 않는다'고 들었다. 그래서 나는 방아두레박이 있다는 것을 모르는 바는 아니나, 그것을 쓰는 것은 스승의 가르침을 생각할 때 부끄러운 일이 되기에 쓰지 않는 것이다."

자공은 너무나 부끄러워져서 머리를 숙인 채 아무 말도 할 수가 없었다.

얼마 있다 노인이 자공에게 물었다.

"자네는 누구인가?"

"공구(孔丘)의 제자입니다."

이 말을 들은 노인은

"아, 자네가 바로 저, 널리 갖가지 지식을 배워 성인인 척하며 알아들을 수도 없는 소리를 부르짖어 많은 민중을 현혹시키며, 또 홀로 금(琴)을 뜯으며 슬프게 노래하고, 그 성인이라는 명성을 천하에 팔고 있는 자의 제자가 아닌가? 자네는 그 사람을 추종하여 바야흐로 자신의 영기(靈氣)를 잃고 신체를 고통에 빠뜨리고 있으면서 백성을 다스리는 성인이 되기를 바라는가? 자네 자신조차 제대로 다스리지 못하면서 천하를 제대로 다스릴 수 있다고 생각하는가? 가라! 나의 일을 방해하지 말라!"

라고 서슴지 않고 내뱉었다.

자공은 말을 잊고 낯빛을 잃은 채 너무나 놀라 안정을 잃고 말았다. 30리쯤 간 다음에야 제정신으로 돌아왔다.

자공이 제정신으로 돌아오자 그의 제자가 물었다.

"조금 전 그분은 어떤 인물입니까? 선생님께선 어찌하여 그를 만나시곤 낯빛이 변하시고 또 하루 종일 제정신을 차리지 못하셨습니까?"

자공이 다음과 같이 대답했다.

"앞서 나는 우리 선생님을 천하에서 가장 훌륭하다고 생각하고 있었다. 저런 사람이 있다고는 생각조차 못했었다.

나는 선생님으로부터 '사람은 가치 있는 사업을 선택하여 그것을 성공시키기 위해 힘쓰며, 또 노력은 적게 들이고 공적은 많도록 해야 한다. 이것이 바로 성인의 道다.'라고 배웠다. 이렇게 믿고 있었는데 지금은 그렇지 않다. 道를 견고하게 몸에 지니면 德이 완전해지며, 德이 완전하면 신체가 건전해지고, 신체가 건전하면 정신도 건전해진다. 정신이 건전한 것이야말로 성인의 道인 것이다.

그 사람은 민중 가운데 태어나 민중과 함께 행동하며 굳이 특별한 일을 하려 하지 않는다. 그의 정신은 끝없이 넓고 깊게 갖추어져 있다. 성공·이익·교지(巧知)를 운용한다는 것은 저 사람의 심중에는 있을 수 없다. 아아, 저런 사람은 어떠한 성공·이익이 있더라도 그 마음에서 나오는 것이 아니면 하지 않으며, 마음에 맞지 않으면 하려고 하지 않는다. 천하 사람들이 모두 그를 칭찬하고, 또 그 칭찬이 받을 만하다 해도 그는 초연할 뿐 조금도 마음 쓰지 않는다. 천하 사람들이 모두 그를 비난하고, 또 그 비난이 사실을 그릇되게 해도 기우(氣宇)가 광대하여 조금도 마음 쓰지 않는다. 천하 사람들의 칭찬이나 비난 따위는 저 사람의 정신에 어떤 영향도 주지 못한다. 이야말로 '전덕(全德)의 인간'이라 하는 것이다.

이 사람과 비교하면 우리들은 안정을 얻지 못한 풍파 같은 백성이라 하지 않을 수 없다."

자공은 노나라에 돌아와 이러한 일을 고스란히 공자에게 말했다.

공자는 자공에게 다음과 같이 말했다.

"그 사람은 저 까마득한 혼돈씨(渾沌氏)의 道를 닦고 있는 자이다. 그런데 그 일면만을 알 뿐 다른 면을 알지 못하고 있다. 자신의 내면만을 다스리고 있을 뿐, 그 외면을 다스리는 것은 모르고 있다. 진지(眞知)인 혼(魂)을 안에 갖추고 더욱이 무위(無爲)로써 소박(素朴)을 이루어 그 소박한 성(性)을 근본으로 하면서 순수 명백한 정신을 지닌 채 세속에서 자유 · 자적하고 있는 자를 만난다면 네가 어찌 놀라지 않을 수 있겠느냐? 그런 자가 되지 않으면 안 될 것이다. 그렇다 하더라도 혼돈씨의 도를 우리가 어떻게 알 수 있겠느냐?"

【語義】子貢(자공):공자의 제자. 명민하여 정치 · 경제 방면에 뛰어난 재능을 가지고 있었다. 대종사편 〈기인우화〉의 餘說 참조.

漢陰(한음):한수(漢水)의 남쪽 지역. '陰'은 여기서는 방위를 가리키는 말로 山의 북쪽, 또는 水의 남쪽을 뜻한다. 漢水는 호북성의 서북쪽 경계에서 동남쪽으로 흘러 의성현(宜城縣)을 지나 한양(漢陽)에서 장강(長江)과 합류한다.

丈人(장인):노인에 대한 경칭.

方將爲圃畦(방장위포규):'方將'은 '마침 ～하고 있는 중임'의 뜻. '圃'는 채소를 가꾸는 밭. '畦'는 본디는 밭을 경계 짓는 곳을 뜻하는데 일반적으로 경지의 면적, 또는 '밭'의 뜻으로 많이 쓰인다.

鑿隧而入井(착수이입정):'隧'는 지하도. 정(井), 즉 물을 퍼 올릴 수 있는 데까지 비스듬하게 굴을 파고 그곳을 걸어 오르내릴 수 있도록 해 놓은 것이다.

掲掲然(골골연):매우 힘쓰는 것.

卬而視之(앙이시지):'卬'은 '仰'의 옛날 자형(字形). '視'는 꼼짝 않고 바라보는 것.

挈水若抽(설수약추):'挈'은 끌어올리는 것. '抽'는 끌어당기는 것. 물을 쉽게 퍼 올리는 것을 형용한 말이다.

數如洪湯(삭여일탕):'數'은 '速(속)'의 차자. 물대기가 매우 민속한 것을 가리킨다. '洪湯'은 '蕩(탕)'의 완언. '蕩'은 '潒(탕:물이 성대하게 흘러가는 모양)'의 차자.

槹(고):두레박.

吾師(오사):≪경전석문≫에, 노자를 가리킨다고 했다.

機械(기계):훌륭한 장치. 교지(巧知)를 써서 이익을 꾀하는 일을 가리킨다.

機心存於胷中則純白不備(기심존어흉중즉순백불비):'胷'은 '胸'과 같다. '純白'은 정기(精氣)를 뜻할 것이다. '純白'의 '白'은 '魄(백)'을 뜻하는 것으로 해석해야만 한다. 그렇게 하지 않으면 여기의 '純白'과 다음의 '明白'이 어떤 차이가 있는지 알 수 없게 된다.

神生不定(신생부정):'生'은 '性(성)'의 차자. '神性'은 다음의 '體性抱神'과 대응하는 말. 영묘한 본성을 뜻한다.

瞞然(만연):'瞞'은 '㵘(만:울적하여 아무 말도 하지 않는 것)'의 차자.

子非夫博學……天下者乎:'夫博學……天下者'는 공자에 관한 말이다. '子'는 '子奚爲者邪'의 子, 즉 子貢을 가리킨다. '天下者'의 다음에 '之徒' 두 자가 있어야만 하는데 말이 격해져 빠졌을 것이다. 이 이하 '而'와 '子'가 함께 쓰이고 있다.

於于以蓋衆(어우이개중):'於于'는 '于于(우우)'(응제왕편)와 같다. 또 여기서는 말이 되지 않는 말, 즉 이해할 수 없는 설이란 뜻으로 해석한다. 《묵자》에, '그들의 道는 세상에 드러내서는 안 될 것으로 그들의 학문은 백성들을 가르쳐 인도할 만한 것이 못 된다(其道不可以期世, 其學不可以導衆)'(非儒篇)고 하며 공자를 비난한 말이 있다.

獨弦哀歌……:공자 일행이 진채(陳蔡)의 들에서 고난을 당해 아무도 일어서지 못하고 쓰러져 있을 때에도 공자가 현가(弦歌)의 음을 그치지 않았던 것을 가리키는 말이리라.

無乏吾事(무핍오사):'乏'은 '覂(봉:엎다, 버리다)'의 차자(王念孫·馬敍倫의 설).

卑陬(비추):'顰慼(빈척:얼굴을 찡그리고 걱정함)'과 같다.

瑱瑱然不自得(욱욱연부자득):'瑱瑱'은 정신이 멍한 모양, 또는 정신을 잃어 어리둥절한 모양. '自得'은 '自失'의 대어로서, 평상시의 기분을 유지하고 있는 것.

始吾以爲天下一人耳(시오이위천하일인이):'天下一人'은 공자를 가리킨다(郭象의 설).

事求可功求成用力少見功多者聖人之道(사구가공구성용력소견공다자성인지도):《논어》에는 이에 해당하는 말이 없는데 《맹자》 盡心上에 '지혜 있는 사람은 알지 못하는 것이 없는데 가장 먼저 힘써야 할 것을 급한 일로 삼는다(知者無不知也. 當務之爲急)'라고 한 것이나 《대학》의 '物에는 근본과 가지가 있고, 일에는 처음과 끝이 있으니 그 선후를 알면 道에 가까운 것이다(物有本末, 事有終始, 知所先後, 則近道矣)' 등을 곡해하면 이에 해당할 것이다. 물론 이것은 곡해의 극언인데 전국시대에 횡행하던 극단적 공리주의(功利主義)의 사상을 잘 보여 주고 있다.

今徒不然(금도불연):'徒'는 '乃'와 같은 뜻.

形全者神全(형전자신전):'執道者' 이하 여기까지의 '者'는 '則'과 같은 뜻으로 쓰였다. '神'은 영묘한 정기(精氣), 인간 본래의 정신을 가리킨다.

託生與民(탁생여민):'與'는 '於'와 같다. 마제편에 '至德之世, 同與禽獸居, 族與萬物竝'이라 한 것과 같은 생각이다.

汒乎淳備哉(망호순비재):'汒乎'는 광대무변한 모양. '淳'은 '純(순)'과 통하며 충실하다는 뜻.

警然不顧(오연불고):'警'는 '傲(오)'의 뜻. 스스로 믿는 바가 굳세어 초연하고 움직이지 않는 것을 가리킨다.

儻然不受(당연불수):'儻然'은 기우(氣宇:기개와 도량)가 광대하여 사람들의 비난에 마음 쓰지 않는 모습.

我之謂風波之民(아지위풍파지민):'風波'는 동요하여 안정되지 못한 것의 비유.

彼假脩渾沌氏之術者也(피가수혼돈씨지술자야):'假'를 다음의 '識其一, 不知其二'와 연관시켜 글자 뜻 그대로 '거짓'의 뜻으로 해석하는 설(郭象의 설)과, 혼돈의 심원함과 관련시켜 '遐(하:요원함)'의 차자로 해석하는 설(馬敍倫의 설, 단 馬氏는 蝦의 차자로 보고 있다)이 있다. 다음의 '明白入素'도 '純白不備'를 받고 있는 표현이라는 점에서 추측하면 '假'를 '거짓, 잠시' 등의 뜻으로 해석하는 것은 공자가 내리는 비판 치고는 너무나 격한 것이 되고 만다. '渾沌氏'는 응제왕편 〈혼돈우화〉를 근거로 하여 '渾沌'을 실재의 제왕으로 표현한 것이리라. 마제편의 '赫胥氏'와 같은 예이다. 무심무위의 지인(至人)이다. '術'은 道의 뜻.

夫明白入素無爲復朴(부명백입소무위복박):明白·素朴·無爲에 들고[入], 또 그로 돌아가는 것[復]을 나누어 표현한 것이다. '明白'은 明魄(명백)이며 다음의 '體生抱神'의 '神'에 대응하고, 神明을 가리킨다. 요컨대 '明白'은 앞의 '純白'과 비교하면 '明'을 갖춘 것이다. '素朴'은 '體性抱神'의 '性'에 대응한다. '無爲'는 '遊世俗之間'에 대응한다.

汝將固驚邪(여장고경야):'將'은 여기서는 강조의 뜻을 나타내는 조사. '固'는 '胡(호:어찌, 왜)'의 차자. 이 문장에 의하면 본편에서는 사람을 놀래지 않는 경지, 즉 ≪노자≫에서 말하는 '화광동진(和光同塵)', 또는 덕충부편의 '才全而德不形'을 가장 이상적인 상태로 보고 있음을 알 수 있다.

且渾沌氏之術予與汝何足以識之哉(차혼돈씨지술여여여하족이식지재):유가의 道와 도가의 道가 다르다는 것을 지적한 것인데 대종사편 〈기인우화〉처럼 공자 자신으로 하여금 유가의 道를 낮게 평가시키고 있는 것일까? 그렇지 않으면 유가·도가 각각의 道가 독립하여 병존함을 말하려는 것일까? '且'는 '抑'과 같은 뜻의 발어사.

【補說】 이상의 〈기심우화〉는 ≪장자≫에서 자주 볼 수 있는 공자와 그의 제자의 문답 형식을 취하고 있는데 한음(漢陰)의 장인(丈人)이 개재되어 있어 이야기의 줄거리가 약간 복잡하다. 표현에 완급의 변화가 있고 수사에 용어를 세심하게 선별하여 사용한 흔적이 역력하여 매우 흥미 있는 작품이다.

이야기는 세 단락으로 이루어져 있다. 공자의 제자 중에서도 가장 명민한 자공이 한음에서 밭일 하는 장인을 보고 동정심에, 또 공연히 참견하고 싶은 마음에 두레박을 쓸 것을 권하면서 이 이야기가 시작된다. 장인은 기계를 사용하는 기심(機心)의 해(害)를 서서히 설한 다음, 자신의 분수를 모르고 '천하의 다스림'을 설하는 유가의 道를 거세게 비난한다. 이에 자신의 재능에 남다른 자부심을 가지고 있는 자공이지만 낯빛을 잃고 만다.

두 번째 단락에서는 자공이 유가의 道와 도가의 道를 비교하고 스스로 유가의 道를 열등한 것으로 인정할 만큼 도가의 신전설(神全說)에 기운다.

마지막으로 공자가 자공을 타이르는 것이 이 우화의 세 번째 단락이다. 자공은 극도로 분기하여 자신이 겪었던 일을 공자에게 보고했으리라. 공자는 온화하게 '至德을 닦는 자는 內·外 어느 쪽으로도 치우쳐서는 안 되며 神明의 知를 갖추고 있으면서도 소박·무위에 철저하여 타인보다 두드러진 점이 있어서는 안 될 것이나 단, 그것은 일조일석에 이룰 수 있는 일이 아니다.'라고 가르치고 있는 것이다.

【餘說】〈기심우화〉의 교훈

'有機械者, 必有機事. 有機事者, 必有機心'이란 말은 곰곰이 되새겨보아야 할 말이다. 특히 공해(公害)의 위험에 노출되어 있는 오늘날에는 더없이 절실한 문제이기도 하다. 인간은 인간의 생활을 행복한 것으로 만들기 위해 기계 문명을 발전시켰는데 그 기계를 유지하기 위해, 또 그 효율을 증진시키기 위해 공리적 사업을 추진하지 않을 수 없어, 기계나 사업이 오히려 인간을 부리게 되는 결과를 가져왔을 뿐 아니라 인간을 기계 문명의 희생물로 삼게 되었다. 이러한 위험도 그 근본으로 돌아가면 개개의 사람들이 소박한 생활에 만족하지 않고 교지(巧知)를 발동시키는 데서 비롯된다. 그러나 아무리 그렇다 하더라도 知의 영위를 멈추고 기계를 버린다는 것은 있을 수 없는 일이다. 그럼 어떻게 해야만 할까?

이 난문제에 대하여 이 우화에서는 공자의 말을 빌려 '德을 안팎으로 완비해야 한다'고 말하고 있다. '德을 밖으로 갖춘다'는 말은 시대나 사회에 좇아 적응하는 것을 가리키리라. 그리고 '明白入素, 無爲復朴, 體性抱神, 以遊世俗之間'이라 했다. 표현은 고풍스럽고 추상적이지만 이 말은 먼저 하늘이 준 명지(明知)를 닦으며, 다음으로 소박하게 인간의 본성으로 돌아가 생각하며, 마지막으로 다른 사람과 다름을 나타내기 위한 작의(作意)를 갖지 않아야 함을 뜻한다. 이것들은 모두 중요한 것으로 명지를 닦으면 어떠한 사회 정세에도 대응할 수 있고 인간의 본성으로 돌아가면 모두 자신의 본성을 구현할 수 있다. 특히 작위가 없게 되면 ≪노자≫에, '백성을 사랑하고 나라를 다스려 무위를 행한다.(愛民治國, 能無爲)'(제10장)라고 한 것처럼 예를 들면 국가 통치의 대사업에 있어서도 자기의 권력욕 때문에 교지를 짜내어 국가·인민을 부리는 일 없이, 자신은 유유자적하고 인민은 모두 안거낙업(安居樂業)하여 국가의 대화합이 실현될 것이다. 요컨대 어떤 사람이 국가를 통치할 만한 재덕을 갖추고 있더라도 그것을 자신을 위해 빛내지 않고 화광동진(和光同塵), 즉 널리 여러 사람 공용의 것으로 내놓는 것이다. 기계나 사업이 개인이나 특정 단체의 영리를 위해 존재하는 것이 아님은 말할 필요도 없을 것이다.

그런데 명지나 德이 있어도 드러내지 않고 이름도 없이 지낸다는 것은 '遊世俗之間'이라 한 일신의 자유나 조화는 실현했다 하더라도 본질적으로는 시정(市井)으로부터 탈출하여 고고(孤高)를 지키는 것과 거의 다를 바 없다. 이미 기심(機心)이 있는 사회에서는 사람들도 그러할지 않을지는 알 수 없으나 그렇지 않다 하더라도 '遊世俗之間'하는 자로서는 간섭할 일이 아닐 것이다. 기계나 사업은 사람들의 본성을 구현시키기 위한 공용물이 되지 않을 것이다. 도가에는 이미 언급했던 것처럼 '聖人의 道는 時와 함께 변하여 化하지 않고, 物에 응하여 변하지 않는다.'라고 하는 사회와 시대에 대하여 개인의 천생(天生)을 독립 유지하려는 입장에서 '正靜을 잃지 않고 날마다 그 德을 새롭게 하면 밝게 천하를 알고 四極에 통한다.'(≪관자≫ 심술하편)라고 하여 한층 적극적으로 명덕의 발양을 생각하는 일파도 있다. 명덕을 발양하게 되면 사람들의 본성을 충족하기에 적절하도록 사회를 개조할 것을 생각하지 않으면 안 될 것이다. 그렇지만 이런 갈래에서도 이것을 개인의 내덕(內德) 문제로 국한시켜 버리고 있다. 사회를 개조하게 되면 교지 위에 교지를 짜내고, 파란에 파란을 더하게 되기 때문일 것이다. 결국 빼앗겨서도 안 되지만 빼앗을 수도 없는 개인의 자유 독립을 유지하면서 기계문명을 증진시키는 조화의 道는 없는 것일까?

'內外完備'라고 하는 조화는 분명히 이상이다. 그 이상은 이 우화처럼 옛 시대뿐 아니라 지금까지도 계속 추구되고 있는 것이다. 그렇지만 그 이상에 도달한다는 것은 결코 용이한 일이 아니리라. 어쩌면 그런 의미에서 이 우화는 공자로 하여금 '何足以識之哉'라는 말을 하게 한 것인지도 모르겠다.

제12장 순망·원풍문답:혼명우화(諄芒·苑風問答:混冥寓話)

諄芒將東之大壑. 適遇苑風於東海之濱.

苑風曰, "子將奚之."

曰, "將之大壑."

曰, "奚爲焉."

曰, "夫大壑之爲物也, 注焉而不滿, 酌焉而不竭. 吾將遊焉."

苑風曰, "夫子無意于橫目之民乎. 願聞聖治:"

諄芒曰, "聖治乎. 官施而不失其宜, 拔擧而不失其能, 畢見其情事而行其所爲. 行言自爲而天下化. 手撓顧指, 四方之民, 莫不俱至. 此之謂聖治."

"願聞德人."

曰, "德人者, 居無思, 行無慮, 不藏是非美惡. 四海之內, 共利之之謂悅, 共給之之爲安, 怊乎若嬰兒之失其母也, 儻乎若行而失其道也. 財用有餘, 而不知其所自來, 飮食取足而不知其所從.

此謂德人之容."

"願聞神人."

曰, "上神乘光, 與形滅亡. 此謂照曠. 致命盡情, 天地樂而萬事銷亡, 萬物復情. 此之謂混冥."

순망이 동쪽에 있는 동해의 아득히 깊은 골짜기를 찾아갔다. 그때 원풍을 동해의 해변에서 만났다. 원풍이 순망에게 물었다.

"어디에 가시는지요?"

"끝없이 깊은 골짜기를 찾아가고 있다네."

"무슨 일 때문이신가요?"

"저 끝이 없는 허곡(虛谷)은 아무리 물을 대도 가득 차지 않고, 아무리 물을 퍼내도 마르는 법이 없어 무한한 작용을 지니고 있네. 그래서 나는 그곳에 유(遊)하려 가네."

원풍이 다시 물었다.

"그런 곳에 가신다고 하니 선생님께서는 백성들에게 관심이 없기 때문입니까? 저는 백성에 대한 성인의 정치를 듣고 싶습니다."

순망이 대답했다.

"성인의 정치 말인가? 관직에 앉혀 업무를 보게 할 때에는 그 일의 적절함에 어긋나지 않도록 하고, 인재를 발탁할 때에는 신하의 재능을 보지 못하는 일이 없도록 하며, 또 신하의 실정을 잘 알아 신하가 행하고 싶어 하는 것을 행하게 하는 것이네. 언설과 실행이 일치되도록 각자에게 힘쓰게하면 천하가 교화될 것이네. 이렇게 하여 군주는 손짓과 눈짓만 할 뿐인데 사방의 인민이 모두 귀복하게 된다네. 이것을 바로 성인의 정치라고 하지."

"전덕(全德)의 인간에 관해 들려주십시오."

"전덕의 인간은 홀로 고요히 있을 때에는 아무런 생각도 없고, 무엇인가를 행하는 데에도 사려하여 계획하는 일이 없으며, 마음속에 선악과 호오의 감정 따위를 품지 않네. 그래서 그는 세상 사람이 모두 이익이라고 생각하는 것을 기뻐하고 함께 만족하는 것을 안락하게 여기지만 자신이 세상 사람들을 그렇게 해 주었다고는 생각하지 않고 마치 어머니를 잃은 갓난아이처럼 걱정스러워하며, 여행 도중에 길을 잃은 것처럼 어리둥절해 한다네. 재물이 넉넉한데도 어떻게 그렇게 되었는지를 알려 하지 않고, 음식은 자신의 배를 간신히 채울 정도면 충분하다고 생각하여 어떻게 그것을 얻을

까를 생각하지 않네. 이런 것을 전덕의 인간이 갖춘 모습이라 할 수 있네."

"그러면 이번에는 신명(神明)의 인간에 관해 말씀해 주십시오."

"신령의 광명을 타고 있어 속악(俗惡)한 모습이 완전히 소멸되어 버린 것, 이것을 공허한 밝음이라 하네. 그리고 타고난 성명(性命)을 그대로 완수하여 마음에는 세속의 일이 조금도 남아 있지 않으므로 만물도 그 진실로 복귀한다네. 이것을 바로 무상(無上)의 혼명(混冥)이라 한다네."

【語義】 諄芒(순망):'諄'은 '淳'의 차자이며 '深(깊다)·淸(맑다)'의 뜻. '芒'은 '汒·茫'의 차자로 물이 광대한 모양. 요컨대 '諄芒'은 봄철 넘칠 듯 가득 차 있는 '雨水'를 의인화하여 無爲의 사람에 비유한 것이다.

大壑(대학):'壑'은 속이 텅 빈 구멍을 가리킨다. '大壑'은 동해에 있다고 하는 끝없이 깊은 골짜기. 여기서는 '虛無'를 우의하고 있다.

苑風(원풍):본디는 북풍을 뜻하는 말이지만 여기서는 동풍으로 보지 않으면 안 된다. 바람을 의인화하여 '諄芒'에 대해 '有爲의 인간'을 우의하고 있다.

注焉而不滿酌焉而不竭(주언이불만작언이불갈):成玄英은 지리(至理)에 대한 비유로 보았다. ≪노자≫에, '道冲而用之'(제4장), '虛而不屈'(제5장), '當其無有室之用'(제11장) 등이라 한 것처럼 虛야말로 무한한 작용을 지니고 있다는 것을 말하고 있는 것이다. '竭'은 '渴(갈:물이 마름)'의 차자.

橫目之民(횡목지민):≪산해경≫ 海外北經·≪회남자≫ 地形訓 등에는 海外에 一目國·深目國이 있다고 했다. 이에서 추측하면 '橫目之民'은 중국민(中國民)을 가리키는 것이리라. 일설에, 인류를 가리키는 말(李頤의 설)이라 했다.

官施而不失其宜(관시이부실기의):'官施'는 관직을 주어 그 일을 하게 하는 것. '而'는 여기서는 '則'과 같다. 이 이하는 군주의 신하 임용·사역에 관해 서술하고 있다. 有爲를 특색으로 함을 말한다.

畢見其情事(필견기정사):'其'는 신하를 가리킨다. 군주가 명찰(明察)로써 신하의 실정을 잘 아는 것을 말한다.

行言自爲(행언자위):법가의 '形名參同'을 의식한 표현이다. '言'은 일에 대한 계획이나 예정 따위. '行'은 실행, 즉 신하의 언행일치를 가리킨다.

手撓顧指(수뇨고지):군주의 명령이 잘 행해지는 것을 보이는 예증적 사실이다. '手撓'는 손짓하여 부르는 것. '撓'는 '招(초)'의 차자(馬敍倫의 설). '顧指'는 눈짓으로 알리는 것.

居無思行無慮不藏是非美惡(거무사행무려부장시비미악):허심탄회한 상태이다.

四海之內共利之之謂悅(사해지내공리지지위열):≪노자≫에 '萬物恃之而生, 而不辭. 功成不名有. 愛養萬物, 而不爲主(만물이 이를 의지하여 생겨나되 그 노고를 사양하지 않는다. 공을 이루고도 공명을 가지려 하지 않는다. 만물을 사랑하여 기르면서도 그들의 주인 되려고 하지 않는다.)'(제34장)라고 한 것을 근거로 하여 만민과 함께 하는 관용을 표현한 것이리라. '謂'는 여기서는 다음의 '爲'와 같이 '생각한다'는 뜻.

怊乎若嬰兒之失其母也(초호약영아지실기모야):이하의 서술은 ≪노자≫에 '衆人熙熙, 如享太牢, 如春登臺. 我獨怕兮, 其未兆, 如嬰兒之未孩, 乘乘兮, 若無所歸. 衆人皆有餘, 而我獨若遺. 我愚人之心也哉(세상 사람들은 모두 즐거워한다. 큰 잔치에 모인 것 같고 따뜻한 봄날 누대에 오른 것 같다. 나만 홀로 고요하다. 꼼짝도 하지 않고, 웃을 줄 모르는 어린아이 같다. 언제까지나 돌아갈 곳 없는 사람 같다. 모든 사람들은 다 여유가 있는데 나만 홀로 잃어버린 것 같다. 진정 나는 어리석은

자인지 아무것도 알지 못한다.)'(제20장)라고 한 것을 근거로 하여 그 우매하게 보이는 모습을 표현한 것이다. '怊'는 슬퍼하며 근심하는 것.

儻乎(당호):이것은 앞의 '儻然不受'의 '儻'과는 달리 '惝·憫(창:아련히, 어렴풋이)'의 차자이다.

財用有餘而不知其所自來(재용유여이부지가소자래):≪노자≫에 '만족을 아는 자는 부유하다.(知足者富)'(제33장)라고 한 것에 근거한 말이리라.

德人之容(덕인지용):'容' 자는 다음의 '混冥'의 무형(無形)에 대조시킨 것이다.

上神乘光(상신승광):'上乘神光'을 이렇게 표현한 것이다. 신명한 작용이 되는 것을 가리킨다.

與形滅亡(여형멸망):'與'는 '擧'의 뜻(馬敍倫의 설). 소요유편의 '神人無功'과 거의 같은 사고이다.

照曠(조광):절대적 명지(明知)를 가리키는 말일 것이다. '照曠'은 '曠照'의 도언으로, 밖으로는 명확하게 드러나지 않지만 안으로 감추고 있는 무한한 광명이다.

致命盡情(치명진정):'性命之情'을 다하는 것.

天地樂而萬事銷亡(천지낙이만사소망):'與天地樂, 而忘萬事'를 수사적 기교를 부려 간결하게 표현한 것이다. '樂'을 '鑠(삭:녹이다, 없애다)'의 차자로 보아 '천지만물이 소멸되고 모든 것이 없어진다.'(馬敍倫의 설)는 따위로 해석하는 것은 적합하지 않다.

萬物復情(만물복정):재유편의 〈물자화우화〉에 '萬物云云, 各復其根'이라고 한 것과 같은 개념이다.

混冥(혼명):'混'은 '昏(혼:어둠)'의 차자. '冥'도 '暗'의 뜻. 요컨대 '混冥'은 '無'를 가리킨다. '諄芒'을 가리킨다는 설(馬敍倫)의 설이 있는데 옳지 않다. 굳이 무엇을 가리키는지 살펴본다면 '大壑'을 가리킨다고 보아야 할 것이다.

【補說】 이상의 〈혼명우화〉는 유수(流水)인 순망과 바람인 원풍의 문답을 빌려 '有爲의 聖治', '無私의 德人의 다스림', '神明·無爲의 神人의 다스림', 이들 삼자의 특질을 규정하고 동시에 神人의 다스림에 돌아가야 할 것을 설하고 있다.

　성인의 다스림에도 의의를 부여한다는 것은 ≪장자≫에서는 극히 예가 드문 일이다. 이 우화에서의 德人과 神人의 구별에는 약간 무리가 있는 듯하다.

제13장 문무귀 · 적장만계문답:지덕지세우화(門無鬼 · 赤張滿稽問答:至德之世寓話)

門無鬼與赤張滿稽, 觀於武王之師.
赤張滿稽曰, "不及有虞氏乎. 故離此患也."
門無鬼曰, "天下均治而有虞氏治之邪, 其亂而後治之與."
赤張滿稽曰, "天下均治之爲願. 而何計以有虞氏爲. 有虞氏之藥瘍也, 禿而施髢, 病而求醫. 孝子操藥以脩慈父, 其色燋然. 聖人羞之.
至德之世, 不尙賢, 不使能. 上如標校, 民如野鹿. 端正而不知以爲義. 相愛而不知以爲仁, 實而不知以爲忠, 當而不知以爲信, 蠢動而相使, 不以爲賜. 是故行而無迹, 事而無傳."

문무귀와 적장만계가 은나라의 주왕을 타도하기 위해 떠나는 주나라 무왕의 군대를 보았다.

적장만계가

"周의 德은 유우씨(有虞氏:帝舜)의 德에 미치지 못하는구나.

그래서 이런 대군을 움직이지 않으면 안 될 어려운 일에 봉착한 것이다."

라고 말했다.

문무귀가 반문했다.

"천하가 널리 잘 다스려질 때에 순임금이 천하를 다스렸던 것일까, 아니면 천하가 어지러웠는데 순임금이 이를 바르게 다스렸던 것일까?"

적장만계가 대답했다.

"천하가 널리 잘 다스려지는 것이야말로 당시의 인민들이 바라던 것이었다. 만약 그때 이미 천하가 잘 다스려지고 있었다면 어찌하여 유우씨에게 천하를 다스리게 하려고 했겠는가?

유우씨의 천하 통치 방책은 머리에 난 부스럼을 치료하기 위해 대머리를 만든 다음, 다시 다리(머리가 많아 보이게 하기 위해 덧넣는 머리)를 붙이는 격으로 사람을 병들게 한 다음 의원을 찾는 것과 같았다. 그래서 자식이 가장 친애하는 아버지에게마저 병든 다음에야 약을 올리고 초췌한 낯빛으로 간호하여 세상으로부터 지극한 효자라는 칭찬을 받게 되었다. 지덕(至德)의 성인은 이러한 것을 부끄러운 일로 여긴다.

무릇 지덕의 세상에서는 현자를 존경하는 일도, 재능이 뛰어난 자를 쓰려고 애쓰는 일도 없다. 군주는 울짱처럼 그 자리에 서 있을 뿐, 인민은 그에 구속되지 않고 들에서 노는 사슴처럼 자연스럽게 생활한다. 혹 그 행위가 단정해도 그것이 의(義)임을 알지 못하고, 서로 사랑하면서도 그것이 인(仁)임을 알지 못하며, 진심이 어려도 그것이 성(誠)임을 알지 못하고, 말과 행동이 일치하더라도 그것이 신(信)임을 알지 못하며, 또 별뜻 없이 움직이는 가운데 다른 사람을 부리게 되더라도 그것이 다른 사람을 얕잡아 본 것이라고는 생각하지 않는다. 이와 같이 무심·무욕하므로 더할 나위 없이 훌륭한 일을 행하는데도 그 행적이 남지 않고, 위대한 사업을 하는데도 그것이 전해지지 않는 것이다."

【語義】 門無鬼(문무귀)·赤張滿稽(적장만계):'鬼'가 '畏'로, '稽'가 '蒲'로 되어 있는 판본도 있다(≪경전석문≫의 설). '門無鬼'는 문에 악귀를 접근시키지 않는다는 뜻에서 문지기의 이름이 되었던 듯하다. '赤張滿稽'는 춘추시대 말기의 현인 선장만지(先章曼枝)를 흉내 내어 설정된 인물이리라. ≪한비자≫의 설림 하편에 의하면 선장만지는 구유(仇由)의 임금

에게 출사하였는데 그 임금이 이익을 탐내어 망국의 원인을 만드는 것을 보고 그것을 만류했으나 받아들여지지 않자 급히 다른 나라로 망명했으며 결국 구유국(仇由國)은 멸망당했다 한다.

武王之師(무왕지사):은(殷)의 주왕을 정벌하기 위해 행군 중인 주나라 무왕의 군대. 백이·숙제가 무왕의 출병을 '부왕이 돌아가시어 아직 장례도 치르기 전에 무기를 드는 것은 효라 할 수 없다. 신하의 몸으로 임금을 죽이려는 것은 인이라 할 수 없다.'라고 하여 저지하려 했지만 마침내 무왕이 주왕을 멸하였으므로 두 사람은 周에 출사하는 것을 깨끗한 일이 못 된다고 여겨 수양산에 숨어 버렸다고 하는 유명한 전설이 있다. 이 우화는 이에서 힌트를 얻어 지어진 것이리라.

有虞氏(유우씨):순(舜)임금을 가리킨다.

故離此患也(고리차환야):'離'는 '羅(라:걸리다, 어떤 일을 당하다)'의 차자(馬敍倫의 설).

天下均治而……而後治之與:≪노자≫에 '국가가 혼란하기에 충신이 있다.(國家昏亂有忠臣)'(제18장)라고 한 것과 같은 역설을 예상한, 빈정거림이 담긴 물음이다.

有虞氏之藥瘍也(유우씨지약양야):'藥'은 병을 치료한다는 뜻. '瘍'은 두창(頭瘡), 머리에 난 부스럼. 이하의 문장은 문무귀의 말인데 '曰' 자가 빠진 듯하다. 그렇게 보면 이 대화의 흥미가 증가한다. 단, 위의 사실을 확증할 만한 근거가 없으며 또 적장만계의 말로 보아도 통하므로 종래의 해석에 좇았다.

禿而施髢(독이시체):사후의 미봉책임을 뜻하는 한 예이다. '髢'는 다리, 즉 여자의 머리털 숱이 많아 보이게 하려고 덧넣는 딿은 머리.

孝子操藥以脩慈父(효자조약이수자부):야유에 찬 표현이다. '脩'는 '羞(수:음식 따위를 올리는 것)'의 차자(馬敍倫의 설).

燋然(초연):'燋'는 '醮(초:파리함, 초췌함)'의 차자(馬敍倫의 설).

聖人羞之(성인수지):'聖人'은 지덕(至德)의 세상에 존재하는 성인. '羞'는 '醜(추:싫어하다, 부끄러워하다, 추하다)'의 차자.

不尙賢不使能(불상현불사능):'尙賢使能'은 유가·묵가 등에서 강조하는 것이다.

上如標校(상여표교):'標'는 글자 뜻 그대로 표지(標識)의 뜻. '校'는 울타리가 되는 나무를 뜻하는 것으로 보아야 할 것이다. 요컨대 '形固可使如橋木'(제물론편)을 근거로 한 말로 군주는 국가라고 하는 울타리의 표지로서 존재할 뿐임을 가리킨다. 아래의 '鹿'과 관계있는 말이다.

蠢動而相使不以爲賜(준동이상사불이위사):'蠢動'은 꿈틀거리는 것. 여기서는 별 생각 없이 움직이는 것을 가리킨다. '賜'는 '敡(이:업신여기다)'의 차자(馬敍倫의 설).

【補說】이상의 〈지덕지세우화〉는 주나라 무왕의 군대를 바라보던 문무귀와 적장만계의 문답을 빌려 '하·은·주 3대는 당(唐:제요)·우(虞:제순)에 미치지 못하고, 당·우는 至德의 세상에 미치지 못한다'는 것을 서술하고, 동시에 至德의 무위·자연을 강조하고 있다. 문답의 진행에 흥미가 있다.

제14장 난속설지론(難俗說之論)

孝子不諛其親, 忠臣不諂其君, 臣·子之盛也. 親之所言而然, 所行而善, 則世俗謂之不肖子. 君之所言而然, 所行而善, 則世俗謂之不肖臣. 而未知此其必然邪. 世俗之所謂然而然之, 所謂善而善之, 則不謂之道諛之人也. 然則俗故嚴於親, 而尊於君邪. 謂己道人, 則勃然作色, 謂己諛人, 則怫然作色, 而終身道人也.

終身諛人也.

合譬飾辭, 聚衆也, 是終始·本末不相坐, 垂衣裳, 設采色, 動容貌, 以媚一世. 而不自謂道諛. 與夫人之爲徒, 通是非而不自謂衆人. 愚之至也.

知其愚者, 非大愚也. 知其惑者, 非大惑也. 大惑者, 終身不解, 大愚者, 終身不靈. 三人行而一人惑, 所適者猶可致也. 惑者少也. 二人惑, 則勞而不至. 惑者勝也. 而今也以天下惑. 子雖有祈嚮, 不可得也. 不亦悲乎.

大聲不入於里耳, 折楊·皇荂, 則嗑然而笑. 是故高言不上(止)於衆人之心. 至言不出, 俗言勝也. 以二缶(人)鍾惑, 而所適不得矣. 而今也以天下惑. 子雖有祈嚮, 其庸可得邪.

知其不可得也而强之, 又一惑也. 故莫若釋之而不推. 不推, 誰其比憂. 厲之人夜半生其子, 遽取火而視之. 汲汲然唯恐其似己也.

효자로서 어버이의 비위나 맞추려고 애쓰지 않고, 충신으로서 군(君)에게 아첨하지 않는 것, 이것이 자식과 신하로서 더없이 훌륭한 소행이다. 어버이의 말이라 하여 무조건 좇고 어버이의 행동이라 하여 무조건 옳다고 하면 세상에선 그런 자식을 불초(不肖)한 자식이라 한다. 군의 말이라 하여 무조건 좇고 군의 행동이라 하여 무조건 옳다고 하면 세상에선 그런 신하를 불초한 신하라 한다. 그러나 과연 그러한 말을 들을 만한 일인지 어떤지에 대해선 세상 그 누구도 정확히 알고 있지 못하다. 세상에서 그렇다고 하는 것을 그렇다고 하고 옳다고 하는 것을 옳다고 하면 누구도 그를 아첨하는 사람이라고는 말하지 않는다. 그렇다면 세속이야말로 어버이보다 엄하고 군주보다 높단 말인가? 세간에 동조하는 사람도 누군가가 자기에게 세상을 어지럽히는 자라 하면 낯빛을 바꾸고 화를 내며, 세상에 아첨하는 자라 하면 역시 낯빛을 바꾸고 불같이 화를 낸다. 그러나 아무리 낯빛을 바꿔가며 화를 내도 그가 종신토록 세상을 어지럽힐 뿐이며 세상에 아첨을 떨 뿐이라는 사실은 결코 변하지 않을 것이다.

　그래서 그들은 교묘한 비유와 그럴 듯한 말로 많은 제자들을 모을 수 있게 된 것이다. 이러한 무리들은 그 말하는 바가 전후·본말이 어긋날 뿐인데 짐짓 젠체하며 여유 있게 의상을 걸치고 거기에 아름다운 무늬를 새겨 넣고 의젓하게 앉아 세상에 온갖 아양을 떤다. 그러면서도 자신은 결코 세상에 아첨한다고는 생각하지 않는다. 실제로는 한 무리가 되어 선악의 기준을 오로지 세속에 동조시키고 있으면서 자신은 그러한 무리가 아니며 세상 누구보다 뛰어나다고 생각하는 것이다. 그야말로 어리석음의 극치가 아니고 무엇이겠는가?

　자신의 어리석음을 아는 자는 구제받지 못할 만큼 크게 어리석은 것은 아니다. 자신의 미혹됨을 아는 자는 크게 미혹되어 있는 것은 아니다. 대혹(大惑)이란 종신토록 미혹을 깨닫지 못하는 것이며 대우(大愚)란 종신토록 어리석음을 알지 못하는 것이다. 세 사람이 함께 길을 가는 경우, 그 가운데 한 사람이 길을 잘 모르면 길을 물어 찾아가며 그런 대로 목적지에 도착할 수 있다. 가는 길을 모르는 자가 적기 때문이다. 그런데 두 사람이 길을 모르면 아무리 애를 써도 목적지에 도착할 수가 없다. 길을 모르는 자가 많기 때문이다. 지금 세상 사람들이 모두 미혹되어 있기에 나는 그 우혹(愚惑)을 해명하고자 하지만 그것을 완수할 수 없는 것이다. 어찌 슬픈 일이 아니겠는가?

훌륭한 음악은 속인의 귀에는 받아들여지지 않는다. 그런데 절양(折楊)·황화(皇華)와 같은 속된 곡에는 세상 사람들이 크게 소리치며 웃는다. 이와 마찬가지로 훌륭한 설은 세상 많은 사람들의 마음에 머물지 않는다. 세간에 훌륭한 도리를 갖춘 설이 나타나지 않는 것은 세속의 하찮은 설이 항상 유력하기 때문이다. 두 사람이 미혹된 것만으로도 목적지에 도착할 수 없다. 지금 천하 사람들이 모두 미혹에 빠져 있다. 나는 그 우혹을 해명하고자 하지만 대체 어떻게 해야 그것을 이룰 수 있단 말인가?

세간의 우혹을 해명할 수 없음을 알면서도 무리하게 해명하려는 것은 미혹을 한 가지 더하는 것이 된다. 따라서 세간의 우혹을 방치해 두고 멀리하는 수 밖에 없다. 따지지 않으면 대체 누가 이 세간의 우혹을 놓고 함께 걱정하려 하겠는가? 문둥이조차도 밤중에 자식이 태어나면 급히 등불을 찾아 들고 벌벌 떨면서 갓 태어난 자식을 이리저리 살펴보면서 그 녀석도 자신과 같은 문둥이가 아닐까 하고 두려워한다.

【語義】 孝子不諛其親忠臣不諂其君臣子之盛也(효자불유기친충신불첨기군신자지성야):'諛'는 자신의 바른 의견을 굽히고 다른 사람을 좇는 것. '諂'은 상대방의 바위를 맞추기 위해 바른 의견을 굽히는 것, 즉 아양 떠는 것. '盛'은 훌륭하다는 뜻. 중국 고대에는 대대로 한 나라를 섬겨 온

신하는 예외지만 선비는 어디까지나 절의로써 출사(出仕)하며 또 그로 써 군주를 섬겨야 한다고 인식되었다. ≪순자≫ 臣道篇에는 '命에 좇아 君을 이롭게 하는 것을 順이라 한다. 命에 좇아 君을 이롭게 하지 않는 것을 諂이라 한다. 命을 거슬러 君을 이롭게 하는 것을 忠이라 한다. 命을 거슬러 君을 이롭게 하지 않는 것을 篡이라 한다.(從命而利君謂之 順, 從命而不利君謂之諂, 逆命而利君謂之忠, 逆命而不利君謂之篡)'라 고 했다. 그런데 父子 사이에 관해서는 ≪논어≫ 이인편에 '부모를 섬김 에 있어 잘못하심이 있거든 부드럽게 간하라. 부모님이 받아들이지 않 더라도 공경함을 잃지 말고 뜻을 거스르지 않아야 하며 괴로워도 원망 하지 않아야 한다.(事父母, 幾諫. 見志不從, 又敬不達, 勞而不怨)'라고 했듯이 공의(公義)보다도 애정을 중시했다. 이것이 순황(荀況)보다 후 세 사람이 지은 것으로 추정되는 ≪순자≫ 子道篇에 와서는 '道를 좇아 君에 따르지 않고, 義에 좇아 부모를 따르지 않는다.(從道不從君, 從義 不從父)'로 되고, 또 秦과 漢 사이에 정리된 것으로 추정되는 ≪효경≫ 에는 '자식은 어떠한 일이 있더라도 아버지를 간하지 않으면 안 되며 신 하는 어떠한 일이 있더라도 임금을 간하지 않으면 안 된다.(子不可以不 爭于父, 臣不可以不爭於君)'라고 약간 수정되게 되었다. 이 문장은 ≪효 경≫의 주장이 행해지던 때의 것이리라.

不肖(불초):어리석음, 못남.

道諛(도유):'道'라는 글자는 言(언:말하다)의 뜻으로 쓰이기는 해도, 단독으로 '아첨하다, 알랑거리다'의 뜻으로 쓰이는 경우는 없다. '道'는 동음인 '諂(도)'의 차자로 보아야만 한다. '諂'는 통상 '의심하다, 어그러 지다' 등의 뜻으로 쓰인다.

勃然(발연)·怫然(불연):둘 다, 몹시 성을 낸다는 뜻.

是終始本末不相坐(시종시본말불상좌):설하는 바에 통일이 없이 서로 모순되는 것을 가리킨다. '坐'는 그 正·否를 밝히는 것을 가리킨다.

垂衣裳設采色(수의상설채색):예복을 입고 바르게 앉아 있는데 그 의복에 아름다운 채색이 입혀져 있음. '衣'는 상의, '裳'은 허리 아래에 입는 옷.

動容貌(동용모):자세를 바르게 하는 것.

不靈(불령):'靈'은 知가 밝은 것.

三人行而一人惑(삼인행이일인혹):≪논어≫ 술이편에 '세 사람이 가면 그 가운데 반드시 나의 스승 될 만한 사람이 있다. 선한 행위를 하는 자를 본받고, 불선한 자로써 자신을 반성한다.(三人行, 必有我師焉, 擇其善者而從之, 其不善者而改之)'라고 한 것에서 힌트를 얻은 것이리라.

大聲(대성):더없이 훌륭한 음악을 가리킨다. 제요의 함지(咸池), 제순의 대소(大韶) 따위.

里耳(이이):'俚耳'로도 쓴다. 속인(俗人)의 귀.

折楊皇荂(절양황과):양류(楊柳)는 예로부터 사람들과 이별할 때면 늘 등장하는 경물(景物)이었다. 漢代에는 장안(長安)의 파교(灞橋)에서 이별할 때 버들가지를 꺾어 송별의 뜻을 표했다 한다. 漢代 악부(樂府)의 곡명(曲名)에 절양가(折楊歌)가 있고, 이것이 진(晉) 이후 계속 지어진 악부곡(樂府曲)의 주제가 되었다. 또 ≪시경≫에 출정자(出征者)를 생각하는 노래로 〈황황자화(皇皇者華)〉가 있다. 이것들로 추측하면 ≪시경≫의 〈채미(采薇)〉·〈황황자화〉 등에서 시작된 주제가 漢代에는 속화(俗化)되어 소곡(小曲)을 지어내게 한 것이 아닐까.

嗑然(합연):큰 소리로 웃는 것.

高言不上於衆人之心(고언불상어중인지심):'高言'은 고원(高遠)한 설. 成玄英疏本에는 '上'이 '止'로 되어 있는데 '止'가 옳다.

以二缶鍾惑而所適不得矣(이이부종혹이소적부득의):'二缶'에 잘못 베낀 것이 있음이 분명하다. 너무 사소한 데까지 언급하는 것을 피하고, '二人'을 잘못 베낀 것으로 본다. '鍾'은 '모이다 · 겹치다'의 뜻.

不推誰其比憂(불퇴수기비우):'推'는 상대방에게 따지거나 또는 상대 방을 헐뜯는 것. '比'는 '함께'의 뜻.

屬之人……唯恐其似己也:'屬'는 '癙 · 癩'의 차자.

生其子(생기자):자식을 낳는 것만을 뜻하는 게 아니다. 자식을 갖 는 것을 뜻한다. 이것은 필시 그 자식의 아버지에 관해 말한 것이리라.

汲汲然(급급연):불안해하며 견디지 못하는 모양.

【補說】 이상의 〈난속설지론〉은 속설(俗說)의 유행을 한탄하여 속세간의 설은 부박(浮薄)한 것임에도 강력한 권위를 지니고 있으므로 이를 좇 는 우혹자(愚惑者)가 속출하며 특히 학문을 굽혀 세상에 알랑거려 제 자들을 모으는 무리마저 생겨남을 지적하고, 필자 자신은 그러한 우혹 을 자각시켜 세속에서 횡행하는 그릇된 일을 그치게 하려 하나, 속설 이 사람들에게 환영받고 또 천하의 대세가 그와 같아 사람들을 각성시 키지 못하여 문둥이가 자기 자식을 걱정하는 것처럼 근심을 안고 있다 고 논하고 있다.

【餘說】 고대의 사상가와 세속

'여러 사람의 마음은 나라를 세우고, 여러 사람의 입은 쇠를 녹인다 (衆心成城, 衆口鑠金)'(《사기》 鄒陽傳)라는 말이 있다. 세간 대중의 설이 바른 경우에는 그것만큼 견고한 것도 없지만 그것이 그릇된 것일 경우에는 또 그것만큼 위험한 것도 없다.

공자는 본디 道를 행하는 자를 구해 천하를 주유했던 인물이며, 맹자는 '志를 얻으면 民과 함께 道를 좇으며 志를 얻지 못하면 홀로 그 道를 행한다'고 말했지만 결국 사관(仕官)에의 뜻을 이루지 못했던 인물이다. 대중과 함께 道를 행할 것을 주장하지만 그것이 이루어지지 않기에 홀로 道를 일으키는 것이 학자·사상가들이라고 할 수 있다. 순자는 관직에 올랐던 인물이었는데 '俗에 좇는 것을 善으로 삼고 재화를 寶로 삼으며 養生을 자신의 至道로 하는 것은 民의 德이다.'라고 하여 특별히 받드는 道가 있음을 설했다. ≪중용≫에 와서는 '군자는 세상을 피해 남들이 알아주지 않더라도 후회하지 않는다(遯世不見知而不悔)'라고 하여 한층 강하게 고고(孤高)를 표방하였다.

노자나 장자도 대중으로부터 이탈된 道를 걷지 않을 수 없었다. 오히려 개인과 대중이 배반하고 있는 현실을 심각하게 사고하여 혹은 초속(超俗)을 설하고, 혹은 소심(素心)으로써 사람들과 협동해야 한다고 설했다. 또 '화광동진(和光同塵)'을 설했는데 그것은 전적으로 대중에 동화되는 것이 아니라 대중을 자연스럽고 풍요롭게 포화하는 것이라고 생각했던 것이다. 학자·사상가들은 개인에 관한 사색을 철저히 하여 그에서 얻어지는 것으로 대중을 공감·동조시키려 했던 것이다.

고대에 국한되는 일만은 아니겠지만, 특히 고대에는 사색·탐구에 의하지 않고 권모(權謀)로써 그릇된 대중의 세론(世論)을 형성하기가 용이했다. 전국시대 말기에 활약한 한비(韓非)는, 모략에 능한 자는 국내·국외의 유세자(遊說者)들을 포섭하고서 그들에게 '巧文之言, 流行之辭'를 마구 퍼뜨리게 하여 제국(諸國)의 군주를 미혹시키는데 이것을 '流行'이라 한다고 했다. 이러한 방법으로 무비판적인 대중에 의해 형성된 유행성의 세론이 대중의 이름으로 통용된다는 것은 실로 두려운 일이다. 특히 학자·사상가가 그들 본연의 사색을 저버리고 학문을 굽혀 세론에 영합하며 쓸데없이 다변만 늘어놓는다면 그보다 더 큰 해악은 없을 것이다. 본 논설은 이 점에 관해 언급하고 있다.

또 유행의 세론은 권모술책자에 의하지 않더라도 그 시대의 정치 정세에 의해 이루어지는 일이 많다. 한비는 '학자는 선왕을 칭찬하며 인의를 빙자하고 용복(容服)을 훌륭하게 갖추며 변설을 꾸며대어 세상의 법과 인민의 마음을 미혹시킨다'고 하여 유가를 비난했는데 본절에서 설하는 바는 비단 유가에만 국한되지 않고, 이미 세론이 되어 있는 모든 것에 대한 것으로 학자 · 선생이 안정된 지위를 확보하고 있을 시기의 논설로 생각된다. 漢代 문제 · 경제(文帝 · 景帝)의 시기는 이와 같은 정세가 무르익은 시기가 아니었을까? '곡학아세(曲學阿世)'라고 하는 말이 처음으로 나타난 것도 바로 이 시기였다.

제15장 난실성론(難失性論)

百年之木, 破爲犧樽, 靑黃而文之. 其斷在溝中. 比犧樽於溝
中之斷, 則美·惡有閒矣, 其於失性一也. 跖與曾·史, 行義
有閒矣. 然其失性均也.
且夫失性有五. 一曰, 五色亂目, 使目不明. 二曰, 五聲亂耳,
使耳不聰. 三曰, 五臭薰鼻. 困㥚中顙. 四曰, 五味濁口, 使口
厲爽. 五曰, 趣舍滑心, 使性飛揚. 此五者, 皆生之害也. 而
楊·墨乃始離跂, 自以爲得. 非吾所謂得也.
夫得者困, 可以爲得乎. 則鳩鴞之在於籠也, 亦可以爲得矣.
且夫趣舍聲色以柴其內, 皮弁鷸冠, 搢笏紳脩以約其外, 內支
盈於柴柵, 外重纆繳, 睆睆然在纆繳之中, 而自以爲得. 則是
罪人交臂歷指, 而虎豹在於囊(卷)檻, 亦可以爲得矣.

　백 년쯤 묵은 좋은 나무를 찾아 이를 세공(細工)하여 제례에 쓸 술통을
만들고, 거기다 靑·黃의 채색을 넣어 근사하게 한다. 그리고 나머지 나뭇
조각은 도랑에 버린다.

　그런데 아름답게 세공된 술통과 도랑에 버려진 나뭇조각을 비교해 보면
하나는 아름다운 物이고 다른 하나는 추한 物이라는 큰 차이가 있다 하더
라도 어느 것이나 나무의 본성을 잃었다는 데 있어서는 같다. 이와 마찬
가지로 도둑 척(跖)과 절의 있는 선비 증자·사추(曾子·史鰌)를 비교하
면 그 행위의 가치는 크게 다르다 하더라도 인간의 본성을 잃었다는 점은
똑같다.

일반적으로 인간이 그 본성을 잃음에는 다섯 가지 경우가 있다. 그 하나는 청·적·황·백·흑(靑·赤·黃·白·黑) 다섯 가지 빛깔이 만들어 내는 색채가 눈의 기능을 어지럽혀 본래의 참신한 감각을 잃게 하는 것이다. 둘째는 궁·상·각·치·우(宮·商·角·徵·羽) 다섯 소리가 만들어 내는 묘한 음악이 귀의 기능을 어지럽혀 본래의 예민한 감각을 잃게 하는 것이다. 셋째는 전·훈·향·성·부(羶·薰·香·腥·腐) 다섯 가지 냄새가 섞여 코를 강하게 자극하여 막히게 하며 그 고통이 이마에 나타나는 것이다. 넷째는 산·신·감·고·함(酸·辛·甘·苦·鹹) 다섯 가지 맛의 요리가 입의 기능을 어지럽혀 그 감각을 미쳐 버리게 하는 것이다. 다섯째는 물사를 취사선택하는 사려(思慮)가 마음의 기능을 어지럽혀 본성을 들뜨게 하는 것이다. 이 다섯 가지 것은 모두 인간의 생명을 손상시키는 것들이다. 그럼에도 양주(楊朱)·묵적(墨翟)과 같은 학자가 활약하기 시작하여 그들 멋대로 자신의 설이야말로 인간의 본성을 얻고 있다고 주장하고 있다. 그런데 그들이 얻고 있는 것은 우리가 말하는 본성이 아니다.

무릇 본성을 얻었다고 주장하는 자가 생명의 유지에 곤란함을 겪고 있다면 이것을 과연 본성을 얻은 것이라고 말할 수 있을까? 그것이 본성을 얻은 것이라고 한다면 비둘기나 올빼미가 새장 속에 갇혀 있는 것도 본성을 훌륭하게 얻고 있는 것으로 보지 않으면 안 된다. 그럼에도 세간에서 군자라고 칭송받는 자들은 취사(取捨)의 사려나 음악·색채 등의 향락으로 그 안[內]인 정신을 가두고, 피변(皮弁)·휼관(鷸冠)·홀(笏)·긴 띠 등의 예장(禮裝)으로 그 밖[外]인 용모를 속박하여, 안으로는 말뚝을 줄을 지어 박아 놓고 밖으로는 줄로 칭칭 몸을 묶어 놓고도 스스로 그 본성을 이루고 있다고 생각한다. 그렇다면 죄인이 뒤로 결박된 채 손에 수갑을 차고 있거나, 또 호랑이와 표범이 울타리 안이나 우리 속에 있는 것도 그 본성을 얻은 것으로 보지 않으면 안 될 것이다.

【語義】　百年之木破爲犧樽(백년지목파위희준):'犧'는 '儀(의:장식하다)'의 차자. 현대에는 새·짐승 따위를 새겨 넣은 술단지를 '犧樽'이라 하는데, 이것은 조각을 한 다음 아름다운 색칠을 한 술통이다.

青黃而文之(청황이문지):'而'는 '以'와 같다.

跖與曾史(척여증사):'跖' 자 앞에 '桀' 자가 있어야만 한다는 설(劉師培의 설)도 있다.

其失性均也(기실성균야):변무편에는 '其於淺生傷性, 均也'라고 되어 있다.

失性有五……:≪노자≫에 '다섯 가지 빛깔은 사람으로 하여금 눈을 멀게 하고, 다섯 가지 음은 사람으로 하여금 귀먹게 하고, 다섯 가지 맛은 사람으로 하여금 입을 어긋나게 하며, 말을 달려 사냥하는 것은 사람의 마음을 미치게 하고, 얻기 어려운 귀한 재물은 사람으로 하여금 행동을 그르치게 한다.(五色令人目盲, 五音令人耳聾, 五味令人口爽, 馳騁田獵令人心發狂, 難得之貨令人行妨)'(제12장)라고 했다.

困㥄中顙(곤수중상):'困㥄'는 코가 막히는 것. '㥄'는 '懤'가 정자(正字).

厲爽(여상):어긋나다. 맛을 알 수 없게 된다는 뜻. '厲'는 '戾(려:어긋나다)'의 차자.

趣舍(취사):'취사(取捨)'의 뜻.

離跂(이기):무리한 행동을 하는 것.

以柴其內(이채기내):'柴'는 울짱. '寨'의 차자.

皮弁(피변):하얀 사슴의 가죽으로 만든 관(冠).

鷸冠(휼관):물총새의 깃으로 장식한 관(冠). 천문관(天文官)이 썼다(成玄英의 설)고 하는데 여기서는 천문관에 국한되지 않고, 문관 일반의 복장을 가리키는 말로 쓰였을 것이다.

搢笏紳脩(진홀신수):'搢'은 '끼다·질러 넣다'의 뜻. '笏'은 관리가 손

에 드는 홀. 속대(束帶)할 때 오른손에 드는 가늘고 긴 얇은 판. '紳脩'
는 '脩紳'의 도언으로 긴 띠[帶]. '笏·紳' 모두 고급 관리의 복장이다.

支盈(지영):둘러싸인 것. '盈'은 '纓(영:휘휘 감다)'의 차자.

繲繳(묵작):얽어 묶는 노끈.

睆睆然(환환연):빙빙 감는 것. '睆'은 '繯(환:잡아매다, 졸라매다)'의
차자.

交臂歷指(교비력지):두 팔과 손가락을 묶어 사용하지 못하게 하는
것. '交'는 '絞(교:죄다, 매다)'의 차자.

在於囊檻(재어낭함):'囊'은 '帣(권)'을 잘못 베낀 것. 帣'은 '圈(권:둘러
싸다)'의 차자. '檻'은 우리·감방.

【補說】 이상의 〈난실성론〉은 인위야말로 본성을 잃게 하는 것임을 주장하
는 것으로 실성(失性)의 다섯 가지 요인을 지적하고, 나아가 진신(搢紳)
의 선비들이 잘 범하는 실성을 꼬집고 있다.

【餘說】 〈난실성론〉의 성립 연대

〈난실성론〉의 주장은 변무편·마제편의 그것과 흡사하다. 문장의
수사에 고심한 흔적이 있지만 논리에 비약이 있어 치밀한 논설이라고
할 수 없다. 또 ≪노자≫의 '五色令人目盲, 五音令人耳聾……'(제12장)
를 부연한 감도 없지 않다. ≪회남자≫에 부분적으로 이것과 유사한 문
장이 있는데 그로써 유추하면 이것은 ≪회남자≫가 지어진 시기로부터
그리 멀지 않은 시기에 지어진 듯하다.

제13편
천도(天道)

    편의 첫 두 글자를 취하여 편명으로 삼았다. 처음 장문의 논설 외에 두 개의 짧은 논설과 네 개의 우화로 구성되어 있다. 재유편 이하와 연관하여 주로 제왕의 道에 관하여 서술하고 있는데 앞의 논설들과 그 주장을 약간 달리하는 것이 있다. 처음의 논설은 그 논지가 서로 관련되어 있지만 문맥의 통일이 안 되어 있다. 필시 ≪주역≫ 계사전처럼 해설적인 문장을 모았기 때문이리라. 논지의 완결을 구하여 각각 독립된 절로 취급했다.

제1장 성인지정론(聖人至靜論)

天道運而無所積. 故萬物成. 帝道運而無所積. 故天下歸. 聖
道運而無所積. 故海內服. 明於天, 通於聖, 六通四辟於帝王
之德者, 其自爲也, 昧然無不靜者矣.
聖人之靜也, 非曰靜也善, 故靜也. 萬物無足以鐃心者, 故靜也.
水靜, 則明燭鬚眉, 平中準, 大匠取法焉. 水靜猶明. 而況精
神聖人之心靜乎. 天地之鑒也. 萬物之鏡也.

하늘의 道는 영구히 사계의 운행을 되풀이하여 한 계절에 머물러 있는 일
이 없다. 그리하여 모든 物이 성장하는 것이다. 제왕의 道는 널리 천하 사방
을 돌아 한 나라 한 지방에 구애되는 일이 없다. 그리하여 천하 사람들이 모두
따르는 것이다. 성인의 道는 모든 사람에게 널리 미쳐 어떤 한 사람에게 치우
쳐 머무는 일이 없다. 그리하여 지상의 마지막 한 사람까지도 심복하는 것이
다. 그러므로 天道를 명확하게 알고 성인의 道에 통달해 있으며 제왕의 무위
의 德을 분명히 체득하고 있는 사람은 그 행위에 어떠한 영위도 없이 오직 정
(靜)일 뿐이다.

성인의 고요함은 고요함이 좋아서 그것을 지키려 애써 고요한 것이 아니
다. 어떠한 物도 그의 마음을 어지럽히지 않기 때문에 고요한 것이다. 물이
고요히 정지하여 있지만 그 밝음은 비추어 보는 사람의 수염과 눈썹까지도
세밀하게 보여 주며 그 평평함은 수준기(水準器)와 일치하여 대공(大工)은
이에서 기준을 취하는 것이다. 물이 정지하여 있는 것만으로도 이러한 밝
음을 얻고 있다. 하물며 성인이 마음을 고요히 하고 있음에랴! 도저히 예측

할 수 없는 작용이 있는 것이다. 그것은 천지의 道를 안에 감추고 있는 거울이며, 또 만물의 참된 모습을 보여주는 거울이다.

【語義】 天道(천도):실질적으로는 日·月·星의 궤도 및 그것들의 주기적인 운동을 가리키는데 그것이 曆年·四季 및 만물 성쇠의 근원이 된다. 결국 유일의 실재이자 가장 완비된 법칙이며, 나아가 가장 보편적인 것이고 무형이며 자연이고, 또 이 문장에서 설명하고 있는 것처럼 무목적·무의지여야만 하는 것이다.

　無所積(무소적):보편 공통임을 가리킨다. 天道를 의지를 지닌 것으로 보아 표현한다면 하늘의 공평무사함을 가리킨다 할 수 있다.

　帝道(제도):제왕의 천하 통치의 이상적 방책.

　聖道(성도):성인이 부르짖는 무위의 가르침. '聖人'이라는 말은 '聖王'과 거의 같은 뜻으로 쓰이는 경우도 있지만 여기서는 제왕과는 별도로 존재하는 완성자(完成者)를 가리킨다.

　六通四辟於帝王之德(육통사벽어제왕지덕):'六通四辟'은 모든 데 통달한 것. '辟'은 '밝히다'의 뜻.

　昧然(매연):어두운 모양. 무심(無心)을 가리킨다.

　非曰靜也善故靜也(비왈정야선고정야):정지(靜止)를 목적으로 하여 의식적으로 애쓰는 일이 없음을 가리킨다.

　鐃心(요심):'鐃'는 '撓(뇨:휘다, 어지럽다)'의 차자.

　大匠(대장):동량(棟梁). 유능한 대공(大工).

　而況精神聖人之心靜乎(이황정신성인지심정호):'精神' 두 자는 방주(傍注)의 문자가 잘못하여 본문에 들어간 것이리라.

　天地之鑒也萬物之鏡也(천지지감야만물지경야):'天地之'는 天道를 받으며 '萬物之鏡'은 帝王·聖人을 받는 말이리라. 이와 관련하여 다음 글에 '天地之平而道德之至'라는 표현이 있다. 더욱이 '鑒·鏡' 등은 무위를 형상하는 표현으로 자주 사용된다.

【補說】이상의 〈성인지정론〉은 天·帝·聖의 道의 극진함은 無心·無爲이면서 大功이며, 특히 이것을 겸비한 제왕은 至靜을 길잡이로 하여 至靜의 제왕, 즉 성인이 되어 거울처럼 정지하고 있으면서도 만물의 情에 통달함을 설하고 있다.

【餘說】제왕의 무위(無爲)에 관하여

인주(人主)도 허정(虛靜)하지 않으면 안 된다는 것은 노·장의 근본적 주장이며, 또 그러한 주장의 전개를 이미 본 바 있다. 그러나 유일 절대의 天道에, 그것이 아무리 이상적인 것이라고는 하지만 제왕의 道를 유비(類比)한 것이므로 종래와는 주장이 현저하게 다르다는 데 주의를 기울이지 않으면 안 된다. 그 다른 점은 첫째, 人主와 臣下의 차별을 강조하여 종래의 인간 평등관과는 다르다는 것이며, 다음으로 비록 그 이름은 無이지만 제왕과 성인의 무위·무심·허정이 '有'로 전화(轉化)함을 강조하고 있다. 본절에서는 성인의 허정이 무심의 자연스런 행위임을 설하고 있다. 이는 탁견으로, 그런 상태가 있다면 물의 정지 상태가 수준(水準)이 되듯이 그것이 오히려 적극적인 행위의 기본이 된다. 거울의 비유로써 말하면 고요히 여러 가지 모습을 받아들이는 것보다 모든 物의 모습을 반영하는 능력이 중요한 것이다.
'제왕의 道'를 설한 《회남자》는 정치의 근본을 허정·소박 등에 두면서도 그 만능을 설하고 있다. 본절은 《회남자》만큼 실제의 물사에 대응하는 것과 같은 만능을 설하고 있다고는 할 수 없지만 그러한 경향이 어느 정도 있는 것이다.

제2장 허정·염담·적막·무위론(虛靜·恬淡·寂漠·無爲論)

夫虛靜·恬淡·寂漠·無爲者, 天地之平而道德之至. 故帝王·聖人休焉. 休則虛, 虛則實, 實者倫矣. 虛則靜, 靜則動, 動則得矣. 靜則無爲, 無爲也則任事者責矣. 無爲則兪兪. 兪兪者憂患不能處, 年壽長矣.

夫虛靜·恬淡·寂漠·無爲者, 萬物之本也. 明此以南鄕, 堯之爲君也. 明此以北面, 舜之爲臣也. 以此處上, 帝王·天子之德也. 以此處下, 玄聖·素王之道也. 以此退居而閒游, 江海山林之士服. 以此進爲而撫世, 則功大名顯, 而天下一也. 靜而聖, 動而王. 無爲也而尊, 樸素而天下莫能與之爭美.

무릇 허정(虛靜)·염담(恬淡)·적막(寂漠)·무위(無爲)라고 하는 것들은 천지의 원리에 근거한 것으로 인간 도덕의 극치이다. 따라서 제왕이나 성인은 이에 안주하는 것이다. 안주하면 결국 허심하게 되고, 허심하면 오히려 物의 실정(實情)으로 마음을 채우게 되며, 物의 실정으로 마음을 채우면 物의 조리가 명확해진다. 또 허심하게 되면 망동하는 일 없이 더없이 고요해지며, 더없이 고요해지면 오히려 바른 행동을 할 수 있게 되며, 바르게 행동할 수 있으면 물사를 완전하게 달성할 수 있다. 나아가 더없이 고요해지면 스스로 특별히 물사를 행하는 일이 없고, 또 그렇기 때문에 비로소 각각의 직무를 맡은 자가 직책을 다하게 된다. 그리고 스스로 물사를 행하지 않게 되면 마음이 더없이 상쾌하고 편안해지며, 마음이 편안해지면 근심과 걱정이 깃들일 수 없어 자연 그 수명이 길어지게 되는 것이다.

따라서 허정·염담·적막·무위는 만물을 다스리는 근본이다. 이것을
명확하게 깨달아 남면(南面)의 자리에 오르는 것이, 요임금이 천하에 군림
했던 것처럼 제왕이 되는 것이다. 이것을 명확하게 깨달아 북면(北面)의 자
리에 나아가는 것이, 순(舜)이 요임금을 받든 것처럼 성인이 되는 것이다.
요컨대 이로써 군주의 자리에 있으면 이것은 제왕이나 천자의 德이다. 이
신하의 자리에 있으면 이것은 현성(玄聖)이나 소왕(素王)의 道이다. 또 이
것을 지켜 세속을 떠나 유유자적하면 강과 바다, 산과 숲에 있는 사람들도
좇아오고, 이것을 지켜 세상에 나아가 사람들을 다스리면 큰 공적을 세우
고 명예를 밝게 하여 마침내 천하를 통일할 수가 있다. 이것을 갖추고 있
는 자는 고요함을 지키면 성인이 되고, 나아가 활동하면 제왕이 되며 더욱
이 아무것도 하는 바가 없는데도 사람들의 우러름을 받으며, 천성 그대로
의 소박함을 지킬 뿐인데도 천하의 그 무엇이든 이 사람의 훌륭함에 필적
할 수가 없는 것이다.

【語義】虛靜恬淡寂漠無爲(허정염담적막무위):'虛'는 마음에 선입관 따위를
    지니고 있지 않은 것, 곧 무심한 것. '靜'은 독단·충동 등에 의해 망동
    하지 않는 것. '恬淡'은 욕심이 없고 마음에 맺힌 것이 없는 것. '寂漠'은
    매우 고요하여 망념을 일으키지 않는 것. '無爲'는 사욕을 채우기 위해
    교지(巧知) 따위를 사용하지 않고 物의 자연스런 전개에 따르는 것. 요
    컨대 이것들은 모두 '無爲'를 의미한다.
    天地之平而道德之至(천지지평이도덕지지):'平'은 '枰'과 같다. 표준,
    나아가 원칙. '至'는 지극(至極).
    實者倫矣(실자륜의):여기의 '者'는 '則'과 같다. 충실하면 윤리, 즉 질
    서가 갖추어진다는 것을 말한다. 질서가 있으면 움직이더라도 잘못되
    는 일이 없다.

靜則動(정즉동):靜은 어디까지나 靜이며 상식으로는 靜이 動으로 바
뀔 수 없는데 여기서는 도가의 '無爲이면서 하지 않는 것이 없다'라고 하
는 역전의 논리를 공리화하여 쓰고 있는 것이다. 앞의 '虛則實'도 같다.
　俞俞者憂患不能處(유유자우환불능처):'俞'는 '愉'의 차자. 마음이 상
쾌한 것. '處'는 '咎'를 잘못 베낀 듯한데 '處'의 뜻으로 해석해도 통한다.
각의편에는 '入'으로 되어 있다.
　南鄕(남향) · 北面(북면):'鄕'은 '嚮'의 차자로 '面'과 같은 뜻. '南面'은
천자로서 군림하는 것을 가리킨다. '北面'은 신하로서 君을 받드는 것.
'堯 · 舜'은 거협편 · 재유편 등에서는 인의의 정치를 행하는 자로서 배
척받았지만 이 편에서는 성인(성왕)으로 불리고 있다. 舜은 堯를 섬겼
으며 후에 제위를 물려받았다.
　玄聖素王(현성소왕):'玄聖'은 현덕(玄德:무위의 덕)을 갖춘 성인. '素
王'은 王者의 덕을 갖추고 있으나 왕위에 있지 않은 사람.
　江海山林之士(강해산림지사):속세를 떠나 자연 속에서 자적(自適)하
는 사람을 가리킨다. '江海之士'는 어부편에 나오는 어부와 같은 부류
의 사람을, '山林之士'는 허유 · 백이 · 숙제와 같은 부류의 사람을 가리
키는 것이리라.
　樸素(박소):'소박(素朴)'과 같다. 단, 위의 '無爲'에 짝하는 말이므로
여기서는 천성 그대로의 무지 · 무욕을 가리킬 것이다.

【補說】이상의 〈허정 · 염담 · 적막 · 무위론〉은 虛靜 · 恬淡 · 寂漠 · 無爲가
천지의 道에 근거한 도덕의 지극(至極)이며 특히 帝王 · 玄聖 · 素王의
道임을 설하고 있다.

【餘說】 각의편에 실린 같은 취지의 문장들과의 관계

　이 절은 통상 앞 절에 이어지는 것으로 뒷 절에 연결되는 한 절로 간주되고 있으며 또 앞 절의 '至靜의 설'을 받고 있는 듯하다. 그러나 주제는 명확하게 허정 · 염담 · 적막 · 무위라고 하는 마음 본연의 상태로 옮겨져 있으며 또 '靜'을 이야기하면서 '動'으로 바뀔 것을 시사하고 있어 별도의 절로 취급했다. 단, 도덕을 천지에 근거하여 극단적으로 표현한 문세는 앞 절과 비슷하다. 앞 절과 같은 시기에 지어진 문장을 이 편의 편자가 유사한 문장이라 함께 편집한 것이리라. 더구나 이것과 같은 취지의 문장이 뒤의 각의편 가운데 있으며 그쪽이 논지도 순당할 뿐 아니라 수사도 깔끔하게 정리되어 있다. 이것은 그 문장의 조고(粗稿:개략적인 것만 대충 초를 잡은 원고)였을 것이다.

제3장 천락론(天樂論)

夫明白於天地之德者, 此之謂大本大宗. 與天和者也. 所以均
調天下, 與人和者也. 與人和者, 謂之人樂, 與天和者, 謂之
天樂.
莊子曰, "吾師乎, 吾師乎. 䪠萬物而不爲戾, 澤及萬世而不爲
仁, 長於上古, 而不爲壽. 覆載天地, 刻雕衆形, 而不爲巧."
此之謂天樂.
故曰, "知天樂者, 其生也天行, 其死也物化. 靜而與陰同德,
動而與陽同波." 故知天樂者, 無天怨, 無人非, 無物累, 無鬼責.
故曰, "其動也天, 其靜也地. 一心定而王天下." 其鬼(氣)不崇,
其魂不疲. "一心定而萬物服." 言以虛靜推於天地, 通於萬物.
此之謂天樂. 天樂者, 聖人之心以畜天下也.

무릇 천지의 德을 명백하게 하는 사람, 이 사람이야말로 만인 만사의 대
종주(大宗主)라 할 만하다. 이 사람은 하늘과 화합하는 사람으로 그로써 천
하를 평화롭게 조화하고 많은 사람들과 함께 화합할 수 있다. 단순히 사람
과만 화합하는 것을 인간 세상의 즐거움이라 하며, 하늘과 화합하는 것을
천연의 즐거움이라 한다.

장자는,

"나의 선생인 조물자여, 조물자여! 잘게 부수고 나누어 만물이 생겨나게
하지만 결코 잔혹하다 할 수 없다. 만물을 성장시키는 은택을 만대에 걸쳐
미치지만 결코 인(仁)이라 할 수 없다. 상고(上古) 이래 그 작용을 계속하

고 있지만 장명(長命)한 것이 아니다. 하늘로 하여금 덮게 하고 땅으로 하여금 싣게 하며 그에 갖가지 다른 모습의 만물을 새겨 내지만 그것은 교묘한 것이 아니다. 자연스럽게 物을 성장시켜 화합시킬 뿐이다."

라고 말하고 있다. 이와 같은 자연스런 조화를 천연의 즐거움이라 하는 것이다.

그래서

"천연의 즐거움을 터득하고 있는 자는 살아 있을 때는 천도(天道)의 운행처럼 순당하게 활동하고, 죽을 때는 物처럼 자연스럽게 변화한다. 고요한 때에는 음기와 같이 작용하고, 움직여 행동하지 않으면 안 될 때에는 양기와 같이 작용한다."

라고 하는 것이다. 따라서 천연의 즐거움을 터득한 자에게는 천신(天神)의 한(恨)도, 인간들의 비난도, 物에 의한 재해도, 악귀의 책망과 그로 인한 고통도 없다. 그리하여

"천연의 즐거움을 터득한 자가 행동하는 것은 하늘처럼 자연스럽고, 고요히 있을 때에는 마치 대지처럼 무위의 상태이다. 이처럼 그 마음이 일정하면 왕자로서 천하를 통치할 수 있다."

라고 하는 것이다. 그리고 그 생기는 쇠퇴하지 않고 그 혼은 지치지 않기 때문에

"마음이 일정하면 만물이 따른다."

라고 하는 것이다. 이 모두가 사람이 허정하게 되어 천지의 道를 밝히고 만물의 이치에 통하게 되는 것을 말하고 있는 것이다. 또 이러한 상태를 천연의 즐거움이라 한다. 요컨대 천연의 즐거움이란 성인의 마음을 근본으로 삼아 천하 사람들을 양육하는 것을 가리킨다.

【語義】 此之謂大本大宗(차지위대본대종):'大本宗'을 이렇게 표현한 것이

다. 만인 만물의 주인임을 가리킨다.

與人和者謂之人樂(여인화자위지인락):즐거움은 화합에서 비롯된다고 하는 사고를 보여 주고 있다. 유가에서는 질서를 밝히는 것을 예(禮)라 하며 그 질서 위에ㅈ서 사람들을 화합시키는 것을 악(樂)이라 한다.

莊子曰吾師乎……刻雕衆形而不爲巧:대종사편에 같은 말이 보이는데 그 편에는 許由의 말로 되어 있으며 또 '戻' 대신 '義'로 되어 있다. 본절은 그 意而子와 許由의 문답이 장주의 作이라고 하는 해석을 취하고 있는 것이다. '吾師'는 조물자(道)를 가리킨다. '鼇'는 '鼇(제:잘게 부수다)' 또는 '韲(제:부수다, 섞다)의 오자이다. '天樂'은 자연스런, 견줄 것이 없는 즐거움.

其生也天行其死也物化(기생야천행기사야물화):자연의 변화에 좇는 것을 가리킨다. '天行'은 天道의 움직임. '物化'는 物의 자연스런 변화.

靜而與陰同德動而與陽同波(정이여음동덕동이여양동파):陰·陽 양자에 있어서 陰이 陽보다 우월하다는 설이 있는데 본절은 이에 근거한 것이다. 이와 같은 문장이 각의편에도 보인다.

無鬼責(무귀책):이 '鬼'는 악귀·악령의 뜻. '責'은 몹시 몰아세우는 것, 또는 그에 의한 고통.

一心定而王天下(일심정이왕천하):'一心'의 '一'은 본디 정기(精氣)를 얻는 것을 가리켰다. 앞의 천지편에 '通於一, 而萬事畢, 無心得, 而鬼神服'라고 했다. 이것은 정기를 얻어 道와 합일하려면 무욕·무심하지 않으면 안 된다는 것을 말하는 것이다.

其鬼不祟其魂不疲(기귀불수기혼불피):'其鬼不祟'를 글자 뜻 그대로 해석하면 위의 '無鬼責'과 중복되며 또 '其魂不疲'와의 대응이 불순하다. '鬼'는 음이 비슷한 '氣(기)'를 잘못 베낀 것으로 생기를 뜻하며 '祟'는 '衰(쇠)'의 차자이다. '魂'은 氣에 대비하면 정기(精氣)이다.

【補說】 이상의 〈천락론〉은 천지의 德(작용)을 명백히 하는 사람은 만사의 종주(宗主)가 되어 하늘과 화합하여 천연의 즐거움을 터득하고 있으며 그것은 허정을 근본으로 하여 만물의 이치에 통하는 것에서 비롯됨을 설하고 있다.

이 절에는 앞 절의 〈허정·염담·적막·무위론〉과 접합을 꾀하고 있는 흔적이 있지만 앞 절과는 달리 '천락(天樂:천연의 즐거움)'을 주로 하여 설하고 있으므로 독립된 한 절로 취급했다.

제4장 제왕무위론(帝王無爲論)

夫帝王之德, 以天地爲宗, 以道德爲主, 以無爲爲常. 無爲也,
則用天下而有餘. 有爲也, 則爲天下用而不足. 故古之人, 貴
夫無爲也.
上無爲也, 下亦無爲也, 是下與上同德. 下與上同德, 則不臣.
下有爲也, 上亦有爲也, 是上與下同道. 上與下同道, 則不主.
上必無爲而用天下, 下必有爲, 爲天下用, 此不易之道也.
故古之王天下者, 知雖落天地, 不自慮也. 辯雖彫萬物, 不自
說也. 能雖窮海內, 不自爲也. 天下産而 萬物化, 地不長而萬
物育.
帝王無爲, 而天下功. 故曰, "莫神於天, 莫富於地, 莫大於帝
王." 故曰, "帝王之德, 配天地." 此乘天地, 馳萬物, 而用人
群之道也.

무릇 제왕의 德은 천지의 道를 근본 원리로 삼고, 그에 준한 도덕을 핵심
으로 삼아 무위를 언제나 변치 않고 행하는 것이다. 무위이면 천하의 사람
들을 부려도 오히려 여력이 있다. 그러나 유위이면 천하 때문에 부림을 당
하고, 또 아무리 노력해도 그 노력이 충분치 못하게 된다. 그래서 옛날의
성인은 바로 저 '무위'라 하는 것을 귀하게 여겼던 것이다.

위에 있는 제왕도 무위이고 아래에서 제왕을 받드는 신하도 무위이면 아
래에 있는 자가 위에 있는 자와 같은 德을 지니는 것이다. 아래에 있는 자
가 위에 있는 자와 같은 德을 지니면 아래에 있는 자는 신하로서 제왕을 섬

기는 자가 아니게 된다. 이와 반대로 아래에 있는 자도 유위이고 위에 있는 자도 유위이면 위에 있는 자가 아래에 있는 자와 같은 道를 행하는 것이 된다. 위에 있는 자가 아래에 있는 자와 같은 道를 행하면 위에 있는 자는 군주의 자리를 지키는 자가 못 된다. 따라서 위에 있는 자는 반드시 무위로서 천하의 사람들을 부리고, 아래에 있는 자는 반드시 유위로서 천하를 위하여 부림을 받아야 한다는 것은 고금 불변의 道인 것이다.

그래서 옛날 천하에 군림했던 제왕은 천지간의 모든 도리를 꿰뚫어 알고 있었지만 스스로 물사를 꾀하는 법이 없었다. 그 변설은 만물의 이루어져 나감을 남김없이 명백하게 하는 것이었지만 스스로 物에 관하여 설명하는 법이 없었다. 그 능력으로는 세상의 어떤 것도 이루어 내지 못할 것이 없었지만 스스로 앞장서서 행하는 법이 없었다. 하늘은 物을 낳지 않는데도 만물은 하늘 아래에 자연히 생겨나고, 땅은 物을 성장시키지 않아도 만물은 땅 위에서 저절로 성장한다. 이와 마찬가지로 제왕은 무위여야만 천하에 큰 공적이 드러난다. 그래서

"우주에서 하늘보다 신비한 작용을 하는 것은 없고, 땅보다 부유한 것은 없으며, 무위의 제왕보다 위대한 것은 없다."

고 일컬어지는 것이다. 또,

"무위의 제왕의 德은 천지와 짝한다."

고 한다. 무위야말로 제왕이 천지의 道를 좇아 만물을 마음대로 부리며 많은 사람들을 통치해 나아가는 道이다.

【語義】 以天地爲宗以道德爲主以無爲爲常(이천지위종이도덕위주이무위위상):'宗'은 근본, '主'는 핵심, '常'은 변함이 없는 것. '道德'은 유일한 근원인 '道'와 그에 근거한 각각의 物의 '德'을 짜 맞추어 이루어진 말로 요컨대 자연에 좇아 무위에 있는 것을 가리킨다.

爲天下用而不足(위천하용이부족):천하 때문에 부림을 당하고, 게다가 아무리 노력해도 충분치 않음. '有爲(의식적으로 행동하는 인위)'가 되면 물사를 좇게 되고, 또 물사에 끌려다니게 되기 때문이다.

是下與上同德(시하여상동덕)·是上與下同道(시상여하동도):'道德'을 나누어 '道'와 '德'으로 표현한 것이다.

此不易之道也(차불역지도야):하늘과 땅에는 高下의 구별이 있다는 것에 근거한 것으로 상·하, 무위·유위의 구별이 있는 것은 영구불변한 道임을 가리킨다. 道는 일원으로서 절대 보편적인 것이기 때문에 본디 이와 같은 구별이 있을 수 없는 것인데 《주역》 계사전에 '하늘은 높은 곳에 있어 만물을 덮고, 땅은 낮은 곳에 있어 만물을 싣는다. 이렇게 하여 乾·坤 두 괘가 정해졌다. 혹은 높게 혹은 낮게 우리 앞에 질서 바르게 나뉘어 늘어서 있다. 이와 같은 자연의 형상을 본떠, 역(易)의 한 괘, 육효(六爻)의 귀천이 질서 바르게 그 위치가 정해진 것이다.(天尊地卑, 乾坤定矣. 卑高以陳, 貴賤位矣)'라고 한 것처럼 전국시대 말기부터 천지의 구별은 절대적인 질서의 법상(法象)이라고 하는 설이 대두되었다. 본절도 이러한 사고에 근거하고 있다.

知雖落天地(지수락천지):'落'은 '絡(락:두르다, 둘러싸다)'의 차자.

辯雖彫萬物(변수조만물):'彫'는 '周(주:두루 미침)'의 차자.

故曰莫神於天莫富於地莫大於帝王(고왈막신어천막부어지막대어제왕):이른바 天·地·人 삼재 사상(三才思想:《순자》 천론편, 《주역》 계사전 등에 보인다)에 근거한 말이다. 요컨대 天·地·人 삼계(三界)에 대응되는 각각의 완성된 道 또는 사람이 있다고 하는 사상이다.

乘天地馳萬物而用人羣之道(승천지치만물이용인군지도):'乘天地'는 '以天地爲宗'을 가리킨다. '馳'는 내달리게 한다는 뜻. 말이나 마차에 탄다는 '乘' 자와 관계있는 말이어서 쓰인 것이다.

【補說】 이상의 〈제왕무위론〉은 천지의 道를 모범 삼는 제왕은 무위로써 그 왕위를 보전하고 인민을 통치하며 큰 치적을 올리게 됨을 설하고 있다.

【餘說】 도가와 법가의 관계

　　이 한 절은 앞 논설들의 결말이자 또 지금부터 전개되는 논설들의 서론인 듯하나 제왕의 무위에 관해 집중적으로 설하고 있으며 또 그 논하는 바가 완결되어 있으므로 독립된 한 절로 취급했다.

　　앞서 여러 절들에서 논술의 부정밀함이 눈에 띄었는데 본절에서는 그러한 점이 더욱 두드러진다. 예를 들면 본디 하나여야만 하는 천지의 道를, 천지의 상하 관계로 이원화한 것이 그 한 예다. 그 때문에 무위 자연의 道를 군주에 한정시키고, 오히려 무위와 유위의 관계를 엄별하고 있는 것이다.

　　이것이 마제편·거협편 등에서 군자·소인의 차별이 없는 지덕(至德)의 세상을 설한 주장과 상반한다는 것은 굳이 초들 것까지도 없으리라. '無爲也, 則用天下而有餘'라고 한 것이 또 한 예이다. 물론 넓은 의미에서 보면 무위도 인간의 행위임에 틀림없고, 그것이 천하를 다스리는 한 수단도 되리라. 그러나 무위와 유위는 다른 차원의 것임에도 본절의 설은 그것들을 거의 같은 차원의 것으로 보고, 나아가 제왕이란 위치에서 보면 어디까지나 천하를 다스리는 것이 주된 목표이므로 앞서 보았듯이 '用人羣之道也'라 하여 무위를 그 목적을 달성시키기 위한 수단으로 변질시키고 있는 것이다. 이것은 이미 제왕의 통치를 전제로 하여 '무위이면서 하지 못하는 것이 없다(無爲而無不爲)'(≪노자≫ 제48장)라는 논리를 십분 이용하여 무위로써 제왕의 전능적 통치가 가능하다는 것을 설하려는 것으로 보지 않을 수 없다. 바꿔 말하면 무위를 초듦으로써 이른바 장주의 사상에 접근하려고 한 것이다. 어떻게 하여 이런 논설이 《장자》 속에 끼어들게 되었을까?

중국의 왕자(王者)도 태고에는 神을 제사지내고 神의 의지를 영감(靈感)하여 그것을 집정자에게 전달하는 신성자(神聖者)였다. 그가 간접적으로나마 자신의 의지를 神의 의지인 것처럼 나타냈는지도 알 수 없지만 정치의 실무가 그 나라의 유력한 부족의 장들, 또 동족의 소수 귀족들에 의해 장악되었다는 것은 갑골문을 통해 어느 정도 파악할 수 있다. 언제부터 왕자가 자신의 의지로 정무를 행하게 되었던 것일까? 은나라 말기? 주나라 초기? 아니면 서주(西周) 말기? 어쨌든 서주 시대 이후에도 왕자나 그 밑의 여러 군주는 주제자(主祭者)였다고 하는 역사적 전통이 왕자·군주는 정치 실무에 손대지 않아야 하며 이른바 '無爲'여야만 한다는 사상을 낳게 한 듯하다. 또 군주가 그 전권(專權)을 휘두르게 된 후에도, 예를 들면 유가에서는 '수기치인(修己治人)', 즉 유위인 군주의 道를 주장하면서도 《논어》 태백편에 '참으로 위대하도다! 순임금과 우왕은 천하를 갖게 되자 곧 현인들에게 천하를 맡기셨다. (巍巍乎, 舜禹之有天下也, 而不與焉)'라고 한 것처럼 한편으로는 군주가 궁극적으로는 무위의 상태로 돌아가는 것이 정치의 이상적인 상태라고 생각했던 것이다.

그러나 이와 같은 전통 위에서, 또는 유위의 구극적 이상으로서 여기에 제왕의 무위를 설하고 있는 것은 결코 아니다. 군주가 전제(專制)하게 된 후 군주의 허정·무위를 강조했던 것은 전국시대의 법가였다. 법가라 하더라도 사람에 따라 주장하는 바가 약간씩 다르지만 대체로 법을 시행하여 신하·인민의 분직(分職)을 명확하게 하고, 군주가 신하통솔법을 세련(洗練)하여 자신의 권세를 확립하며 일국의 부국강병을 달성하는 것을 목표로 삼았다. 본절에서 제왕의 무위를 설한 외에 상·하의 엄격한 구별과 인군(人羣)을 통치하는 것에 관해 설하고 있는 것은 이러한 법가의 주장과 흡사하다. 또, 다음 절에서는 분수(分守) · 형명 (形名) · 인임(因任) 등 법가의 개념을 드러내어 사용하고 있다. 한 마디로 법가의 주장이 혼입되어 있는 것이다. 더욱이 우연히 혼입되어 있는 것이 아니다.

≪사기≫에, 한(韓)의 재상이었던 신불해(申不害)에 관하여 '申子의 學은 黃老에 근거한 것으로 刑名을 주장하는 것이다.'라고 되어 있고, 맹자가 활약하던 때의 제(齊)나라의 법가 신도(愼倒)에 관해서도 '愼倒는 黃老의 도덕의 術을 배웠다.'라고 되어 있으며 또 한비(韓非)에 관해서는 '韓非는 韓나라 諸公子의 末流이다. 刑名 · 法術을 배우기를 즐겼는데 귀착한 것은 黃老의 學이었다.'라고 되어 있다. '黃老'란 다름 아닌 노자의 설을 가리킨다. 법가의 조종(祖宗)인 관중(管仲)의 作으로 전해지는 ≪관자≫(실제는 전국시대 말기부터 漢나라 초기에 걸쳐 편집되었을 것으로 생각된다) 중에도 도가의 설이 들어 있으며 신도는 본서 천하편에 '棄知去己, 而緣不得已'를 주장했다고 되어 있으며 또 ≪한비자≫에는 解老 · 喩老 두 편이 들어 있다. 이러한 사실들을 생각하면 현재 법가로 취급되는 제자(諸子:商鞅은 제외)의 거의 대부분이 ≪노자≫의 설을 근거로 했다고 하는 ≪사기≫의 지적은 결코 틀린 말이 아니리라.

여기서 그치지 않고, ≪장자≫뿐 아니라 ≪노자≫에마저도 '道는 만물을 축소시키려고 할 때에는 먼저 얼마 동안 만물을 확장시킨다. 약하게 하려고 할 때에는 반드시 먼저 강하게 한다. 폐하려 할 때에는 그에 앞서 반드시 흥하게 한다. 빼앗으려 할 때에는 그에 앞서 반드시 준다. 이러한 방법은 미묘한 것이지만 그 효과가 분명하여 미명(微明)이라 한다. 이러한 미묘한 도리가 작용하기 때문에, 질 것처럼 보이는 약한 것이 이길 것처럼 보이는 강한 것에 이기는 것이다. 물고기는 연못에서 벗어나서는 안 된다. 벗어나자마자 잡히기 때문이다. 마찬가지로 나라를 지키고 다스리는 이기(利器)를 아무 생각 없이 사람들에게 보여 주어서는 안 된다. 한 번 그것을 드러내어 보여 주면 그 효력을 잃어 화를 불러들이게 될지도 모르기 때문이다.(將欲歙之, 必固張之. 將欲弱之, 必固强之. 將欲廢之, 必固興之, 將欲奪之, 必固與之. 是謂微明. 柔弱勝剛强. 魚不可脫於淵. 國之利器, 不可以示人)'(제36장)라 한 예에서 알 수 있듯, 법가적 술책과 비슷한 설이 포함되어 있다.

노·장과 법가는 어찌하여 이처럼 밀접한 관계에 있을까? 이 문제에 관해 학자들 사이에 몇 가지 의론이 있는데 그 하나는 노장의 도가설도 법가설도 본디 군주를 위주로 하여 출발한 사상이라는 데 원인(遠因)이 있다는 설이다. 군주는 어쩔 수 없이 물사에 둘러싸이게 되는 존재로 자연 불안에 휩싸이는 경우가 많다. 그래서 군주에게는 국가의 갖가지 사태나 군신(羣臣)의 동정(動靜)에 대처하고 마음의 평안을 얻기 위해서도, 냉정한 객관적 처리를 수행하기 위해서도 지배자로서의 허심(虛心)이 필요한 것이다. 이런 경우 원초적인 도가설이 군주를 고무시키고 군주에게 위안을 주지 않을까? 또 다른 하나는 법가와 도가는 서로 길을 달리하여 발전한 것은 사실이나, 여전히 어떤 종류의 공통되는 주장을 근거로 하여 발전했다는 설이다.

≪관자≫ 심술 상편의 '靜因의 道'는 심술 하편이나 내업편에 이르면 허정(虛靜)의 내성(內省)을 심화하는 동시에 군주의 물에 대한 통일적 지배를 주장하는 듯한 인상을 주고 있다. 통일적 지배는 군주의 마음만으로는 달성되지 않으며 관제의 정비와 관율(官律)의 여행(勵行)이 수반되지 않으면 안 된다. 신도(愼倒)의 저서로 전해지는 ≪신자(愼子)≫는 후세에 누군가가 내용을 추가한 듯한데 그 내용을 검토하면 신도는 분업·분수(分業·分守)와 타율적인 법의 강력한 실행을 주장했던 것

같다. 그러려면 군주 자신은 물론 신하도, 도가의 사변에 보이듯이 각자의 주관적 의욕을 부정하지 않으면 안 되며 또 事의 성부(成否)는 그것을 초월하는 法의 필연적인 힘[勢]에 의존하지 않으면 안 된다. 法의 시행에 있어서는 주아적(主我的)인 의욕·염려의 부정을 가장 중요한 조건으로 하지 않으면 안 되기 때문이리라. 바꿔 말하면 법의 정비·실행을 설하기 위해서는 도가설을 중요한 발판으로 삼지 않을 수 없었던 것이다. '棄知去己'만이 아니라 ≪노자≫·≪장자≫ 중에 보이는 '絕聖棄知'도 신도 일파가 주장했던 설이었을 것이며, 또 그러한 사상이 변무·마제·거협 등 여러 편의 '至德之世'의 주장을 전개시켰을 것이다.

한비(韓非) 때에 이르면 사정은 신도 때와는 판이하다. 한비는 신불해에게서 법술을 배웠다고 하는데 강대국들 사이에 처해 곤란한 정국을 맞고 있는 약소국 한(韓)을 섬겼으며 군주가 비록 범용(凡庸)할지라도 어떻게든 군주권을 확립하여 일국의 독립을 유지했으면 하는 것이 그의 염원이었다. 따라서 그에게는 군주의 신하통어술이 중요한 문제였다. 그 위에 한비에게는 법술을 터득한 법가의 추종자를 세상에 배출해야 한다는 사명이 지워졌던 듯하다.

한비는 군주와 신하·제사(諸士)의 의도는 본디 공사 상반(公私相反)한다고 고찰했다. 군주가 조금이라도 자신의 의도를 흘리면 신하는 교묘하게 그것을 이용하여 사리를 꾀하고, 마침내는 군권(君權)마저 위태롭게 한다. 군주는 자신의 호오의 감정을 드러내거나 자신의 계획을 밝히지 말고 오직 허정(虛靜)을 지키며 신하로 하여금 신하 자신이 주장하는 바 또는 일정한 직분, 이른바 '名'을 그의 뜻대로 실행할 수 있게 하고 그 실행의 결과, 이른바 '形'에 관해서는 그 '名'과의 합치 여부를 따져 털끝만한 차이라도 있는지 없는지를 냉엄하게 검토하여 상벌을 행한다. '名'에 '形'이 미달되는 경우는 말할 것도 없고 '形'이 조금이라도 지나쳐도 엄벌한다. 선의의 과오라 할지라도 용서하지 않는다. 오직 법규에 과불급(過不及) 없이 합치해야만 한다. 이것으로 법치의 목적이 ㅈ달성될 수 있다. 이 허정·무위야말로 세상 그 어느 것에도 침범당하지 않으며 또 군신(群臣)의 실정(實情)을 명백하게 하는 '군주의 道'라고 설했다. 한비의 허정·무위는 이름은 도가의 그것과 비슷하나 사실은 이미 '군신 통어(群臣統御)'의 목적을 지닌 술책이며, 덕충부편의 '德之和'나 '자득자적(自得自適)'과는 거리가 멀다는 것은 말할 것도 없고, 또 변무편·마제편의 '至德之世'의 주장과는 정반대되는 주장인 것이다. 군주에게는 어찌 되었건 한비가 주장하는 허정·무위는 신하·인민들에게는 자유를 박탈하는 '법의 질곡(桎梏)'이 되었던 것이다.

그런데 본절은 한비의 군주권 확보의 '위기관(危機觀)'보다는 제왕 전능의 '낙천관(樂天觀)'에 충만해 있다.

제5장 대도유서론(大道有序論)

本在於上, 末在於下. 要在於主, 詳在於臣. 三軍五兵之運,
德之末也. 賞罪利害, 五刑之辟, 敎之末也. 禮法度數, 刑名
比詳, 治之末也. 鐘鼓之音, 羽旄之容, 樂之末也. 哭泣衰経,
隆殺之服, 哀之末也. 此五末者, 須精神之運, 心術之動, 然
後從之者也. 末學者, 古人有之, 而非所以先也.
君先而臣從, 父先而子從. 兄先而弟從, 長先而少從. 男先而
女從, 夫先而婦從. 夫尊卑先後, 天地之行也. 故聖人取象焉.
天尊地卑, 神明之位也. 春夏先秋冬後, 四時之序也. 萬物化
作, 萌區有狀, 盛衰之殺, 變化之流也. 夫天地至神, 而有尊
卑先後之序. 而況人道乎. 宗廟尙親, 朝廷尙尊, 鄕黨尙齒.
行事尙賢, 大道之序也.

물사의 근본은 위에 있는 자가 장악하고 그 말단은 아래에 있는 자가 행
해야만 하며, 요체는 군주가 거머쥐고 세부적인 일은 신하된 자가 힘써야
한다. 따라서 국가를 통치하는 데 있어서 대군을 움직여 몹시 싸우는 것은
군주의 德으로서는 말단의 것이다. 상을 내리거나 벌을 주거나 하여 이해
로써 신하를 독려하고 갖가지 형벌로써 인민을 공포에 떨게 하는 것은 군
주의 교화로서는 말단의 것이다. 예제와 법령으로써 신하와 인민이 행해야
할 바를 세세히 규정하고, 그 행위를 '名'과 '形'으로써 상세하게 비교 검토
하는 것은 군주의 정책으로서는 말단의 것이다. 종과 북의 음곡(音曲)을 바
로잡거나 깃털 장식이나 쇠꼬리 장식을 써서 춤을 아름답게 하는 것은 음

악으로서는 말단의 것이다. 망자를 조위하고 복상하는 데 있어 갖가지 예법을 정한 것은 상례(喪禮)로서는 말단의 것이다. 이들 다섯 가지 말단은 인간의 정신의 영위와 마음의 움직임을 기다려 그것이 일어난 다음에야 비로소 그에 따라 일어나는 것들이다. 이러한 말단을 배우는 것은 옛적 체도자에게도 있었던 일이지만 최우선적으로 힘써야 할 일은 아니었던 것이다. 군주가 앞장서고 신하가 그에 쫓아가며, 아비가 앞장서고 자식이 그에 쫓아간다. 형이 앞장서고 아우가 따라가며, 손위의 사람이 앞장서고 손아래 사람이 따라간다. 남자가 앞장서고 여자가 따라가며, 남편이 앞장서고 아내가 그 뒤를 따른다. 이처럼 높은 것과 낮은 것의 차별, 앞장 서는 것과 뒤를 따르는 것의 순서가 있어야만 하는 것은 바로 천지의 道이다. 따라서 성인이 이에서 취하여 이처럼 정했던 것이다. 무릇 하늘은 높고 존귀하며 대지는 낮고 비천한 것은 神이 정한 순위다. 그리고 春·夏가 앞서고 秋·冬이 그 뒤를 쫓는 것이 사계(四季)의 순서다. 또 이로써 만물이 태어나 쑥쑥 자라고, 갖가지 마음으로 성쇠를 거듭하는 것이 만물 변화의 유행(流行)이다. 무릇 천지는 그 무엇보다 신비한 것이지만 높은 것과 낮은 것의 차별, 앞장 서는 것과 뒤를 따르는 것의 순서가 있다. 하물며 인간의 道에 어찌 차별과 순서가 없겠는가? 그래서 종묘 제례에서는 조선(祖先)과 혈연이 가장 가까운 자가 상위에 나아가고, 조정 의식에서는 관위가 높은 자가 상석에 오르며, 지방의 여러 행사에서는 나이 많은 사람이 상좌에 앉으며, 또 정치의 대업(大業)에 있어서는 현명한 자가 지도자가 되는 것이다. 이것이 참된 道의 순서인 것이다.

【語義】 要在於主詳在於臣(요재어주상재어선):'要'는 사북. '本'에 해당하는 말. '詳'은 세무(細務).

三軍五兵之運(삼군요병지운):대군을 동원하여 격전하는 것을 가리킨다. '三軍'은 上·中·下의 세 군단. 천자는 6군, 제후 가운데에 대국을 다스리는 자는 3군을 거느리며 또 1군은 12,500명이었다 한다. '五兵'은 다섯 종류의 병기(兵器), 과·수·극·추모·이모(戈·殳·戟·酋矛·夷矛)를 가리킨다. 일설에 의하면 극·월·모·식·궁시(戟·鉞·矛·植·弓矢)를 가리킨다고 한다. '運'은 운용.

五刑之辟(오형지벽):'五刑'은 모든 형벌. 묵·의·비·궁·대벽(墨·劓·剕·宮·大辟)을 가리킨다. 후세에 들어 답·장·도·류·사(笞·杖·徒·流·死)를 가리키게 되었다. '辟'은 단죄하는 것.

禮法度數(예법도수):예제·법규에 따른 여러 종류의 규정.

刑名比詳(형명비상):'형명심합(形名審合:≪한비자≫ 二炳篇)', '형명참동(形名參同:≪한비자≫ 主道篇)'이라고도 하며 '참오(參伍)', '참험(參驗)'이라고도 한다. 成玄英疏本에는 '刑'대신 '形'으로 되어 있다. 구체적 결과, 즉 신하가 '名'을 실행하고 얻은 성적을 가리킨다. '名'은 부여된 직분, 또는 신하 자신이 어떠어떠한 일을 하겠다고 한 의견을 가리킨다. '比'는 '名'과 '形'을 비교하는 것. '詳'은 상세하고 명백하게 하는 것. '形名參同'의 류는 법가에서 주장하는 군주의 '신하통어술'이다. 법가에서 군주는 신하를 신분·인물·동기 등의 주관적 조건에 의한 것이 아니라 법으로 정해진 직분에 앉혀 그 일을 제대로 수행했느냐 못했느냐에 따라 상벌을 행하지 않으면 안 된다고 설하고 있다.

羽旄之容(우모지용):'羽'는 무인(舞人)이 춤을 출 때 손에 드는 깃털로 만든 장식. 일반적으로 꿩의 꼬리로 만들며 이것을 '적(翟)'이라 한다. '旄'는 마찬가지로 무인이 춤을 출 때 손에 드는 짐승털로 만든 장식. '이우(犛牛:검정소)'의 꼬리로 만든다고 한다.

哭泣衰絰(곡읍쇠질):'哭'은 큰 소리로 우는 것, '泣'은 눈물을 흘리며 하염없이 우는 것. '衰'는 상을 당한 자가 걸치는 허술한 상의. '絰'은 상을 당한 자가 머리에 얹거나 허리에 두르는 마(麻) 또는 갈(葛)로 만든 끈. 중국의 상례(喪禮)에서 조문객은 곡하는 데서 멈추지만 상주나 망자의 부인은 몸을 떨며 읍(泣)하여 슬픔을 나타낸 것처럼 망자와의 친소 정도에 따라 의례가 다르고 주인이 빈객을 맞을 때에는 읍하지 않지만 빈객이 망자의 시신을 조위할 때에는 몸을 떨며 읍하는 것처럼 사자를 애도하는 의례에도 자세한 규정이 있었다. 또 아버지가 돌아가셨을 때에는 참최(斬衰), 조부·처 등의 상사에는 자최(齊衰), 형제의 상사에는 대공(大功), 형제의 처의 상사에는 시마(緦麻)를 입는 등 족제상(族制上) 친소 관계에 따른 복장·복상 기간 등의 자세한 규정이 있었으며 또 그것이 족제의 질서를 상징하기도 했다.

隆殺之服(융쇄지복):의무에 차별이 있는 것을 가리킨다. '隆'은 번성하게 치르는 것. '殺'는 간략하게 치르는 것. '服'은 하지 않으면 안 되는 일이라는 뜻.

夫尊卑先後天地之行也……神明之位也:≪주역≫ 계사전에 '天尊地卑, 乾坤定矣. 卑高以陳, 貴賤位矣'라 했는데 이 구는 이러한 문장에 근거한 말이리라. '神明'은 여기서는 明神과 같으며 神을 가리킨다. '行'은 일정한 道.

萌區有狀(맹구유상):'萌'은 싹이 터 쑥쑥 성장한다는뜻. '區'는 '佝' 또는 '傴'의 차자. 길게 늘어져 퍼져 있는 것을 가리킨다. '有狀'은 갖가지 모습을 하고 있는 것.

盛衰之殺(성쇠지쇄):'殺'는 차별·등급.

宗廟尙親朝廷尙尊……:≪맹자≫ 公孫丑 下篇에 '조정에서는 작위만한 것이 없고, 향리에서는 연령만한 것이 없으며, 세상을 돕고 백성들의 어른 노릇을 하는 데는 덕망만한 것이 없다.(朝廷莫如爵, 鄕黨莫如齒, 輔世長民莫如德)'라고 했다. 본절의 문장은 이에 근거한 것인지도 모른다.

【補說】 이상은 〈대도유서론〉의 전단으로 물사에는 그 정신과 구체적 방법의 본말 관계가 있고, 또 그것을 행하는 데는 존비 차별, 선후 순서가 있음을 설하고 있다.

　본절 이하는 앞 절의 '帝王無爲說'을 받는 것으로 편집되어 있으나 주제가 '大道之序'로 바뀌었고, 또 유가·법가의 설을 절충한 흔적이 뚜렷할 뿐 아니라 문체마저 앞 절과 상이한 점이 있어 별도의 논설로 취급했다.

語道而非其序者, 非其道也. 語道而非其道者, 安取道. 是故古之明大道者, 先明天而道德次之. 道德已明而仁義次之. 仁義已明而分守次之. 分守已明而形名次之. 形名已明而因任次之. 因任已明而原省次之. 原省已明而是非次之. 是非已明而賞罰次之. 賞罰已明而愚知處宜, 貴賤履位. 仁賢·不肖襲情, 必分其能, 必由其名. 以此事上, 以此畜下, 以此治物, 以此脩身. 知謀不用, 必歸其天. 此之謂太乎. 治之至也.

故書曰, "有形有名." 形·名者, 古人有之, 而非所以先也. 古之語大道者, 五變而形名可擧, 九變而賞罰可言也. 驟而語形名, 不知其本也. 驟而語賞罰, 不知其始也. 倒道而言, 迕道而說者, 人之所治也. 安能治人. 驟而語形名·賞罰, 此有知治之具, 非知治之道, 可用於天下, 不足以用天下. 此之謂辯士·一曲之人也. 禮法數度, 刑名比詳, 古人有之, 此下之所以事上, 非上之所以畜下也.

道를 논하면서 그 본말 선후의 순서가 없다면 그것은 道가 아니다. 道를 논하면서 그것이 참된 道가 아니라면 어찌 道를 취할 수 있겠는가? 그러므로 옛날의 체도자가 참된 道를 명확하게 하는 데에는 우선 가장 근본이 되는 하늘의 道를 명확하게 하고, 그에 준하여 사람의 도덕을 명확하게 했다. 도덕이 충분히 밝혀진 다음, 이 세상에서 행해야 할 인의를 명확하게 했다. 인의가 충분히 밝혀진 다음, 사람들 각자가 지켜야 할 분한을 명백하게 했다. 그 분한이 정해진 다음, 사람이 행해야 할 직분인 '名'과 그 완수해야 될 실적인 '形'을 정했다. 형·명이 정해진 다음, 각각의 사람들에게 직무를 맡겼다. 직무를 맡긴 다음, 직무 수행의 결과를 검토했다. 그 성적을 잘 검토한 다음, 그에 대한 선·악의 평가를 했다. 그리고 그에 대한 정확한 상벌을 시행했다. 상벌을 명확하게 한 다음, 우자·지자(愚者·知者)가 적소에 쓰이게 하여 각각 귀천에 어울리는 자리에 나아가게 했다. 결국 인자·현자, 나아가 우자까지도 각각의 실정 그대로 반드시 능력의 차이에 맞고 '名'에 합당한 일을 하는 것이다. 그 일에 따라 혹은 신하가 되어 군주를 섬기고, 혹은 군주가 되어 인민을 기르고, 혹은 나아가 천하의 물사를 다스리고, 혹은 물러나 홀로 몸을 닦는 것이다. 이렇게 되면 사람들은 굳이 현명하고 훌륭한 계략을 짜내려 하지 않고, 반드시 하늘의 道에 따라 자연스럽게 다스려지게 된다. 이것을 바로 '태평(太平)'이라 하는 것이다. 또 이것이 정치의 지극(至極)이다.

그래서 고서(古書)에,

"形이 있는 것에는 名이 있다."

고 했다. 形이건 名이건 모두 이처럼 옛적 체도자 때에도 있었지만 가장 먼저 힘써야 할 중요한 일은 아니었던 것이다. 옛적의 체도자가 道에 관해 논할 때에는 다섯째의 것으로서 비로소 形과 名을 거론했고, 아홉째의 것으로서 賞과 罰을 이야기했던 것이다. 따라서 오늘날처럼 조급하게 形·

名에 관해 논하는 것은 道의 근본을 망각한 처사다. 조급하게 賞·罰에 관해 논하는 것은 정치의 본무(本務)를 알지 못한 처사다. 이처럼 道의 순서를 반대로 하여 논하고, 道의 순서에 어긋나게 설하는 자는 다른 사람에게 다스려지는 자이다. 어찌 이런 자가 사람들을 다스릴 수 있겠는가? 조급하게 形名, 賞罰을 논하는 자는 정치의 도구는 알고 있지만 정치의 道는 모르는 자이다. 이런 자는 천하를 위해 부림당하는 데는 적합하지만 천하의 사람들을 부릴 수는 없다. 이런 사람을 입만 살아 있는 변사(辯士), 비좁은 한 모퉁이밖에 알지 못하는 사람이라 한다. 예제나 법령의 세세한 규정, 形名에 의한 비교 검토 따위는 옛적 체도자의 때에도 있었다. 단, 그것은 신하가 군주를 섬길 경우의 도구였지 군주가 인민을 기르는 道는 아니었던 것이다.

【語義】 語道而非其序者非其道也(어도이비기서자비기도야):이 말에 있어서만은 《대학》에 '物에는 本과 末이 있고, 일에는 始와 終이 있다. 먼저 해야 할 일과 나중에 해야 할 일을 알면 道에 가까운 것이다(物有本末, 事有終始. 知所先後, 則近道矣)'라고 한 것과 같은 주장이다.

先明天而道德次之……:이하는 천지편의 '技兼於事, 事兼於義, 義兼於德, 德兼於道, 道兼於天'과 거의 같은 주장이다. 단, 한층 상세하며 유가설·법가설을 절충한 흔적이 뚜렷하다. 이러한 것은 본절이 漢代에 성립되었음을 말해 주는 것이라 할 수 있다.

分守次之(분수차지):인간에게는 각각의 분한(分限:신분이나 지위의 한계)이 있다고 주장한 것은 순자이다. 왕제편에 '힘은 소에 미치지 못하고, 달리는 것은 말에 미치지 못한다. 그런데도 소와 말을 부리니 이는 어찌된 일인가? 사람은 능히 무리를 지어 생활할 수 있으나 소와 말은 그렇지 못하기 때문이다. 사람은 어찌하여 무리를 지을 수 있는가?

바로 상하의 계급 분별이 있기 때문이다(力不若牛, 走不若馬, 而牛馬
爲用何也. 曰人能羣, 彼不能羣也. 人何以能羣, 曰分)'라고 되어 있다.

因任(인임)·源省(원성):'因任'은 직무를 맡기는 것. '原省'은 그 성적
을 검사하는 것. '原'은 근본을 명확하게 한다는 뜻, '省'은 살핀다는 뜻.

故書曰有形有名(고서왈유형유명):≪관자≫ 심술 상편에 '物에는 본
디부터 形이 있고, 形에는 본디부터 名이 있다'고 했다. 여기의 '書'는
이런 류를 가리키는 것일까?

驟而語形名不知其本也(취이어형명부지기본야):形名의 필요를 인정
하지만 그것은 근본에 힘쓰는 것이 아니라고 비판하고 있는 것이다. 形
名이 상당히 스며들었던 漢代의 사고방식이리라.

迕道(오도):'迕'는 '牾(오:거스르다)'의 차자.

一曲之人(일곡지인):편협한 견해를 가지고 있는 자. '曲'은 한 모서리.

刑名(형명):'形名'과 같다. 成玄英疏本에는 '形名'으로 되어 있다.

【補說】 이상은 〈대도유서론〉의 후단으로 정치의 道에는 天道 이하 9단계
의 순서가 있는데 이것이 완전하게 행해지면 天道의 자연스러움에 돌아
가 정치가 완성된다 하고, 이 순서를 무시한 채 形名, 賞罰의 정책을 사
용하는 것을 비판하고 있다.

【餘說】 〈대도유서론〉의 배경

≪사기≫ 유림전(儒林傳)에 다음과 같은 기록이 있다.

"……漢의 문제(文帝:B.C. 179~B.C. 157 재위) 때부터 조금씩 학술
하는 선비를 등용하게 되었는데 문제는 본디 형명학을 좋아했고, 뒤이

은 경제(景帝) 시대에는 유학하는 선비를 등용하지 아니할 뿐 아니라 두태후(竇太后)가 황로(黃老)의 術의 좋아했기 때문에, 여러 박사관(博士官)은 단지 자리의 구색을 갖추기 위해 둘 뿐 그 자리에서 승진하는 사람이 없었다. 상(上:무제를 가리킨다. B.C. 140년 즉위)이 즉위하자 조관(趙綰)·왕장(王臧) 등 유학에 밝은 학자가 있어 상께선 유학에 마음이 쏠려 조명(詔命)을 내려 여러 선비를 부르게 되었다……."

위의 논설은 形名·賞罰을 비판하고 있지만 그 정치 수단으로서의 효용을 인정하고, 또 현저하게 유자설(儒者說)을 혼입시키고 있다. 이런 점에서 추측하면 본론은 무제 초년 무렵에 지어진 것이 아닐까? 이 정도의 비판으로 법술을 억제하려 했던 것일까? 漢代에는 표면상 유교가 행해졌지만 정치 실무에서는 법술(法術)이 강력하게 행해졌다.

제6장 요·순문답:천왕용심우화(堯·舜問答:天王用心寓話)

> 昔者, 舜問於堯曰, "天王之用心何如."
> 堯曰, "吾不敖無告, 不廢窮民苦死者, 嘉孺子, 而哀婦人. 此吾所以用心已."
> 舜曰, "美則美矣. 而未大也."
> 堯曰, "然則何如."
> 舜曰, "天德而出(土)寧. 日月照而四時行, 若晝夜之有經, 雲行而雨施矣."
> 堯曰, "膠膠擾擾乎. 子天之合也. 我人之合也."
> 夫天地者, 古之所大也. 而黃帝·堯·舜之所共美也. 故古之王天下者, 奚爲哉. 天地而已矣.

옛적 신하인 순이 요임금에게 이렇게 물은 일이 있었다.

"천자는 천하를 위하여 어떻게 마음을 씁니까?"

요임금이 대답했다.

"나는 고통을 호소할 수도 없는 무력한 인민에게 방자하게 굴지 않고 빈궁한 인민을 버리지 않으며, 또 죽은 자의 불행을 슬퍼하고 어린 아이들의 행복을 기뻐하며 자식을 기르는 부인을 사랑한다. 이것이 바로 나의 마음가짐이다."

순이 이 말을 듣고 이렇게 말했다.

"참으로 훌륭하십니다. 그렇지만 아직 위대하다고는 할 수 없습니다."

요임금이 반문했다.

"그렇게 되려면 어떻게 해야 하는가?"

순이 대답했다.

"하늘의 덕을 지니고 땅의 고요함을 지키는 것입니다. 천지가 안정되어야 비로소 일월이 서로 순환하여 사계의 변화가 행해지고, 그래야만 날마다 주야의 갈마듦이 순조롭게 되고 구름이 움직여 적시에 비가 내려 생물이 자연스럽게 발육하게 됩니다."

요임금이 말했다.

"이것은 道가 만물 성장의 氣를 충만하게 하는 것이로다. 이제 보니 너는 道와 일체가 되어 있구나. 나는 사람들과 일체가 되었을 뿐이었다."

이처럼 천지의 道를 본뜨는 것은 古人도 위대한 일로 여겼다. 황제·요·순 모두가 이를 찬미했던 것이다. 그러니 옛적 성대(聖代)에 천하의 왕이 되었던 자들이 어찌 굳이 애를 쓰려고 했겠는가? 오직 천지의 道를 본떴을 뿐이었다.

【語義】天王(천왕):천자를 가리킨다.

不赦無告不廢窮民(불오무고불폐궁민):'敖'는 교만한 것. '無告'는 고통을 호소할 수도 없는 무력한 서민을 가리킨다. ≪맹자≫ 양혜왕 하편에 '늙고 처가 없는 사람을 환(鰥)이라 하며 늙고 남편이 없는 것을 과(寡)라 하며 늙고 자식이 없는 것을 독(獨)이라 하며 어린데 아비가 없는 것을 고(孤)라 한다. 이들 네 종류의 사람들은 천하에서 더할 나위 없이 딱한 사람들로서 자신의 고통을 호소할 수조차 없다(老而無妻曰鰥, 老而無夫曰寡, 老而無子曰獨, 幼而無父曰孤. 此四者, 天下之窮民而無告者)'라고 했다.

苦死者嘉孺子而哀婦人(고사자가유자이애부인):'苦'는 슬퍼하는 것. '嘉'는 '喜'를 잘못 베낀 것임에 틀림없는데 여기서는 원자 그대로 해석했다. 칭찬하는 것. '袞'는 '愛'의 차자.

天德而出寧(천덕이출녕):'出'은 '土'를 잘못 베낀 것. 하늘처럼 무위의 德을 지니고 땅처럼 고요하게 있는 것을 가리킨다.

若晝夜之有經雲行而雨施矣(약주야지유경운행이우시의):이 '若'은 '乃'와 같다. 하늘에 일월이 빛나고 땅에 사시의 변화가 있으므로 날마다 항구한 추이와 적시의 강우가 있고 그로써 만물이 생육하는 것이다. '經'은 일정한 추이를 가리킨다.

【補說】 이상의 〈천왕용심우화〉는 성왕인 요·순의 문답을 빌려, 요임금의 인애(仁愛)의 정치보다 훌륭한 이상적인 정치는 천지에 의거한 무위의 도덕을 따르는 정치임을 설하고 있다.

【餘說】 〈천왕용심우화〉의 작위

이 우화는 본디 요·순의 문답만으로 독립되어 있었던 것이 아닐까? 순은 본디 요의 눈에 띄어 요를 섬기고 마침내 제위를 물려받았던 자이다. 신하인 순이 천자인 요를 비판하고 있는데 이것이 이 우화의 흥미이다. 하긴 ≪상서≫의 전설에서도 순 때가 요 때보다 정치의 아름다움이 발휘되고 군신이 서로 화목했다고 했으며 ≪논어≫ 위영공편에도 '굳이 애쓰지 않고도 잘 다스리신 분은 순이었다.(無爲以治者, 其舜也與)'라 했다. 전설에도 순임금을 요임금보다 우위에 둔 설이 많았는지도 알 수 없다. 이 우화에는 우화 제작의 작위가 드러나 있다. 끝 부분의 문장은 본편에 편입할 때 덧붙여 쓴 것이 아닌가 싶다.

孔子西藏書於周室. 子路謀曰, "由聞, 周之徵藏史有老聃者,
免而歸居. 夫子欲藏書, 則試往因焉."
孔子曰, "善."
往見老聃. 而老聃不許. 於是繙十二經以說.
老聃中其說, 曰, "大謾. 願聞其要."
孔子曰, "要在仁義."
老聃曰, "請問, 仁義人之性邪."
孔子曰, "然. 君子, 不仁則不成, 不義則不生. 仁義眞人之性
也. 又將奚爲矣."
老聃曰, "請問, 何謂仁義."
孔子曰, "中心物(勿)愷(剴)兼愛無私, 此仁義之情也."
老聃曰, "意, 幾乎. 後言夫兼愛, 不亦迂乎. 無私焉乃私也.
夫子若欲使天下無失其牧(朴)乎, 則天地固有常矣, 日月固有
明矣, 星辰固有列矣, 禽獸固有羣矣, 樹木固有立矣. 夫子亦
放德而行, 循道而趨, 已至矣. 又何偈偈乎揭仁義, 若擊鼓而
求亡子焉. 意, 夫子亂人之性也."

공자가 서쪽에 있는 주나라의 수도에 가 자신의 저서를 왕실 서고에 영
구히 보관하려 했다. 그때 제자인 자로가 한 계책을 아뢰었다.

"저 유(由)는 일찍이 주 왕실의 장서를 관리하던 노담이란 자가 지금은

자리에서 물러나 집에 돌아와 있다고 들었습니다. 선생님께서 저서를 주 왕실에 보관하시고자 하시면 우선 이 자를 만나 그의 힘을 빌리는 게 어떻 겠습니까?"

공자는 그 자리에서

"그거 좋은 생각이다."

하고 찬성했다.

그래서 노담을 찾아갔다. 그런데 노담은 도와주려고 하지 않았다. 공자 는 자신이 지은 12개의 경서를 펼쳐 놓고 자신의 뜻을 설명했다.

노담은 공자의 설명을 잠시 듣더니 곧 설명을 멈추게 하고는,

"잡다할 뿐 뭐가 뭔지 알 수 없소. 요점을 듣고 싶소."

라고 말했다.

공자는

"요점은 인의(仁義)에 있습니다."

라고 대답했다.

그러자 노담이

"한 가지 묻고 싶은 게 있는데 인의는 인간의 본성인가?"

라고 반문했다.

이에 공자가 대답했다.

"그렇습니다. 군자는 仁을 행하지 않고서는 군자가 될 수 없으며 義를 행 하지 않고서는 이 세상에서 살아갈 수가 없습니다. 인의야말로 진정 인간 의 본성입니다. 인의 말고 대체 무엇을 행할 것이 있겠습니까?"

노담이 다시 물었다.

"다시 묻고 싶은 게 있는데 대체 무엇을 인의라 하는가?"

공자는

"마음속으로부터 다른 사람을 거스르는 일 없이 널리 사랑하여 조금도

이기심이 없는 것, 이것이 인의의 진정입니다."

라고 대답했다.

공자의 말을 듣고 노담이 말했다.

"아아, 위험하도다! 나중에는 널리 사람을 사랑한다는 것까지 말하고 있으니 이 얼마나 실제와 거리가 먼 이야기인가? 또 이기심이 없다고 하는 것은 오히려 자신에 구애되어 있는 것이다. 만일 자네가 천하 사람들로 하여금 그 소박한 본성을 잃지 않도록 한다면 천지에는 본디의 불변하는 질서가, 일월에는 본디의 불멸하는 빛남이, 별들에게는 본디의 일정한 배열이, 조수(鳥獸)에게는 본디의 무리별 영위가, 수목(樹木)에는 본디의 자연스런 성장이 있게 된다. 사람이 작위를 더할 필요가 없다. 자네가 또, 타고난 무위의 德을 모범 삼아 행동하여 자연의 道에 좇아 움직이면 그로써 충분할 것이다. 그럼에도 어찌하여 애써 인의를 내세워, 마치 큰북을 울려 도망간 사람을 찾는 것처럼 모순된 짓을 하는가? 아아, 자네는 인간의 본성을 어지럽히고 있을 뿐이네."

【語義】 藏書於周室(장서어주실):漢初에는 고서 수집이 조정뿐 아니라 제후 사이에서도 널리 행해졌다.

　子路(자로):공자의 제자인 중유(仲由). 子路는 그의 자. 성격이 굳세고 행정적 재능이 있어 공자의 신임을 받았다. 공자보다 9세 연하였는데 위(衛)에 출사하여 공자보다 먼저 세상을 떠났다.

　徵藏史(징장사):≪사기≫ 노자전에는 '守藏室之史'로 되어 있다. 책을 모으고 수납하는 사관(史官)이라는 뜻에서 붙여진 관직 이름.

　免而歸居(면이귀거):관직에서 물러나 사택에 있음.

　十二經(십이경):뒤의 천도편에서는 十二經 대신 '詩 · 書 · 禮 · 樂 · 易 · 春秋의 六經'이라 했다. '十二經'에 대해서는 앞의 六經에 六緯를

더한 것이라고도 하며 ≪주역≫ 上·下經과 十翼을 가리키는 것이라고도 하며 또 ≪춘추≫ 十二公의 經을 가리킨다는 등 여러 설이 있다.

大謾(대만):‘大’는 ‘太’와 같으며 ‘謾’은 ‘漫’과 같다. 산만하다는 뜻.

中心物愷(중심물개):‘物’이 ‘勿’로 되어 있는 판본도 있다(≪경전석문≫의 설). ‘勿愷’는 ‘愷’가 ‘劶(개:삐걱거리다, 다른 物과 갈등을 빚다)’의 차자로서, 거스르는 일이 없다는 것을 가리키는 말이리라. 일설에 ‘物’은 ‘易’을 잘못 베낀 것이며 ‘易’은 ‘懌(역:기뻐하다)’의 뜻이라 한다(馬叙倫의 설).

意幾乎後言夫兼愛(의기호후언부겸애):‘意’는 ‘噫’와 같다. 감탄사. 成玄英은 ‘幾’를 ‘近’의 뜻으로 보고, 또 ‘幾乎後言’을 한 구로 보아 ‘말세의 쓸모없는 소리’의 뜻으로 해석했는데 ‘幾’는 ‘危’의 차자이며 ‘幾乎’는 뒤의 ‘夫子亂人之性也’에 대응하는 말이다. ‘兼愛’는 본디 묵자의 주장이나 유가설 가운데 섞여 들어가 박애(博愛)를 뜻하게 되었다.

夫子若欲使天下無失其牧乎(부자약욕사천하무실기목호):‘牧’을 글자 뜻 그대로 ‘기른다’는 뜻으로 해석하는 설(司馬彪·成玄英의 설)도 있지만 뒤의 천운편에 같은 취향의 문장이 있으며 그곳에는 ‘朴’으로 되어 있어 그에 근거하여 ‘朴’으로 고쳤다.

天地固有常矣(천지고유상의):대종사편에 ‘其有夜旦之常, 天地’라고 한 것과 같은 취향의 문장이다. 앞의 〈대도유서론〉에서 ‘夫尊卑先後, 天地之行也’라고 한 것과는 다르다.

禽獸固有羣矣樹木固有立矣(금수고유군의수목고유립의):마제편에 ‘禽獸成羣, 草木遂長’이라 한 것에 근거한 말이리라.

循道而趨(순도이추):‘趨’는 ‘行’의 뜻. 앞의 ‘放德而行’의 ‘行’과 대응하는 수사를 만들기 위해 글자를 이렇게 바꾼 것이다.

何偈偈乎揭仁義(하걸걸호게인의):‘偈’은 ‘竭(갈)’의 차자로 보아야만 한다. 노고하여 힘쓰는 것. '揭'는 높이 들어올리는 것.

【補說】 이상의 〈인의난인성우화〉는 공자와 노담의 문답을 빌려, 공자가 주장하는 인의의 가르침은 사람의 본성에 근거를 둔 것이 아니며 오히려 사람의 본성을 어지럽히는 것임을 설하고 있다.

【餘說】 〈인의난인성우화〉의 성립 배경

  ≪장자≫ 중에는 공자·노담의 문답 형식을 취한 우화가 적지 않게 있는데 이것도 그 가운데 하나다. 물론 그러한 우화들은 공자나 유가를 비방하는 내용의 것들인데 그래도 이것은 문답의 진행 방법이 비교적 온당하며 '無私焉乃私也'라 한 것은 귀를 기울일 만한 말이다. 어떠한 善도 의식적으로 행하는 한 그것은 참된 善이 될 수 없다. 노담이 주(周)의 사관이었다는 것은 ≪사기≫에 기록되어 있는데 어쩌면 이 우화가 ≪사기≫의 사료가 되었는지도 알 수 없다.
  그런데 공자는 인간의 善에의 지향성을 생각하고 있었지만 인의가 인간의 본성이라고는 설하지 않았다. 인의를 내세워 仁·義·禮·知의 德이 되는 측은·수오·사양·시비(惻隱·羞惡·辭讓·是非)의 사단(四端)이 인간 고유의 본성이라고 설한 것은 바로 맹자다. 맹자는 인간이 善을 행하지 않는 것은 그 본심을 잃었기 때문이라 하고 본심을 찾을 것을 설했다. 이 우화에서 '若擊鼓而求亡子焉'이라 한 것은 본심을 구해야 한다는 맹자의 설의 모순을 풍자한 것으로 생각된다. 이 우화의 작자는 맹자의 설을 알아 그것을 공자에까지 소급시켰던 것이다.
  또 '兼愛無私'를 공자의 설로 취급하고 있는데 이것은 공자의 설이 아니라 묵자의 설이다. 묵자의 설이 유가에 혼입된 것은 맹자 이후의 일

일 것이다. 실은 이 우화의 주요한 주장인 '인의는 결코 인간의 본성이
아니다. 오히려 인간의 본성을 어지럽힐 뿐이다.'라는 것은 앞의 변무
편·마제편 등에서 강조되었던 것으로 '無私焉乃私也'라는 명언도 그
사고방식은 본편 〈성인지정론〉의 '聖人之靜也, 非曰靜也善, 故靜也'와
비슷하며 그 우의에 각별한 독창성이 담겨 있다고는 할 수 없다. '天地
固有常矣'라 한 것도 명백한 질서의 엄존을 전제로 한 것이며 후기적 사
고방식이다.

　'공자는 자신이 지은 12개의 경서를 펼쳐 놓고 설명하기 시작했다'고
한 서술은 유가의 젠체하며 장황하게 늘어놓는 모습을 교묘하게 풍자한
것이다. 그러나 이 풍자는 유가의 경학(經學)이 사람들에게 잘 알려져
있지 않으면 효과가 없다. '十二經'은 과연 무엇을 가리키는 것일까? 유
가가 언제부터 육예(六藝:六經) 중심의 경설(經說)이 되었는지는 명확
하지 않은데 시·서·예·역·춘추(詩·書·禮·易·春秋) 오경의 박
사(博士)를 두어 관리를 양성하게 하고 유교를 국교로 삼은 것은 한 무
제 초기, 건원(建元) 5년(B.C. 136)의 일이었다. 이때보다 후기는 아
니라 하더라도 이러한 유교의 가르침이 어느 정도 뿌리내렸던 때에 이
우화가 지어진 것은 아닐까? 漢代에는 경·전(經·傳)의 수집이 성했
고, 문제(文帝) 때에는 秦의 박사 복생(伏生)이 전한 ≪상서(尙書)≫를
복원하고, 무제 초기에는 공자의 구택(舊宅)에서 ≪고문상서(古文尙
書)≫·≪古論語≫ 등이 나왔다고 한다. 또 그에 발맞추어 민간에서는
진귀한 책을 바치는 자가 많았을 것이다. 공자가 자신의 저서를 왕실
의 서고에 보관하고 싶다고 한 이 우화의 구상에는 당시의 정세가 반영
되어 있다고 생각된다. 만약 그렇지 않다면 이 우화도 한 무제 초기 때
지어진 것이리라.

제8장 사성기 · 노자문답:도절우화(士成綺 · 老子問答:盜窃寓話)

士成綺見老子而問曰, "吾聞夫子聖人也. 吾固不辭遠道而來,
願見. 百舍重趼而不敢息. 今吾觀子, 非聖人也. 鼠壤有餘蔬
而弃妹(委之者), 不仁也. 生熟不盡於前, 而積斂無崖."
老子漠然不應.
士成綺明日復見, 曰, "昔者, 吾有刺於子. 今, 吾心正(屈)卻
矣. 何故也."
老子曰, "夫巧知 · 神聖之人, 吾自以爲脫焉. 昔者, 子呼我牛
也, 而謂之牛. 呼我馬也. 而謂之馬. 苟有其實人與之名而弗
受, 再受其殃. 吾服也恆服. 吾非以服有服."
士成綺鴈行, 避影履行. 遂進而問脩身若何.
老子曰, "而容崖然, 而目衝然, 而顙頯然, 而口闞然, 而狀義
然, 似繫馬而止也. 動而持, 發也機, 察而審, 知巧而覩於泰.
凡以爲不信. 邊竟有人焉. 其名爲竊."

사성기가 노자를 만나 뵙고 다음과 같이 물었다.

"저는 선생님께서 德이 높은 성인이라고 들었습니다. 그래서 먼 길도 마
다 않고 이렇게 와 만나 뵙기를 원하는 것입니다. 오랜 여정으로 발에 물집
이 잡혀도 쉬지 않고 이렇게 찾아왔습니다. 그런데 지금 선생님을 뵙고 보
니 소문과는 달리 성인이 아니십니다. 쥐가 무너진 흙 위에 먹다 남은 채
소를 끌어다 놓는 대로 방치해 두는 것은 인자(仁者)가 할 일이 아닙니다.
더욱이 눈앞에 날것, 익힌 것이 더는 먹을 수 없을 만큼 있는데도 끝없이

모아 쌓고 있군요."

노자는 그저 고요히 있을 뿐, 사성기의 말에 아무 대답도 하지 않았다.

사성기는 다음날 또 노자를 찾아뵈었다. 그리고 다음과 같이 말했다.

"어제는 제가 선생님을 비난했습니다. 그런데 오늘은 그런 마음이 완전히 사라졌습니다. 어찌된 일인가요?"

노자가 대답했다.

"세간에서 극구 칭찬하는 영지(英知)의 인간이니 신성(神聖)이니 하는 따위의 경지에 나는 이미 마음 쓰지 않은 지 오래 되었소. 어제 그대가 나를 소 같은 놈이라고 말했다면 나는 나를 소라고 생각했을 것이오. 나를 말 같은 놈이라고 말했다면 나는 나를 말이라고 생각했을 것이오. 적어도 다른 사람이 그렇게 생각해서 그런 이름을 붙였는데 받아들이지 않는다면 거듭 재난을 받는 게 되겠지요. 내가 그대가 말한 대로 되는 것은 내 평소의 행동일 뿐, 새삼스레 그대의 말대로 하려고 그렇게 행동하는 것은 아니오."

사성기는 이 말을 듣고 크게 느끼는 바가 있어 떠나려는 것을 그만두고 노자의 뒤를 좇아 그의 그림자를 밟지 않도록 주의하며 따르다가 마침내 그의 앞에 나아가 어떻게 몸을 닦아야 하는지를 물었다.

노자가 이에 대답하여 다음과 같이 가르쳤다.

"자네의 얼굴은 다른 사람을 압도할 듯 위엄이 넘치고 눈빛은 쏘아보는 듯 빛나며 이마는 남을 업신여기듯 높고 넓적하며 입은 탐욕에 찬 듯 크게 열려 있고 태도는 점잖고 위엄이 있어 마치 곧 달려 나아가려는 말이 억지로 말뚝에 묶여 있는 듯한 모습이네. 움직이려 하는 것을 꾹 억누르고 있는데 일단 움직이면 재빠르고 날카롭게 움직이며 물사를 명확하게 하기 위해 세세한 데까지 시시콜콜 캐고 약삭빠르게 지혜를 작용시켜 사람들로부터 찬양받는 일에만 눈을 돌리게 될 것이네. 그럼에도 그 어떤 일에 대해서도 신뢰받지 못할 것이네. 국경 한쪽 구석에 사람이 있는데 이름을 도둑이라 하네. 자네는 바로 그와 비슷하네."

【語義】 士成綺(사성기):成玄英은 '성은 士, 자는 成綺'라고 해석했다. '成
綺'는 아름다움을 이루고 있다는 글자 뜻을 빌려, 기이하다는 뜻을 지닌
이름의 인물로 설정되었을 것이다.

　　百舍重趼(백사중견):'舍'는 하루의 여정으로 30리(里). '趼'은 발바닥에 생
기는 콩알 같은 물집. 원거리를 애를 쓰며 급히 찾아온 것을 가리킨다.

　　而弃妹不仁也(이기매불인야):저본에는 '而弃妹'로 되어 있는데 ≪경
전석문≫에 의하면 '妹之者'로 되어 있는 판본도 있다 한다. 成玄英疏
本에는 '而棄(弃와 같다)妹之者'로 되어 있다. 본서에서는 '之者' 두 자
를 보충했다. '어지럽게 흩어져 있는 대로 두고 관여하지 않는 모양'(王
先謙의 설)을 가리킨다. '妹'는 '委'를 잘못 베낀 것이다. '不仁'은 物을
중요하게 여기지 않는 것을 과장하여 표현한 것이다.

　　生熟不盡於前(생숙부진어전):'生'은 생선회·과일·야채 따위, '熟'은
국 등 익힌 음식을 가리킨다.

　　而積斂無崖(이적렴무애):통상, 재물을 모아 쌓아 놓는다는 뜻으로 해
석하는데 이것은 재물에 관해 말하는 것이 아니라 음식물에 관해 말하
고 있는 것이다. 천지편에 '飮食取足而不知其所從'이라 한 것과 같은 취
지이다. '無崖'는 無限의 뜻.

　　漠然(막연):마음 쓰지 않고 가만히 있는 모양.

　　昔者(석자):'昨日'과 같은 뜻.

　　吾心正卻矣(오심정각의):'正'은 '屈'을 잘못 베낀 것. '卻'은 '却'과 같
다. '물러나다, 후퇴하다'의 뜻.

　　子呼我牛也而謂之牛(자호아우야이위지우):소라고 부르면 스스로 자
신을 소로 생각함.

吾非以服有服(오비이복유복):'服'은 행한다는 뜻(郭象의 설), 상대방의 말에 따르는 것(焦竑의 설)을 가리킨다.

鴈行(안행):기러기의 행렬처럼 비스듬히 후방에서 따라가는 것. '鴈行'은 자기보다 신분이나 지위가 높은 사람을 따라갈 때 취하는 예이다.

避影履行(피영이행):그림자를 밟는 것은 그 사람을 밟는 것이나 다름없다고 생각되었기에 피해야만 할 일이었다. '行'은 행적·족적. 요컨대 '履行'은 뒤에서 따라가는 것.

而容崖然(이용애연):'而'는 '汝'와 같다. '崖然'은 산비탈이 높게 깎아지른 듯 가파른 모양.

衝然(충연):똑바로 쳐다보는 모양.

頯然(괴연):높고 넓은 모양.

闞然(감연):'闞'은 'ㅂ(감:크게 입을 벌린 모양)'의 차자.

而狀義然(이상의연):'義'는 '峩(아)'의 차자. 높고 험하게 솟아오른 모양. 나아가, 젠체하며 위엄있는 모양. '狀'은 여기서는 앞의 '容'에 대응하여 태도·행위를 가리킨다.

【補說】 이상의 〈도절우화〉는 노자에 의탁한 우화의 하나이다. 여기서는 유가적인 인물론을 지닌 사성기와 도가의 종주 노자가 문답하는 형식으로 우선 사성기가 보기에 누추한 소인에 지나지 않는 노자의 모습을 묘사하고, 다음으로 외형에 구속되지 않는 노자의 행동과 외형의 엄장(嚴壯)함에다 지혜의 예민함을 도모하는 사성기의 행위를 대조시키며 외형에 구속되지 않는 소박한 자연스러움에야말로 '物의 眞을 밝히고 그 근본을 지키는' 길이 있음을 보여 주고 있다. 약간 난해한 점이 있지만 좋은 우화이다. 그리고 다음의 〈수본론〉과 관련되어 있다.

제9장 수본론(守本論)

老(夫)子曰, "夫道於大不終, 於小不遺. 故萬物備. 廣廣乎其
無不容也, 淵乎其不可測也. 形德·仁義, 神之末也. 非至人,
孰能定之.
夫至人有世, 不亦大乎. 而不足以爲之累. 天下奮棟而不與之偕.
審乎無假, 而不與利遷. 極物之眞, 能守其本. 故外天地, 遺
萬物, 而神未嘗有所困也. 通乎道, 合乎德, 退仁義賓禮樂.
至人之心, 有所定矣."

선생께서 다음과 같이 말씀하셨다.

"道는 큰 物에만 가득 차는 것이 아니고, 또 작은 物이라도 방치해 두는
일 없이 모든 物에 가득 차서 자라게 한다. 그렇기 때문에 갖가지 物이 천
지 사이에 갖추어지는 것이다. 또 道는 더없이 광대하여 모든 物을 포용하
고 있으며 더없이 심원하여 그 어느 것도 헤아릴 수 없는 근원을 이루고 있
는 것이다. 따라서 군주가 세상을 다스리기 위해 상벌이나 인의를 사용하
는 행위는 그 정신을 운용하는 이상에는 말단의 짓일 뿐이다. 세상을 다스
리는 일은 道에 도달한 지인(至人)이 아니면 어느 누가 바르게 행할 수 있
겠는가! 오직 지인만이 할 수 있는 것이다.

무릇 지인에게도 세상을 다스린다고 하는 것은 중대한 일이 아니겠는가?
그러나 그것은 지인에게는 마음을 괴롭힐 만한 일이 아니다. 지인은 천하
사람들에게 주권을 휘두르더라도 말단의 일을 놓고 더불어 다투려 하지 않
기 때문이다. 요컨대 무엇이 거짓이 아닌지를 명확히 하고 물사의 이익을

좇는 일을 하지 않으며 物의 진실을 궁구하고 그 근본의 道를 굳게 지키는 것이다. 그래서 천지도 만물도 모두 잊어버리기 때문에 그의 정신이 세상의 번잡한 일에 번뇌하는 일이 없는 것이다. 요컨대 지인은 道에 통달하고 타고난 德과 하나가 되어 세상에서 극구 찬양받는 인의를 물리치고 예악도 물리친다. 지인의 마음은 한결같은 것이다.”

【語義】 老子日(노자왈):저본에는 이렇게 되어 있다. 成玄英의 疏에 ‘장주는 老氏를 스승으로 했다. 따라서 夫子라 한 것이다.’라 한 것을 보면 成玄英이 참고했을 당대(唐代)의 ≪장자≫에는 ‘夫子’로 되어 있었을 것이다. 成玄英疏本 외의 통행본에도 ‘夫子’로 되어 있는데 저본에는 ‘老子’로 되어 있다. 앞 절에 끌려 잘못 베낀 것이리라.

夫道於大不終於小不遺(부도어대부종어소불유):‘夫道不終於大, 不遺於小’를 이렇게 표현한 것이다. ‘終’은 ‘充(충:채우다)’의 차자.

廣廣乎(광광호):광대한 모양.

淵乎其不可測也(연호기불가측야):‘淵乎’는 매우 깊은 모양.

形德仁義神之末也(형덕인의신지말야):‘形’은 ‘刑’의 차자. 형벌을 행하는 것. ‘德’은 여기서는 상을 내리는 것을 가리킨다. ‘神’은 정신(心)을 작용시키는 것. ≪한비자≫ 二柄篇에 ‘二柄이란 刑과 德을 말한다. 죽이는 것을 刑이라 하며 상을 주는 것을 德이라 한다. 군주가 刑과 德을 사용하면 신하들은 군주의 위력을 두려워하여 상을 받고자 노력한다. (二柄者刑德也. 何謂刑德. 日, 殺戮之謂刑, 慶賞之謂德. 故人主自用其刑德, 則羣臣畏其威而歸其利矣)’라고 한 것처럼 刑德과 仁義는 군주가 힘써야 할 중요한 일이지만 자신의 정신을 작용시킨 이상에는 그런 것들은 말기(末技)에 지나지 않음을 가리키고 있다.

非至人孰能定之(비지인숙능정지):‘之’는 刑德仁義의 문제, 즉 정치를 가리킨다.

不亦大乎(불역대호):삽입된 구이다. '세상을 다스리는 것은 중대하지만'의 뜻이다.

天下奮棅而不與之偕(천하분병이불여지해):'棅'은 '柄'과 같다. 군주의 지배권을 가리킨다. '與之偕'는 이른바 '與人和'.

審乎無假……能守其本:앞 절의 노자의 행위가 그 구체적인 예이다. 덕충부편의 '審乎無假, 而不與物遷, 命物之化, 而守其宗也'에 근거한 것이리라. '無假'는 거짓이 없는 것, 즉 眞과 같다.

外天地……而神未嘗有所困也:대종사편의 '無古今而後能入於不死不生'을 간략하게 한 꼴이다.

通乎道……賓禮樂:대종사편의 '坐忘'에 근거한 것이리라. '賓'은 '擯(빈:멀리하다, 거절하다)'의 차자.

至人之心有所定矣(지인지심유소정의):앞의 〈천락론〉의 '一心定而萬物服'과 같은 주장이다. '所定'은 道와 일체가 되어 있는 것을 말한다.

【補說】 이상의 〈수본론〉은 지인(至人)은 모든 것의 유일한 근원에 통달해 있기 때문에 세상을 다스리더라도 전혀 번뇌하지 않고, 인의·예악 등의 말기(末技)를 버리고 그 근본에 힘써 정신이 부동(不動)함을 설하고 있다.

앞 절 〈도절우화〉의 '鼠壤有餘蔬' '生熟盡於前'이라고 한 物의 산란(散亂)함에도 노자가 무관심했던 것과, 또 사성기가 어떤 비난을 해도 노자가 감수했던 것 등은 이 논설의 '審乎無假' 또는 '外天地, 遺萬物, 而神未嘗有所困也'의 구체적인 예라 말할 수 있을 것이다. 이런 점에서 생각하면 이 논설은 앞 절의 해설이자 부연으로서 더해진 것인지도 알 수 없다. '夫子曰'이라 한 표현도 이런 점을 생각하게 한다.

그런데 본절은 이미 다른 편에 나타난 주장을 하나로 매듭짓는 듯한 인상을 주며 또 주제에 있어서도 앞 절이 개인의 인물 수양을 주로 하는 데 비해 정치 문제를 주요한 문제로 삼고 있는 등 적지 않은 상이점을 보여 주고 있어 앞의 우화를 지은 사람과는 다른 사람이 지은 것으로 생각된다.

제10장 서부족귀지론(書不足貴之論)

世之所貴道者, 書也. 書不過語, 語有貴也. 語之所貴者, 意也.
意有所隨, 意之所隨者, 不可以言傳也. 而世因貴言傳書. 世
雖貴之, 哉(我)猶不足貴也. 爲其貴非其貴也. 故視而可見者,
形與色也. 聽而可聞者, 名與聲也. 悲夫, 世人以形·色·
名·聲爲足以得彼之情. 夫形·色·名·聲, 果不足以得彼
之情. 則 '知者不言, 言者不知.' 而世豈識之哉.

　세간의 사람들이 道로서 귀히 여기는 것은 바로 책이다. 책은 어떤 사람
이 말한 것을 적어 놓은 것에 지나지 않는다. 그런데 말에는 귀중한 것이
담겨 있다. 말에 담긴 귀중한 것이란 말하기에 앞서 생기는 그 사람의 뜻
이다. 나아가 뜻에는 道가 담겨져 있다. 그 道는 말로써 다른 사람에게 전
할 수가 없다. 그럼에도 세상 사람들은 헛된 말을 귀히 여기고 그것을 기록
하여 책으로까지 만들어 전하고 있는 것이다. 세상 사람들이 그것을 아무
리 귀하게 여겨도 나는 그럴 만한 가치를 지니고 있다고 생각하지 않는다.
　세상 사람들이 귀하게 여기는 것이 참으로 가치 있는 것은 아니다. 왜냐
하면 세상 사람들이 눈으로 알아볼 수 있는 것은 고작 物의 외면적인 形과
色이기 때문이다. 귀로써 알아들을 수 있는 것은 고작 그 名과 음성뿐이기
때문이다. 슬픈 일이도다, 세상 사람들이 외면적인 形·色·名·聲 따위
로 그 내면의 진실을 알 수 있다고 생각하고 있으니! 무릇 形·色·名·聲
따위로는 도저히 物의 진실을 알 수가 없는 것이다. 그래서
　"참으로 물사를 알고 있는 자는 경솔하게 입에 담아 말하지 않는다. 따라

서 함부로 입을 여는 자는 정말로 물사를 알고 있는 것이 아니다."

라고 하는 것이다. 그렇지만 세상 사람들이 과연 이런 것을 알고 있을까?

【語義】 世之所貴道者(세지소귀도자):成玄英은 '道는 언설(言說)이다'라고
해석했다. '道'를 '言(말하다)'의 뜻을 지닌 동사로 본 것이다. 이로써
"세상에선 말하는 것을 귀하게 여긴다'로 해석하는 경우가 있는데 적당
하지 않다. '세속의 사람들이 道로서 귀하게 여기는 道란'의 뜻이다. '道'
는 다음 글의 '意之所隨者, 不可以言傳也'와 대응한다.

語之所貴者意也(어지소귀자의야):'意'는 의식 또는 상념을 가리킨다.
≪관자≫ 심술 하편에 '마음속에 또 마음이 있다. 뜻이 있어 소리에 앞
선다. 소리가 나서 표현된다. 표현된 다음에 생각한다. 생각한 다음에
안다.'라고 한 것처럼 주관적인 뜻이 언어 표현보다 앞서기 때문에 뜻과
말이 반드시 일치하는 것은 아니라는 것이 고대의 생각이었다.

意有所隨(의유소수):'所隨'는 道를 가리킨다.

世雖貴之哉猶不足貴也(세수귀지재유부족귀야):저본에는 '哉'로 되어
있는데 成玄英疏本에 의해 '我'로 고쳤다.

形色名聲(형색명성):物의 불완전한 실정(實情)인 외면을 대표하는 것
들이다.

則知者不言言者不知(즉지자불언언자부지):이 '則'은 '乃'와 같은 뜻.
'知者不言, 言者不知'도 ≪노자≫(제56장)에 나오는 말.

【補說】 이상의 〈서부족귀지론〉은 책을 귀히 여기는 세상 사람들의 과오
를 지적하고 있다. 책은 어떤 사람의 언설을 기록한 것인데 일반적으로
언설은 形·色·名·聲 따위의 物의 외면을 묘사하는 데 그쳐 그 근본
인 意를 밝히지 못하므로 책은 존중할 만한 것이 아님을 설하고 있다.

【餘說】〈서부족귀지론〉의 성격

　　본절은 앞의 〈도절우화〉와 〈수본론〉의 관계와는 반대로 다음의 〈고
인지조박우화(古人之糟粕寓話)〉에 앞서 그 취지를 해명하는 성격을 띤
작품이다. 필시 의식적으로 그렇게 했던 것이리라. 덧붙여 말하면 다음
의 우화를 ≪한시외전≫은 성왕(聖王)의 인심 감화(人心感化)의 위대함
을 보여 주는 예화라 하고, ≪회남자≫는 道는 상식을 초월하는 것임을
보여 주는 예화로 보고 있는데 본절은 그것들과는 약간 달리, 言·意와
道의 관계로 해석하고 있다. 이러한 것도 본절이 의식적으로 지어진 도
입문임을 입증하는 것이리라.

　　그런데 본절이 다음 절의 의식적인 도입문이라 하더라도 같은 사람이
같은 시기에 지었다고는 생각할 수 없다. 본절은 크게 서물(書物) 일반
의 무가치를 설하는 반면 다음 절은 특별히 성인이 남긴 책에 대해 '古
人의 조박(糟粕)'이라 하여 신랄한 야유를 퍼붓고 있다. 본절과 다음 절
을 서로 연속되는 한 문장으로 보는 학자가 많은데 본서에서는 각기 별
도의 것으로 취급했다.

제11장 환공·윤편문답:고인지조박우화(桓公·輪扁問答:古人 之糟粕寓話)

桓公讀書於堂上. 輪篇斲輪於堂下. 釋椎·鑿而上, 問桓公曰,
"敢問, 公之所讀, 爲何言邪."
公曰, "聖人之言也."
曰, "聖人在乎."
公曰, "已死矣."
曰, "然則君之所讀者, 古人之糟魄已夫."
桓公曰, "寡人讀書, 輪人安得議乎. 有說則可, 無說則死."
輪扁曰, "臣也, 以臣之事觀之. 斲輪, 徐則甘而不固, 疾則苦
而不入. 不徐不疾, 得之於手, 而應於心. 口不能言, 有數存
焉於其閒. 臣不能以喩臣之子, 臣之子亦不能受之於臣, 是以
行年七十而老斲輪. 古之人與其不可傳也, 死矣. 然則君之所
讀者, 古人之糟魄已夫."

환공(桓公)이 당 위에서 책을 읽고 있었다. 당 아래에서는 수레바퀴 만드
는 것을 업으로 하는 편(扁)이 수레바퀴를 만들고 있었다. 편이 손에 들고
있던 망치와 끌을 내려놓더니 환공에게 여쭈었다.
"감히 묻겠나이다. 전하께서 읽고 계신 것은 누구의 말이옵니까?"
"성인의 말씀이다."
"성인은 살아 계십니까?"
"벌써 돌아가셨다."

"그러하오면 전하께서 읽고 계신 것은 옛사람이 남긴 술지게미 같은 게 아니겠습니까?"

이에 환공이 크게 노하여 말했다.

"군주인 내가 책을 읽는 것에 대해 한낱 수레바퀴를 만드는 주제에 어찌 이러니저러니 이야기할 수 있단 말인가. 합당한 이유가 있으면 모르되 그렇지 않으면 사형에 처하겠다."

미천한 신분의 편은 태연히 대답했다.

"신은 신의 일로써 미루어 보아 말씀드린 것입니다. 나무를 깎아 수레바퀴 테를 만들 때 여유를 가지고 서서히 만들면 너무 헐거워 맞지를 않습니다. 그렇다고 재빨리 깎아 내면 이번엔 너무 끼어 들어가지를 않습니다. 헐겁지도 않고 너무 끼지도 않게 적당하게 깎아 내는 것은 제 손과 마음으로 느껴 할 수밖에 없는 것입니다. 이것은 말로 어떻게 표현할 수 있는 게 아니며 헐겁지도 않고 너무 끼지도 않게 깎아 내는 것이 바로 자연스런 기술입니다. 저는 이것을 자식에게 가르치고자 하나 가르칠 수가 없으며, 제 자식은 제게서 배우고자 하나 배울 수가 없습니다. 때문에 신은 일흔의 나이가 된 몸이지만 아직도 수레바퀴를 깎고 있는 것입니다. 이와 마찬가지로 다른 사람에게 말로는 전할 수 없는 그 무엇인가는 옛사람과 함께 사라져 버린 것입니다. 이러한 까닭으로 폐하께서 읽고 계신 것은 옛사람이 남긴 술지게미 같은 것일 뿐이라고 한 것입니다."

【語義】 桓公(환공):춘추시대 제(齊)나라의 군주. B.C. 685~B.C. 643 재위. 관중(管仲)을 재상으로 삼아 처음으로 패업을 이루었다.

　　輪扁(윤편):윤인(輪人)으로 이름이 扁인 자. 윤인은 수레·수레바퀴 등을 만드는 사람.

　　斵輪(착륜):수레바퀴를 만드는 것. '斵'은 '깎다·자르다'의 뜻. '斵輪'

은 이 우화로 기술이 매우 뛰어난 사람을 뜻하는 성어가 되었다.

釋椎鑿而上問桓公(석추착이상문환공):≪회남자≫에는 '上' 자가 없다. 그 편이 순당할 것이다. '釋'은 '措(조:하던 것을 놓고 하지 아니함)'의 뜻. '椎'는 '槌(추:망치)'의 뜻. '鑿'은 끌. 나무나 돌에 구멍을 뚫을 때 쓰츠는 연장.

然則君之所讀者古人之糟魄已夫(연즉군지소독자고인지조백이부): '魄'대신 '粕'으로 되어 있는 판본도 있다(≪경전석문≫의 설). '糟'는 즙을 짜고 남은 찌꺼기. 술지게미 따위. '魄'은 '粕(박:술지게미)'의 차자. ≪회남자≫에는 '是直聖人之糟魄耳'로 되어 있는데 그 표현이 더 훌륭하다.

桓公曰……輪人安得議乎:≪회남자≫에는 '桓公悖然作色而怒, 曰, 寡人讀書, 工人焉得而譏之哉'로 되어 있다. ≪회남자≫의 표현이 더 잘 정리되어 있다. '寡人'은 제후의 자칭. 德이 부족한 사람이란 뜻이나, 본디는 천자의 자칭인 '子一人'과 같은 취향의 말로서 지배자의 권위를 나타내는 말이었을 것이다.

無說則死(무설즉사):'說'은 이유. '死'는 여기서는 사형에 처하겠다는 뜻.

輪扁曰……以臣之事觀之:≪회남자≫에는 '輪扁曰, 然. 有說. 臣誠(試를 잘못 베낀 듯)以臣之斲輪語之'로 되어 있다.

徐則甘而不固疾則苦而不入(서즉감이불고질즉고이불입):필시 '輞(망:바퀴테)'을 이어 붙여 수레바퀴를 만드는 것에 관한 말일 것이다. '甘'은 느슨한 것. '苦'는 꼭 끼는 것.

不徐不疾……有數存焉於其閒:'數'는 기술을 가리킨다. ≪회남자≫에는 '不甘不苦, 應於手, 厭於心, 而可以至妙者'로 되어 있다.

行年七十而老斲輪(행년칠십이로착륜):'行年'은 그때까지 경과한 연수. ≪회남자≫에는 '行年六十, 老而爲輪'으로 되어 있다.

古之人與其不可傳也……古人之糟魄已夫：≪회남자≫에는 '今聖人之
所言者, 亦以懷其實, 窮而死, 獨其糟粕在耳'로 되어 있다. '死'는 여기서
는 '澌(시:얼음이 녹아 없어지듯 다하는 것)'의 차자.

【補說】 이상의 〈고인지조박우화〉는 수레바퀴 만드는 사람인 편(扁)이 제
(齊)의 환공에게 답하는 말을 통해, 수레바퀴 만드는 기술의 정수는 개
인이 체득할 수밖에 없는 것처럼 성인의 정신도 그 사람만이 체득한 것
이므로 성인이 남긴 책은 그 정신이 빠져 버린 조박(糟粕)으로 이를 신
성시하는 것은 어리석은 일임을 설하고 있다.

패자(覇者) 중에서도 으뜸으로 꼽히는 환공과 수레바퀴를 만드는 미
천한 편과의 조합이 기발하다. 扁에는 비천한 사람, 편굴(偏屈)한 사람
이란 우의가 담겨 있는지도 알 수 없다. 성인의 書를 '古人의 糟粕'이라
고 책한 것도 신랄하다. 특히, 실제적이며 개인의 것으로 하지 않으면
안 되는 기술의 정수(精髓)를 이야기함으로써 매우 설득력이 있다. 한
마디로 뛰어난 우화이다.

기술의 경우 그 정수는 개개인의 체험에 의해 체득되는 것이며 또 그
것은 포정해우(〈신기우화〉 양생주편)의 '神欲'처럼 말이나 문자로는 나
타낼 수 없으며 현실에서 실행되지 않으면 안 된다는 것을 누구나 알고
있다. 그런데 인생·사회의 근본적인 일에 있어서는 왕왕 개인의 자주
적인 실천을 멀리하는 경우가 있다. 이른바 성인의 書도 뛰어난 실천
경험의 기록이다. 인생·사회의 문제를 해결하는 데는 기술보다도 역
사적·사회적 보편성이 필요하다. 따라서 성인의 書가 그런 문제에 봉
착한 우리에게 많은 도움을 주는데 그 가치는 개개인이 이를 통해 현실
적·창조적 실천을 얼마나 하느냐에 달려 있다. 이에 관해서는 이미 유
가의 공자가 '사람이 道를 넓히는 것이지, 道가 사람을 넓히는 것은 아

니다.(人能弘道, 非道弘人)'(위영공편)라고 설했던 것이다. 그런데 성인의 書는 그 자체가 고정적인 범형(範型)이 되어 오히려 실천에서 벗어나며 창조적 사색을 고갈시켜 버리는 일도 있다.

중국에서는 이 우화의 배경이 되는 춘추시대 이후인 漢代에 성인의 書가 경서로서 정착되어 그것을 학습하는 경학(經學)이 학문의 주류를 이루고, 또 관리를 지망하는 자는 반드시 경서를 공부하지 않으면 안 되게 되었다. 인생·사회의 현실 문제도 경서를 통하여 간접적으로 고찰하고, 봉록을 얻기 위해 학문을 하게 되었던 것이다. 그러한 사회 풍토가 계속되는 가운데 경학에 대한 혁신이 전혀 없었던 것은 아니지만 '경서는 내 마음의 주석, 성현의 書는 자기 계발의 재산'임을 명확하게 재인식했던 것은 경학이 성립된 지 천 수백 년이 지난 남송(南宋) 때였다.

경학은 성인의 書가 형식화된 극단적인 예이지만 경학과 같이 현저한 모습을 취하지는 않더라도, 또 이른바 성인의 書에 국한하지 않더라도 문헌이나 다른 사람의 언설을 존중한 나머지 그 가치를 망각하고 오히려 그것을 조박화(糟粕化)하는 것은 현실에서 결코 보기 어려운 일은 아닐 것이다. 우리들은 근본적인 자주 창조의 사색을 게을리한 채 타인의 특이한 경험에서 뭔가 해답을 얻으려는 경우가 많지 않을까? 이 우화는 성인의 書를 '古人의 糟粕'이라고 매도하고 있는 것이 통쾌하기 때문이 아니라 앞서 밝힌 것과 같은 문제를 생각하게 하기 때문에 많은 사람들로부터 극구 칭찬받고 있다고 생각된다.

제14편
천운(天運)

편 머리의 '天其運乎'에서 편명을 취했다. 7개 우화로 구성되어 있다. 天地·天道 양편과 서로 관련되며, 또 무위의 다스림을 설한 것들을 모은 편인지도 알 수 없는데 노자와 공자의 문답 형식을 취한 것이 많다.

제1장 무함지조(巫咸之詔)

"天其運乎, 地其處乎. 日月其爭於所乎. 孰主長是, 孰維網
是. 孰居無事, 推而行是. 意者其有機緘而不得已邪, 意者其
運轉而不能自止邪.
雲者爲雨乎, 雨者爲雲乎. 孰隆施是, 孰居無事, 淫樂而勸是.
風起北方, 一西一東, 有上彷徨. 孰噓吸是, 孰居無事, 而披
拂是. 敢問何故."
巫咸曰詔, "來. 吾語女. 天有六極 · 五常. 帝王順之則治, 逆之
則凶. 九洛之事, 治成德備, 監照下土, 天下戴之. 此謂上皇."

"천지에 주야 · 춘추의 갈마듦이 있는 것은 천체가 움직이기 때문인가,
대지가 고요히 머물러 있기 때문인가, 아니면 해와 달이 서로 그 지배자의
위치를 차지하려고 다투기 때문인가? 무릇 누가 천지를 떠받치고 벌여 놓
았는가? 누가 대강(大綱)으로 묶어 움직이게 하고 있는가? 누가 아무것도
하지 않으면서, 그 까닭은 알 수 없지만 자연스럽게 이런 일을 일으키고
있는 것일까? 그렇지 않으면 그렇게 하는 장치가 있어 그렇게 되지 않을
수 없는 것일까? 아니면 선회하여 멈추려고 해도 멈출 수 없기 때문인가?

봄이 되면 비가 내려 만물이 자라는데 이는 구름이 피어올라 비가 되어
내리기 때문인가, 비가 구름이 되어 사방으로 퍼지기 때문인가, 아니면 누
군가가 구름을 일으켜 비를 내리게 하기 때문인가? 누군가가 아무것도 하
지 않으면서, 그 까닭은 알 수 없지만 즐겁게 비와 구름을 작용시키기 때
문인가?

가을이 되면 바람이 북쪽에서 일어 혹은 동쪽으로 불고 혹은 서쪽으로 불며, 또 하늘에 올라 정처 없이 불어 다니며 만물을 마르게 한다. 누군가가 바람을 토해내거나 들이마시거나 하기 때문인가? 누군가가 아무것도 하지 않으면서, 그 까닭은 알 수 없지만 자연스럽게 바람을 불게 하기 때문인가? 이러한 모든 일들은 인간의 지혜로는 도저히 예측할 수가 없으니 어인 까닭인지를 가르쳐 주시기를……."

이에 대해 영험한 무함(巫咸)이 다음과 같이 고했다.

"자, 내 네게 고하노라. 하늘에는 상하 사방의 육극(六極)의 질서, 木·火·土·金·水 오행의 법칙이 있다. 지상의 제왕이 이에 따르면 천하가 잘 다스려지지만 이에 좇지 않으면 재난이 내려진다. 그래서 왕자(王者)가 하늘의 질서와 법칙에 근거하여 지상의 아홉 가지 법칙을 애써 행하면 나라는 잘 다스려지고 德은 원만하게 갖추어지며 상제처럼 지상을 구석구석까지 빠짐없이 굽어보게 되어 천하 사람들이 모두 왕으로 추대하게 될 것이다. 이와 같은 사람을 지덕(至德)을 갖춘 상황(上皇)이라 하는 것이다."

【語義】 天其運乎地其處乎(천기운호지기처호):이 이하는 무함(巫咸)의 조(詔:詔는 詔의 이체자)를 구하는 말이다. 당시 천동설(天動說)이 유행했다는 것은 말할 것도 없는데 이 구는 과연 그것이 진실인지 또 어떻게 확인할 수 있는지 묻는 것이다.

日月其爭於所乎(일월기쟁어소호):이것은 日·月의 교대가 日·月의 의지로 일어나는지 묻는 것이다.

孰主張是(숙주장시):이 '主張'은 하나의 설을 주창한다는 뜻이 아니라 글자 뜻 그대로 '떠받쳐 벌여 놓다'의 뜻. '主'는 '拄(주:버티다)'와 같다. 天體·日·月·星 등 모든 천문(天文)을 무엇이 전개시키는지 묻고 있는 것이다.

孰維綱是(숙유강시):고대에는 천지가 항상 상하의 관계에 있는 것은 지상에 기둥이 있어 천지를 하나로 연결시키고 그 중심인 기둥에는 대강(大綱)이 있어 천체를 회전시키도록 되어 있기 때문이라고 생각했다. '維綱'은 바로 그 대강을 가리킨다.

孰居無事推而行是(숙거무사추이행시):'推而行是'는 일설에 '而推行是'의 오기(誤記)라 했다(奚侗의 설). '居無事'인 것은 조물자, 즉 자연이다.

意者(의자):'意'는 발어사로 '抑(억:대저)'과 같다. '者'는 앞 말을 강조하기 위한 조사.

機緘(기함):'機'는 어떠한 일을 꾀하는 것, 또는 그러기 위한 장치. '緘'은 '摵(함:흔들리다, 움직이다)'의 차자로 보아야 한다.

孰隆施是(숙륭시시):일설에 '隆'은 '降(강)'의 차자라고 했지만(俞樾의 설), 원문대로 '隆'은 구름을 성하게 일으키는 것으로, '施'는 비를 내리는 것으로 해석해야 한다.

淫樂而勸是(음락이권시):'淫樂' 두 자는 군글로 생각된다. '淫'은 '媅(담:즐거워하다)'의 차자(馬敍倫의 설). '淫樂'은 여기서는 도를 지나쳐 즐거워한다는 뜻이 아니다. 비는 음양의 조화로 내리는 것이라 했다. 그래서 즐거움과 연관시킨 것이리라.

有上彷徨(유상방황):'有'는 '又'의 뜻. '彷徨'은 '헤매다·떠돌다'의 뜻. '徬徨·傍徨·仿徨·方皇' 등으로도 쓴다. 일정하지 않게 바람이 부는 것을 가리킨다.

噓吸(허흡):呼吸(호흡)과 같다. 바람을 호흡의 氣에 비유한 것은 이미 제물론편에서 보았다. '夫大塊噫氣, 其名爲風'이라 했다.

披拂(피불):'披'는 '헤치다·흩어지게 하다'의 뜻. '拂'은 풀어 놓는 것.

巫咸袑(무함조):갑골문에 보이는 '함무(咸戊)'가 무함(巫咸)이라고 생각된다. ≪상서≫ 君奭篇에 의하면 은(殷)나라 태갑(太甲) 때의 현신(賢臣)인데 실제는 殷 이래 전국시대까지 종교적 대상으로 군림한 무녀(巫女)로서 천계의 신들 사이를 왕래하고 사람들에게 신들의 뜻을 전해 주는 존재로 여겨졌다. 補說 참조. '꿈'는 무함의 이름(成玄英의 설), 가까이 부르는 것(宣穎·馬敍倫의 설) 등으로 해석되고 있는데 '詔'의 이체자로 보아야만 한다. '告(알리다)'의 뜻.

六極五常(육극오상):'六極'은 상하 사방의 구별을 가리킨다. '五常'은 仁·義·禮·知·信이 아니라 여기서는 五行, 즉 木·土·水·火·金을 가리킨다. 언제부터 시작되었는지는 명확하지 않지만 전국시대 말기에 성행한 것에 오행설이 있다. 우주의 모든 현상은 음·양의 상반하는 두 律에 의한 것만이 아니라 木·火·土·金·水로 상징되는 다섯 가지의 상이한 성질이 있어 그 상호관계에 의해 법칙적 전개를 한다고 생각한 것이다. 예를 들어 봄에는 기후가 따뜻하고 식물이 자라기 시작하는데 이것을 '木行'으로 생각한 것이다. 여름에 더워지고 식물이 성장하는 것은 火行, 가을에 氣가 줄기 시작하며 식물이 결실하는 것은 金行, 겨울에 춥고 모든 물사가 휴식에 들어가는 것은 水行, 그리고 이것들이 전개되는 곳은 지상이므로 土行이 중심이 된다고 생각한 것이다. 이 오행이 바르게 전개되기 위해서는 봄에는 봄에 어울리는 행동을 하듯이 각 오행에 규정된 행동을 하지 않으면 안 된다. 그뿐 아니라 모든 物은 오행으로 분류되며 그 분류에 합당한 법칙성이 선천적으로 정해져 있다고 생각했다. 그런데 항상 木·火·土·金·水의 순서(이것을 五行相生이라 한다)로 전개된다고는 할 수 없고, 火行은 金行에 이기고, 水行은 火行에 이기는 것처럼 상극(相克)하는 순서(이것을 五行相克이라 한다)로 전개되기도 한다. 왕조의 교체는 이 오행상극설(예를 들어 秦나라는 金이고 그 뒤를 이은 漢나라는 火라고 했다)에 의해 예언되기도 했다. 일설에 '六極五常'은 ≪상서≫ 홍범편의 '五福六極'에 해당한다고 했는데(兪樾·馬敍倫의 설) 적당하지 않다.

帝王順之則治逆之則凶(제왕순지즉치역지즉흉):앞의 천도편에 '夫天地至神, 而有尊卑先後之序. 而況人道乎'라 한 것과 같이, 제왕은 천지의 질서에 좇아야 함을 주장하고 있다. 단 이 절에서 그 질서는 '五常'인 것이다.

九洛之事(구락지사):成玄英은 '九州의 聚落의 事'로 해석했다. '洛'을 '落'의 차자로 간주한 것이리라. 그런데 글 뜻이 순조롭지 못하다. 어쩌면 天에 九野가 있고 地·土·山에 九州·九山·九塞 등이 있다고 했으며(≪여씨춘추≫ 有始覽 참조), 또 九州를 의미하는 말은 九有·九原·九區·九服·九畯 등 많으며 동시에 落은 어떤 범위를 의미하는 말임을 생각하면 중국 九州를 가리키는 말이었는지도 모른다. 宋의 呂惠卿이래 '九洛'을 ≪상서≫ 홍범편의 구주(九疇:아홉 가지 법칙이라는 뜻)로 보는 해석이 비교적 많았다. 홍범편은 천제가 우(禹)에게 계시한 정치의 대법칙으로 殷의 기자(箕子)가 그것을 周의 무왕에게 전했다고 한다. '五行'을 근본으로 하여 '五事'를 삼가고 '八政'을 힘쓰며 '五紀(천문을 가리킨다)'를 본받고 '皇極(주권)'을 확립하며 '三德'을 존중하고 '稽疑(계의:卜筮를 가리킴)'를 조심스럽게 사용하여 천자가 '五福六極(다섯 가지 행운을 얻고 여섯 가지 재난을 피함)'의 목적을 성취한다고 하는 이른바 '九疇'를 설하고 있다. 또 이 홍범편이 '河圖(하도:황하에서 나온 계시의 圖)', '洛書(낙서:洛水에서 나온 계시의 글씨)' 가운데 洛書라고 하는 전설이 있었다. 그래서 '九疇'의 九와 '洛書'의 洛을 취해, 홍범편의 九疇를 九洛이라 한다고 해석하는데 이 해석은 위의 '五常'과의 관계를 생각할 때 비교적 무리가 없다. 그러나 홍범편이 洛書라고 하는 것은 漢代 중기의 설로 당시 그것이 정착되었다고는 볼 수 없으며, 또 이에 의

해 '九洛'이란 말이 생겼다고 하는 것도 의문이다. 단, 漢代에는 홍범편을 '大法九章'(≪한서≫ 律曆志)이라 한 적이 있다. 그래서 呂惠卿의 해석을 약간 수정하여 '九洛'은 '九格(格은 법식의 뜻)'으로 실질적으로는 九疇를 가리킨다고 해석한다. '九法'은 漢代의 성어였다.

監照下土(감조하토):지상을 조람(照覽)하는 것은 상제이지만 여기서는 제왕과 관계있는 말이므로 제왕의 높은 덕을 상제에 비겨 표현한 것이다.

上皇(상황):도덕을 완비한 제왕을 가리킨다.

【補說】 이상의 〈무함지조〉는 무함이 고(告)하는 형식을 빌려, 천지의 운행은 인간의 지혜로는 알 수 없지만 그 운행에는 자연의 질서와 법칙이 있으며 그것을 본받는 제왕이야말로 무위의 덕을 완비한 성왕임을 설하고 있다. 표현 방법에 특색이 있다. 또 무함이 고하는 부분을 제외한 물음 부분은 운문으로 되어 있다. 각 구 끝의 乎·是·邪 등의 중언(重言) 외에 處·所(魚部韻), 張·綱·行(陽部韻), 已·止(之部韻), 方·徨(陽部韻), 是·事(之部韻)가 압운자이다.

【餘說】 복점(卜占)의 가요 형식에 의한 표현

전국시대에는 점을 칠 때 쓰이는 묻고 답하는 형식이 가요에 널리 쓰였을 뿐 아니라 시 표현의 한 형식으로까지 자리잡았다(藤野岩友의 ≪巫系文學論≫ 참조).

예를 들면 ≪초사≫의 이소편은 그러한 형식이 하나의 기조를 이루고 있는데 한 대목을 소개하면 다음과 같다.

欲從靈氛之吉占兮, 心猶豫而狐疑.

巫咸將夕降兮, 懷椒糈而要之.

百神翳其備降兮, 九疑繽其竝迎.

皇剡剡其揚靈兮, 告余以吉故.

曰, 勉陞降以上下兮, 求榘矱之所同.

湯禹儼而求合兮, 摯咎繇而能調.

…….

영분(靈氛)의 길점(吉占)을 따르고도 싶지만, 마음이 내키지 않고 믿고
싶지 않네.

무함(巫咸)이 저녁에 온다 하니 물어 보고자, 산초 향 · 젯메쌀 갖추어 맞
을 준비하네.

백신(百神)을 거느리고 훨훨 내려오니, 구의(九疑)의 신들이 모두 나와 맞네.

무함의 영(靈)은 찬란하게 그 모습을 드러내더니, 내게 어찌하여 그 점
이 吉한가를 말해 주네.

말하기를, 하늘과 땅을 오르내리며, 그대와 법도를 같이하는 사람을 구
하게.

우(禹)와 탕(湯)이 어진 사람 구하더니, 지(摯)와 구요(咎繇)를 얻어 잘
어울렸다네.

…….

무함의 영이 내려오기 전의 일은 점장이 영분의 대답을 통해 굴원(屈原)
자신의 심정이 표명되어 있는 형식으로 되어 있지만, 무함의 영이 내려와
굴원에게 고하는 대목은 본절의 무함이 고하는 형식과 같다. 본절에는 무
함의 영이 강림하는 모습이 서술되어 있지 않을 뿐이다. 본절 전반의 성의

있는 질문에 천계에 있으면서 신들의 의지를 전달하는 무함의 영이 내려
와 답을 알려 주고 있다.

이 점치는 형식을 빌려 질문하고 답을 얻는 방법은 순자도 자신의 철학
적 문제의 표현에 이용했다(≪순자≫ 成相篇, 賦篇 참조). 한 예를 들면 다
음과 같다.

爰有大物. 非絲非帛, 文理成章. 非日非月, 爲天下明. 生者以壽, 死者以
葬, 城郭以固, 三軍以强. 粹而王, 駁而伯, 無一焉而亡. 臣愚不識, 敢請之王.
王曰, 此夫文而不采者與. 簡然易知, 而致有理者歟. 君子所敬, 而小人所
不者與. 性不得則若禽獸, 性得之則甚雅似者歟. 匹夫隆之, 則爲聖人, 諸侯
隆之, 則一四海者歟. 致明而約, 甚順而體. 請, 歸之禮. 禮.

여기 위대한 것이 하나 있습니다.

생사(生絲)도 아니고 견포(絹布)도 아닌데 그 무늬와 결이 눈부십니다.

해도 아니고 달도 아닌데 그 밝음이 천하제일입니다.

살아 있는 자는 그 덕택으로 오랜 생명을 누리고, 죽은 사람은 그로써 영
원히 잠들며, 성곽은 그로써 견고해지고, 대군은 그로써 강해집니다.

이를 순수하게 지키면 왕자가 되고, 이를 섞어서 사용하면 패자가 되며,
이를 하나도 지니지 못하면 멸망할 뿐입니다. 臣은 어리석어 이것이 무엇
인지 알지를 못합니다. 그리하여 이것이 무엇인지 감히 왕께 여쭈어 봅니다.

왕께서 말씀하시기를,

그것은 무늬는 있더라도 색채는 없을 것이다.

위대한 까닭에 알기 쉽고 결이 선명할 것이다.

군자는 이를 존경하고 소인은 이를 경시할 것이다.

인간의 본성이 이를 얻지 못하면 금수와 다름없이 되고, 이를 얻으면 우

아하고 바른 인간이 될 것이다.

보잘 것 없는 자라도 이것을 받들고 닦으면 성인도 될 수 있고, 제후가 이를 존중하면 천하를 통일할 수 있을 것이다.

더없이 명백하고 간략하며 매우 자연스러워 체득하기 쉬운 것.

자, 그것은 바로 예이다. 예!(≪순자≫ 賦篇)

본절이 무함의 신탁을 이용한 점은 이소편과 흡사하고, 철학적 문제를 표현함에 신탁을 이용한 점은 ≪순자≫ 부편과 흡사하다. 본절이 이소의 계통을 이어받았는지, 아니면 ≪순자≫의 뒤에 나타난 것인지는 그 형식만으로는 명확하게 규정할 수 없지만 王者는 無爲인 天秩·天序를 기준 삼아야 한다고 주장하고 있는 점은 천지편·천도편 등의 주장과 흡사하다.

제2장 상태재탕 · 장자문답:지인무친우화(商太宰蕩 · 莊子問答:至仁無親寓話)

商太宰蕩問仁於莊子.

藏子曰, "虎 · 狼仁也."

曰, "何謂也."

莊子曰, "父子相親. 何爲不仁."

曰, "請問至仁."

莊子曰, "至仁無親."

太宰曰, '蕩聞之, '無親則不愛. 不愛則不孝.' 謂至仁不孝, 可乎."

莊子曰, "不然. 夫至仁尙矣. 孝固不足以言之. 此非過孝之言也. 不及孝之言也. 夫南行者, 至於郢, 北面而不見冥山. 是何也. 則去之遠也.

故曰, '以敬孝易, 以愛孝難. 以愛孝易, 而忘親難. 忘親易, 使親忘我難. 使親忘我易兼忘天下難. 兼忘天下易, 使天下兼忘我難.' 夫德, 遺堯 · 舜而不爲也. 利澤施於萬世, 天下莫知也. 豈直太息而言.

夫孝悌 · 仁義, 忠信 · 貞廉, 此皆自勉以役其德者也. 不足多也. 故曰, '至貴國爵幷焉, 至富國財幷焉, 至願(顯)名譽幷焉.' 是以道不渝."

송(宋)의 태재(太宰)인 탕(蕩)이 인(仁)에 관해 장자에게 물었다.
장자는

"범이나 이리가 仁입니다."

라고 대답했다.

그러자 태재는

"그게 무슨 뜻인가?"

하고 비난했다.

"범이나 이리는 어미와 새끼가 매우 사이가 좋습니다. 어찌 불인(不仁)이라 말할 수 있겠습니까?"

라고 장자가 대답했다.

태재는

"그렇다면 참된 仁이란 대체 어떤 것인지 묻고 싶네."

라고 말했다.

장자가 대답했다.

"참된 仁은 친밀함이 없는 것입니다."

이에 태재는 불끈 화를 내며 이렇게 힐난했다.

"나 蕩은 '친밀함이 없으면 사랑하지 않는다. 사랑하지 않으면 효를 다할 수 없다.'라고 들었다. 그렇다면 '친밀함도 사랑도 없는 참된 仁이란 효행을 다하지 않는 것이다.'라고 말해도 좋단 말인가?"

장자는 조용히 다음과 같이 말했다.

"그렇지 않습니다. 참된 仁은 참으로 존귀한 것입니다. 세간에서 귀하다고 하는 효행 따위로는 도저히 仁을 표현할 수 없습니다. 仁은 효행보다 훨씬 훌륭한 것이라고 말하려는 것이 아닙니다. 실은 그 효행에도 미치지 못함을 말하려는 것입니다. 남쪽으로 여행한 자가 남국인 楚의 수도 영(郢)에 도착하면 북쪽을 돌아보아도 북쪽에 있는 명산(冥山)을 볼 수가 없습니다. 그 까닭은 북쪽으로부터 너무 멀리까지 왔기 때문입니다. 이와 마찬가지로 참된 仁에 도달하면 세상 사람들이 귀하게 여기는 효행으로부터 멀리 떨어져 버려 효행을 알 수 없게 됩니다.

자, 그래서 '존경하는 마음으로 효행을 다하기는 쉬워도 애정으로 효행을 다하기는 어렵다. 아니, 좀 더 정확히 말하면 애정으로 효행을 다하는 것은 쉽지만 친밀함을 잊는 것은 어렵다. 그 친밀함을 잊는 것은 오히려 쉽지만 어버이로 하여금 어버이를 받들어야 하는 자식의 일을 잊게 하는 것이 어려운 것이다. 아니, 어버이에게 자식의 일을 잊게 하는 것은 그래도 쉽지만 천하 사람들의 일을 죄다 잊는 것이 어려운 것이다. 그것보다도, 천하 사람들의 일을 모두 잊는 것은 그래도 쉽지만 천하 사람들로 하여금 자신을 깨끗이 잊게 하기가 참으로 어려운 것이다.'

라고 하는 것입니다. 요컨대 德이 높은 자라고 칭송받는 요·순 등의 성왕의 일은 깨끗이 염두에서 떨쳐 버리고, 그들을 본떠 德을 행하려 힘쓰려는 따위의 짓을 말고, 더욱이 그 이익이 자연스럽게 만대 후까지 미쳐도 천하의 사람들로 하여금 그것이 누구의 공적인지를 알지 못하게 합니다. 어찌 공께서는 한숨을 쉬며 세상 사람들처럼 '인이다, 효다!' 하며 탄식하고 계시는지요?

무릇 효제·인의·충신·정렴(孝悌·仁義·忠信·貞廉) 따위는 모두 타고난 德을 무리하게 혹사하는 것입니다. 존중할 만한 가치가 없는 것들입니다. 그래서 '참된 존귀함은 국가가 정한 작위(爵位) 따위를 문제 삼지 않는다. 참된 부(富)는 국가가 내려 주는 재산 따위를 돌아보지 않는다. 참된 영예는 사람들이 칭찬하는 명예 따위를 고맙게 생각하지 않는다.'라고 하는 것입니다. 이처럼 사람들이 안달하며 집착하는 것으로부터 초월하기 때문에 참된 道를 지키는 자의 道는 영구불변한 것입니다."

【語義】 商太宰蕩(상태재탕):'商'은 송(宋)나라를 가리킨다. 宋은 殷代 이래, 하남성 商丘市 부근에 수도를 두었던 나라인데 殷 멸망 후, 周의 무

왕이 미자(微子)를 宋에 봉하여 殷나라 선조에 대한 제례를 계승하도록
했다고 하며 宋은 은족(殷族)의 종주임을 자처하여 殷의 구칭(舊稱)인
商을 나라 이름으로 한 적이 있다. 宋은 장주의 고국이기도 하다. 전국
시대 말기, B.C. 286년에 멸망했다. '太宰'는 관명. 본디 궁내 장관인
데 《주례(周禮)》에서는 총재(冢宰)라 하여 육경(六卿)의 長으로 백관
을 통할하는 재상으로 취급했다. '蕩'은 成玄英의 설에 의하면 이름은
영(盈)이며 蕩은 그의 자라고 한다. 어떠한 근거에 의한 설인지 명확하
지 않다. 이 서술은 실존 인물들의 일화를 다룬 듯한 인상을 주지만 장
주를 장자라 한 점에서 생각하면 틀림없이 장주 이후의 사람이 지은 것
이다. 벼슬은 벼슬아치로서는 최고의 자리인 太宰이며 이름은 광대하
다는 뜻의 蕩인데 이는 '인 · 효의 德을 완비한 위대한 인물임을 자처하
는 자'를 우의하기 위한 것이다.

虎狼仁也(호랑인야):호랑이나 이리는 사람이나 가축에게 해를 입히
므로 상식적으로는 매우 불인(不仁)한 것들이다. 그것을 仁하다고 한 것
은 역설이자 야유이다. '仁'은 두말할 것도 없이 유가에서 최고의 德으
로 여기는 것이다.

請問至仁(청문지인):太宰 蕩은 유가적 도덕관을 지닌 자이다. 그래서
인간의 仁德의 문제로 이야기를 바꾸어 이런 물음을 한 것이다.

至仁無親(지인무친):참된 仁은 애정이 없음. 참된 仁은 순진한 감동
에서 자연스럽게 나옴. 이것이 이 우화의 주제이다.

無親則不愛不愛則不孝(무친즉불애불애즉불효):부자간에 가장 중요
한 덕목이자 또 누구나 알고 있는 효행을 문제 삼아 장자를 힐난하고
있는 것이다.

此非過孝之言也, 不及孝之言也(차비과효지언야불급효지언야):이 두
구는 위의 '孝固不足以言之'를 받아 그 이유를 설명하고 있는 것으로 대

단한 역설이다. 참된 仁은 효행으로는 다 나타낼 수 없으므로 상식적으로는 仁은 효행보다 훨씬 훌륭해야 할 것이다. 그런데 仁이 효행에 미치지 못한다고 했으니 이는 역설이다. 역설을 말한 이유는 다음의 비유로써 명백하게 된다.

夫南行者至於郢北面而不見冥山是何也則去之遠也(부남행자지어영북면이불견명산시하야즉거지원야):뒤의 천하편에 나오는 '我知天下之中央, "燕之北", "越之南", 是也' 또는 郢有天下'와 같은 류의 궤변을 기조로 한 것이다. 즉 자신의 좁은 견식에 구애되면 대국(大局)을 보지 못하듯이, 효행에 집착하면 참된 仁은 친밀하게 대하는 것이 아니라는 것을 알 수 없게 되는 것을 가리킨다. '去之遠也'는 완곡하게 태재인 탕의 집착을 풍자한 말이다. "郢'은 초(楚)나라의 수도로 호북성 강릉현(江陵縣)에 있었다. '冥山'은 하남성 신양현(信陽縣) 동남쪽에 있는 산. 석성산(石城山)이라고도 한다.

以敬孝易……使天下兼忘我難:'至仁無親'을 孝를 빌려 설명한 것이다. 요컨대 무아(無我)의 절대경(絕對境)에 이르러야만 仁이 있음을 가리킨다.

夫孝悌仁義忠信貞廉(부효제인의충신정렴):모두 유가에서 귀히 여기는 덕목이다. '悌'는 손윗사람에게 순종하는 것. 孝와 비슷한 덕행이다. '忠信'은 진심을 다하는 것. '貞廉'은 언행이 일치하여 바르고 불의ㆍ부정을 저지르지 않는 것.

至貴國爵并焉(지귀국작병언):'并'은 '屛(병:물리치다)'의 차자.

至願名譽并焉(지원명예병언):'願'은 '顯(현:顯榮의 뜻)'을 잘못 베낀 것.

【補說】이상의 〈지인무친우화〉는 유가적 도덕관을 지닌 商나라의 태재인

탕과 장자의 문답을 통해 유가적 도덕관은 좁은 소견에 집착하여 자기 자신을 괴롭히는 것이며 참된 도덕 행위는 무아의 정신에서 자연스럽게 이루어지는 것임을 설하고 있다. 범이나 이리도 仁하다고 하는 류의 기상천외한 역설을 이용하고, 동시에 선문답처럼 엇갈리는 말을 늘어놓아 시원시원하게 서술을 진행시키는 것이 매우 흥미롭다.

제3장 북문성·황제문답:함지악우화(北門成·黃帝問答:咸池 樂寓話)

北門成問於黃帝曰, "帝張咸池之樂於洞庭之野, 吾始聞之懼, 復聞之怠, 卒聞之而惑. 蕩蕩默默, 乃不自得."

帝曰, "女殆其然哉. 吾奏之以人, 徵(徽)之以天, 行之以禮義, 建之以太淸. 夫至樂者, 先應之以人事, 順之以天理, 行之以 五德, 應之以自然. 然後調理四時, 太和萬物.

四時迭起, 萬物循生. 一盛一衰, 文武倫經, 一淸一濁, 陰陽 調和. 流光其聲, 蟄蟲始作, 吾驚之以雷霆. 其卒無尾, 其始 無首.

一死一生, 一僨一起, 所常無窮, 而一不可待. 女故懼也.

吾又奏之以陰陽之和, 燭之以日月之明. 其聲能短能長, 能柔 能剛, 變化齊一, 不主故常. 在谷滿谷, 在阬滿阬, 塗郤守神, 以物爲量. 其聲揮綽, 其名高明. 是故鬼神守其幽, 日月星辰 行其紀. 吾止之於有窮, 流之於無止. 子欲慮之而不能知也. 望之而不能見也. 逐之而不能及也. 儻然立於四虛之道, 倚於 槁梧而吟, 目知窮乎所欲見, 力屈乎所欲逐. 吾旣不及已夫. 形充空虛, 乃至委蛇. 女委蛇, 故怠.

吾又奏之以無怠之聲, 調之以自然之命. 故若混逐叢生, 林樂 而無形, 布揮而不曳, 幽昏而無聲, 動於無方, 居於窈冥. 或 謂之死, 或謂之生, 或謂之實, 或謂之榮, 行流散徒, 不主常 聲. 世疑之, 稽於聖人. 聖也者, 達於情, 而遂於命也. 天機不 張, 而五官皆備.(無言而心說.) 此之謂天樂. 無言而心說, 故

有焱爲之頌, 曰, '聽之不聞其聲, 視之不見其形, 充滿天地,
苞裹六極.' 女欲聽之而無接焉. 而故惑也.
樂也者, 始於懼. 懼故祟. 吾又次之以怠. 怠故遁. 卒之於惑.
惑故愚. 愚故道. 道可載而與之俱也."

북문성이 천지의 지배자인 황제에게 물었다.

"황제께서 함지의 음악을 동정의 들에서 성대하게 거행하셨을 때 저는
처음에는 두려움을 느꼈고 좀 더 듣고 있자니 모든 의욕이 사라졌고 마지
막에는 어떻게 해야 좋을지 당혹스러웠습니다. 끝없이 넓은 곳에 있는 듯
하여 할 말을 잃고 제가 누구인지도 알 수 없게 되었습니다.".

황제가 대답했다.

"자네라면 필시 그렇게 되었을 테지. 나는 저 함지악을 처음에는 인사
(人事)로써 연출하고, 다음에는 천상(天象)으로써 일으키고 예의에 맞게 진
행시켜 진실의 맑음으로써 완성하려 했다. 무릇 절묘한 음악이란 먼저 인
간의 영위에 응하도록 한 다음 하늘의 도리에 좇도록 하는 것이다. 요컨
대 지상에 오덕(五德)을 전개하고 이에 자연의 이법이 응하도록 한다. 이
렇게 하여 비로소 사계의 추이를 순조롭게 하고 만물을 막힘없이 화합시
키는 것이다.

내가 사계의 갈마듦을 전개시키면 인간과 갖가지 物이 생동한다. 그것은
혹은 성대하고 혹은 쇠망하는데 온화한 문교(文敎)나 강건한 무력(武力)으
로 다스려 나타나는 맑은 가락과 탁한 가락은 결국 서로 음양의 조화를 이
루게 된다. 그런데 내가 함지악의 음악을 널리 흐르게 하면 흙 속에 숨었
던 벌레도 기어 나온다. 그러면 나는 우레를 울려 만물의 활동을 촉진시킨
다. 그러나 인간과 갖가지 物로서는 그 활동이 어떻게 끝날지, 어떻게 시

작된 것인지도 알 수 없다. 다만 죽고 태어나며 넘어지고 일어서는 등 끊임 없이 변화하여 갈 뿐, 무엇을 일정한 근거로 해야 좋을 것인지는 하나로서 의지할 수가 없는 것이다. 그러한 변화 속에 있던 자네는 그래서 두려워졌던 것이다.

　나는 이어서 음양의 조화를 연주하고, 그것을 일월의 밝음으로 눈부시게 했다. 그 음악 소리는 짧기도 하고 길기도 하며 유화(柔和)하기도 하고 강건하기도 하며 갖가지 변화가 있으면서 통일이 있고, 더욱이 평범한 데 머물러 있지 않는다. 깊은 골짜기 속에도 가득 차고 깊은 동굴 속에도 가득 차며 틈을 메워 그 영묘한 작용을 지켜 통하게 하면서 갖가지 物의 한 없음을 나타내게 한다. 그 음악 소리는 명확하여 이를 '고명(高明)'이라 한다. 그러므로 귀신은 자신이 있어야 할 유계(幽界)에 머물러 잘못 재난을 내리는 일도 없고 아, 일월과 별은 궤도를 지켜 계절의 추이를 어지럽히는 일이 없다. 나는 이처럼 음악을 유한한 세계에 전개하면서 무한히 진행시키고 있는 것이다. 그래서 자네는 이 음악에 관해 생각하려 해도 무엇인지 알 수가 없고, 멀리서 보아 확인하려 해도 그럴 수가 없으며, 좇아가 잡으려 해도 따를 수가 없었던 것이다. 자네는 기운 없이, 어디를 보아도 아무 것도 보이지 않는 길에서 낡은 책상에 의지하여 신음소리를 냈던 것이다. 자네의 눈은 그것을 보려 해도 볼 수가 없고, 그것을 좇고자 해도 힘이 부족하다. 그것을 눈과 힘으로 붙잡으려 하는 것은 나로서도 할 수 없는 일이다. 인간의 신체는 공허해지면 나른하게 힘이 빠지는데 자네는 그래서 아무것도 하고 싶지 않고 울적해진 것이다.

　나는 마음이 울적해지지 않는 음악을 연주하고 이것을 자연에 따라 조화시켰다. 이에 만물은 무리를 이루어 서로 경쟁하거나 무리를 이루어 생겨나 각각의 생을 완수하고 크게 즐거워했는데 그것은 形이 있는 음조(音調)로는 울리지 않고, 또 그 즐거움은 만물에 널리 미쳤지만 하나의 物에만 끌리는 일 없이, 요컨대 그 악조(樂調)는 오심(奧深)한 어둠 속에서 울리고 있어 음성이 되지 않았던 것이다. 그것은 어떤 방향으로도 움직이지만 사실은 인간 따위에게는 알려지지 않은 심오함 속에 있는 것이다. 그래서 인간이나 만물은 이것을 놓고 죽었느니 살았느니 열매니 꽃이니 하며 소란스레 떠들지만 그것들은 지나가고 흩어져 버리는 것으로 언제까지나 같은 가락에 머무르는 것이 아니다. 세속의 인간으로서는 이러한 변화를 알 수 없기 때문에 성인에게 물을 수밖에 없다. 그런데 참된 성인은 이 음악의 진실에 통하고 있어 그 자연의 명을 달성한다. 그래서 굳이 마음을 널리 쓰지 않더라도 다섯 개의 감각이 자연스럽게 작용하여 말로 표현하지는 않지만 마음속으로 기뻐한다. 이것을 하늘의 즐거움이라고 하는 것이다. 그러므로 유염씨(有焱氏)가 이 음악을 칭찬하는 노래를 지어, '들으려 해도 그 소리가 들리지 않고 보려 해도 그 모습이 보이지 않지만 그것은 천지에 가득 차고 상하 사방을 남김없이 감싸고 있네.'라고 한 것이다. 그래서 자네가 이것을 들으려 했어도 알아들을 수 없었지. 자네는 그래서 미혹된 것이었고.

　음악이라는 것은 두려움에서 시작된다. 두려움에서 시작되기에 마음을 괴롭힌다. 나는 이에 뒤이어 마음이 나른해졌다. 마음이 나른해져야만 비로소 의력(意力)이 무너지게 된다. 나는 마침내는 미혹에 빠진 듯했다. 미혹에 빠져야만 현명한 마음이 사라지고 어리석게 되며, 어리석게 되어야만 道를 깨달을 수가 있다. 道야말로 음악을 싣고 진행시켜 이것과 하나가 되어 전개되는 것이다."

【語義】 北門成(북문성):成玄英은 '성은 北門, 이름은 成, 黃帝의 신하이다.'라고 했다. '北'은 겨울의 氣, 만물의 사멸을 관장하는 방향, '門'은 들어가는 입구, '成'은 '城'의 뜻임에서 추측하면 城의 北門에 있으면서 만물이 사멸하는 것을 보는 자, 즉 황제에 대하여 생사의 운명을 탄식

하는 인간을 상징하기 위해 설정된 인물이리라.

黃帝(황제):여기서는 皇天上帝. 요컨대 천지의 주재신(主宰神)을 의인화한 것이다. 이하의 서술은 천지간의 여러 현장의 전개를 함지(咸池)라 하는 가무 음악에 비겨 표현한 것이다.

咸池之樂(함지지악):≪여씨춘추≫ 고악편(古樂篇)에, 황제가 영륜(伶倫)에게 명하여 12율(律)·12종(鐘)을 만들고 중춘(仲春) 을묘일(乙卯日)에 연주케 하며 그것을 함지(咸池)라 했다는 전설이 실려 있다. 전국시대 말기에 함지는 황제가 제정한 음악이라고 하는 전설이 정착되어 있었다. 그 전설의 발생에 관해 생각하면 함지악은 일출의 모습을 음악으로 표현한 것이리라. '咸池'는 태양이 떠오르는 동해(東海)를 신화화한 것이다.

洞庭之野(동정지야):'洞'은 '暗'의 뜻. '庭'은 넓게 퍼진다는 뜻. 해가 떠오를 때 수평선과 약간 떠오른 태양 사이에 엷게 어두운 공간이 전개되는 경우가 있다. 중국 최대의 호수인 동정호(洞庭湖)를 연상케 하여 이런 풍경을 더욱 자연스럽게 느낄 수 있도록 한 표현이다.

蕩蕩默默(탕탕묵묵):'蕩蕩'은 끝없이 넓은 모양. '默默'은 어떠한 말로도 표현할 수 없는 모양.

殆其然哉(태기연재):그것도 그럴 듯함. '殆'는 '가깝다·친하다'의 뜻.

吾奏之以人徵之以天(오주지이인징지이천):'徵'이 고본(古本)에는 '徽'로 되어 있다. '徽'는 '揮'의 차자. 음악의 가락을 성하게 하는 것을 가리킨다. '以天'은 天(자연)의 도리로써 추진하는 것.

建之以太淸(건지이태청):'太淸'은 道의 맑은 진실.

夫至樂者……太和萬物:이 35자를, 宋의 소철(蘇轍:唐宋八大家의 한 사람으로 蘇東坡의 아우)이 郭象의 注가 잘못하여 본문에 들어간 것으로 해석한 이래 그의 설을 좇는 학자가 많다. 馬敍倫은 '流光其聲'에 대한 郭象의 注라고 했다. 이것이 郭象의 注라는 명확한 증거는 없지만 唐代의 사본에는 이 35자가 없다. 또 宋代의 왕방(王雱)이 만든 ≪남화진경신전(南華眞經新傳)≫, 林希逸이 지은 ≪남화진경구의(南華眞經口義)≫ 등에도 이 말이 없다. 그러나 덧들어간 것이라고 단정할 수 없으므로 원문대로 번역했다.

行之以五德(행지이오덕):'行之以五德'이 '應之以人事'에 대응하는 말이라고 하면 '五德'은 五常의 德(仁·義·禮·知·信)을 가리키지만 음양·사시와의 관계로 생각하면 오행(木·火·土·金·水), 즉 봄에는 태어나고 여름에는 성장하며 가을에는 거두어들이고 겨울에는 감추는 것을 가리킨다고 보지 않으면 안 된다.

文武倫經(문무윤경):'倫經'은 경륜(經綸)과 같다. 다스려 바로잡는다는 뜻. '文武'를 成玄英은 봄의 氣를 文, 가을의 氣를 武라 한다고 해석했고, 郭嵩燾는 '文'은 성한 악조이며 '武'는 쇠한 악조를 가리킨다고 했다. 단, '萬物循生, 一盛一衰'의 뒤를 잇고 있으므로 萬物(인간)의 생동(生動)인 유화(柔和)와 강건(剛健), 나아가 文治와 武治를 춤추는 모습에 비긴 것으로 보아야 할 것이다.

流光其聲(유광기성):'光'은 '廣'의 차자.

其卒無尾其始無首(기졸무미기시무수):≪노자≫에 道를 형용하여 '그것은 앞에서 맞이하려 해도 그 머리를 볼 수 없고, 뒤에서 좇으려 해도 그 뒤를 볼 수가 없다.(迎之不見其首, 隨之不見其後)'(제14장)라고 했는데 이를 본뜬 수사이리라.

所常無窮(소상무궁):'常'은 일정불변한 근거.

吾又奏之以陰陽之和燭之以日月之明(오우주지이음양지화촉지이일월지명):이 이하는 봄부터 여름에 걸친 정경을 기조로 한 것이리라. '陰陽之和'는 활동의 기본, '日月之明'은 여기서는 양기 발양(陽氣發揚)의 상징적 표현이다.

其聲能短能長能柔能剛(기성능단능장능유능강):악성(樂聲)이 長·短·剛·柔, 자유자재로 전개되는 것을 가리킨다. 이것은 만물이 갖가지로 성장하는 것을 상징적으로 표현한 것이다.

不主故常(불주고상):‘故’는 ‘古’와 같다. ‘常’은 글자 뜻 그대로 해석해도 통하지만 ‘尙’의 차자, 즉 ‘오래 되다’의 뜻. ‘主’는 ‘住(주:머물다)’의 뜻.

在谷滿谷在阬滿阬(재곡만곡재갱만갱):햇빛이 깊숙한 골짜기도 남김없이 비추는 것에 비긴 것이리라. 악성(樂聲)이 널리 퍼지는 것을 가리킨다.

塗郤守神(도극수신):‘郤’은 ‘隙’과 동자. 여기서는 耳·目 등의 비유적 표현이다. 만물이 자연스럽게 성장을 완수하는 것을 가리킨다.

其聲揮綽(기성휘작):‘揮綽’은 다음의 ‘其名高明’에 대응하는 말임을 생각하면 ‘嗃(고:명확하고 큰 소리)’의 완언일 것이다.

吾止之於有窮流之於無止(오지지어유궁유지어무지):有無를 겸하고 있는 것을 가리킨다.

儻然(당연):‘儻’은 ‘惝(창:경황이 없는 모양)’의 차자.

目知窮乎所欲見力屈乎所欲逐(목지궁호소욕견역굴호소욕축):‘知’는 군글이다.

吾又奏之以……自然之倫:이 이하는 秋·冬의 정경을 기조로 하고, 동시에 음악의 근본은 자연의 道, 요컨대 무위·무심의 필연적 전개임을 설하고 있다. ‘命’은 필연적인 결과, 즉 道의 전개이다. ‘無怠之聲’은 앞의 ‘故怠’를 받아, 秋冬의 엄한 기후를 상징하며 道가 부단하게 유행(流行)함을 의미하고 있다.

若混逐叢生(약혼축총생):만물이 자연스럽게 각각의 생을 완수하는 것을 가리킨다. '若'은 '此'의 뜻.

林樂而無形(임악이무형):'林樂'에 관해서는 여러 설이 있는데 성악(盛樂)의 뜻으로 해석해야 한다. '林'에는 '盛'의 뜻이 있다. '混逐叢生'은 성한 즐거움 속에 있으나 자연스러운 성장이기 때문에 形이 있는 것으로는 표현할 수 없다.

幽昏而無聲(유혼이무성):이하는 物의 활동이 정지되는 겨울의 정경을 기조로 하고 있다. 요컨대 '林樂', '布揮'의 근본이 되는 것은 자연스런 道인 것이다.

動於無方居於窈冥(동어무방거어요명):道는 이름 붙일 수 없는 심오함 속에 있으며, 나아가 불변항구하며 보편적으로 작용하는 것이다. '無方'은 모든 방향. '窈冥'은 심오하여 알 수 없는 것, 즉 無의 경지.

惑謂之死……不主常聲:天道篇의 '故曰, 知天樂者, 其生也天行, 其死也物化'와 같은 취향의 주장이다. '徒'는 '移'의 뜻. 겨울은 죽음을 상징한다고 한다.

世疑之……而逐於命也:세속의 情을 삽입하고, 동시에 그 성인이란 속세의 성인과는 다르며 이른바 '性命之情'(변무편 참조)을 달성시키는 것임을 명확하게 하고 있다.

天機不張而五官皆備(천기부장이오관개비):'天機'는 마음을 가리킨다. '五官'은 오감(五感)을 가리킨다. 무심으로써 행동의 적절함을 얻는 것을 말하고 있다.

無言而心說(무언이심설):이 구는 '此之謂天樂'의 앞에 있어야 한다. 원문의 순서를 고쳐 해석했다.

有焱氏爲之頌(유염씨위지송):'焱'이 '炎'으로 되어 있는 판본도 있다. '有焱氏'는 烈山氏·神農氏 등에 비정(比定)되지만 오행설에 의하면 여름을 지배하는 상제로 양기를 주관한다. '頌'은 찬가이다.

聽之不聞其聲……苞裏六極:≪노자≫에 道를 형용하여 '道는 보려 해도 볼 수 없기에 이름하여 그림자도 모습도 없는 것이라 하고, 들으려 해도 들을 수 없기에 이름하여 소리도 없는 것이라 하고, 잡으려 해도 잡을 수 없기에 이름하여 형체도 없는 것이라 한다. 이 세 가지 성질을 갖춘 것은 감각으로 아무리 해도 구명할 수가 없다. 道는 본디 이 세 가지가 섞여 하나가 된 존재이다(視之不見, 名曰夷. 聽之不聞, 名曰希. 搏之不得, 名曰微. 此三者不可致詰. 故混而爲一)'(제14장)라고 했는데 이것을 근거로 한 말이리라. '苞'는 '包'와 같다. '裏'도 '包(싸다)'의 뜻. '六極'은 상하사방의 끝.

而故惑也(이고혹야):'而'는 '女'와 같다.

懼故祟(구고수):'祟'를 통상, 글자 뜻 그대로 '빌미(귀신이 내리는 재앙)'로 해석하는데 여기서는 '悴(췌:파리하다, 근심하다)' 또는 '顇(췌:야위다, 병들다)'의 차자로 보아야 한다.

怠故遁(태고둔):'遁'은 '頓(둔:무너지다, 흐트러지다)'의 차자로 보아야 한다.

愚故道(우고도):천지편에 '若愚若昏. 是謂玄德'이라고 한 것과 같은 사고이며 어리석은 자야말로 道를 체득할 수 있음을 가리킨다. 祟(수:物을 좇다 지쳐 그 무의미함을 아는 것), 遁(둔:주관적 의식을 버리는 것), 愚(우:무심하게 되는 것)는 道를 체득하는 순서이기도 하다.

道可載而與之俱也(도가재이여지구야):통상, 사람이 道를 싣고 道와 하나가 된다는 뜻으로 해석하는데 사람이 道를 싣는다는 것은 적절한 표현이 아니다. 이것은 악(樂)에 관하여 말하는 것으로 보아야 한다. '可'는 여기서는 '所'의 뜻. '之'는 '樂'을 가리킨다. 음악은 道를 근본으로 삼는다는 것은 고대의 일반적인 관념이었다.

【補說】 이상의 〈함지악우화〉는 북문성과 황제의 문답을 빌려, 천지간의 모든 영위, 특히 지상에서 벌어지는 인사(人事)를 하나의 큰 음악으로 간주하고, 그 음악의 이해는 두려움에서 시작하여 무기력함[怠]을 거쳐 미혹[惑]에 이르는 것이라 하여, 결국 미혹에 이르러서야 음악의 묘취를 진정으로 이해할 수 있는 것처럼 나를 잊는 미혹에 의해서만 道를 체득할 수 있다고 설하고 있다. 구상이 웅대한 재미있는 우화이다.

북문성이 조물주인 황제가 연주하는 함지악을 듣고, 두려워하다가 무기력해졌으며 마침내는 미혹되었는데 어찌하여 그렇게 되었는지를 물으면서 이 우화는 시작된다. 이것이 서론이자 이 우화의 우의의 귀결이기도 하다.

황제의 응답은 다섯 단락으로 나눌 수 있다. 제1단락에서는 음악의 기본 구조를 총론하고, 음악은 인사를 소재로 하고 천리로 추진되는 것이라고 말한다. 이것은 인사의 근본은 천리, 요컨대 자연의 道임을 주장함에 틀림없다. 또 만물의 전개와 인사를 음악으로 간주한 것은 앞의 재유편 〈물자화우화〉에서 본 바 있는, 만물을 자연조화로 보는 입장을 취하고 있음을 보여 주는 것이다.

제2단락은 함지악의 서장이다. 한 시절 한 순간에 관해 서술하고 있다고는 할 수 없지만 대체로 봄의 정경을 기조로 삼은 듯하다. 사계의 변화가 시작되려 하고 만물이 생겨나며 이제부터 생사 · 흥망의 끊임없는 변화를 전개하려 한다. 지금부터 장차 생사의 운명에 농락당할 인간으로서는 그 앞일이 두려울 수밖에 없다고 말한다.

제3단락은 함지악이 최고조에 이른 제2악장이다. 봄부터 여름에 걸쳐 햇빛이 충만한 정경을 기조로 한 듯하다. 모든 物이 그 성장을 뜻대로 완수하고 생기에 넘쳐 있는 것이다. 만물이 다함께 무한한 발전을 한다. 그러나 유한한 인간으로서는 그 무한한 전개를 추구할 수가 없다.

그래서 여름날 뜨거운 볕에 축축 늘어지는 풀처럼 이것을 듣는 자는 마음이 나른해진다고 한다.

제4단락은 함지악의 마지막 곡이다. 만물의 활동이 멈추는 가을에서 겨울에 걸친 정경을 기조로 삼은 듯한데 그와 함께 귓가에 남는 주제의 통일에 관하여 말하는 것이리라. 그것은 어디까지나 '不主常聲'이라고 하는 악조의 변화를 통한 자연의 흐름이며 이를 말로 표현한다는 것은 매우 어렵지만 참으로 기분 좋은 것이다. 단, 이것을 무리하게 표현하려고 하면 곤혹스럽게 된다.

제5단락은 결론으로 음악은 두려움에서 시작하여 나른함을 거쳐 곤혹에서 끝나는 것이라고 말한다. 음악을 이렇게 말한 것은 음악은 그 글자 뜻 그대로 즐거움에서 비롯하여 정신의 고양에서 끝나는 것이라고 하는 일반적인 상식에 대한 역설이다.

더욱이 그것이 함지악에 비교된 道의 묘용(妙用)을 체득하는 법이라고 한 것은 지나친 역설이다. 종래의 여러 우화가 질문자의 불명(不明)을 지적하는 것을 주로 하는데 이 우화는 질문자의 미혹을 한 단계 높은 차원의 것으로 평가하고 있다. 색다른 수법이라 아니할 수 없다.

【餘說】 고대의 음악론과 〈함지악우화〉

중국에서는 殷·周의 옛적부터 제례의 가·무·음곡과 궁정 행사를 위한 음악이 발달했다. 周代에 음악은 귀족의 자제로서는 꼭 배워야 할 교양 과목인 육예(六藝:禮·樂·射·御·書·數)의 하나였다고 전해진다. 周代 문화의 부흥을 목표로 삼은 유가에게 음악은 禮와 병칭되는 것으로 뺄 수 없는 중요한 교과였다. 그러한 가운데 음악 이론도 어느 정도 발달했을 것이다. 예를 들면 ≪논어≫ 팔일편에는 공자가 노나라

악관의 長에게 '음악이란 이런 것이다. 처음엔 종으로 성대하게 소리를 돋군다. 서서히 여러 악기가 훌륭한 조화를 이루며 함께 소리를 내어 각각의 음이 뚜렷하게 멎지 않고 전개되며 그리고 종결에 이른다(樂其可知也. 始作翕如也. 從之純如也. 皦如也. 繹如也. 以成)'라고 한 것이 보인다. 이러한 음악의 순서는 이 우화의 각 악장의 취향과 관계되는 바가 있으리라.

그런데 음악 이론이 현저하게 발달한 것은 전국시대에 제국의 군주·대부가 사치해져 음악에 탐닉하게 되고, 묵가가 이를 문제 삼아 그 사치와 탐닉을 격렬하게 비난한 후의 일이리라. 도가도 세속적 욕망에서 벗어날 필요가 있었기에 ≪노자≫에 '五音은 사람의 귀를 멀게 한다(五音令人耳聾)'(제12장)고 했고, 또 본서의 변무편에 '屬其性乎五聲, 雖通如師曠, 非吾所謂聰也'라고 한 것처럼 음악을 물리쳤던 것이다. 실제로는 같은 주장에 귀착하고 있는데 이 우화는 ≪노자≫나 변무편의 음악 배격과는 달리 적극적으로 음악의 의의를 설하고 있다. 이런 점에서도 이 우화의 주장은 도가의 주장에·대해서도 역설인 셈이다. 묵가의 음악 배격에 대항하며 전통 음악의 유지를 주장하고 그 교화적 의의를 역설했던 것은 유가였다.

음악은 여러 종류의 악기·음조·가성(歌聲)·무용 등 다원적인 요소로 구성되며 세부적인 규정이 있고 변화가 풍부하며 나아가 전체의 조화가 있고, 특히 주제의 통일성을 지니고 있다. 이 전체의 조화와 통일성은 다원적인 요소에 의해 성립되므로 이를 구체적으로 설명한다는 것은 어렵다. 굳이 말로 표현한다면 자연이 성립시키는 것으로, 나아가 그것이 없다면 그 음악이 성립되지 않는 추상적 실재이다. 이것은 현상을 초월하여 무위·무형인 道의 실재를 생각하는 도가의 사변법과 비슷하며, 또 실제로 그 이론이 음악 이론의 발달을 추진시켰던 것이 아닐까?

《순자》 악론편(樂論篇)에 '그래서 음악이라 하는 것은 많은 음계와 음조의 중심적 표준을 명확하게 세움으로써 모든 음계와 음조의 조화를 만드는 것이며 많은 악기를 나란히 늘어놓음으로써 절도를 적절하게 수식하는 것이다. 그리하여 음악 가락의 억양 완급이 적절하게 어울려 문식(文飾)이 완성되면 이에 의해 인도(人道)의 중심적 표준인 和의 道에 충분히 좇을 수 있고, 또 수없이 변화하는 사상(事象)을 충분히 다스릴 수가 있는 것이다. 이것이 바로 고대의 성왕이 음악을 제정했던 근거이다.(故樂者審一以定和者也. 比物以飾節者也. 節奏合以成文, 足以率一道, 足以治萬變. 是先王立樂之術也)'라고 했는데 '一' 과 그 통일의 개념은 필시 도가에서 온 것이리라.

《여씨춘추》 대악편(大樂篇)에는 '道라 하는 것은 보려 해도 볼 수 없고 들으려 해도 들을 수 없으며 굳이 이름을 붙인다면 태일(太一)이라 하겠다.'라고 하여 명확하게 도가 사상과의 결합을 보여 주고 있다. 그와 함께 '무릇 악(樂)은 천지의 和로서 음양의 調이다'라고 하여 음악의 조화를 천지자연의 대조화에 비겨 음악을 형이상적 사변의 문제로 끌어들이고 있다.

이처럼 전개되었던 음악 이론에 관한 연구는 漢代에 들어서도 계속되었다. 음악에 관한 저작은 《한서》 예문지에 의하면 165편이나 되었다고 하는데 그 대부분이 없어져 버렸다. 단, 음악에 관한 고설(古說)을 모은 것으로 추정되는 《악기(樂記)》 213편의 절반 가까이가 《예기》의 樂記篇(본디 11편)으로서 남아 있다. 요컨대 중국 고대의 음악 이론을 알 수 있는 자료 가운데 주요한 것은 《순자》 樂論篇, 《여씨춘추》의 大樂·侈樂·適音·古樂·音律·音初·制樂·明理 등 여러 편, 《예기》 樂記篇 등 유가 계통의 설이다. 그러면 이 〈함지악우화〉는 이들 음악 이론과 어떤 관계가 있는 것일까?

황제가 답한 처음 부분의 '吾奏之以人'은 유가의 '무릇 음악이라고 하는 것은 즐거운 것으로 인정을 지닌 이상 어떻게 해도 없앨 수 없는 것이다(夫樂者樂也. 人情之所必不免也)'(≪순자≫ 樂論篇), '무릇 음악이란 사람의 마음에서 생기는 것이다(凡音者, 生人心者也)'(≪예기≫ 樂記篇)와 같은 대전제를 근본으로 한 것이리라. 또 '行之以禮義'라 한 것은 명백하게 유가의 설에 근거한 말이다. 유가는 '음악이란 다른 무엇으로도 바뀌지 않는 조화이며 예란 다른 무엇으로도 바뀌지 않는 규범인 것이다. 음악은 화락을 주로 하여 조화 합동의 작용을 하고, 예는 분별을 확립하여 사회를 질서 있게 움직이게 하니 이 두 가지 작용을 통합시켜 사람의 마음을 다스릴 수 있는 것이다(且樂也者, 和之不可變者也. 禮也者, 理之不可易者也. 樂合同, 禮別異, 禮樂之統, 管乎人心矣)'(≪순자≫ 樂論篇)라고 한 것처럼 예·악의 동반 효과를 역설 강조했다. 이렇게 보면 〈함지악우화〉는 ≪순자≫ 악론편과 같은 설이 나온 다음에 지어진 것이리라. 그리고 그러한 설을 전제로 역설을 전개한 것이다.

함지악의 제1악장에서 인사(人事)는 음·양의 변화에 따라 '일분일기(一僨一起)'하는 무용, 또는 선율에 지나지 않는다. 이것은 유가의 입장에서 볼 때 성왕이 제정한 더없이 신성한 음악을 희화화한 것이다. 더욱이 이 음악을 듣고 두렵다고 한 것은 통렬한 역설이다. ≪여씨춘추≫에서 음악은 인간의 즐거운 감정에서 직접 성립되는 것이 아니라 '心, 반드시 和平을 이룬 다음에야 즐거워진다. …… 따라서 즐거움은 마음을 화평하게 하는 데 있다.'(適音篇)라 하고, ≪예기≫ 악기편에서는 도가의 설을 포섭하여 '사람이 태어나면서부터 고요한 것은 천성이다. 物에 느껴 움직이는 것은 性의 욕망이다. 외물에 접하면 지각(知覺)이 이를 알고, 그로부터 호오(好惡)의 情이 나타난다. 호오의 情이 마음속에서 절도를 잃고 욕망이 외물의 유혹에 따르게 되면 그때엔 이미 자기의 본

심으로 돌아갈 수도 머무를 수도 없고 천성을 멸해 버린다.(人生而靜,
天之性也. 感於物而動, 性之欲也. 物至知知, 然後好惡形焉. 好惡無節於
內, 知誘於外, 不能反躬, 天理滅矣)'라고 하여 사람의 마음속에 참된 음
악을 성립시키는 천리(天理)가 있다고 하며 '그 情에 돌아가 志를 和함'
을 주장하고 있다. 단, 그것들은 인간의 마음에 음악을 주체적으로 추
구하는 근거가 있다고 보고 있는 것이다. 그에 대하여 '두렵다'는 것은
그 주체적 추구를 뿌리째 인정하지 않는 것이리라.

함지악 가운데 음양의 和인 제2악장에서 '마음이 느슨해지고 울적해
졌다'라고 한 것도 대단한 역설이다. 유가에 있어서 음악은 사람들을 화
합시키고 교화를 달성케 하는 성스런 업무이다. 음악을 '天地之和'니 '陰
陽之和'니 하는 것도 예의 이행과 인륜의 교화가 실현되어 비로소 달성
된 이상이다. 이에 대해 '마음이 느슨해지고 울적해졌다[怠]'고 하는 것
은 모독이리라. 악기편에는 위(魏)나라의 문후(文侯)가 공자의 제자인
자하(子夏)에게 '나는 고악(古樂)을 듣고 있으면 자꾸 졸음이 와 난처
해진다.(吾端冕而聽古樂, 則唯恐臥)'라고 한 데 대해 자하가 답변한 것
이 기록되어 있다. 만약 〈함지악우화〉의 작자가 이 이야기를 알고 있
어 '則唯恐臥'와 거의 같은 '怠'를 이야기했다고 하면 이는 더없이 신랄
한 야유이다.

함지악의 제3악장에서 '미혹되었다[惑]'고 말한 것도 역설임은 말할
것도 없다. 유가의 사고로 음악은 인간의 착한 마음을 감분흥기(感奮與
起)시키는 것이다. 이러한 감화로 천하평치(天下平治)의 교화도 행해지
는 것이다. 이에 대하여 음악은 사람을 미혹시킨다고 했으니 이것도 유
가의 주장과는 전적으로 상반한다.

〈함지악우화〉는 이처럼 유가의 음악 이론을 승지(承知)하면서 그에
대한 역설을 전개한 데 주된 흥미가 있다고 생각된다. 악기편이 언제

성립되었는지는 명확하지 않지만 ≪순자≫ 악론편보다 후세의 것이라는 것은 확실하며 ≪여씨춘추≫의 악론(樂論) 여러 편과 전후한 듯하며, 또 도가적인 설의 영향도 다분히 받은 듯하다. 〈함지악우화〉도 악기편과 거의 같은 시기에 이루어졌던 게 아닐까?

〈함지악우화〉가 역설을 주된 흥미로 하고 있다는 것은 사실이지만 흥미 본위로 치우쳐 있는 것은 아니다. 또 음악 이론에 대하여 정면으로 이론을 제기하려는 것이 아니라 道를 체득하는 법을 설하는 것을 그 본지로 삼고 있다. 그러면서 음악 이론으로서도 의의를 지니고 있으리라. 유가가 그렇게까지 완고한 자세를 고수하는 것만은 아니겠지만 그래도 '풍속을 개선하는 데는 좋은 음악을 보급하는 것 이상의 방법은 없다. 또 높은 분을 편안하게 하고 백성을 다스리는 데는 예를 중히 여기는 것보다 좋은 방법이 없다.(移風易俗, 莫善於樂. 安上治民, 莫善於禮)'(≪효경≫ 廣要道篇)라고 한 것처럼 음악을 교화의 한 도구로 전락(轉落)시킨 데 반해 이 우화의 '懼·怠·惑'은 글자 뜻 그대로는 아니더라도, 또 무성(無聲)의 음악이 아니더라도 현실의 타산적인 생활을 벗어나 정신을 해방시키고 무심한 상태에서 음악 그 자체를 감상하는 방법을 보여 주고 있기 때문이다.

제4장 안연·사금문답:추구우화(顏淵·師金問答:芻狗寓話)

孔子西遊於衞.

顏淵問師金曰, "以夫子之行爲奚如."

師金曰, "惜乎, 而夫子其窮哉."

顏淵曰, "何也."

師金曰, "夫芻狗之未陳也, 盛以篋衍, 巾以文繡, 尸祝齊戒以將之. 及其已陳也, 行者踐其首·脊, 蘇者取而爨之. 而已將復取而盛以篋衍, 巾以文繡, 遊居寢臥其下, 彼不得夢, 必且數眯焉.

今而夫子亦取先王已陳芻狗, 取弟子, 遊居寢臥其下. 故伐樹於宋, 削迹於衞, 窮於商·周. 是非其夢邪. 圍於陳·蔡之閒, 七日不火食, 死生相與鄰. 是非其眯邪.

夫水行莫如用舟, 而陸行莫如用車. 以舟之可行於水也, 而求推之於陸, 則沒世不行尋常. 古·今非水·陸與·周·魯非舟·車與. 今蘄行周於魯, 是猶推舟於陸也. 勞而無功, 身必有殃. 彼未知夫無方之傳, 應物而不窮者也. 且子獨不見夫桔槔者乎. 引之則俯, 舍之則仰. 彼人之所引, 非引人也. 故俯仰而不得罪於人.

故夫三皇·五帝之禮義·法度, 不矜於同, 而矜於治. 故譬三皇·五帝之禮義·法度, 其猶柤·梨·橘·柚邪. 其味相反, 而皆可於口. 故禮義·法度者, 應時而變者也. 今取猨狙而衣以周公之服, 彼必齕齧挽裂, 盡去而後慊. 觀古·今之異, 猶猨狙之異乎周公也.

故西施病心而矉其里. 其里之醜人見而美之, 歸亦捧心而矉
其里. 其里之富人見之, 堅閉門而不出. 貧人見之, 挈妻子而
去之走.
彼知美矉而不知矉之所以美. 惜乎, 而夫子其窮哉."

공자가 노나라를 떠나 서쪽의 위나라로 여행길에 올랐다.

이에 관해 공자의 제자인 안연이 노(魯)의 악사(樂師)인 금(金)에게 물
었다.

"당신은 이번 제 스승님의 여행을 어떻게 생각하십니까?"

금이 대답했다.

"애석하게도 자네 스승께선 몹시 어려운 일에 봉착하게 될 것이네."

안연이 깜짝 놀라 물었다.

"왜인가요?"

금이 대답했다.

"저 추구(芻狗)는 길가에 버려지기 전에는 상자에 넣어져 아름다운 수를
놓은 천에 덮일 뿐 아니라 몸과 마음을 정결하게 하고 제사 지내는 신주
(神主)에 의해 제단 위에 공경히 바쳐지지. 그런데 일단 의례가 끝나고 길
가에 버려지면 길을 가는 사람들이 머리와 등을 마구 짓밟고 지나가며 나
무꾼이 주워다 불쏘시개로 쓰네. 그럼에도 다시 그 추구를 거두어 들여 상
자에 넣고 아름다운 천에 싸서 높은 자리에 올려놓고 그 아래에서 기분 좋
게 자려고 하는 자가 있다면 그는 틀림없이 악몽을 꾸든지, 아니면 가위눌
리게 될 것이네.

그런데 자네 스승은 선왕이 길가에 버린 추구를 주워다 그 아래에 제자
들을 모아 놓고 함께 기분 좋게 자려고 하네. 그래서 송(宋)나라에서는 제

자들과 함께 그 밑에서 예를 학습하다가 큰 나무가 베어지는 위협을 받았고, 위(衛)나라에서는 족적마저 지워져야 하는 굴욕을 받았으며, 상(商)과 주(周)의 옛 땅에서 고생하셨네. 이것은 공선생이 앞서 말한 악몽을 꾼 게 아니고 무엇이겠는가? 또 진(陳)과 채(蔡)의 국경에서는 군대에 포위되어 나아갈 수도 물러설 수도 없는 가운데 식량마저 바닥나 7일 동안이나 밥을 지을 수 없었으니 그야말로 생사의 갈림길에서 헤매셨네. 이것은 앞서 이야기한 가위눌리는 일이 아니고 무엇이겠는가?

무릇 물 위를 가는 데는 배를 사용하는 게 가장 편리하며 땅 위를 가는 데는 수레가 가장 편리하네. 물 위를 가는 데 매우 편리한 배이지만 땅 위에서 끌고 가려고 하면 죽을 때까지 끌어도 얼마 갈 수가 없네. 그런데 옛날과 지금은 물과 땅처럼 차이가 있지 않겠는가? 또 주(周)나라 때의 법도를 노(魯)나라에 쓰려는 것은 배와 수레의 쓰임이 다른 것을 전혀 생각하지 않는 것과 무엇이 다르겠는가? 그럼에도 자네 스승께선 옛날 周나라의 道를 지금 魯나라에서 행하려 하시네. 이것은 배를 땅 위에서 밀고 가려는 것과 같네. 고생만 할 뿐 효과도 없고 틀림없이 재난이 내려질 걸세.

저분은 그 어디에 있더라도 자유스럽게 전개하는 것이야말로 어떠한 물사에 대응하더라도 막히지 않는다는 것을 모르고 계시네. 그런데 자네도 방아두레박을 보았겠지? 잡아당기면 내려가고 손을 놓으면 올라오네. 그것은 사람에게 당겨지기는 해도 사람을 끌어당기지는 않네. 따라서 아래를 향하든 위를 향하든 어떠한 작용을 하더라도 다른 사람으로부터 비난받는 일이 없네. 그와 마찬가지로 굳이 뭔가를 하려 하지 않고 자연스럽게 순응하는 道에 따르는 것이 좋은 것이네.

그러므로 삼황오제(三皇五帝)의 예의·법도는 어느 시대에나 변함없이 같은 것을 훌륭하다 하지 않고, 그때그때 잘 다스려지도록 알맞게 적용되는 것을 좋다고 한 것이네. 따라서 삼황과 오제의 예의·법도 등을 비유하

자면 풀명자나무 열매 · 배 · 귤 · 유자 등과 같다고 할 수 있네. 그 맛은 저
마다 다르지만 모두 사람 입에 잘 맞네. 결국 예의 · 법도는 시세에 따라 변
하는 것이네. 이제 원숭이를 잡아다 주공(周公)의 옷을 입히면 그놈은 틀림
없이 물어뜯고 찢고 없애 버린 다음에야 만족할 것이네.

옛날과 지금의 시세가 다름을 생각하면 그것은 원숭이와 주공의 차이만
큼 거리가 있네. 옛날 주공의 의복과 같은 예의 · 법도가 오늘날의 시세에
맞을 리가 없지.

그래서 다음과 같은 이야기가 있네.

'……절세의 미인 서시(西施)가 가슴앓이 병을 얻어 고향에 돌아와 미간
을 찡그리고 있었다. 마침 그때 마을의 못생긴 여자가 이를 보고 서시가 평
소보다 더욱 아름답다고 생각했다. 그녀는 집에 돌아와 마을 사람들 앞에
서 서시의 흉내를 냈다. 두 손으로 가슴을 누르고 미간을 찡그렸다. 그러자
마을의 부자들은 모두 문을 굳게 걸어 잠그고 밖으로 나오지 않았고, 가난
한 사람들은 처자를 데리고 다른 마을로 달아나 버렸다.'

그 못생긴 여자는 미간을 찡그린 모습의 아름다움만을 알고, 왜 그것이
아름답게 보이는지는 몰랐네. 슬픈 일이네. 자네 스승께서는 아무리 하여
도 어려움을 피할 수 없겠네."

【語義】 衛(위):나라 이름. 공자 생존 시에는 수도가 초구(楚丘:하남성 滑
縣 동쪽)에 있었다.

師金(사금):노(魯)나라의 태사(太師:樂官의 우두머리)로 이름이 金이
라는 인물. 대종사편의 자금장(子琴張)이란 인물에서 생각해 낸 인물
이 아닐까?

惜乎(석호):슬프도다!

芻狗(추구):액막이 주술 의례에 사용된다. 짚을 사용하여 개의 모양

을 만든 것이라 하는데(成玄英의 설) 실제로는 사람 모양으로 만들었을 것이다. 이것에 역병 등의 악령이 전염되었다 생각하고 이것을 버려 악령을 제거한다.

未陳也(미진야):‘陳’은 길에 늘어놓는 것.

篋衍(협연):‘篋’은 장방형의 상자. ‘衍’은 ‘簞(단:상자)’의 차자.

巾以文繡(건이문수):‘巾’은 덮어 싸는 것. 일설에 의하면 ‘飾’을 잘못 베낀 것이라 한다(郭慶藩의 설). ‘文繡’는 아름다운 수를 새겨 넣은 천.

尸祝齊戒以將之(시축재계이장지):‘尸祝’은 여기서는 신주(神主)의 뜻. 뭔가 주술 의례를 행하고, 또 제문도 읽었을 것이다. ‘齊戒’는 ‘齋戒’로도 쓴다. 근신하고 몸을 깨끗이 하여 성의를 다하는 것. ‘將’은 ‘送’의 뜻.

蘇者(소자):풀 베는 사람. 나무꾼.

而已將復取(이이장부취):‘而已’는 ‘그렇게 한 다음’의 뜻. ‘將’은 여기서는 ‘復’를 강조하기 위한 조사.

遊居寢臥其下(유거침와기하):소요유편 〈무하유향우화〉의 ‘逍遙乎寢臥其下……’를 근거로 한 표현이다.

彼不得夢必且數眯焉(피부득몽필차수미언):‘不…必…’은 반드시 그 어느 쪽이든 한쪽이 된다는 뜻을 나타내는 어법. 즉 ‘~하지 않으면 틀림없이 ~함’의 뜻. ‘夢’은 여기서는 악몽을 가리킨다. ‘且’는 ‘必’을 강조하는 조사. ‘眯’는 가위눌리는 것.

先王(선왕):요·순·우, 殷의 탕왕, 周의 문왕·무왕·주공 등을 가리킨다.

取弟子(취제자):‘取’는 ‘聚’의 차자.

伐樹於宋(벌수어송):≪사기≫ 공자세가에 의하면 공자가 宋나라에 들어가 제자들과 큰 나무 아래에서 예를 학습할 때, 宋의 사마(司馬)인 환퇴(桓魋)가 공자를 죽이고자 그 나무를 베어 버렸다 한다.

削迹於衛(삭적어위):공자가 언제 이런 고난을 당했는지는 불명하다.
공자세가에 의하면 공자가 처음 衛에 갔을 때, 참언에 의해 衛의 군주
인 영공(靈公)에게서 위협받은 적이 있는데 그것을 가리키는 것일까?

窮於商周(궁어상주):공자세가에 의하면 공자는 청년 시절에 周(하남
성 낙양에 수도를 두었다)에 가서 노자에게 예에 관해 물었다 하는데 그
후 다시 周를 방문했는지는 명확하지 않다. '商'은 宋나라를 가리킨다.
이렇게 보면 이 '周'는 衛를 가리키는 것이다. 衛는 周王의 동족이 봉해
졌던 나라이다. 결국 '商周'는 宋·衛의 환언(換言)이다.

圍於陳蔡之間七日不火食(위어진채지간칠일불화식):공자세가에 의하
면 공자는 62세 때(B.C. 491년) 진(陳:하남성 淮陽縣)·채(蔡:같은 성
上蔡縣)·섭(葉:같은 성 葉縣) 사이를 왕래했다. 楚에서는 이 사실을 알
고 공자를 초빙하려 했는데 陳과 蔡의 대부가 공자가 楚에 출사하면 양
국으로서는 매우 불리하게 된다고 생각하여 군대를 동원하여 공자 일행
을 포위했다. 공자 일행은 식량이 바닥나고 극심한 고통에 시달리게 되
었는데 공자는 자세를 흐트러뜨리지 않고 학문을 강론하고 음악을 연주
했다. 그 후 楚의 도움을 받아 楚에 들어갔다고 한다. 이것이 과연 공자
의 62세 때 일인지, 공자가 楚에 초빙된 일이 있는지 학자들 사이에 논
란이 많고 공자세가의 설이 잘못되었다는 지적마저 있다. 그런데 陳·
蔡 사이에서 공자 일행이 극심한 곤경에 처했다는 것은 ≪논어≫(위영
공편)뿐 아니라 ≪맹자≫(진심 하)·≪묵자≫(非儒)·≪순자≫(宥坐) 등
여러 편에도 전승되는 유명한 사실(史實)이다. 현재 하남성 淮陽縣 근교
에 그 고지(故地)로 전해지는 액대(厄臺)가 있다. '火食'은 밥을 짓는 것.

以舟…求推之於陸:유가에서 중히 여기는 경서인 ≪상서≫의 익직편
(益稷篇)에 의하면 요임금의 아들 단주(丹朱)는 이와 같은 무법을 행한
자였다.

尋常(심상):'尋'은 8척(尺). '常'은 尋의 두 배. 얼마 안 되는 거리의 비유이다.

蘄(기):'祈(기:구하다, 바라다)'의 뜻.

夫無方之傳(부무방지전):道의 무한한 전개를 가리킨다. '傳'은 '轉'의 차자.

子獨不見……乎:상대방에게 급히 동의를 구하는 말이다.

三皇五帝(삼황오제):'三皇'에 대해서는 천황·지황·인황(天皇·地皇·人皇)이라는 설, 복희·신농·여와(伏犧·神農·女媧)라는 설, 복희·신농·황제(伏犧·神農·黃帝)라는 설, 그 외 여러 설이 있는데 요컨대 '三皇'은 중국 문명을 최초로 연 제왕으로서 작위적으로 전설화되었다. '五帝'에 관해서도 태호·염제·황제·소호·전욱(太皞·炎帝·黃帝·少皞·顓頊)이라는 설, 황제·전욱·제곡·제요·제순(黃帝·顓頊·帝嚳·帝堯·帝舜)이라는 설, 그 외의 설이 있는데 '五帝'도 '三皇'의 경우와 마찬가지로 천하를 통치했던 고대 성왕으로서 전설화되었던 것이다. 부언하면 '삼황오제'라는 호칭은 아무리 빨라도 진시황 이후 통용되었을 것이라고 한다.

不矜於同(불긍어동):'矜'은 '드러내다·자랑하다'의 뜻.

故禮義法度者應時而變者也(고예의법도자응시이변자야):시세에 맞는 법을 시행할 것을 가장 현저하게 주장한 것은 한비(韓非)이다. 본절의 이러한 주장은 한비의 설에 근거한 말이리라.

今取猨狙而衣以周公之服(금취원저이의이주공지복):'목후이관(沐猴而冠)'(≪사기≫ 項羽本紀)이란 성어가 있다. 교양이 없는데도 선비인 척하는 것을 말한다. 이 구의 표현도 착상이 이와 비슷하다. '주공(周公)'은 周나라 무왕의 아우로 이름은 단(旦). 무왕을 도와 殷을 타도하고 周 왕국을 세웠다. 또 무왕의 아들인 성왕(成王)을 보필했으며 예악

을 제정하여 周 왕실의 기초를 다졌다고 전해진다. '周는 夏와 殷을 본
떴으므로 문물제도가 빛나는도다! 나는 周를 따르리.(周監於二代, 郁郁
乎文哉. 吾從周)'(《논어》 팔일편)라고 하여 周의 문화를 이상으로 삼
았던 공자는, '심하도다, 나의 노쇠함이! 오래되었도다, 꿈속에서 주공
을 뵙지 못한 게!(甚矣, 吾衰也. 久矣, 吾不復夢見周公)'(《논어》 술이
편)라고 할 만큼 주공을 추모했다. 이 구는 이러한 사실을 배경으로 하
고 있는 것이다.

盡去而後慊(진거이후겸):'慊'은 '만족스럽게 생각하다, 불만을 품다'
두 가지 뜻을 다 가지고 있는 글자인데 여기서는 만족스럽게 생각한다
는 뜻으로 쓰였다.

西施(서시):'先施'로도 쓴다. 미인을 대표하는 여자이다. 월(越)나라
나무꾼의 딸로 월왕 구천(句踐)에게 발견되어 미인계(美人計)의 도구로
서 오(吳)나라 왕 부차(夫差)에게 바쳐졌다 한다.

矉其里(빈기리):'矉'은 '顰'과 같다. 미간(眉間)을 찡그리는 것. '其里'
두 자는 연문(衍文)이라는 설(馬敍倫의 설)이 있다.

捧心(봉심):가슴을 밀어 올리는 것처럼 두 손으로 누르는 것.

其里之富人……:과장이 심한 표현이다. 서시의 경우와는 달리 병
에 전염될 것을 두려워했거나 추녀를 미친 사람으로 보았기 때문일 것
이다.

知美矉(지미빈):成玄英疏本에는 '知矉美'로 되어 있다.

【補說】 이상의 〈추구우화〉는 공자의 여행에 관한 안연의 질문에 답하는
사금(師金)의 말을 빌려, 芻狗·舟車·桔槹·柤梨·猿·추녀 등의 비
유로써 공자의 가르침이 몽상이자 시대착오적인 것이며 시세를 모르는
못생긴 여자의 우행(愚行)과 다를 바 없다고 비판하고 자연의 道에 쫓

아야 함을 설하고 있다. 비유가 많이 쓰인 것이 이 우화가 지닌 흥미이며 그것이 어느 정도 공자에 대한 격한 비판을 중화시키고 있는 게 사실이다. 그래도 추녀의 비유는 가혹한 감이 없지 않다.

【餘說】 공자의 일화에 관하여

공자에 관한 일화 · 전설의 종류는 《국어(國語)》 · 《좌씨전(左氏傳)》을 필두로 하여 전국시대에서 漢代에 걸친 제자(諸子)의 술작(述作)에서 산견(散見)되고 있다. 공자쯤 되는 위인의 전기는 사람들에게 잘 알려져 있었겠지만 와전(訛傳)도 적지 않았다. 특히 도가에게는 공자를 비판하고 야유하는 좋은 재료가 되어 주었다. 이에 대해 유가 쪽에서 공자의 전기 · 일화를 모아 그 인물을 부조(浮彫)하려는 시도도 있었다. 《순자》 중의 유좌 · 자도 · 애공(宥坐 · 子道 · 哀公) 등 여러 편, 《한서》 예문지에 실려 있는 《공자가어(孔子家語)》(유실됨. 현재의 것과 다름), 《공자삼조기(孔子三朝記)》 등은 그러한 시도였던 것인데 그것들은 가탁 · 증익(假託 · 增益)을 피할 수 없었던 것이다. 그런 가운데 믿을 만하다고 판단되는 사료만 모아 체계적인 전기를 만든 것이 《사기》 공자세가이다. 그렇지만 《사기》의 기술에 관해서도 이론이 있다. 사료의 가치 판단을 잘못한 것도 있고 하여 세가의 기술이 모두 실전(實傳)이라고는 말할 수 없다.

이상의 〈추구우화〉는 공자가 魯를 떠나 衛로 갈 때의 일을 배경으로 하고 있다. 이 우화의 작자는 필시 공자가 두 번째로 衛로 갈 때, 아니면 공자가 뭔가 중대한 결의를 하고 衛로 갈 때의 일을 상정하고 이 우화를 지었을 것이다. 또 그렇게 보아 주어야 사금(師金)의 예언적 발언이 흥미 있는 것이 된다. 그런데 그것을 연상시키는 기술(記述)이 공자세가에는 전연 보이지 않는다. 그것이 공자세가에 빠진 사실이라 하더라도 사금이 공자가 宋에서 당한 곤경이나 陳·蔡에서 겪은 위험을 언급한 것은 그 예언적 흥미를 반감시킴과 동시에, 이 작자가 공자의 실전(實傳)에는 별로 개의치 않고 오직 공자에 대한 비판·야유에 관심을 두었던 것을 짐작케 한다. 결국 이것도 우화인 것이다.

사금의 공자 비판의 중점 가운데 하나는 공자가 선왕이 사용한 낡은 가르침을 더없이 귀중한 것으로 여기고 있다는 것이다. 이러한 주장은 직접 공자에 대한 것은 아니지만 이미 천도편의 〈고인지조박우화〉에 나온 바 있다. 단, 이 우화에서 들고 있는 '芻狗'의 비유가 참으로 기경(奇警)하다. 그 기경함은 노신(魯迅)의 ≪공을기(孔乙己)≫를 상기시킨다.

비판의 두 번째 중점은 공자가 시대적 착오를 범하여 시세 적응의 道를 전혀 알지 못하고 있다는 것이다. 이에 대한 사금의 주장은 '無方之傳(轉)'을 행해야 한다는 것이다. 시세 적응의 道란 구체책(具體策)이어야만 하는 것인데 과연 그것이 대책이 될 수 있을까? 대책이 된다고 하면 '無方'과는 다른 모순을 낳을 것이다. 어쨌든 시세 적응의 道를 강력하게 주장한 것은 전국시대 말의 한비(韓非)다. 한비는 인민에게 처음으로 주거법(住居法)을 가르친 상고의 성왕 유소씨(有巢氏)를 비롯하여 화식(火食)을 가르친 수인씨(燧人氏), 대홍수기(大洪水期)인 중고(中古)의 인물로 곤(鯀)과 우(禹), 무력 투쟁기인 근고(近古)의 인물로 은(殷)의 탕왕·주(周)의 무왕을 찬양하여 체계적으로 문화사관을 서술한 다음, '무릇 옛날과 지금은 습속이 다르고, 새로운 시대와 옛 시대는 그 방책이 다르다(夫古今異俗, 新故異備)'(≪한비자≫ 오두편)고 주장하였다. 사금의 시세 적응 주장은 전적으로 한비의 주장에 근거한 것이며 개괄적으로 삼황오제를 든 것도 한비의 서술을 흉내 낸 것임을 입증하는 것이다. 이 우화는 한비 이후, 필시 漢代에 지어진 것이리라.

제5장 공자 · 노담문답:천문우화(孔子 · 老聃問答:天門寓話)

孔子行年五十有一而不聞道. 乃南之沛見老聃.

老聃曰,"子來乎. 吾聞子北方之賢者也. 子亦得道乎."

孔子曰,"未得也."

老子曰,"子惡乎求之哉."

曰,"吾求之於度數. 五年而未得也."

老子曰,"子又惡乎求之哉."

曰,"吾求之於陰陽. 十有二年而未得."

老子曰,"然. 使道而可獻, 則人莫不獻之於其君. 使道而可進, 則人莫不進之於其親. 使道而可以告人, 則人莫不告其兄弟. 使道而可以與人, 則人莫不與其子孫. 然而不可者, 無他也. 中無主而不止, 外無正而不行. 由中出者, 不受於外, 聖人不出. 由外入者, 無主於中, 聖人不隱.

名公器也. 不可多取也. 仁義先王之蘧廬也. 止可以一宿, 而不可久處. 覯而多責. 古之至人, 假道於仁, 託宿於義, 以遊逍遙之虛, 食於苟簡之田, 立於不貸之圃. 逍遙無爲也. 苟簡易養也. 不貸無出也. 古者謂是采眞之遊.

以富爲是者不能讓祿. 以顯爲是者, 不能讓名. 親權者, 不能與人柄. 操之則慄, 舍之則悲. 而一無所鑒, 以闚其所不休者, 是天之戮民也. 怨 · 恩 · 取 · 與 · 諫 · 教 · 生 · 殺八者, 正之器也. 唯循大變無所湮者, 爲能用之. 故曰, '正者正也.' 其心以爲不然者, 天門弗開矣."

공자는 51세가 되었지만 아직 道에 관해 들을 기회가 없었다. 그래서 노
담에게 가르침을 받고자 남쪽 패(沛)에 갔다.

노자는 공자를 반겨 이렇게 말했다.

"오셨습니까? 당신은 북방의 현자라고 들었습니다. 당신도 道를 깨달으
셨습니까?"

공자가 대답했다.

"아직 깨닫지 못했습니다."

노자가 물었다.

"당신은 어디에서 道를 구하려 하셨습니까?"

"저는 일월의 운행, 성좌의 움직임 등의 도수(度數)에서 구하려 했습니
다. 그렇지만 5년이 지나도 道를 깨달을 수 없었습니다."

노자가 거듭 물었다.

"그리고 또 어디에서 道를 구하려 하셨습니까?"

"저는 음양의 변화에서 구하려 했습니다만 12년이 지나도록 道를 깨달
을 수 없었습니다."

그러자 노자가 다음과 같이 가르쳤다.

"그렇겠지요. 만일 道가 당신이 생각하는 것처럼 신분이 높은 분에게 바
칠 수 있는 것이라면 군주에게 그것을 바치지 않으려는 자는 아무도 없을
것입니다. 道가 윗사람에게 진언할 수 있는 것이라면 어버이에게 道를 고
하지 않으려는 자는 아무도 없을 것입니다. 道가 남에게 알려 줄 수 있는
것이라면 형제들에게 일러 주지 않으려는 자는 아무도 없을 것입니다. 만
일 道가 아랫사람에게 줄 수 있는 것이라면 그것을 자손에게 물려주지 않
으려는 자는 아무도 없을 것입니다. 그럼에도 그렇게 할 수 없는 것은 다
른 까닭이 있어서가 아닙니다. 道는 그 사람의 내부에 근거가 될 만한 것
이 없으면 오래 머물 수 없으며 그 사람의 외부에 그 道를 받아들일 만한

확실한 상대가 없으면 행해지지 않기 때문입니다. 즉 자신의 내부에서 나오는 말과 가르침이 밖의 사람들에게 받아들여지지 않으면 성인은 그것을 밖으로 나타내려 하지 않으며 자신의 내부에 근거가 될 만한 것이 없으면 성인은 밖에서 들어오는 타인의 가르침과 말에 의존하려 하지 않습니다.

세상의 명성은 세상사람 모두가 써야 하는 것입니다. 오직 한 사람이 욕심을 부려 많이 취하려 해서는 안 됩니다. 仁·義는 말하자면 선왕이 세워 놓은 주막과 같은 것입니다. 하룻밤쯤 묵는 것은 좋지만 오랫동안 계속 묵으려 해서는 안 됩니다. 오랫동안 묵으면 많은 숙박료를 물라는 독촉을 받게 됩니다. 그래서 옛적의 지인(至人)은 道를 잠시 仁에서 취하고 하룻밤 義에서 숙박하고 자유자적한 '소요(逍遙)의 언덕'에 가서 유연(悠然)하게 지내며, 또 '구간(苟簡)의 밭'에서 따 온 간단한 식물에 만족하고 '부대(不貸)의 포(圃)'에 안주했던 것입니다. 세속의 일에 번뇌하지 않는 '소요(逍遙)'가 있을 뿐 어떠한 일도 할 필요가 없었습니다. 스스로 만족하는 '구간(苟簡)'이 있어 그 생명을 오래 보존하기가 매우 쉬웠고 흔들리지 않는 독립의 '부대(不貸)'가 있었기에 함부로 가르침을 밖으로 내보내지 않았던 것입니다. 옛날에는 이렇게 하는 것을 '진실을 터득한 후의 노닒[遊]'이라고 했습니다.

부(富)야말로 바람직한 것이라고 생각하는 자는 그 고록(高祿)을 타인에게 내줄 수가 없습니다. 사람들로부터 극구 칭찬받는 것이 바람직하다고 생각하는 자는 그 명성을 타인에게 내줄 수가 없습니다. 권세를 휘두르는 데 익숙해진 자는 그 권력을 타인에게 줄 수가 없습니다. 그리고 이런 것을 움켜쥐고 있을 때에는 다른 사람에게 빼앗기지나 않을까 두려워하고, 잃어버린 경우에는 탄식하며 슬퍼합니다. 더욱이 이런 두려움과 슬픔에 대해 한 번도 반성하는 일 없이 끊임없이 그것들을 탈취·확보하려 기회를 엿보는 자는 하늘로부터 형(刑)을 받은 구제할 수 없는 자입니다. 가난한 자의 한을 풀어 주는 것, 의지할 데 없는 자에게 은혜를 베푸는 것, 재산이 넉넉한 자에게서 재물을 거두어들이는 것, 궁핍한 자에게 재물을 나누어 주는 것, 신하가 군주의 잘못을 간하는 것, 군주가 인민을 가르쳐 이끄는 것, 무고(無辜)한 자를 방면하는 것, 악인을 사형에 처하는 것, 이 8가지 일은 정치의 수단입니다. 그러나 그것은 오직 道의 위대한 변화에 좇아 그 변화를 인위로 정체시키지 않는 지인(至人)만이 행사할 수 있는 것입니다. 그래서 '정치란 그릇된 것을 바로잡는 것이다.'라고 하는 것입니다. 마음속으로 이런 사실에 대해 그렇지 않다고 생각하는 자에게는 道의 진실을 구하는 하늘의 문이 열리지 않습니다."

【語義】　行年五十有一而不聞道(행년오십유일이불문도):≪논어≫ 위정편에 '나이 오십에 천명을 알았다.(五十而知天命)'라고 했으며 또 이인편에 '아침에 道를 들으면 그날 저녁에 죽어도 좋다.(朝聞道, 夕死可矣)'라했는데 이를 배경으로 하여, 또 이것을 비꼬기 위해 51세가 되었는데도 道를 듣지 못했다고 한 것이다.

沛(패):≪사기≫ 노자전에 노자의 고향은 楚나라의 고현(苦縣) 여향(厲鄕) 곡인리(曲仁里)로 되어 있다. 현재의 하남성 녹읍현(鹿邑縣)으로 여기에 노자를 제사지내는 묘(廟)가 있다. 그런데 이 우화에서는 공자의 출생지인 魯나라의 곡부(曲阜)에서 남쪽으로 약 200km 떨어진 패(沛:강소성 沛縣)를 노자의 고향으로 설정한 듯한데 어떤 근거에서 그렇게 한 것인지 명확하지 않다.

度數(도수):천문 관측을 가리킨다. 실제로는 오행(木·火·土·金·水)을 가리키는 것이리라.

五年(오년):태음력에서 천도(天道:천체의 운행)는 5년을 주기로 한다고 한다. 그러나 여기서는 오행을 햇수로 바꾸어 놓은 게 아닐까?

陰陽(음양):실제로는 사계 추이의 근본이 되는 한서(寒暑)를 가리키는 것이리라. 즉 공자의 구도(求道)는 五行으로부터 陰陽에의, 陰陽으로부터 道에의 추구인 셈이다.

十有二年(십유이년):음양의 변화가 하늘을 일주(一周)하는 12년에 근거한 것이라 한다(成玄英의 설). 한서(寒暑)의 변화, 즉 사계 12달을 햇수로 바꾸어 놓은 게 아닐까?

使道而可獻……:이하 공자의 道가 타인에 대한 교화를 주로 하는 것이 잘못임을 지적하고 있다. 道는 각자가 체득할 수밖에 없다는 것은 ≪장자≫의 근본 주장이다.

然而不可者無他也(연이불가자무타야):‘然而’는 ‘而’보다 앞의 사실을 반전(反轉)하는 뜻을 강하게 나타낸다. ‘不可者’는 ‘所以不可者’와 같다. ‘無他’는 이것 외에는 없다는 뜻.

中無主而不止外無正而不行(중무주이부지외무정이불행):≪공양전(公羊傳)≫ 선공(宣公) 3년 항에, ‘王者는 반드시 그 祖로써 配한다. 안으로부터 나오는 것은 匹이 없으면 행해지지 않고, 밖으로부터 이르는 것은 主가 없으면 머물지 않는다.’라는 기록이 있다. 천제를 제사지내는 데 는 그 필배(匹配:단 한 사람의 상대방)가 되는 조선(祖先)의 靈의 중개가 없으면 주제자(主祭者)의 내부에서 우러나오는 성의가 천제에게 전달되지 않으며, 반대로 밖에서 강하하는 신령은 주제자가 없으면 지상에 머물러 사람들에게 행운을 줄 수가 없다는 것을 말하고 있다. 이 구는 이런 류의 격언에 근거한 말이리라. 단 여기서 ‘主’는 그 사람의 안(內)인 마음을, ‘正’은 이를 받아들이는 상대방을 가리킨다.

不隱(불은):‘隱’은 ‘依(의:의하다)’의 차자.

名公器也(명공기야):≪경전석문≫에 ‘名에는 物의 명칭, 훼예(毁譽)의 명성, 애증과 같은 심리, 이 세 가지 뜻이 있다.’고 한 ≪윤문자(尹

文子)≫의 설이 실려 있고, 이 문장에서는 명성에 관해 이야기하는 것이라고 해석되어 있다. '公器'는 많은 사람이 공용하는 物. 여기서는 仁義가 名이다.

蘧廬(거려):주막, 여인숙.

覯而多責(구이다책):'覯'는 '遭(조:만나다)'의 뜻. '而'는 '其'의 뜻. 즉 오랫동안 머물면 숙박료를 많이 청구 받게 됨을 말하고, 또 그 청구에 세간의 비난이라는 뜻을 함축하고 있는 것이다.

以遊逍遙之虛(이유소요지허):道를 체득하여 초연히 자유자적하는 것을 가리킨다. '虛'는 '墟'의 원자. 신령이 오르내리는 성산(聖山)을 가리킨다.

食於苟簡之田立於不貸之圃(식어구간지전입어부대지포):'苟簡'은 가지고 있는 것으로 변통하는 간소함, 즉 자급자족에 만족하는 것처럼 세상과 관계가 없는 것을 가리킨다. '貸'는 '忒(특:변하다)'의 차자로 보아야만 한다. 따라서 '不貸之圃'는 '苟簡之田'의 임시변통에 비해 언제나 변함없이 경작하는 채소밭을 뜻한다. '苟簡之田'이 덕충부편〈화덕유심우화〉의 '命物之化'에 해당한다면 이것은 그 '守其宗也'에 해당한다.

采眞之遊(채진지유):'采'는 '採'의 원자. '眞'은 道와 일체가 되는 것을 가리킨다.

鑑(감):앞 구의 '慄', '悲'의 경험을 토대로 반성하고 고치려는 것을 가리킨다.

以闚其所不休者(이규기소불휴자):'其所'는 '祿 · 名 · 柄' 등을 탈취하여 확보하는 기회를 가리킨다. '不休'는 끊임없이 애쓰는 것.

是天之戮民也(시천지륙민야):구제할 수 없는 속물이란 뜻. 대종사편〈기인우화〉에 '丘天之戮民也'라 했고, 또 〈덕충부편〉에 '天刑之('之'는 공자를 가리킨다)'라 했다.

無所滯(무소연):‘滯’은 ‘막다·메우다’의 뜻. 나아가 정체시킨다는 뜻.

故曰正者正也(고왈정자정야):주기(注記)가 혼입된 군글이 아닌가 하는 의심도 없지 않지만 ≪논어≫ 안연편에 ‘정치란 그릇된 것을 바로잡는 것이다.(政者正也)’라 한 것을 취해 여기에 삽입시킨 것이리라. 위의 ‘正’은 ‘政’의 차자. 응제왕편에 ‘夫聖人之治也, 治外乎. 正而後行. 確乎能其事者而已矣’라고 했다.

天門弗開矣(천문불개의):‘天門’은 하늘의 입구. 즉 道를 체득하는 방법에 비유되고 있다.

【補說】 이상의 〈천문우화〉는 공자와 노자의 문답을 빌려 유가설을 비난하고 도가설을 칭양(稱揚)하는 유형의 우화 가운데 하나이다. 道를 하늘에 있는 것으로 상정하고, 하늘에 이르는 도정(道程)에서 줄거리를 취해 공·노의 대화를 진행시키고 있다. 그래서 공자가 처음에는 천문·역수 등의 현상을 관찰하는 데 힘쓰고, 계속하여 음양의 이치를 알고자 생각을 괴롭혔지만 끝내 세속의 가르침에 구애되어 道를 깨닫지 못했다 하고 이어서 노자의 말을 빌려 지인(至人)의 ‘逍遙之虛’에서 노는 ‘采眞之遊’를 들며 이에 반하는 일반적인 세속의 영위가 초래하는 해악을 지적하여 그에 빠져 있는 자는 결코 ‘天門’을 열 수 없다고 한다. 이 우화의 주안은 ‘中無主而不止, 外無正而不行’ 및 ‘循大變’이라 할 수 있는데 이것은 덕충부편에 ‘審乎無假, 而不與物遷, 命物之化, 而守其宗也’라 한 것이라든지 응제왕편에 ‘順物自然, 而無容私焉’이라고 한 것과 거의 같은 주장이다. 그 논리보다 우화의 진행 방법에 흥미가 있다.

【餘說】〈천문우화〉의 성립 연대

　이 우화 첫머리의 '孔子行年五十有一而不聞道'나 말미의 '正(政)者正
也' 등은 이미 책으로 완성된 ≪논어≫를 참고한 다음 유가를 야유하
기 위한 구상에서 초든 것이리라 생각된다. '中無主而不止, 外無正而不
行'도 ≪공양전≫의 문장을 전용한 것이 아닐까? 이런 점에서 생각하면
음양을 말한 것도 ≪주역≫이 유가의 경서임을 알고 한 말인 듯하다.
　물론 공자가 박학했다고는 하지만 천문·역수에까지 정통했다고는
전해지지 않는다. 공자에 관한 이 우화에서 볼 수 있는 것과 같은 상상
또는 무시(無視)는 우화의 흥미를 돕기 위한 것이어서 비난받을 만한
것은 아니다. 그런데 이 우화에는, 비록 일시적인 일이라고는 해도 지
인(至人)이 인의를 빌린다고 하는 유·도의 절충적 태도가 보인다. 이
것은 이 우화의 작자가 유가의 설에 친숙했음을 말해 주는 것이리라.
　이 우화의 작자가 유가설에 친숙하여 ≪논어≫·≪주역≫·≪공양
전≫ 등을 알고 있었다고 하면 이 우화는 漢代에 지어진 것이 틀림없다.

제6장 공자 · 자공 · 노담문답:견룡우화(孔子 · 子貢 · 老聃問答:見龍寓話)

孔子見老聃而語仁義.
老聃曰, "夫播糠眯目, 則天地四方易位矣. 蚊 · 虻噆膚, 則通昔不寐矣. 夫仁義憯然, 乃憒(憒)吾心. 亂莫大焉. 吾子使天下無失其朴, 吾子亦放風而動, 摠德而立矣. 又奚傑然若負建鼓而求亡子者邪.
夫鵠不日浴而白, 烏不日黔而黑. 黑 · 白之朴, 不足以爲辯. 名譽之觀(讙), 不足以爲廣. 泉涸, 魚相與處於陸, 相吻以濕, 相濡以洙, 不若相忘於江湖."

공자가 노담을 만나 인의에 관해 설명했다.

노담은 이를 듣고 다음과 같이 말했다.

"날아 흩어지는 겨가 눈에 들어오는 것만으로도 천지 사방의 방향을 분간할 수 없게 된다. 모기나 등에가 살갗을 쏘았을 뿐인데 밤새 가려워서 잠을 이룰 수 없게 된다. 이처럼 의외의 작은 일이 괴로움으로 변하는 것이다. 하물며 끔찍하기 짝이 없는 인의에 있어서랴! 그런 것들이야말로 내 마음을 온통 어지럽히는 것들이다. 세상을 어지럽히는 것으로 이보다 심한 것은 없다. 천하의 사람들로 하여금 그 타고난 소박함을 잃지 않게 하려면 자네도 자연스럽게 불어오는 바람처럼 어디든 움직여 가며 또 무위의 德을 굳게 지켜 독립하지 않으면 안 된다. 그럼에도 어찌 홀로 큰 북을 등에 지고, 도망간 사람을 찾으려는 기묘한 행동을 하고 있는가?

저 고니는 날마다 목욕을 하는 것도 아닌데 늘 희고, 까마귀는 매일 검은 진흙에 몸을 굴리는 것도 아닌데 늘 검다. 이처럼 검기도 하고 희기도 한, 타고난 소박함은 사람들이 이러쿵저러쿵 떠들 필요가 없이 너무도 명백한 것이다. 따라서 인의를 갖춘 사람들이 바르다고 하는 따위의 소란스런 논의는 세상에서 행할 만한 가치가 있는 일이 아니다. 샘이 말라 물고기들이 살 곳을 잃고 진흙 같은 곳에 있게 되면 가쁜 숨을 몰아쉬며 거품으로 서로를 적셔 준다. 그렇지만 이것은 냇물이나 호수 속에서 서로를 잊고 마음 내키는 대로 노니는 자유스러운 생활과는 비교할 수 없다."

【語義】 播穅眯目(파강미목):'播'는 흩뿌리는 것. '穅'은 '糠(강:겨)'의 차자. '眯'는 여기서는 '속이다·어지럽히다'의 뜻.

天地四方易位(천지사방역위):방향을 분간할 수 없게 되는 것을 과장하여 표현한 것이다.

蚊虻噆膚(문망참부):'噆'은 모기나 빈대 따위가 무는 것.

通昔不寐矣(통석불매의):'昔'은 '夕'의 차자. 밤.

仁義憯然(인의참연):'憯'은 '慘'과 같다. 비참한 것. 인의의 나쁨에 관해서는 변무·마제·거협·재유 등 여러 편에 소상히 설명되어 있다.

乃憤吾心(내분오심):'憤' 대신 '憒(궤:마음이 어지러운 것)'로 되어 있는 판본도 있다 한다(≪경전석문≫의 설). '憒'가 옳다고 한다(郭慶藩의 설).

放風而動(방풍이동):본편 제1장 〈무함지조〉의 '風起北方, 一西一東, 有上彷徨' 등을 근거로 하여 '動於無方'을 가리키는 것이리라.

揔德而立矣(총덕이립의):'揔'은 '總'과 통용. '지니다, 거느리다'의 뜻. 德으로써 독립하는 것을 가리킨다.

又奚傑然……而求亡子者邪:천도편에는 '又何偈偈乎揭仁義, 若擊鼓而求亡子焉'이라고 되어 있다. 필시 이를 참고하여 새로운 취향을 생각

해 낸 것이리라. '傑然'은 홀로 특출한 것. '建鼓'는 ≪의례(儀禮)≫ 대사의
(大射儀)에 '建鼓는 阼階의 서쪽에 있다.'라고 했듯이, 본디는 堂下에 설
치해야 하는 것인데 여기서는 이것을 등에 지고 가려고 한다는 것이다.

鵠(곡):고니.

名譽之觀(영예지관):'觀'이 '讙(훤:시끄러운 것. '환'으로도 읽는다)'으
로 된 판본도 있다 한다(≪경전석문≫의 설). '讙'으로 해야 한다.

泉涸魚相與……忘於江湖:대종사편〈진인론〉에 이와 똑같은 문장이
있다. 단, '吻'이 '呴'로 되어 있다. '吻'도 세차게 내뿜는다는 뜻.

【補說】 이 장은 공·노문답 형식을 취한 우화의 하나다. 임시로 〈견룡우
화〉라 명명한다. 세 개 단락으로 구성되어 있는데 이상이 제1단이다.
공자가 인의를 설한 데 대해 노담이, 그것은 인간의 마음을 가장 어지
럽게 하는 것으로 인간으로 하여금 소박함을 잃게 하는 것이어서 인의
를 설하는 것은 마치 진흙 속에서 물고기가 발버둥치는 것과 같은 짓이
라고 비난하고 있다.

孔子見老聃歸, 三日不談.
弟子問曰, "夫子見老聃, 亦將何規哉."
孔子曰, "吾乃今於是乎見龍. 龍, 合而成體, 散而成章, 乘乎
雲氣, 而養(翔)乎陰陽. 予口張而不能嗋. 予又何規老聃哉."
子貢曰, "然則人固有尸居而龍見, 雷聲而淵默, 發動如天地
者乎. 賜亦可得而觀乎."
遂以孔子聲見老聃.

공자가 노담을 만나고 돌아와 사흘 동안이나 아무 말도 하지 않았다.

이상하게 생각한 제자가 공자에게 물었다.

"선생님께선 노담을 만나 무엇을 가르쳐 주셨습니까?"

공자가 대답했다.

"나는 이제서야 용(龍)을 보았다. 용은 천지의 정기가 모이면 용의 모습을 취하고, 천지의 정기가 흩어지면 아름다운 색채가 되어 불가사의한 변화를 하며 또 구름을 타고 청우(晴雨)의 변화 사이를 자유롭게 날아 돌아다닌다.

노담은 바로 그 변환 자재한 용이다. 나는 노담에게 인의에 관해 설명하려고 말문을 열었는데 그만 입이 다물어지지 않았던 것이다. 내가 어떻게 노담을 바로잡을 수가 있겠느냐?"

공자의 말을 듣고 제자 가운데 가장 뛰어난 자공이 나서서 이렇게 말했다.

"그렇다면 '시체처럼 꼼짝 않고 있으면서도 용처럼 격렬하게 행동하고, 또 우레와 같은 호령을 하면서도 깊은 못과 같이 고요하며 그 활동이 천지의 작용과도 같은 인물'이 있다는 것입니까? 저도 그 인물을 볼 수 있겠습니까?"

이렇게 되어 마침내 자공은 공자의 소개로 노담을 만나게 되었다.

【語義】 三日不談(삼일부담):'三日'은 비교적 많은 일수이다. '談'은 조용히 이야기하는 것. '言'으로 되어 있는 판본도 있다(《경전석문》의 설).

亦將何規哉(역장하규재):'亦'은 여기서는 '其'와 같다. 주의를 환기하는 조사. '將'은 '以'의 뜻. '規'는 규정하다, 즉 법도에 맞게 바로잡는 것.

吾乃今於是乎見龍(오내금어시호견룡):'乃今'은 '이제서야, 지금 비로소'의 뜻. '於是乎'의 '乎'는 강조의 뜻을 나타내는 조사.

龍(용):중국 고대에 가장 영묘한 신물(神物)로 인식된, 요컨대 전능적 영정(靈精)이었다. 그 기원에 관해서는 각종 설이 있는데 본디 천둥과 번개를 천신의 모습으로 간주한 데서 비롯된 것이 아닐까?

合而成體散而成章(합이성체산이성장):천지의 기가 합쳐 용의 모습이 되고, 그것이 흩어져 아름다운 색채를 전개한다. 이것은 용이 천둥·번개를 본뜬 것임을 시사하는 표현이다. 雷는 음·양·천지의 기가 처음으로 합쳐진다고 하는 봄에 나타난다. '合·散'은 자유자재한 변화를 상징한다.

養乎陰陽(양호음양):'養'은 '翔(상:선회하는 것)'의 차자. '陰陽'은 晴·曇·晝·夜 등을 가리킨다.

予口張而不能嗋(여구장이불능협):'嗋'은 '盍(합:모이다, 닫히다)'의 차자.

子貢(자공):공자의 제자. 이름은 사(賜).

尸居而龍見雷聲而淵默(시거이룡현뇌성이연묵):재유편 〈재유론〉에도 같은 문장이 있다. 단, '淵默而雷聲'으로 되어 있다. 이 구는 일부러 고친 것이리라.

賜亦可得而觀乎(사역가득이관호):'賜'는 자공(子貢)의 이름.

以孔子聲(이공자성):'聲'은 소개(紹介)의 뜻.

【補說】 이상은 〈견룡우화〉의 두 번째 단락이다. 노담을 만나고 돌아온 공자가 노담의 위대함에 경탄하여 노담을 신화상의 성물(聖物)인 용에 비유하였다. 또 이에 호기심이 난 자공이 마침내 공자의 주선으로 노담을 만나게 됨을 서술하고 있다.

老聃方將倨堂. 而應微, 曰, "子年運而往矣. 子將何以戒我乎."
子貢曰, "夫三王・五帝之治天下不同, 其係聲名一也. 而先
生獨以爲非聖人如何哉."

老聃曰, "小子少進. 子何以謂不同."

對曰, "堯授舜, 舜授禹. 禹用力而湯用兵. 文王順紂而不敢逆.
武王逆紂而不肯順. 故曰不同."

老聃曰, "小子少進. 余語女三王・五帝之治天下. 黃帝之治
天下, 使民心一. 民有其親死不哭, 而民不非也. 堯之治天下,
使民心親. 民有爲其親殺其殺, 而民不非也. 舜之治天下, 使
民心競. 民孕婦十月生子. 子生五月而能言, 不至乎孩而始
誰. 則人始有夭矣. 禹之治天下, 使民心變. 人有心而兵有順.
殺盜非殺人, 自爲種(動)而天下耳. 是以天下大駭, 儒・墨皆
起. 其作始有倫, 而今乎婦(不). 女何言哉.

余語女三皇・五帝之治天下. 名曰治之, 而亂莫甚焉. 三皇之
知, 上悖日・月之明, 下睽山・川之精, 中墮四時之施. 其知
憯於蠣蠆之尾. 鮮(善)規(窺)之獸, 莫得安其性命之情者, 而
猶自以爲聖人, 不可恥乎. 其無恥也."

子貢蹙蹙然立不安.

자공이 가서 보니 노담은 당(堂) 위에서 자세를 편히 한 채 무릎을 세우고
앉아 쉬고 있었다. 그리고 조금씩 몸을 흔들면서 자공에게 물었다.

"나는 세월이 가는 대로 이렇게 늙었네. 자네는 어떤 얘기로 이 늙은이의
생각을 바로잡아 주려는가?"

자공이 격한 어조로 대답했다.

"무릇 삼황과 오제의 천하 통치 방법은 같지 않았어도 천하를 번성케 한 성왕의 명성을 지금껏 유지하고 있다는 점은 같습니다. 그런데도 장로께서는 그들을 성인이 아니라고 하시니 그건 어인 까닭입니까?"

이에 노담이

"오, 젊은이! 좀 더 가까이 오게. 자네는 어찌하여 그들이 천하를 다스린 방책을 같지 않다고 생각하는가?"

하고 다시 물었다.

자공은 침착함을 되찾고 이렇게 대답했다.

"요(堯)는 덕이 높은 순(舜)을 발견하여 그에게 제위를 물려주고, 순은 다시 덕이 높은 우(禹)에게 제위를 물려주었습니다.

우는 크게 노력하여 천하를 이롭게 했는데 은(殷)의 탕왕(湯王)은 무력을 써서 천하의 어지러움을 평정했습니다. 주(周)의 문왕(文王)은 천자인 주왕(紂王)에게 복종하여 반역하려고 하지 않았지만, 그의 아들인 무왕(武王)은 반역하여 주왕을 멸하고 천하를 평정했습니다. 그래서 그들의 방책이 달랐다고 말씀드린 것입니다."

이것을 듣고, 노담은 다음과 같이 설명했다.

"오, 젊은이, 좀 더 가까이 오게. 내 자네에게 삼황오제가 어떻게 천하를 다스렸는지 이야기하지. 황제는 천하의 인민으로 하여금 어떠한 차별도 갖지 않는 똑같은 마음을 갖게 하여 천하를 다스렸네. 그래서 인민들은 자기 부모의 죽음을 슬퍼하지 않는 자가 있어도 그것을 비난하지 않았던 것이지. 다음으로 요(堯) 임금의 다스림은 천하 인민으로 하여금 친밀한 정도에 따라 그 마음 씀을 달리하도록 했네. 그래서 인민들 사이에 자기 부모를 위해서라면 친밀한 정도가 낮은 자를 푸대접하더라도 비난하지 않게 되었지. 그 다음 순(舜) 임금의 다스림은 천하 사람들로 하여금 지혜를 다투도록 했네. 그래서 아이 밴 여자는 열 달 후에 자식을 낳는데 그 자식은 다섯 달만 되면 말을 할 줄 알게 되고 방긋 웃기도 전에 사람을 알아보게 되었지. 그 때문에 아이가 너무 피로해진 나머지 일찍 죽는 일마저 생겼네. 게다가 우(禹)의 다스림은 천하의 인민들의 마음을 민첩하게 만들었네. 그래서 저마다 욕망을 지니게 되어 서로 이익을 다투고 또 그에 따라 무기를 가지고 전쟁을 하게 되었지. 더욱이 도적을 죽이는 것은 인간을 죽이는 것이 아니라고 떠들며 마음대로 사람을 죽이고 멋대로 소란을 일으켜 천하가 시끄럽게 되었네. 그리하여 천하가 더없이 어지러워지고 유가 · 묵가 등이 일시에 나타나게 되었네. 삼황오제가 정치를 시작했을 때에는 그런 대로 질서가 있었겠지만 지금에 와서는 전혀 소용없게 되었지. 이에 대해 할 말이 있는가?

나는 자네에게 삼황과 오제가 어떻게 천하를 다스렸는지 이야기했네. 자네는 이들이 각기 다른 방법으로 천하를 다스렸으나 천하가 잘 다스려졌다고 하지만 그들의 다스림보다 더 천하를 어지럽게 한 것은 없네. 삼황의 현명함은 위로는 해와 달의 변함없는 명백함에 반하고, 아래로는 산과 내의 영묘한 정기의 작용에 어긋나며, 가운데로는 사시의 적절한 갈마듦을 무너뜨려 버리네. 그들의 현명함은 저 전갈의 꼬리 끝에 담긴 독보다 잔혹하지. 그런데도 교묘하게 기회를 노리는 짐승처럼 그 타고난 성명(性命)에 안주하지 못하는 자임에도 자신이 성인이라고 생각하고 있다니 부끄러운 일이 아니겠는가? 아니면 부끄러움을 느끼는 마음조차 없는 것일까?"

노담의 이야기에 자공은 새파랗게 질려 한 발짝도 떼지 못한 채 부들부들 떨 뿐이었다.

【語義】 老聃方將倨堂而應微(노담방장거당이응미):'倨'는 '踞'와 같다. 무릎을 세우고 앉는 것. '堂(공사를 처리하는 큰 방, 또는 큰 집의 입구 가까이에 있는 객실로 쓰이는 방)'이라 한 것은 과장된 표현이리라. 더욱이 그런 곳에서 정좌하지 않고 무릎을 세우고 앉아 있다는 것은 예에 조금

도 구애되지 않는 태도를 표현한 것이다. '微'는 아주 조금 움직이는 것.

子年運而往矣(여년운이왕의):천도편에 '其生也天行'이라 한 것처럼 인생은 자연의 추이이기 때문에 노년에 이른 것을 '運而往'이라 한 것이다.

子將何以戒我乎(자장하이계아호):'將'은 주의를 환기하는 조사. '戒'는 '誡'와 같다.

夫三王五帝之治天下不同(부삼왕오제지치천하부동):앞의 〈추구우화〉에서는 사금(師金)이 '故譬三皇·五帝之禮義·法度, 其猶柤梨橘柚邪. 其味相反, 而皆可於口'라고 했는데 이 절에서는 그 어느 것도 천하를 더없이 어지럽히는 것이라 하고 있다.

先生(선생):자기보다 신분이나 지위가 높은 사람, 또는 연로한 유덕자 등에 대한 경칭.

小子(소자):제자를 가리킨다. 자기 자신을 가리킬 때뿐 아니라 남을 가리킬 때도 쓸 수 있다. 노자가 자공에 대한 친애의 정을 나타내기 위해 이렇게 부른 것이리라.

對曰(대왈):'對'는 신분·연령 등이 자기보ㅅ다 높은 사람에게 대답하는 것.

使民心一(사민심일):황제(黃帝)의 다스림에 관해서는 거협·재유편 등에서 이미 여러 가지로 묘사되었는데 여기서는 다음의 '親'과의 관계를 생각하면 '一視同仁', 즉 박애(博愛)를 가리키는 말이리라. 물론 여기서는 박애도 의식적 행위로서 자연의 道가 아님을 지적하고 있는 것이다.

民有爲其親殺其殺(민유위기친쇄기쇄):제요의 시대는 인의가 행해진 예치(禮治)의 세상이었음을 가리키는 말이리라. '殺其殺'에서 앞의 '殺'는 덜어 없앤다는 뜻. 당대(唐代)의 사본에 '服'으로 되어 있는 것이 있어 뒤의 '殺'를 '縗(최:상복)'의 차자로 보아, 이 구를 친소 관계에 의한 상복(喪服)의 차별을 뜻하는 것으로 해석하는 학자가 많은데 여기서는 상복의 예제를 말하고 있는 것이 아니다. 이 '殺'는 친분 관계가 먼 것을 가리킨다.

使民心競(사민심경):제순 시대는 지혜를 다투고 현명함을 드러내기 위해 애쓴 시대였다는 뜻이리라. ≪상서≫에 의하면 순은 孝를 요에게서 인정받아 천자의 위를 물려받았으며 제위에 오른 순은 현명한 인재를 가려 여러 관직을 바로잡았다 한다. 이 구는 이러한 사실을 배경으로 삼고 있는 게 아닐까?

不至乎孩而始誰(부지호해이시수):'孩'는 '咳'와 같다. 어린아이가 웃는 것. '誰'는 사람을 알아보는 것. 이 사람 저 사람을 구별하는 것.

禹之治天下使民心變(우지치천하사민심변):'우(禹)'는 ≪상서≫ 우공편(禹貢篇)에 의하면 대홍수를 다스리고 중국을 구주(九州)로 나누었으며 토질·지미·산물(土質·地味·産物) 등에 따라 세제를 정하여 백성의 이익을 꾀했다 하며, 또 삼묘(三苗)를 정복하고 하(夏) 왕조를 연 성왕이라 한다. 요컨대 우(禹)의 시대는 이익을 다투는 시대였음을 말하려는 것이리라. '變'은 '바뀌다, 변하다'의 뜻으로 보아도 뜻이 통하지 않는 것은 아니나, '便敏(편민:약다, 민첩하다)'의 '便'의 차자로 보아야 할 것이다.

人有心而兵有順(인유심이병유순):'心'은 각자의 사심(私心). '兵有順'은 '兵有順之'를 생략하여 표현한 것으로 보아야 한다.

殺盜非殺人(살도비살인):도둑을 죽이는 것은 살인이 아님. ≪묵자≫ 經下篇·小取篇·大取篇, ≪순자≫ 正名篇 등에 의하면 이것은 전국 시대에 이론학적 논쟁의 대상이 되었던 한 명제이다. 오늘날의 관점으로 '盜'는 종개념(種槪念)이고 '人'은 유개념(類槪念)이어서, 도둑을 사형에 처한다는 것은 인류를 죽이는 것을 뜻하는 건 아니다. 그런데 묵가처럼 겸애(兼愛), 즉 전인류적인 박애를 제창하면 도둑을 죽이는 것도 결국 인류의 구성원 가운데 한 사람을 죽이는 것이 된다. 그런데 묵가는 규율이 엄정한 단체였기 때문에 실제로는 도둑에 대한 처벌을 지지하지 않을 수 없었다. 이 점에 모순이 있어 논쟁거리가 되었던 것이다. 여기서는 그 명제를 빌려, 사람을 죽이는 것이 묵인되는 예증으로 삼고 있는 것이다.

自爲種而天下耳(자위종이천하이):해석이 구구한 구다. '自'는 자기 멋대로 하는 것. '種'은 '動'을 잘못 베낀 것으로 간주한다. '준동(蠢動)·소동(騷動)'의 뜻.

儒墨皆起(유묵개기):공자·노자의 시기에 아직 묵가는 일어나지 않았다.

上悖日月之明……中墮四時之施:거의 같은 문장이 거협편에도 있다. 단, '暌'를 '爍'이라 했을 뿐이다. 필시 이 구는 거협편의 문장을 본뜬 것이리라.

其知僭於儃蠆之尾(기지참어래채지미):'僭'은 '慘(참:비통함, 슬픔)'과 같다. '儃蠆'는 전갈. 꼬리가 긴 놈을 '儃', 꼬리가 짧은 놈을 '蠆'라 한다.

鮮規之獸(선규지수):'鮮'은 '善'의 차자, '規'는 '窺(엿보다, 살피다, 기회를 노리다)'의 차자. 즉 '鮮規之獸'는 자신의 재주를 믿고 동서로 날뛰는 이성(狸狌:소요유편)과 같은 류로 여기서는 지혜 있음을 과시하는 성왕에 비유되고 있다.

不可恥乎其無恥也(불가치호기무치야):'可恥'는 마땅히 부끄러워해야 하는 것. '其'는 '抑(억:또한, 혹은)'의 뜻. '無恥'는 부끄럽게 생각하는 마음조차 없는 것.

蹵蹵然(축축연):두려워서 발이 떨어지지 않는 모양. '蹵'은 '踧(조심하는 모양)'과 같다.

【補說】 이상은 〈견룡우화〉의 세 번째 단락이다. 기회만 있으면 노담을 굴복시키려고 기세가 등등한 자공이, 삼황·오제는 천하를 다스리는 방법은 달랐지만 성인임에는 변함이 없다고 말하자, 그에 대해 노담이 삼황·오제는 인민의 마음을 한 방향으로 몰고 가 친소·현우(親疎·賢愚)의 차별관을 갖게 했으며, 결국 인민은 자신의 이익을 위해 남을 희생시키게 되었다고 설명하고 오늘날의 어지러움은 모두 성인이 만들어낸 것이며 그들은 결코 성인이란 말을 들을 수 없을 뿐만 아니라 부끄러움조차 모르는 짐승이라고 격렬하게 비난하고 있다.

【餘說】 〈견룡우화〉의 구조

이상의 〈견룡우화〉는 공자와 노자의 만남을 배경으로 하는 우화 가운데 가장 복잡한 구조를 가지고 있는 작품이다. 우선 공자가 노자를 만나 무위의 덕을 배우고 노자를 용에 비유하여 경탄한 데서 시작하여 이것을 듣고 자신의 재능에 대해 자부심을 가지고 있는 자공이 노자를 말로써 굴복시키고자 찾아가지만 상고의 제왕도 인간에게 투쟁인(鬪爭因)을 조장시킨 짐승만도 못한 것들이란 이야기를 듣고 오히려 노자에게 설복된다는 결말을 보여 주고 있다. 도가적 인물과 공자 사이에 공자의 제자를 개재시키는 수법은 천지편 〈기심우화〉의 경우와 비슷하다. 단, 거기서 공자는 자공에게 도가설을 해설하는 스승으로서의 위치를 지키고 있었는데 여기서는 제자인 자공이 스승을 대신하여 노담을 말로써 굴복시키려 하는 새로운 취향을 보여 주고 있다. 그 새로운 취향에 호응하여 대화의 진행 방법과 수사에 고심한 흔적이 역력하다.

그런데 그 주장하는 바는 이른바 성왕의 정치를 배척하는 무위의 덕으로서 변무·마제·거협편 등과 거의 같다 할 수 있다. 황제 이하 여러 제왕의 정치를 논하면서 인간의 마음에 거스르는 과정을 계보화한 흥미 외에는 이렇다 할 새로운 사상의 전개는 없다. 논리 전개에 있어서도 치밀하다고는 말할 수 없으며 기존의 명제를 이용한 흔적이 현저하다. 요컨대 우화의 구성이 주된 흥밋거리다.

제7장 공자·노자문답:풍화우화(孔子·老子問答:風化寓話)

孔子謂老聃曰, "丘治詩·書·禮·樂·易·春秋六經. 自以爲
久矣, 孰知其故矣. 以奸者七十二君. 論先王之道, 而明周·
召之迹, 一君無所鉤用. 甚矣夫, 人之難說也, 道之難明邪."
老子曰, "幸矣, 子之不遇治世之君也. 夫六經, 先王之陳迹也.
豈其所以迹哉. 今子之所言猶迹也. 夫迹履之所出, 而迹豈
履哉.
夫白鵙之相視, 眸子不運而風化. 蟲雄鳴於上風, 雌應於下風
而(風)化. 類自爲雌·雄. 故風化. 性不可易, 命不可變, 時不
可止, 道不可壅, 苟得於道, 無自而不可, 失焉者, 無自而可."
孔子不出三月. 復見曰, "丘得之矣. 烏鵲孺, 魚傅沫, 細要者化,
有弟而兄啼. 久矣夫, 丘不與化爲人. 不與化爲人, 安能化人."
老子曰, "可. 丘, 得之矣."

공자가 노자에게 말했다.

"저는 시·서·예·악·역·춘추의 육경을 배웠습니다. 오랫동안 배워
그 깊은 뜻을 잘 알고 있다고 생각합니다. 그래서 군주를 찾아가 면담을 청
하여 그것을 설했는데 제가 만난 군주가 72명이나 됩니다. 옛 성왕의 道를
논하고 주나라 주공과 소공의 위대한 업적을 명확하게 했으나 한 사람의
군주도 제 의견을 채택하지 않았습니다. 너무도 힘든 일입니다. 사람을 설
득하는 것과 道를 명백하게 하는 것은!"

노자가 말했다.

"퍽 다행이네, 자네의 주장을 받아들여 세상을 다스리려는 군주를 만나지 못했다는 것 말일세! 무릇 육경은 고대 왕들이 남긴 발자취네. 그런 것이 어찌 업적을 만들어 내는 道가 되겠는가? 지금 세상에서 자네가 부르짖고 있는 위대한 업적이란 바로 그 발자취와 같은 것이네. 발자취란 걸어가는 대로 생기는 것이지, 걸어가는 그 행위는 결코 아니네.

저 백로는 눈동자도 움직이지 않고 마주 쳐다보는 것만으로 수정(受精)이 되고 벌레는 수컷이 위에서 울고 암컷이 아래에서 그에 응답하는 것만으로 수정이 된다네. 이처럼 종류마다 각기 다른 자·웅(雌·雄)이 되는 방법을 가지고 있지. 그래서 각각 다른 수정이 행해지는 것이네. 요컨대 타고난 저마다의 본성은 고칠 수 없으며, 되어 가는 형편[命]은 바꿀 수 없으며, 끊임없이 物을 변화시켜 가는 시간의 흐름은 멈추게 할 수 없으며, 요컨대 이것들의 근원인 道의 작용은 결코 정체시킬 수가 없는 것이네. 그래서 진실로 道를 좇으면 어떠한 경우에나 모든 일이 제대로 이루어지고, 반대로 道를 좇지 않으면 어떠한 경우에나 일이 뒤틀리는 것이지."

노자의 이야기를 듣고 돌아온 공자는 석 달 동안 집에 틀어박혀 사색에 잠겼다. 그런 다음 다시 노자를 만나 다음과 같이 말했다.

"저는 이제서야 道를 깨달았습니다. 까치는 알을 낳아 새끼를 깝니다. 물고기는 물속에서 수정합니다. 저 허리가 가는 토봉은 남의 새끼를 자신의 새끼로 삼습니다. 어머니가 아이를 갖게 되면 형이 될 아이는 잘 웁니다. 이처럼 사람들에게는 불가사의한 것이 道의 자연스런 작용입니다. 참으로 오랫동안 저는 자연스런 변화를 체득하지 못한 채 있었습니다. 자연의 변화를 체득하지 못하고 어떻게 다른 사람을 감화시킬 수 있겠습니까?"

그러자 노자는

"됐네, 됐어! 구(丘)여, 자네는 道를 깨우쳤네!"

라고 말했다.

【語義】 됴(구):공자의 이름. 동년배에게는 자를 말하나 손윗사람에게는
이름을 말한다. 노자를 공경하는 공자의 태도를 표현한 것이다.

詩(시):이른바 ≪시경(詩經)≫.

書(서):≪상서(尙書)≫. 고제왕(古帝王)에 관한 기록 천 편이었는데
공자가 그 중에서 백 편을 골라 편집했다고 한다. 현존하는 ≪상서(서
경)≫의 편들 가운데 한대(漢代)에도 있었던 것은 28편. 요(堯) 이래, 진
(秦)의 목공(穆公)에 이르기까지 역대 성왕의 정치 이념이 서술되어 있
는데 그 가운데 周 왕국 건설, 즉 '주·소지적(周·김之迹)'이 압권이다.

禮(예):周 왕조의 예악(禮樂) 제도를 정한 자는 주공(周公) 단(旦)이라
고 한다. 실제 현존 ≪의례(儀禮)≫·≪주례(周禮)≫·≪예기(禮記)≫
는 후한(後漢) 때 만들어졌으리라. 전한(前漢) 때에는 ≪의례≫ 외에는
경서가 없고, 다만 그것을 해설한 ≪기(記)≫의 종류가 있었다. 공자 시
대에는 그 행의(行儀)를 배우는 일이 행해졌지만 정비된 경서는 나오
지 않았다.

樂(악):음악은 유가의 중요한 교과목이지만 악곡류를 제외하면 과연
경서라 할 수 있을지 의문이다. 그런데 전국시대 말기부터 정교적(政敎
的) 견지에 의한 음악 이론이 나와, 漢代에는 ≪악기(樂記)≫로서 통합
되었다. 그 일부가 ≪예기≫ 중에 남아 있다.

易(역):이른바 ≪역경(易經)≫. ≪주역(周易)≫이라고도 한다. 역(易)
은 복희(伏羲)에서 시작하여 周의 문왕이 정비하고 공자가 그 해설을
붙였다고 한다. 그런데 실제 易이 유가의 중요한 경서로서 자리잡게 된
것은 아무리 빨라도 순자 이후의 일이다.

春秋(춘추):공자가 노(魯)의 은공(隱公)부터 애공(哀公)까지의 기록을
소왕(素王:位에 있지 않은 王者)의 입장에서 다시 기술한 편년사로 一字
一句의 수사가 더없이 엄정하다고 한다.

六經(육경):여섯 개의 경서(經書:대법칙을 보여 주는 문헌). 육예(六藝)라고도 하며 '六經'이란 명칭은 漢代에 생긴 것이라 한다.

孰知其故(숙지기고):'孰'은 '熟'과 같다. '故'는 '詁(고:의미)'와 같다.

以奸者七十二君(이간자칠십이군):'奸'은 '干(간)'의 차자. 무리하게 바라는 것. 《논어》 학이편에 '선생님께서는 溫·良·恭·儉·讓의 오덕을 갖추셨습니다. 그래서 선생님께서 듣기를 원하셨다 하더라도 그것은 다른 사람들이 그러한 것과는 다릅니다(夫子溫良恭讓以得之. 夫子之求之也, 其諸異乎人之求之與)'라고 했다. '七十二君'이라 한 것은 과장된 표현이다.

論先王之道而明周召之迹(논선왕지도이명주소지적):일반적으로 '先王'이라 하면 현재 왕에 대한 그 조상 왕을 가리키는 말인데 유가에서는 중국사의 성왕을 뜻하는 말로 사용하여 통상, 요·순·우·은 탕왕·주 문왕·무왕을 가리킨다. '周'는 주공(周公) 단(旦). '召'는 소공(召公) 석(奭). 두 사람 모두 주나라 왕족 출신으로 무왕을 도와 은주혁명(殷周革命)을 완수하고, 또 무왕의 아들인 성왕을 도와 왕업의 기초를 다졌다. '迹'은 여기서는 업적의 뜻. '迹'은 '跡·蹟'과 같으며 본디 족적(足跡:발자취, 발자국)을 뜻하나, 나아가 흔적·업적의 뜻으로 쓰인다. 이하 서술에서는 주로 이러한 뜻으로 '迹' 자가 쓰였다.

鉤用(구용):끌어내어 채용하는 것.

先王之陳迹(선왕지진적):천도편 〈고인지조박우화〉, 본편 〈추구우화〉 참조.

夫白鵙之相視(부백역지상시):'鵙'은 '鶂·鷁'으로도 쓰며 백로(白鷺) 비슷한 물새. 이 이하는 '風化'의 예를 들어 자연스런 감화를 설명하고 있다. 고대에는 감각으로 그 이유를 인식할 수 없는 자연현상에는 초월적·신비적 필연성이 있다고 생각했다. 덧붙여 말하면 이 절에서 들고 있는 예는 당시의 관찰에 의한 것으로 현재의 동물학 지식에서 보면 잘못된 것이다.

眸子不運而風化(모자불운이풍화):‘眸子’는 눈동자. ‘風化’는 암컷과 수컷이 서로 감응하여 수정하는 것.

蟲雄鳴於上風雌應於下風而化(충웅명어상풍자응어하풍이화):‘化’ 위에 ‘風’ 자가 있는 판본도 있었다 하는데(≪경전석문≫의 설), 그 설을 좇아 해석했다.

類自爲雌雄故風化(유자위자웅고풍화):‘類’는 각각의 동류(同類). ≪여씨춘추≫ 응동편(應同篇)에 ‘類는 본디 서로 부른다. 氣가 같으면 合하고 소리가 어울리면 應한다.’라고 했다. 이 ‘類’를 한몸에 자웅이 함께 있는 짐승의 이름으로 해석하는 학자가 많은데 적당하지 않다. 여기의 두 구는 ‘白鵾’과 ‘蟲’의 예를 묶어 다음의 ‘性不可易……’을 말하기 위한 도입부다. ‘故’ 자가 있음에 주의해야 한다.

性不可易命不可變時不可止道不可壅(성불가역명불가변시불가지도불가옹):같은 형태의 구가 나열되어 있는데 이들의 결론은 마지막 구로 집약된다. ‘性ㆍ命’은 변무ㆍ마제ㆍ거협ㆍ재유편 등에서 본 ‘性命之情’과 같다. 타고난 ‘본성’을 가리킨다. ‘時’도 인력으로는 도저히 어찌할 수 없는 순간들의 추이이므로 ‘道’에 포함된 것이다.

失焉者無自而可(실언자무자이가):이 ‘焉’은 ‘之’와 같고 ‘者’는 ‘則’과 같다.

烏鵲孺(오작유):‘孺’는 ‘乳’의 차자. 알을 까는 것. 이 이하는 앞의 풍화(風化)에 대응한 회임(懷妊)의 예이다.

魚傅沫(어부말):어류는 암컷이 물속에 알을 낳으면 수컷이 정수(精水)를 싸 수정시킨다. 이것을 가리키는 것이리라.

細要者化(세요자화):‘細要者’는 벌 종류를 가리킨다. ‘要’는 ‘腰(허리)’

의 원자. '化'는 어떤 物을 다른 物로 변화시키는 것.

有弟而兄啼(유제이형제):어머니가 아이를 잉태하여 몸을 풀 때가 가까워지면 형이 되는 아이는 아우를 본 다음 아무래도 자기가 사랑을 덜 받게 될 것을 알기라도 하는 것처럼 투정을 부리고 우는 일이 많다.

與化爲人(여화위인):대종사편 〈기인우화〉의 '造物者爲人'과 같다.

【補說】 이상의 〈풍화우화〉도 공·노의 문답 형식으로 된 우화다. 공자가 육경(六經)으로 군주를 설득하는 일의 어려움을 호소하자 노자는 육경이 구시대의 유물에 지나지 않는 것임을 지적한 다음, 인간의 상식으로는 알 수 없는 자연계의 감응 현상을 이야기하고, 그것을 감득하여 道와 하나가 되어야 함을 설하고 결국 공자로 하여금 득도(得道)케 한다는 줄거리다.

공자의 道가 과거의 잔재라는 지적은 다른 편에도 유례가 있다. 그러나 노자가 풍화(風化:감응)를 예로 들어 천성의 道는 인위로 변경시킬 수 없다고 하자 공자가 이상한 회임 현상을 들어 노자의 말에 장단을 맞추고 나아가 노자의 설에 심복하고 있는데 이것이 이 우화가 보여주는 새로운 취향이다.

【餘說】 '공·노문답'의 우화 유형이 시사하는 문제

천운편에는 이상 3가지 '공·노문답' 형식의 우화가 실려 있다. 필시 이 편의 편자는 이들 3가지 우화가 무위·자연의 道를 존중할 것을 주장하는 내용의 것이라 여기에 함께 수록하였으며 더불어 안연·사금문답의 〈추구우화〉에서 공자의 유력(遊歷)에 대한 비판을 시작으로 공자가 노자에게 道에 관해 묻고(〈천문우화〉), 공자뿐 아니라 그의 제자인 자공도 노자에게 굴복하고(〈견룡우화〉), 마침내 공자가 道를 체득하게 된다(〈풍화우화〉)는 순서로 각 우화를 교묘하게 배열한 것이리라. 그러나 각 우화의 내용은 그 배열의 적절함만큼 긴밀한 관계를 갖고 있지 않다. 그 서술 형식이 각기 독립성을 유지하고 있는 것이다. 또 본편 외에 천지·천도·전자방·지북유 등의 편에도 이런 우화가 한 편씩 있어 이러한 형식의 우화는 모두 11편이 된다. 이처럼 공·노문답 형식을 취한 우화는 한 유형을 이루고 있다.

공·노문답 형식으로 된 우화는 왜 지어진 것일까? 공자는 유가의 종주이며 노자는 도가의 종주이니 중국 고대 사상의 2대 물줄기인 양자의 만남은 두말할 것 없이 흥미 있는 일이다. 그러한 사상 문제에 대한 관심에서 출발한 것일까? 그렇지 않으면 뭔가 까닭이 있어 지어진 것일까? 아니면 그러한 것들이 모두 사실(史實)이었기 때문일까?

이들 우화를 비교해 보면 내용이 비슷하며 계통적으로 내용이 전개된 흔적이 보인다. 응제왕편의 양자거·노담문답(〈유어무유우화〉)은 공·노의 문답은 아니지만 양자거의 '嚮疾彊梁, 物徹疏明, 學道不勸. 如是者可比明王乎'라는 말로부터 시작되며 양자거가 가리키는 인물은 바로 공자임에 틀림없다. 양자거의 물음에 대한 노담의 대답은 '胥易技係, 勞形怵心者也'이고 明王은 자아를 버린 '遊於無有者'여야만 한다는 것이다. 이것을 받아 夫子(공자를 가리킨다)와 노담의 문답으로 변환된 것이 천지편의 〈망기우화〉라고 생각된다. '明王'의 문제를 '離堅白若縣㝢'의 聖人으로 대신하고 있는데 취향도 비슷하고 수사도 흡사하다. 노담의 '忘己', '入於天' 등의 가르침도 표현은 다르지만 '遊於無有'와 같은 경지를 가리키는 말이다. 더욱이 양자거와 夫子가 '可比明王者', '聖人'이라 일컬은 자를 공자 자신을 표현한 것으로 하여 공·노문답의 흥미를 더하고, 공자가 51세가 되었는데도 道를 깨닫지 못했다는 것과 '笑

眞之遊' 등의 설화적 요소를 가미하여 道·인의·세속 등의 문제까지 언급하여 우화를 복잡하게 전개시킨 것이 본편 〈천문우화〉라고 생각된다. 그 귀결인 '遊逍遙之虛, 食於苟簡之田, 立於不貸之圃'는 표현은 영묘하나, '遊於無有'나 '忘己'와 거의 다름없는 것이다. 덧붙여 말하면 외물편의 노래자와 중니의 문답도 이 계열에 드는 것으로 양자의 만남을 극적으로 묘사하고 있지만 그 귀결은 '去汝躬矜與汝容知'로 〈망기우화〉의 뒤를 따르고 있다.

천도편 〈인의우화〉와 본편 〈풍화우화〉를 비교해 보면 전자가 공·노 외에 자로를 등장시키고 후자의 '六經'에 대응하여 '十二經'을 드는 등 구성에 있어서는 복잡하지만 내용에 있어서는 전자가 소박한 인성 문제에 집중되어 있는 데 비해 후자는 전자와 마찬가지로 '性不可易, 命不可變'을 주제로 삼고 있으면서 六經을 '先王之陳迹也'라 하고 '風化'의 자연 감응을 들어 道를 체득하는 법을 설하는 등 색다른 요소를 내포하고 있으며 또 표현에 있어서도 기교를 부린 흔적이 있고, 특히 공자가 道를 깨우친 것을 노자에게 인정받는다고 하는 새로운 취향을 보여 주고 있다.

본편의 〈견룡우화〉가 〈인의우화〉보다, 그리고 〈풍화우화〉보다도 나중에 지어졌다는 것은 거의 의심의 여지가 없다. 주제는 앞의 두 우화와 마찬가지로 소박한 성명(性命)의 문제에 있으며 수사에 있어서는 앞의 두 우화를 본뜬 흔적이 있다. 그리고 공자를 바보로 만들어 희화화하고 자공을 등장시켜 우화를 더욱 흥미 있게 만들었으며, 새로이 삼황·오제의 지교(知巧)가 가져온 폐해를 추가하였다. 이 지교의 폐해를 설하는 것은 천도편의 사성기와 노담의 대화, 즉 〈도절우화〉에서 암시를 얻은 것인지도 알 수 없다. 자공이 내방했을 때 노담의 모습은 〈도절우화〉에서 노담이 매우 어수선한 분위기 속에 있던 것과 매우 흡사하다. 또 본편 〈추구우화〉는 〈풍화우화〉의 '先王之陳迹也'를 확대하여 희화화하고 그 시대착오적 어리석음을 통매(痛罵)하고 있으며 〈견룡우화〉와 상통하는 작풍을 보여 주고 있다.

전자방편의 공 · 노문답과 지북유편의 그것과는 그 필치가 비슷하다. 전자는 노자의 고목(槁木) 같은 모습을 묘사하고 공자가 안연에게 술회한 것을 싣는 등, 우화로서의 전개를 하나의 흥미로 삼고 있는데 '遊於物之初'를 주제로 하여 그 시원(始源)의 무한한 전개를 설하고, 그것을 체인하여 만물을 하나로 보아 번뇌하는 일이 없어야 함을 가르쳐 점진적으로 도리를 설하는 방법을 취하고 있다. 무한정한 道의 체인을 설한다는 점에서는 〈망기우화〉 계열에 드는 작품이라 할 수 있으며 道의 체인을 상론하고 있다고 볼 수 있다. 후자는 도리를 설하는 것을 주로 하고 있는 작품으로 至道는 무형이며 무한한 전개를 이루는 것임을 논하고, 유한한 인간은 무언(無言) 속에 그것을 체득해야 한다고 설하고 있다. 표현은 다르지만 논지는 전자와 거의 같다. 단, 무언 속의 체득을 설한 점에서는 〈풍화우화〉 계열에 드는 작품으로 볼 수 있으리라. 덧붙여 말하면 이 양편에서 공자는 완전히 노자의 제자 위치에 있다.

이처럼 공 · 노문답 형식으로 되어 있는 우화들이 그 내용에 유사성이 있고 서로 계통적으로 전개되고 있다는 것은 이들이 사실(史實)의 기술이 아님은 말할 것도 없고, 또 공 · 노 사상의 상위를 정면으로 다루기 위한 작품이 아님을 증명하는 것이리라. ≪장자≫ 중에는 이러한 유형 외에도 개작 · 증보된 흔적을 보여 주는 작품이 많지만 공 · 노문답 형식의 우화만큼 개작 · 증보가 심한 것은 없다. 일단 우화의 한 형(型)이 나오면 나중 사람들이 차차 새로운 취향을 더했는데 특히 공 · 노의 만남은 더없이 좋은 제재였다. 그런데 문체나 내용으로 미루어 보면 이것들은 서로 그리 떨어지지 않은 시기에 만들어진 것으로 그 새로운 취향에 따른 변화도 폭이 크다고는 할 수 없다. 노자를 부동의 교조로 하고 공자를 그 앞에 엎드려 있는 비소한 존재로 격하시켜 야유하는 것과 정치를 언급하면서도 탈속적인 정신의 안정을 설하는 것이 이들 우화의 공통된 일반적 특색이다. 또 이들 우화는 道의 탐구보다 道는 日·月의 밝음과 같다는 식의 기정사실로 법칙화하려는 경향을 강하게 보이고 있다.

〈풍화우화〉에는 '六經'의 이름이 나온다. 언제부터 ≪易≫이 경서로 취급되었는지는 확실하지 않다. ≪詩≫·≪書≫·≪禮≫·≪易≫·≪春秋≫ 오경의 명칭이 정착된 것은 漢의 무제가 유교를 국교로 삼기 위한 방법으로 오경박사(五經博士)를 설치한 건원(建元) 5년(B.C. 136)의 일이다. 이른바 '六經'이란 이 五經의 확립과 대응시키기 위한 것이 아닐까? 五經이 확립되기까지는 곡절이 있었다. 漢初에는 오랫동안 전란을 겪은 뒤여서 제도·문교에는 손이 미치지 못하고, 생활의 안정을 구하는 많은 사람들의 마음에는 세속화된 노·장 사상인 '黃老之術'이 뿌리내려 있었다.

文帝 때에는 가의(賈誼:B.C. 168년 몰)가 유가적 예악에 의한 제도 개혁을 주장했지만 문제는 형명학(刑名學:법술)을 좋아하여 유자는 단지 관리의 머릿수를 채우는 데 쓰였을 뿐이라 한다. 그 후 문예부흥의 움직임이 고조되어 하간(河間:하북성 하간현)의 헌왕(獻王) 덕(德:B.C. 155~B.C. 130 재위)은 고서 수집에 힘쓰고 학자를 우대했으며 하간을 유림(儒林)으로 만들고, 또 회남왕(淮南王) 유안(劉安:B.C. 164~B.C. 122 재위)은 빈객·방사·술사 등 수천 명을 모으고 부릉(阜陵:안휘성 全椒縣)을 도가자(道家者)의 연총(淵叢)으로 만들어 서로 대항했다.

무제가 즉위하자(B.C. 140) 새로이 권력을 장악한 태위(太尉) 전분(田蚡)이 함께 유교를 배운 어사대부 조관(趙綰)·낭중령 왕장(王藏) 등과 모의하여 黃老·刑名 그 외 百家의 설을 물리치려 했는데 '黃老之術'을 좋아한 두태후(竇太后)의 방해로 뜻을 이루지 못했다. 태후 사후에 비로소 오경박사가 설치된 것이다. 오경박사가 설치된 후에도 유·도 갈등의 여파가 있었을 것이다. 유안이 도가의 설을 근거로 하면서 천지의 理가 남김없이 밝혀져 있고 인간의 事가 망라되었으며 제왕의 道가 완비되어 있다고 과찬한 ≪회남홍렬(淮南鴻烈)≫(일명 ≪회남자≫)을 편집시킨 것은 오경박사가 설치되고 얼마 뒤의 일이라 생각된다.

이러한 사실들로 미루어 생각하면 景帝·武帝 때의 정치 정세에 따라 유가와 도가 사이에 크고 작은 논쟁이 있었음에 틀림없고 또 그러한 사회적 배경이 공·노문답 우화를 계속 만들어내야 할 필연성을 부여했으며, 특히 도가의 입장에서 보면 노자를 추존하면서 공자를 깎아내려야 했고 또 현실의 정치를 방임하고 정신의 안정을 보지할 것을 설하지 않으면 안 되었을 것이다. 〈풍화우화〉의 '六經'은 당시의 이러한 도가의 입장을 보여 주는 말이라 생각된다.

공·노문답 형식의 여러 우화가 漢代의 五經 확립을 전후하여 만들어진 것으로 추정되기는 하지만 그렇다고 오로지 도가설을 선전하기 위한 무용(無用)한 문자의 반복이라는 뜻은 아니다. 유·도의 두 종주를 회합시키면 저절로 두 사상의 근본적 상위를 알 수 있게 된다. 그것은 도가의 입장에서 말하면 사심(私心)도 지교(知巧)도 없는 순진한 독립·자유야말로 인간으로서 가장 바람직한 상태이며(〈천문우화〉 참조), 그런 점에서 보면 유가에서 주장하는 자주 의식은 교만한 야망이며 또 仁義·六經 등의 주장은 인간 실정에 맞지 않는 형식주의의 강제가 될 것이다(〈인의우화〉·〈견룡우화〉 참조). 이에 대해 유가는 자주의 문제에 관해서는 ≪맹자≫의 性善이 있으며 인의에 관해서는 ≪중용≫에 '性을 좇는 것이 道이다(率性之謂道)'라는 주장이 있음을 거론할 것이다.

≪맹자≫·≪중용≫을 펼 것 없이 ≪논어≫ 미자편을 가지고 이야기해 보자. 거기에는 공자가 제국을 유력하다 겪은 두 일화가 실려 있다. 그 하나는 공자 일행으로부터 낙오된 자로가 세상을 피해 농부가 된 노인의 집에 묵게 되었는데 노인은 공자를 비난하면서도 자로에게는 후의를 베풀고, 자신의 두 자식으로 하여금 예로써 접대케 했다는 것이다. 다음날 공자를 뒤쫓아 간 자로가 그 일을 고하고 스승의 명으로 다시 노인의 집을 찾아갔으나 노인 일가는 어디론가 가고 없어, '장유의 예도 버릴 수 없는 것이거늘 군신의 의를 어찌 버릴 수 있겠는가? 자기 한 몸을 깨끗이 하고자 큰 인륜인 군신의 의를 어지럽힐 수는 없다(長幼之節, 不可廢也. 君臣之義, 如之何其廢之. 欲潔其身, 而亂大倫)'라고 말했다는 것이다.

　또 하나는 함께 세상을 피해 농부가 된 장저(長沮)와 걸닉(桀溺)이 '도도히 흘러가는 천하의 흐름은 도저히 바꿀 수 없으니, 이를 바로잡겠다고 함께 道를 행할 군주를 구하여 천하를 돌아다니며 노고하는 것보다는 초연히 세상을 버리는 것이 좋을 텐데……(滔滔者天下皆是也. 而誰以易之. 且而與其從辟人之士也, 豈若從辟世之士哉)'라고 공자를 비난하자, 이를 전해들은 공자는 '인간은 새나 짐승과 사는 게 아니라 널리 사람들과 함께 산다. 내 천하의 사람들과 함께 살지 않고 누구와 더불어 살겠는가? 또 천하에 바른 道가 있다면 구태여 내가 그것을 바꾸려 하겠는가.(鳥獸不可與同羣. 吾非斯人之徒與而誰與. 天下有道, 丘不與易也)'라고 개탄했다는 것이다.

　이 두 일화는 공·노문답 우화에 대항하기 위해 만들어진 것은 결코 아닐 것이다. 다만 전자는 '仁義는 인간의 性인가?'라는 윤리에서의 자주성 문제에 답하는 것이라고 해석할 수 있다. 인간의 사회생활이 명백한 사실인 이상, 인간으로서 長幼의 禮를 행하는 것처럼 그 윤리를 행하는 것은 필연적인 것이다. 후자는 방관적으로 仁義는 형식적 강제라고 비난하는 것만이 좋은지, 무위에서 소요하는 것을 찬양하는 것만으로 道가 실현되는지, 도가의 주장에 대한 유가의 반박을 함축하고 있다고 생각된다.

道가 널리 인간에게 타당한 것이라면 인간은 그 실현에 힘쓰지 않으면 안 되리라. 유가의 道든 도가의 道든 그 본질은 다르지만 그 어느 것도 현실에서 구현할 수 없다는 것은 공통된 사실이다. 따라서 실현할 수 없는 道의 실현을 구하는 모순을 극복하려는 탐구도 양자의 공통점이며, 적어도 그러한 사실에서 '奚傑然若負建鼓而求亡子者邪'라고 하는 야유는 어느 한쪽에만 적용될 수 없고 이러한 심각한 문제를 양쪽 모두 갖추고 있음을 본 우화는 시사하고 있는 것이다. 요컨대 공·노문답 우화는 이처럼 유가설과 대비하여 감상하면 자면(字面)에 나타나 있는 이상으로 흥미 있는 문제를 제공해 주는 것이다.

제15편
각의(刻意)

편머리의 첫 두 자를 취해 편명으로 삼았다. 전편이 하나의 논문으로 되어 있다. 다른 편의 문장을 인용한 곳이 적지 않다. 문장의 품격이 낮고 漢代의 작품이라는 지적이 있지만 도가설의 전승을 보여 주고 있어 흥미 있다. 세 절로 나누어 실었다.

순소도지론(純素道之論)

刻意尙行, 離世異俗, 高論怨誹, 爲亢而已矣. 此山谷之士,
非世之人, 枯槁赴淵者之所好也. 語仁義忠信, 恭儉推讓, 爲
脩而已矣. 此平世之士, 敎誨之人, 遊居學者之所好也. 語大
功, 立大名, 禮君臣, 正上下, 爲治而已矣. 此朝廷之士, 尊主
彊國之人, 致功幷兼者之所好也. 就藪澤, 處閒曠, 釣魚閒處,
無爲而已矣. 此江海之士, 避世之人, 閒暇者之所好也. 吹呴
呼吸, 吐故納新, 熊經鳥申, 爲壽而已矣. 此道引之士, 養形
之人, 彭祖壽考者之所好也.
若夫不刻意而高, 無仁義而脩, 無功名而治, 無江海而閒, 不
道引而壽, 無不忘也, 無不有也. 澹然無極而衆美從之. 此天
地之道, 聖人之德也. 故曰, "夫恬惔寂漠, 虛無無爲, 此天地
之平, 而道德之質也." 故曰, "聖人休. 休焉則平易矣. 平易則
恬惔矣." 平易恬惔, 則憂患不能入, 邪氣不能襲. 故其德全而
神不虧.

자신의 의지를 굳게 지키고 행위를 고결하게 하며 더러운 세속에 등을
돌리고 고원한 이상을 논하며 자신의 불우함을 한하고 세상 사람들의 무
지를 욕하며 오로지 자신의 지조만을 자랑한다. 이러한 것은 속된 세상을
피해 산과 골짜기에 숨어 사는 사람, 세상에 도의가 쇠퇴해졌음을 한탄하
는 사람, 그리고 마침내는 초췌한 몰골로 몸을 던지려 심연으로 가는 자들
이 좋아한다.

사람들이 행해야 할 인의와 명심해야 할 충신을 말하고, 음전하게 행동하고 자신을 낮추며 오로지 몸을 닦기에 힘쓴다. 이러한 것은 세상의 평화를 실현하려고 하는 사람, 사람들을 가르쳐 교화하려는 사람, 여러 나라를 돌아다니며 유세하는 학자들이 좋아한다.

　큰 사업을 말하고, 대단한 명성을 떨치고, 군신 간의 예를 바로잡고, 상하의 직분을 바르게 하고, 국가를 다스리는 일에만 애오라지 힘쓴다. 이러한 것은 조정에 있으면서 국정을 꾀하는 사람, 자국 군주의 권위를 높여 그 국세를 강대하게 하는 사람, 공적을 올리고 다른 나라를 병합하려는 자들이 좋아한다.

　호수 가까이 초목이 무성한 곳을 골라 인적 없이 고요한 곳에 살며 고기잡이 따위로 한가롭게 지내며 오로지 무위를 지킨다. 이러한 것은 사람이 사는 곳을 떠나 강가나 바닷가에서 사는 사람, 세속의 번뇌를 멀리하려는 사람, 고요하게 자유스러운 생활을 즐기는 자들이 좋아한다.

　깊이 호흡하여 氣의 신진대사를 꾀하고, 곰이 두 발로 꼿꼿이 서듯 몸을 곧게 펴거나 새가 날아오를 때처럼 발을 곧게 뻗거나 하여 장수를 꾀하고자 한다. 이러한 것은 道引의 術을 행하는 사람, 신체를 강건하게 하려고 하는 사람, 팽조(彭祖)처럼 오래 살고자 하는 자들이 좋아한다.

　그런데 의지를 일부러 굳게 지키려 하는 것도 아닌데 지조가 고결하며, 인의를 부르짖지 않는데도 몸이 닦여지며, 공적이나 명성을 올리지 않아도 나라가 다스려지며, 사람 사는 곳을 떠나 냇가나 해변에 가지 않더라도 몸의 안정이 유지되며, 道引의 術을 행하지 않아도 장수가 이루어진다면 이것은 '아무것도 없는데 모든 것이 갖추어져 있음'이다. 즉 깊이 가득 차 있어 그 바닥을 알 수 없는 물처럼 고요하지만 모든 아름다운 미덕이 이에 좇아오는 것이다. 이것이야말로 천지의 道이며 또 그것을 체득한 성인의 德이다. 그렇기 때문에 '마음 편히 고요하게 있으면서 어떠한 생각도 어떠한 행위도 없는 것이야말로 천지의 법칙이며 도덕의 근본이다.'라고 말하는 것이다. 또 '성인은 물사에 구애받지 않고 푹 쉰다. 쉬고 있으면 마음이 평온해진다. 마음이 평온해지면 안정된다.'라고도 하는 것이다. 평온하여 안정되면 어떤 걱정거리도 마음에 들어앉을 수가 없고, 어떤 부정한 氣도 마음에 스며들 수 없다. 그래서 그런 사람의 德은 완전하게 되며 정신의 작용이 손상되는 일이 없는 것이다.

【語義】 刻意尙行(각의상행):'刻'은 '剋(극)'의 차자. 극기면려(克己勉勵)하는 것. '意'는 '志'의 뜻. '尙'은 결백하게 하다, 세속적인 불의·위망(僞妄)·타협 등을 물리치고 정선(正善)을 관철하는 것.

　　離世異俗(이세이속):'離異世俗'을 이렇게 표현한 것이다. '異'는 '떠나다, 등지다'의 뜻.

　　高論怨誹(고론원비):'高論'은 고원(高遠)한 것을 논하는 것. 즉 이상론으로만 치닫는 것. '怨誹'는 자신의 불우함을 한탄하고, 세상 사람들이 무지하다고 비난하는 것.

　　爲亢而已矣(위항이이의):'亢'은 자신의 지조에 자부심을 가져 세속의 사람들을 내려다보는 것. '而已矣'는 강하게 단정하는 어조를 나타낸다.

　　此山谷之士非世之人枯槁赴淵者(차산곡지사비세지인고고부연자):'士·人·者'는 수사 기교로 달리 표현한 것일 뿐, 모두 사람을 가리키는 말이다.

　　枯槁赴淵者(고고부연자):'枯槁'는 여위고 쇠약해지는 것.

　　平世之士(평세지사):세상을 평화롭게 하려는 사람.

　　遊居學者(유거학자):'遊居'는 여러 나라를 돌아다니며 유세하는 것과 머무르며 교육하는 것. 여기서는 '遊'에 중점을 두고 있으리라.

　　語大功(어대공):'功'은 '業'의 뜻. '語'는 '謀'로 써야 했을 것이다.

致功并兼者(치공병겸자):대신·장군을 가리킨다. '并兼'은 적국을 정복하여 병합하는 것. 이러한 것은 전국시대의 양상이므로 당대의 일에 이런 예를 든 것은 과장된 표현이리라.

就藪澤處閒曠(취수택처한광):'藪澤'은 호수 가까이 수초가 무성한 습지. '閒'은 '閑'과 같으며 매우 조용한 것. '曠'은 사람이 없는 것.

吹呴呼吸吐故納新熊經鳥申(취구호흡토고납신웅경조신):'吹·呴·呼' 모두 몸안의 묵은 공기를 토해 내는 것. '熊經'은 목 근육·등 근육 등을 곧게 펴는 것. '鳥申'은 새가 날아오르는 순간 발로 바닥을 차며 발을 곧게 펴듯이 굽힌 다리를 힘차게 펴는 것. 요컨대 '熊經鳥申'은 체조(體操)다.

道引(도인):氣를 끌어들여 여러 기관(器官)의 작용을 활발하게 하고 신체를 신장시켜 유연 강건하게 하는 것.

彭祖壽考(팽조수고):'壽考'는 장명(長命)의 뜻. 漢 고조의 모신(謀臣)이었던 장량(張良)은 만년에 신선도(神仙道)를 좋아하여 곡물 먹기를 피하고 도인경신(道引輕身)의 術을 배웠다 한다(≪사기≫).

無不忘也無不有也(무불망야무불유야):'忘'은 有에 대응하는 '亡(무)'의 차자로 해석해야 한다. 도가의 상투적 논리인 '無로서 有', '無爲이나 하지 못하는 것이 없음'을 이용하여, 작위가 없어야만 모든 것을 갖출 수 있음을 말하고 있는 것이다.

澹然無極(담연무극):'澹然'은 물이 깊고 고요하게 가득 차 있는 모양. '極'은 끝. 허정(虛靜)의 무한함을 가리킨다.

故曰夫恬惔寂漠……休焉則平易矣:거의 같은 문장이 천도편에 나왔다. 단, '恬惔寂漠, 虛無無爲' 대신 '虛靜恬淡, 寂漠無爲'라 했는데 뜻은 같다. '天地之平, 道德之質'의 '質'을 '至'로 썼다. '平'은 평준·법칙의 뜻. '質'은 '資(자:원점, 근본)'의 차자. '故曰, 聖人休休焉則平易矣'를 '故帝王聖人休焉, 休則虛, 虛則實, 實者倫矣'라고 표현했다. '休焉則……'

의 '焉' 자는 위의 '休' 자 다음에 있어야 할 것이다(兪樾의 설).

【補說】 이상은 〈순소도지론〉의 제1절이다. 인간을 삶의 방식에 따라 고
고파(孤高派:자신을 고상한 존재로 인식하는 사람) · 수신파(修身派:世
道의 유지를 도모하는 사람) · 정치파(政治派:공리적 사고방식에 젖어
있는 사람) · 은세파(隱世派:自適을 존중하는 사람) · 양생파(養生派:신
체적 건강을 지상 제일의 목표로 삼는 사람)의 다섯 부류로 나누어 그
어느 것에도 속하지 않고, 나아가 가장 보편적인 道의 체득이야말로 성
인의 덕이 될 수 있음을 설하고 있다. 또 그것은 '恬惔寂漠, 虛無無爲'로
정신을 완전하게 보존하는 것이라고 설하고 있다.

故曰, "聖人之生也天行, 其死也物化. 靜而與陰同德, 動而與
陽同波." 不爲福先, 不爲禍始, 感而後應, 迫而後動, 不得已而
後起. 去知與故, 循天之理. 故無天災, 無物累, 無人非, 無鬼責.
其生若浮, 其死若休. 不思慮, 不豫謀, 光矣而不耀, 信矣而
不期. 其寢不夢, 其覺無憂. 其神純粹, 其魂不罷. 虛無恬惔,
乃合天德.
故曰, "悲樂者德之邪. 喜怒者道(德)之過. 好惡者德之失." 故
心不憂樂, 德之至也. 一而不變, 靜之至也. 無所於忤, 虛之
至也. 不與物交, 淡之至也. 無所於逆, 粹之至也.
故曰, "形勞而不休則弊. 精用而不已則勞, 勞則竭." 水之性,
不雜則清, 莫動則平, 鬱閉而不流, 亦不能清, 天德之象也.
故曰, "純粹而不雜, 靜一而不變, 淡而無爲, 動而以天行. 此
養神之道也."

그래서 '성인은 살아 있을 때는 하늘이 정해 놓은 대로 무심하게 행동하고, 죽을 때는 物의 변화에 따라 자연스럽게 사라져 간다. 가만히 있을 때는 陰과 작용을 같이 하고, 움직일 때는 陽과 더불어 파동한다'고 하는 것이다. 즉 행복을 선구(先驅)하는 일도, 재난을 부르는 일도 없이 자극을 받아야 응하고, 강요당해야 비로소 움직이며, 어쩔 수 없게 되어야만 비로소 일어서는 것이다. 이와 같이 하여 현명함과 교묘함을 떨쳐 버리고 오로지 자연의 理에 좇는 것이다. 그래서 하늘로부터 재앙을 받는 일도 없고 다른 것으로부터 괴로움을 당하는 일도 없으며 사람들로부터 비난받는 일도 없고 귀신으로부터 책망 듣는 일도 없다. 이 세상에 살아 있는 것을 흘러 떠다니는 것쯤으로 생각하고 죽음을 휴식이 찾아드는 것쯤으로 생각하며, 생각을 짜내는 일도 미리 꾀하는 일도 없고 안에 광명을 지니고 있으면서도 밖으로 빛내는 일이 없으며, 더없이 성실하지만 남과 약속하는 일이 없다. 따라서 자면 꿈을 꾸는 일이 없고 깨어 있으면 근심하는 일이 없다. 이와 같기 때문에 성인의 정신은 순수하며 영혼의 활동은 지치는 법이 없다. 요컨대 어떠한 작위도 없이 오직 마음이 평온하기 때문에 하늘의 작용과 합치하는 것이다.

　반대로 '사람이 슬퍼하거나 즐거워하는 것은 그 德을 비뚤어지게 하는 것이며, 기뻐하거나 노하는 것은 德을 그릇되게 하는 것이며, 좋아하거나 싫어하는 것은 德을 잃는 것이다.'라고 한다. 그래서 걱정하거나 즐거워하지 않을 수 있게 되면 그것은 바로 德이 잘 닦여진 극치에 이른 것이다. 그 德이 일정하여 변하지 않게 되면 그것은 고요함의 극치에 이른 것이다. 고요하게 되어 다른 것에 의해 움직이거나 그에 거스르려 하지 않게 되면 바로 허심(虛心)의 극치에 이른 것이다. 허심하여 바깥 물사에 마음이 향하지 않게 되면 바로 평안함의 극치에 이른 것이다. 이와 같이 하여 마음이 물사를 먼저 생각하는 일이 없으면 그것이야말로 정신이 순수함의 극치에 이른 것이다.

그래서 '인간의 몸은 고달프게 일만 하면 피로해지고 만다. 그처럼 인간의 정신도 끊임없이 부림을 당하여 쉬지 못하게 되면 피로해진다. 피로해지면 바짝 말라버린다'고 하는 것이다. 그런데 물의 성질은 다른 物이 섞이지 않으면 맑고 충격을 받지 않으면 평온함을 지킬 수 있지만 사방이 막혀 흐르지 못하면 흐려져 버리기 때문에 물은 하늘의 작용을 상징한다. 그래서 '정신을 순수하게 하여 잡념을 품지 않고 오직 고요함을 지켜 변하지 않으며 마음을 평온하게 하여 꾀하는 바가 없고 또한 정체하지 않고 움직여 하늘의 운행, 바로 그 자연스러움을 좇는다. 이것이 바로 정신을 기르는 道다.'라고 하는 것이다.

【語義】 故曰聖人之生也天行……動而與陽同波: 천도편에 이와 내용이 같은 문장이 있다. 단, 천도편에는 '故曰知天樂者, 其生也天行……'으로 되어 있다.

感而後應迫而後動(감이후응박이후동): 인간세편 〈심재우화〉의 '入則鳴, 不入則止'와 같은 주장으로 이른바 '靜因之道'(≪관자≫ 심술 상편)를 가리킨다.

去知與故(거지여고): '知'는 인간의 후천적 사려. '故'는 작위.

循天之理(순천지리): 양생주편 〈신기우화〉의 '依乎天理', 천운편 〈함지악우화〉의 '先應之以人事, 順之以天理' 참조.

故無天災……無鬼責: 천도편에 이와 비슷한 문장이 있다. '故知天樂者, 無天怨, ……'이라 했다.

其生若浮(기생약부): '浮'는 떠돌아다니는 것.

光矣而不耀(광의이불요): ≪노자≫ 제58장에 '이런 까닭으로 성인은 …… 곧되 방자하지 않고, 밝되 밝음을 드러내려 하지 않는다.(是以聖

人, ……直而不肆, 光而不曜)'라고 했는데 이에 근거한 말이리라.

信矣而不期(신의이불기):'期'는 그 이행을 약속하는 것.

其寢不夢其覺無憂(기침불몽기각무우):대종사편 〈진인론〉에 '古之眞人, 其寢不夢, 其覺無憂 …'라고 한 것에 근거한 말이리라.

其神純粹其魂不罷(기신순수기혼불파):정신을 神과 魂으로 나누어 표현한 것이다. '純'은 어떠한 불순물도 없이 완전한 하나가 되는 것. '粹'도 불순물이 전연 없는 것. '罷'는 '疲(피:지치다, 야위다)'의 차자.

天德(천덕):'天行', '天之理' 등과 대응하는 말이다. 하늘의 무위의 덕을 가리킨다.

故曰悲樂者德之邪喜怒者道之過好惡者德之失(고왈비락자덕지야회로자도지과호오자덕지실):무엇에 근거한 말인지 알 수 없다. 이 논설의 작자가 지어낸 것일까? '道'는 '德'을 잘못 베낀 것으로 보아야 한다. 일설에 '德之失'의 '德'은 '心'을 잘못 베낀 것이라고 한다(劉文典의 설).

一而不變靜之至也(일이불변정지지야):천도편에 '聖人之靜也, 非曰靜也善, 故靜也. 萬物無足以鐃心者, 故靜也'라고 했는데 이에 해당하는 말이리라.

無所於忤(무소어오):'忤'는 거역하는 것. 특히 다른 사람에 대해 거스르는 것을 주로 말한다.

無所於逆(무소어역):'逆'은 ≪주역≫의 설괘전에 '미래의 일은 아직 나타나지 않았기 때문에 알기가 어렵다. 그러한 까닭에 그것을 역(逆)이라 한다.(知來者逆)'라 하고, 또 ≪논어≫ 헌문편에 '남이 자기를 속이지 않을까 미리 경계하거나, 또 남이 자기를 의심하지 않을까 미리 억측하지 않는다.(不逆詐, 不億不信)'라고 한 것처럼 미리 타인의 불선(不善) 따위를 예측하는 마음을 품는 것을 가리킨다. 요컨대 이것은 자신의 마음속에 관한 것이다.

故曰形勞而不休……:이 '故曰' 이하의 말과 다음의 '故曰, 純粹而不雜'
이하의 말은 타인의 설을 인용하여 해설하는 것으로 볼 수도 있으나, 이
논설 작자의 제언이다.

養神(양신):'神'은 인간의 내부에 깃들어 있기 때문에 '기른다[養]'고
말한 것이다.

【補說】 이상은 〈순소도지론〉의 제2절이다. 앞 절을 받아, 성인의 생사는
그 정신이 순수하기 때문에 천덕(天德)에 합치함을 설하고 나서 정신을
기르는 방법, 특히 '天行'을 본받아야만 한다는 것, 염담허정(恬惔虛靜)
속에서도 자연스런 활동이 있어야 함을 설하고 있다.

夫有干·越之劍者, 柙而藏之, 不敢用也. 寶之至也. 精神四
達, 竝流無所不極. 上際於天, 下蟠於地, 化育萬物, 不可爲
象. 其名爲同帝. 純素之道, 唯神是守. 守而勿失, 與神爲一.
一之精通, 合于天倫.
野語有之, 曰, "衆人重利, 應士重名, 賢士尙志, 聖人貴精."
故素也者, 謂其無所與雜也. 純也者, 謂其不虧其神也, 能體
純素, 謂之眞人.

무릇 오(吳)나 월(越)에서 만든 명검을 가지고 있는 자는 그것을 상자 속
에 넣어 두고 감히 사용하려 하지 않을 것이다. 그것이 세상에서 가장 귀
중한 것을 소중히 보관하는 가장 좋은 방법이다. 정신도 마찬가지다. 정신
은 사방으로 통하고 널리 흘러가 이르지 않는 곳이 없으며, 또 위로는 하

늘 끝까지 아래로는 지상에 널리 퍼져 모든 것을 생겨나게 하고 성장시키지만 그것을 形이 있는 말로는 표현할 수가 없다. 그래서 그 이름을 동제(同帝)라 하는 것이다. 그런데 그 정신을 순수하고 소박하게 보존하려면 오직 정신을 굳게 지키는 수밖에 없다. 굳게 지켜 밖으로 흩어지지 않으면 문자 그대로 神의 영묘함과 하나가 된다. 神의 영묘함과 하나가 됨으로써 정묘한 작용이 잘 행해져 하늘의 질서와 합치하게 된다.

민간의 속담에 '민중은 이익을 중히 여기고, 도의를 숭상하는 선비는 명예를 중히 여기며, 현인은 자신의 주의 주장을 중히 여기고, 성인은 정신을 존중한다.'라는 것이 있다. 그런데 소(素)란 이 정신에 잡념을 섞지 않고 본디 그대로 두는 것을 말하고 순(純)이란 그 영묘함을 손상시키지 않도록 무심한 것을 말한다. 이렇게 순소(純素)한 정신을 몸에 지닐 수 있는 사람, 이 사람이야말로 진인(眞人)인 것이다.

【語義】 干越(간월):'干'은 吳의 별칭. 吳는 강소성 무석현(無錫縣)에 도읍을 정했던 나라. '越'도 나라 이름. 越은 처음에는 절강성 소흥현(紹興縣)에, 나중에는 산동성 제성현(諸城縣)에 도읍을 두었던 나라. 모두 춘추전국시대에 좋은 검(劍)을 낸 곳으로 유명하다.

柙而藏之(갑이장지):'柙'은 '匣'과 통용. 상자. 이 '而'는 '以'와 같다.

寶之至也(보지지야):'寶'는 소중히 보관하는 것. 이 구는 아래의 '純素之道'를 불러내기 위한 수사이다.

上際於天下蟠於地(상제어천하반어지):'際'는 극한에 이른다는 뜻. '蟠'은 '엎드리다 · 서리다'의 뜻으로 풀어도 통하지 않는 것은 아니지만 옛음이 서로 비슷한 '遍(편:널리 퍼지다)'의 차자로 보아야 할 것이다.

同帝(동제):郭象은 '天帝의 不爲와 같다'로 풀었다. 정신의 위대함을 천제에 견준 이름이다.

純素之道唯神是守(순소지도유신시수):구문상 '寶之至也'에 대응하는
표현이며 정신의 순수함을 보존하는 법을 말한다.

與神爲一(여신위일):이 '神'은 앞의 '唯神'의 神이나 다음의 '不虧其神'
의 神이 자기 정기의 영묘함을 가리키는 데 비해 글자 뜻 그대로 신령
을 뜻한다.

一之精通合于天倫(일지정통합우천륜):'精'은 여기서는 정신의 정묘
(精妙)한 작용을 가리킨다. '通'은 '精神四達'의 '達'과 같은 뜻으로 그 작
용이 널리 행해지는 것을 가리킨다. '天倫'은 '動而以天行'의 '天行'과 같
다. 자연의 질서·운행을 가리킨다.

野語(야어):민간의 속담·금언(金言).

眞人(진인):대종사편 〈진인론〉에 '不以人助天'이라고 했다. 道를 체
득한 사람.

【補說】 이상은 〈순소도지론〉의 제3절로 결론 부분이다. 정신의 무한한 효
용을 말하며 그 정신을 순수 소박하게 지켜나가야 할 것을 주장하고, 그
것을 실천하는 자가 바로 진인이라고 하였다.

【餘說】 〈순소도지론〉의 성격

이상의 〈순소도지론〉은 인간을 그 생활 태도에 따라 고고파·수신
파·정치파·은세파·양생파의 다섯 부류도 분류한 다음, 그 어느 쪽
에도 치우치지 않고 모든 것의 장점을 겸하는 '천지의 道, 성인의 德'을
서술하고 있다. 이것은 인간의 생활환경이 어느 정도 안정된 시기에 도
가설의 정통을 주장하기 위해 지어졌기 때문이리라.

다음으로 '恬惔寂漠, 虛無無爲'를 근본으로 하여 지고(知故)에 의해

이를 방해받지 않고, 정신의 순수 소박함을 지켜나가는 것이야말로 '天德'에 합치되는 것이며 '養神의 道'임을 말하고 있다. 이는 천도편, 나아가서는 인간세편 〈심재우화〉, ≪관자≫ 심술 상·하편 등의 주장과 흡사하다. 필시 이러한 계통의 주장을 신봉하는 자가 지었기 때문이리라.

단, 〈심재우화〉에서는 허무에 철저해야 할 것을 강조하고, ≪관자≫ 심술 상·하편에서는 虛靜의 철저가 나날이 새롭게 발양하는 성덕(盛德)으로 전환됨을 역설하고 있다. 그에 비해 이 논설은 虛靜에의 철저를 말하지 않는 것은 아니지만 그보다도 정신을 순수 소박하게 지켜나갈 것을 주장한다. 또 '鬱閉而不流, 亦不能淸', '精神四達, 竝流無所不極'이라 하여 분명히 정신의 활발한 작용을 말하고 있지만 그 작용은 현실에 펼쳐지는 자신의 성덕(盛德)이라기보다는 '天德', '天倫'이라고 하는 정신의 절대적 효용인 것이다. 정신의 순수 소박한 보존이 이 논설의 결론임을 확연히 드러내고 있는데 여기서 작자의 정신에 대한 신앙에 가까운 정열을 느낄 수 있다. 이것은 도가설을 현실의 문제로서 발전시키려는 것보다는 종교적으로 전개시키던 자가 본론을 지었기 때문이 아닐까?

제16편
선성(繕性)

편의 첫 두 자를 취하여 편명으로 삼았다. 전편이 하나의 논설인데 세 절로 나누어 실었다. 자적(自適)의 인생관을 근거로 하여 시세를 비판하고 있다. '복성설(復性說)'이 그 특색이라 할 수 있는데 너무 수사적 기교에 치우친 흔적이 있고, 논지가 원활히 전개되지 못한 결점이 보인다. 앞의 각의편과 같은 시기에 지어졌으리라 생각된다. 이 논설의 가치를 낮게 보는 사람도 있지만(王夫之), 비교적 높게 평가하는 사람도 있다(林雲銘).

득지론(得志論)

繕性於俗俗學, 以求復其初, 滑欲於俗思, 以求致其明, 謂之
蔽蒙之民.
古之治道者, 以恬養知. [知]生而無以知爲也. 謂之以知養恬.
知與恬交相養, 而和·理出其性.
夫德和也. 道理也. 德無不容, 仁也. 道無不理, 義也. 義明
而物親, 忠也. 中純實而反乎情, 樂也. 信行容體而順乎文,
禮也.
禮樂徧(偏)行, 則天下亂矣. 彼正而蒙己德, 德則不冒. 冒則
物必失其性也.

세상의 보잘것없는 학문으로 자신의 본성을 닦으면서 그 근본인 道에 복
귀하려 하거나, 세상의 보잘것없는 사려에 자신의 의욕을 사용하여 어지
럽히면서 명지(明知)를 얻으려 하는 자를 일러 物의 도리를 모르는 어리석
은 자라 한다.

좋은 시절이었던 옛날, 道를 닦는 자는 염(恬)을 주로 삼아 지(知)가 자
연히 발달할 수 있도록 했다. 인간에게 지각이 있지만 지식을 주로 하여 그
발달을 구하지 않고 역시 염(恬)을 주로 삼았다. 이것을 일러 知를 恬의 발
달에 쓴다고 하는 것이다. 이처럼 하여 知와 恬이 서로 도우며 발달하면 화
합과 조리가 인간의 본성으로부터 전개되는 것이다.

무릇 인간의 본성인 德은 조화를 본질로 한다. 또 그에 갖추어진 道는
물사의 조리를 다스린다. 그래서 그 德은 모든 것을 포용하게 되는데 그것

이 바로 仁인 것이다. 또 그 道는 모든 것을 바르게 다스리게 되는데 그것이 바로 義이다. 義가 명확해지면 사람들은 마음으로부터 화합하여 친밀해지는데 그것이 바로 忠이다. 이렇게 사람들의 마음속에 忠이 충만해지면 性이 진정한 편안함으로 돌아가게 되는데 그것이 바로 樂이다. 또 그러한 진실이 표정과 태도 등에 나타나 자연의 질서에 따르게 되면 그것이 바로 禮이다. 그런데 외면의 禮나 내면의 樂 중 어느 한쪽만이 행해지게 되면 천하가 어지러워지는 것이다. 그래서 사람들이 마음도 몸도 바르게 하면 德이 덮여 가려지지 않지만 그 德이 덮여 가려진다면 사람들은 틀림없이 본성을 잃어버리게 된다.

【語義】 繕性於俗俗學以求復其初(선성어속속학이구복기초):郭象은 위의 '俗' 자에서 구를 나누어 '세속에서 性을 닦고, 속세의 학문으로써 性命의 근본에 돌아가고자 한다(已治性於俗矣, 而欲以俗學復性命之本)'로 풀었다. 다음의 '滑欲於俗思以求致其明'도 '그 마음을 세속의 일로 어지럽히고 속된 생각으로써 밝음에 이르고자 한다(已亂其心於俗, 而方復役思以求明)'로 풀었다. 본디 원문은 '滑欲於俗, 俗思以求致其明'이 아니었을까? 그렇다면 '俗俗學'의 '俗' 자들 가운데 어느 하나는 군글자이며, 또 '學' 자에서 구를 나누어야 한다(蘇興의 설). 유가에서는 본성보다 교화가 더 중요하다고 한다. 특히 순자 이후에는 가르침에 의한 '본성의 교화'를 강력하게 주장하게 되었다. '俗學'이란 이러한 것을 가리키는 것이리라. '繕'은 닦는 것. '以'는 여기서는 '而'와 같다.

　滑欲於俗思以求致其明(골욕어속사이구치기명):'滑'은 '搰(골:혼탁하게 함)'의 차자. '明'은 명지(明知).

　蔽蒙之民(폐몽지민):物의 도리를 모르는 사람.

　古之治道者(고지치도자):至德이 행해지던 시대에 道를 닦던 사람. '治

道'란 유가적 용어다. 도가적 표현으로는 '得道'.

以恬養知(이염양지):'恬'은 염담(恬淡). 허심(虛心)과 같다. '養'은 자연스럽게 기르는 것.

生而無以知爲也(생이무이지위야):저본에는 없지만 '知' 자를 넣어 해석해야 한다.

和理出其性(화리출기성):이것은 유가와 마찬가지로 인간의 본체(본질)는 性이며 性의 작용이 德이고 性의 법칙성을 규정하는 것이 道라는 주장이다. 그래서 性의 작용을 이원화하여 和와 理라고 설하고 있는 것이다. 이처럼 어떤 작용을 내·외로 이분하여 설명하는 것은 전국시대 말기부터 행해졌다. ≪중용≫에 '喜怒哀樂이 나타나지 않는 것을 中이라 하고, 나타나 모두 節에 맞는 것을 和라 한다(喜怒哀樂之未發, 謂之中. 發而皆中節, 謂之和)'고 한 것도 그 좋은 예다.

德無不容仁也(덕무불용인야):이 이하 다섯 구는 유가의 仁·義·忠·樂·禮의 덕목을 도가적 입장에서 절충적으로 정의한 것이다.

忠(충):유가에서 부르짖는 충신(忠信)이다. 진심을 다하는 것.

中純實而反乎情樂也(중순실이반호정악야):'中'은 마음속. '純實'은 진심이 충만한 것. '情'은 자연스런 감정, 온화함을 가리킨다.

信行容體而順乎文(신행용체이순호문):'信'은 위의 '忠'·'純實'과 관계되는 말로 '진심·정성'의 뜻. '容體'는 용모·태도. '文'은 자연스런 절도·질서를 가리킨다.

禮樂徧行(예악편행):'徧'은 '偏'을 잘못 베긴 것. 成玄英疏本에는 '偏'으로 되어 있다. ≪노자≫ 제38장에 '무릇 禮와 같은, 겉을 꾸미는 형식적인 것은 인간의 진심이 엷어진 결과 생겨나는 것으로 세상 쟁란(爭亂)의 발단이 되는 것이다.(夫禮者忠信之薄而亂之首)'라고 했다. 이로써 '禮樂徧行'이란 도덕이 사라지고 예악만이 행해지는 것을 가리킨다고 풀

이하는 설이 있다. 그렇게 해도 통하지만 여기서는 禮·樂 어느 한쪽으로만 치우치는 것을 가리키는 것이리라.

彼正而蒙己德(피정이몽기덕):'彼'는 다음의 '物', 즉 일반적으로 도덕에 뜻을 둔 사람을 가리킨다. '蒙'은 자신의 德을 몸에 지니는 것을 가리킨다.

冒則物必失其性(모즉물필실기성):'冒'는 다른 것으로부터 강요당하는 것. 여기에 인생은 그 본성의 전개라고 하는 강한 자아 주장이 담겨 있다.

【補說】 이상은 〈득지론〉의 제1절이다. 俗事·俗學으로 사람들이 그 본성을 어지럽히고 있음을 지적한 다음, 恬과 知로써 본성의 知와 理를 길러야 한다고 제언하고, 그 知·理의 전개야말로 仁·義·忠·禮·樂이 된다는 것과 본성을 잃지 말아야 할 것을 주장하고 있다.

古之人, 在混芒之中, 與一世而得澹漠焉. 當是時也, 陰陽和靜, 鬼神不擾, 四時得節, 萬物不傷, 羣生不夭. 人雖有知, 無所用之. 此之謂至一. 當是時也, 莫之爲而常自然.
逮德下衰, 及燧人·伏戲, 如爲天下. 是故順而不一. 德又下衰, 及神農·黃帝, 始無天下. 是故安而不順. 德又下衰, 及唐·虞, 始爲天下, 興治化之流, 澆淳散朴, 離道以善, 險德以行. 然後去性而從於心. 心與心識知, 而不知以定天下. 然後附之以文, 益之以博. 文滅質, 博溺心. 然後民始惑亂, 無以反其性情而復其初.
由是觀之, 世喪道矣, 道喪世矣. 世與道交相喪也. 道之人何由興乎世. 世亦何由興乎道哉. 道無以興乎世, 世無以興乎道. 雖聖人不在山林之中, 其德隱矣. 隱故不自隱.
古之所謂隱士者, 非伏其身而弗見也. 非閉其言而不出也. 非
藏其知而不發也. 時命大謬也. 當時命, 而大行乎天下, 則反
一無迹. 不當時命, 而大窮乎天下, 則深根寧極而待. 此存身
之道也.

좋은 시대였던 옛날의 사람들은 物의 구분도 분별도 없는 가운데 모든 사람들이 함께 생활하며 누구나 고요와 평안 속에서 살았다. 그때에는 음양의 기가 고요히 조화되어 있었고, 귀신이 소란을 피우는 일도 없고, 사계의 순환도 더없이 순조로워 만물은 무럭무럭 성장하여 손상되는 일이 없고, 모든 생물은 천수를 누리지 못하고 죽는 법이 없었다. 따라서 인간에게 지혜가 있어도 그것을 쓸 필요가 없었다. 그러한 상태를 완전한 평등일체의 경지라 한다. 그 시대에 사람들은 의식적으로 물사를 꾸미려 하지 않고 항상 자연스럽게 되어가는 대로 모든 것을 맡겼던 것이다.

그런데 사람들의 德이 쇠약해지기 시작하자 수인(燧人)·복희(伏戲)가 출현하여 새삼스럽게 천하를 다스렸다. 그래서 인민은 순종하게 되었지만 평등일체의 경지가 없어졌다. 德이 더욱 쇠약해지자 신농(神農)·황제(黃帝)가 출현하여 천하를 다스렸다. 그래서 인민의 생활은 안정되었지만 순종하는 일이 없어졌다. 德이 한층 더 쇠약해지자 요(堯)·순(舜)이 출현하여 천하를 통치했다. 교화로써 다스리는 방책을 널리 사용하여 소박함으로 충일한 인간의 마음을 산산이 부수어 버렸다. 그래서 道에 어긋나는 것이 선하다고 생각하여 사악한 德을 행하였다. 그리하여 처음으로 인간들은 그 본성을 버리고 각자 제멋대로 마음에 생각나는 대로 행동하게 되었다. 사람들이 각자의 마음으로 물사를 알려 했기 때문에 천하가 안정될 수 없었다. 그렇게 되어 마침내 문자·문헌을 증가시키고 나아가 널리 지식을 증가시키게 되었다. 그런데 문화(文華)는 물사의 실질을 멸하여 버리고 해박한 지식은 소박한 마음을 매몰시켜 버린다. 이에 인민은 미혹되고 어지러워져 그 본성이 진정(眞精)에 돌아올 수가 없고 또 근본에 복귀할 수가 없게 된 것이다.

이로써 생각해 보면 세상에서 행해진 정치가 참된 道를 멸해 버린 것이며, 또 그릇된 道가 세상을 어지럽힌 것이다. 요컨대 세상과 道가 서로를 멸하고 있는 것이다. 이와 같으니 참된 道를 체득한 사람이 어찌 세상에 나오려 하겠으며 세상이 어찌 참된 道에 따라 번영할 수 있겠는가? 참된 道는 세상에 성행하는 일이 없고 세상도 참된 道에 의해 번영하는 일이 없는 것이다. 그래서 성인이 산림에 숨지 않더라도 그 德은 숨어 버렸던 것이다. 德이 숨어 버렸기 때문에 성인이 몸을 숨길 필요가 없는 것이다.

옛날 은사(隱士)라 불리던 자는 몸을 숨겨 세상에 나타나지 않으려 한 것이 아니었다. 입을 굳게 다물어 자신의 의견을 밖으로 드러내지 않으려 한 것도 아니었다. 자신의 영지(英知)를 간직하여 밖으로 드러내지 않으려 한 것도 아니었다. 이를 나타내지 않은 것은 당시의 세상이 너무나도 잘못되어 있었기 때문이다. 좋은 세상을 만나 천하에 크게 道를 행할 수 있으면 그 평등일체의 경지에 돌아가 공업(功業)·명성 따위의 흔적을 남기지 않다. 반대로 좋은 세상을 못 만나 천하에서 가장 곤궁한 처지에 놓이면 그 근본을 깊이 닦으며 좋은 세상이 오는 것을 기다린다. 이것이 누구에게나 적용될 수 있는 자신의 몸을 편안하게 하는 道이다.

【語義】 混芒(혼망):物의 분별이 없는 모양.
澹漠(담막):'澹'은 '憺'의 차자. 염담(恬憺). '漠'은 '寞'의 차자. 적막(寂寞), 즉 무욕하며 안정된 것을 가리킨다.

萬物不傷……無所用之:마제편의 '至德之世' 참조.

及燧人伏戲始爲天下(급수인복희시위천하):'燧人'은 ≪한비자≫ 오두편(五蠹篇)에 의하면 처음으로 불을 일으키는 방법을 발명하고 인민에게 화식(火食)하는 법을 가르쳤다고 하는 고대의 제왕. '始'는 '爲'를 강조하는 조사. '爲'는 인위적으로 다스리는 것.

是故順而不一(시고순이불일):'順'은 順從, 즉 위정자에게 순종하는 것. '不一'은 무차별과 평등이 붕괴되는 것.

澆淳散朴(요순산박):'澆'는 '澆'의 이체자. 엷다는 뜻. '淳'은 '醇(순:잘 익고 불순물이 섞이지 않은 술)'의 차자. 나아가 진심이 충실한 것을 가리킨다.

離道以善險德以行(이도이선험덕이행):'善離道'와 '行險德'의 도언이다. '險'은 '憸(섬:간사함, 교활함)'의 차자.

心與心識知(심여심식지):郭象은 '彼我의 마음이 서로 다투어 먼저 알고자 하며 따라서 그것은 자연스런 性에 맡기는 것이 아님'이라고 해석했는데 이것은 천운편의 〈풍화우화〉에서 말한 것과 같은 자연스런 감응이 아닌 분별의 의식으로 알게 되는 것을 말한다.

文滅質(문멸질):'文'은 여기서는 문헌·서적의 뜻으로 문화의 화미(華美)를 가리킨다. '質'은 순박한 德의 뜻으로 문화의 실질주의를 가리킨다. '文', '質'은 인물·문화 등의 형식과 실질 각각의 전개 방향을 유형적으로 평가한 말로서 쓰였다. ≪논어≫ 옹야편에 '바탕이 외식(外飾)보다 두드러지면 野하고, 외식이 바탕을 누르면 史하다. 바탕과 외식이 서로 잘 어울려야 비로소 군자이다.(質勝文則野, 文勝質則史. 文質彬彬然後, 君子)'라고 했다.

世喪道矣, 道喪世矣(세상도의도상세의):앞 구의 '道'는 이 편의 작자가 주장하는 참된 道. 뒷 구의 道는 俗學에서 부르짖는 道이다. 이 이하도 같다.

隱故不自隱(은고부자은):이 문장은 없는 편이 낫지 않을까 싶다. 수

사상의 군더더기일까, 아니면 후인이 덧붙인 것일까? '故'는 '固'의 뜻.

時命(시명):時의 운행.

深根寧極(심근녕극):뿌리를 깊이 박고 極의 경지에서 쉼. ≪노자≫
제59장에 '이를 일러 뿌리를 깊고 단단하게 하는 것이라고 한다. 뿌리
를 깊고 단단하게 하는 것은 불로장생의 道이다.(是謂深根固柢. 長生久
視之道)'라고 했는데 이에 근거한 말이리라.

【補說】 이상은 〈득지론〉의 제2절이다. 앞절과는 약간 달리 古人의 이상적
상태, 이른바 '至一'을 초들고, 이에 거슬러 德이 점차 쇠퇴해지면서 삼
황 이래 정치와 더불어 性을 상실하게 된 사정을 서술하고, 그러므로 성
인은 은사(隱士)가 되지 않으면 안 되며, 그 은사의 진퇴를 일반적인 '存
身'의 道라고 설하고 있다. 천운편 〈견룡우화〉의 삼황·오제관, 마제편
의 주장 등과 비슷한 사상을 보여주고 있다.

古之存身者, 不以辯飾知, 不以知窮天下, 不以知窮德. 危然
處其所, 而反其性已. 又何爲哉. 道固不小行, 德固不小識.
小識傷德, 小行傷道. 故曰, "正己而已矣." 樂全之謂得志.
古之所謂得志者, 非軒冕之謂也. 謂其無以益其樂而已矣. 今
之所謂得志者, 軒冕之謂也. 軒冕在身, 非性命也. 物之儻來,
寄也. 寄之, 其來不可圉, 其去不可止. 故不爲軒冕肆志, 不
爲窮約趨俗, 其樂彼與此同. 故無憂而已矣. 今寄去則不樂.
由是觀之, 雖樂未嘗不荒也. 故曰, "喪己於物, 失性於俗者,
謂之倒置之民."

옛날, 몸을 편안히 오래 보존했던 자는 혀끝의 말주변으로 자신의 지식을 꾸미려 하지 않고, 지식으로 천하의 일를 파헤치려고도 않고, 교활한 지혜로 德을 캐려는 따위의 짓을 하지 않았다. 단지 홀로 자신의 올바름을 지켜 있어야 할 곳에 있으면서 자신의 본성에 되돌아갔던 것이다. 그 밖에 무슨 할 일이 있었겠는가? 道는 본디 작은 행위가 아니다. 德은 본디 적당히 알 수 있는 것이 아니다. 작은 지식은 德을 손상시키고, 작은 행위는 道를 손상시킨다. 그렇기 때문에 옛사람은 '자신을 바르게 닦을 뿐'이라고 했다. 이리 하여 자신의 즐거움이 손상되지 않고 보존되는 것을 자기 본디의 지망(志望)이 달성된 것이라 한다.

옛사람의, 그 본디 지망이 달성되었다 함은 훌륭한 수레에 올라 젠체하며 관을 쓰고 조정에 출사하는 고위 고관이 되는 것을 가리키지 않는다. 그 따위 것으로는 자신의 즐거움이 증가되지 않는 경지에 올랐음을 가리키는 것이다. 그런데 지금 세상 사람들이 본래의 지망이 달성되었다 함은 그러한 고위 고관에 승진하는 것을 말한다. 그러한 수레나 관 따위에 몸이 매이는 것은 인간이 본디 갖추고 있는 性命과는 전연 관계가 없는 것이다. 고위 고관과 같은 물사가 우연히 다가온 것은 한때 잠시 머물 뿐이다. 잠시 머물 뿐인 것은 그것이 다가오는 것을 막을 수도 없지만, 또 사라져 가는 것을 멈추게 할 수도 없다. 그래서 옛사람은 수레나 관을 얻었다 하여 마음대로 행동하지도 않았고, 그것을 잃어 생활이 더없이 곤궁해도 황망해져 속인처럼 속되게 행동하지도 않았다. 자기 본래의 즐거움은 고위 고관일 때나, 곤궁할 때나 아무 변화도 없다. 따라서 어떠한 걱정도 없는 것이다. 그런데 지금 세상 사람들은 이 잠시 머물 뿐인 것이 없으면 즐거워하지 않는다. 이를 보면 잠시 머무는 것을 얻어 즐거워하면서도 한편으로는 그것을 잃을까 두려워하니 심신이 혼란해지고 쇠약해지지 않을 수 없는 것이다. 따라서 지금 세상 사람들을 일러 '物을 좇느라 자신을 잃고, 세속의 풍습에 가리어 그 본성을 분별하지 못하는 거꾸로 선 자'라고 하는 것이다.

【語義】不以知窮天下(불이지궁천하):여기의 '知'는 知로써 구명(究明)한다
는 뜻. 다음의 '窮德'의 '窮'도 같다.

　危然(위연):산이 높고 험하게 우뚝 솟은 모양. 나아가 고고(孤高)함
을 지닌 모양을 뜻한다.

　道固不小行(도고불소행):제론편에 '道隱於小成, 言隱於榮華'라고 되
어 있다.

　故曰正己而已矣樂全之謂得志(고왈정기이이의낙전지위득지):'危然處
其所……'에 대응하는 표현이다. ≪중용≫에 '자기를 바르게 하고 남에
게 구하지 않으면 원망받지 않는다. 위로는 하늘을 원망하지 않고 아래
로는 사람을 탓하지 않는다. 그리하여 군자는 평이함에 처신하며 命을
기다린다(正己而不求於人, 則無怨. 上不怨天, 下不尤人. 故君子, 居易
以俟命)'고 한 것처럼 자신의 몸을 닦는 것을 근본으로 삼는 것은 본디
유가의 설이다. ≪맹자≫ 등문공 하편에 '뜻을 이루면 백성과 함께 실천
하고, 뜻을 이루지 못하면 홀로 자신의 道를 실천한다.(得志與民由之,
不得志獨行其道)'라 한 것처럼 '得志'는 본디 유가의 용어다. 단 '樂全'은
도가의 설로서 자적(自適:대종사편)을 가리킨다.

　軒冕(헌면):'軒'은 신분이 대부 이상인 자가 타는 수레. '冕'은 조정에
출사하는 자가 쓰는 관. 고위 고관에 취임하는 것을 가리킨다.

　物之儻來寄也(물지당래기야):'儻'은 우연의 뜻. '寄'는 잠시 머무르는
것.

　寄之其來不可圉(기지기래불가어):여기의 '之'는 '者'와 같다. '圉'는
'막다·방해하다'의 뜻.

　窮約(궁약):'窮'은 막히어 고통 받는 것. '約'은 '厄(액:고통)'의 차자.

요컨대 앞의 '軒冕'에 반해 빈곤 등의 곤경을 가리킨다.

趣俗(추속):속인(俗人) 쪽으로 달려감. 즉 헌면을 구하려고 하는 것을 가리킨다.

荒(황):정신력이 쇠약한 것을 가리킨다.

失性於俗者(실성어속자):편머리의 '繕性於俗學'과 엄밀하게는 대응하지 않지만 '俗學'과 '俗思'를 합치시켜 개략적으로 표현한 것이리라.

倒置之民(도치지민):'置'는 '植'의 차자. 본말을 전도하는 사람을 거꾸로 선 사람이라 한 것이다.

【補說】 이상은 〈득지론〉의 제3절이다. 제2절의 '存身'을 이어받아 古人의 '存身'을 초들고, 그것은 자기를 바르게 닦고 그 본래의 즐거움을 온전하게 하는 '得志'라고 한 다음, 지금 사람들의 '得志'는 오로지 헌면을 구하고자 하는 것인데 그것은 자기 상실을 초래하며 또 그러한 사람은 '倒置之民'이라고 비판하였다.

【餘說】 〈득지론〉의 특색

이상의 〈득지론〉은 인간의 본성은 본디 조화와 조리를 갖추고 있어 자연스럽게 仁·義·忠·禮·樂의 도덕이 전개되어야 하는데 세인은 俗學·俗思로부터 재난을 받아 그 본성에 복귀하지 못하고 있다는 것을 주요 논지로 하고 있다.

정치가 인간의 본성을 잃게 한다는 것은 이미 변무·마제·거협·재유 등 여러 편에서 본 바 있다. 그런데 거기서는 본성을 자급자족의 소박한 본능으로 간주하고 또 과감하게 정치를 비판한 데 비해 여기서는 정치보다 정도(政途)에 뜻을 둔 세인을 비판하면서, 도가에서 말하는 본성이란 조화와 조리를 갖추고 있어 여러 德으로 전개되어야 하는 것임을 주장하고 있다. 이러한 주장은 정치 기구가 고정되고 관도(官途)에 뜻을 두는 것이 지식인의 일반적인 풍조가 된 시대적 상황, 그리고 仁·義·禮·樂 등의 덕목을 든 것으로도 알 수 있듯이 유가설에 접근하고 있던 경향 때문이 아닐까? '正己而已矣'라는 주장도 유가의 주장이리라. 이 논설의 작자는 유가설에 친근하면서도 도가설에 힘이 되어 줄 만한 이론을 구하려 했던 것이 아닐까?

청조(淸朝) 초기의 학자인 王夫之는 이 논설은 당시에 뜻을 얻지 못한 자의 가탁(假託)일 것이라고 논했다. 장주의 이름으로 이 논설을 발표하려고 했던 것은 아니므로 '假託'이라 평하는 것은 지나친 감이 없지 않다. 그래도 이 논설은 경우에 맞지 않는 論이라는 소리를 듣지 않을 수 없다. 물론 언제까지나 몸과 행동을 바르게 하고 재주가 있어도 시세에 편승하지 못하는 불운은 있다. 그런 점에서 이 論에 귀를 기울일 만한 의견이 없는 것도 아니다. 자기의 본성, 즉 지조를 유지해야 한다는 자아 주장이 강한 것도 그 하나이며, 고위 고관 승진을 운명의 우연함으로 보고 자신의 뜻이 흔들려서는 안 된다고 한 것도 그 하나가 될 것이다. 특히 '樂全之謂得志'라 한 것은 명언이다. 불운에 처해 있더라도 이러한 신념을 가지고 즐거움의 경지에 있어야 할 것이다. 그러나 시세에 좇아 준동하는 자를 '蔽蒙之民', '倒置之民'이라고 매도하는 것으로 그러한 신념과 즐거움이 유지되어서는 안 될 것이다. 세속에 물들지 않고 고고함을 지키는 것으로 그러한 즐거움이 유지되어야 한다는 고명청랑(高明淸朗)한 설을 담고 있다고 생각한다.

제17편
추수(秋水)

편 머리의 '秋水' 두 자를 취하여 편명으로 삼았다. 모두 7개의 우화로 구성되어 있는데 첫 번째 우화 외에는 대체로 단편이다. 모두 널리 알려진 우화들이다. 각 우화의 상호관계에 구애되지 말고 우선 각우화가 지닌 맛을 음미할 수 있도록 해야 할 것이다.

제1장 하백·북해약문답:반기진우화(河伯·北海若問答:反其眞寓話)

秋水時至, 百川灌河. 涇流之大, 兩涘渚崖之間, 不辯牛馬.
於是焉, 河伯欣然自喜, 以天下之美爲盡在己.

順流而東行, 至於北海. 東面而視, 不見水端. 於是焉, 河伯
始旋其面目, 望洋向若而歎曰, "野語有之, 曰, '聞道百, 以爲
莫己若者.' 我之謂也.

且夫我嘗聞少仲尼之聞, 而輕伯夷之義者, 始吾弗信. 今我睹
子之難窮也. 吾非至於子之門, 則殆矣. 吾長見笑於大方之家."

北海若曰, "井䗇不可以語於海者, 拘於虛也. 夏蟲不可以語
於冰者, 篤於時也. 曲士不可以語於道者, 束於敎也. 今爾出
於崖涘, 觀於大海, 乃知爾醜. 爾將可與語大理矣.

天下之水, 莫大於海. 萬川歸之, 不知何時止, 而不盈. 尾閭
泄之, 不知何時已而不虛. 春·秋不變, 水·旱不知. 此其過
江·河之流, 不可爲量數. 而吾未嘗以此自多者, 自以比形於
天地, 而受氣於陰陽, 吾在於天地之間, 猶小石·小木之在大
山也. 方存乎見少. 又奚以自多.

計四海之在天地之間也, 不似礨空之在大澤乎. 計中國之在
海內, 不似稊米之在太倉乎. 號物之數, 謂之萬. 人處一焉.
(此其比萬物也, 不似豪末之在於馬體乎.) 人卒九州, 穀食之
所生, 舟車之所通, 人(亦)處一焉. 此其比萬物也, 不似豪末
之在於馬體乎.

五帝之所連, 三王之所爭, 仁人之所憂, 任士之所勞, 盡此矣.
伯夷辭之以爲名, 仲尼語之以爲博, 此其自多也, 不似爾向之
自多於水乎."

마침 가을철 큰비가 쏟아져 내리는 내는 모두 황하로 흘러들었다. 황하 물줄기의 장대함이여! 맞은편 물가가 보이지 않을 만큼 물줄기의 폭이 넓어 그곳에 서 있는 것이 소인지 말인지조차 구별할 수 없었다. 그러자 황하의 주인 하백은 자못 의기양양해져 세상의 온갖 훌륭함이 모조리 자신에게 모여 있다고 생각했다.

하백은 물이 흘러가는 대로 동쪽으로 가 북해에 도착했다. 그런데 동쪽을 아무리 쳐다보아도 물의 끝이 보이지 않았다. 하백은 비로소 얼굴을 돌려 사방을 둘러보다가 망연자실하여 북해약을 향해 다음과 같이 탄식했다.

"세간의 속담에 '경박한 자는 道에 관해 백 번쯤 들으면 그것만으로 벌써 자신에 미칠 만한 사람이 없다고 생각한다'고 했습니다. 이것은 바로 저를 두고 한 말이었습니다.

일찍이 저는 공자의 박식함을 대수롭지 않게 여기고 백이(伯夷)의 고의(高義)함을 멸시하는 자가 있다는 소리를 듣고 그것을 도저히 믿을 수가 없었습니다. 그런데 지금 저는 세상 그 어느 것보다도 당신이 훌륭할 뿐 아니라 헤아릴 수 없을 만큼 위대하다는 것을 이 두 눈으로 똑똑히 보았습니다. 저는 당신이 계신 곳에 오지 않았더라면 위험할 뻔했습니다. 저는 대도(大道)를 터득한 사람들에게 언제까지나 비웃음을 당할 뻔했습니다."

하백의 말을 듣고 북해약이 다음과 같이 말했다.

"우물 안의 개구리에게 큰 바다를 이야기해 줄 수 없는 것은 개구리가 언제나 좁은 장소에 머물러 있기 때문이지. 여름철 벌레에게 얼음을 이야기해 줄 수 없는 것은 여름철 벌레들이 얼마 안 되는 짧은 기간밖에 생존하지 못하기 때문이고. 이와 마찬가지로 견식이 낮은 사람에게 道를 이야기해 줄 수 없는 것은 그가 세속의 가르침에 구속되어 있기 때문이네. 그런데 지금 자네는 양안(兩岸)의 제약에서 벗어나 큰 바다를 보고 비로소 자신이 어리석다는 것을 느꼈네. 그러한 자네라면 큰 이치에 관해 서로 이야기할 수 있겠네.

천하의 물줄기 가운데 바다보다 큰 것은 없지. 수많은 내가 흘러들고, 또 그 흘러듦이 언제까지 계속될지 알 수 없어도 바다는 차서 넘치는 법이 없네. 바다 밑에 큰 구멍이 있어 바닷물을 끊임없이 밖으로 내보내지만 마르는 법이 없네. 봄가을로 수량이 변하는 법도 없고, 홍수나 한발의 영향을 받는 법도 없지. 이처럼 바다가 장강이나 황하보다 훌륭하다는 것을 수량(數量)으로는 나타낼 수 없네. 그럼에도 내가 이러한 사실을 한 번도 자랑하지 않은 것은 나는 하나의 物로서 천지 사이에 형체를 늘어놓고 음양의 氣를 받아 생존하는 것이며, 또 내가 이렇게 천지 사이에 존재하는 것은 비유하자면 하나의 작은 돌이나 한 그루의 작은 나무가 태산에 있는 것과 같다고 생각하기 때문이네. 비소한 존재에 지나지 않는다고 생각하니 어찌 자신을 뽐내려 하겠는가?

사방의 바다라 해도 그 크기를 천지와 비교해 보면 마치 고둥의 은신처가 큰 못 속에 있는 것과 같지 않을까? 이러할진대 그 사방의 바다 안에 있는 중국을 천지와 비교하면 마치 피 알갱이가 큰 창고 속에 있는 것과 흡사하지 않을까? 物의 총수(總數)를 헤아려 만(寓)이라 하네. 그런데 인간은 만물 가운데 하나일 뿐이지. 만물과 비교하면 인간이란 가는 털 한 올이 말의 몸에 붙어 있는 것과 흡사하지 않을까? 인간은 중국의 9개 주(州)에 무리를 지어 모여 있으며 곡물이 자라는 곳이나 배·수레가 다닐 수 있는 곳은 거기서도 일부에 지나지 않네. 오제(五帝)가 양위하여 천하를 다스리고 삼왕(三王)이 다투어 왕권을 차지하며 천하에 군림하고, 또 인자(仁者)가 혼란함을 근심하여 가르침을 베풀고, 자신의 능력을 믿는 자가 큰 공을 세우려고 애쓴 일 등 모두 겨우 중국의 수백분의 일에 지나지 않는 땅 위에서, 만물의 하나일 뿐인 인간의 일에 지나지 않네. 백이는 이곳에서 군위(君位)를 양보함으로써 고결하다는 명성을 얻고, 공자는 얼마 안 되는 물사에 관해 이야기하여 박식하다고 찬양받고 있네. 이처럼 그들이 스스로 그러한 것을 자랑하는 것은 자네가 좀 전에 황하의 물줄기를 타고 그 위용을 자랑했던 것과 흡사하지 않을까?"

【語義】 秋水(추수):가을철 큰비를 가리킨다. 우리나라의 경우와 마찬가지로 중국에서도 봄부터 가을에 걸쳐 비가 내리는데 특히 여름에서 가을에 걸친 강우기에 많은 비가 내린다.

時至(시지):'時'는 바로 그때의 뜻으로 여기서는 가을을 가리킨다.

兩涘渚崖(양사저애):'涘'는 '沚(지:물가)'와 같다. 단 여기서는 물결의 중앙에서 본 양쪽 물가를 가리킨다. '渚'는 통상 물 가운데 있는 작은 섬을 가리키는데 여기서는 안변(岸邊)의 약간 높은 곳을 가리킨다. '兩涘'와 '渚崖'가 서로 나란히 있는 두 곳의 장소가 아니다. 그래서 다음 글에는 '崖涘'라 한 것이다. '崖'는 깎아세운 듯한 절벽.

不辯牛馬(불변우마):소와 말은 사람보다 훨씬 큰 물체다. 그런데도 그것을 분간할 수 없을 만큼 멀리 떨어져 있는 것이다. '辯'은 '辨'의 차자.

於是焉(어시언):여기의 '焉'은 여정(餘情)을 표시하는 조사. '乎'와 거의 같다.

河伯(하백):河(황하)의 神. 은대(殷代)에 하천 유역의 여러 부족들은 생활에 지대한 영향을 주는 하천을 나름대로 제사지내기 위해 하천의 신을 설정하고 그 성지에서 제사지냈다. 그 신은 각 부족에 따라 男神·女神·牛神·龜神·戈人神 등 여러 가지였는데 殷 왕조는 그것들 가운데 대표적인 것을 하나 선정하여 그를 황하의 신으로 설정하고 제사 지냈다. '伯(우두머리라는 뜻)'이란 이름은 이러한 연유로 붙여진 것인지도 모른다. 하천신(河川神)에 관해서는 현재 남아 있는 자료가 거의 없으나 옛날에는 많은 신화와 전설 등으로 전개되었을 것이다. 하백을 앞의 대종사편에 나온 '憑夷'로 보는 설도 있다(許愼의 설). 그런데 본절에서는 하백을 신화상의 인물이 아니라 견식이 좁은 인물로 묘사하고 있다.

天下之美(천하지미):천하의 모든 선사(善事). '美'는 다른 것보다 뛰어나게 좋은 것.

北海(북해):지금의 발해(渤海)를 가리킨다. 당시 황하는 지금의 천진시(天津市) 부근에서 바다로 흘러들었으리라 생각된다.

望洋(망양):'망연자실(茫然自失)'의 '茫'의 첩운 완언으로 지금까지의 자부(自負)가 사라지고 어찌해야 좋을지 모르게 된 것을 가리키는 말이다.

若(약):다음 글의 '北海若'을 가리킨다.

野語(야어):서민들 사이에 행해지는 속담.

聞道百以爲莫己若者(문도백이위막기약자):이 속담은 物의 도리에 관해 얼마쯤 듣고 자못 다 아는 것처럼 생각하는 자를 야유하는 말이다.

少仲尼之聞(소중니지문):'少'는 '경멸하다·업신여기다'의 뜻. '聞'은 견식.

而輕伯夷之義(이경백이지의):이 '而'는 여러 예를 나열할 때 쓰이는 조사. 漢代의 문장에서는 이런 용법으로 많이 사용되었다. 이 구는 다음 글의 '伯夷辭而爲名'에 의하면 백이가 군위(君位)를 사퇴한 것을 언급하고 있다. 따라서 '義'란 청렴한 것, 이른바 고의(高義)를 가리킨다.

大方之家(대방지가):'方'은 '道'의 뜻.

井竈不可以語於海(정와불가이어어해):'우물 안의 개구리가 대해(大海)를 어찌 알리?'라고 하는 속담의 출전이다. '竈'는 '蛙(와:개구리)'의 본자.

夏蟲……篤於時也：‘夏蟲’은 매미[蟬] 종류를 가리킨다. ‘篤’은 ‘얽매이다’의 뜻.

曲士(곡사)：천도편의 ‘一曲之人’과 같다. 식견이 낮은 사람을 가리킨다. ‘大方之家’에 반대되는 말이다.

崖涘(애사)：이 ‘崖’는 ‘涯(애)’의 차자. 즉 양안(兩岸)으로 세속적인 제약을 우의한다.

乃知爾醜(내지이추)：‘爾醜’는 앞의 ‘天下之美’에 관한 말이다. ‘醜’는 열악한 것.

爾將可與語大理矣(이장가여어대리의)：이 우화의 주제를 나타내고 있는 문장이다. ‘將’은 여기서는 ‘爾’를 강조하기 위한 조사이다. ‘大理’는 大道와 거의 같은 뜻. ‘理’는 물사 전개의 필연적인 律. 보편적이며 유일한 理이다.

尾閭(미려)：동해의 바닥에 있으며 항상 바닷물을 배출하는 곳이라 한다.

方存乎見少(방존호견소)：‘存’은 헤아려 아는 것. ‘見’은 어떠한 일을 당하게 된다는 뜻을 나타내는 조사. ‘少’는 ‘少仲尼之聞’의 ‘少’와 같다.

自多(자다)：‘多’는 여기서는 ‘詑(타：드러내다, 자랑하다)’의 차자로 해석해야 할 것이다.

計四海之在天地……：‘計’는 비교하는 것. 여기의 ‘四海’는 중국을 한 州로 하고, 9州로 구성된 세계를 둘러싸고 있는 바다, 이른바 ‘비해(裨海)’이리라. ≪사기≫ 맹자순경열전(孟子荀卿列傳)에 의하면 전국시대 맹자보다 약간 후세의 사람으로 추연(騶衍)이라는 사상가가 있어, ‘유자(儒者)가 말하는 중국이란 천하(세계)의 81분의 1에 지나지 않는다. 중국은 적현신주(赤縣神州)라 불린다. 적현신주 안에도 9州가 있다. 우왕(禹王)이 정한 9州가 바로 그것이다. 그것은 州의 수에 들어가지 않는다. 중국 외에도 적현신주와 같은 州가 있으며 그러한 州는 중국까지 합쳐 모두 9개이다. 이것이 이른바 九州이다. 九州의 주위를 비해(裨海)가 둘러싸고 있으며 그러한 九州를 한 州로 하는 아홉 개의 州가 또 있으며 그 주위를 대영해(大瀛海)가 둘러싸고 있고 그 끝이 천지와 연결되어 있다'고 했다 한다. 이 이하의 서술은 이런 류의 설을 기조로 한 것인데 과장이 매우 심하다는 것은 말할 것도 없다.

罍空(뇌공):'罍'는 '礧(뢰:돌이 굴러떨어짐)'의 이체자로 '螺(라:고둥, 소라)'의 차자. '空'은 '穴'의 뜻.

不似稊米之在太倉乎(불사제미지재태창호):'不似……乎'는 동의를 구하는 반어적 표현이다. 즉 '~와 같지 않겠는가?'의 뜻. '稊'는 피. '米'는 '粒'의 뜻. '稊米'는 곡물의 알갱이 중에서도 가장 작은 것이다. '太倉'은 천하에서 공납한 곡물을 저장하기 위한, 국도에 있는 큰 창고.

人卒九州……人處一焉:이 문장 앞에 다음에 나오는 '此其比萬物也……'의 16자가 있어야 한다. '人卒'을 천지편의 '人卒雖衆, 其主君也'나 도척편의 '人卒未有不興名就利者'의 '人卒'과 같은 뜻으로 보아, 통상 '卒'을 '衆'의 뜻(司馬彪의 설), 또는 '盡'의 뜻(崔譔의 설)으로 해석하고 있는데 무리한 해석이다. 그래서 '人卒'을 '大率'을 잘못 베낀 것으로 보아, 九州를 다스린다는 뜻으로 해석하는 설(俞樾의 설)까지 있으나 이것도 적당하지 않다. 이 문장은 앞에서부터 '四海(天下)', '中國', '人(中國人)'의 순서로 서술된 것을 이어, 中國人의 활동 장소를 서술하고 있는 것이다. '卒'은 '萃(췌:모이다)'의 차자로 보아야 한다. 여기의 '九州'는 중국을 가리키는데 '九'라는 숫자에는 많다는 뜻이 포함되어 있다. 중국인 九州는 매우 넓은 것 같으나 사람들이 생활을 영위하는 곳은 그 가운데 일부분에 지나지 않음을 가리킨다. 《상서》 우공편에 '禹가 대홍수를 다스리자, 전국을 冀·兗·靑·徐·揚·荊·豫·梁·雍의 九州로 나눈 다음 산천의 위치와 인민의 주거지를 정하고, 산물(産物)을 흥케 하며 세율을 바르게 했다.'라고 했다. '人處一焉'을 군글로 간주하는 설(馬敍倫의 설)도 있으나 '人'은 앞 글의 '人處一焉'에 영향받아 '亦'을 잘못 베낀 것이리라.

此其比萬物也不似豪末之在於馬體乎(차기비만물야불사호말지재어마체호):이 문장은 원문에는 '……舟車之所通人處一焉' 다음에 있으나, 馬敍倫의 설에 좇아 '號物之數謂之萬. 人處一焉' 다음으로 옮겨 놓아야 한다. 옮겨 적는 과정에서 잘못된 것이리라. '豪'는 '毫(호:짐승의 가는 털)'의 차자. '末'은 여기서는 毫(豪)의 작고 가는 것을 강조하기 위한 말.

五帝之所連(오제지소련):'五帝'는 천운편에 이미 나왔었다. 황제·전욱·제곡·제요·제순(黃帝·顓頊·帝嚳·帝堯·帝舜)을 가리킨다. 모두 선양(禪讓)했던 제왕들이다. '連'은 계속 이어진 것, 즉 선양한 것을 가리킨다.

三王(삼왕):하 우왕·은 탕왕·주 무왕을 가리킨다. 탕왕·무왕은 방벌(放伐), 즉 무력혁명을 통해 군림했던 자들이다. 우왕은 순임금에게서 제위를 물려받아 하 왕조를 열었다고 하는데 백익(伯益)과 제위를 놓고 다투었다는 전설이 있다.

任士(임사):소요유편의 '夫知效一官, 行比一鄕, 德合一君, 而徵一國者'나 각의편의 '朝廷之士'에 해당한다. 자신의 재능을 믿고 세상에 나서는 사람.

【補說】이상은 〈반기진우화〉의 제1절로 도입부이다. 세속적인 위재(偉才)로 설정된 하백과 체도자로 설정된 북해약의 문답을 빌려, 이 우화의 주제가 자신의 비소함을 알고 세속적인 가치관에서 벗어나는 것이야말로 眞에 복귀하는 것임을 암시하고 있다.

河伯曰, "然則吾大天地而小豪末, 可乎."
北海若曰, "否. 夫物, 量無窮, 時無止, 分無常, 終始無故. 是
故大知觀於遠近. 故小而不寡, 大而不多. 知量無窮. 證曏今故.
故遙而不悶, 掇而不跂. 知時無止. 察乎盈虛. 故得而不喜,
失而不憂. 知分之無常也. 明乎坦塗. 故生而不說, 死而不禍.
知終始之不可故也.
計人之所知, 不若其所不知. 其生之時, 不若未生之時. 以其
至小, 求窮其至大之域. 是故迷亂而不能自得也. 由此觀之,
又何以知豪末之足以定至細之倪. 又何以知天地之足以窮至
大之域."

하백이 이렇게 물었다.

"그렇다면 천지가 가장 크고, 가는 털 끝이 가장 작다고 생각하면 되겠
습니까?"

북해약이 대답했다.

'아니, 그렇지 않네. 무릇 物에서 大小·多少 같은 양은 무한하고 古今·
盛衰 같은 時는 한 순간도 머무는 일 없이 흐르며 成否·貴賤 같은 차별은
일정불변하지 않고 일의 始終은 本末·輕重의 구별이 없는 것이다.

따라서 대지(大知)는 원대한 것도 비근한 것도 달관한다. 그래서 작은 것
이라 하여 업신여기지도 않고, 큰 것이라 하여 우러러보지도 않는다. 物의
量은 무한하므로 그 어느 것에도 구애되어서는 안 된다는 것을 알고 있기
때문이다. 大知는 고금의 추이를 명백하게 한다. 그래서 아득히 먼 후의 일
이라 하여 마음 졸이는 일도 없고, 또 곧 닥칠 일이라 하여 서둘지도 않는
다. 물사의 時는 한 순간도 머무는 일 없으며 전적으로 자연의 추이에 맡

겨야 한다는 것을 알고 있기 때문이다. 또 大知는 번영과 쇠락의 변화에 통하여 있다. 그래서 성공하더라도 기뻐하지 않고 실패하더라도 괴로워하지 않는다. 차별이 일정불변하지 않기 때문에 그 어느 것에도 집착할 필요가 없음을 알고 있기 때문이다. 또 大知는 사람의 평안한 道를 깨닫고 있다. 그래서 삶을 행복한 일로서 기쁘게 생각하지도 않고 죽음을 화(禍)로서 슬퍼하지도 않는다. 물사의 시종(始終)은 어느 것이 근본이고 중요한 것이라고 정해져 있지 않아, 어느 한 순간의 물사에 집착할 까닭이 없음을 알고 있기 때문이다.

사람이 알고 있는 것은 알지 못하는 것의 많음에 도저히 미치지 못한다. 인간이 살아 있는 시간은 태어나기 전 시간의 유구함에 도저히 미치지 못한다. 이렇게 작은 인간의 지혜로 절대(絶大)한 우주간(宇宙間)의 일을 모조리 알려고 한다. 그리하여 인간은 결국 혼란함에 미혹되어 자신의 만족을 얻을 수 없게 된다. 이상의 일로 생각해 보면 어찌 세모(細毛)의 끝으로 가장 작은 것의 한계를 규정할 수 있으며 천지로써 가장 큰 한계를 궁구할 수가 있다는 따위의 말을 하겠는가?"

【語義】然則吾大天地……:앞 절에서 북해약이 인간의 영위의 비소함을 말하자 하백이, 그렇다면 物의 가치 판단은 천지와 같이 절대한 것, 또는 털끝처럼 미소한 것을 표준으로 삼아야 하는지를 묻고 있는 것이다. '大', '小'는 가치 구별의 예증이므로 연역하면 경중·귀천·시비(輕重·貴賤·是非), 그 외의 모든 가치의 구별은 인간이 규정한 것이 아닌 절대적 기준에 따라야 하는 것이냐는 질문이다. 이것은 인간을 절대시하는 입장에서 간신히 벗어났을 뿐, 아직도 物에 대한 가치관을 버리지 못한 상태이다.

夫物量無窮(부물량무궁):'夫物'은 이 이하 4구에 관계되는 말이다.

'量'은 大小·多少·廣狹·長短 등의 수량을 뜻할 뿐 아니라 다음의
'時', '分', '終始' 등으로 각각의 物을 구별하는 공간적 규정이라는 뜻을
지니고 있다. 요컨대 이 명제는 제물론편 〈천뢰우화〉의 '自無適有, 以
至於三. 而況自有適有乎. 無適焉'에 근거한 것으로 생각된다. 명시하고
있지는 않지만 결국 그러한 사고를 근본으로 하여 物의 구별이 무의미
한 일임을 설하고 있는 것이다.

時無止(시무지):시간은 영원무한한 필연적 흐름임을 가리키는 말이다.

分無常(분무상):제물론편 〈천뢰우화〉의 '其分也成也. 其成也毁也. 凡
物無成與毁, 復通爲一'에 근거한 말이라 생각된다. 제물론편 〈물화우화〉
참조. 그런데 다음에 '盈虛'가 있다는 것을 생각하면 이 '分'에는 物의 成
否뿐 아니라 영고성쇠·귀천 등의 신분적 차별까지도 포함되어 있다고
해석하지 않으면 안 된다.

終始無故(종시무고):'終始'는 물사의 순서. '故'는 '端'의 뜻. 즉 본말·
경중 등의 변별을 가리킨다. 이 명제는 제물론편 〈천뢰우화〉의 '唯達者
知通爲一. 爲是不用而寓諸庸'에 근거한 것이리라.

大知(대지):진지(眞知)를 가리킨다.

證曏今故(증향금고):'證', '曏' 모두 명백하게 한다는 뜻. '故'는 '古'의
차자. 이 명제는 대종사편 〈영녕우화〉의 '見獨而後能無古今'에 해당하
는 것이리라.

遙而不悶(요이불민):'遙'는 먼 것. 나아가 '오래 되다'의 뜻. '悶'은 근
심하는 것. 일의 成否에 마음 졸이지 않는 것을 가리킨다.

掇而不跂(철이불기):'掇'은 '叕(철:짧다)'의 차자. 나아가 짧은 시간
내를 가리킨다. '跂'는 '企'의 차자. 여기서는 초조하게 애쓰는 것을 가
리킨다. 《노자》에 '발돋움을 하고 있는 자는 오래 서 있을 수 없다.(跂
者不立)'(제24장)라고 했다. '跂'가 다른 뜻으로 쓰였으나, 무리한 행동

을 말하는 점은 같다.

察乎盈虛(찰호영허):'盈'은 충만한 것, 나아가 영달(榮達)·현위(顯位) 등의 利를 얻는 것을 가리킨다. '虛'는 그와 반대되는 현상. '察'은 명백하게 한다는 뜻.

故得而不喜失而不憂(고득이불희실이불우):제물론편 〈부지이해우화〉의 '至人神矣. 大澤焚而不能熱. 河漢沍而不能寒. 疾雷破山, 風振海, 而不能驚. 若然者, 乘雲氣, 騎日月, 而遊乎四海之外. 死生無變於己. 而況利害之端乎'에 해당하리라.

明乎坦塗(영호탄도):'坦'은 평탄 안락하다는 뜻. '塗'는 '途(도:길)'의 차자. '坦塗'는 양생주편 〈안시처순우화〉의 '安時而處順', 천지편 〈천락론〉의 '知天樂者, 其生也天行, 其死也物化' 등에 해당하리라.

故生而不說死而不禍(고생이불열사이불화):대종사편 〈진인론〉에 '古之眞人, 不知說生, 不知惡死'라고 했다. 또 같은 편 〈영녕우화〉에 '無古今而後能入於不死不生'이라고 했다.

計人之所知不若其所不知(계인지소지불약기소부지):양생주편에 '吾生也有涯, 而知也無涯. 以有涯隨無涯, 殆已'라고 했다.

其生之時不若未生之時(기생지시불약미생지시):오늘날의 상식으로는 '태어나기 전의 시간'은 별 문제가 되지 않지만 고대에는 그것이 생에 대한 집착을 버리고 생의 원점으로 되돌아가는 안내가 되었다.

以其至小求窮其至大之域(이기지소구궁기지대지역):이 '至小'는 인간의 지혜에 의한 것을 가리킨다. '域'은 영역·범위.

又何以知……:가는 털끝이나 천지가 가치의 절대적 기준일 수 없음을 말하는 반어적 표현이다. '又'는 여기서는 '有'의 뜻으로 그러한 일은 있을 수 없다는 것을 강조하고 있다. '倪'는 '厓(애:끝)'의 차자.

【補說】 이상은 〈반기진우화〉의 제2절로 주론부(主論部)의 전단이다. 인간 영위의 비소함에 관해 들은 하백이 '그렇다면 인간의 영위와는 다른 가치의 절대적 기준이 있단 말인가?'라고 질문하자, 북해약이 '物의 세계에서는 量도 時도 分限도 事의 始終도 정준(定準)을 가지고 있지 않다. 따라서 참된 지자(知者)는 전 세계를 달관하고, 고금의 추이를 꿰뚫어보고, 성쇠에 마음 흔들리는 일 없이 생사의 안락함을 향수한다. 천박한 견식으로 절대적인 가치를 추구하려는 것은 어리석은 짓이다.'라고 설하고 있다. 요컨대 物의 자연스런 전개에 좇아야 함을 이야기하는 것이다.

河伯曰, "世之議者皆曰, '至精無形, 至大不可圍.' 是信情乎." 北海若曰, "夫自細視大者不盡, 自大視細者不明. 夫精小之微也. 垺大之殷也. 故異便. 此勢之有也. 夫精粗者, 期於有形者也. '無形'者, 數之所不能分也. '不可圍'者, 數之所不能窮也. 可以言論者, 物之粗也. 可以意致者, 物之精也. 言之所不能論, 意之所不能察致者, 不期精粗焉.
是故大人之行, 不出乎害人, 不多仁恩. 動不爲利, 不賤門隷. 貨財弗爭, 不多辭讓. 事焉不借人, 不多食乎力, 不賤貪汚. 行殊乎俗, 不多辟異. 爲在從衆, 不賤佞諂. 世之爵祿不足以爲勸, 戮恥不足以爲辱. 知是非之不可爲分, 細大之不可爲倪. 聞曰, '道人不聞, 至德不得(德), 大人無己.' 約分之至也."

하백이 또 물었다.

"그렇다면 세상 논자들 모두 '가장 정미한 物은 형(形)이 없고, 가장 큰 物은 그 제한이 없다'고 말하는데 이것은 진실입니까?"

북해약이 대답했다.

"무릇 작은 物로부터 더 큰 物로 차차 생각해 가면 결국 정말 큰 物은 어디에 어떻게 있는지 알 수 없으며 반대로 큰 物에서 점차 작은 物로 생각하더라도 그 끝이 어디에 있는지 도저히 알 수 없는 것이다. 무릇 정(精)이란 작은 物 가운데서도 미소한 物이며 부(垺)는 큰 物 가운데서도 매우 큰 物이다.

양자가 세상에서 용도를 달리하고 있다는 것은 말할 것까지도 없으며 그것은 物 상호간의 형편에 의해 그렇게 되는 것이다. 미소한 정(精)이니 거대한 조(粗)니 하는 것은 형(形)을 갖춘 物에 관하여 말하는 것이다. 이에 대해 '形이 없다'고 하는 것은 精粗인 수량으로는 이미 저울질할 수 없는 것이며 '제한이 없다'고 하는 것은 이미 수량으로는 규명할 수 없는 것이다. 요컨대 사람이 말로써 논할 수 있는 것은 物의 외형인 粗에 관해서일 뿐이며 마음으로 헤아려 알 수 있는 것은 그 精에 관해서일 뿐이다. 말로써 논할 수도 마음으로 헤아려 알 수도 없는 至精·至大의 영묘함은 精이라든가 粗라든가 하는 개념으로는 포착할 수 없는 것이다.

따라서 그 영묘함을 체득한 대인(大人)은 사람을 상하게 하는 일을 하지 않지만 그렇다고 사람에게 은혜를 베푸는 것을 훌륭하게 여기지도 않는다. 그 활동은 자신의 이익을 꾀하기 위한 것이 아니나 그렇다고 해서 성문의 문지기가 되어 利를 구하는 것을 비천한 일로 여기지도 않는다. 재산을 다투어 증식시키는 따위의 일도 하지 않지만 그렇다고 남에게 양보하는 일을 훌륭하게 여기지도 않는다. 스스로 자신의 일에 힘쓰고 남의 힘을 빌리지 않지만 그렇다고 자신의 힘으로 생계를 꾸려 나가는 것을 훌륭하게 여기지도 않으며, 또 다른 사람으로부터 이익을 받는 것을 비천하게 여기지도 않는다. 그 행위는 통상인과 다르지만 그렇다고 모습과 행동이 보통과 다른 것을 훌륭하게 여기지도 않는다. 많은 사람을 좇는 것을 좋아하지만 그렇다고 어떤 사람에게 발탁되는 것을 비천하게 여기지도 않는다. 대인의 이와 같은 행위는 세상의 고위(高位)·고록(高祿)의 상(賞)으로 권장할 수 있는 것도 아니며 형벌의 치욕으로 멈추게 할 수 있는 것도 아니다. 요컨대 대인은 물사의 시비 분별이나 대소의 차별이 결정적인 것이 아니라는 것을 알고 있는 것이다. 따라서 '道人은 명성을 얻는 일이 없고, 至德의 인물은 일부러 은혜를 베푸는 일이 없으며, 大人은 자신에 구애되는 일이 없다'고 하는 것이다. 이것이야말로 약(約)의 지극함인 것이다."

【語義】 世之議者(세지의자):다음의 명제에서 보면 명가(名家)인 혜시(惠施) 또는 명가의 의론을 가리키는 듯한데 꼭 그렇다기보다 명가의 명제를 세상의 정묘한 論을 대표하는 것으로 보아 그렇게 말한 것이다.

至精無形至大不可圍(지정무형지대불가위):뒤의 천하편에 혜시가 주장한 명제 가운데 '至大無外, 謂之大一, 至小無內, 謂之小一'이라는 것이 있다. 至大건 至小건 그 추구하는 방향은 달라도 결국 파악하여 규정할 수 없는 점은 같다는 것을 말하고 있다. 본절의 이 명제는 천하편의 그것을 약간 손질하거나 아니면 그러한 류의 명제에 근거한 것이리라. '精'은 ≪장자≫ 중에서는 천하편을 제외하곤 精氣·精妙의 뜻으로 쓰이고 있는데 본절에서는 미소(微小)하다는 뜻을 주로 하고 이에 精妙하다는 뜻을 겸하고 있다.

是信情乎(시신정호):'信'은 여기서는 '眞實'의 '眞'과 같은 뜻. '情'은 사정·상황 등을 뜻한다.

夫自細視大……不明:이것은 '至精無形……'에 대한 해설이다. '者'는 여기서는 '則'의 뜻으로 이유와 그 귀결을 잇는 조사. 郭象은 이 문장을,

'눈이 볼 수 있는 것은 항상 제한되어 있다. 무궁한 것까지 볼 수는 없다. 따라서 큰 것을 볼 때에는 미치지 못하는 곳이 있으며 작은 것을 볼 때에는 밝게 볼 수 없는 곳이 있다. 눈이 미치지 못하기 때문이다. 작건 크건 모두 다름이 없다. 無形하여 둘러쌀 수 없음을 어찌 알겠는가?(目之所見有常極. 不能無窮也. 故於大有所不盡, 於細有所不明. 直是目之所不逮耳. 精與大皆非无也. 庸詎知無形而不可圍者哉)'라고 해석했는데 이는 원문의 뜻에 부응하는 해석이 아니며 또 '自細視大……'는 인간의 시각에 관해 말하는 것이 아니다. 成玄英은 郭象의 해석을 수정하여 '細小한 形으로써 曠大한 物을 보면 필시 그 굉원(宏遠)함을 밝힐 수 없게 된다. 따라서 이를 일러 둘러쌀 수 없다고 한다. 또 曠大한 物로써 細小한 形을 보면 필시 밝고 분명하게 밝힐 수 없게 된다. 따라서 이를 일러 형질(形質)이 없다고 한다. ……'라고 해석하고, 또 이 설이 비교적 많은 주석자들에게 채택되고 있다. 그런데 細小에서 曠大를 보는 것은 그만두고라도 曠大에서 細小를 보면 細小의 특질이 사상(捨象)되어 버린다는 것은 너무도 명백한 사실이다. 이것은 어느 특정한 大小의 物의 비교를 말하는 것이 아니라 임의의 細小한 것으로부터 그것보다 큰 物, 또 그 큰 物보다도 훨씬 더 큰 物인 至大를 추구해 가면 至大는 무한히 추구되게 되며 이것은 반대로 至小를 추구하는 경우에도 그대로 적용된다. 요컨대 인간의 지각은 비량적(比量的:개념적 사유로 판단을 거듭하여 대상을 이해하는 것)이어서 至大·至精이란 절대적 가치를 결정할 수 없음을 말하고 있는 것이다. 바꿔 말하면 인간의 大小 인식은 상대적 비량(比量)에 지나지 않는다는 주장으로 이것이 이하 논설의 줄기가 되고 있다. 덧붙여 말하면 이 표현은 제물론편 〈천뢰우화〉에 '物無非彼, 物無非是. 自彼則不見, 自知則知之. 故曰, "彼出於是, 是亦因彼." 彼是方生之說也'라고 하여 인간지(人間知)의 상대성을 지적한 것이 있는데 그것을 모방하여 大小의 문제로 바꾸어 말한 것 같다.

夫精小之微……此勢之有也:이 문장은 전후 문맥에서 미루어 생각하면 精粗가 구별되는 이유를 삽입적으로 설명하고 있는 것이다. 따라서 '垺' 는 '精'과 반대되는 뜻의 대어로 해석하지 않으면 안 된다. 즉 큰 物을 뜻하는 것으로 본다. '殷'은 '盛', 나아가 장대(壯大)한 것. '故'는 여기서 는 '固(고:본디)'의 뜻. '便'은 이용·용도의 뜻. '勢'는 형세·형편의 뜻. '勢'는 物 상호간의 관계로 일어나는 우연성 있는 상태이다. '有'는 현실 에 존재하는 것.

夫精粗者期於有形者也(부정조자기어유형자야):'粗'는 '精'에 대하여 大·대범함의 뜻. '期'는 '규정하다, 이름 짓다'의 뜻. '形'은 物의 본질이 아니라 피상적 외형에 지나지 않는다. 뒤의 '者'는 '것'의 뜻.

可以言論者(가이언론자):이 문장 이하의 '論'이 '諭'로 되어 있는 판본 도 있다(≪경전석문≫의 설). '諭'로 되어 있는 쪽이 문장의 뜻이 더 정 확하다. '論'으로 해도 통한다.

言之所不能論……不期精粗焉:다음 절과의 관계를 생각하면 여기서 는 無意無言인 無의 추구만을 말하는 것이 아니라 至精至大의 영묘함 을 추구하는 것을 가리키는 듯하다. '意'는 마음의 작용. '致'는 '察'의 자 의(字義)로서 방주(旁注)였는데 잘못하여 혼입된 군글인 듯하다(馬敍 倫의 설).

是故大人之行不出乎害人不多仁恩(시고대인지행불출호해인부다인 은):無意無私한 자연스런 행위임에 틀림없지만 이하의 서술은 상반하 는 양면의 일을 언급하고 있다는 데 주의. 제물론편〈천뢰우화〉의 '是以 聖人和之以是非, 而休乎天鈞. 是之謂兩行'을 구체화한 것이다. '是故'는 至精至大의 영묘함을 체득하고 있는 것. '大人'은 유덕자(有德者). 여기 서는 앞 절의 '大知'를 받고 있기 때문에 '大知者'이기도 하다.

門隷(문례):성문(城門)의 개폐를 담당하는 역인(役人). 신분이 낮은 자가 주로 담당했다.

事焉不借人不多食乎力(사인불차인부다식호력):'食乎力'은 스스로 경작하여 생활을 유지하는 것. ≪맹자≫ 등문공 상편에 '마음을 수고롭게 하는 사람은 남을 다스리고, 몸을 수고롭게 하는 사람은 남한테 다스림을 당한다. 남한테 다스림을 당하는 사람은 남을 먹여 주고, 남을 다스리는 사람은 남에게서 먹는 것이 천하에 통용되는 원칙이다.(勞心者治人, 勞力者治於人. 治於人者食人, 治人者食於人, 天下之通義也)'라고 했다.

不賤貪汙(불천탐오):이 구 위에 이에 대응하는 한 구가 있었으나 잘못하여 탈락된 것으로 보는 설(陶鴻慶의 설, 馬敍倫의 설)이 있는데 그보다는 '不賤門隷'를 해석한 방주가 잘못하여 여기에 혼입된 것이리라.

不多辟異(부다벽이):'辟'은 '僻(벽:한쪽으로 치우침)'의 차자.

聞曰(문왈):'傳曰'을 바꿔 말한 것이리라. 전해 내려오는 말이란 뜻.

道人不聞至德不得大人無己(도인불문지덕부득대인무기):소요유편의 〈유무궁우화〉의 결어인 '至人無己, 神人無功, 聖人無名'을 바꿔 말한 것이다.

約分之至也(약분지지야):'約'은 단순히 간략하게 하는 것이 아니라 무용(無用)한 사려·분별 등을 불식하고 그 근본을 파악하는 것을 가리킨다. ≪맹자≫ 공손추 상편에 '맹시사가 氣를 지키는 것은 증자가 約을 지키는 것만 못하다.(孟施舍之守氣, 又不如曾子之守約也)'라 한 '約'이 이에 해당하리라. '分'은 郭象처럼 천분·본분의 뜻으로 해석하는 설과 呂惠卿처럼 분할의 뜻으로 해석하는 설이 있는데 여기서는 단지 앞의 '約'을 강조하기 위해 쓰인 조사로 보아야 할 것이다.

【補說】 이상은 〈반기진우화〉의 제2절 주론부(主論部)의 가운데 단이다. 天地나 細毛의 끝이 絶大絶小의 기준이 될 수 없다고 들은 하백이, 그렇다면 세상의 논자가 '至精至大는 규정할 수 없다'고 하는 것은 진실을 말한 것이냐고 거듭 묻자, 북해약은 '精粗·大小 따위는 현실적으로 형체가 있는 物에 대한 상대적 규정이며, 참으로 絶對·精妙한 것은 인간의 마음이나 말로 규정할 수 없는 데 있다. 그래서 그것을 체득한 대인은 통상인이 보면 仁이자 仁이 아닌 듯한 이면성을 지닌 듯하나 그 어느 쪽에도 치우치지 않으며 無名·無德·無私하다'고 논하고 있다.

요컨대 본절은 物에는 精粗·大小의 상대적 가치밖에 없으며 참된 가치는 인간의 지혜를 초월한 이른바 '無'에 있고 그 '無'란 현실적으로는 無私의 행동이라고 말하고 있다.

河伯曰, "若物之外, 若物之內, 惡至而倪貴賤. 惡至而倪小大." 北海若曰, "以道觀之, 物無貴賤. 以物觀之, 自貴而相賤. 以俗觀之, 貴賤不在己. 以差觀之, 因其所大而大之, 則萬物莫不大, 因其所小而小之, 則萬物莫不小. 知天地之爲稊米也, 知豪末之爲丘山也, 則差數覩矣. 以功觀之, 因其所有而有之, 則萬物莫不有, 因其所無而無之, 則萬物莫不無. 知東西之相反, 而不可以相無, 則功分定矣. 以趣觀之, 因其所然而然之, 則萬物莫不然. 因其所非而非之, 則萬物莫不非. 知堯·桀之自然而相非, 則趣操覩矣.

昔者, 堯·舜讓而帝, 之·噲讓而絶. 湯·武爭而王, 白公爭而滅. 由此觀之, 爭讓之禮, 堯·桀之行, 貴賤有時, 未可以爲常也. 梁·麗可以衝城, 而不可以窒穴, 言殊器也. 騏·

驥・驊・騮, 一日而馳千里, 捕鼠不如狸狌, 言殊技也. 鴟鵂
夜撮蚤, 察豪末, 晝出瞋目而不見丘山, 言殊性也.
故曰, ‘蓋師是而無非, 師治而無亂乎, 是未明天地之理, 萬物
之情者也.’ 是猶師天而無地, 師陰而無陽. 其不可行明矣. 然
且語而不舍, 非愚則誣也.
帝王殊禪, 三代殊繼. 差其時逆其俗者, 謂之篡夫. 當其時順
其俗者, 謂之義之徒. 默默乎, 河伯. 女惡知貴賤之門, 小大
之家.”

하백이 다시 물었다.

“대체 物의 밖인가요, 아니면 안인가요, 어디에서 귀천의 차별을 만들고
대소의 구별을 지어야 옳습니까?”

북해약이 이에 대답하여 다음과 같이 설명했다.

“만물의 근원인 道에서 생각하면 物에는 귀천의 차별이 있을 수 없다. 그
러나 物 각각의 입장에서 생각할 때에는 자신만이 귀중한 것이며 다른 物은
천한 것으로서 경시하게 된다. 세상 일반 사람들이 생각할 때 그 物이 과
연 귀한가 천한가를 결정하는 것은 物 그 자체가 아니라 바로 세상 사람들
인 것이다. 이처럼 物의 차이에 착안하여 생각하면 각자가 크다고 중시하
는 것을 근거로 크다고 할 때에는 각자 생각대로 크다고 하기 때문에 어떠
한 物도 크지 않은 경우가 없고, 반대로 각자가 작다고 경시하는 것을 근거
로 작다고 할 때에는 각자 생각대로 작다고 하기 때문에 어떠한 物도 작지
않은 경우가 없게 된다. 이로써 광대한 천지를 미소한 피 알갱이라 하고 반
대로 티끌만한 털끝을 높고 큰 산이라 한다는 사실을 알게 되면 物의 차별
에는 정준(定準)이 없으며 오직 편의적인 것에 지나지 않는다는 것이 명백

해질 것이다. 또 物의 유용함에 착안하여 생각하면 각자가 유용하다고 중시하는 것을 근거로 유용하다고 할 때에는 각자 생각대로 유용하다고 하기 때문에 어떠한 物도 유용하지 않은 경우가 없고, 반대로 각자가 무용하다고 생각하는 것을 근거로 무용하다고 할 때에는 각자 생각대로 무용하다고 하기 때문에 어떠한 物도 무용하지 않은 경우가 없게 된다. 동·서의 방향은 서로 반대지만 양자가 없으면 방향을 정할 수 없다는 것을 알면 유용·무용의 상관관계가 있어야만 物 각각의 용도가 확립된다는 사실이 명확해질 것이다. 마지막으로 사람들이 갖고 있는 주의(主義)의 관점에서 생각하면 제각기 바르다고 시인하는 태도로써 物의 바름을 주장하면 어떠한 物도 모두 시인되게 되며 반대로 부인하는 태도로 物의 부정(不正)을 주장하면 어떠한 物도 부인당하게 된다. 따라서 성왕으로 찬양되는 요임금과 폭군으로 비난받는 걸도 각각 자신의 주의를 정당하다 하고 다른 주의를 부인한다는 것을 알게 되면 사람들이 주장하는 주의가 절대적으로 옳지는 않다는 것이 명백해지리라.

옛날 요와 순은 제위를 양보하는 것으로 제위를 보존했지만 연나라 왕인 쾌(噲)와 그의 재상인 자지(子之)는 제위를 양보하다 명까지 잃었다. 또 은나라 탕왕과 주나라 무왕은 무력으로 다투어 왕위를 차지하였지만 초나라 백공(白公)은 무력으로 왕위를 다투다 몸을 망쳤다. 이들 사실로 생각해 보면 무력 통치와 겸양의 문치, 요(堯)의 인(仁)과 걸(桀)의 난폭함 등 어느 것이 귀하고 어느 것이 비천한 것인가 하는 것은 시세의 추이에 따라 달라지며 그 어느 것도 영원불변하게 귀하다고 할 수는 없는 것이다. (物은 제각기 다르며 일률적으로 규정할 수가 없다. 예를 들면) 마룻대나 들보는 성문을 부수는 데는 쓰일 수 있으나 작은 구멍을 막는 데는 쓰일 수 없다. 이것은 도구에는 각각 나름대로 용도가 있다는 것을 말해 주는 것이다. 기(騏)·기(驥)·화(驊)·류(騮)와 같은 명마(名馬)는 보통 말보다 훨씬 뛰어나 하루 만에 천리를 내닫지만 쥐를 잡는 데는 산고양이나 족제비에 미치지 못한다. 이것은 物에는 각각 나름대로 다른 기능이 갖추어져 있음을 말하는 것이다. 또 올빼미나 수리부엉이는 다른 새와는 달리 밤중에 작은 벼룩을 잡거나 가는 털끝을 분별할 수 있지만 한낮에는 눈을 아무리 크게 떠도 큰 언덕과 산마저 알아볼 수 없다. 이것은 物 각각의 본성이 다르다는 것을 말해 주는 것이다.

그래서 '바른 것만을 좋은 것으로서 높이고 그른 것을 무시하며, 세상이 다스려지는 것만을 좋은 것으로서 높이고 그 어지러움을 무시하면 그것은 천지자연의 이치와 만물의 진실을 모르는 자의 소행이다.'라고 하는 것이다. 그것은 마치 하늘만을 높이고 대지를 무시하며 陰만을 높이고 陽을 무시하는 것과 같아 이래서는 자연의 운행에 순응할 수 없다는 것이 명백하다. 그럼에도 천하의 正과 治만을 끝없이 설하는 자가 있다면 그는 바보가 아니면 사기꾼일 뿐이다.

고대의 제왕조차 시세에 순응하여 그 양위의 방법을 달리했고, 삼대(三代)의 왕자들도 왕위 계승의 방법을 달리했다. 그럼에도 시세를 등지고 세상의 풍습을 거역하는 자, 그를 찬탈자라 한다. 시세에 응하여 세상의 풍습을 좇는 자, 그를 시의(時宜)를 얻은 자라고 한다. 하백이여, 대소·귀천 따위의 일은 입에 올리지 말라. 자네가 어찌 인간 세상의 귀천 구별, 대소 차이를 알겠는가?"

【語義】 若物之外……倪小大:物의 가치에 구애된 하백이, 天地·毫末에도 精粗에도 가치의 정준(定準)이 없다면 物에는 어디에도 가치가 없는 것이냐고 묻고 있는 것이다. 인간의 행위는 모든 가치를 선별하여 보다 가치 있는 것을 지어내고자 하는 것이다. '小大', '貴賤'은 모든 가치의 예증이다. '若'은 '혹은'의 뜻. '惡'는 여기서는 의문의 뜻을 나타내는 조사.

'倪'는 구별한다는 뜻.

以道觀之物無貴賤(이도관지물무귀천):〈천뢰우화〉의 '道通爲一'에 근거한 말이리라. 이 이하 物에 관한 사고방식을 분석한 것이 흥미 있다.

以物觀之……:物 상호간의 관계에서 각각의 物이 주관적으로 판단하는 것을 말하고 있다. 〈천뢰우화〉의 '自知則知之'에 해당하리라.

以物俗之……:物을 규정하는 요건으로서 '俗'을 문제 삼고 있는 것으로 새로운 착안이다. 뒤에 나오는 '順其俗'의 語義를 참조할 것.

以差觀之(이차관지)·以功觀之(이공관지):'差'와 '功'은 〈천뢰우화〉에 '物固有所然, 物固有所可, 無物不然, 無物不可. 故爲是擧莛與楹, 厲與西施'라고 하여 인지(人知)의 상대성을 논한 것을 둘로 분리한 것이다. '差'는 주관적 분별인 의식이며 이에 대해 '功'은(실제로는 주관적 인식에 의존하는 것이지만) 物에 갖추어져 있는 객관적인 유효성, 공용(功用)을 가리킨다.

知天地之爲稊米……差數覩矣:객관성이 결여된 분별로는 천지와 같이 큰 것을 피의 알갱이처럼 작은 것이라 하고, 반대로 털끝만한 것을 산처럼 큰 것이라 말하게 된다. 따라서 분별이란 일시적인 편의에 의한 것임이 명확하다는 것을 가리키는 말이다.

知東西之相反……功分定矣:상반하는 東西의 관계가 있기 때문에 東과 西 각각의 공용(功用)이 확립된다고 하는 상대주의를 받아들이고 있다는 데 주목해야 한다. 이는 앞의 大人의 행위에 관한 서술과 상응하는 것이며 또 다음의 종속주의와 이어지는 것이기도 하다.

以趣觀之(이취관지):'趣'는 成玄英이 '만물의 정취(情趣)'라는 뜻으로 해석한 이래 그것이 준용되고 있는데 다음에 '趣操'라고 한 것을 보면 지향·주의·주장의 뜻으로 해석하지 않으면 안 된다. 요컨대 物의 갖가지 규정의 방법을 열기(列記)하고 마지막에 사람들의 주의주장을 초들어 맺고 있는 것이다. '趣操'는 操趣와 같다. 主義를 뜻한다.

因其所然而然之(인기소연이연지):이 이하의 '然'은 '是'의 뜻이다(成玄英의 설).

之噲讓而絶(지쾌양이절):≪사기≫ 연세가(燕世家)에 의하면 연왕(燕王) 쾌(噲:B.C. 320~B.C. 312년 재위)는 소대(蘇代) 등의 계략에 걸려들어, 성왕이란 허명을 듣고자 왕위를 재상인 자지(子之)에게 물려주었다. 3년 만에 나라가 크게 어지러워져 제(齊)나라로부터 침략을 받아 쾌는 전사하고 자지는 죽임을 당했다.

白公爭而滅(백공쟁이멸):'白公'은 초(楚)나라의 태자인 건(建)의 아들. 이름은 승(勝). 태자 건은 내란이 일어나자 정(鄭)나라로 망명했는데 그때 암살당했다. 승은 나중에 소환되어 백읍(白邑)에 봉해졌으므로 '白公'이라 불린다. 백공은 초나라 혜왕(惠王) 11년(B.C. 478)에 모반을 일으켜 왕이 되었지만 섭공(葉公)의 구원을 받아 세력을 회복한 초(楚)의 군대에게 공격받아 왕위에 오른 지 한 달 만에 자살하였다.

梁麗(양려):'梁'은 마룻대. '麗'는 '欐(려:들보)'의 차자. 모두 큰 재목이다.

騏驥驊騮(기기화류):모두 명마(名馬)의 이름이다.

狸狌(이성):'狸'는 살쾡이. '狌'은 족제비.

鴟鵂夜撮蚤察豪末(치휴야촬조찰호말):'鴟'는 올빼미, '鵂'는 수리부엉이. 모두 야간에 활동하는 새들이다. '撮'은 손가락 끝으로 집어내는 것. 그런데 올빼미류는 부리로 집는다. '蚤'가 '蚤' 또는 '爪'로 되어 있는 판본도 있다 한다(≪경전석문≫의 설).

晝出瞋目而不見丘山(주출진목이불견구산):'瞋'은 노하여 눈을 크게 뜨는 것. ≪회남자≫에는 '晝日顚越不能見丘山, 形性詭也'라고 되어 있다. ≪회남자≫가 이 문장을 근거로 수사를 약간 고친 것으로 생각된다.

故曰蓋師是……情者也:'曰' 이하는 교조(教條)를 언급한 것이리라.

‘蓋’는 발어(發語)의 조사.

未明天地之理萬物之情(미명천지지리만물지정):‘萬物之情’은 앞에 나온 ‘殊器 · 殊技 · 殊性’을 받아 만물의 천차만별함을 가리킨다.

帝王殊禪(제왕수선):‘帝王’은 ‘五帝’를 잘못 기록한 것으로 보아야 하는데(馬敍倫의 설), 원문대로 해석해도 통한다. ‘禪’은 선양(禪讓), 즉 평화롭게 왕위를 물려주는 것.

謂之簒夫(위지찬부):‘簒夫’는 못된 계략이나 무력으로 군위(君位)를 강탈하는 놈.

當其時順其俗(당기시순기속):도가는 세속이 문란과 모순으로 뒤범벅되어 있기 때문에 세속을 物의 본성을 해치는 곳으로 간주하고(예를 들면 인간세편 〈대용우화〉) 초속주의(超俗主義:천지편 〈기심우화〉) · 반속주의(反俗主義:선성편)를 주장한다. 본절에서처럼 적극적으로 시속(時俗)에 순응할 것을 주장하는 것은 새로운 경향이다.

默默乎河伯(묵묵호하백):‘河伯默默乎’의 도언이다. ‘乎’는 여정(餘情)을 나타내는 조사.

女惡知貴賤之門小大之家(여오지귀천지문소대지가):貴賤小大의 구별에 마음을 괴롭히지 말라는 권유를 이처럼 반어적으로 표현한 것이다.

【補說】이상은 〈반기진우화〉의 제2절 주론부(主論部)의 후단이다. 여전히 物의 가치와 차별에 구애된 하백의 질문에 대하여 북해약은 物에 관한 사고방식에는 道를 근거로 하는 것 외에 物 자체에 의한 것, 세속에 의한 것, 차별관에 의한 것, 物의 유용성에 의한 것, 사람들의 주의 주장에 의한 것 등이 있는데 이러한 사실은 결국 物의 가치 · 차별에는 정준(定準)이 없다는 것을 명확하게 하는 것이며 物의 가치는 시대의 변천에 따라 달라지고 物은 그야말로 천차만별하므로 物의 가치나 차별 따

위에는 마음을 쓰지 말아야 하며 시세의 추이에 순응하지 않으면 안 된다고 설하고 있다.

요컨대 이 단은 앞의 두 단을 매듭지으면서 物의 가치나 차별은 인간이 개의할 만한 것이 아니며 오직 시대의 추세에 순응하는 것이 좋다고 주장하고 있다. 또 수사는 비교적 정돈되어 있으나 이론 전개 면에서는 원활함이 결여되고 비약이 심하다.

河伯曰, "然則我何爲乎, 何不爲乎. 吾辭受趣舍, 吾終奈何." 北海若曰, "以道觀之, 何貴何賤. 是謂反衍. 無拘而志, 與道大蹇. 何少何多. 是謂謝施. 無一而行, 與道參差. 嚴乎若國之有君, 其無私德. 繇繇乎若祭之有社, 其無私福. 泛泛乎其若四方之無窮, 其無所畛域. 兼懷萬物, 其孰承翼. 是謂無方. 萬物一齊, 孰短孰長.
道無終始. 物有死生, 不恃其成. 一虛一滿, 不位乎其形. 年不可擧, 時不可止. 消息盈虛, 終則有始, 是所以語大義之方, 論萬物之理也. 物之生也, 若驟若馳. 無動而不變, 無時而不移. 何爲乎, 何不爲乎. 夫固將自化."

하백은 아무것도 알 수 없게 되어 다시 물었다.

"그렇다면 저는 무엇을 하면 되고 무엇을 하면 안 되겠습니까? 사람을 대하거나 세상을 사는 데 결국 어떻게 해야 합니까?"

북해약이 다음과 같이 말했다.

"앞서도 말했듯이 만물의 근원인 道에서 생각하면 무엇을 귀하다 하고 무엇을 비천하다 할 수 있겠는가! 귀천의 구별에 집착하지 않고 物의 전개에 맡겨 두는 것, 이것을 반연(反衍)이라 한다. 자네의 의지를 오직 귀한 쪽으로 기울여서는 안 된다. 그러한 짓을 하면 아무리 해도 道에 이를 수 없을 것이다. 또 무엇을 경시하고 무엇을 중시하겠는가. 物을 차별하여 어느 한쪽으로 기울어지지 않는 것, 이것을 사시(謝施)라 한다. 따라서 자네의 행위가 한쪽으로 치우치는 일이 있어서는 안 된다. 그러한 짓을 하면 道에서 벗어나게 될 것이다. 마치 군주가 백성에게 군림하듯이 엄숙하게 하여 불공평한 덕(德)이 없도록 하는 것이다. 마치 사(社)의 신령이 제례에 강림하듯 여유 있게 온화하여 편파적인 복(福)이 없도록 하는 것이다. 마치 사방이 무한하게 넓은 것처럼 평온하고 도저히 구분을 지을 수 없도록 하는 것이다. 이와 같이 하여 만물을 널리 포용하면 어찌 특정한 物만을 돕는 따위의 일이 있을 수 있겠는가. 이처럼 구분을 지을 수 없는 커다람을 무방(無方)이라 한다. 무릇 만물은 모두 평등한 것이니 어느 것이 짧고 열등하며, 또 어느 것이 길고 우수하다는 따위의 차별을 할 수 있겠는가.

道의 작용에는 처음과 끝의 구별이 없다. 그러나 物에는 生과 死의 구별이 있는데 언제까지나 성년(盛年)을 지속할 수는 없으며 때로는 쇠약하고 때로는 번영해도 그 어느 한 때의 현상에도 머무르려고 하지 않는다. 또 닥쳐오는 세월을 거부할 수도 흘러가는 세월을 잡아둘 수도 없다. 物이 생사에 따라 영쇠하는 것은 항상 순환하여 멈추지 않는 법이다. 여기까지 세상에 널리 통용되는 법칙과 만물 공통의 이치를 설했다. 物이 이 세상에서 살아가는 것은 마치 말이 내닫는 것처럼 급히 지나가고 어떠한 움직임도 성쇠의 변화를 하지 않는 것은 없으며 한 순간도 쉬지 않고 변해가는 것이다. 그럼에도 어찌하여 짐짓 현명한 척 무엇을 할까, 무엇을 하지 않을까 하는가. 무릇 物은 제각기 자연스런 전개를 하고 있는 것이다."

【語義】河伯曰然則……奈何:物에 대한 가치를 인정하지 않고 인간의 행위
가 있을 수 있겠는가?' 하는 취지의 질문이다. '奈何'는 '如何'와 같다.

辭受趣舍(사수취사):'출처진퇴(出處進退)'와 거의 같으며 인간의 모든
사회적 활동을 가리킨다. '辭'는 사퇴(辭退), 즉 다른 사람의 뜻을 거부
하는 것. '受'는 수용(受容), 즉 다른 사람의 뜻에 응하는 것. '趣'는 '取'
의 차자로 어떤 物을 취하다, 즉 적극적으로 행동하는 것. '舍'는 '捨'의
차자로 어떤 物을 버리다, 즉 소극적이 되어 후퇴하는 것.

以道觀之何貴何賤(이도관지하귀하천):앞의 '以道觀之, 物無貴賤'과
대응한다. 이 이하는 운문으로 되어 있다.

反衍(반연):《노자》에 '反은 道의 작용이다(反者道之動)'(제40장)라
하고 또 '이에 자(字)를 붙여 道라 하는데 굳이 이름을 붙인다면 大라 할
수 있다. 이 道는 크기 때문에 만물을 계속 만들어 내며 끊임없이 전개
를 거듭하여 앞으로 앞으로 나아가 멈추지 않는다. 나아가 멈추지 않기
때문에 전개되어 나아간 그 끝은 점점 道로부터 멀어진다. 그런데 멀
어지는 것이 극하면 다시 근원인 道로 돌아오게 된다.(字之曰道, 强爲
之名曰大. 大逝曰, 逝曰遠, 遠曰反)'(제25장)고 한 것처럼 道는 그치지
않고 광대한 반복 운동을 하고 있다고 한다. 이 '反衍'도 이러한 논리에
근거한 것으로 '反'은 복귀하는 것이며 '衍'은 그것과는 반대로 뻗어나
가는 것으로 《노자》에서의 '逝 · 遠'에 해당한다. 요컨대 인생에 대하
여 말하면 '反衍'은 貴 · 賤 어느 쪽에도 치우치지 않고 그 자연스런 순
환에 맡기는 것이다.

無拘而志(무구이지):'拘'는 구애되다, 즉 완고하게 지키는 것. '而'는
'乃'의 뜻.

與道大蹇(여도대건):'與'는 '於'의 뜻. 道에 관한 것이어서 '蹇'이라 한
것이리라. '蹇'은 앞으로 나아가지 못하는 것.

謝施(사시):'施'의 쌍성 완언으로 '旖施·邪施·委蛇' 등과 같다. 즉 인간세편 〈심재우화〉의 '而寓於不得已'나 덕충부편 〈재전덕불형우화〉의 '悶然而後應, 氾而若(氾若而)辭'처럼 부즉불리(不卽不離), 어느 쪽으로도 그 태도를 미리 결정하지 않는 것을 말한다.

參差(참차):差의 쌍성 완언으로 가지런하지 않다. 나아가, 어긋나다의 뜻.

嚴乎若國之……畛域:이 문장은 인간세편 〈심재우화〉의 '無門無毒, 一宅而寓於不得已', 또 천지편 〈왕덕설〉의 '至無而供其求, 時騁而要其宿'과 같은 류의 심경을 나타낸다. 그런데 國君·社稷이 언급된 것은 당시의 국가 현상에 대한 원망(願望)이 담겨 있기 때문인지도 모른다.

繇繇乎若祭之有社(요요호약제지유사):'繇繇乎'는 널리 여유 있게 미치는 모양. 유유한 모양이라고도 한다. '社'는 토지의 신. 그런데 여기서는 그 신령을 말하며 신령은 하나가 아니라 다수이다.

泛泛乎(범범호):매우 넓은 모양.

畛域(진역):'畛'은 두렁. '域'은 토지의 경계.

兼懷萬物其孰承翼(겸회만물기숙승익):'兼懷'는 포용과 같은 뜻. '承翼'은 돕는 것. '承'도, 여기서는 돕는다는 뜻.

無方(무방):방향이 일정하지 않음. 즉 어떠한 物에도 구속받지 않고 자유로운 것을 가리킨다.

萬物一齊(만물일제):이것은 도가의 중요한 구호인데 경우에 따라, 만물은 道를 근원으로 하여 성립되므로 모두 같다(제물론편 〈천뢰우화〉·덕충부편 〈화덕유심우화〉 참조), 모두 一氣로 이루어진 동질의 것이다(소요유편 〈무위우화〉 및 지북유편 참조), 평등하게 포용하는 것이다(천지편 〈군자십사설〉) 등 그 주장의 중점이 약간 다르다. 여기서는 다음 글에 '孰短孰長'이라 한 것을 보면 변무편에 '故性長非所斷, 性短非

所續'이라고 한 것과 거의 같은 취지로 쓰였다.

不恃其成(불시기성):'成'은 성공의 뜻으로 해석해도 통하지만 '盛'의 차자, 즉 盛年의 뜻으로 해석해야 할 것이다.

一虛一滿不位乎其形(일허일만불위호기형):'虛'는 쇠하는 것, '滿'은 번영하는 것. '位'는 '살다·있다'의 뜻. '其形'은 虛·滿의 현상을 가리킨다.

年不可舉(연불가거):'年'은 年歲. '舉'는 '拒(거:거절하다)'의 차자.

消息盈虛(소식영허):생사성쇠의 변화를 가리킨다. '消'는 사멸, '息'은 생육.

大義之方(대의지방):'義'가 앞의 '義之徒'의 義를 받고 있다는 점을 생각하면 '大義'는 세상에 널리 행해지는 적시적소(適時適所)한 올바름의 뜻으로 해석하지 않으면 안 된다. '方'은 법칙의 뜻.

若驟若馳(약취약치):더없이 급속한 것을 가리킨다. '驟'는 말이 전력으로 달리는 것. '馳'도 말이 급히 달리는 것.

夫固將自化(부고장자화):만물이 제각기 그 자연스런 전개를 완수하는 것을 가리킨다.

【補說】이상은 〈반기진우화〉의 제3절 결론 부분의 전단이다.

物에 귀천대소의 가치 구별이 있을 수 없다고 들은 하백이, 그렇다면 무엇을 기준으로 행동해야 하는지 이해할 수 없어 그 근본으로 돌아가 무엇을 해야 하는지를 묻자 북해약은 모든 것의 근원인 道에서 생각하여 귀천대소의 전개에 구애되지 않는 반연(反衍), 物의 경중을 생각하지 않는 사시(謝施), 나아가 만물을 무차별 평등하게 포용하는 무방(無方)의 상태에 있지 않으면 안 되며 동시에 하백을 포함하여 모든 物은 道와 時의 흐름에 따라 성쇠의 자연스런 변화를 이루는 것이기 때문에 굳이 무엇을 해야 할 것인가 하는 의식을 작용시킬 필요가 없으며 오직 物로서의 자연스런 전개를 유지하면 된다고 타이르고 있다. 요컨대 物에 대하여 가치 의식을 작용시키지 말고, 자기 자신도 목적을 지닌 의식적 행동을 하지 말아야 함을 설하고 있는 것이다.

河伯曰, "然則何貴於道邪."
北海若曰, "知道者, 必達於理. 達於理者, 必明於權. 明於權者, 不以物害己. 至德者, 火弗能熱, 水弗能溺, 寒暑弗能害, 禽獸弗能賊. 非謂其薄之也. 言察乎安危, 寧於禍福, 謹於去就, 莫之能害也. 故曰, '天在內, 人在外. 德在乎天.' 知天·人之行, 本乎天, 位乎得, 蹢躅而屈伸, 反要而語極."
曰, "何謂天, 何謂人."
北海若曰, "牛馬四足, 是謂天, 落馬首, 穿牛鼻, 是謂人. 故曰, '無以人滅天. 無以故滅命, 無以得殉名.' 謹守而勿失, 是謂反其眞."

하백이 의아해져 다시 물었다.
"그렇다면 어찌하여 道를 귀히 여기는 것입니까?"
북해약이 대답했다.
"道를 깨우친 자는 반드시 만물의 이치에도 통하여 있다. 만물의 이치에 통하여 있는 자는 틀림없이 임기응변의 방법을 잘 알고 있다. 임기응변의 방법을 잘 알고 있는 자는 다른 物 때문에 자기 본디 삶의 방법을 그르치는 일이 없다. 그러므로 道를 깨우친 최고의 유덕자는 큰 불이라도 그를 태울 수 없고 큰 물이라도 그를 빠져 죽게 할 수가 없으며, 혹독한 추위와 더위도 그를 상하게 할 수 없고 무서운 새와 짐승도 그를 해칠 수가 없는 것이다. 그것은 고덕자(高德者)가 이것들을 경시하기 때문은 아니다. 그가 물사의 안위를 꿰뚫어보고 한때의 화복 순환(운명)에 움직이지 않으며 마음을 편안히 하고 자신의 진퇴를 신중히 하기 때문에 그러한 것들이 해를 입힐 수가 없는 것이다. 그래서 '천(天:자연)은 인간의 내면에 있으며 인(人:인위)은 그 외면에 있다. 인간의 德은 하늘에 근거하고 있다'고 하는 것이다. 즉 우리는 하늘과 사람 각각이 해야 할 일을 잘 변별하여 하늘을 근본으로 하고 德을 근거로 삼아 조용히 다른 物의 움직임을 기다렸다 그에 응하여 행동하면서 끊임없이 그 근본에 되돌아가 物의 이치가 지극함을 이야기해야 한다."

하백이 말했다.

"무엇을 天이라 하고 무엇을 人이라 합니까?"

북해약이 대답했다.

"소와 말이 네 발을 갖추고 태어나는 것을 天이라 한다. 인간이 그것들을 다루기 쉽도록 말에는 굴레를 씌우고 소에는 코뚜레를 하는 것, 이것을 人이라 한다. 그래서 '人으로써 天이 멸해서는 안 된다. 계획·기도 따위로 命이 멸해서는 안 된다. 德을 세속의 허영으로 삼아서는 안 된다'고 하는 것이다. 이처럼 하여 德을 굳게 지켜 잃지 않도록 하는 것이야말로 인간 각각의 진실에 되돌아가는 것이다.

【語義】 河伯曰然則何貴於道邪(하백왈연즉하귀어도야):앞 단 북해약의 말을 생각해 보면 다른 物뿐 아니라 자신에 대해서마저 無規定, 無心, 無爲여야만 하므로 특별히 道를 구해야 할 필요는 없지 않을까 하는 반문이 제기되는 것도 당연하리라. 본절에는 이런 설명이 없지만 道는 구하

여 얻을 수 있는 것이 아니며 오직 허정하게 됨으로써 자연히 체득되는 것이다. 인간세편 〈심재우화〉를 참조하기 바란다.

知道者必達於理(지도자필달어리):'理'는 만물이 각각의 物로서 전개되는 만물 공통의 필연성을 가리킨다.

達於理者必明於權(달어리자필명어권):'權'은 '理'에 짝하는 것으로 구체적인 경우에 처하는 응용의 방법을 가리킨다. 이런 의미의 '權'이라고 하는 개념은 ≪장자≫에서는 오직 본절이 제시하고 있을 뿐이다. 이것은 본절이 '順其俗'을 주장하는 것과 관련이 있으리라. ≪논어≫ 자한편에 '함께 배울 수는 있다. 그러나 선왕의 道에 함께 나아갈 수 있다고는 할 수 없다. 道에 함께 나아가더라도 함께 확고히 입장을 지킬 수 있다고는 할 수 없다. 함께 입장을 지킬 수 있다 하더라도 함께 경중을 헤아릴 수 있다고는 할 수 없다.(可與共學, 未可與適道. 可與適道, 未可與立. 可與立, 未可與權)'라고 했는데 본절의 '權'과 거의 같은 취지로 쓰였다. ≪논어≫에서 '權'은 물사 또는 사태의 경중을 자신의 식견으로 판단하고 자주적으로 처치하는 것.

至德者火弗能熱……弗能賊:소요유편 〈무위우화〉의 '之人也, 物莫之傷. 大浸稽天而不溺, 大旱……', 제물론편 〈부지이해우화〉의 '至人神矣. 大澤焚而不能熱. 河漢沍而……' 등과 같은 취향의 글로 그 초인적 능력을 가리킨다.

非謂其薄之也(비위기박지야):'薄'은 '업신여기다'의 뜻.

故曰天在內人在外德在乎天(고왈천재내인재외덕재호천):앞 글에 天을 논한 곳이 없는데 여기서 갑자기 天人을 내걸고 있는 것은 하백의 다음 물음을 끌어내기 위한 수사적 기교이리라. '天'은 인간이 타고난 천연·자연의 것을 가리키며 '人'은 후천적인 인위·작위를 가리킨다.

知天人之行本乎天位乎得(지천인지행본호천위호득):'知乎人之行'으로 되어 있는 판본도 있는데 후인이 '德在乎天'과 대응시키기 위해 고친 것이리라. 대종사편 〈진인론〉에 '知天之所爲, 知人之所爲者, 至矣'라고 했다. '得'은 '德'의 차자이다(馬敍倫의 설).

蹢䗂而屈伸(척촉이굴신):'蹢䗂'은 '躑躅'으로도 쓰며 나아가지도 멈추지도 않는 것. 즉 머뭇거리는 것을 말한다. 앞의 '反衍·謝施'의 행위이리라. 따라서 '屈伸'도 활발한 행동이 아니라 인간세편 〈심재우화〉의 '入則鳴, 不入則止'와 같은 뜻이리라.

反要而語極(반요이어극):'反要'는 '本乎天', 더욱 소급한다면 '約分之至'를 가리킨다. '極'은 앞의 '無方' 또는 '至德者火弗能熱……'을 가리키리라. '語'는 앞의 '語大義之方, 論萬物之理'의 語·論에 대응하는 말.

落馬首(낙마수):'落'은 '絡'의 차자. 굴레를 씌우는 것.

故曰無以人滅天……殉名:고어를 인용한 형태인 듯하다. 대종사편 〈진인론〉에 '是之謂不以心捐(偝)道, 不以人助天. 是之謂眞人'이라고 했다. 이 이하는 운문으로 되어 있다.

無以故滅命(무이고멸명):'故'는 지고(知故), 주로 나쁜 일에 대한 계획. '命'은 천분(天分), 각각의 정해진 삶. 천지편 〈물성생리론〉 참조.

無以得殉名(무이득순명):이 '得'도 '德'의 차자로 보아야 할 것이다. '名'은 세속적인 명예, 허영.

反其眞(반기진):'眞'이란 物로서 道와 합치한 유일한 본질을 말한다. 본절에서는 道와 天의 관계가 명료함을 잃고 거의 동격의 것으로 생각되어, 道는 天의 자연스러움이며 道에 의해 유일하게 되는 것으로서 선천적으로 규정되어 있는 것이 德이라 하고 있다.

【補說】 이상은 〈반기진우화〉의 제3절 결론 부분의 후단이다.

군이 무엇을 할 것도 없이 物은 나름대로 자연스런 전개를 한다고 하는 말을 듣고, 그렇다면 道가 어찌하여 중요한가 하고 의아해하는 하백에게 북해약은, 道를 깨달은 자야말로 만물의 이치에 통하고 특히 권(權:임기응변의 방법)을 터득하여 어떠한 물사에도 저해당하지 않고 그 자연스런 전개를 완수하는데 그것이 바로 天道에 근거한 德의 전개이며 人爲나 知故에 의해 그것이 손상되지 않도록 하는 것이 眞實의 生이라고 말한다. 요컨대 전단과 함께 무작위한 자연 전개야말로 이른바 참[眞]에 복귀하는 것, 다시 말해 인간 본래의 生이라고 설하고 있다.

덧붙여 말하면 '至德者, 火弗能熱……'이라고 한 초인적 능력을 '察於安危, 寧於禍福, 謹於去就'라고 하는 현세적 행위로 해석하고 있는데 이는 이 우화 작자의 착안의 특색을 잘 보여 주고 있다.

【餘說】〈반기진우화〉의 사상적 특색

이상의 〈반기진우화〉는 ≪장자≫에 수록되어 있는 작품 가운데 사람들에게 친근한 것 중 하나이다. 우화의 구성도 훌륭하고 도가설이 비교적 평이하게 종합적으로 해설되어 있기 때문이다.

이 우화는 청조(淸朝) 초기의 사상가인 왕부지(王夫之:1619~1692)의 주장처럼 소요유편 〈유무궁우화〉와 제물론편 〈천뢰우화〉를 답습한 흔적이 현저하지만 그것들에서는 찾아볼 수 없는 절실한 추구와 주장이 있다.

한 하천의 主와 광대한 북해의 主를 대조시킨 구상은 〈유무궁우화〉의 '小大之辯'에서 힌트를 얻은 것인지도 모른다. 특히 '道人不聞, 至德不得, 大人無己'에는 〈유무궁우화〉의 근본 주장인 '至人無己, 神人無功, 聖人無名'을 고쳐 지은 흔적이 역력하다. 그렇지만 시세에 편승하여 잠시 위세를 떨치는 인물에 비교된 하백과 영원히 무위한 체도자에 비유된 북해약의 만남을 小大의 문제를 전개하기 위한 도입으로 삼은 우화 구성은 더없이 교묘할 뿐 아니라 하백이 자신의 비소함을 안다고 한 것은 〈유무궁우화〉에서는 볼 수 없던 새로운 취향인 것이다. 또 '자신의 비소함을 아는 자야말로 大理에 가까이 갈 수 있다'고 한 것은 명언이다.

자신의 비소함을 안다고 하는 새로운 취향은 〈유무궁우화〉에 나오는 대붕(大鵬)이나 '천지의 정기(正氣)를 탄 자'와 같은 초월자보다는 오히려 조(鯛)나 척안(斥鷃)과 같이 현세에 살고 있는 자를 문제 삼고 있음을 나타내는 것이리라. 그래서 도입부에 이어지는 주론부에서는 대소·귀천의 문제를 초들고 있다. 대소·귀천의 문제란 인간 행위의 가치기준 설정에 관한 것임에 틀림없으며 여기서 언급하고 있는 것은 그 근본에 관계있는 것이다. 무엇이 참된 가치인가 하는 것은 가볍게 논할 수 없는 문제이나 그 개략을 말하면 우리는 어떤 일정한 가치기준을 설정한 뒤 그 기준에 합치하고 또 가치 있는 物을 목적으로 삼아 한층 가치있는 物을 선택하거나 산출하는 것이 나날의 영위일 것인데 이 대소·귀천의 문제는 그 가치 기준을 찾고 있는 것이다.

또 이 우화가 하백을 통해 제시하고 있는 문제는 '절대적 가치 기준은 알 수 없는 것인가?' '가치는 존재하지 않는가?'라는 것으로, 가치가 존재하지 않는다면 '인간은 무엇을 해야 할까?'라는 인간 행위의 근본 의미를 묻는 것으로 귀착되지 않을 수 없다. 즉 그것은 틀림없이 인간 행위의 근본에 관한 추구가 되는 것이다. 이것은 이 우화가 '小大之辯'이나 도가설 해설의 영역에 머물지 않고 독자적인 인생 탐구를 시도하고 있음을 보여 주는 것이리라.

하백으로 하여금 '然則何貴於道邪'라고 질문하게 한 것도 주목해야 할 것이다. 그에 대한 해답이 충분하다고 할 수는 없더라도 도가설이라면 자명해야 할 道의 실재를 여전히 문제 삼고 있다는 것은 道에 관한 근본적 추구의 의욕을 드러낸 것으로 생각할 수 있다.

이 우화에서 대소·귀천의 문제에 대한 북해약의 해답이 〈천뢰우화〉의 설을 기초로 하고 있다는 것은 새삼 지적할 것까지도 없다. 이 우화는 〈천뢰우화〉의 物에 관한 인지(人知)의 상대관(相對觀)을 계승하고, 지루할 정도로 장황하게 그것을 분석하고 있다. 그런데 〈천뢰우화〉가 상대관을 타파하고 道인 無에 초출(超出)하는 것을 탐구의 방향으로 삼고 있는 데 비해 이 우화는 천차만별한 物의 존재를 적극적으로 긍정하고, 따라서 〈천뢰우화〉와는 반대로 '大知觀於遠近', '大人之行, 不出乎害人, 不多仁恩', 특히 '知東西之相反, 而不可以相無'라 하여 상대적 가치밖에 지니지 못하는 物을 용인하는 태도를 취하고 오히려 그것을 포화하는 인생을 추구하고 있는 것이다.

이것은 〈천뢰우화〉의 귀결을 기정사실로 보아 요컨대 道가 無에 근거한 '反衍·謝施·無方' 등을 포화한다는 것은 자명하다고 한 데에 잘 나타나 있다. 그렇지만 이미 현세가 상대적 가치밖에 지니지 않는 物로써 구성되어 있기 때문에 그런 방향으로 생각할 수밖에 없다는 것도 현세를 사는 인간으로서는 어쩔 수 없는 문제이리라. 또 천차만별한 物의 존재를 긍정하는 것은 앞서 말한 '자신의 비소함을 안다'는 것과 관련되며 '物有死生, 不恃其成'이라 한 것처럼 상대적인 현세에 있는 하나의 物로서 자각하는 것과도 관련된다.

이렇게 하여 '物自化', 바꿔 말하면 '本乎天, 位乎得', 그리고 '反其眞'이라는 결론에 도달한다. 요컨대 어떠한 목적의식도 가치의 차별관도 마음에 두지 않고 천생의 德에 의해 자연스런 전개를 이루는 것이 참된 인생이라는 것이다. 이 안에 '本乎天, 位乎得' 그리고 '反其眞'을 설하고 있는 것은 대종사편 〈진인론〉의 '不以人助天, 是之謂眞人'이라 한 주장과 흡사하다. 그렇지만 이 우화는 초월적인 眞人의 체득을 설하는 것도 아니고 '且有眞人而後有眞知'라고 설하는 것도 아니며 만물 가운데 一物, 비소한 한 사람으로서 인간의 '反其'를 설하고 있는 것이다. 따라서 이 우화에는 〈진인론〉에서 볼 수 있던 자적의 자유를 찬미하는 대목은 없고 오히려 '察乎安危, 寧乎禍福, 謹於去就'라 하는 근직(謹直)한 안심(安心)에 대한 탐색이 있다.

천생의 德이 자연스런 전개를 이룬다고 하는 것은 변무편·마제편·거협편 등에서 '性命之情'을 보존한다고 하는 주장과 흡사하다. 그렇지만 본 우화에서는 이들 편에서 볼 수 있는 시속(時俗)에 대한 극렬한 비판도, 소박한 이상사회의 추구도 없고 오히려 주어진 현실 상황을 감수하고 그에 처하는 '權'을 주장하며 시속에의 순응을 설하고 있다. 이 우화는 변무편 등과는 다른 고요한 인생의 탐구를 시사하고 있는 것이다.

또 '物自化'는 재유편의 〈정기독존우화〉·〈물자화우화〉 등에서 볼 수 있는 주장이다. 또 응제왕편 〈순물자연우화〉에는 "無名人曰, '汝遊心於淡, 合氣於漠, 順物自然, 而無容私焉. 而天下治矣'"라고 하여 거의 같은 주장을 보여 주고 있다. 이들 우화와 본 우화의 성립 연대의 선후는 명확하지 않지만 이들 우화가 모두 정치설(政治說)과 깊이 관련하여 통치자 입장에서의 만물 조화를 지향하고 있는 것과 비교하면 본 우화는 '兼懷萬物'이라 한 것처럼 만물 조화를 지향하지 않는 것은 아니지만 앞서 지적했듯이 통치자의 입장보다는 비소한 한 物로서 자기 자신의 전개를 주로 하고 있다고 생각하지 않으면 안 된다.

요컨대 이 우화는 도가의 여러 주요 설을 총합하고, 나아가 끊임없이 전변(轉變)하며 일시적 상대적 가치밖에 지니지 못하는 物로써 성립되는 현세에서의 참된 삶의 방법을 구하려 한 것이다. 만물과 조화하고 포화해야 한다는 주장이 없는 것은 아니지만 비소한 한 物로서 주어진 현세를 감수하고, 나아가 그에 구애받는 일 없이 밝고 편안하며 자유스런 인생을 구현해야 한다고 설하고 있으며 또 이것이 이 우화가 지닌 사상적 특색이기도 하다. 이것도 의미가 있는 인생일 것이며 또 귀한 인생이리라.

그렇다 하더라도 현세를 감수하고 자연스런 생을 이루기 위해서는 아무래도 그 일반적인 풍조에 의존하지 않을 수 없으리라. 지금 이 우화는 '當其時順其俗者, 謂之義之徒'라고 설하고 있다. 물론 멋대로 반역하는 것보다는 시속에 순응하는 것을 존중해야 할 경우도 있겠지만 시속은 하늘이 정하는 것이 아니라 사람들이 작위로써 보다 좋게 한 것이다. 또 이 우화도 모든 시속, 위망(僞妄)으로 가득 찬 시속까지 긍정하려고 하는 것은 아니겠지만 현실에 대한 혁정(革正)과 비판은 거의 자취조차 보이지 않는다. 이 우화의 시속에 대한 순응주의는 이것이 秦 또는 漢 제국 성립 후 시속에 대한 비판이 부족했던 시기에 지어졌기 때문은 아닐까?

제2장 기·현·사·풍문답:대승우화(夔·蚿·蛇·風問答:大勝寓話)

夔憐蚿, 蚿憐蛇, 蛇憐風, 風憐目, 目憐心.
夔謂蚿曰, "吾以一足趻踔而行. 予無如矣. 今子之使萬足.
獨奈何."
蚿曰, "不然. 子不見夫唾者乎. 噴則大者如珠, 小者如霧. 雜
而下者, 不可勝數也. 今予動吾天機, 而不知其所以然."
蚿謂蛇曰, "吾以衆足行, 而不及子之無足. 何也."
蛇曰, "夫天機之所動, 何可易邪. 吾安用足哉."
蛇謂風曰, "予動吾脊脅而行. 則有似也. 今子蓬蓬然起於北
海, 蓬蓬然入於南海. 而似無有, 何也."
風曰, "然. 子蓬蓬然起於北海, 而入於南海也. 然而指我, 則
勝我, 鰌我亦勝我. 雖然, 夫折大木, 蜚大屋者, 唯我能也. 故
以衆小不勝爲大勝也. 爲大勝者, 唯聖人能之."

발이 하나뿐인 괴물 기(夔)는 노래기를 부러워하고, 노래기는 발이 없
는데도 앞으로 나아갈 수 있는 뱀을 부러워하고, 뱀은 아무런 모습도 없이
지나가는 바람을 부러워하고, 바람은 가만히 있으면서도 먼 데까지 이르
는 눈[目]을 부러워하고, 눈은 겉으로 드러나지 않는데도 물사를 꿰뚫어보
는 마음을 부러워했다.

다음과 같은 일이 있었다.

기(夔)가 노래기에게 말했다.

"나는 한 발로 깡충깡충 뛰어서 간다. 그렇지만 거침없이 기어가는 네게 미치지 못한다. 보면 너는 너무나 많은 발을 달고 그것을 열심히 움직이고 있다. 대체 어찌 된 일인가?"

노래기가 대답했다.

"내가 그 많은 발을 쓰고 있는 것이 아니다. 너도 저 침을 알고 있겠지? 똑같은 입으로 내뱉는데도 큰 놈은 진주같이 작은 놈은 안개같이 그 외에도 여러 모습으로 나뉘어 어지럽게 떨어지는데 그 천차만별함은 도저히 헤아릴 수 없다. 그와 마찬가지로 우리들은 타고난 용모·성질·능력 따위가 다른 것이다. 지금 나는 하늘로부터 받은 기(機)를 작용시키고 있을 뿐으로 어찌하여 그러한지는 알 수 없다."

이어 노래기는 뱀에게 말했다.

"나는 많은 발을 사용하여 걷지만 발도 없이 슬슬 기어가는 네게는 미치지 못한다. 대체 어찌 된 일인가?"

뱀이 대답했다.

"하늘로부터 받은 기(機)가 그처럼 자연스럽게 움직이고 있는 것을, 어찌 내가 변화시킬 수 있겠는가? 내가 어찌 발 따위를 쓰겠는가?"

그런데 뱀은 바람에게 다음과 같이 말했다.

"나는 등과 배를 움직여 앞으로 나아간다. 앞으로 나아가는 것은 발 없이 나아가는 자네와 비슷하다. 그런데 자네는 바람소리를 내며 북해에서 일어나 윙윙거리며 불어 저 멀리 남해에 간다. 나는 도저히 자네에게 미칠 수 없다. 자네에겐 발도 등도 배도 아무것도 없는 듯한데 대체 어찌 된 일인가?"

바람이 이렇게 대답했다.

"자네가 말한 그대로이다. 나는 북해에서 일어나 저 멀리 남해에 간다. 그러나 사람이 나를 향해 손가락을 내밀면 나의 앞길을 가로막아 내게 이기고, 사람이 나를 향하여 나아오더라도 내게 이긴다. 그렇지만 큰 나무를 동강 내고 큰 집을 불어 날려 버리는 일 따위는 오직 나만이 할 수 있다. 그러므로 나는 갖가지 자질구레한 패배를 하기에 큰 승리를 얻는 것이다. 큰 승리를 얻는 것은 오직 성인만이 할 수 있는 것이다."

【語義】 夔(기):신괴(神怪)의 이름. 은대(殷代) 어떤 부족에게는 숭사(崇祀)되었으며 또 殷 왕조의 祭典에 늘어 놓였던, 원숭이 모양을 한 산신이었다. ≪서경≫ 순전편(舜典篇)에는 중국에서 최초로 음악을 관장한 인물로 되어 있다. 그런데 전국시대 이후, 산에 사는 신비한 괴물로 불리게 되었다. ≪산해경≫ 대황동경(大荒東經)에는 '소의 모습을 한 신수(神獸)로 몸은 푸르고 뿔이 없으며 한 발로 걷는다. 우는 소리가 우렛소리 같다'고 했으며 ≪설문해자≫에는 '용의 모습을 한 신괴로 뿔과 손이 있고 사람의 얼굴을 하고 있으며 한 발로 걷는다'고 했다.

憐(련):'사랑하다, 부러워하다'의 뜻과 '불쌍히 여기다, 미안하게 생각하다'의 뜻을 지닌 문자이다. 종래의 해석에도 두 가지 설이 있다. 그러나 글 전체의 취지로 미루어 생각하면 '부러워하다'의 뜻으로 해석해야 한다.

蚿(현):노래기. 견(蚈)이라고도 한다. 종류가 많은데 일반적으로 몸이 길며 30개 정도의 마디로 이루어졌고 각 마디에는 한 쌍의 발이 붙어 있다.

趻踔(침탁):'跊踔 · 蹿踔'으로도 쓴다. '踔(뛰다)'의 쌍성 완언으로 깡충깡충 뛰는 모양.

予無如矣(여무여의):'予'를 '子' 또는 '爾'로 한 것이 있다 하는데 원자대로 하는 것이 좋다. '나와 같은 자는 없다'(成玄英, 王先謙 등의 설), '나와 비슷하지 않다'(林希逸의 설), '나는 어떻게도 할 수 없다'(陸芝靜, 錢穆의 설), '如'를 '能'의 차자로 보아 '나는 잘 할 수가 없다'(章炳麟의 설) 등 여러 설이 있다. 그런데 이것이 기(夔)와 현(蚿)의 대화 속의 말인 점과 다음의 '而不及子之無足'과 같은 취향의 말이어야 한다는 점을 생각하면 '子無如爾', 즉 '나는 네게 미치지 못한다'의 뜻으로 해석해야 할 것이다.

今子之使萬足獨奈何(금자지사만족독내하):발이 하나인 것이 당연하다고 생각하는 기(夔)가 현(蚿)에 미치지 못함을 알고, 현이 자신과는 달리 많은 발을 사용하고 있는데 거기에는 특별한 까닭이 있는 것이냐고 묻는 것이다. 나무라며 따지는 것이 아니다.

唾者:(타자):成玄英은 침을 뱉는 자라는 뜻으로 해석했고, 또 이에 좇는 학자가 많다. 그런데 '者'는 '唾'를 제시하는 조사로 해석해야 한다.

子動吾天機而不知其所以然(여동오천기이부지기소이연):'天機'는 태어날 때부터 생명을 영위키 위해 갖추어진 일종의 장치. 여기서는 절족동물(節足動物)인 것을 가리킨다. '不知其所以然'은 제물론편〈유대우화〉에서 경(景)이 '惡識所以然, 惡識所以不然'이라고 했고, 또 재유편〈물자화우화〉에서 홍몽(鴻蒙)이 '浮遊不知所求, 猖狂不知所往'이라고 한 것처럼 무심하게 되어 道를 좇는 것을 말한 것임에 주의해야 한다. 그런데 현이 과연 안심하고 천기를 좇고 있는 것일까?

則有似也(즉유사야) · 而似無有(이사무유):'有似也'를 '有似於有形' 또는 '有似於有足'의 뜻으로 해석하는 것이 통설인데 앞글의 예에서 보면 '有似爾'의 뜻으로 해석해야 할 것이다. '有似也'의 '有'는 '爲(~이다)'의 뜻.

蓬蓬然(봉봉연):바람 소리를 형용한 것이다.

指我(지아):손가락을 바람이 불어오는 쪽을 향해 내미는 것.

鰍我(추아):'鰍(미꾸라지)'는 '蹂(추:밟다)'의 차자. '蹂'는 '遒(추)'의 이체자로 생각되며 '다가가다 · 좇아가다'의 뜻.

蜚大屋(비대옥):'蜚'는 곤충의 한 종류로 볏잎을 갉아먹는 해충. 단 여기서는 '飛'의 차자이다.

　爲大勝者唯聖人能之(위대승자유성인능지):'唯聖人能之'는 앞의 '唯我
能之'에 응하는 표현임에 주의해야 한다. 즉 여기의 '聖人'은 별개의 존
재를 가리키는 것이 아니라 바람이 자신을 가리키는 말인 것이다.

【補說】　이상의 〈대승우화〉는 夔·蚿·蛇·風·目 등이 각각 자신의 천분
(天分)에 만족하지 않고 다른 것을 부러워한다는 것을, 그들 가운데
夔·蚿·蛇·風의 문답으로 보여 주고 있는 것으로 그 우의는 통상, 천
분의 자연스러움에 안주하고 다른 것을 선망하지 않아야 함을(成玄英의
설), 또는 風처럼 無形한 것, 나아가 無心한 자야말로 참된 승리를 얻을
수 있음을(呂惠卿의 설) 설하는 데 있다고 해석하고 있다. 그렇지만 이
러한 해석은 충분하지 못하며 또 우화의 흥미를 잃고 있다고 생각된다.
자세한 것은 餘說에서 언급하도록 하겠다.

【餘說】　〈대승우화〉의 흥미

　이것은 더없이 흥미 있는 우화인데 종래 그 흥미를 발견하지 못한 것
으로 생각된다. 그것은 첫째 이 우화가 천분에 맡겨 제각기 자적해야
한다는 것을 설하고 있다는 곽상(郭象)의 해석에 끌려, 다음으로 ≪장자≫
에 나오는 우화는 꼭 도리를 설하는 것이라는 선입관을 가지고 대하기
때문에 이 우화가 우화 자체로서 대단한 흥미를 지니고 있다는 사실을
미처 깨닫지 못하고 그 서술과 표현에 주의하지 않았기 때문이리라.
　우선 맨 처음에, '夔憐蚿, 蚿憐蛇, 蛇憐風, 風憐目, 目憐心'이라 하고,
그 다음에 夔·蚿·蛇 등의 문답으로 이어지는데 그것이 蛇·風의 문
답에서 그치고 더 이상 전개되지 않는 것은 무슨 까닭일까? 이 첫 문장

은 夔 · 蚿 등이 다른 것을 부러워한다고 하는 이 우화의 소재를 제시하고 있으므로 이하의 서술이 그에 대한 비판 또는 풍자로서 전개되리라는 것은 충분히 짐작할 수 있다.

다음으로 蚿 · 蛇 등이 계속하여 문답을 거듭하고 있는 것은 무엇을 의미하는 것일까? 夔의 물음에 蚿이 '今予動吾天機而不知其所以然'라고 대답한 것은 天分에 人工을 더하지 않는다는 것이므로 이른바 '不以人助天'인 眞人, 체득자의 태도이다. 그러한 蚿이 무슨 이유로 蛇에게 '不及子之無足. 何也'라고 천분에 안주하지 않는 듯한 질문을 한 것일까?

蛇도 蚿에게는 오히려 꾸짖는 듯한 말투로 天機에 대해 한 점의 의심도 가져서는 안 된다고 대답한다. 그러면서도 자기보다 위대한 風에게는 蚿이 물었던 것을 다시 묻고 있다. 자기보다 열등한 자에게는 뭔가 깨달은 듯한 얼굴을 하지만 자기보다 뛰어난 자에게는 비굴한 태도를 보이는 것이다.

蛇의 물음에 대한 風의 대답은 참으로 기발하다. '손가락을 내밀거나 얼굴을 들고 오게 하거나 하는 작은 패배는 있지만 큰 나무를 부러뜨리고 큰 집을 날려 보내는 등의 큰 승리는 나만이 할 수 있으며 그런 큰 승리를 거둘 수 있는 것은 오직 성인뿐이다.'라고 대답하고 있는 것은 북해로부터 만리 밖 남해까지 가는 큰 힘을 자부하고 자신만이 성인이라고 말하는 것임에 틀림없다. 風은 무형의 것으로 통상 체도자를 지향하는 것으로 해석되는데 과연 체도자에게 이러한 거만함이 있을까? 郭象도, 呂惠卿도, '大勝'을 聖人 · 眞知의 것으로 해석했지만 物의 是非 · 然不然을 개의치 않는 체도자가 아무리 비유적인 표현이라 하지만 '大勝'을 입에 담을까?

이렇게 검토해 보면 이 우화는 어떤 산에 모인 夔 · 蚿 · 蛇 · 風이 나름대로 道를 깨달아 천분에 안주하고 있는 듯했으나 막상 자신보다 뛰어난 자를 만나면 그 거만한 자신도 무너져 버렸음을 풍자하고 있다고 해석하지 않을 수 없다. 그 거만함과 비굴함의 전변(轉變)이 문답 사이에 교묘하게 묘사되어 있는 것이다.

마지막으로 무슨 까닭으로 문답이 蛇 · 風에서 그쳤는지 생각해 보지 않을 수 없다. 夔 · 蚿 · 蛇 · 風은 모두 그 지위를 달리하는 인간으로 치환할 수 있다. 요컨대 각각의 위치에 있는 인간은 대개 어떤 한도에서는 깨닫고 있는 듯한 얼굴을 하고 있지만 그 이상의 위치나 인물과 맞닥뜨리게 되면 평소의 자신감을 잃게 된다는 것을 말하고 있는 것이다. 그런데 風에 비교되는 위치 이상의 경우는 과연 어떠한 것일까? 林雲銘은 '心 · 目 두 자에는 소해(疏解)를 붙이지 않는다. 문장이 반신만 그린 미인도와 같다. 아직 그려지지 않은 곳은 신(神)으로서 전해진다. 참으로 기절(奇絶)한 수법이다!'라고 극찬했다. 반신의 미인도에 비유한 것이 적절한지는 차치하고, 心 · 目에 관하여 설하지 않고 독자로 하여금 추측케 한 것에 묘미가 있다는 것은 말 그대로다. 呂惠卿은 '心과 目은 無見無知로써 잘 알고 잘 보며 風보다 아득히 신묘하다'고 해설했다. 어쩌면 心을 가장 영묘하다고 한 것인지도 모른다. 그렇지만 風에는 행동이 있고 目에는 대상이 있으며 心에는 의식이 있으므로 그것들도 아직 지극한 경지에는 이르지 못한 것인지도 알 수 없다. 더욱이 그것들이 다른 것을 부러워하고 있는 듯함에랴.

덧붙여 말하면 이 우화는 제물론편의 망량 · 영문답(〈유대우화〉)을 변형하여 우화적 흥미를 깊게 한 것인지도 모른다. 그리고 이 우화는 설리(說理)보다 우화로서의 성격이 뛰어나며 그러한 흥미 속에 신랄한 풍자를 담고 있는 것이다.

제3장 자로·공자문답:시명우화(子路·孔子問答:時命寓話)

孔子遊於匡. 宋(匡)人圍之數匝, 而弦歌不惙.
子路入見曰, "何夫子之娛也."
孔子曰, "來, 吾語女. 我諱窮久矣. 而不免命也. 來通久矣.
而不得時也. 當堯舜, 而天下無窮人. 非知得也. 當桀紂, 而
天下無通人. 非知實也. 時勢適然.
夫水行不避蛟龍者, 漁父之勇也. 陸行不避兕虎者, 獵夫之勇也.
白刃交於前, 視死若生者, 烈士之勇也. 知窮之有命, 知通之
有時, 臨大難而不懼者, 聖人之勇也.
由, 處矣. 吾命有所制矣."
無幾何, 將甲者進辭曰, "以爲陽虎也. 故圍之. 今非也. 請辭
而退."

공자가 광(匡) 땅으로 여행했다. 그때 광 땅 사람들이 공자 일행을 몇 겹으로 에워싸 꼼짝할 수 없는 큰 위난을 만났는데 공자는 낯빛 하나 변하지 않고 태연히 금(琴)을 연주하며 노래 부르기를 그치지 않았다.

자로가 공자에게 나아가 여쭈었다.

"어찌하여 이러한 때 선생님께서는 즐거워하실 수가 있습니까?"

공자가 이에 답하여 다음과 같이 타일렀다.

"가까이 오라, 내 너에게 이야기하리라. 나도 오래 전부터 불행을 싫어했다. 그렇지만 그로부터 벗어날 수 없으니 이것이 바로 운명이다. 오래 전부터 행운을 구했지만 그것을 얻을 수 없으니 바로 시세가 그러하기 때문이다. 성왕인 요·순 시대에는 천하에 불행한 사람이 없었다. 그것은 당시 사람들의 지혜가 뛰어났기 때문이 아니다. 폭군인 걸·주 시대에는 천하에 행복한 사람이 없었다. 그것은 당시 사람들의 지혜가 형편없었기 때문이 아니다. 각각의 시세가 우연히 그러하도록 되어 있었던 것이다.

무릇 교룡(蛟龍)을 두려워하지 않고 물속에 들어가 일을 하는 것은 어부의 용기다. 외뿔소와 범을 두려워하지 않고 넓은 들에 나가 사냥감을 좇는 것은 사냥꾼의 용기다. 시퍼런 칼날이 눈앞에서 교차하는데도 죽음을 삶처럼 생각하고 용맹하게 돌진하는 것은 열사(烈士)의 용기다. 마찬가지로 불행은 운명이며 행운은 시세에 의한 것임을 알아, 아무리 큰 고난에 부닥치더라도 두려워하지 않고 마음 편히 있는 것은 바로 성인의 용기인 것이다.

유(由)야, 고요히 있도록 하라. 나의 운명은 도저히 어찌할 수 없이 이미 정해져 있는 것이다."

그로부터 얼마 되지 않아 공자 일행을 둘러쌌던 병사들의 우두머리가 찾아와 사죄하며 다음과 같이 말했다.

"저희들은 선생을 전에 이 지방에서 난동을 부렸던 양호(陽虎)로 생각했습니다. 그래서 선생 일행을 몇 겹으로 에워쌌던 것입니다. 이제야 양호가 아니란 것을 분명히 알았습니다. 물러갈 터이니 부디 용서해 주시기 바랍니다."

【語義】 孔子遊於匡宋(匡)人圍之數匝(공자유어광송인위지수잡):《사기》 공자세가에 의하면 공자는 57세 때 노(魯)를 떠나 제국 유력의 길에 올랐다. 그것은 그해 10월의 일이었다. 공자는 잠시 몸을 의탁한 위(衛) 나라에서 뜻을 이루지 못하자, 진(陳:지금의 하남성 회양현)에 가고자 광(匡)을 지나게 되었는데 이것은 그때의 일이다. '匡'은 지금의 하남성 장원현의 서북쪽 땅으로 당시 위(衛)나라에 속해 있었다. 따라서 '宋人'

에 대해서는 '衞人'을 잘못 베낀 것으로 보아야 한다는 설(司馬彪의 설)
도 있으나, '匡人'의 오사로 보아야 할 것이다. ≪사기≫에는 '匡人'으로
되어 있다. '匝'이 成玄英疏本 등에는 '帀'으로 되어 있다. '帀'이 정자이
고 '匝'은 속자이다. '둘러싸다, 에워싸다'의 뜻.

　而弦歌不輟(이현가불철):'弦'은 '絃'의 차자. 금(琴)의 줄. '絃歌'는
琴을 타면서 노래 부르는 것. '輟'은 輟(철)의 차자. 그치는 것. ≪사기≫
에는 고난을 당하면서도 공자가 絃歌를 멈추지 않은 것은 이보다 나중,
공자가 陳·蔡의 사이에서 핍박을 받을 때의 일로 되어 있다.

　子路(자로):B.C. 543~B.C. 480. 공자의 제자. 이름은 유(由), 자는
계로(季路), 또는 자로(子路)라 했다. 용맹하며 솔직한 성품의 인물이
었다.

　孔子曰來(공자왈래):'孔子曰, 由, 來'로 되어 있는 판본도 있다 한다(
馬敍倫의 설).

　窮(궁)·통(通):'窮'은 곤고(困苦)한 것, 불행·불운. '通'은 생각대로
되는 것, 영달(榮達)하는 것. 행운.

　蛟龍(교룡):용의 일종이라고도 하며 수신(水神)이라고도 한다.

　漁父(어부):'漁夫'와 같다 여기에서 '父' 자를 사용한 데에 특별한 뜻
이 있는 것은 아니다.

　兕虎(시호):'兕'는 외뿔소.

　視死若生(시사약생):'視'는 본다는 뜻이 아니라 '비교하다, 간주하다'
의 뜻.

　吾命有所制矣(오명유소제의):운명은 자신의 힘으로는 도저히 어찌할
수 없이 정해져 있음. 운명을 감수하라는 뜻을 나타내고 있다.

　將甲(장갑):'將'은 '거느리다, 통솔하다'의 뜻. '甲'은 무장한 병사.

　以爲陽虎(이위양호):이보다 앞서 노(魯)의 실력자인 양호(陽虎:≪논

어≫에는 '陽貨'로 되어 있음)가 군병을 이끌고 광(匡)을 짓밟은 적이 있었다. 그런데 양호의 종자(從者)였던 顔刻(剋)이 공자의 마부로서 공자를 따르고 있었던 것이다. 또 공자의 용모가 양호와 비슷했다고도 한다.

【補說】 이상의 〈시명우화〉는 공자의 일화를 의탁한 것 중 하나이다(천운편 〈추구우화〉의 餘說 참조). 공자 일행이 匡 땅에서 그곳 사람들로부터 핍박을 당하여 곤궁에 처했을 때 공자는 낯빛 하나 변하지 않은 채 강학(講學)하고, 자로의 물음에 답하여 운명과 시세, 요컨대 천운에 안주하는 심경을 밝히자 천운이 그의 말대로 전개되었다고 하는 줄거리이다.

【餘說】 〈시명우화〉의 작의(作意)

공자가 匡 땅에서 받은 재난에 관해서 이 우화와 ≪사기≫는 그 기술(記述)을 달리하고 있다.

≪사기≫ 공자세가에는 대사구(大司寇)가 되어 재상의 업무를 섭행(攝行)하고 노(魯)의 국정을 위해 애썼던 공자는 실권자인 계항자(季恒子)가 정치에 나태해지자 자신의 힘으로 어찌할 수 없음을 알고 고국을 떠나 위(衛)나라를 섬기게 되었다. 그러나 얼마 되지 않아 참언으로 위 영공(衛靈公)이 공자를 의심하여 감시토록 하자 공자는 衛나라를 탈출하여 진(陳)나라로 가다가 광(匡) 땅에서 그곳 사람들에게 포위당하여 꼼짝할 수 없게 되었다. 공자의 애제자 안연이 일행으로부터 낙오되어 5일이나 헤맨 끝에 간신히 다시 만났다. ≪논어≫ 선진편에는 그때의 사실이 기록된 것으로 "공자께서 匡에서 어려움을 당하셨을 때, 안연이 뒤늦게 왔다. 공자께서 '나는 네가 죽은 줄 알았다!'라고 하시자, 안연이 '선생님께서 계신데 제가 어찌 감히 죽을 수 있겠습니까?'라고 말씀

드렸다.(子畏於匡, 顏淵後. 子曰, 吾以女爲死矣. 曰, 子在, 回何敢死)"
라는 유명한 일화가 실려 있다.

匡人들이 포위망을 좁혀 오자 제자들은 두려움에 떨게 되었다. 그때
공자는 '문왕은 죽었으나 그가 남긴 문화는 내게 전해지지 않았느냐?
하늘이 그의 문화를 없애고자 한다면 후인들은 그 문화를 알 수 없게
될 것이나 하늘이 그의 문화를 없애려 하지 않는다면 匡人들이 나를 어
떻게 할 수 있겠느냐?(文王旣沒, 文不在茲乎. 天之將喪斯文也, 後死者
不得與於斯文也. 天之未喪斯文也, 匡人其如子何)'라고 하여 자신의 신
념을 밝혔다. 이것은 ≪논어≫ 자한편에 기록되어 있다. 그러고 공자는
종자 한 사람을 衛나라의 실력자인 영무자(寧武子)의 가신에게 보내 그
의 알선으로 그곳에서 풀려나게 된다.

≪사기≫의 기술에도 문식이 있는 듯하다. 영무자는 당시 살아 있지
않았다는 지적이 있는 것처럼 ≪사기≫의 기술도 확실한 사료에 의한
것만은 아닌지도 모른다. 그러나 匡 땅에서의 재난은 공자가 제국 유력
을 시작하고 일어난 최초의 대사건이라 생사를 몰랐던 제자와의 재회를
기뻐하고 자신의 신념을 힘차게 토로했다는 것은 정말 있을 듯한 일이
며 그 경우에 썩 잘 어울리는 일이 아닐까? 이 우화는 이런 사실을 배경
으로 하여 그 운명 감수를 강조하는 듯하다.

≪논어≫에 의하면 "공자께서 '하늘을 원망하지 않고 사람을 탓하지
않는다. 아래로부터 배워 위로 통달했다. 하늘은 나를 알아 줄 것이다.'
라고 말씀하셨다(子曰, 不怨天, 不尤人. 下學而上達. 知我者其天乎)"
(헌문편)라 하고, 또 "공자께서 '천명을 모르면 군자라 할 수 없다. 예
를 모르면 세상에 몸을 세울 수 없다. 말을 모르면 사람을 알 수 없다.'
고 말씀하셨다(孔子曰, 不知命, 無以爲君子也. 不知禮, 無以立也. 不知
言, 無以知人也)"(요왈편)라고 하여 공자도 천운을 깨달아야 한다고 설

했으며 또 '나이 50에 천명을 깨달았다(五十而知天命)'(위정편)고 했다.

그러나 공자의 천운오득(天運悟得)은 하학상달(下學上達)이라고 하는 자기의 이상 추구에 이어지며 적극적으로 사람들 속에서 활동하고, 사람들의 사고[言]를 알도록 뒷받침하는 신념이 되는 것이었다. 이 우화에서 공자가 재난 속에서도 음악 학습을 멈추지 않았음을 묘사하고, 또 어부·사냥꾼·열사의 용기를 이야기하는 것을 보면 그 신념을 간과해서는 안 된다고 이야기하는 듯하다. 그렇지만 林雲銘은 '불행을 싫어하고 행복을 구한다는 따위의 말은 성인의 말로 생각하기 어렵다.'라고 했다. '吾命有所制矣'라고 한 것도 자신이 없음을 드러낸 말이 아닐까? 이 우화는 공자의 운명 감수를 강조하려고 하다가 오히려 사이비한 것이 되었다고 생각할 수 있다. 이런 의미에서 ≪논어≫ 자한편에 '선생님께서는 利와 命과 仁을 말씀하시는 일이 드물었다.(子罕言利與命與仁)'라고 한 것은 그 뜻하는 바가 깊다. 운명이 되었건 이상이 되었건 그것을 쉽사리 입에 올리지 않고 그것들을 마음속 깊이 간직하고 늠름하게 살아가는 데 참된 운명 감수도 이상 실현도 있다고 생각한다.

제4장 공손룡·위모문답:고업우화(公孫龍·魏牟問答:故業寓話)

公孫龍問於魏牟曰, "龍少學先王之道, 長而明仁義之行, 合
同異, 離堅白, 然不然, 可不可, 困百家之知, 窮衆口之辯. 吾
自以爲至達已. 今吾聞莊子之言, 汒焉異之. 不知, 論之不及
與, 知之弗若與. 今吾無所開吾喙. 敢問其方."
公子牟隱机大息, 仰天而笑曰, "子獨不聞夫埳井之鼃乎. 謂
東海之鼈曰, '吾樂與. 吾(出)跳梁乎井幹之上, 入休乎缺甃之
崖. 赴水則接掖持頤, 蹶泥則沒足滅跗. 還虷·蟹與科斗, 莫
吾能若也.
且夫擅一壑之水, 而跨跱埳井之樂, 此亦至矣. 夫子奚不時來
入觀乎.'
東海之鼈, 左足未入, 而右膝已縶矣. 於是, 逡巡而卻, 告之
海曰, '夫千里之遠, 不足以擧其大. 千仞之高, 不足以極其深.
禹之時, 十年九潦, 而水弗爲加益. 湯之時, 八年七旱, 而崖不爲
加損. 夫不爲頃久推移, 不以多少進退者, 此亦東海之大樂也.'
於是埳井之鼃聞之, 適適然驚, 規規然自失也.
且夫知不知是非之竟, 而猶欲觀於莊子之言, 是猶使蚉負山,
商蚷馳河也. 必不勝任矣. 且夫知, 不知論極妙之言, 而自適
一時之利者, 是非埳井之鼃與. 且彼方跐黃泉, 而登大皇. 無
南無北, 奭然四解, 淪於不測. 無東(西)無西(東), 始於玄冥,
反於大通. 子乃規規然而求之以察, 索之以辯. 是直用管闚天,
用錐指地也. 不亦小乎. 子往矣.
且子獨不聞夫壽陵餘子之學行(步)於邯鄲與. 未得國能, 又失

454 장자(외편)

其故行(步)矣, 直匍匐而歸耳. 今子不去, 將忘子之故, 失子
之業."
公孫龍口呿而不合, 舌擧而不下, 乃逸而走.

공손룡이 위(魏)나라의 공자인 모(牟)에게 물었다.

"저는 어려서는 선왕의 道를 배우고 성인이 되어서는 인의의 행위를 밝혀 物의 이동(異同)을 비교하거나, 하나의 物에 관한 堅 · 白의 두 개념을 분석하거나, 인정하지 않는 것을 인정시키거나, 옳지 않다고 하는 것이 사실은 옳다는 것을 논증하거나 하여 허다한 사상가의 지혜를 괴롭히고 많은 논자의 변설을 쏙 들어가게 하였습니다. 저는 저야말로 가장 도리에 통한 자라고 확신하였습니다. 그런데 최근 장(莊)선생의 설을 들었더니 무어라 표현할 수 없는 불사의함에 부닥치고 말았습니다. 아무리 해도 그 까닭을 알 수가 없는데 이는 저의 논리가 그에게 미치지 못하기 때문인가요, 아니면 저의 지혜가 그에게 미치지 못하기 때문인가요? 지금 저는 무슨 말을 해야 좋을지 알 수 없습니다. 어떻게 하면 그의 설을 이해할 수 있는지 그 방법을 가르쳐 주십시오."

공자 모는 자리에 앉아 있다가 이 말을 듣자 크게 숨을 내쉬더니 하늘을 우러러보며 크게 웃은 다음, 다음과 같이 말했다.

"자네는 저 우물 속 개구리에 대해 들은 적이 없는가? 이런 이야기가 있다네.

어느 날 우물 속에 사는 개구리가 동해의 큰 거북에게 이렇게 말했다네.

'나는 즐거워! 우물 밖으로 나가서는 우물 난간에서 팔짝거리며 뛰어놀고, 우물 속에 들어와선 깨진 벽돌 틈에서 쉬며 물에 뛰어들어서는 앞발을 가지런히 모으고 그 위에 턱을 올려놓은 다음 유유히 떠 있고, 흙탕물을 일으키면 뒷 발등까지밖에 흙 속에 묻히지 않아. 주변에 있는 장구벌레 · 게 · 올챙이 녀석들을 둘러봐도 내게 미칠 만한 놈이 없어. 한 구덩이 속의 물을 몽땅 차지하고 우물 속에서 마음껏 뽐내는 이 즐거움이야말로 최고야! 자네는 왜 가끔 이곳에 들어와 보지 않는가?'

라고 말이네. 개구리의 호의를 고맙게 여기면서 동해의 그 큰 거북은 우물 속으로 들어가려 했지. 그런데 거북의 왼발이 다 들어가기도 전에 오른쪽 무릎이 난간에 걸려 빠지지 않게 되었네. 어이가 없어진 큰 거북은 간신히 우물 속으로 들어가 개구리에게 바다에 관해 이야기해 주었네.

'바다는 거리를 재는 어떤 말로도 그 크기를 이야기할 수 없는 곳이며 높이를 나타내는 어떤 말로도 그 깊이를 이야기할 수 없는 곳이네. 하나라 우왕 때 10년 동안 9번이나 큰 홍수가 났지만 바닷물은 조금도 불지 않았고, 은나라 탕왕 때는 8년 동안 7번이나 가뭄이 들었지만 바닷가가 줄어든 일이 없었네. 바다는 어떠한 경우에도 변하지 않으며 어떠한 物이 더해져도 움직이지 않는데 이것이 바로 동해의 커다란 즐거움이라네.'

이 말을 듣고 우물 속 개구리는 너무나 놀라 두려움에 떨며 두리번거릴 뿐 무엇을 해야 좋을지 몰랐네.

무릇 자신의 지혜로 이 세상의 시비를 다투는 것이 얼마나 어리석은지조차 분별할 수 없으면서 장선생의 설을 이해하고자 하는 것은 마치 모기에게 산을 지워 옮기게 하고 노래기에게 황하를 건너게 하려는 것과 같은 짓이네. 모기나 노래기는 결코 그런 일을 해낼 수가 없네. 또 가장 영묘한 설을 논함을 깨닫지 못하고 이 세상 한때의 편리를 얻는 것에 만족하는 자네의 지혜는 좀 전에 이야기한 개구리의 생각과 같지 않겠는가? 저 장선생은 우주 사이에서 자유롭게 행동하고, 아래로는 땅속의 황천(黃泉)에 위로는 천계의 끝인 대황(大皇)에 오르며, 또 남북 구별 없이 사방 어디로든 널리 베풀어 인간의 지혜로는 예측할 수 없는 만물의 근원에 들고, 동서 구별 없이 무위무심한 가운데 大道와 일체가 되어 널리 만물을 전개시키고 있다네. 그런데 자네는 이것을 재치나 입에 발린 말로써 알려고 하네. 이는 대롱을 통해 하늘을 보며 그 넓이를 측정하고, 송곳으로 찔러 땅의 두터움을 측정하려는 것과 같은 짓이네. 너무나 보잘 것 없지 않은가! 자네, 그만 돌아가도록 하게.

참, 자네도 저 수릉의 젊은이가 수도 한단에서 걸음걸이를 배운 이야기를 듣지 못했는가? 그 녀석은 그곳의 걸음걸이에 능해지기도 전에 자신의 본디 걸음걸이를 잊어버리고 말았다네. 그래서 허 참, 글쎄 기어서 고향으로 돌아왔다지 뭔가. 자, 자네도 지금 돌아가지 않으면 지금까지의 것들을 모두 잃고 자네의 본디 얼마저 잃게 될지도 모르네."

공손룡은 그만 입을 쩍 벌린 채 다물지도 못하고, 올라간 혀를 내리지도 못한 채 그대로 달아나 버리고 말았다.

【語義】 公孫龍(공손룡):B.C. 320~B.C. 250년경 인물로 추정된다. 전국시대 말기의 사상가로서 혜시(惠施)와 같이 명가(名家)에 속한다고 한다. 조(趙:산서성) 출신으로 연(燕)나라 소왕(昭王:B.C. 279년 몰)에게 유세하고 조(趙)의 혜문왕(惠文王:B.C. 279~B.C. 266 재위)에게 출사하여 그의 재상 평원군(平原君)에게 중용되었으며 또 공자의 6대손인 공천(孔穿:자는 子高)과 논쟁했다고 전해진다. ≪한서≫ 예문지에 그의 저서 ≪공손룡자≫ 14편이 실려 있다. 현재는 ≪공손룡자≫ 6편이 있으며 그 가운데 전기를 제외한 5편은 14편본의 잔결(殘缺)로 보는 게 통설인데 그 5편도 과연 공손룡의 자저(自著)인지 의심스러운 바가 있다.

魏牟(위모):위(魏)의 공자로서 중산(中山)에 봉해졌으므로 '中山公子牟'라고도 한다. 또 범위모(范魏牟)라고도 한다. 도가에 속하는 사상가라 하며 ≪한서≫ 예문지에 ≪공자모(公子牟)≫ 4편이 실렸다 하는데 전해지지 않고 있다. 일설에 ≪맹자≫ 진심 상편의 '자막(子莫)은 양자 (楊子)와 묵자(墨子)의 중간을 취한다. 그것이 정도(正道)에 가깝다 하겠다. 그러나 정도를 추진하는 데 임기응변이 없으면 한 가지를 고집하는 것과 다름이 없다. 한 가지를 고집하는 것을 싫어하는 것은 그렇게 하는 것이 정도를 해치며 한 가지를 위하여 백 가지를 없애버리기 때문이다(子莫執中. 執中爲近之. 執中無權, 猶執一也. 所惡執一者, 爲其賊道也. 舉一而廢百也)'라는 말에 나오는 '子莫'이 公子牟와 동일인이라고 한다. 그런데 ≪순자≫ 비십이자편 첫머리에는 타효(它囂)와 위모(魏牟)에 대해 '인간의 성정만을 좇아 마음 내키는 대로 하고 금수처럼 행동하며 너무나 예의에 맞지 않아 治道에 통할 수 없다.(縱情性, 安恣睢, 禽獸行, 不足以合文通治)'라고 비판하고 있다. 이렇게 보면 子莫과는 다른 인물로 양주(楊朱)처럼 자적(自適)을 주장했던 인물인 듯하다. 그의 생몰년에 관해서는 이견이 있으며 魏나라 문후(文侯:B.C. 446~B.C. 397 재위)의 자식이라는 설과 문후의 자식인 지(摯)의 자손으로 B.C. 320~B.C. 245에 생존했을 것이라는 설이 있는데 ≪순자≫의 기술을 근거로 추측해 보면 순황(荀況:B.C. 340~B.C. 245)보다 약간 선배가 아닐까?

少學先王之道……窮衆口之辯:'明仁義之行'까지는 유가의 설이다. '先王'은 요·순·우·탕·문왕·무왕. 유가에서 받드는 고대의 성왕을 가리킨다. '合同異' 이하는 명가의 설이다. '合同異'는 物을 비교하여 각 物의 특질을 규정하는 명가의 기본적 방법으로 일반적으로 '同異'라고 말하면 명가의 방법을 가리키는 상투적 표현이 되고 있다. 거협편의 '同異之變'을 참조. '離堅白'은 궤변으로써 한 실체를 둘 또는 세 개념으로 분석하는 것으로 '堅白'도 명가의 궤변을 가리키는 상투적 표현의 하나다. 제물론편 〈천뢰우화〉의 '堅白之昧', 덕충부편 〈무인정지설〉의 '堅白',

거협편의 '堅白', 천지편 〈망기우화〉의 '離堅白' 등 참조. '然不然, 可不可'는 천지편 〈망기우화〉에 그와 비슷한 표현이 있다.

汒焉(망언):'망연(茫然)'과 같다. 너무나 광대하여 아무 말도 하지 못하는 모양.

敢問其方(감문기방):제물론편 〈천뢰우화〉에 같은 표현이 있다.

公子牟隱机大息仰天而笑(공자모은궤대식앙천이소):제물론편 〈천뢰우화〉에 '南郭子綦隱几而坐, 仰天而噓'라 한 것과 흡사한 표현이다.

埳井之鼃(감정지와):'埳'은 '坎'의 이체자. 구멍 또는 우물. '鼃'는 개구리. 이 말은 필시 〈반기진우화〉의 '井鼃'에서 생각해 낸 것이리라. ≪순자≫ 정론편에 '우물 안 개구리와는 동해의 즐거움에 대해 이야기할 수 없다(坎井之鼃不可與語東海之樂)'고 했는데 ≪순자≫가 이 우화에서 힌트를 얻은 것인지, 아니면 이런 말이 이미 만들어진 뒤에 이 우화가 지어진 것인지 명확하지 않다.

鱉(별):'鼈(별:자라)'의 속자. 단, 자라는 담수(淡水)에서만 살므로 여기서는 바다거북을 가리키리라.

吾跳梁乎井幹之上(오도량호정간지상):成玄英疏本에는 '吾'가 '出'로 되어 있다. 이하가 대구 표현으로 되어 있음을 생각하면 成玄英本을 좇아야 할 것이다. '跳梁'은 뛰어오르는 것. '梁'은 '踉(량:뛰다)'의 차자. '梁'을 군글자로 보는 사람도 있다. '井幹'은 우물 주변을 둘러싸고 있는 나무 테두리.

缺甃(결추):'甃'는 우물 내벽을 이루고 있는, 흙을 구워 만든 정방형 또는 장방형의 벽돌.

接掖持頤(접액지이):개구리가 앞다리를 모으고 거기에 턱을 올려놓은 듯이 물 위에 떠 있는 모습을 희화적으로 묘사한 것이다. '接'은 '攝(섭:끌어당기다)'의 차자. '掖'은 '腋'의 차자. '持'는 여기서는 '지탱하다,

받치다'의 뜻.

蹶泥則沒足滅跗(궐니즉몰족멸부):'蹶'은 여기서는 '차올리다', 나아가 '매우 어지럽히다'의 뜻. '넘어지다, 엎어지다'의 뜻이 아니다. '跗'는 발등. '趺'와 같다. '足'은 다리의 무릎 이하 부분을 가리키는 말이므로 '滅跗沒足'이라고 하는 것이 적절한 표현이리라 생각된다.

還虷蟹與科斗(환간해여과두):司馬彪는 '還'을 '뒤돌아보다'의 뜻으로 해석하고, 成玄英은 이 구를 '새우와 게 따위를 쳐다보고 올챙이 무리를 굽어본다'로 해석했다. 이에 따라 원문은 '還視……'였는데 '視' 자가 탈락되었다고 하는 설(奚侗·馬敍倫 등)이 있지만 '還'은 '睘(睘)' 또는 '䀏'의 차자로 보아야 할 것이다. '睘'은 '눈알을 빙빙 돌리다·놀라 눈을 크게 뜨다', 나아가 '둘러보다'의 뜻. '虷'은 장구벌레. '蟹'는 게. '科斗'는 '蝌蚪'로도 쓰며 올챙이.

擅一壑之水(천일학지수):'擅'은 자기 혼자 몽땅 차지하는 것. '壑'은 여기서는 '穴'의 뜻으로 우물을 가리킨다.

跨跱(과치):다리를 크게 벌리고 떡 버티고 서는 것.

奚不時來入觀乎(해불시래입관호):어찌하여 때때로 들어와 구경하지 않는 것인가? 권유의 뜻을 나타내는 반어적 표현이다.

已縶矣(이칩의):'縶'은 '묶이다', 나아가 '꼼짝도 하지 못하다'의 뜻.

千里之遠(천리지원)·千仞之高(천인지고):사람이 통상적으로 생각할 수 있는 원거리·높이의 한계를 초들고 있다. 1里는 약 400m, 1仞은 약 150cm.

潦(료):큰 물.

頃久(경구):시간을 가리킨다. '頃'은 지극히 짧은 시간.

適適然驚(적적연경):'適'은 '惕(척:무서워 벌벌 떨다)'의 차자. 요컨대 이 구는 슬금슬금 둘러볼 뿐 어쩔 줄 모르는 것을 뜻한다.

不知是非之竟(부지시비지경):'是非之竟'은 여기서는 시비를 초월한 경지를 가리키는 말이리라. '竟'은 '境'의 차자.

是猶使蚉負山商蚷馳河也(시유사문부산상거치하야):'使蚉負山'은 응제왕편 〈치내우화〉에 이미 나왔다. '商蚷'는 노래기. 노래기는 산에 사는 것으로 蛟·龍에 대신하여 물속을 달릴 수는 없다.

跐黃泉而登大皇(자황천이등대황):재유편 〈정기독존우화〉의 '我爲女遂於大明之上矣, 至彼至陽之原也. 爲女入於窈冥之門矣, 至彼至陰之原也. 天地有官, 陰陽有藏'과 비슷한 취지를 담고 있다. 요컨대 조물자와 일체이며 절대 자유임을 말하고 있는 것이다. '黃泉'은 땅 속에 있으므로 '至陰之原'에 해당한다. '大皇'은 통상 하늘을 가리키는 것으로 해석되는데 '皇'은 크게 빛난다는 뜻이다. 요컨대 '大明'의 뜻으로 '至陽之原'에 해당한다.

無南無北奭然四解淪於不測(무남무북석연사해윤어불측):莊子를 정기(精氣)로 간주하고, 널리 만물의 근원이 됨을 가리킨다. '無南無北'은 '無南無北無東無西'를 생략하여 표현한 것. 다음의 '無東(西)無西(東)'도 마찬가지. '四解'는 사방으로 분산되는 것. '淪'은 '침몰하다'의 뜻으로 인지(人知)로는 알 수 없는 경지에 드는 것이기 때문에 이렇게 표현한 것이다. '不測'은 만물의 근원인 無를 가리킨다.

無東無西始於玄冥反於大通(무동무서시어현명반어대통):'無東無西' 이외는 재유편 〈물자화우화〉의 '汝徒處無爲, 而物自化. 墮爾形體, 吐爾聰明, 倫與物忘, 大同乎涬溟. 解心釋神, 莫然無魂. 萬物云云, 各復其根'과 같은 취지의 말이다. 따라서 이것은 무위인 제왕의 덕이기도 하다. 압운 관계를 따진다면 '無西無東'으로 해야 옳다. '玄冥'은 무위무심을 가리킨다. '大通'은 道를 가리킨다. '反於大通'은 道에 복귀하는 것, 요컨대 '物自化'의 참된 모습이다.

用管闚天用錐指地也(용관규천용추지지야):더없이 작은 도구로써 한없이 큰 것을 잼. 즉 천박한 지식으로 대리(大理)를 알려고 하는 어리석음을 비유적으로 표현한 것이다. 이것을 출전으로 하여 管闚·管見 등의 성어가 생겼다.

壽陵餘子(수릉여자):'壽陵'은 연(燕:하북성)의 전사정(田舍町). '餘子'는 서자(庶子), 즉 장남 이외의 남자라는 뜻으로 사용되는 경우와 정규 징집이 아닌 경우로 징발된 남자라는 뜻으로 사용되는 경우가 있다. 成玄英은 미성년의 남자라는 뜻으로 보았다. 필시 庶子로서 젊은 사람을 뜻하리라.

學行(학행):《한서(漢書)》·《태평어람》·《포박자》 등에 인용된 문장에는 '行'이 '步'로 되어 있다. 예용(禮容)으로서 보행(步行)을 배우는 일이 있었던 듯하다. 어쩌면 춤출 때의 발의 움직임인지도 모른다.

邯鄲(한단):조(趙)나라 수도였던 땅으로 당시는 가장 번화했던 도시였다. 지금의 하북성 성안현 서북.

口呿而不合舌擧而不下(구거이불합설거이불하):천운편 〈견룡우화〉에 '子口張而不能嚼'이라고 한 것과 비슷한 표현이다.

【補說】 이상의 〈고업우화〉는 세상에서 변자(辯者)로서 유명한 공손룡이 도가의 한 사람인 위모에게 장자의 설을 알고자 한다고 물은 바, 위모가 동해의 큰 즐거움을 모르는 우물 속 개구리의 이야기와 걸음걸이를 배우러 한단에 간 수릉 젊은이의 이야기를 들어 공손룡은 아무리 애를 써도 장자의 더없이 영묘한 설을 알 수 없을 뿐 아니라 그것을 이해하려다간 오히려 자신의 것마저 잃게 될 거라고 하자 공손룡이 기겁을 하고 달아나 버렸다는 내용이다.

《장자》의 여러 우화 가운데 한 유형을 이루고 있는 혜시와 장자의 논쟁에 대신하여 공손룡과 위모를 등장시킨 것으로 실전(實傳)은 아니지만 그 서술이 매우 재미있어 사람들에게 널리 애독되고 있다. 인용된 우화가 흥미있을 뿐 아니라 과장·해학의 필법이 돋보이는 작품이다. 청(淸)의 임운명(林雲銘)은 깊은 뜻을 지닌 작품은 아니라고 평했다. 확실히, 깊은 뜻을 찾으려는 것보다는 부담 없이 즐거운 마음으로 읽어야 할 작품이다. 그렇지만 아무리 해도 미칠 수 없는 고원한 이론에 대해서는 얕은 지혜 따위로 알고자 하지 말고 자신이 잘 알고 있는 것을 지키는 것이 좋다는 것은 종래의 우화에서는 볼 수 없던 새로운 취향이며 또 이것은 독자로 하여금 뭔가를 생각하게 하기에 충분하다.

제5장 초사자·장자문답:예미도중우화(楚使者·莊子問答:曳尾塗中寓話)

莊子釣於濮水. 楚王使大夫二人往先焉. 曰, "願以竟內累矣."
莊子持竿不顧曰, "吾聞, 楚有神龜. 死已三千歲矣. 王巾笥而
藏之廟堂之上. 此龜者, 寧其死爲留骨而貴乎. 寧其生而曳尾
於塗中乎."
二大夫曰, "寧生而曳尾塗中."
莊子曰, "往矣. 吾將曳尾於塗中."

장자가 복수에서 낚시질을 하고 있었다. 그때 초나라 왕이 장자를 재상으로 삼아 국정을 맡기고자 우선 대부 두 사람을 사자로 보내 장자의 속마음을 알아보게 했다. 두 사람은 낚시질을 하는 장자 옆에 공손히 서더니 그 중 한 사람이

"부디 저희 나라의 정치를 보살펴 주시기를 바랍니다."

라고 간청했다.

장자는 낚싯대를 쥔 채 돌아다보지도 않고,

"초나라에는 신성한 거북의 등딱지가 있는데 그것은 3천 년이나 묵은 것으로 왕께서는 그것을 천으로 싸 상자에 넣고 더없이 귀중하게 묘당에 모셔 두고 있다고 들었습니다. 그런데 그 거북은 죽어 등딱지를 남겨 귀하게 되고자 했겠습니까, 아니면 산 채로 진흙 속에서 꼬리를 끌며 마음대로 돌아다니기를 원했겠습니까?"

라고 물었다.

그러자 두 사람의 대부는

"그야 물론 살아서 진흙 속에서 꼬리를 끌며 마음대로 돌아다니기를 원했겠지요."

라고 대답했다.

장자가 조용히 말했다.

"그만 돌아들 가시지요. 저도 진흙 속에서 꼬리를 끌며 마음대로 돌아다니고 싶답니다."

【語義】 濮水(복수):成玄英의 설에 의하면 지금의 산동성 복현(濮縣)의 남쪽에 있던 내[川]라 한다.

楚王(초왕):초나라의 위왕(威王:B.C 339~B.C. 329 재위)(≪사기≫의 설)이라고 한다.

大夫(대부):경(卿:대신)보다는 낮으며 사(士)보다는 높은 지위로 장관에 해당한다.

往先焉(왕선언):‘先往焉’과 같으며 정사(正使)를 파견하기 전에 미리 속마음을 알고자 하는 것이다. 양왕편에는 ‘使人以幣先焉’이라 했고, 설검편에는 ‘子何以敎寡人. 使太子先焉’이라고 했다.

願以竟內累矣(원이경내루의):재상에 앉혀 나랏일을 맡기겠다는 것을 완곡하게 말하고 있다. ‘竟內’는 국내의 뜻. ‘竟’은 ‘境’의 차자. ‘累’는 성가신 일을 부탁하거나 폐를 끼친다는 뜻.

神龜(신귀):신성한 거북의 등딱지. 점을 치는 데 사용된다. 은허(殷墟)에서 발굴된 귀갑(龜甲)에도 1년 넘게 사용된 것이 있으나 ‘三千歲’라고 한 것은 과장된 표현이다.

王巾笥而藏之廟堂之上(왕건사이장지묘당지상):‘巾笥’는 천으로 싸 상자에 넣어 귀중하게 보관하는 것. ‘廟堂’은 정전(正殿)으로 가장 신성한 장소이다. 점도 묘(廟)에서 실시하는 것이 원칙이다.

寧其死……塗中乎:여기서 '寧'은 원망(願望)·선택의 뜻을 나타낸다. '死留骨而貴'는 죽어 시체가 되어 귀하게 되는 것. 즉 조정(朝廷)의 인적 관계나 의례 등에 구속되어 전혀 자유도 자주성도 없이 허명만을 지킨다는 것을 우의하고 있다. '骨'은 여기서는 '껍데기'의 뜻.

吾將曳尾於塗中(오장예미어도중):앞에서 든 거북의 비유를 받아 장자 자신의 의지를 표명한 것이다. 진흙 속에서 꼬리를 끌며 돌아다니는 것은 거북의 천성이다. 그와 마찬가지로 장자 자신도 자신의 천성에 좇아 마음 편히 살겠다는 것이다. 이른바 '안심입명(安心立命)'을 주장하고 있다. 이 문장만을 놓고 보면 진흙 속에서 꼼지락거리는 비굴함을 느낄 수도 있으나 앞의 '死留骨而貴'와 대조하면 자연 속에서 태연하게 자유를 향유하는 것을 느낄 수 있다. 또 매우 사실적인 표현이라 할 수 있는 '曳尾'는 해학미 넘치는 표현이다. '塗'는 진흙.

【補說】 이상의 〈예미도중우화〉는 장주가 낚시질을 하고 있는 곳에 찾아온 초왕의 사자에게 楚의 신구(神龜)의 예를 들어 자신은 신구가 되기보다는 진흙 속에서 자유롭게 노는 거북이 되고 싶다, 즉 자신의 성분(性分)에 맞는 자유로운 생활을 바란다고 고하는 내용으로 되어 있다.

이 우화는 장주의 전기(傳記) 자료로서 매우 중요시되고 있다.

장주의 인간됨을 잘 전해 주고 있다고 생각되는 작품이다. 그렇지만 실전(實傳)은 아닐 것이다. 당시 楚로서는 장주를 초빙해야 할 필요가 전연 없었으며 또 그를 초빙하려 했던 사실(史實)이 발견되지 않기 때문이다. 따라서 이 우화도 우화로서의 흥미를 최대한 포착하려는 자세로 읽는 게 바람직할 것이다. '寧其死留骨而貴乎, 寧其生而曳尾於泥中乎'라는 비유는 참으로 뛰어나다.

제6장 치혁우화(鴟嚇寓話)

> 惠子相梁. 莊子往見之. 或謂惠子曰, "莊子來, 欲代子相." 於
> 是惠子恐搜於國中, 三日三夜.
> 莊子往見之曰, "南方有鳥, 其名[爲]鵷鶵. 子知之乎. 夫鵷鶵發
> 於南海, 而飛於北海. 非梧桐不止, 非練實不食, 非醴泉不飮.
> 於是鴟得腐鼠, 鵷鶵過之. 仰而視曰, '嚇.' 今子欲以子之梁
> 國, 而嚇我邪."

혜자가 양(梁)의 재상이 되었다. 장자가 혜자를 만나고자 했다. 이 사실을 안 어떤 사람이 혜자에게

"장자가 오면 당신 대신 재상의 자리를 차지할 것입니다."

라고 말했다. 혜자는 너무나 놀라, 삼일 밤낮 수도의 구석구석까지 뒤져 장자를 찾아내도록 했다. 그런 차에 장자가 느닷없이 혜자를 찾아가 만났다. 장자가 말했다.

"남쪽 저 먼 곳에 새가 있는데 원추(鵷鶵)라고 하네. 자네도 알고 있겠지? 요 녀석은 남쪽 바다에서 북쪽 바다로 날아간다네.

날아가는 도중에 오동나무가 아니면 결코 머물지 않고 연(楝)의 열매가 아니면 결코 먹지 않으며 달고 맑은 약수가 아니면 결코 마시지 않는다네.

그런데 썩은 쥐를 찾아내어 그것을 천하에 둘도 없이 귀한 것으로 여겨 입에 물고 있는 소리개가 있었네. 마침 원추가 그 소리개가 있는 곳을 지나게 되었다네. [무슨 일이 벌어졌는 줄 아는가?] 글쎄, 소리개는 원추를 올려다보며 '칵!' 하고 을렀다는군.

자, 자네도 그 못난 녀석처럼 썩은 쥐새끼 때문에 내게 '칵!'하고 으르려
는가?"

【語義】惠子相梁(혜자상량):혜자는 십여 년 동안 위(魏)나라의 재상을 지
냈다. B.C. 322년, 혜자는 연횡책(連衡策)을 주장하는 장의(張儀)에게
재상직을 빼앗긴다. '梁'은 위(魏)나라의 다른 이름.

　國中(국중):國城, 즉 '수도인 대량(大梁:지금의 개봉시)을 구석구석'
의 뜻.

　其名鵷鶵(기명원추):成玄英疏本에는 '其名' 뒤에 '爲' 자가 있다. '鵷
鶵'는 신화상의 성조(聖鳥)인 봉황의 한 종류라 한다(成玄英의 설). 동
음인 '遠趨(원추:멀리 가다)'의 뜻. 나아가 고원한 정조나 취미를 우의하
기 위해 만들어진 가공의 새이리라.

　夫鵷鶵發於……北海:소요유편의 〈붕도남〉을 기조로 한 표현이리라.

　非梧桐不止(비오동부지):≪시경≫ 대아 〈권아(卷阿)〉에 '봉황이 우
네, 저 높은 언덕에서. 오동이 자랐네, 저 산 동쪽 언덕에.(鳳凰鳴矣, 于
彼高岡. 梧桐生矣, 于彼朝陽)'라는 구가 있는데 그에서 생각해 낸 말이
리라. '止'는 漢代에는 '棲(서:살다, 깃들이다)'의 뜻으로 쓰였던 듯하다.

　非練實不食(비연실불식):漢代에 봉황은 대나무의 열매만을 먹는다는
설이 있었다. 대나무가 열매를 맺는 일은 드물고, 또 매우 상서로운 일
로 여겨졌기 때문이리라. 成玄英은 '練實'을 대나무의 열매로 해석했고,
또 많은 학자가 비판 없이 이에 쫓고 있다. 그렇지만 '練'에는 竹의 뜻이
없다. ≪회남자≫ 시즉훈(時則訓)의 注에 '楝實은 鳳凰이 먹는다'고 했
다. 이에 의해 '練'은 '楝'의 차자로 보아야만 한다. '楝'은 멀구슬나무.
낙엽고목(落葉高木)으로 봄에 꽃이 피고 가을에 누런 열매가 생기는데
열매는 약용한다.

醴泉(예천):감주(甘酒)처럼 맛이 좋고 시원한 물.

鴟得腐鼠(치득부서):'鴟'는 소리개[鳶]. 여기서는 올빼미[梟]의 뜻으로 쓰이지 않았다. '腐鼠'는 쥐의 썩은 시체. 梧桐·練實·醴泉과 腐鼠와의 대조가 절묘하며 세속의 사람들이 우러러보며 존경해 마지않는 재상의 자리를 멸시하는 우의가 잘 나타나 있다.

嚇(혁):몹시 화가 나 거부할 때 내는 소리. 이 한 마디는 재상의 자리를 지키고자 혈안이 된 혜자의 모습을 더없이 익살스럽게 표현하고 있다.

【補說】 이상의 〈치혁우화〉는 장자가 자신의 지위를 빼앗으려 오는 것이나 아닐까 하여 쩔쩔매는 혜자에게, 썩은 쥐를 빼앗길까 두려워 원추(鵷鶵)를 향해 으르는 소리개의 비유로써 장자가 혜자에게 자신의 뜻을 분명히 밝힌다는 내용의 글이다.

참으로 통쾌한 소화(笑話)이다. 단, 마지막의 '今子欲以子之梁國, 而嚇我邪'라는 한 구가 없었다면 소화로서의 맛이 더 풍부했을 것이다.

≪이솝 이야기≫에 고깃덩어리를 물고 있는 냇물에 비친 자신의 모습을 다른 개로 잘못 보고 짖었다가 고깃덩어리를 냇물에 떨어뜨리는 개의 이야기가 있다. 이 우화와 공통되는 점이 있지만 이솝 이야기에는 아이들에게도 호소력을 갖는 보편성이 있다면 이 우화에는 성인이 아니면 이해할 수 없는 특수성이 있지 않을까?

莊子與惠子遊於濠梁之上.

莊子曰, "儵魚出游從容. 是魚樂也."

惠子曰, "子非魚. 安知魚之樂."

莊子曰, "子非我. 安知我不知魚之樂."

惠子曰, "我非子, 固不知子矣. 子固非魚也, 子之不知魚之樂
全矣."

莊子曰, "請循其本. 子曰, '女安知魚樂' 云者, 旣已知吾知之,
而問我. 我知之濠上也."

장자가 혜자와 함께 호수(濠水)의 다리 옆에서 경치를 구경했다.

장자가

"피라미가 마음대로 헤엄쳐 다니고 있군. 조것이 녀석의 즐거움이렷다!"

라고 말했다.

이것을 들은 혜자가

"물고기도 아닌 자네가 어떻게 물고기의 즐거움을 알아?"

라고 덤벼들 것처럼 말했다.

장자가 즉각,

"자네는 내가 아니면서, 어떻게 내가 물고기의 즐거움을 아는지 모르는
지 안단 말인가!"

라고 대꾸했다.

그러자 혜자가

"나는 자네가 아니기 때문에 물론 자네가 무엇을 아는지 모르는지 알 수 없네. 그렇지만 자네도 물고기는 아니네. 따라서 자네가 물고기의 즐거움을 알 수 없다고 하는 나의 논리는 완벽한 것이야!"

라고 반격했다.

그러자 장자가

"이야기의 처음으로 되돌아가 생각해 보세. 자네 말대로 자네는 내가 아니기 때문에 틀림없이 내가 무엇을 알고 있는지 알 수가 없어. 그럼에도 자네가 내게 '자네가 어떻게 물고기의 즐거움을 알아?'라고 말한 것은 자네는 이미 내가 무엇을 알고 있는지를 알고 그와 같이 물은 것이 아니겠나? 자네가 내 마음을 그렇게 알았듯이 나는 호(濠) 근처 물고기의 즐거움을 알았던 것이지."

라고 말했다.

【語義】 濠梁(호량):'濠'는 내[川]의 이름. 지금의 안휘성 봉양현의 동북을 흘러 회하와 합류하는 동호수(東濠水). 成玄英의 설에 의하면 이 부근에는 장자의 묘가 있고, 또 장자와 혜자가 놀던 곳이 있다고 한다. '梁'에는 '나무다리'라는 뜻과, '내[川]에 징검돌을 놓아 건너갈 수 있도록 한 곳'이라는 뜻이 있다. 어느 것을 가리키는지 확실하지 않다.

　　鯈魚(조어):피라미.

　　從容(종용):'縱(종:제멋대로 함)'의 첩운 완언으로 무엇에도 구애받지 않고 자유롭게 마음 편히 있는 모양.

　　全矣(전의):논리가 완전함.

　　循其本(순기본):그 처음으로 돌아가서 논함. 일설에 그 근본에 관하여 논한다는 뜻(李元卓의 설)이라 했다.

【補說】 이상의 〈호량우화〉는 ≪장자≫ 우화의 한 유형을 이루고 있는 혜자·장자 쟁론 중 하나이다. 장자가 호량 근처에서 피라미가 자유롭게 헤엄치는 것을 보고 그것이 물고기의 즐거움이라고 말한 데 대해 혜자가 물고기도 아니면서 어떻게 물고기의 즐거움을 알 수 있겠느냐고 논쟁을 걸자 장자는 혜자의 논법을 역이용하여 혜자를 꼼짝 못하게 하고 있다.

이 우화는 장자의 부세(浮世)를 초월한 취미, 즉 만물일체의 심경을 보여 주는 것으로서 매우 중요한 것으로 취급되고 있다. 또 '濠梁之想'·'濠濮之閒想'·'濠上之居' 등의 성어가 이 우화에서 비롯되었다. 그런데 여태까지 이 우화가 바르게 해석되었다고는 할 수 없다. 餘說을 참조하기 바란다.

【餘說】 〈호량우화〉의 해석

이 우화는 잘 알려진 작품이긴 하나 바르게 해석되고 있다고는 할 수 없다. 그 까닭은 이 우화가 대체로 평명(平明)한 문장으로 이루어져 있는 것은 사실이나 문장에 생략이 많고 또 그런 만큼 단순한 표현으로 볼 수 없는 곳이 많으며 종래 전거가 되었던 郭象·成玄英의 해설에 불충분한 점이 있기 때문이다.

송대(宋代)에는 郭·成의 해석과는 달리 '請循其本'의 '本'을 만유의 근원이란 뜻으로 해석하여 '물아일체(物我一體)'를 설하는 것이다(李元卓·褚伯秀 등의 설), 요컨대 장자가 我와 魚의 차별 없이 만물의 참된 즐거움을 직관했다고 해석하는 설이 나와, 그 후 이 설이 비교적 많은 학자들에게 채택되고 있다. 그렇지만 이 설은 장자가 체도했다는 관념 하에 논쟁의 전개를 무시하는 것으로 원문에 대한 충실한 해석이라 할 수 없다. 또 이 설로는 무슨 이유로 '我知之濠上也'라는 말로 끝을 맺고 있는지 설명할 수가 없다.

또 혜자가 '安知魚之樂'이라고 반문한 것은 장자가 물고기의 즐거움을 알고 있다고 간주한 것, 요컨대 반문한다는 것은 이미 안다는 사실을 전제하는 것이라는 류의 해석(林希逸·林雲銘·吳世尙의 설)도 있다. 이것에서 조금 변화한 해석으로는 '安知魚之樂'이란 물고기의 즐거움을 아는 방법을 묻는 것이라는 해석(陸長康·胡文英의 설)이 있는데 이것은 본 우화가 지닌 논쟁의 흥미를 완전히 상실시키는 것이다.

곽말약(郭沫若)은 장자가 마지막에 '子曰, 女安知魚樂云者'라고 한 것은 일부러 혜자의 본의를 곡해하고 '安'을 '何處'의 뜻으로 사용한 것이며 그래서 '我知之濠上也'라고 하여 그것을 안 장소를 말한 것이라고 하는 기지 넘치는 해석을 보여 주고 있다. 이것은 '我知之濠上也'라는 표현의 흥미를 중시한 것으로 논쟁 전개의 측면에서 보면 채택할 만한 가치가 전연 없는 설이다.

이 혜자와 장자의 논쟁은 혜자가 '子非魚, 安知魚之樂'이라고 따져 물으면서 시작되고 있다. 즉 혜자의 논법을 추상화하면 그 物이 아니면 그 物이 지니고 있는 감정을 알 수 없다고 하는 것이다. 그래서 장자는 혜자의 말을 본떠 '子非我, 安知我不知魚之樂'이라고 하여 혜자와 똑같은 논법으로 즉각적으로 보복(?)하고 있다. 이것이 이 논쟁의 첫 번째 흥미이다.

곧이어 혜자는 장자의 '子非我'의 논식(論式)을 받아, '我非子'라고 기죽지 않고 반론을 시작하여 이하 삼단논법과 같은 논증을 전개한다. 여기서 그 物이 아니고서는 그 物이 갖는 감정을 알 수 없다고 하는 논법은 완전히 통하여 혜자의 논법 내에서는 장자가 물고기의 즐거움을 알 수 없다는 것이 입증된 셈이며 혜자는 득의만면(得意滿面)해졌으리라.

그의 그러한 기분이 어조에도 드러나 있다고 생각된다. 그런데 사실은 혜자의 논법에는 큰 결점이 있었던 것이다. 혜자가 그 物이 아니면 그 物이 지닌 감정을 알 수 없다는 논증을 강화하면 할수록 장자가 파놓은 함정에 깊이 빠져들게 되어 혜자로서는 장자가 아니라면 도저히 장자의 감정을 알 수 없다는 사실을 스스로 명백하게 하는 결과가 되었던 것이다. 이것이 이 논쟁의 두 번째 흥미이다.

장자는 '請循其本'이라 말한다. '其本'이란 최초에 장자가 물고기의 즐거움을 안다고 한 것을 가리키는 것도, 혜자가 그것을 따져 물은 것을 가리키는 것도 아니며 바로 앞에서 혜자가 논한 것의 처음 '我非子, 固不知子矣'를 받고 있는 것이다. 바꿔 말하면 '子非我. 子固不知我'라는 뜻이다. '子曰'의 앞에는 '然而'와 같은 류의 반전의 뜻을 나타내는 말이 생략되어 있다. 즉 '子曰' 이하는 혜자의 논법의 모순을 지적하고 있다. 알 수 없는 장자의 감정에 관하여 언급했기 때문에 스스로 자신의 논리를 어겨 '旣已知吾知之, 而問我'라고 하는 통렬한 야유를 받게 된 것이다. 따라서 장자로 하여금 '我知之濠上也'라고 하는 야유에 찬 개가를 부르게 만들고 말았다.

요컨대 이 우화는 장자가 천진(天眞)의 즐거움을 알고 있다는 것은 차치하고 논쟁 그 자체가 깊은 흥미를 지니고 있으며 특히 변설로 유명한 혜자를 장자가 변설로써 제압했다는 내용이 더없이 흥미를 느끼게 하는 것이다.

제18편

지락(至樂)

    편 머리의 '至樂' 두 자를 취하여 편명으로 삼은 것이다. 한 개의 논설과 다섯 개의 우화로 구성되어 있으며 이 가운데 장자와 촉루(髑髏)의 문답인 〈사지열락우화(死之悅樂寓話)〉와 열자가 누(髏)에 이야기하는 〈열자설만물지기(列子說萬物之機)〉가 잘 알려져 있는 것들이다. 전편에 걸쳐 생사를 초월한 무위야말로 지상의 쾌락임을 설하고 있다. 그렇지만 모두가 하나의 주제로 성립되어 있는 것은 아니다.

제1장 지락론(至樂論)

> 天下有至樂, 無有哉. 有可以活身者, 無有哉. 今奚爲奚據
> (距), 奚避奚處, 奚就奚去, 奚樂奚惡.

　이 세상에 참된 즐거움이라는 것이 있을까 없을까? 즐거움 외에 몸을 편안하게 보전할 수 있는 것이 따로 있을까 없을까? 대체 지금 사람은 무엇을 행하고 무엇을 그만두며 무엇을 피하고 무엇에 접근하며 무엇에 나아가고 무엇을 버려 결국 무엇을 즐거워하고 무엇을 싫어해야 옳을까?

【語義】 天下有至樂……有可以活身者無有哉:다음 글에 '至樂活身, 唯無爲幾存'이라고 한 것으로 추론하면 '至樂活身'을 '至樂'과 '可以活身者'로 나누어 표현한 것으로 해석할 수 있다. 바꿔 말하면 본론의 필자는 안락하게 몸을 보전하는 것을 문제 삼고 있는 것이다. '至樂'은 글자 뜻 그대로 '가장 큰 즐거움'이란 뜻인데 그것은 '참된 즐거움'을 가리키는 것임에 틀림없다.

　今奚爲奚據……奚惡:'至樂活身'의 법이 명확하지 않으면 모든 행위, 특히 즐거움이 있을 수 있다고 어찌 생각할 수 있겠느냐는 뜻이다. '奚(해:하인, 종)'는 '曷(갈:무엇)'의 차자. '奚據'의 '據'는 '奚避奚據' 이하의 각 구가 반의의 대어로 이루어져 있다는 점을 근거로 추론하면 '距(거:拒와 같다)'를 잘못 베낀 것으로 보아야 할 것이다(馬敍倫의 설). 덧붙여 말하면 距(據)·處·去·惡는 魚部韻의 운자이다.

【補說】 이상은 〈지락론〉의 제1절이다. 인생의 참된 의미는 안락하게 살아
　　가는 데 있다는 입장에서 '至樂活身'의 법이 명확하지 않으면 인간의 행
　　동 기준이 확립되지 않음을 이야기하고 있다.

夫天下之所尊者, 富·貴·壽·善也. 所樂者, 身安·厚味·美
服·好色·音聲也. 所下者, 貧·賤·夭·惡也. 所苦者, 身不
得安逸, 口不得厚味, 形不得美服, 目不得好色, 耳不得音聲.
若不得者, 則大憂以懼. 其爲形也亦愚哉.
夫富者, 苦身疾作, 多積財而不得盡用. 其爲形也亦外矣. 夫貴
者, 夜以繼日, 思慮善否. 其爲形也亦疏矣. 人之生也, 與憂俱
生. 壽者惛惛, 久憂不死. 何之苦也. 其爲形也亦遠矣. 列(烈)
士爲天下見善矣, 未足以活身. 吾未知善之誠善邪, 誠不善部.
若以爲善矣, 不足活身. 以爲不善矣, 足以活人. 故日, "忠諫
不聽, 蹲循勿爭." 故夫子胥爭之以殘其形. 不爭名亦不成. 誠
有善無有哉.

무릇 이 세상 사람들이 인생에서 가장 가치 있는 것으로 귀히 여기는 것
은 많은 재산, 고귀한 신분, 장수, 높은 명예이다. 가장 즐거운 것으로 여
기는 것은 신체의 안락, 맛있는 음식, 아름다운 의복, 마음에 드는 여자,
즐거운 음악이다. 또 가장 업신여기는 것은 가난, 신분이 낮은 것, 일찍 죽
는 것, 악평이다. 가장 고통스럽게 여기는 것은 신체의 안락함을 얻지 못
하는 것, 맛있는 음식을 먹지 못하는 것, 아름다운 의복을 몸에 걸치지 못
하는 것, 마음에 드는 여자를 보지 못하는 것, 즐거운 음악을 듣지 못하는

것이다. 그리고 그 귀히 여기는 것과 즐거워하는 일 가운데 자기의 것으로 할 수 없는 것이 있으면 크게 걱정하고 두려워한다. 이처럼 사람들은 몸을 안락하게 보전하려고 하는데 이 얼마나 어리석은 일인가!

무릇 부유한 자는 자신의 몸을 혹사시키며 부지런히 일하여 재산을 많이 모으지만 그것을 다 쓰지도 못한다. 이와 같이 하여 몸을 안락하게 보전하려 하는 것은 말할 것도 없이 道에 위배된다. 신분이 높은 자는 밤낮을 이어 한 순간도 쉴 틈이 없이 물사의 선악을 생각한다. 이와 같이 하여 몸을 안락하게 보전하려 하는 것은 말할 것도 없이 생각이 부족한 것이다. 사람의 인생이란 끊임없이 걱정스런 일과 함께 살아가는 것이다. 그래서 수명이 긴 자는 늘 명청한 상태로 언제까지나 걱정만을 할 뿐 죽음이란 안식에 나아가지도 못한다. 이 얼마나 괴롭겠는가! 이렇게 하여 몸을 안락하게 보전하려고 하는 것은 말할 것도 없이 道에서 너무나도 동떨어져 있는 것이다. 또 공적을 올린 열사(烈士)는 천하 사람들에게서 훌륭하다고 극구 칭송을 받기는 하지만 자신의 몸을 살릴 수는 없다. 따라서 나로서는 그것이 진정 선한 것인지, 아니면 사실은 불선한 것인지 알 수가 없다. 만일 그것이 선이라고 하면 그 선은 자신의 몸을 살릴 수가 없다. 그렇지 않고 그것이 실은 불선이라고 하면 그 불선이 다른 사람을 살리는 것이다. 그래서 '성의를 다한 간언은 받아들여지지 않는다. 겸양히 자신을 낮추어 선을 다투려 하지 않는 것이 좋다'고 하는 것이다. 그 증거로 오자서가 오왕(吳王)과 선을 논쟁하였기 때문에 죽음을 당한 것을 들 수 있다. 그러나 선을 다투지 않았다면 오자서의 열사라고 하는 명성은 없었을 것이다. 이런 사실에서 생각해 보면 참으로 훌륭한 공이라는 것이 있는 것일까? 그렇지 않은 것일까?

【語義】富貴壽善也(부귀수선야):'善'을 成玄英은 '善名令譽'의 뜻으로 해석하고 있고 또 이에 좇는 학자가 많은데 그저 좋은 명성만을 가리키는 것

이 아니다. 다음 글에 善의 실행자로서 '烈士'를 들고 있는 것을 보면 주군에게 충성을 다하고 국익을 꾀하며 인민을 안정시키는 따위의 공적을 주로 하고 있다고 해석하지 않으면 안 된다. 그런데 본절은 그 善의 내용을 문제 삼고 있는 게 아니라 외면적으로 善이라 불리는 것의 효과, 특히 일신의 안존을 위한 효과를 문제 삼고 있는 것이다.

好色(호색):다음 글에 '目不得好色'이라 하고, 또 口·耳의 후미·음성(厚味·音聲)과 동류가 되고 있는 것으로 보면 글자 뜻 그대로 아름다운 색채의 뜻으로 해석되겠지만 색채의 아름다움은 '미복(美服)'에 포함되므로 여기서는 미녀를 가리키는 것으로 본다.

大憂以懼(대우이구):'大憂'와 '懼' 사이에 '以'를 삽입하여 걱정한다는 뜻을 강조한 것이다.

其爲形也(기위형야):'爲'는 '닦다, 수양하다'의 뜻. '形'은 신체를 가리킨다. 각의편의 '養形'과 거의 같은 뜻이다. 인생의 의의를 이른바 '至樂'에 두고 개인적인 몸의 안전을 도모하는 것에 관해 이야기하는 것이다. 形, 즉 신체를 안락하게 보전하는 것이 그 요건이 됨을 주장하는 것이다. 형체를 경시하는 주장은 아니다.

亦外矣(역외의):몸을 희생하여 재산을 불리려고 애쓰는 것이기 때문에 몸을 안락하게 하는 道에 어긋난다고 한 것이다.

思慮善否(사려선부):사용하는 사람의 선악, 해야 할 일의 선악 등을 생각하는 것이리라.

亦疏矣(역소의):사려의 신밀(愼密)함에 반하여 신체에 대해 조략(粗略)한 것을 가리킨다.

人之生也與憂俱生(인지생야여우구생):일면 진실이지만 비조(悲調)에 가득 찬 말이다. 제물론편 〈천뢰우화〉의 '人之生也, 固若是芒乎'를 참조.

惛惛(혼혼):마음이 어두운 모양. 오랫동안 걱정을 하여 멍청해져 버린 것을 가리킨다.

何之苦也(하지고야):감탄의 표현인 '何苦也'에 여정(餘情)을 더하여 '之'를 삽입한 것이다. 成玄英疏本에는 '何苦也'로 되어 있다.

亦遠矣(역원의):'久'와 관계되는 말로서 '遠'을 사용한 것이리라. 멀리 떨어져 있는 것을 가리킨다.

列士(열사):成玄英疏本에는 '烈士'로 되어 있다. '列'은 '烈'을 잘못 베낀 것이리라. '烈士'는 절의를 굳게 지키는 사람으로 다음 글의 子胥가 그 예이다.

以爲不善矣足以活人(이위불선의족이활인):이른바 善이 不善이라고 단정할 수는 없음을 가리킨다. 그렇다고 하여 이른바 善에는 善의 가치가 있다는 뜻이 아니라 善은 일정한 가치가 있다고도 없다고도 좀체 단정할 수 없다, 즉 '이것이 善이다'라는 식으로 단정할 수 없음을 말하고 있는 것이다. ≪노자≫에 '따라서 善人은 不善人의 스승이며 不善人도 善人에게 필요한 존재이다. 善人을 귀히 여기지 않고 不善人을 사랑하지 않는다면 비록 知者라 불리는 자라 할지라도 큰 미혹에 빠지게 되니 이 도리를 요묘(要妙)라 부르는 것이다.(故善人者不善人之師, 不善人者善人之資. 不貴其師, 不愛其資, 雖智大迷, 是謂要妙)'(제27장), '세속의 선량한 사람을 나는 착한 사람으로 인정한다. 또 세속의 不善한 사람도 본디는 착한 사람이었다고 인정하고 포용한다.(善者吾善之, 不善者吾亦善之)'(제49장)라고 한 것 등과 서로 비슷한 표현이다.

忠諫不聽蹲循勿爭(충간불청준순물쟁):郭象은 '오직 중용을 지킬 뿐'의 뜻으로 해석했다. 成玄英은 '君이 無道하면 충성으로써 간하여 바로잡지 않으면 안 되는데 간하여도 바로잡히지 않으면 君意에 좇아 더 이상 말로써 다투려 해서는 안 된다'는 뜻으로 해석했다. 그렇지만 전후 문맥으로 살펴보면 여기서도 善이 일정한 준칙이 될 수 없다는 것을 설하고 있으므로 善言인 충간(忠諫)은 오히려 받아들여지지 않는다는 것을 설하고 있다. 요컨대 인간세편 〈심재우화〉의 '而彊以仁義繩墨之言, 術暴人之前者, 是以人惡有其美也'와 거의 같은 취지이다. 그래서 그 善을 고집하지 말아야 함을 설하고 있다고 해석하지 않으면 안 된다. 요컨대 〈심재우화〉의 '而寓於不得已'와 비슷한 주장이다. '蹲'은 '逡(준:뒷걸음질 치다)'의 차자. '逡循'은 '逡巡·逡遁'으로도 쓰며 '뒷걸음질 치다, 주저하다'의 뜻. 여기서는 겸손히 자신의 뜻을 주장하지 않는다는 뜻이다. '爭'은 '諍'과 같으며 말로써 다투는 것.

子胥(자서):여기서는 오자서(伍子胥)가 吳王 부차(夫差)에게 越王의 항복을 받아들이지 말고 그를 격멸해야 한다고 억세게 주장했던 것을 가리킨다. 결국 자서는 부차와 의견을 달리한 탓에 부차로부터 자결을 명령받고 그의 시체는 강물에 버려지게 된다.

不爭名亦不成(부쟁명역불성):싸워서라도 이름을 날려야 한다고 주장하는 것이 아니다. 다음의 '誠有善無有哉'를 말하기 위한 수사적 필요로, 싸워야 할 것인지 싸워서는 안 되는 것인지 알 수 없다는 것을 말하고 있는 것이다.

【補說】 이상은 〈지락론〉의 제2절이다. 세간에서 인생의 가장 가치 있는 것은 富·貴·壽·善이고 가장 즐거운 것은 身安·厚味·美服·好色·音聲이라고 하여 애써 구하고 있으나 그것들은 몸을 안락하게 보전하는 방법이 아니며, 특히 몸을 안락하게 보전하는 善이라고 하는 것이 과연 있는지 없는지 알 수 없다고 논하고 있다.

세상에서 말하는 즐거움이 참된 즐거움이 아니라는 것을 논한 부분이 없는 이유는 즐거움으로 여기고 있는 것은 자연 가치 있는 것에 포함되어 있으며 또 문장 표현의 변화를 꾀하여 짐짓 그 설명을 생략했기 때문이리라.

今俗之所爲, 與其所樂, 吾又末知樂之果樂邪, 果不樂邪. 吾
觀夫俗之所樂, 舉羣趣者, 誙誙然如將不得已. 而皆曰樂者,
吾未之樂也. 亦未之不樂也. 果有樂無有哉. 吾以無爲誠樂
矣. 又俗之所大苦也. 故曰, "至樂無樂, 至譽無譽."
天下是非, 果未可定也. 雖然無爲可以定是非. 至樂活身, 唯
無爲幾存. 請嘗試言之. 天無爲, 以之淸, 地無爲, 以之寧. 故
兩無爲相合, 萬物皆化. 芒乎芴乎, 而無從出乎. 芴乎芒乎,
而無有象乎. 萬物職職, 皆從無爲殖. 故曰, "天地無爲也, 而
無不爲也." 人也孰能得無爲哉.

지금 세상 사람들은 앞에서 말한 것들을 애써 구하며 즐거움으로 삼고
있는 것을 얻으려고 하는데 나는 그 즐거움으로 삼고 있는 것이 참으로 즐
거운 것인지 아니면 즐거운 것이 아닌지 알 수 없다. 세상 사람이 즐거워
하는 모습을 보면 그들은 모두 떼지어 즐거움을 향해 내달려, 그 쏜살같이
달리는 기세는 도저히 멈추게 할 수가 없다. 이렇게까지 하며 모두들 즐겁
다고 하지만 나는 이것을 즐겁다고 생각하지 않는다. 단 이따금 그 즐거움
에 둘러싸이면 나로서도 전혀 즐겁지 않다고 생각하는 것만은 아니다. 이
렇게 보면 진실로 즐거움이란 있는 것인가 아니면 없는 것인가? 나는 무
위(無爲)야말로 진정 즐거운 것이라고 생각한다. 그런데 이것을 세상 사람
들은 더없이 고통스러운 것으로 생각하고 있다. 그래서 '참된 즐거움에는
세속적인 즐거움이 없고, 참된 선공(善功)의 명성에는 세속적인 칭찬이 없
다'고 하는 것이다.
세상에서 물사의 시비를 결정한다는 것은 참으로 곤란한 일이다. 그 까
닭은 무위여야만 시비를 결정할 수 있기 때문이다. 그래서 참으로 안락하

게 몸을 보전하는 것도 오직 무위로써만 가능할 것이다. 시험 삼아 이 점에 관해 논해 보기로 하자. 하늘은 무위이기 때문에 일월이 빛나 맑음을 항상 지니고 있는 것이며 대지는 무위이기 때문에 만물을 싣는 편안함을 늘 지니고 있는 것이다. 나아가 천지의 무위가 합치되어 천지 사이에서 만물이 모든 성장과 발전을 이루는 것이다. 천지는 희미하고 미미한 것으로 아무것도 만들어 내지 않으며 또 미미하고 희미하여 아무런 모습도 이루고 있지 않지만 만물은 천지의 무위로부터 쑥쑥 자라나는 것이다. 그래서 '천지는 무위이다. 그럼에도 모든 작용을 완수한다'고 하는 것이다. 누가 이를 본받아 무위를 지킬 수 있을 것인가?

【語義】 今俗之所爲(금속지소위):'所爲'는 앞 절의 '天下之所尊'을 가리킨다. 즉 富·貴·壽·善을 애써 구하는 것.

吾又未知……:'又'는 '亦'의 뜻.

舉羣趣者(거군취자):사람들이 집단을 이루어 달려가는 것. 요컨대 다른 사람에 뒤지지 않으려 안달하는 것이다. '趣'는 급히 달려가는 것. '者'는 어떠한 사실을 제시하는 조사.

誙誙然(경경연):진(晋)나라 사람 이이(李頤)가 '誙誙은 죽음에 다다르는 것'으로 해석하고 당(唐)의 成玄英이 이 설을 취한 이래 이 해석이 통설이 되었으나, 李頤의 해석은 郭象의 注인 '무리를 지어 즐거움을 좇아 마침내 죽음을 피하지 못한다'라는 것에 맞추려는 억측에 가까운 해석으로 그 글자 뜻에 근거한 설이 아니다. '誙誙'은 겹말의 형용사이므로 그 의미는 '巠'을 기본으로 생각해야 한다. '巠'은 '徑·逕·勁' 등에서 알 수 있듯, 곧장 나아간다는 뜻이 있어 이 '誙誙然'은 쏜살같이 나아가 멈추지 아니하는 모양으로 해석해야 할 것이다. 요컨대 오직 외곬으로 그 언행의 신의를 지키는 것을 가리킨다.

如將不得已(여장부득이):떼를 이루어 나아가며 그 세력이 멈추지 않는 것이다. 이 '將'은 '거의 ~에 가깝다'의 뜻.

吾以無爲誠樂矣(오이무위성낙의):재유편 〈물자화우화〉의 '遊者, 鞅掌以觀無妄. 朕又何知'나 천도편 〈천락론〉의 '知天樂者, 其生也天行, 其死也物化' 등과 같은 취지의 주장이다.

至樂無樂至譽無譽(지락무락지예무예):'神人無功', '지혜로운 자는 박식하지 않다(知者不博)'(≪노자≫ 제81장) 등과 같은 형태의 역설이다.

天下是非……可以定是非:앞 글에 시비에 관하여 논한 곳이 없는데 여기서 갑자기 시비의 문제를 제시하고 있는 것은 다음의 '唯無爲幾存'을 끌어내기 위한 것이다. 또 앞 절에서 세속의 즐거움을 진정 즐거움이라고 말할 수 있는지 없는지라고 한 것이 이 시비의 문제에 해당하리라.

無爲可以定是非(무위가이정시비):천도편 〈허정염담적막무위론(虛靜恬淡寂漠無爲論)〉의 '夫虛靜·恬淡·寂漠·無爲者, 天地之平而道德之至'와 같은 류를 근본으로 하는 주장이다.

唯無爲幾存(유무위기존):'幾'는 '近'의 차자. '存'은 存身, 즉 '至樂活身'을 달성하는 것을 가리킨다.

天無爲以之淸……以之寧:'天無爲'는 천도편 〈성인지정론〉의 '天道運而無所積'에 포함되어 있는 주장이다. 또 '天……以之淸, 地……以之寧'은 ≪노자≫의 '하늘은 이 一을 얻어 맑고, 땅은 이 一을 얻어 평안하다.(天得一以淸, 地得一以寧)'(제39장)의 '一'을 無爲로 대신한 것이리라.

故兩無爲相合萬物皆化(고양무위상합만물개화):천도편 〈성인지정론〉에 '天道運而無所積. 故萬物成'이라고 했다.

芒乎芴乎……無有象乎:필시 ≪노자≫의 '道의 모습은 황홀하여 알 수 없다. 다만 마음을 虛靜하게 보전하여 道를 주시하면 그 가운데 어떤

像, 어떤 物이 있다는 것을 알 수 있다.(道之爲物, 唯恍唯忽. 忽兮恍兮, 其中有像. 恍兮忽兮, 其中有物)'(제21장)를 본뜬 표현이리라. 단 이 구는 '無爲'를 형용하고 있다. '芒'은 '亡' 또는 '茫'의 차자. '恍'과 거의 같은 뜻으로 어둡고 확실하게 알 수 없는 모양. '芴'은 '勿' 또는 '忽'의 차자. '惚'은 '忽'의 속자. 멍한 상태로 아무 말도 없이 있는 모양. '象'은 형상, 구체적인 개물(個物)의 근본이 되는 추상적·보편적인 形을 가리킨다.

萬物職職皆從無爲殖(만물직직개종무위식):재유편 〈정기독존우화〉의 '愼守女身, 物將自壯'이나 〈물자화우화〉의 '汝徒處無爲, 而物自化' 등과 같은 취지이다. '職職'은 번무(繁茂)한 모양.

天地無爲也而無不爲也(천지무위야이무불위야):≪노자≫에 '道는 항상 무위이나 모든 것을 이루어 낸다(道常無爲, 而無不爲)'(제37장)고 했다.

【補說】 이상은 〈지락론〉의 제3절로 결론 부분이다. 세상 사람들이 정신을 잃고 추구하고 있는 즐거움은 참된 즐거움이 아니며 무위만이 참된 즐거움이고 또 무위에 의지해야만 몸을 안락하게 보전할 수 있다고 주장한다.

【餘說】 인생과 쾌락

이상 〈지락론〉은 ≪장자≫에 있어서 처음으로 인생의 진의(眞義)가 지락(至樂)에 있다 하고 그것을 정면으로 문제 삼고 있다. 이른바 至樂이란 방탕을 누리는 것이 아니라 정신적 안락인데 그것이 살아 있는 몸뚱이의 보존으로 결론지어져 있기 때문에 어떤 다른 종류의 쾌락을 상정하고 있다고 해석하지 않으면 안 된다. 그래서 중국 고대의 사상가

들에게 쾌락이 어떠한 것으로 인식되었는지를 조금 살펴보도록 하겠다.

세속적인 사고로는 이미 〈지락론〉에서도 말한 것처럼 富·貴·壽 등 생활의 감각적·물적 충족이 쾌락이며 또 그에 대한 추구가 인생이리라. 그러나 그것은 여간해서는 얻을 수 없을 뿐더러 어느 정도 얻더라도 만족하기란 참으로 어려워 그 이상의 것을 추구하게 되며 따라서 그러한 쾌락은 쉽게 고통으로 바뀌어 버리고 만다.

《논어》에 '알기만 하는 자는 좋아하는 자에 미치지 못하고, 좋아하는 자는 즐기는 자에 미치지 못한다(知之者, 不如好之者. 好之者, 不如樂之者)'(옹야편)고 했듯이 공자도 쾌락의 추구에 대해 꼭 부정적인 것만은 아니었다. 그렇지만 그것은 富·貴와 같은 물적 충족이 아니고, 또 직접적으로 추구할 수 있는 것도 아니었다. 그것은 道의 즐거움으로 '노인을 마음 편히 해 드리고 벗들에게는 신의를 지키며 어린 사람들을 사랑한다(老者安之, 朋友信之, 少者懷之)'(공야장편)는 식의 자연스런 협동체에서 실현되는 것이었다고 해석할 수 있다.

맹자에 이르면 공자보다 더 적극적으로 쾌락을 문제 삼게 된다. 맹자는 유람과 같은 감각적 만족의 쾌락도 중인(衆人)과 함께 해야만 하는 것, 인민과 함께 해야만 하는 것이라고 주장했다. 또 잘 알려져 있듯이 '군자에게 세 가지 즐거움이 있다. 천하에 왕자로서 군림하는 것은 그에 들어 있지 않다. 부모님께서 생존하시고 형제들이 아무 탈 없는 것, 이것이 첫 번째 즐거움이다. 하늘을 우러러보고 땅을 굽어보아 아무런 부끄러움이 없는 것, 이것이 두 번째 즐거움이다. 천하의 영재를 얻어 교육하는 것, 이것이 세 번째 즐거움이다. 군자에겐 세 가지 즐거움이 있는데 천하에 왕자로서 군림하는 것은 그에 들어 있지 않다.(君子有三樂, 而王天下不與存焉. 父母俱存, 兄弟無故, 一樂也. 仰不愧於天, 俯不怍於人, 二樂也. 得天下英才而敎育之, 三樂也. 君子有三樂, 而王天下

不與存焉)'(진심 상편)라고 주장했다. 이것은 도덕실천자의 독립자존을 말하는 것인데 부귀영화의 극치보다 훌륭한 쾌락이란 가족생활의 원만함, 신행(身行)의 공명정대함, 인류적 성업(聖業)인 교육에의 참여로, 요컨대 이 쾌락도 대중과 함께 즐기는 것과 마찬가지로 도덕에 의해 실현되는 것이다. 이후 공맹(孔孟)의 계통을 이어받은 유가에게 결국 쾌락이 아니라 도덕이 인생의 직접적 목적이며 또 도덕의 실현이 있어야만 쾌락도 실현되고 그것도 사람들과 함께 향수해야만 하는 것이 되었다.

극단적인 개인주의자였다고 하는 양주(楊朱)는 일설에 의하면 豊屋·美服·厚味·好色 등의 쾌락도 인간의 본성에 부합되는 한, 인간의 참된 삶의 방법이라 설했다고 한다(≪열자≫ 양주편). 그 진위는 확실하지 않지만 ≪순자≫에 타효(它囂)·위모(魏牟)를 평하여 '인간의 성정이 가는 대로 무엇이든 제멋대로 거리낌이 없으며 행동이 마치 금수와 같다.(縱情性, 安恣睢, 禽獸之行)'(비십이자편)라고 했듯이, 관능적 탐닉의 향락주의를 제창한 자들이 있었는지도 알 수 없다. '백년도 채 못 사는 사람이, 늘 천년의 시름을 품네. 낮 짧고 밤 길어 괴로우니, 어찌 촛불 밝혀 놀지 않으리? 즐거움을 누리는 것은 마땅히 때에 미쳐야 하니, 어찌 내일을 기다리려 하는가? 어리석은 자는 노는 데 비용을 아끼어, 세상의 비웃음거리가 될 뿐이네. 선인 왕자교가 있지만, 그처럼 산다는 것은 기대할 수 없는 일.(生年不滿百, 常懷千歲憂, 晝短苦夜長, 何不秉燭遊. 爲樂當及時, 何能得來兹. 愚老愛惜費, 俱爲塵世嗤. 仙人王子喬. 難可以等期)'(작자 미상의 옛 시)이라고 읊은 것처럼 찰나적 향락주의는 이러한 경향으로부터 전개된 것이리라.

≪노자≫에 '다섯 가지 빛깔은 사람으로 하여금 눈멀게 하고, 다섯 가지 소리는 사람으로 하여금 귀먹게 하고, 다섯 가지 맛은 사람으로 하여금 입이 틀어지게 한다. 말 달려 사냥하는 것은 사람의 마음을 미치

게 하고, 얻기 어려운 재물은 사람의 행동을 그릇되게 한다(五色令人目盲, 五音令人耳聾, 五味令人口爽. 馳騁畋獵令人心發狂, 難得之貨令人行妨)'(제12장)고 한 것처럼 도가는 세속적 쾌락을 배척하지만 인생의 진실을 탐구하고 그것이 고차원적인 자기만족의 '自適'(대종사편〈진인론〉·변무편 등)에 있다는 것을 발견하면 적극적으로 쾌락의 문제를 언급하지 않을 수 없게 된다. 또 그것은 두세 가지 유형으로 구별할 수 있다.

그 하나는 '유심호덕지화'(덕충부편〈화덕유심우화〉), 즉 자기 내심의 조화를 지켜나가는 것이 자연스럽게 '使之和豫', '與物爲春'(덕충부편〈재전덕불형우화〉)과 같은 다른 것과의 조화, 즉 쾌락을 만들어 낸다고 하는 주장이다.

다른 하나는 자신을 포함한 천지·만물의 자연스런 전개가 道의 실현임에 틀림없으며 이것이야말로 지상의 쾌락으로서 '天樂'(천도편〈지락론〉·천운편〈함지악우화〉)이라는 것이다. 확실히 인간에게 본디 그대로 전개된다는 것은 무엇으로도 대신할 수 없는 쾌락의 율동이다. 쾌락이란 자신이 본디의 자기로 있는 것이리라. 그렇지만 사람에게든 物에게든 현재 상태 그대로인 것이 천락이란 뜻은 아니다. '致命盡情, 天地樂而萬事銷亡, 萬物復情. 此之謂混冥'(천지편〈혼명우화〉)이라고 했듯이, 천락을 실현하기 위해서는 '混冥', 즉 무심·무위를 매개로 세속적 감정·욕망 등을 불식하고 자타의 차별을 철폐하며 제각기 존엄한 자유와 독립을 확보하는 것이 필요하다. 동시에 '聖也者, 達於情, 而遂於命也. 天機不張, 而五官皆備(無言而心說), 此之爲天樂'(천운편〈함지악우화〉)라고 한 것처럼 천락은 통속의 즉흥적 쾌락이 아니며 성자의 고요한 유락(愉樂)인 것이다.

또 다른 하나는 인간에게는 선천적으로 소박에 자족하는 '性命之情'이 있으며 그에 맡겨 충족을 이루는 것이 쾌락이라고 하는 주장이다. 마제편에 '夫赫胥之時, 民居不知所爲, 行不知所之, 含哺而熙, 鼓腹而遊. 民能以此矣'라고 한 것은 그 예이다. 또 선성편에 '樂全之謂得志'라 한 것도 몸의 안존을 꾀하려는 것이 인간의 본모습이라고 하는 사고에 의한 것이므로 이 유형에 속하는 것이다.

고대 사상가들의 쾌락에 관한 사고방식은 대체로 이상과 같다. 그런데 〈지락론〉을 이것들과 비교해 보면 천지의 무위를 근거로 하여 '至樂活身, 唯無爲幾存'이라고 주장하는 것은 '天樂'의 사고방식을 계승한 것이라고 할 수 있겠다. 다만 여기서는 만물과 함께 자연스럽게 전개되는 웅대함이 아니다. 자기 몸의 안존을 주로 하고 있고, 성명(性命) 충족의 쾌락도 마제편에서 볼 수 있던 유유한 태도가 아니다. 오히려 인생의 지락(至樂) 탐구라고 하는 주제가 보여 주듯 세속적인 富·貴·壽의 쾌락에 대한 집착과 구애가 두드러진다. 그 점은 선성편과 흡사하다. 秦·漢 이후 개인주의적 경향이 대두됨에 따라 보신(保身)을 주로 하는 쾌락론이 현저하게 되었는데 이 〈지락론〉도 그러한 영향을 많이 받았을 것이다.

제2장 혜자·장자문답:망홀우화(惠子·莊子問答:芒芴寓話)

莊子妻死. 惠子弔之. 莊子則方箕踞, 鼓盆而歌.

惠子曰, "與人居, 長子老身. 死不哭, 亦足矣. 又鼓盆而歌, 不亦甚乎."

莊子曰, "不然. 是其始死也, 我獨何能無槪然. 察其始, 而本無生. 非徒無生也, 而本無形. 非徒無形也, 而本無氣. 雜乎芒芴之閒, 變而有氣. 氣變而有形. 形變而有生. 今又變而之死. 是相與爲春秋冬夏四時行也. 人且偃然寢於巨室, 而我噭噭然隨而哭之, 自以爲不通乎命. 故止也."

장자의 아내가 죽었다. 혜자가 문상하러 갔다.

그런데 장자는 두 다리를 키처럼 벌리고 땅바닥에 주저앉은 채로 항아리를 두드리면서 한창 노래를 부르고 있는 중이었다.

혜자가 적이 놀라

"자네는 저 사람과 함께 살며 자식을 낳아 기르고 같이 늙었네. 그런 사람이 죽었는데 슬피 울지 않는 것도 모자라 항아리를 두드려 장단을 맞추고 흥겹게 노래를 부르고 있으니 너무 심하지 않은가?"

하고 따져 물었다.

장자는 이에 답하여

"그렇지가 않아. 처음에는 어찌 나라고 해서 가슴이 아프지 않았겠는가? 그런데 저 사람이 이 세상에 생겨나게 된 일을 잘 생각해 보니, 처음에는 삶이 없었던 것일세. 삶이 없었을 뿐 아니라 본디는 그것을 영위하는 몸뚱이조차 없었지. 아니, 몸뚱이가 없었을 뿐 아니라 본디는 그 몸뚱이를 이루는 氣조차 없었던 것일세. 언제 무엇인지 알 수 없는 것이 저절로 혼합되고 그것이 변화하여 氣가 되었고 그 氣가 변화하여 저 사람의 몸이 된 것이지. 그 몸이 생겨 삶이 시작되었고 그 삶의 영위 속에 있던 저 사람은 이제 다시 변화하여 죽은 것이지. 이것은 춘하추동 사계의 순환처럼 자연스런 변화이네. 저 사람은 단지 천지 사이의 큰 쉴 곳에서 편안하게 잠자고 있을 뿐이네. 그럼에도 내가 '아이고, 아이고!' 하며 발을 구르고 울부짖는다면 그것은 자연의 운명을 모르는 짓이지. 그래서 그런 짓을 멈춘 것이네."

라고 대답했다.

【語義】 惠子弔之(혜자조지):'惠子'는 명가(名家)인 혜시(惠施). 장자의 친구이자 논쟁의 호적수였다 한다. '弔'는 사자(死者)의 영을 달랜다는 뜻.

莊子則方箕踞(장자즉방기거):이 '則'은 장자를 강하게 제시하고 있다. '方'은 '마침 ~하고 있다'의 뜻. '箕踞'는 두 다리를 키처럼 벌리고 털썩 땅에 주저앉아 있는 것. 시신 옆에서는 똑바로 서 있든지 무릎을 꿇고 있는 것이 예이다.

鼓盆而歌(고분이가):대종사편〈기인우화〉에서, 자상호가 죽었을 때 맹자반 · 자금장이 서로 노래했던 것과 같은 취향이다. '盆'은 술 또는 음식물을 담는, 입이 큰 용기이다.

與人居(여인거):'人'은 장자의 처를 가리킨다. 다음 글의 '人且偃然……'의 '人'도 같다.

亦足矣(역족의):'亦足以非之'의 생략된 표현이다.

槩然(개연):슬픔에 가슴이 메는 모양. '槩'는 '概'와 같으며 본디 '慨(개:슬퍼하다)'의 차자.

察其始……四時行也:사생관(死生觀)을 보여 주는 것이다. 양생주편

〈안시처순우화〉의 '適來夫子之時也, 適去夫子之順也. 安時而處順, 哀
樂不能入也'를 근본으로 하고, 천도편〈지락론〉의 '知天樂者, 其生也天
行, 其死也物化'를 참고하여 氣·形·生의 변화를 설하고 있는 것이리
라. 대종사편〈진인론〉·〈안배거화우화〉등 참조.

雜乎芒芴之閒(잡호망홀지간):≪노자≫의 '道之爲物, 唯恍唯忽. 忽兮
恍兮, 其中有像. 恍兮忽兮, 其中有物. 窈兮冥兮, 其中有精'(제21장)을
기조로 한 표현이다. 아무 형체도 없는 無에서 一氣의 精이 생겨나는
것을 가리킨다.

人且偃然寢於巨室(인차언연침어거실):'且'는 앞의 '人'을 강하게 제시
하고 아래의 '而'와 호응하는 조사. '偃然'은 편안하게 휴식하는 모양.
'巨室'은 천지간을 가리킨다(司馬彪의 설).

嗷嗷然(교교연):큰 소리로 우는 모양. '嗷'는 큰 소리로 부르짖는 것.

不通乎命(불통호명):'命'은 필연적 추이. 대종사편〈진인론〉에 '死生,
命也. 其有夜旦之常, 天也'라 한 것을 참조.

【補說】 이〈망홀우화〉는 아내가 죽었는데도 즐거운 듯 노래를 부르던 장
자가 혜자의 비난 섞인 물음에 답하여 자신의 사생관을 명확하게 밝히
며 생사는 자연의 변화에 지나지 않으므로 운명을 달관하고 인간의 죽
음에 비탄해서는 안 된다고 설하는 내용으로 되어 있다.

덧붙여 말하면 이 우화를 근거로 아내의 죽음을 '鼓盆'이라 하며, 죽
은 자를 애도하는 것을 '고분지척(鼓盆之戚)'이라 하는 성어도 나오게
되었다.

【餘說】〈망홀우화〉의 구성

〈망홀우화〉는 장자가 지극히 사랑하는 아내를 잃고 보여 준 그의 사생관을 기술하여 매우 흥미로운 주제를 다루고 있는데 장자 자신의 기록이 아니라 후인이 지어낸 것인 듯하다.

이 우화에 '是其始死也, 我獨何能無槪然. …… 自以爲不通乎命'이라고 되어 있는 것은 양생주편 〈안시처순우화〉에서, 노담이 죽자 문상하러 간 진실(秦失)이 '始也吾以爲其人也. 而今非也'라고 한 것과 흡사한 취향을 보여 주는 것으로 단지 표현이 좀 더 다듬어졌다고 할 수 있다. 따라서 〈안시처순우화〉의 '安時而處順, 哀樂不能入也'를 기조로 삼고, 다만 '時'를 '자연의 변화'로 바꾸어 약간 상설하고 있다.

'時'를 '자연의 변화'로 대신한 것은 덕충부편 〈무인정지설(無人情之說)〉 가운데 혜자 · 장자문답에서 '道與之貌, 天與之形'이라고 한 것이든지, 천도편 〈천락론〉의 '知天樂者, 其生也天行, 其死也物化' 또는 대종사편 〈진인론〉의 '死生, 命也. 其有夜旦之常, 天也'에 근거한 것이리라. 또 혜자와 장자의 문답 형식을 취한 것도 이러한 것들에서 영향 받았기 때문일 것이다.

또 '莊子則方箕踞, 鼓盆而歌'라 한 것도 대종사편에서 맹손재(孟孫才)가 어머니의 죽음을 별로 슬퍼하지 않았던 것과, 〈기인우화〉에서 맹자반 · 자금장이 자상호의 죽음에 노래를 불렀던 것에서 생각해 낸 것이리라. 다만 매우 강도 높은 죽음에 대한 무관심이긴 하나 특별히 노래를 부르는 필연적 이유는 밝혀져 있지 않다.

요컨대 이 우화는 ≪장자≫ 중의 사생관을 매듭짓고 있다. '雜乎芒芴之間, 變而有氣. 氣變而有形. ……'이라 한 것은 사람들의 공감을 불러 일으키기에 충분하다. 도연명이 〈잡시(雜詩)〉에서 '인생은 뿌리도 꼭지도 없어 길가의 먼지처럼 날려 다니는 것. 흩어져 바람 따라 움직이니 인간은 원래가 무상한 몸. 땅 위에 태어난 모두가 형제이니, 어찌 꼭 골

육만을 사랑하리.(人生無根帶, 飄如陌上塵. 分散逐風轉, 此已非常身. 落地爲兄弟, 何必骨肉親)'라고 한 것은 본 우화의 이러한 사상과 상통하는 것이리라.

제3장 지리숙·활개숙문답:관화우화(支離叔·滑介叔問答:觀化寓話)

支離叔與滑介叔, 觀於冥伯之丘, 崑崙之虛, 黃帝之所休. 俄而柳生其左肘. 其意, 蹙蹙然惡之.
支離叔曰, "子惡之乎."
滑介叔曰, "亡. 子何惡. 生者假借也. 假之而生. 生者塵垢也. 死生爲晝夜. 且吾與子觀化, 而化及我. 我又何惡焉."

지리숙과 활개숙이 無의 주인 명백이 사는 언덕에서 시작하여 형체도 분간할 수 없는 곤륜의 큰 언덕을 지나 인간 세상을 처음으로 연 황제가 머물렀던 곳까지 유람했다. 그런데 느닷없이 버드나무가 활개숙의 왼쪽 팔꿈치에서 자라 나왔다. 지리숙이 보니 활개숙은 팔꿈치를 움찔거리면서 그것을 싫어하는 듯했다.

그래서 지리숙이 물었다.

"자네는 그것이 꺼림칙한가?"

활개숙이 대답했다.

"그렇지는 않아. 物이 이 세상에서 누리는 생이란 잠시 빌려 온 것일 뿐이야. 나는 그것을 조화자로부터 빌려 살고 있는 것이네. 생이란 먼지나 티끌에 지나지 않네. 따라서 죽거나 살거나 하는 것은 낮과 밤이 교대하는 것처럼 정해져 있는 것이야. 나나 자네는 物이 변화하는 큰 근본을 보았고 그 변화가 지금 내게 미치고 있는 것이네. 내 어찌 이것을 꺼림칙하게 생각하겠는가?"

【語義】 支離叔與滑介叔(지리숙여활개숙):'支離叔'은 인간세편 〈망덕우화〉
에 나오는 '지리소(支離疏)'를 본떠 설정된 인물이리라. 그런데 여기서
는 아직 충분히 인간의 모습을 갖추지 못한 인물이란 뜻인 듯하다. '滑
介'는 '介'와 고음(古音)이 비슷한 '割'의 완언으로 '支離'와 마찬가지로
인간의 모습을 갖추고 있지 못한 인물이란 뜻이리라. 어쩌면 '支離叔',
'滑介叔'은 음양의 氣를 인물화한 것인지도 모른다.

　　觀於冥伯之丘崑崙之虛黃帝之所休(관어명백지구곤륜지허황제지소
휴):'冥伯之丘' 이하의 지명은 無로부터 物이 발생하는 순서가 우의되
어 있다. 다음 글의 '觀化'이다. 至道의 유현(幽玄)함을 알아야만 처세
의 법을 안다는 것을 가리킨다(成玄英의 설), 인간의 죽음을 보는 것을
말한다(羅勉道의 설)는 설들이 있는데 적당하지 않다. '冥伯之丘'는 암
흑의 주인, 즉 만유의 근본인 無를 우의하는 인물이 있는 언덕이란 뜻.
일설에 '冥伯'을 죽음, 또는 죽음의 정적으로 또 '丘'는 무덤을 가리키는
것으로 해석한 것이 있는데(羅勉道 · 馬敍倫의 설) 적당하지 않다. '崑
崙之虛'는 신화상의 성산(聖山)인 곤륜(崑崙)에 의탁하여 혼륜(混淪)의
뜻을 우의하는 지명이리라. 混淪은 형체도 없이 서로 섞이는 모양. 앞
〈망홀우화〉의 '雜乎芒芴之間, 變而有氣'와 같은 취향이며 혼돈 속에서
生이 시작되는 것을 말한다. '虛'는 큰 언덕. '黃帝'는 인간계를 연 최초
의 제왕이라 불린다. 皇帝와 같으며 천지 유일의 최고 지배자로 해석해
도 좋다. '所休'는 만물의 처음이지만 아직 그 활동을 개시하지 않고 멈
추어 있음을 우의한다.

　　俄而柳生其左肘(아이류생기좌주):대종사편 〈조화우화〉의 '浸假而化
子之左臂以爲雞, 子因以求時夜'와 흡사한 취향이다. '肘' 대신 '胕'로 되
어 있는 판본도 있는데(≪경전석문≫의 설), '胕'는 '跗'의 차자로 발뒤
꿈치를 가리킨다. 이 장면에서는 '跗' 쪽이 더 어울리지만 저본의 글자

대로 해석했다. '柳'는 관(棺)을 상징하며 또 그런 柳가 생겼다는 것은
죽음이 임박했음을 가리킨다(成玄英의 설), '瘤(류:종기, 혹)'의 차자이
다(林希逸·郭嵩燾의 설) 등 여러 가지로 해석되며 특히 '瘤'의 차자로
보는 설을 많은 학자들이 채택하고 있다. 물론 합리적인 해석임엔 틀림
없으나 우화의 흥미를 반감시키는 감이 있다.

其意蘧蘧然惡之(기의궤궤연오지):郭象은 앞의 〈망홀우화〉의 '是其始
死也, 我獨何能無槩然'과 같은 취향을 보이는 것으로 처음에는 보통 사
람과 다름없는 감정이었음을 나타낸 것이라고 해석했다. 어쩌면 그런
뜻인지도 모르나, 이것은 팔꿈치에 버드나무가 생긴 골개숙 자신이 하
는 말이 아니라 지리숙의 추측이다. '蘧蘧然'은 놀라 움직이는 모양.
'蘧'는 '躆'의 이체자로서 여기서는 조급하게 움직인다는 뜻으로 쓰였다.

假之而生(가지이생):일설에 이 구는 군글이라고 했는데(馬敍倫의 설)
이것은 골개숙이 자신에 대해 한 말이다.

生者塵垢也(생자진구야):'塵垢'는 여기서는 세상의 추악함을 뜻하는
게 아니라 티끌과 먼지를 가리킨다.

觀化(관화):앞의 '冥伯之丘' 이하를 유람한 것을 가리킨다. '化'가 죽
음만을 의미한다(羅勉道의 설)고는 할 수 없다. 無로부터 갑자기 생겨
나는 것도 '化'이다. 그래서 다음 글에서 버드나무가 생겨난 것을 '化及
我'라고 한 것이다.

【補說】 이상의 〈관화우화〉는 명백지구·곤륜지허·황제지소휴(冥伯之
丘·崑崙之虛·黃帝之所休)를 함께 유람한 지리숙과 골개숙의 문답을
빌려, 인간의 생사는 진구(塵垢)와 같아 전혀 마음쓸 만한 것이 아니며
단지 자연스런 변화일 뿐임을 설하고 있다.

대종사편의 〈기인우화〉를 토대로 번안한 것으로 생각되는데 명백지

구·곤륜지허·황제지소휴 등의 지명에 의미를 함축시켜 생이 無로부터 시작됨을 시사하고, 불가사의하게도 버드나무가 팔꿈치에서 자라난다고 하여 人知로써는 예측할 수 없는 자연의 변화를 뚜렷이 보여 주고 있는 것이 새로운 취향이다.

사족을 단다면 인생을 진구(塵垢)에 비기는 것은 이 우화에서 비롯된 것이다. 앞에서 인용한 도연명의 〈잡시〉의 '인생은 뿌리도 꼭지도 없어, 길가의 먼지처럼 날려 다니는 것(人生無根蔕, 飄如陌上塵)'은 이에 근거한 표현이리라.

제4장 장자 · 촉루문답:사지열락우화(莊子 · 髑髏問答:死之悅樂寓話)

莊子之楚. 見空髑髏髐然有形. 撽以馬捶, 因而問之. 曰, "夫子貪生失理, 而爲此乎. 將子有亡國之事, 斧鉞之誅, 而爲此乎. 將子有不善之行, 愧遺父母妻子之醜, 而爲此乎. 將子有凍餒之患, 而爲此乎. 將子之春秋故及此乎."

於是語卒, 援髑髏, 枕而臥.

夜半髑髏見夢曰, "子之談者, 似辯士. 諸(視)子所言, 皆生人之累也. 死則無此矣. 子欲聞死之說乎."

莊子曰, "然."

髑髏曰, "死無君於上, 無臣於下. 亦無四時之事. 從然以天地爲春秋. 雖南面王樂, 不能過也."

莊子不信曰, "吾使司命復生子形, 爲子骨肉肌膚, 反子父 · 母 · 妻 · 子 · 閭里知識, 子欲之乎."

髑髏深矉蹙頞曰, "吾安能棄南面王樂, 而復爲人閒之勞乎."

장자가 초(楚)나라에 갔다. 가는 도중 살은 비바람에 다 썩어 없어지고 간신히 머리의 모양만 지키고 있는 해골을 보았다. 장자는 들고 있던 채찍으로 해골을 탁탁 두들긴 다음 이렇게 물었다.

"너는 살고자 하는 지나친 욕심에 양생의 법을 그르쳐 이런 꼴이 되어 버린 것이냐? 아니면 나라를 망칠 큰 죄를 짓고 벌을 받아 이런 꼴이 된 것이냐? 아니면 나쁜 짓을 저지르고 부모와 처자에게 욕을 남길까 두려워 자살하여 이렇게 된 것이냐? 아니면 여행 중에 얼어 죽거나 굶어 죽어 이런 꼴이 되었느냐? 그것도 아니라면 네 수명 때문에 이렇게 된 것이냐?"

말을 마친 장자는 해골을 끌어당겨 베더니 길게 누워 잠이 들었다.

한밤중에 해골의 영이 장자의 꿈속에 나타나 말했다.

"네 녀석이 떠들어 대는 꼴이라니, 마치 논객이 연설하는 품이구나. 네가 말한 것들을 보면 그건 모두 세상에 살고 있는 인간들의 괴로움이다. 죽으면 아무것도 없어! 너는 죽은 자의 기쁨에 관해 들어 볼 생각이 없나?"

장자가 대답했다.

"들어 보도록 하지."

해골의 영이 다시 입을 열었다.

"죽으면 위로는 섬겨야 할 군주도 없고 아래로는 부려야 할 신하도 없으며 계절에 따라 힘써야 할 일도 없어. 유유히 마음 내키는 대로 영원한 천지를 그 수명으로 삼지. 천하 만민을 부리는 왕자의 즐거움이라 하더라도 이 영원한 즐거움과는 비길 수 없다네."

장자는 도저히 믿을 수가 없어 이렇게 말했다.

"내가 인간의 생사 · 귀천 · 상벌을 주관하는 신에게 부탁하여 자네의 목숨을 다시 살려내고, 뼈와 살과 피부를 만들고, 부모처자와 고향의 친구들에게 돌려보내도록 한다면 그래도 그런 즐거움을 원하겠는가?"

장자의 말을 들은 해골의 영은 미간에 주름을 짓고 코를 잔뜩 찡그리더니,

"내가 어찌하여 왕자의 즐거움보다도 훌륭한 즐거움을 버리면서까지 다시 인간의 고통을 지려 하겠는가?"

하며 딱 잘라 거절하였다.

【語義】 莊子之楚(장자지초):장자가 楚에 갔다는 것이 사실인지 아닌지는 알 수 없다. 추수편에 장자가 楚로부터 부름을 받았다는 내용의 우화가

있어 이같이 말한 것인지도 모른다. 楚나라는 장자 생존 당시에는 郢(
약:鄢郢), 즉 장자가 태어난 宋나라로부터 멀리 떨어진 호남성 의성현
에 수도를 두고 있었으나 장자 사후에는 宋에 가까운 하남성 회양현과
안휘성으로 옮겼다.

見空髑髏髐然有形(견공촉루효연유형):'空'은 여기서는 '虛'와 같은
뜻. 살이 빠져 속이 비어 있는 듯한 것을 가리킨다. '髑髏'는 머리 부분
의 해골. '髐然'은 백골처럼 말라빠진 모양을 가리킨다.

撽以馬捶因而問之(교이마추인이문지):장자는 마차에 타고 있었을 것
이다. 손에 든 채찍으로 髑髏의 영을 불러낸 것이다. '撽'는 '擊'과 같은
뜻. '捶'는 '箠(추:채찍)'의 차자. '因'은 '乃(그리고)'의 뜻.

斧鉞之誅(부월지주):'斧鉞'은 목을 벨 때 쓰는 도끼. '誅'는 처형하여
죽이는 것.

將子之春秋故及此乎(장자지춘추고급차호):'將'은 '그렇지 않으면 혹
은'의 뜻. 앞 글의 '將'도 같다. '春秋'는 나이를 가리킨다. '故'는 필연적
으로 그렇게 된다는 뜻.

子之談者似辯士(자지담자사변사):'談'은 본디는 한담(閑談)과 같이 조
용하게 이야기하는 것을 가리키는데 여기서는 '담론·풍발(談論風發)'
과 같이 기세 좋게 이야기한다는 뜻으로 쓰였다. '辯士'는 유세자(遊說
者)처럼 구설(口舌)을 업으로 삼는 사람. 장자가 고압적으로 촉루의 사
인(死因)을 생각해 내려는 것이 생사의 도리를 모르는 다변(多辯)임을
가리키는 것이다.

諸子所言(제자소언):'諸'가 成玄英疏本에는 '視'로 되어 있다. 成玄
英의 疏本에 의해 '諸'를 '視'로 고쳤다.

死之說(사지열):成玄英은 '죽은 사람의 이야기'란 뜻으로 해석했고,
또 그렇게 해석해도 통하지 않는 것은 아니다. 다만 다음 글의 '南面王

樂'과 호응 관계를 생각하면 '說'을 '悅'의 차자로 보는 게 더 좋으리라.

從然(종연):'縱然'과 같다. 마음 내키는 대로 하는 모양.

司命(사명):인간의 생사·상벌 등을 주관하는 신. 별에 묵고 있다고 한다.

知識(지식):知人을 가리킨다. 주로 불가에서 많이 사용되는 말이다.

深矉蹙頞(심빈축알):'矉'은 '顰(빈:찡그리다, 찌푸리다)'의 차자. '蹙'은 '줄이다, 축소하다'의 뜻. '頞'은 콧대. 매우 싫어하는 표정을 짓는 것을 가리킨다.

【補說】 이 〈사지열락우화〉는 장자와 해골의 문답이라고 하는 기상천외한 구성으로 널리 알려져 있는 작품이다. 초나라에 가던 장자가 해골을 발견하고, 인간의 죽는 원인을 몇 가지 들어 보이며 해골에게 죽은 원인을 묻자 그날 밤 장자의 꿈에 해골의 영이 나타나, 죽으면 인간 세상에서 겪는 것과 같은 재난은 없으며 오직 무상(無上)의 열락(悅樂)이 있을 뿐이라고 말한다. 어리둥절해진 장자가 그렇더라도 다시 살아 있던 때로 돌아가고 싶지 않느냐고 묻자 해골은 무상의 열락을 버리고 다시 인간이 되어 고통 받는 따위의 일은 거절하겠다고 단호히 대답한다.

【餘說】 〈사지열락우화〉의 흥미

이 우화에 관하여 郭象은 '옛 설에, 장자는 죽음을 즐거워하고 삶을 싫어했다고 하는데 이는 그릇된 설이다. 만약 그렇게 생각했다면 어찌 생사가 같다고 했겠는가? 생사가 같다는 것은 살아서는 生에 안주하고, 죽어서는 死에 안주하는 것이다. 생사에 관한 情이 이처럼 같기에 살아서 죽음을 걱정하는 일이 없는 것이다. 이것이 장자의 주장의 요지다.(舊說云, 莊子樂死惡生. 斯說謬. 若然, 何謂齊乎. 所謂齊者, 生時安生, 死時安死. 生死之情, 旣齊. 則無爲當生而憂死耳. 此莊子之旨也)'라고 해설했으며 이 설에 찬성하는 학자가 많다. 또 세인이 生을 즐거워하고 死를 혐오하므로 죽더라도 즐거움이 있다는 것을 설하고 있다(呂惠卿의 설)고 하는 해석도 있고, 요약해 말하면 무위를 설하는 것(王雱의 설)이라고 하는 해석도 있다. ≪장자≫를 통해 볼 때 장자의 생사관이 자연에 순응하는 것에 있다는 것은 새삼스레 초들 것까지도 없다. 그런데 이 우화에서는 촉루의 주장이 주가 되어 죽은 자의 열락이 중점적으로 서술되어 있음을 부인할 수 없다. 어쨌든 이 우화가 어떠한 사생관을 보여 주고 또 그 이유는 무엇인지를 흥미의 주안점으로 삼아 읽어서는 안 될 것이다.

꿈에 신령이 나타나 이 세상 사람과 대화한다고 하는 취향은 인간세편〈대용우화〉에서 이미 보았다.〈대용우화〉와 이 우화의 성립 연대의 선후는 명백하지 않은데 신령과 대화하는 자가〈대용우화〉에서는 道를 이해하는 장석(匠石)인데 이 우화에서는 道를 이해하지 못한 장자로 되어 있다. 장자라면 당연히 道를 깨닫고 생사의 理에 이르렀어야 하는데 이 우화에서는 촉루가 그를 변사와 다름없다고 했듯이 자신이 살아 있다는 사실에 득의양양하여 거만하게 채찍으로 촉루를 두들기며 인간의 죽는 원인을 나열하고 해골의 영에게 다시 인간으로 돌아가는 게 더 좋지 않겠느냐고 권할 만큼 생에 집착하고 있다. 해골과 사람의 대화라는 기발한 착상 말고도 이처럼 장자를 세속적 인간으로 변모시킨 점이 이 우화가 지닌 흥미의 하나다. 장자는 정말 세속적 인간으로 변한 것일까, 살아 있는 동안은 살아 있는 것을 즐거워하여 죽음의 고락(苦樂)을 알지 못했을까? 이러한 상상과 또 그에 의한 유추는 독자에게 맡기도록 하겠다.

촉루에게는 영원한, 참으로 정적(靜寂)한 열락이 있다. 그렇지만 근본으로 되돌아가 생각해 보면 그것은 벌판에 버려진 해골의 잠꼬대에 지나지 않는다. 살아 있는 인간 쪽에서 보면 그것은 오히려 익살에 가깝다. 장자가 영의 말을 듣고 의아하게 생각한 것도 무리가 아니다. 해골의 영이 말한 죽은 자의 즐거움이란 것이 과연 즐거움이라 할 만한 것인가? 아니면 그것은 살아 있는 자로서는 도저히 알 수 없는 죽은 자만이 누리는 즐거움일까? 이것도 독자의 상상에 맡기도록 하겠다. 다만 이러한 상상을 즐길 수 있게 하는 것이 이 우화라는 사실을 잊어서는 안 될 것이다.

제5장 자공·공자문답:조달복지우화(子貢·孔子問答:條達福持寓話)

顔淵東之齊. 孔子有憂色.

子貢下席而問曰, "小子敢問, 回東之齊, 夫子有憂色. 何邪."

孔子曰, "善哉女問. 昔者管子有言. 丘甚善之. 曰, '褚小者 不可以懷大, 綆短者不可以汲深.' 夫若是者, 以爲命有所成, 而形有所適也. 夫不可損益. 吾恐, 回與齊侯言堯·舜·黃帝 之道, 而重以燧人·神農之言. 彼將內求於己而不得. 不得則 惑. 人惑則死.

且女獨不聞邪. 昔者海鳥止於魯郊. 魯侯御而觴之于廟, 奏九 韶以爲樂, 具太牢以爲膳. 鳥乃眩視憂悲, 不敢食一臠, 不敢 飮一杯, 三日而死. 此以己養養鳥也. 非以鳥養養鳥也. 夫以 鳥養養鳥者, 宜栖之深林, 遊之壇陸, 浮之江湖, 食之鰌·鰍, 隨行列而止, 委蛇而處. 彼唯人言之惡聞. 奚以夫譊譊爲乎. 咸池·九韶之樂, 張之洞庭之野, 鳥聞之而飛, 獸聞之而走, 魚 聞之而下入, 人卒聞之, 相與還而觀之. 魚處水而生, 人處水而 死. 彼必相與異其好惡. 故異也. 故先聖不一其能, 不同其事. 名止於實, 義設於適. 是之謂條達而福持.

안연이 동쪽 제나라로 떠났다. 스승 공자가 근심 띤 얼굴을 했다.

이를 심상치 않게 여긴 자공이 자리에서 일어나 물었다.

"감히 여쭙겠습니다. 지금 회(回)가 동쪽 제나라로 떠나자 선생님께서 매우 근심 어린 얼굴을 하셨습니다. 왜 그러십니까?"

공자가 대답했다.

"잘 물었다. 옛날 제나라의 관자가 이야기한 것이 있다. 나는 그 말을 매우 옳다고 생각하는데 그것은 '자루가 작으면 큰 물건을 넣을 수 없다. 두레박줄이 짧으면 깊은 우물의 물을 풀 수가 없다'는 것이다. 이렇게 말하는 것은 사람들의 타고난 운명은 저마다 정해진 바가 있으며 또 사람들이 몸을 지키는 방법은 각자에게 어울리는 방법이 있기 때문이다. 그것은 바꿀 수가 없다. 그런데도 회가 제의 군주를 만나 상대방을 아랑곳하지 않고 고대 성왕인 요 · 순 · 황제의 道를 설하고, 게다가 더 앞선 상고의 성왕 수인 · 신농의 가르침을 마구 설명하지나 않을까, 나는 그것이 두려운 것이다. 그러한 것을 마구 설하면 제나라의 군주는 반성하고 자기도 고대 성왕처럼 道나 가르침을 갖추었는지 살펴보고 그것을 얻고자 하겠지만 그럴 수 있겠느냐! 얻을 수 없으면 어떻게 해야 좋을지 곤혹스러워진다. 사람이 곤혹스러워지면 명(命)을 잃게 된다.

너도 이런 이야기를 들었을 것이다. 옛날 해조(海鳥)가 노나라의 교외에 춤추며 내려왔다. 노(魯)의 군주는 매우 상서로운 징조로 여기고 그 새를 맞아들여 영묘(靈廟)에서 술을 권하고, 음악은 구소(九韶)를 연주하고, 음식은 가장 정중한 태뢰(太牢)를 바쳐 환대했다. 그 새는 너무 놀라 눈을 둥그렇게 뜨고 주변을 둘러보더니 슬픔에 잠겨 한 점 고기도 먹지 않고 한 방울 물도 마시지 않다가 3일 만에 죽고 말았다. 이것은 노(魯)의 군주가 자기 멋대로 생각한 방법으로 새를 기르려 했지 새에 알맞은 방법으로 기르지 않았기 때문이다. 무릇 새에 알맞은 방법으로 기르려면 새를 깊은 숲속에서 살게 하고 넓은 고원(高原)에서 놀게 하며 내와 호수에서 떠다니며 기분 내키는 대로 미꾸라지와 피라미를 먹을 수 있게 하고, 또 무리의 열(列)을 따라 춤추며 내려오거나 홀로 생각나는 대로 멈추거나 할 수 있게 하는 것이 좋다. 새는 사람의 말을 듣는 것을 싫어한다. 그런데 어찌하여 저런 소란스런 짓을 했단 말인가?

함지(咸池)나 구소(九韶) 같은 미묘한 음악을 동정(洞庭) 들판에서 연주한다면 새는 하늘 높이 날아올라가 버리고 짐승은 멀리 달아나 버리며 물고기는 물속 깊이 숨어 버리고 오직 사람들만이 빙 둘러서서 구경할 것이다. 비유하자면 물고기는 물속에서 살 수 있지만 인간은 물속에서 죽는 것과 같다. 이처럼 새·짐승·사람은 각기 타고난 호불호(好不好)가 다른 것이다. 또 그렇기 때문에 각각의 행동이 다른 것이다. 이와 마찬가지로 인간계에도 옛날 성인들은 그 능력이 같지 않았고 사정도 같지 않았다. 그러므로 사람이 행해야 할 名은 각 물사의 實과 일치하고, 名의 올바름은 각 實의 적절함 위에 확립되지 않으면 안 된다. 이렇게 하는 것이야말로 사람들이 저마다 안락한 삶을 이루고 타고난 성명(性命)을 지켜나가는 것이라 할 수 있다."

【語義】 顔淵東之齊(안연동지제):'顔淵'은 공자의 제자로 성은 顔, 이름은 回, 淵은 그의 자. '齊'는 대국으로 수도 임치(臨淄:산동성 임치현)는 공자와 안연이 있던 魯나라의 수도 곡부(曲阜)에서 동북으로 2백여 킬로미터 떨어진 곳에 있었다.

子貢下席而問(자공하석이문):'子貢'도 공자의 제자다. 성은 단목(端木), 이름은 사(賜), 子貢은 그의 자이다. '席'은 골풀이나 부들로 짜 만든 깔개. 깔개는 몸을 안락하게 하는 물건이므로 그 위에서 일어나 선 채로 묻는 것이 제자의 공순한 태도라고 한다.

小子(소자):子·夫子에 상대되는 말이며 자칭(自稱)은 물론 타칭(他稱)에도 쓰인다. 여기서는 '제자'의 뜻.

管子(관자):B.C. 645년에 죽었다. 성은 管, 이름은 이오(夷吾), 자는

仲, 시호는 敬. 제(齊)나라 환공(桓公)을 보필하여 최초로 패업(覇業)을 달성케 하고 중부(仲父)라는 존칭을 받았다. 또 국가의 제반 제도를 정비하고 법가의 조(祖)로 불리며 유저(遺著)로 ≪관자≫ 24권을 남겼다. ≪관자≫는 실제로는 전국시대 말기부터 漢代에 걸쳐 편집되었을 것이다. 덧붙여 말하면 관이오(管夷吾)는 그의 자(字)인 관중(管仲)으로 일컬어지는 것이 통례이며 관자(管子)라 불리는 예가 드물다.

褚小者不可以懷大綆短者不可以汲深(저소자불가이회대경단자불가이급심):이 말은 현존 ≪관자≫에서는 볼 수 없다. ≪순자≫ 영욕편에 '그리하여 두레박 줄이 짧으면 우물물을 퍼 올릴 수 없고, 지혜가 부족한 자는 성인의 거룩한 말씀을 알아들을 수 없다고 했다(故曰, 短綆不可以汾深井之泉, 知不(군글자인 듯) 幾者不可與及聖人之言)'고 한 것으로 추측하면 '綆短……'은 옛말인 듯하다. 그런데 본절의 경우에는 적절한 인용문이라고 생각되지 않으며 ≪순자≫의 글을 근거로 별도의 대문(對文)으로 만든 것이 아닐까? '褚'에는 여러 뜻이 있는데 여기서는 '綆'과의 관계로 보아 '袋(자루, 부대)'의 뜻으로 해석한다. '綆'은 두레박의 줄.

命有所成而形有所適也(명유소성이형유소적야):덕충부편 〈무인정지설〉에 '道與之貌, 天與之形'이라고 했으며, 또 변무편·마제편·재유편 〈재유론〉 등에 설되어 있다. '性命之情'에 근거한 주장이리라. 그런데 여기서는 사람들이 제각기 타고난 본성은 선천적으로 결정되어 있으며, 또 그에 따라 구체적으로 신체의 안락을 얻을 수 있는 환경이 정해져 있다고 하여 사람들의 제각기 다른 본성의 결정론적 경향, 그리고 마제편 등에서 보았던 소박주의와는 다른 환경론을 보여 주고 있다. 이것이 이 우화의 주제이기도 하다.

夫不可損益(부불가손익):필시 방주의 문장이 잘못하여 본문 중에 들어간 것이리라. 그러나 원문 그대로 번역했다. '損益'은 고치거나 바꾸는 것. 변무편에 '彼正(至)正者, 不失其性命之情'이라고 했다.

言堯舜黃帝之道而重以燧人神農之言(언요순황제지도이중이수인신농지언):상대방을 가리지 않고 획일적으로 고대 성왕의 가르침을 마구 떠들어 대는 것을 가리킨다. '堯舜'이하는 차차 시대를 거슬러 올라가는 순서로 되어 있다. 그런 순서를 생각하면 '堯舜'이 아니라 '舜堯'라 해야 하는데 어조에 따라 '堯舜'이라 한 듯하다. 黃帝·堯·舜은 ≪사기≫에 의하면 오제(五帝)에 드는 성왕들. 재유편 〈인의질곡론〉에 '昔者, 黃帝始以仁義攖人之心. 堯·舜於是乎股無胈, 脛無毛, ……'라고 한 것을 참조. '燧人·神農'은 삼황(三皇)에 드는 고대의 제왕들. 선성편에 '逮德下衰, 及燧人·伏戲, 始爲天下. 是故順而不一. 德又下衰, 及神農·黃帝, 始爲天下. 是故安而不順.……'라고 한 것을 참조.

彼將內求於己而不得(피장내구어기이부득):설명 받은 가르침에 대하여 반성하는 것을 가리킨다. 인간세편 〈심재우화〉의 안회와 공자의 문답에서는 '而彊以仁義繩墨之言, 術暴人之前者, 是以人惡有其美也'라고 하여 그의 설교가 자기현시적이라고 한 데 비해 여기서는 상대방이 반성을 통해 스스로 그의 설교를 실행할 능력이 없음을 알게 된다 하고 있다. 이것은 합리화된 새로운 취향이리라.

不得則惑人惑則死(부득즉혹인혹즉사):인간세편 〈심재우화〉의 '夫道不欲雜. 雜則多. 多則擾. 擾則憂. 憂而不救'나 변무편의 '夫小惑易方, 大惑易性'과 같은 류의 주장에 근거한 말이리라. 成玄英은 '死'를 '殺(죽이다)'의 뜻으로 해석하려 했는데 그럴 필요는 없다. 미혹되어 본성을 바꾼다는 것은 죽음과 같으며 또 실제로 죽는 것이리라. 변무편에 '傷性以身爲殉'이라고 했다.

海鳥止於魯郊……三日而死:춘추시대 사람 좌구명의 작으로 전해지고 있지만 사실은 전국시대 말기 이후 지어진 것으로 생각되는 ≪국어

(國語)≫(≪춘추외전(春秋外傳)≫이라고도 함)의 노어편(魯語篇)에, 춘추시대 魯나라 장공(莊公) 때 일로 다음과 같은 기술이 있다. '해조(海鳥)인 원거(爰居:鶢鶋로도 쓴다. 학 비슷한 큰 새라고 한다. 白鳥 종류일 것이다)가 魯나라 동문 밖에 머물기 3일, 臧文仲, 사람들로 하여금 이를 제사지내게 했다.' 이 구는 이것에 근거한 것이리라.

魯侯御而觴之于廟(노후아이상지우묘):魯나라는 公·侯·伯·子·男의 5등 작위 중 후작(侯爵)의 피봉국(被封國)이므로 '魯侯'라 한 것이다. '御'는 '迓(아:맞아들이다, 마중하다)'의 차자. 이 경우 '御'는 '아'로 읽는다. '觴'은 술을 권하는 것.

九韶(구소):'韶'는 순임금이 제정했다고 하는 음악의 이름. '대소(大韶)'라고도 한다. '韶'는 신령을 부른다는 뜻을 가지고 있는 듯하다. '九'는 악장의 수. ≪楚辭≫의 구가(九歌)처럼 9악장의 음악은 성대한 음악이다.

具太牢以爲膳(구태뢰이위선):'太牢'는 牛·羊·豕(豚) 세 종류의 희생을 갖춘 가장 정중한 헌상(獻上). '膳'은 훌륭한 요리. 즉 진수성찬.

眩視(현시):놀라서 조금도 눈동자를 굴리지 않고 바라보는 것.

壇陸(단륙):'壇'은 '澶(단:먼 모양)'의 차자. '陸'은 높고 평평한 토지.

鰌鰷(추조):미꾸라지와 피라미.

委蛇而處(위사이처):'委蛇'는 앞의 '隨行列'에 대응하는 말로 무리에 따르지도 않고 그렇다고 자기 멋대로 하는 것도 아니며 그때그때의 자연스러움에 맡기는 것.

奚以夫譊譊爲乎(해이부요요위호):'譊譊'는 요란하게 떠드는 모양. '爲'는 의문의 뜻을 나타내는 조사.

咸池(함지):黃帝가 제정했다고 하는 음악.

洞庭之野(동정지야):천운편 〈함지악우화〉의 '洞庭之野'라는 말을 이용한 것이리라. 그런데 여기서는 천운편에서와 달리, 실재 동정호(洞庭湖) 주위에 전개되어 있는 들판을 상정한 것이리라. 成玄英은 '하늘과 땅 사이(天地之間)'의 뜻으로 해석했다.

鳥聞之而飛……人處水而死:제물론편 〈부지이해우화〉에 '民溼寢, 則腰疾偏死, 鰌然乎哉.……', '毛嬙·麗姬, 人之所美也. 魚見之深入, 鳥見之高飛……'라 했는데 그것을 기조로 한 표현이리라.

人卒聞之相與還而觀之(인졸문지상여환이관지):'卒'은 집단을 뜻한다. '還'은 '環(환)'의 차자. 빙 둘러싼다는 뜻.

彼必相與……:'彼'는 앞 글의 '鳥', '獸', '人卒'을 가리킨다.

故先聖不一其能不同其事(고선성불일기능부동기사):천운편 〈추구우화〉에 '故夫三皇·五帝之禮義·法度, 不矜於同, 而矜於治'라고 한 것과 흡사한 주장이다. 법가의 주장에서 취한 것이리라. 유가에서는 성인의 道를 영원불변한 것으로 본다.

名止於實義設於適(명지어실의설어적):'名止於實'은 名과 實이 완전하게 일치해야 하는 것을 가리킨다. '止'는 그것과 일치하여 이탈되는 일이 없는 것. 소요유편 〈명실우화〉에는 '名者實之賓也'라 되어 있다. '義設於適'은 천운편 〈추구우화〉의 '故禮義·法度者, 應時而變者也'와 같은 주장으로 이것은 《한비자》 오두편에 '성인은 먼 고대는 구하지 않고 정해진 기준에 의거하지 않으며 그 시대에 행할 수 있는 일이 무엇인가를 연구하여 그에 맞는 방책을 세운다.(聖人不期脩古, 不法常可, 論世之事, 因爲之備)'고 한 것에 근거한 말이리라. 이 두 구는 '名義設於實適'과 같은 말이며 '名義'는 앞의 '堯·舜·黃帝之道, 燧人·神農之言' 등을 가리킨다.

條達而福持(조달이복지):'條'는 여기서는 '길게 자라다'의 뜻. 요컨대 '條達'은 앞 글의 '形有所適'에 응하는 말로 인간이 행하는 물사가 적절함을 얻어 그 몸이 안락함을 느낄 수 있는 생활을 이루는 것을 가리킨다. '福'은 '服(복:副와 통용)'의 차자(馬敍倫의 설)로서, 몸에 꼭 달라붙어 있는 것. 요컨대 '福持'는 앞 글의 '命有所成'에 응하는 말로 그 性命의 본질을 지켜 잃지 않는 것을 가리킨다. 成玄英은 원문의 글자 뜻에 좇아, 조리가 통달하여 복덕이 지켜진다는 뜻으로 해석했고, 또 이에 좇는 학자가 많은데 이 해석은 앞 글과 상응하지 못하여 적절하지 않다.

【補說】 이상의 〈조달복지우화〉는 공자와 제자의 문답 형식을 취한 우화의 하나다. 여기서 공자는 도가적 체도자로서 제자인 자공에게, 가르침은 사의(事宜)에 적절한 것으로서 사람의 자연스런 성장을 이루게 할 뿐 아니라 그 성명(性命)의 참됨을 잃지 않게 하는 것이 아니면 안 된다고 설하고 있다.

【餘說】 〈조달복지우화〉의 새로운 취향

이 우화는 인간세편 〈심재우화〉를 분본(粉本)으로 삼아 그에 새로운 취향을 가미하고자 하는 의도에서 지어진 작품으로 생각할 수 있다.

안연이 상대방을 가리지 않고 선왕의 道를 설하려 할 것이라고 공자가 말한 것은 〈심재우화〉에서 '未達人氣', '未達人心'임에도 '而彊以仁義繩墨之言'이라 한 구상과 흡사하다. 이 우화에 명실(名實)에 대한 언급이 있는 것도 이 우화가 〈심재우화〉에 근거했음을 방증하는 것이다.

그렇지만 〈심재우화〉는 공자와 안연이 직접 그들의 문제에 대해 논하는 형식으로 구성되어 있는 데 비해 이 우화는 자공을 개입시키고, 또 관자의 말을 인용하고, 해조의 우화를 이용하는 등 줄거리를 복잡하게 하여 흥미를 높이고 있다. 자공이 공손히 자리에서 일어나 물었다고 한 것은 유가에서 사제간의 예로서 가장 기본적인 것이며 이것만으로도 이 우화가 유가설이 스며든 漢代에 지어졌음을 추측케 한다. 공자 문하의 사람이라면 어린아이일지라도 입에 담기 부끄러워할 오패(五覇:춘추 시대 覇業을 이룩한 다섯 사람, 곧 제나라의 환공, 진나라 문공, 오왕 합려, 월왕 구천, 초나라 장왕) 중에서도 으뜸인 환공의 재상 관중(≪맹자≫ 양혜왕하편, ≪순자≫ 중니편 참조)의 말을 공자 자신이 칭찬한다는 것도 다분히 야유에 찬 저의에서 비롯된 것이리라.

다음으로 〈심재우화〉에서는 상대방이 다투고자 하는 마음에 받아들여지지 않는 경우를 상정하고 있는 데 비해 이 우화에서는 상대방이 들어도 이해하지 못하고 또 그것을 실행할 수 없는 경우를 상정하고 있다. 일반적인 설교를 듣더라도 그것을 진실로 이해하는 경우가 많지 않으므로 이 상정은 〈심재우화〉보다 한층 실제적이라고 해도 좋을 것이다. 그래서 〈심재우화〉에서 '名實者, 聖人之所不能勝也'라고 한 것을 이 우화에서는 '名止於實, 義設於適'라고 하여 명의(名義)는 물사의 참된 적의(適宜)함에 근거하여 이루어지지 않으면 안 된다고 하고 있는 것이다. 그리고 이른바 그 명의로서 '條達而福持', 즉 일신의 자연스런 안락함을 이루고 그 천생의 성명(性命)을 보전하는 것을 주장한다. 이 주장은 〈심재우화〉의 귀결이 '一宅而寓於不得已'라고 하는 수동적인 인생 지침인 데 비해 한층 구체적인 목표를 제시하고 있어 실제적이고 능동적인 것이라 할 수 있다.

요컨대 이 우화는 그 구성을 복잡하게 하는 기교를 제거하면 〈심재우화〉에서 언급하지 않은, 상대방에게 받아들여지기는 하나 실행되지 않는 경우에 착안하여 한층 실제적인 인생 지침을 확립하고자 하는 새로운 취향을 보여 주고 있다.

그런데 상대방이 이쪽의 설을 받아들이면서도 실행할 수 없다고 한 것은 〈심재우화〉에서 상대방이 다투고자 하는 마음을 가져 받아들이지 않는다고 한 것보다 실제적인 상황을 상정한 듯하나, 실은 현실의 냉엄함을 생각하지 못하고 또 인심의 기미(機微)를 파악하지 못한 이야기다. 사람, 특히 왕공들은 어떠한 인물에 대해서나 다른 사람의 설을 공정한 마음으로 듣기보다는 우선 일종의 예견(豫見)을 품고 논쟁·거부의 준비를 하고 있는 것이 일반적이다. 그래서 〈심재우화〉에서는 인심의 기미를 분석하고, 나의 의식도 상대방의 사혹(思惑)도 명실(名實)도 불식하고, 이른바 심재(心齋)하여 道와 일체가 되어야 함을 설하였다. 이에 비해 이 우화는 그와 같은 절실한 道의 탐구에 관해 아무런 언급도 않고 인간에게는 선천적으로 각각의 '命'이 정해져 있음을 무조건적인 전제로 삼아 그로써 구체적인 '形'의 안존을 설하고 있다. 이러한 지침은 개인 중심의 안락한 생활의 유지밖에 되지 않는 것이다. 이 지침은 이미 전개되었던 ≪장자≫ 속의 사고방식에 의존하는 것이지만 ≪장자≫ 중의 어떤 사상을 전개시키기 위한 것도 아니며 장자 사상이 갖는 본디의 박력을 잃고 있음은 부인할 수 없다.

제6장 열자설만물지기(列子說萬物之機)

列子行食於道. 從見百歲髑髏. 攓蓬而指之曰,"唯予與女, 知
而未嘗死, 未嘗生也. 若果養乎. 子果歡乎.
種有機. 得水則爲㡭(繼), 得水土之際, 則爲鼃蠙之衣, 生於
陵屯, 則爲陵舃. 陵舃得鬱棲, 則爲烏足, 烏足之根爲蠐螬,
其葉爲胡蝶. 胡蝶胥也化而爲蟲, 生於竈下, 其狀若脫, 其名
爲鴝掇. 鴝掇千日爲鳥, 其名爲乾餘骨. 乾餘骨之沫爲斯彌, 斯
彌爲食醯.
頤輅生乎食醯, 黃軦生乎九猷, 瞀芮生乎腐蠸. 羊奚比乎不
筍久竹生靑寧. 靑寧生程, 程生馬, 馬生人. 人又反入於機.
萬物皆出於機, 皆入於機."

열자가 길가에서 점심을 들게 되었다. 그때 백년 묵은 해골이 눈에 띄었
다. 열자는 덮여 있는 쑥대를 제치고 긴 쑥 하나를 꺾어 손에 들고 해골을
가리키며 이렇게 말했다.

"나와 그대만이 그대가 죽어 버린 것도 아니고 본디부터 살아 있던 것
도 아니라는 것을 알고 있다. 그러니 그대가 이렇게 들판에 버려진 해골
이 된 것을 세상 사람들처럼 마음 아파할까? 내가 살아 이 세상에 있음을
기뻐할까?

무릇 사람·해골·초목·새와 짐승 등, 갖가지 物이 되는 종자는 얼마나
있을까? 세상 사람들이 생각하듯이 본디부터 상이한 종자가 있는 것은 아
니다. 한 종자가 물속에 생겨나면 단(㡭)이라 하는 수초가 되며, 물과 흙이

맞닿은 곳에 생겨나면 '개구리와 조개의 옷'이라 불리는 이끼가 되며, 또 그
보다 약간 높은 땅에 생겨나면 질경이가 되는 것이다. 그 질경이가 부드러
운 부토(腐土)에 생겨나면 오족(烏足)이 되고 오족의 뿌리는 굼벵이가 되
며 그 잎은 호랑나비가 된다. 그리고 호랑나비는 곧 벌레로 변하는데 그 벌
레가 아궁이 부근에서 생기면 벌과 같은 모습을 갖게 되며 땅강아지라 불
린다. 땅강아지는 천 일쯤 지나면 새가 되는데 그 이름을 '건여골(乾餘骨)'
이라 한다. 그 새가 뱉는 침이 사미(斯彌:가랑비)가 되며 그 사미가 산화
(酸化)하여 초[酢]가 된다. 이락(頤輅)이라 하는 벌레는 그 초에서 생겨나
며 황황(黃軦)이라는 벌레는 구유(九猷)에서 생겨나고 무예(瞀芮)라는 벌
레는 노린재에서 생겨난다. 이처럼 가지각색으로 변화하는 것이다. 양해
(羊奚)라 하는 풀과 죽순이 나지 않는 오래된 대나무가 교합하여 청녕(靑
寧)을 만들어 낸다. 그 청녕이 표범을 낳고 표범이 말을 낳으며 말이 인간
을 낳는다. 그 인간은 다시 근본으로 돌아가 조화(造化)의 작용 속으로 들
어간다. 요컨대 모든 物은 조화라는 오직 한 작용에서 생겨나고 모두가 그
한 작용 속으로 돌아가는 것이다."

【語義】 列子(열자):춘추시대 말기의 사상가로 그의 저서가 ≪열자≫라고
　　전해지지만 ≪열자≫는 후세에 위작한 책이며 열자(열어구)라는 인물의
　　존재 여부도 확실하지 않다. 본절과 같은 취향의 문장이 현존 ≪열자≫
　　천서편(天瑞篇)에 있다. 천서편에는 '子列子'로 되어 있다.
　　　行食於道從見百歲髑髏(행식어도종견백세촉루):난해한 표현이다. 成
　　玄英은, '從' 자까지를 한 구로 보고, '從'을 司馬彪의 설에 의해 '傍(옆)'
　　의 뜻으로 해석하여 이 절을 '어구, 여로에 지쳐 길옆에서 밥을 먹었다.
　　그런데 오래되어 썩어 말라버린 해골을 발견했다.'라고 해석했고, 또 이
　　에 좇는 학자가 많다. 그렇지만 '從'에는 '傍'의 뜻이 없으며 또 '行'을 '여

로에 지치다'의 뜻으로 해석하는 것은 무리일 뿐 아니라 '道'와 중복되는 감이 있다. '道' 자에서 구를 끊고, '行'을 '잠시 ~하다'의 뜻으로 해석해야 한다. 즉 길 옆에서 도시락을 먹으려고 하는 것이다. '從'은 '그런데'의 뜻으로 해석한다(林希逸의 설). '從'이 '徒'로 되어 있는 판본도 있다(≪경전석문≫의 설). '徒'는 제자를 가리키며 또 이쪽이 ≪열자≫ 천서편의 표현과 합치하지만 이야기의 줄거리를 복잡하게 하는 경향이 있으므로 원문대로 '從'의 뜻으로 해석한다. '百歲'는 오랫동안 방치되어 있던 것을 표현한 말이다. 앞의 '空髑髏'를 고친 말이리라.

攓蓬而指之曰唯予與女(건봉이지지왈유여여여):'攓'은 뽑아내는 것. 해골을 덮고 있는 긴 쑥을 뽑아 손에 쥐고 그것으로 해골을 가리키며 이야기하는 자세를 잡은 것이다. 앞의 〈사지열락우화〉의 '撤以馬捶, 因而問之'에서 힌트를 얻은 듯한데 그것보다 기교적인 표현이다. '女'는 여기서는 해골을 가리킨다.

知而未嘗死未嘗生也(지이미상사미상생야):본절의 주제라 할 수 있다. '而'는 해골을 가리킨다. 상식상 해골이라고 하면 비참한 죽음을 연상하게 되지만 다음 글의 '機'를 보면 그저 자연스런 변화에 좇아 슬퍼해야 할 죽음도 집착해야 할 삶도 없음을 가리킨다. ≪열자≫ 천서편에는 생·사의 순서가 이것과 반대로 되어 있다.

若果養乎子果歡乎(약과양호여과환호):앞의 생사를 초월하는 것을 보충하는 말이다. '養'은 '恙(양:病)'의 차자. 근심한다는 뜻. ≪열자≫ 천서편에는 '果' 자 대신 모두 '過' 자가 쓰이고 있는데 이는 ≪열자≫ 천서편의 문장이 위작임을 드러내는 것이다.

種有幾(종유기):郭象 등은 '種'을 종류의 뜻으로 해석하고 있는데 '種'은 다음의 '得水則爲䔖'의 주어도 된다는 점을 생각하면 단순히 열자니 해골이니 하는, 종류의 구별을 의미할 뿐 아니라 각각의 구별이 있는

物을 이루는 인자(因子)를 가리킨다고 해석하지 않으면 안 된다.

得水則爲䜌(득수즉위계):'䜌'는 '繼'의 원자. 다음 글과의 관계로 보면 '䜌'는 식물 종류가 아니면 안 되는데 어떠한 식물인지 명확하지 않다. ≪경전석문≫의 설을 참고하여 추측하면 '䜌' 대신 '𤱶'으로 된 판본도 있었던 듯하며 '𤱶'은 '斷'의 원자이다. '𤱶'은 고음(古音)이 비슷한 '蒪(순)'의 차자가 아닐까? 蒪은 순채(蒪菜), 물속에 나는 수련과(睡蓮科)의 다년생 수초로 줄기와 어린잎은 식용된다.

得水土之際則爲䵷蠙之衣(득수토지제즉위와빈지의):'䵷蠙之衣'는 청태(靑苔)로서, '蝦蟆之衣'라고도 한다(成玄英의 설). 물가에 자라는 이끼류이리라. 그 속에서 개구리나 조개가 나오는 일이 있어 '䵷蠙之衣'라 한 것이리라. 𤱶의 종류가 이끼가 된다는 뜻이 아니라 서로 자라는 곳이 비슷하고 또 모양이 비슷한 점이 있어 상정된 것이다.

生於陵屯則爲陵舃(생어릉둔즉위릉석):'陵'은 여기서는 '물가로부터 높이 올라가'의 뜻. '屯'은 '堆(퇴)'의 차자. 구릉 또는 언덕. '陵舃'은 차전초(車前草:질경이). 산야에 자생하는 다년생의 풀. '舃'은 '鳥'의 속자.

鬱棲(울서):낙엽 따위가 온통 깔려 부드럽고 축축한 땅. 곤충의 이름이라고 하는 설(司馬彪의 설)도 있다.

烏足(오족):높이 1미터쯤 되는 다년생 풀로 칼 모양의 잎이 호생(互生)하며 여름과 가을 사이에 황적색 바탕에 붉은색 반점이 있는 예쁜 꽃을 피운다.

蠐螬(제조):굼벵이. 풍뎅이 또는 매미의 유충.

胡蝶胥也化而爲蟲(호접서야화이위충):'胥也'는 얼마 안 되는 시간을 가리킨다. 다음 글의 '千日爲鳥'와 상대되는 표현이다. 陸德明과 成玄英이 胡蝶의 별명으로 해석한 것은 잘못이다(俞樾의 설). 즉 '胥'는 '𦝠(수:기다리다)'의 차자로 이것을 완언하면 '사수(斯須)', '수유(須臾)'가 된다.

其狀若脫(기상약탈):'脫'은 '기뻐하다'(司馬彪·成玄英의 설), '허물 따위를 벗는 것'(馬敍倫의 설) 등으로 많이 해석되는데 다른 곤충의 모습을 빌려 그 곤충의 모습을 가리키는 말로 보지 않을 수 없다. ≪방언(方言)≫에, '연(燕)과 조(趙)에서는 벌을 몽옹(蠓蠑)이라 하며 그 유충을 열옹(蠮蠑), 또는 유태(蚴蛻)라 한다'고 했는데 '脫'은 '蚴蛻'의 약언(約言)으로 보아야 할 것이다.

鴝掇(구철):'蛣(활:땅강아지)'의 완언이다.

乾餘骨(건여골):'乾餘'는 '鴐(거:까마귀)'의 완언이리라. '骨'은 '鶻(골:매)'의 차자이리라. '乾餘骨'은 三字一名으로 까마귀 또는 까치 종류의 새를 가리키는 말이 아닐까? 까치는 물사를 미리 알며 바람이 불 것을 예지한다고 믿어졌다.

斯彌(사미):벌레 이름이라 하는데(李頤의 설), 어떤 벌레인지는 확실하지 않다. 또 무엇을 근거로 한 설인지도 알 수 없다. '斯'는 고음이 비슷한 '凍(치:가는 물방울이 뚝뚝 떨어지는 모양)'의 차자이며 '彌'는 동음인 '濔(미:이슬비)'의 차자가 아닐까? 그리고 까치와 같이 작은 새들이 소란스럽게 지저귄 다음에는 비가 오는 일이 많아서 새의 침이 가랑비가 된다고 한 것이 아닐까?

食醯(식혜):통상 혜계(醯雞:초[酢]에 꾀는 날벌레)의 뜻(司馬彪·成玄英의 설)으로 해석한다. 따라서 다음의 이락·황황(頤輅·黃軦) 등은 모두 같은 종류가 된다. 그렇지만 여기서는 글자 뜻 그대로 부패하여 산화한 物의 뜻으로 해석해야 할 것이다. 봄·여름의 비오는 날에는 物이 산화하고 또 그런 곳에 날벌레가 모여드는 경우가 많다. '食'은 부식(腐蝕)의 '蝕(殖의 차자로 썩는다는 뜻)'의 뜻이다. '醯'는 부패하여 산화한 物.

頤輅生乎食醯(이락생호식혜):'頤輅'은 벌레 이름(司馬彪의 설). 필시

'頤'는 조사로서 접두어이리라. '輅'은 '蛒(격)'의 차자이리라. '蛒'은 혜계(醯雞)와 같은 날벌레.

黃軦(황황):벌레 이름인 '蟥(황:풍뎅이)'의 완언이리라.

九猷(구유):필시 '蚯(구:지렁이)'의 완언이리라.

瞀芮(무예):'瞀'는 '矛(창)'의 차자, '芮'는 '蜹(모기)'의 차자로서, '虻(맹:등에)'를 가리키는 게 아닐까?

腐蠸(부권):'蠸'은 노린재.

羊奚比乎不筍久竹(양해비호불순구죽):'羊奚'는 뿌리가 무청(蕪菁) 비슷한 풀이라 한다(司馬彪의 설). '양치(羊齒)'의 와언(訛言)이 아닐까? '比'는 '配·匹'과 같은 뜻으로 자웅상교(雌雄相交)를 뜻한다. '筍'은 '筍(죽순)'의 이체자.

青寧(청녕):'寧'은 '蟧'의 차자이리라. '蟧'에는 땅강아지라는 뜻(≪설문해자≫의 설)과 개구리 비슷한 작은 동물이라는 뜻(≪집운(集韻)≫의 설)이 있는데 여기서는 대나무 숲의 양치류 위에 있는 청개구리를 가리키는 게 아닐까?

程(정):≪시자(尸子)≫에 '越人은 豹를 程이라 부른다'고 했고, 또 ≪몽계필담(夢溪筆談)≫에 '秦人은 杓를 가리켜 程이라 한다'고 했다(馬敍倫의 설).

馬生人(마생인):≪수신기(搜神記)≫에, '秦의 효공(孝公) 21년에 말이 사람을 낳았다. 소왕(昭王) 20년에 수말이 새끼를 낳고 죽었다'고 했으며 또 ≪경방역전(京房易傳)≫을 인용하여 '제후들이 할거하여 다투면 수말이 새끼를 낳고, 제후들이 서로 싸우면 말이 사람을 낳는다'고 했다. 일설에 '馬', '人' 모두 풀 이름이라 했는데(林希逸의 설) 적당하지 않다.

人又反入於機(인우반입어기):'機'는 천운편 〈무함지조〉의 '機緘'과 거의 같다. 요컨대 조화(造化)의 작용을 가리킨다(成玄英의 설). 응제왕편 〈허기우화〉의 '杜德機', 천지편 〈기심우화〉의 '機心', 천운편 〈함지악우화〉의 '天機' 등의 '機'와는 다르다.

【補說】 이상은 열자가 길가에 버려진 해골에게 한 이야기를 빌려, 생사란 희비의 情이 끼어들 여지가 없는 자연스런 변화에 지나지 않는 것임을 설하고 있다. 즉 들에 버려진 해골과 살아 있는 열자는 상식으로 생각하면 死와 生, 근심과 기쁨이라는 큰 차이가 있는 존재지만 造化에서 보면 똑같이 자연스런 변화의 한 순간을 점하고 있는 존재에 지나지 않는다. 왜냐하면 物에는 본디 종별(種別)이 없기 때문이다. 한 종자가 환경에 따라 수초로도 이끼로도 육초로도 벌레로도 나비로도 새로도 되는 것이며, 또 날벌레가 초[酢]에서 생겨나며 양해(羊奚)와 오래된 대나무에서 청녕(靑寧)이 생겨나며 청녕이 표범이 되고 표범이 말이 되며 말이 사람이 되는 것과 같은 불사의한 변화를 이루는 것이다. 요컨대 만물은 조화가 이루어 내는 대로 변화해 가는 것이라고 주장하고 있다.

【餘說】 〈열자설만물지기〉의 흥미

이 우화는 앞의 〈사지열락우화〉와 마찬가지로 중국인이 가장 싫어하는, 들판에 버려진 해골을 주요한 제재로 삼고 있다. 앞의 우화가 해골로 하여금 죽은 후의 열락을 이야기하게 하는 등 그 착상이 더없이 기이하여 설화적 흥미가 뛰어난 데 반해, 이 우화는 무언(無言)의 해골에게는 生도 死도 없으며 살아 있는 인간이나 들판에 버려진 해골이나 같은 자연임을 설하고 있어 한층 설리적(說理的)이고 도가적인 면을 보여 준다. 그렇지만 그러한 이유로 이 우화가 앞의 우화에 선행한다고는 할 수 없을 것이다. 오히려 이 우화가 앞의 우화로부터 환골탈태한 것이라 생각된다.

生도 死도 없다는 것, 즉 생사는 자연스런 변화에 지나지 않는다는 것은 ≪장자≫에서 자주 되풀이되는 말로 결코 새로운 주장이랄 수는 없다. 단, 그 변화를 物의 전생(轉生)으로 설명하고 있는 데 새로운 맛이 있다. 그 새로운 맛은 대충 4가지로 나눌 수 있는데 우선 物은 한 종자의 변화라고 한 것으로 이는 氣의 관념에 근거한 것이다. 종자는 氣의 응축임에 틀림없다. 氣의 관념으로는 모든 物은 동질의 氣로 이루어져 있고, 氣의 집산(集散)에 따라 生死하는 것이다.

다음으로 物이 다른 物로 전생한다고 한 것으로 이는 어쩌면 '대합이 참새가 된다'고 하는 것과 같은 고대의 미신적(迷信的) 자연 관찰에 근거한 것인지도 모르지만 ≪장자≫ 중에서는 맨 처음 소요유편 〈유무궁 우화〉에 '鯤鵬이 되었다'라 한 것을 필두로 대종사편의 〈조화우화〉나 〈기인우화〉 등에 이와 비슷한 예가 없는 것은 아니지만 가장 괴이하게 인식되던 사실이다.

다음으로 전생(轉生)의 설명 가운데 '靑寧生程, 程生馬, 馬生人'이라 한 것을 빼고는 '種'의 합리화가 도모되어 있다는 것이다. 예를 들면 수초가 되고 이끼가 되고 육초가 된다고 한 것은 서로 가까운 장소를 연상케 됨을 이용한 것으로 생각되며 鳥足의 뿌리가 굼벵이가 되고 그 잎이 호랑나비가 된다고 한 것은 鳥足의 뿌리와 꽃이 각각 굼벵이와 호랑나비와 비슷하게 생긴 것을 이용한 것으로 생각된다. 산화(酸化)한 식물에 날벌레가 모여든다는 것은 경험적 사실이다.

마지막으로 이렇게 하여 합리화된 의식이 전생 그 자체의 흥미보다도 '萬物皆出於機, 皆入於機'라고 하는 예정된 귀결을 보여 주고 있다는 점이다. 이 '機'란 대종사편 〈조화우화〉의 '一以天地爲大鑪, 以造化爲大冶'

를 고쳐 약언(約言)한 것임에 틀림없다.

이 열자의 설은 많은 사람에게 사랑을 받는다. 예를 들면 宋의 林希逸은 '문자의 妙, 천고에 뛰어나다. 잘 다듬어진 듯하면서 거친 듯하고, 거친 듯하면서 잘 다듬어져 있어 비운단안(飛雲斷雁)을 보는 듯하고 고봉참판(孤峰嶄坂)을 보는 것 같다'고 격찬했다. 사람들에게 이 우화가 사랑을 받는 이유는 문장 표현의 기절(奇絶)함 외에, 우선 만물일종(萬物一種)을 시사하고 있기 때문이리라. '왕후장상에 씨가 따로 있겠는가?(王侯將相, 寧有種乎)'(≪사기≫ 진섭세가)라고 한 절규는 이것과 관계있는 것인지도 모른다.

다음으로는 전생이 공상을 맘껏 불러일으키게 하기 때문이리라. 특히 사람이 말에서 생겨났다는 것은 기상천외하다. 중국인은 후대의 소설 ≪서유기(西遊記)≫에서 볼 수 있듯이 신괴변화(神怪變化)를 좋아한다. 그리하여 그것은 공상을 분방하게 전개시킬 수 있는 분위기를 조성하였다.

마지막 이유로는 앞의 〈사망열락우화〉가 해골의 초월적 사후세계의 안락을 묘사한 데 비해 이 우화는 현실세계로 돌아와 열자라고 하는 살아 있는 사람의 오득(悟得)을 설하고 있기 때문이리라. 똑같이 생사의 자연스런 변화에 맡겨야 함을 설하고 있지만 이처럼 유계(幽界)와 현세의 환골탈태가 분명한 것이다.

제19편
달생(達生)

편 머리의 두 자를 취하여 편명으로 삼았다. 2개의 논설과 9개의 우화, 그리고 3개의 잠언이 수록되어 있다. 내편의 양생주편과 비슷한 주제를 다룬 점이 있어 이 편을 양생주편의 부연으로 보는 설(歸有光의 설)도 있지만 각 논설과 우화 사이에 그런 설이 나올 정도의 긴밀한 관련이 있다고는 할 수 없다. 현실에 입각하여 생각하는 경향을 보여 주는 점이 본편의 특징이다. 또 그 때문에 본편이 중요시되고 있다. 청(淸)의 王夫之는 이 편을 논하여 '이 편은 외편 가운데 가장 내용이 심오하다. …… 장자가 손수 쓴 것은 아니라 할지라도 장자 사상의 진수를 터득한 자가 서술한 것이리라'고 했다.

제1장 달생론(達生論)

達生之情者, 不務生之所無以爲. 達命之情者, 不務知之所無
奈何. 養形必先之[以]物. 物有餘而形不養者有之矣. 有生必
先無離形. 形不離而生亡者有之矣. 生之來不能却. 其去不能
止. 悲夫, 世之人以爲養形足以存生. 而養形果不足以存生,
則世奚足爲哉. 雖不足爲, 而不可不爲者, 其爲不免矣.
夫欲免爲形者, 莫如棄世. 棄世則無累. 無累則正平. 正平則
與彼更生. 更生則幾矣. 事奚足棄, 而生奚足遺, 棄事則形不
勞, 遺生則精不虧.
夫形全精復, 與天爲一. 天地者, 萬物之父母也. 合則成體,
散則成始. 形·精不虧, 是謂能移. 精而又精, 反以相天.

인간의 참된 삶의 방법에 통달한 자는 이미 살 수 없는데 무리하게 살려
고 하지 않는다. 인간의 참된 운명에 통달한 자는 인간의 지력(知力)으로
어떻게 할 수 없는 것을 무리하게 하려 하지 않는다. 무릇 인간은 몸을 기
르지 않으면 안 되는데 세상 사람들은 그러기 위해서 우선 물자를 획득하
는 일이 중요하다고 생각하여 그것을 얻고자 안달하며 애쓴다. 그렇지만
물자가 여유 있더라도 신체를 편안하게 기를 수는 없는 것이다. 또 인간의
생명을 유지하는 데는 무엇보다 신체가 생명으로부터 떨어지지 않도록 하
는 것이 가장 중요하다고 생각하여 온갖 수고를 다한다. 그런데 신체가 떠
나지 않더라도 참된 생명은 멸하는 일이 있다. 생명이 와서 인간이 태어나
는 것은 생각으로 간단히 물리칠 수 있는 일이 아니며 그것이 떠나가 죽음

을 맞는 것도 멈추게 할 수 있는 일이 아니다. 그러함에도, 슬픈 일이로다, 세상 사람들이 신체를 기르기만 하면 생명을 오래 보전할 수 있다고 생각하여 저토록 애를 쓰고 있으니……. 아무리 애를 써도 생명을 유지할 수 없으니 안달하며 애를 쓸 필요가 있겠는가! 결코 그런 짓을 할 필요가 없는데도 모두가 앞을 다투어 그렇게 하고 있는 것은 세상의 관습에서 벗어나지 못하기 때문이다.

세상 사람들은 신체를 더없이 중요한 것으로 여기는데 그런 일에서 벗어나려면 세상의 일을 버리는 것이 가장 좋다. 세상의 일을 버리면 마음이 평안하게 된다. 마음이 평안해지면 타고난 신체와 함께 생명이 되살아난다. 되살아나면 참된 생명이 완전히 실현되는 것이다. 어째서 세상의 일을 버리고 삶의 영위를 잊지 않으면 안 되느냐 하면 세상의 일을 버리면 신체를 고통스럽게 하며 무리하게 애쓰는 일이 없게 되고, 삶의 영위를 잊으면 무리하게 지력(知力)을 작용시켜 정기(精氣)를 손상시키는 일이 없게 되기 때문이다.

이렇게 하여 신체가 건전해지고 정기가 본디의 상태로 회복되면 천지와 일체가 되어 자연 그대로 사는 것이 된다. 그 천지란 만물을 생육시키는 부모로서 그들의 기(氣)가 합하면 만물을 자라게 하는 광대한 하늘과 땅이라는 형태도 되고, 그들의 기가 널리 퍼지면 만물이 제각기 성립되고 자연스런 전개를 이루는 것이다. 그래서 인간도 그 근원으로 돌아가면 신체도 정기도 아무런 손상을 받지 않고 자연스럽게 물사에 대응하면서 살아가게 되는데 이것을 '능이(能移)'라 한다. 이 정기를 더욱더 밝혀 가면 단순히 그 생명을 온전히 할 수 있을 뿐 아니라 천지의 작용을 돕게 되는 것이다.

【語養】 達生之精……無奈何:≪회남자≫ 전언훈(詮言訓)에는 '達'이 '通'으로 되어 있다. 達과 通은 거의 같은 뜻이다. 또 '生'이 '性'으로 되어 있

다. 이러한 사실들을 종합해 생각하면 본절은 '性命之情'을 性과 命으로 구분하여 표현한 것이다. 그런데 '性命之情'의 '性'이란 인간 본디의 소박한 생활을 가리키는 것으로 '生'과 거의 같은 뜻이므로 굳이 '生'을 '性'으로 바꿀 필요는 없으리라. 인간의 현우수요(賢愚壽夭)의 命은 어떻게 할 수 없는 것인데 이를 변화시키려 한다거나 교묘하게 이용하여 다른 사람보다 훌륭하게 되려고 知를 작용시키는 것은 옳지 않은 것이다.

養形必先之物(양형필선지물):'生(性)'에는 '形(신체)'이 포함되어야만 하는데(덕충부편 〈무인정지설〉 참조), 여기서는 '生'을 유지하는 요건으로 '物'과 '形'을 이야기하고 있는 것이다. '物'은 넓은 뜻으로 인간의 인식과 경험의 대상이 되는 존재를 가리키는 것이 아니라(천지편 〈물성생리론〉 참조) 여기서는 좁은 뜻으로 생활 유지에 필요한 의복·음식·주거·기구 등을 가리킨다. 成玄英疏本에는 '先之' 다음에 '以' 자가 있다. '以' 자가 있는 쪽이 표현이 순당하므로 보충했다.

生之來……不能止:양생주편 〈안시처순우화〉의 '適來夫子之時也, 適去夫子之順也. 安時而處順, 哀樂不能入也'와 같은 류의 주장을 근거로 한 것이리라. 그런데 '安時處順'의 경지보다는 운명론적 경향이 강하다. 선성편에 '物之儻來, 寄也. 寄之, 其來不可圉, 其去不可止'라고 한 것을 참조.

世奚足爲哉(세해족위재):'世'는 '世之人以爲養形足以存生'을 받아, 세속의 사람들이 하는 일을 가리킨다.

其爲不免矣(기위불면의):세속의 情에 끌리는 것을 가리킨다.

棄世(기세):글자 뜻 그대로 이 세상을 버리고 은세(隱世)하는 것을 가리키는 것이 아니라 세속의 물사에 구애되지 않는 것을 가리키는 말인데 그래도 '棄世'라고 한 것은 극단적인 표현이다. ≪장자≫ 중에서는 '離世異俗', '避世'라 한 경우는 있어도 '棄世'라 한 경우는 이곳 말고는 없다.

無累則正平(무루즉정평): 천도편 〈천락론〉에 '故知天樂者, 無天怨, 無
人非, 無物累, 無鬼責. 故曰, "其動也天, 其靜也地. 一心定而王天下"'라
했고, 또 각의편에 '故曰, "夫恬惔寂漠, 虛無無爲, 此天地之平, 而道德
之質也." 故曰, "聖人休. 休焉則平易矣. 平易則恬惔矣." 平易恬惔, 則
憂患不能入, 邪氣不能襲. 故其德全而神不虧'라 한 것을 생각하면 '正平'
은 천지의 무위의 道를 기준으로 삼아 마음이 바르고 평안한 것을 가
리킨다.

正平則與彼更生(정평즉여피갱생): '更生'이란 말이 처음으로 쓰이고
있다. 되살아나는 것. '更始'와 거의 같은 말로 새롭게 재기하는 것을 가
리킨다. 이것은 각의편에 '故曰, "純粹而不粹, 靜一而不變, 淡而無爲,
動而以天行. 此養神之道也"'라 한 것과 비슷한 주장이다. '彼'를, 成玄
英은 '正眞平等의 道'로 해석하고, 林希逸은 '조물자'로 해석했지만 다음
글이 '形·精'으로 받고 있으므로 '生'이 精氣에 의한 것인 데 비해 이것
은 形(신체)을 가리키고 있다고 보지 않으면 안 될 것이다.

幾矣(기의): '幾'는 여기서는 완전하게 실현되는 것을 가리킨다.

事奚足棄而生奚足遺(사해족기이생해족유): '棄世'의 '世'를, '事(世事)'
와 '生(생사의 憂苦)'으로 나눈 것이리라. 반어적 표현으로 事나 生은 유
기(遺棄)해야만 한다는 뜻이다. 이 문장은 다음 글을 유도하기 위한 것
인데 통상 의문문으로 해석된다. '足'은 여기서는 '可'와 같은 뜻이다.

夫形全精復與天爲一(부형전정복여천위일): 앞 글의 '與彼更生'과 상응
하는 표현이다. '天'은 다음 글에 의하면 '天地'의 생략된 표현이다. 각의
편에 '純素之道, 唯神是守. 守而勿失, 與神爲一. 一之精通, 合于天倫'이
라고 한 것과 비슷한 주장이다. 그런데 각의편의 표현보다 본절의 표현
이 간단하고 그 이유가 불명확하게 되어 있다.

天地者萬物之父母也(천지자만물지부모야):양기인 天氣와 음기인 地氣가 상합하여 만물을 발생시키는 것을 가리킨다.

合則成體散則成始(합즉성체산즉성시):'成體'는 천지의 形을 취하는 것을 가리키며 '成始'는 만물이 자라나는 것을 가리킨다. '散'이란 여기서는 一體가 분산하는 것이 아니라 氣가 산포(散布)하여 만물이 되는 것이다.

形精不虧是謂能移(형정불휴시위능이):'移(본디는 벼가 휘는 것을 뜻했다)'는 '逐'의 차자. '逐'는 '다음으로 옮겨가다', 나아가 '변화하다'의 뜻. 요컨대 이 구는 천지편 〈군주천덕설〉의 '通於一, 而萬事畢, 無心得, 而鬼神服', 천도편 〈천락론〉의 '一心定而王天下' 등과 흡사한 주장이다. 그런데 一心과 정신만이 아니라 형체(신체)의 안정을 함께 초들고 있다는 것이 특색이다.

精而又精反以相天(정이우정반이상천):≪노자≫ 제1장의 '玄之又玄, 衆妙之門'을 근거로 한 표현이다. 또 천지편 〈왕덕설〉에 '故深之又深, 而能物焉. 神之又神, 而能精焉. 故其與萬物接也, 至無而供其求, 時騁而要其宿'이라 한 것과 비슷한 주장인데 표현이 너무 간략하게 되어 있다. '相天'은 만물의 부모인 천지의 '산출 육성 작용(이것을 化育이라 한다)'을 돕는 것.

【補說】 이상의 〈달생론〉은 참된 생명을 어떻게 지켜나가는지 깨닫고 있는 자는 세상 사람들이 생명 유지를 위해 物의 획득과 신체의 장양(長養)에 헛되이 애쓰는 데 반해 세사를 버리고 그 타고난 신체와 정신을 보전하여 자연과 일체가 됨을 설하고 있다. 결국 재유편 〈정기독존우화〉, 천지편 〈기심우화〉, 각의편 〈순소도지론〉 등과 마찬가지로 '정기를 지켜나감'을 주로 하고 있는데 아울러 신체의 보전도 중시하고 있다

는 것이 특색이다.

문맥이 약간 매끄럽지 못하고 용어에 세련되지 못한 점이 있다. 앞에 예로 든 작품의 문장에 의존했기 때문이리라. 이 논설과 가장 흡사한 것은 각의편 〈순소도지론〉인데 그보다 나중에 지은 작품인 듯하다.

제2장 열자 · 관윤문답 : 순기우화(列子 · 關尹問答 : 純氣寓話)

子列子問關尹曰, "'至人潛行不窒, 蹈火不熱, 行乎萬物之上
而不慄.' 請問, 何以至於此."
關尹曰, "是純氣之守也. 非知巧 · 果敢之列.
居. 子語汝. 凡有貌 · 象 · 聲 · 色者, 皆物也. 物[與物]何以
相遠. 夫奚足以至乎先. 是[形]色而已. 則物之造乎不形, 而
止乎無所化. 夫得是而窮之者, 物焉得而止焉.
彼將處乎不淫之度, 而藏乎無端之紀, 遊乎萬物之所終始. 壹
其性, 養其氣, 合其德, 以通乎物之所造. 夫若是者, 其天守
全, 其神無郤. 物奚自入焉.
夫醉者之墜車, 雖疾不死. 骨節與人同, 而犯害與人異, 其神
全矣. 乘亦不知也, 墜亦不知也. 死生驚懼, 不入乎其胷中. 是
故迕(遻)物而不慴. 彼得全於酒, 而猶若是. 而況得全於天乎.
聖人藏於天. 故莫之能傷也. 復讎者, 不折鏌 · 干. 雖有忮心
者, 不怨飄瓦. 是以天下平均. 故無攻戰之亂, 無殺戮之刑者,
由此道也.
不開人之天, 而開天之天. 開天者德生, 開人者賊生. 不厭其
天, 不忽於人, 民幾乎以其眞."

열어구가 관윤에게 물었다.

"지인(至人)은 물속에 들어가도 빠져 죽는 일이 없고 불 위를 걸어도 데
지 않으며 만물을 굽어볼 수 있는 높은 곳에 올라가도 두려움에 떠는 일이

없다고 합니다. 어떻게 하면 그런 경지에 도달할 수 있습니까? 가르쳐 주시기 바랍니다."

관윤이 대답했다.

"그것은 지인이 순수한 신기(神氣)를 지키고 있기 때문이다. 보통사람들의 지혜나 용기 있는 행동 따위로 가능한 것이 아니다.

앉아라, 그 까닭을 이야기해 주겠다.

모든 物은 표면·형체·음성·색채를 갖추고 있다.

그러한 物의 처지를 떠나서 어떻게 物의 진실을 규정할 수 있겠는가. 그러니 사람도 物의 처지에 있는 한 어찌 物보다 낫다고 할 수 있겠는가? 다른 物과는 달리 빠져 죽기 전에 물에서 나오고 타기 전에 불 속에서 뛰어나오듯 잠시 物에 앞서는 것 같아도 그것은 형체나 색채 따위 외관만의 일에 지나지 않는다. 物은 형체 없는 無에서 시작하여 끊임없이 형체의 변화를 이루어 결국 더 이상 변화할 수 없는 無로 돌아간다. 그것이 진실이다. 그래서 物의 진실을 남김없이 궁구한 지인은 물도 빠뜨릴 수가 없고 불도 태울 수가 없듯이 어떠한 物의 변화도 그 행동을 방해할 수가 없는 것이다.

物의 진실을 모조리 규명한 지인은 반드시 아무런 오류도 없는 법도에 따라 物을 변화무쌍하게 전개시키는 근본과 일체가 되어 만물이 전개되는 자연스러움에 유유히 자적한다. 결국 지인은 전혀 物로써 번뇌하지 않고 그 성(性)을 오로지 무욕·무심에 두어 어떠한 경거망동도 없이 그 순수한 神氣를 조용히 기르고 타고난 德을 충실히 하여 만물을 전개하는 하늘과 일체가 된다. 이렇게 되면 천성은 완전한 상태 그대로 지켜지고 순수한 神氣에는 다른 物이 진입할 조금의 틈도 없어 물·불 따위에 의한 物의 번뇌가 침입할 수 없는 것이다.

무릇 술에 취한 자는 달리는 수레에서 떨어져도 다치기는 해도 죽는 일은 없다. 술에 취한 자의 뼈나 관절 등 몸의 구조가 다른 사람과 같음에도 이처럼 그 피해가 다른 것은 神氣가 완전히 보전돼 있기 때문이다. 술에 취한 자는 자신이 수레에 탔다는 것도, 달리는 수레에서 떨어졌다는 것도 모른다. 그의 가슴 속에는 삶·죽음·놀라움·두려움 등의 의식이 전혀 들어 있지 않고 오직 神氣만이 들어 있다. 그래서 수레에서 떨어지는 물사에 당면하더라도 전혀 두려워하지 않는다. 술 덕분에 무심하게 되어 神氣를 보전한 것만으로도 이러한데 무위·무심하게 되어 태어날 때부터의 순수한 神氣를 완전하게 보전할 수 있다면 물사에 의한 어떠한 번뇌도 있을 수 없는 것이다.

무위로써 천하를 다스리는 성인은 모든 것을 物 본디의 자연스러움에 완전히 맡긴다. 그래서 어떠한 상해(傷害)도 받지 않는다. 이를테면 복수를 하는 자는 원수는 미워하되 그가 사용했던 무심한 막야(鎭邪)·간장(干將)까지도 미워하여 부러뜨리거나 하지는 않는다. 또 아무리 성질이 흉포한 자라도 무심하게 바람에 날려 온 기왓장에 화를 내는 짓은 하지 않는다. 이처럼 무심·무위해야만 천하가 평화롭게 다스려진다. 그러므로 성인의 다스림에는 나라끼리 서로 공격하는 일도, 인민을 죽이는 형벌을 만드는 일도 없는데 이는 이 무심·무위의 道에 의한 것이다.

요컨대 사람은 지혜·기교·용기 따위 인위적인 것을 부리지 말고, 자연의 근본을 펼쳐야 한다. 자연, 즉 하늘의 道를 펼치면 德이 나타나지만 인위를 펼치면 재난이 닥친다. 그래서 그 자연스런 전개를 막지 않고 인위가 가해지지 않도록 주의하면 인민들까지도 제각기 진실을 다하게 될 것이다."

【語義】 子列子(자열자):열어구(列禦寇)를 가리킨다. '子列子'의 앞의 '子'는 묵가에서 '子墨子'라 하는 것처럼 스승에 대해 특별한 경의를 나타내기 위해 붙이는 말. 그런데 관윤(關尹)이 스승인데 그의 앞에서 어째서

'子列子'라 했을까? 이 우화가 《열자》 황제편에도 실려 있는데 그곳에는 '列子'로 되어 있다.

關尹(관윤):뒤의 천하편에는 노담과 함께 '古之博大眞人哉'로 평가되어 있다. 《사기》 노자전에 의하면 관(關:함곡관 또는 散關이라고도 한다)의 長으로서 윤희(尹喜:자는 公度라 한다)라고 하는 자가 있었는데 노자가 周의 쇠약해짐을 보고 은세(隱世)하고자 關 밖으로 나가자 노자에게 간청하여 저서를 남겨 주기를 원하여 노자는 《노자》(《도덕경》) 오천 자를 남겼다 한다. 《한서》 예문지에는 《관윤자》 9편이 실려 있고 윤희의 작으로 되어 있지만 전하지 않는다. 윤희가 과연 실재했던 인물이었는지는 명확하지 않다.

至人潛行不窒蹈火不熱(지인잠행부질도화불열):제물론편 〈부지이해 우화〉, 대종사편 〈진인론〉 등에도 이와 비슷한 취향의 표현이 있다. 초월적 능력을 가리킨다. '潛行'은 물속에 들어가 내를 건너는 것. '窒'은 갇히는 것. 요컨대 물속에서 질식(窒息)하는 것을 가리킨다.

行乎萬物之上而不慄(행호만물지상이불률):대종사편 〈진인론〉의 '登高不慄'에 해당하는데 표현에 힘쓴 흔적을 보면 뒤의 전자방편 〈불사지 사우화〉의 '登高山履危石, 臨百仞之淵'을 기조로 하고 있는 것이 아닐까? '慄'은 전율(戰慄), 두려워하는 것.

純氣之守(순기지수):순수한 氣만을 지키는 것. 천지편 〈기심우화〉의 '機心存於胷中, 則純白不備. 純白不備, 則神生不定. 神生不定者, 道之所不載也'나 선성편의 '純素之道, 唯神是守. 守而勿失, 與神爲一. 一之精通, 合于天倫' 등과 거의 같은 주장이다.

知巧果敢之列(지교과감지열):'知巧'는 '교지(巧智)'와 같다. 교묘한 기도(企圖). '果敢'은 용기 있는 행동. '列'은 줄, 나아가 '같은 부류'의 뜻.

居予語汝(거여어여):'居'는 자리에 되돌아가 앉기를 권하는 말. 제자는 스승에 대하여 일어서서 묻고 대답하는 것이 예이다.

凡有貌象聲色者皆物也(범유모상성색자개물야): 物, 사람을 주로 하여 그 외형에 관하여 분석하고 있다. 그런데 物의 의미를 여기서 다 논한 것은 아니다. 천지편 〈물성생리론〉 참조. '貌'는 얼굴 모습. 나아가, 표면을 뜻한다. '象'은 전체의 모습. '聲'은 음성. '色'은 얼굴빛이나 살갗의 윤기.

物何以相遠(물하이상원): 成玄英疏本에는 '物與物何以相遠'으로 되어 있다. ≪열자≫ 황제편도 같다. 이들에 근거하여 보충했다. 이 문장은 재유편 〈독유인설〉에 '明乎物物者之非物也'라고 한 것처럼 物이 서로 시공에 제한된 관계에 있으면 그 본질을 규정할 수 없으며 物의 처지를 벗어나야만 그것을 규정할 수 있음을 가리킨다.

夫奚足以至乎先是色而已(부해족이지호선시색이이): 이 문장에 대한 向秀와 郭象의 설을 참조하면 '色' 자 앞에 '形' 자가 있어 貌·象을 총괄하고 또 '色'이 '聲'을 포함했으리라 생각된다. '形' 자를 보충한다(馬敍倫의 설). 이 '夫'는 '則'과 거의 같은 뜻이다. '先'은 물사의 先, 요컨대 물에 빠지기 전, 불에 타기 전과 같은 것을 가리킨다. 뒤의 지북유편 〈미유천지우화〉에 '有先天地生者, 物邪. 物物者非物. 物出不得先物也'라 한 것 참조. '是形色而已'는 이 문장만이 아니라 '物與物何以相遠' 이하의 두 문장을 받고 있다.

則物之造乎不形而止乎無所化(즉물지조호불형이지호무소화): '則'은 '故'와 거의 같은 뜻. 이하는 '是形色而已'이라고 단정하는 이유를 밝히고 있다. 成玄英은 '造'를 '만들다'의 뜻으로 해석했지만 다음에 나오는 '止(마치다)'에 짝하는 말로서 '創(창:시작하다)'의 차자로 보아야 한다. '造乎不形'은 천지편 〈물성생리론〉의 '泰初有無. 無有無名, 一之所起. 有一而未形, 物得以生, 謂之德'과 같은 주장이다. '止乎無所化'란 대종사편 〈진인론〉의 '物之所不得遯而皆存'에 머문다고 하는 것과 같은 주장이다. 바꿔 말하면 物은 無에서 시작하여 곧 사라져 없어지는 물상(物象)으로 변화하고 다시 無로 돌아간다. 이 '萬物之所係, 而一化之所待'는 道(본절에서는 그 道와 일체인 '純氣')임에 틀림없다.

夫得是而窮之者(부득시이궁지자):'夫得窮之者'를 이렇게 표현한 것이다. '是', '之'는 모두 '物之造乎不形, 而止乎無所化'의 근본을 가리킨다. 요컨대 천도편 〈수본론〉의 '審乎無假, 而不與利遷. 極物之眞, 能守其本'과 같은 주장이다.

物焉得而止焉(물언득이지언):이 '止'는 '만류하다, 막다'의 뜻.

彼將處乎不淫之度(피장처호불음지도):이 '將'은 '반드시, 꼭'의 뜻. '處乎不淫之度'는 다음의 '壹其性'에 대응하는 표현으로 물욕으로 그 性을 어지럽히지 않는 것을 가리킨다. 재유편 〈재유론〉에 '天下不淫其性, 不遷其德, 有治天下者哉'라고 한 것 참조. '度'는 법도·표준의 뜻으로 다음의 '紀', '所終始'와 함께 物의 참 또는 道를 가리킨다.

而藏乎無端之紀(이장호무단지기):다음의 '養其氣'에 대응하는 표현으로 純氣가 무한하게 자유스런 전개를 이루는 것을 가리킨다. '無端之紀'는 역설적인 표현으로 단서가 없는 실마리, 요컨대 모든 방향으로 전개되는 시초를 가리킨다. '紀'는 실마리·단서, 나아가 시원(始原)·근본의 뜻.

遊乎萬物之所終始(유호만물지소종시):다음의 '合其德'과 대응하는 것으로, '終始'란 物의 변화이고 '所'는 여기서는 '所以'와 같으므로 '所以變化'란 道의 자연, 즉 다음 글의 '天'이라고 해석하지 않으면 안 된다. 응제왕편 〈순물자연우화〉에 '遊心於淡, 合氣於漠, 順物自然, 而無容私焉'이라고 한 것의 '順物自然'과 같은 주장이다.

壹其性(일기성):'彼將處乎不淫之度' 이하가 지인(至人)이 物에 대응

하는 방법을 설하고 있는데 이 이하는 그 정신을 지니는 방법에 관해 설하고 있다. 본절에서 '性'을 '氣'에 우선시키고 있는 것은 유가의 사고방식과 흡사한데 이 '性'은 유가에서 설명하는 것처럼 도의적 본질이란 속성을 지니고 있는 게 아니라 생명 충족, 이른바 '性命之情'의 '性'이다. 따라서 그것은 '素樸而民性得矣'라 한 것처럼 세상의 명성·공리에 미혹되지 않고 무욕 무지여야만 충족된다. '壹'은 여기서는 일정하게 한다는 뜻.

養其氣(양기기):이 '氣'는 앞 글의 '純氣'이다. 純氣는 神氣이기도 하다. 이것은 각의편에 '純粹而不雜, 靜一而不變, 淡而無爲, 動而以天行. 此養神之道也'라고 한 '養神'과 거의 같은 주장이다.

合其德(합기덕):그 德을 천지의 德에 합치시킨다는 뜻으로 해석해도 통하지 않는 것은 아니지만 그러면 다음 구와 중복되게 된다. 자신의 천생의 德과 합일한다는 뜻으로 해석해야 한다. 천도편 〈수본론〉에 '通乎道, 合乎德, 退仁義賓禮樂. 至人之心, 有所定矣'라 했고, 각의편에 '虛無恬惔, 乃合天德'이라고 한 것과 흡사한 주장이다. 그것은 德으로 돌아가는 것이기도 하고 德을 보전하는 것이기도 하며 德의 和에서 노는 것이기도 하다.

以通乎物之所造(이통호물지소조):천지편 〈물성생리론〉에 '性脩反德, 德至同於初'라 한 것과 같은 주장이다. 단 여기서 '物之所造'는 다음 글과의 관계에서 생각하면 '天'이다. 곧 본절은 천지편 〈군주천덕설〉에 '德兼於道, 道兼於天'이라고 한 것처럼 '天'을 性命·氣의 근원으로 보고 있는 것이다. 또 '天'은 천도편 〈군자십사설〉에 '無爲爲之之謂天'이라 한 것처럼 무위이다.

其天守全其神無郤(기천수전기신무극):'天守'는 앞 글과의 관계를 생각하면 '純氣之守'여야 하는데 그러면 '其神無郤'과 중복되는 경향이 있다. 필시 '性·德'을 가리키는 것이리라. 각의편에 '平易恬惔, 則憂患不能入, 邪氣不能襲. 故其德全而神不虧'라 한 것 참조. '其神無郤'은 純氣를 가리킨다. 각의편에 '純也者, 謂其不虧其神也'라 했다. '郤'은 '隙'과 동자. 사기(邪氣)가 파고 들어오는 틈으로 마음이 해이해지는 것을 가리킨다.

犯害(범해):'犯'은 여기서는 '범하게 되다', 나아가 '어떠한 일을 당하다'의 뜻.

遻物而不慴(오물이불습):'遻'는 '迕(오:만나다)' 또는 '遌(오:만나다)'의 오자이다. 《경전석문》揭出本에는 '遌'로 되어 있으며 成玄英疏本에는 '迕'로 되어 있다. '遌'는 '逆'과 같으며 '맞아들이다, 만나다'의 뜻. '慴'은 몹시 두려워하는 것.

聖人藏於天(성인장어천):천도편 〈천락론〉에 '明白於天地之德者, 此之謂大本大宗. 與天和者也'라 한 것과 비슷한 주장이리라. 덧붙여 말하면 이 이하의 논점은 지인(至人)이 純氣를 지키는 것에서 이탈하여 성인이 인민을 그 참[眞]에 되돌아가게 하는 것에 귀착하고 있다. 純氣의 효용을 확대한 것이리라. 일설에 '夫醉者……' 이하는 관윤(關尹)의 말이 아니라 달생편을 지은 자의 논술일 것이라는 설이 있다. 《열자》황제편에는 이 이하의 문장이 없는데 그것은 문맥상의 호응이 껄끄러워 삭제했기 때문일 것이다.

復讎者不折鏌干雖有忮心者不怨飄瓦(복수자부절막간수유기심자불원표와):뒤의 산목편 〈허기유세우화〉에 '有虛船來觸舟, 雖有偏心之人不怒'라 한 것과 같은 취향의 비유다. 무심한 것에는 해가 가해질 수 없음을 가리킨다. '鏌干'은 춘추시대 오왕(吳王) 합려(闔閭)가 만들게 한 명검인 막야(鏌邪)와 간장(干將). 예리한 무기의 비유이다. '忮心'은 걸핏하면 폭력을 휘두르는 편협하고 흉포한 성격. '飄瓦'는 바람 따위에 날려 와 몸에 부딪친 기와.

天下平均(천하평균):위의 비유를 받아, 무심·무위를 지키면 천하가
평안하게 다스려지는 것을 뜻한다.

天開人之天而開天之天(천개인지천이개천지천):다음 글에 '開天', '開
人'으로 되어 있는 것을 보면 '人之天'의 天은 '天之天'을 강조하기 위한
수사적 기교가 섞인 말인데 굳이 말한다면 사람의 지교(知巧)를 가리킨
다. '天之天'는 純氣 또는 德을 가리킨다. 앞의 추수편 〈반기진우화〉에
'天在內, 人在外. 德在乎天'이라고 했다. 요컨대 이 명제는 대종사편의
'不以心損(偝)道, 不以人助天'과 비슷한 주장이다. 또 이 이하는 운문으
로 되어 있다. 天·人·眞이 眞部韻, 德·賊이 之部韻.

開天者德生開人者賊生(개천자덕생개인자적생):여기의 '德'은 '賊'의
대어로 쓰여, 인민에게 은혜를 베푼다는 뜻을 지니고 있다. 이 명제는
≪노자≫의 '군주가 나라를 다스림에 지혜로써 하면 나라에 해를 주고,
무위자연으로써 하면 나라를 복되게 한다. 이 두 가지 사실을 아는 것
도 위정자로서의 법식이며 항상 이 법식을 아는 자를 일러 玄德을 갖
춘 자라 한다.(以智治國, 國之賊, 不以智治國, 國之福. 知此兩者, 亦楷
式. 常知楷式, 是謂玄德)'(제65장)를 기조로 한 것이리라(成玄英의 설).

不厭其天不忽於人民幾乎以其眞(불염기천불홀어인민기호이기진):
'厭'은 억압한다는 뜻. '不忽'은 지교(知巧)의 조짐이 보이는 것을 계신
(戒愼)하는 것. 추수편 〈반기진우화〉에 '故曰, "無以人滅天. 無以故滅
命, 無以得殉名." 謹守而勿失, 是謂反其眞'이라고 한 것과 비슷한 주장이다.

【補說】 이상의 〈순기우화〉는 열자와 관윤의 문답을 빌려 하늘의 德을 지
키는 방법을 논하고 있다. 그것은 '性을 흐트러뜨리지 않고 인위를 삼가
며 純氣를 보전해야 한다'는 것이다.

이 우화는 노자로부터 장주에 이르는 도가의 계보(노자 — 관윤 — 열자 — 장주)를 보여 주는 것이기도 하지만 이를 실전(實傳)으로 간주하기는 어렵다. 우화 전반 부분의 서술은 매우 추상적이어서 다른 논설·우화와 대조하여 해석하지 않으면 이해하기 어렵다. 앞서 나온 논술을 전제로 그 취지를 요약하고 있는 듯하다. 후반의 '聖人藏於天' 이하 서술은 전반의 문맥과 긴밀히 연관되어 있다고 보기는 어렵다.

제3장 중니·구루자문답:용지불분우화(仲尼·痀僂者問答:用志不分寓話)

仲尼適楚, 出於林中. 見痀僂者承蜩, 猶掇之也.
仲尼曰, "子巧乎. 有道邪."
曰. "我有道也. 五六月, 累丸二而不墜, 則失者錙銖, 累三而
不墜, 則失者十一. 累五而不墜, 則猶掇之也. 吾處身也, 若
橛株拘, 吾執臂也, 若槁木之枝. 雖天地之大, 萬物之多, 而
唯蜩翼之知. 吾不反不側, 不以萬物易蜩之翼. 何爲而不得."
孔子顧謂弟子曰, "用志不分, 乃凝於神, 其痀僂丈人之謂乎."

공자가 초나라에 가는 도중 숲속을 지나게 되었다. 그때 매미를 잡고 있
는 한 꼽추 노인을 보게 되었는데 매미를 마치 줍듯이 잡고 있었다. 공자
가 탄복하여 물었다.

"재주가 대단하십니다. 무슨 비결이라도 있습니까?"

노인이 대답했다.

"내게 좋은 방법이 있다네. 5, 6개월쯤 훈련하여 장대 끝에 구슬을 두
개 포개 놓고 장대를 움직여도 그것들이 떨어지지 않을 정도가 되어 그 장
대로 매미를 잡으면 놓치는 일이 드물지. 장대 끝에 구슬을 세 개 포개 놓
고 장대를 어떻게 움직여도 그것들이 떨어지지 않을 정도가 되어 그 장대
로 매미를 잡으면 실수할 경우는 열 번에 한 번밖에 되지 않네. 장대 끝에
구슬을 다섯 개 포개 놓고 장대를 아무렇게나 움직여도 그것들이 떨어지
지 않을 정도가 되면 매미를 잡는 것이 마치 물건을 줍는 것처럼 쉽게 된다

네. 나는 마치 그루터기처럼 몸을 오므린 채 꼼짝 않고 마치 마른 나뭇가지처럼 조용히 장대를 들고 있는 팔을 지탱하고 있을 뿐이네. 천지의 광대함도, 만물의 다양함도 눈에 들어오지 않고 오직 매미의 날개만이 눈에 들어온다네. 나는 뒤를 돌아다보거나 곁눈질 따위를 하지 않고 이 세상 어떠한 물사에 의해서도 매미 날개로부터 눈길을 떼지 않는다네. 이러하니 어찌 매미를 놓치는 일이 있겠는가?"

이 말을 들은 공자는 제자들을 돌아다보고 이렇게 말했다.

"정신을 흐트러뜨리지 않으면 그 기(技)가 거의 신기(神技)에 이른다고 했는데 이는 저 어르신을 두고 한 말이다."

【語義】 痀僂者(구루자):꼽추. 成玄英은 허리가 굽은 노인으로 해석했다. '痀'는 '佝' 또는 '傴'로도 쓴다.

承蜩猶掇之(승조유철지):'承'은 여기서는 '拯(승:들어올리다)'의 뜻. '蜩'는 매미. '掇'은 줍는 것.

五六月(오륙월):대여섯 달. 매미가 나오는 음력 오뉴월을 가리킨다는 설도 있다(司馬彪의 설).

累丸二而不墜(누환이이불추):공 모양의 물건 두 개를 작대기 끝에 포개 놓고 그것이 떨어지지 않도록 작대기 다루기를 훈련하는 것이다.

錙銖(치수):매우 근소하다는 뜻. 一銖는 0.67그램. 一錙는 六銖.

橛株拘(궐주구):'橛株'는 그루터기. 벌목한 자리에 남아 있는 나무뿌리. '拘'는 '佝' 또는 '枸'의 차자. 웅크리고 있는 것을 뜻한다. 즉 그루터기처럼 몸을 작게 구부린 채 꼼짝 않는 모양을 가리킨다.

不反不側(불반불측):반측(反側)하지 않음. '反側'은 여기서는 뒤를 돌아다보거나 곁눈질을 하는 것.

用志不分(용지불분):일심불란(一心不亂)한 것을 가리킨다. '分'은 분산의 뜻.

凝於神(응어신):'凝'은 '擬(의)'의 차자(馬敍倫의 설). 매우 흡사하다
는 뜻.

痀僂丈人之謂乎(구루장인지위호):'丈人'은 노인에 대한 경칭.

【補說】 이상의 〈용지불분우화〉는 공자와 매미잡이 노인의 대화를 빌려,
훈련의 결과로 정신이 純一해지면 그 技는 인위를 초월한 神技가 될 수
있음을 설하고 있다.

　　정신의 순수한 충실을 설하고 있기 때문에 달생편의 편자가 앞의 〈달
생론〉·〈순기우화〉와 같은 종류의 것으로 보아 여기에 실은 것으로 추
정된다. 그런데 앞의 것들이 직접적인 인위의 부정(否定)을 강조하는 데
반해, 이 우화는 인위인 훈련의 결과가 인위를 초월한다는 주장을 주로
하고 있어 그것들과는 다른 취향을 보여 주고 있는 것이다. 양생주편
〈신기우화〉와 같은 유형에 드는 작품이다.

제4장 안연·중니문답:외중내졸우화(顏淵·仲尼問答:外重內拙寓話)

顏淵問仲尼曰, "吾嘗濟乎觴深之淵. 津人操舟若神. 吾問焉
曰, '操舟可學邪.' 曰, '可. 善游者數能. 若乃夫沒人, 則未嘗
見舟而便操之也.' 吾問焉, 而不吾告. 敢問, 何謂也."

仲尼曰, "善游者數能, 忘水也. 若乃夫沒人之未嘗見舟而便
操之也, 彼視淵若陵, 視舟之覆, 猶其車卻也. 覆卻萬方, 陳
乎前而不得入其舍. 惡往而不暇.

以瓦注者巧, 以鉤注者憚, 以黃金注者殙. 其巧一也, 而有所
矜, 則重外也. 凡外重者內拙."

안연이 공자에게 여쭈었다.

"제가 전에 상심(觴深)이라는 깊은 물을 배로 건넌 적이 있었는데 그때
뱃사공의 배 젓는 솜씨가 신기(神技)와도 같았습니다. 저는 놀라서 '그렇게
솜씨 좋게 배를 다루는 것을 다른 사람도 할 수 있는가?' 하고 그에게 물
었습니다. 그는 '그렇습니다. 헤엄을 잘 치는 사람은 얼마 안 가서 배를 잘
저을 수 있습니다. 잠수의 명인쯤 되면 배를 본 적이 없어도 곧 배를 저을
수 있습니다.'라고 말했습니다. 저는 다시 '어찌하여 그러한가?' 하고 물었
습니다만 그는 아무 말도 하지 않았습니다. 그가 한 말이 무슨 뜻인지 가
르쳐 주십시오."

공자가 말했다.

"헤엄을 잘 치는 자가 배를 잘 젓게 되는 것은 물에 대한 것을 잊기 때문
이다. 잠수의 명인이 배를 본 적이 없어도 곧 배를 잘 저을 수 있게 되는 것

은 깊은 물을 땅바닥같이 여기며 배가 뒤집히는 것을 수레가 뒤로 밀리는 것쯤으로 여기기 때문이다. 뒤집히고 뒤로 밀리는 등 온갖 위험이 눈앞에 나타나도 그의 마음은 조금도 동요하지 않는다. 이와 같은 경지에 이르면 어떤 경우에도 마음의 여유를 잃는 일이 없을 것이다.

던져 맞추기 놀이를 할 경우, 기와 조각과 같은 값어치 없는 것을 걸 때에는 잘 맞추지만 혁대 고리를 걸게 되면 부담을 느껴 잘 맞추지 못하게 되고, 황금을 걸게 되면 어떻게 던져야 좋을지 갈피를 못 잡게 된다. 어느 경우나 그 솜씨는 같지만 거는 물건을 아끼는 마음이 있으면 마음보다 외물을 소중히 여기게 된다. 이와 같이 외물을 중히 여기게 되면 아무래도 마음이 위축되는 법이다."

【語義】 顔淵(안연):공자의 제자. 이 우화도 ≪열자≫ 황제편에 수록되어 있는데 표현에서 약간 다른 데가 있다.

觴深之淵(상심지연):술잔 모양을 하고 있어 이런 이름을 얻게 된 심연(深淵)으로 宋나라에 있었다(成玄英의 설)고 하는데 '觴'은 '湯湯(광대하다는 뜻)'의 '湯'을 흥미롭게 바꾸어 표현한 말인 듯하다.

津人(진인):뱃사공. '津'은 나루터.

善游者數能(선유자삭능):'數'은 다음 글의 '便'에 짝하는 말로 '速'의 차자이며 '단시간'의 뜻으로 해석해야 한다.

若乃夫沒人(약내부몰인):'若乃夫'는 강하게 지시할 때에 쓰는 말. '沒'은 물속에 들어가 물고기를 잡는 것.

而便操之(이변조지):'便'은 '곧, 금방'.

覆却萬方(복각만방):'覆'은 '舟之覆'을 받으며 '却'은 '車却'을 받고 있다. '覆却'은 변사(變事)를 가리킨다. '方'은 하는 바, 즉 事의 뜻.

其舍(기사):心을 가리킨다.

惡往而不暇(오왕이불가):어떠한 경우에도 여유가 있다는 뜻. '暇'는 여유.

以瓦注者……:이와 비슷한 문장이, 《여씨춘추》거우편(去尤篇)에는 선입관을 버려야 할 것을 설하는 것으로서, '莊子曰, 以瓦殳者翔, 以鉤殳者戰, 以黃金殳者殆. 其祥一也. 而有所殆者, 必外有所重者也. 外有所軍者, '泄蓋內掘'이라 했고, 또 《회남자》의 설림훈에는 無形으로 보고 無聲으로 들어야 함을 설하는 것으로서, '以瓦鈺者全, 以金鈺者跋, 以玉鈺者發(廢의 차자). 是故所重者在外, 則內爲之掘'이라 했다. 이것들로 추론하면 이 문장은 본디 이 우화와 별도의 것이 아니었을까? 중니의 말은 '惡往而不暇'에서 끝나고, '以瓦鈺者' 이하는 달생편의 편자가 다른 데서 취하여 여기 옮겨 놓은 게 아닐까 하는 의문을 갖게 된다. 또 중니의 계속되는 말로 보아도 뜻이 통하므로 종래의 해석에 좇아 중니의 말로 취급했다. '注' 또는 '殳·鈺' 등은 옛음이 같은 '殳' 또는 '投'의 차자이다. 말뚝을 세우고 거기에 物을 던져 명중시키는 자가 그러지 못한 자의 物을 획득하는 놀이다. 이 이하의 '者'는 '사람'의 뜻으로 해석해도 되지만 '則'의 뜻으로 해석하는 것이 문맥상 더 좋다.

以鉤注者憚(이구주자탄):'鉤'는 혁대 고리. '憚'은 망설이는 것.

殙(혼):마음이 혼란해지는 것.

有所矜(유소긍):'矜'은 여기서는 '吝(린:아까워하다)'의 뜻.

凡外重者內拙(범외중자내졸):'拙'은 글자 뜻 그대로 '巧'에 반대되는 '졸렬(拙劣)'의 뜻으로 해석해도 통하지만 '重'과 연계하여 '屈'의 차자로 해석하는 것이 더 좋다. '위축되다, 오그라들다'의 뜻.

【補說】이상의 〈외중내졸우화〉는 안연과 공자의 문답을 빌려 '기예의 완성은 그 대상을 의식하지 않고 정신의 자유를 얻어야 가능하다'고 논하고,

'대상에 사로잡히면 정신의 자유를 잃게 된다'는 교훈을 곁들이고 있다.

　양생주편 〈신기우화〉나 앞의 〈용지불분우화〉 등과 함께 '기예의 완성'에 관한 내용을 담고 있다. 앞의 〈용지불분우화〉가 '인위적인 훈련 끝에 정신의 純一을 이룰 수 있다'는 것을 논하고 있는 데 반해 이 우화는 '훈련보다는 숙련된 정신으로 대상에 집착하지 않는 자유를 확보해야 한다'고 강조하고 있다. 따라서 이 우화는 앞의 우화와 서로 보충하는 관계에 있다고 할 수 있다.

제5장 주위왕·전개지문답:편후우화(周威王·田開之問答:鞭後 寓話)

田開之見周威公. 威公曰, "吾聞祝腎學生. 吾子與祝腎遊. 亦 何聞焉."

田開之曰, "開之操拔·篲以侍門庭. 亦何聞於夫子."

威公曰, "田子無讓. 寡人願聞之."

開之曰, "開之夫子. 曰, '善養生者, 若牧羊然. 視其後者而鞭之.'"

威公曰, "何謂也."

田開之曰, "魯有單豹者, 巖居而水飲, 不與民共利. 行年七十而 猶有嬰兒之色. 不幸遇餓虎. 餓虎殺而食之. 有張毅者. 高門· 縣薄, 無不走也. 行年四十而有內熱之病以死. 豹養其內而虎 食其外. 毅養其外而病攻其內. 此二子者, 皆不鞭其後者也."

전개지가 주(周)의 위공을 만났을 때 일이다. 위공이 전개지에게 물었다.

"듣자하니 축신이 양생법을 배우고 있다 하는데 그대는 그와 잘 아는 사이니 그 양생법에 관해 뭔가 알고 계시겠죠?"

전개지가 대답했다.

"저는 그저 손수건과 비를 들고 선생님 댁 뜰안에서 가끔 시중을 들었을 뿐입니다. 선생님한테서 아무것도 들은 것이 없습니다."

"그런 겸손의 말씀을. 꼭 그의 양생법에 관해 듣고 싶습니다."

그러자 전개지가 축신의 양생법에 관해 말했다.

"저는 이렇게 들었습니다. '양생을 잘 하려면 양(羊)을 기르듯이 해야 한다. 무리에서 처져 있는 놈을 찾아내어 그놈을 무리 속으로 다시 몰아넣어야 한다'는 것입니다."

위공은 그 말의 참뜻을 이해할 수 없어 다시 물었다.

"그게 무슨 뜻인가요?"

전개지가 이를 해설했다.

"노나라에 선표라는 자가 있었습니다. 그는 인적이 뜸한 험한 바위산에서 살며 오곡을 입에 대지 않고 골짜기의 물을 마시며 생명을 유지하고 세속의 명예나 이익을 좇지 않았습니다. 나이 일흔이 되어서도 갓난아이와 같은 낯빛을 유지했습니다. 그런데 불행하게도, 굶주린 범에게 그만 잡아먹히고 말았습니다. 또 장의라고 하는 사람이 있었습니다. 그는 웅장한 솟을대문을 갖춘 고대광실(高臺廣室) 깊숙한 곳에서 방 앞에 발을 드리우고 앉아 있는 부귀한 사람이 있으면 어떤 사람이건, 어디에 있건 즉시 달려가 머리를 조아렸습니다. 그런데 그는 나이 마흔이 되어 열병에 걸려 죽고 말았습니다. 선표는 내부의 정신만을 기르다가 외부의 몸을 범에게 먹혔고, 장의는 외부의 명리만을 좇다 내부의 정신을 병에 침해당한 것입니다. 이 두 사람 모두 안과 밖을 조화시키지 못했으며 '무리에서 처져 있는 놈을 찾아내어 그놈을 무리 속으로 다시 몰아넣어야 한다'는 것을 실행하지 못한 것입니다."

【語義】 田開之(전개지):《여씨춘추》 선식람(先識覽)에, 周의 위공이 의시·전읍(義蒔·田邑)을 나라의 장자(長者)로서 예우했고 사린·조병(史騈·趙騈)을 간신(諫臣)으로 삼았다는 이야기가 실려 있다. 전개지는 전읍을 가리키는 것이리라(馬敍倫의 설).

周威公(주위공):《사기》 주본기(周本紀)에 의하면 동주(東周)의 고왕(考王:B.C. 440~B.C. 426년 재위)은 자신의 아우인 환공(桓公)을 하남(河南)에 봉하고, 주공(周公)의 관직을 계승하도록 했다. 환공이 죽은 후 그의 아들 위공이 뒤를 이었다.

祝腎(축신):'祝'은 제주(祭主)를 도와 신령에게 뜻을 전하는 자. 이 직업을 성(姓)으로 삼은 것이리라. '腎'이, '緊' 또는 '賢'으로 되어 있는 판본도 있는데(≪경전석문≫의 설), 賢은 신직자(神職者)에게서 흔히 볼 수 있는 이름이다.

操拔篲以侍門庭(조발수이시문정):제자로서 가장 미천한 일을 맡고 있다고 겸손하게 대답한 것이다. 그래서 다음에 '田子無讓'이라 한 것이다. 옛날, 제자는 스승이 거처하는 방을 청소하는 일을 맡는 것이 예였다. '拔'은 '帗'의 차자로 너비 한 폭의 천. 나아가, 손수건을 뜻한다. '篲'는 '彗'의 이체자로 비[箒]를 뜻한다. 成玄英은 '拔篲'가 비를 뜻한다고 했다.

若牧羊然(약목양연):양은 무리를 짓는다. 무리에서 뒤떨어지거나 무리에서 떠나려 하는 놈을 잘 통제해야 한다. 양생법을 양치는 것에 비유한 것으로서, 홀로 특이한 행동을 하는 것을 경계하라는 뜻이다.

魯有單豹者……:'單豹'는 노나라의 은자(成玄英의 설). 같은 취향의 문장이 ≪여씨춘추≫ 필기편(必己篇) 및 ≪회남자≫ 인간훈에 있다.

巖居而水飮(암거이수음):동굴에서 살며 골짜기의 물을 마심.

【補說】 이상의 〈편후우화〉는 주나라 위공과 전개지의 대화를 빌려 양생법에 관하여 논하고 있다. 그것은 선표처럼 세상을 등지고 정신만을 내세워도 안 되고 장의처럼 세속의 명리를 좇아 안달해도 안 되며, 무리에서 처진 양을 다시 무리 속으로 몰아넣듯 사람들과의 화합을 깨뜨리는 것, 특히 심신의 조화를 무너뜨리는 것을 찾아내어 그것을 개선·조정하는 것이라고 설하고 있다. 요컨대 응제왕편 〈진덕우화〉의 '一以己

爲馬, 一以己爲牛. 其知情信, 其德甚眞. 而未始入於非人'과 매우 비슷한 주장이다.

周의 위공이 실재 인물이었음을 생각하면 이 우화는 그의 일화인 것 같기도 하다. 다만 '單豹'의 豹가 標와 동음이라 單豹가 '홀로 뛰어남'을 우의하고, '張毅'의 毅가 氣와 동음이라 張毅가 '氣를 널리 펴는 것'을 우의한다고 생각되며, 田開之의 田은 陳과 그 음이 비슷하므로 田開之는 '어떠한 사실을 진술하여 밝힌다'는 뜻을 지니고 있는 이름이라 할 수 있다.

【餘說】〈편후우화〉의 서술에 관한 의문

'善養生者, 若牧羊然. 視其後者而鞭之'라고 한 것은 흥미 있는 비유이다. ≪노자≫ 제77장에,

天之道其猶張弓乎. 高者抑之, 下者擧之. 有餘者損之, 不足者與之. 天之道損有餘而補不足. 人之道則不然. 損不足以奉有餘. 孰能有餘以奉天下. 唯有道者. 是以聖人, 爲而不恃, 功成而不處. 其不欲見賢.

하늘의 道는 마치 활에 시위를 걸 때처럼 (활에 시위를 걸 때에는 상미(上弭)를 누르고 하미(下弭)를 올림) 높은 것은 누르고 낮은 것은 들어올린다. 또 (물이 많으면 넘쳐 낮은 곳으로 흘러드는 것처럼) 여유 있는 것에서 덜어 부족한 것에 준다. 하늘의 道는 여유 있는 자에게서 덜어 그것을 부족한 자에게 주지만 사람의 道는 그렇지 않아 부족하고, 고통 받는 자를 더욱 핍박하여 그에게서 빼앗으며 그것으로 다시 여유 있는 자를 받든다. 대체 누가 남는 것으로써 천하 사람들을 받들 수 있을까? 이는 道를 체득한

자만이 할 수 있다. 이러한 까닭으로 성인은 위대한 활동을 하여도 그 공을 뽐내려 하지 않는다. 공업을 이루어도 명예로운 지위에 있으려 하지 않는다. 그는 자신의 현명함을 사람들에게 나타내려 하지 않는다.

라고 한 것이 연상되는데 이 우화의 비유 쪽이 부드러운 맛이 있다고 생각된다.

양을 친다는 것은 인간에게는 다른 사람들과의 화합 협동에 관한 것이며, 무리에서 처진 양이란 그 집단적 화합으로부터 이반하는 것을 뜻하리라. 전개지가 이야기한, 고고함을 지닌 선표나 타인에게 아부하는 장의 모두 이 무리에서 처진 양에 해당하리라.

그런데 여기서 선표·장의의 내·외로만 향하는 편협함이 강조되어 있으면서도 일신의 내외 조화를 주로 하고 타인과의 협조에 대한 주장이 희박한 것은 이 우화가 ≪여씨춘추≫·≪회남자≫에 보이는 선표·장의의 예화를 개수(改修)한 것이기 때문이리라.

제6장 시립지잠(柴立之箴)

仲尼日, "無入而藏, 無出而陽, 柴立其中央. 三者若得, 其名
必極."

공자가 말했다.

"어떤 물사에 접하더라도 그것을 마음에 두고 번뇌하는 일이 있어서는
안 된다. 또한 어떤 물사를 이루더라도 그것을 자신의 공이라 자랑해서는
안 된다. 즉 밖에서 들어오는 것과 밖으로 나가는 것의 중앙에, 말라 죽은
나무처럼 고요히 서서 무심한 그대로 응하는 것이다. 이렇게 하여 지키는
것과 받아들이는 것, 내보는 것을 때에 따라 적절히 할 수 있으면 그 사람
의 이름은 틀림없이 무상(無上)한 것이 될 것이다."

【語義】無入而藏(무입이장): 외계의 어떠한 것도 기억에 남아 있지 않으며
따라서 마음이 번뇌하는 일이 없는 것을 가리킨다. 응제왕편〈유무진설〉
의 '至人之用心若鏡, 不將不迎, 應而不藏'이나 인간세편〈심재우화〉의
'入則鳴, 不入則止'와 같은 주장이다.

無出而陽(무출이양): '陽'은 드러내는 것.

柴立其中央(시립기중앙): '柴'는 '菑(치:枯木)'의 차자. '柴立'은 말라
죽은 나무처럼 무심하게 정지해 있는 것을 가리킨다. 인간세편에 '一宅
而寓於不得已'라 한 것과 같은 주장이다.

其名必極(기명필극): 지인(至人)이라는 이름을 얻게 된다는 뜻.

【補說】이상의 〈시립지잠〉은 물사에 구애되지도 말고 자신의 공을 드러내지도 말며 무심하게 물사에 대응해야 할 것을 설하고 있다.

郭象의 견해가 어떠했는지는 명확하지 않으나 成玄英의 疏에 '無入而藏, 無出而陽'을 해설하여 '안을 보양하는 데만 치우치면 선표처럼 되고, 겉을 보양하는 데만 치우치면 장의처럼 된다.'라고 한 것을 보면 成玄英의 그러한 해석 이후 이 장과 다음 장을 앞의 〈편후우화〉에 속하는 것으로 보는 해석이 시작된 듯하다. 그 뒤로 이 해석을 취하는 학자가 많다.

확실히 이 두 장은 〈편후우화〉와 관계가 없지 않다. 적어도 달생편의 편자는 서로 관련이 있다고 보았기에 여기에 모았고, 또 그러한 관련을 한층 확실하게 하기 위해 〈편후우화〉에 약간 손을 댄 듯하다.

그런데 〈편후우화〉의 주된 문제는 양생법에 관한 것이며 그것은 위공과 전개지의 문답으로 완결되어 있다. 이 장은 물사에 대응하는 것이 주된 문제여서 〈편후우화〉의 그것과는 약간 다르다. 또 우화의 구성 면에서도 ≪춘추전(春秋傳)≫ 등에는 과거의 설화에 공자가 비판을 가하는 형식으로 되어 있어, 공자보다 후세 사람인 위공과 전개지의 설에 공자가 자신의 느낌을 이야기한다고 하는 것은 논리에 맞지 않을 뿐 아니라 졸렬하기까지 한 것이 되고 만다. 林希逸의 설에 좇아 이 장과 다음 장을 각각 독립된 것으로 취급한다.

제7장 임석 · 음식지잠(衽席 · 飮食之箴)

夫畏塗者, 十殺一人, 則父子兄弟相戒也, 必盛卒徒, 而後敢
出焉. 不亦知乎. 人之所取(最)畏者, 衽席之上, 飮食之間. 而
不知爲之戒者, 過也.

여로가 험난하지 않을까 걱정될 때에는 그 길이 열 명 중 한 명밖에 화를
당하지 않는 길이라 할지라도 부자 형제가 서로 조심하라고 주의하며 반
드시 호위하는 종자를 많이 거느리고서야 여로에 오를 것이다. 이것이 사
람들의 일반적인 생각이리라. 그런데 사람들이 가장 걱정하지 않으면 안
되는 일은 일상생활에서 남녀가 잠자리를 같이하는 일과 음식을 먹는 일
이다. 그럼에도 이를 모르고 이에 주의하지 않으니 위험하기 짝이 없는 일
이다.

【語義】 夫畏塗者(부외도자):여로(旅路)의 위험함을 아는 자. '塗'는 '途'의
차자.

十殺一人(십살일인):길을 가는 자 열 명 가운데 한 명이라도 죽게 되
는 일이 있으면.

則父子兄弟相戒也(즉부자형제상계야):이 '也'는 '矣'와 거의 같으며 어
조를 강하게 하기 위한 조사이다.

盛卒徒(성졸도):'盛'은 많은 모양. '卒徒'는 호위하는 종자.

人之所取畏者(인지소취외자):'取'는 '最'를 잘못 베낀 것이리라.

衽席之上(임석지상):남녀의 교정(交情)을 가리킨다. '衽'은 요.

【補說】이상의 〈임석·음식지잠〉은 먼 곳의 일은 걱정하되 신변의 일에는 배려가 부족한 잘못을 지적하고, 색정과 음식에 대한 지나친 욕망을 경계하지 않으면 안 된다고 훈계하고 있다.

이 箴을 앞의 〈편후우화〉에 이어지는 것으로 해석하는 학자가 많다. 또 〈시립우화〉과 더불어 독립된 한 절로 보는 사람(예를 들면 王先謙) 도 있다. 그러나 〈편후우화〉와는 문체도, 다루고 있는 문제점도 분명히 다르다. 따라서 이 箴은 처음부터 독립된 교훈이었다고 보는 것이 타당하다.

여로에서 화를 당하는 것은 '外憂', 잠자리나 식사 등을 그르쳐 당하는 일상생활에서의 화는 '內憂', 또 잠자리를 하는 것은 '精氣의 出', 음식을 섭취하는 것은 '精氣의 入'에 해당하며 그 조화를 깨뜨리면 생명을 손상시키게 된다는 내용이므로 內·外의 조화를 강조한 〈편후우화〉· 〈시립우화〉 등과 관계가 있다고 보아 달생편의 편자가 이 箴을 여기에 실은 듯하다.

제8장 위체모지설(爲彘謀之說)

> 祝宗人玄端臨牢筴, 說彘曰, "汝奚惡死. 吾將三月犧汝, 十(七)
> 日戒, 三日齊, 藉白茅, 加汝肩尻乎彫俎之上. 則汝爲之乎."
> 爲彘謀, 曰不如食以糠糟, 而錯之牢筴之中. 自爲謀, 則苟生
> 有軒冕之尊, 死得於腞楯之上, 聚僂之中, 則爲之.
> 爲彘謀, 則去之, 自爲謀, 則取之. 所異彘者何也.

축종인이 예복을 입고 위의(威儀)를 바르게 하여 돼지우리 앞에 서서 제물이 될 돼지를 달래고자 다음과 같이 말했다.

"죽는 것을 싫어하지는 않겠지. 나는 3개월 동안이나 너를 잘 먹여 길렀다. 그리고 7일 동안 재계하고, 3일 동안 마음을 깨끗이 했다. 이제 나는 조각으로 아름답게 장식한 대(臺)에 하얀 띠를 엮어 자리를 깔고 그 위에 너의 어깨와 볼기 살을 정중히 올려놓으려 한다. 그러니 기꺼이 제물이 되어 주겠지?"

이 축종인도 정말로 돼지의 행복을 생각했다면 '비록 겨나 지게미 같은 거친 사료를 먹으며 좁은 우리 속에 있더라도 그 편이 더 좋을 것이다.'라고 말할 것이다. 그런데 자신에 대해서는 구차하더라도 살아 있는 동안 마차를 타고 관(冠)을 쓰는 신분 높은 사람이 되고 죽어서는 아름답게 장식된 관(棺)에 넣어져 꽃상여에 실리는 영광을 얻기 위해 돼지도 아닌 자기 자신을 세속의 희생물로 삼으려 하는 것이다.

이와 같이 세상 사람들은 돼지를 생각할 때에는 희생이 되지 않는 쪽이 행복이라고 생각하면서, 자기 자신을 생각할 때에는 즐겨 희생되는 쪽을

택하려 한다. 자신의 행복을 생각할 때와 돼지의 행복을 생각할 때, 그 생각하는 바가 이렇듯 다름은 무슨 까닭인가?

【語義】 祝宗人(축종인):'祝'은 제주(祭主)를 대신하여 기도의 辭를 진술하는 자. '宗人'은 제례의 제 업무를 총괄하는 자. '祝'과 '宗人'은 이처럼 그 직무가 다른데 여기서는 '祝의 長'을 뜻하는 말로서 '祝宗人'이라 한 듯하다. 제주의 가신이나 이러한 일을 전문으로 하는 자가 맡았는데 신분은 그다지 높지 않았다.

玄端(현단):사(士) 이상의 신분인 자가 착용하는 예복. 검정 관(冠)에 마(麻)로 지은 검정 옷을 입었다.

牢筴(뢰책):'牢'는 희생에 쓰일 소, 양, 돼지 따위를 사육하는 우리. 고대에는 제례의 희생에 쓰이는 소나 양 등은 가장 좋은 것을 골라 특별히 사육하는 것이 원칙이었다. '筴'은 '柵(책:울짱)'의 차자.

彘(체):돼지.

汝奚惡死(여해오사):돼지를 설득하려는 말이다. 즉 '분명히, 죽는 것을 싫어하지는 않겠지.'

豢(환):우리 속에 넣어 기르는 것.

十日戒三日齊(십일계삼일재):'十日'이 '七日'로 되어 있는 판본도 있다. '戒'는 물욕·기욕(物欲·嗜欲) 등을 끊고 심신을 맑게 하는 것으로 이를 '산재(散齋)'라 한다. '齊'는 '齋'의 차자. 인간세편에는 '齋'로 되어 있다. 齋는 戒를 포함하는데 戒와 구별하여 쓸 때에는 마음을 神에 대해 전일(專一)하게 하는 것으로 이것을 宿(肅)·致齋라고도 한다. ≪예기≫에 기록된 바에 의하면 '十日'은 '七日'로 해야 옳다.

藉白茅(자백모):하얀 띠를 짜서 깔개를 만드는 것. 하얀 띠로 만든 깔개는 성의를 상징한다고 한다.

彫俎(조조):조각을 한 아름다운 대(臺).

則汝爲之乎(즉여위지호):'奚惡死'에 호응하는 말로 해석해도 통하지
만 다음의 '爲之', '去之'와 호응하는 말임에서 추측하면 '이렇게 하도
록 하자.' 하고 달래는 말로 보아야 할 것이다. '之'는 '도마 위에 올려지
는 것', 즉 희생되는 것을 가리킨다. '乎'는 여정(餘情)을 남기기 위한
조사.

穅糟(강조):쌀겨와 술지게미. 더없이 변변치 않은 사료를 가리킨다.

軒冕(헌면):고관(高官)의 수레와 관(冠).

豚楯(전순):'豚'은 '輇(천:관을 싣는 수레)' 또는 '輇(전:살이 없는 바
퀴를 단 수레)'의 차자로 보아야 하며 '楯'은 '輴(순:상여)'의 차자로 보
아야 한다.

聚僂(취루):'聚'는 '翣(삽:棺을 장식하기 위해 깃털로 만든 祭具)'의 차
자이며 '僂'는 '蔞(루 :상여의 옆 부분을 장식한 깃)'의 차자.

所異彘者何也(소이체자하야):'所'는 여기서는 '所以'의 뜻. '異彘'는
'異於爲彘謀'의 생략된 표현이다.

【補說】 이상의 〈위체모지설〉은 명리에 집착하는 세상 사람들의 헛된 욕
망을 지적하면서, 선성편이나 추수편 〈예미도중우화〉 등에서 주장하
는 '자연 그대로에 몸을 맡겨 오래 산다'는 것을 그 주지로 하고 있다.

문맥이 매끄럽지 못한 게 흠이라면 흠이나, 신랄한 야유를 담고 있
어 풍자하는 바가 깊다. 우선 곧 희생이 될 돼지를 거드름을 피우며 달
래는 축종인을 희화적으로 묘사해 냈다. 다음으로 그런 돼지가 되고 싶
지 않다고 생각하면서도 실은 축종인 자신이 그 희생의 돼지와 다를 바
없다는 사실을 깨닫지 못하고 있음을 지적했다. 그리고 마지막으로 '인
간은 돼지의 일과 같은 남의 일이나 하찮은 物에 관해서는 무엇이 행

복이고 무엇이 불행인지 분별하면서도 진실로 중요한 자신의 행·불행
에 대해서는 어찌하여 분별하지 못하는가?' 하는 의문을 독자에게 던
지고 있는 것이다.

제9장 환공·황자문답:위이우화(桓公·皇子問答:委蛇寓話)

桓公田於澤. 管仲御. 見鬼焉.

公撫管仲之手曰, "仲父何見."

對曰, "臣無所見."

公反, 誒詒爲病, 數日不出.

齊士有皇子告敖者. 曰, "公則自傷. 鬼惡能傷公. 夫忿滀之氣, 散而不反, 則爲不足. 上而不下, 則使人善怒, 下而不上, 則使人善忘. 不上不下, 中身當心, 則爲病."

桓公曰, "然則有鬼乎."

曰, "有. 沈有履, 竈有髻. 戶內之煩壤, 雷霆處之, 東北方之下者, 倍阿·鮭蠪躍之. 西北方之下者, 則泆陽處之. 水有罔象, 丘有峷, 山有夔, 野有彷徨, 澤有委蛇."

公曰, "請問, 委蛇之狀何如."

皇子曰, "委蛇, 其大如轂, 其長如轅, 紫衣而朱冠. 其爲物也, 惡聞雷車之聲. 則捧其首而立. 見之者殆乎霸."

桓公輨然而笑曰, "此寡人之所見者也."

於是, 正衣冠與之坐. 不終日而不知病之去也.

제나라 환공이 늪지대에서 사냥을 했다. 관중이 환공의 수레를 몰았다. 그때 환공이 귀신을 보았다. 환공은 슬며시 관중의 손을 두드리며

"중부(仲父)는 무엇인가 본 것이 없소?"

하고 물었다. 관중은 아무것도 본 것이 없다고 대답했다.

환공은 사냥에서 돌아와 넋이 빠져 그만 병이 났다. 며칠 동안 자기 방에서 나오지도 못했다.

제나라의 처사(處士)로 황자고오라는 사람이 있었다. 그가 환공을 찾아 뵙고 말했다.

"군께서는 스스로 병을 얻으신 것입니다. 귀신 따위가 어찌 감히 공을 해칠 수 있겠습니까. 원래 사람의 몸속에 충만했던 기가 밖으로 발산되어 돌아오지 않으면 그 사람은 생기가 부족하게 됩니다. 또 기가 위로만 발양하고 아래로 가라앉지 않으면 화를 잘 내게 됩니다. 반대로 기가 하강할 뿐 발양하지 않으면 뭔가를 잘 잊어 버립니다. 또한 상하의 기가 끊임없이 신진대사를 이루며 중화(中和)를 보전하지 못하면 기가 오르지도 내리지도 않고 마음속에 멈추어 병이 생기는 것입니다."

환공이 물었다.

"그럼, 귀신은 실재하는가?"

황자가 대답했다.

"그렇습니다. 침(沈:집의 서남쪽 구석)에는 이(履)라는 귀신이 있고 부엌에는 결(髻)이라는 귀신이 있습니다. 그뿐 아니라 집안에 쓸어 모아놓은 흙 속에는 뇌정(雷霆)이 있고 집의 동북쪽 낮은 곳에서는 배아(倍阿)나 해롱(鮭蠪)이 뛰어다니며 서북쪽 낮은 곳에는 일양(泆陽)이라는 귀신이 있습니다. 또 하천에는 망상(罔象)이 있고 언덕에는 줄(峷)이 있으며 산에는 기(夔), 들에는 방황(彷徨), 늪에는 위이(委蛇)가 있습니다."

그러자 환공은

"맨 나중에 말한 위이가 어떻게 생겼는지 가르쳐 주시오."

하고 물었다.

황자가 대답했다.

"위이는 그 굵기가 수레의 바퀴통만하고 길이가 수레만하며 남색 옷을

입고 붉은 관을 쓰고 있습니다. 그 귀신은 우렛소리를 매우 싫어하여 우렛
소리를 들으면 목을 쳐들고 일어섭니다. 그런데 그 귀신을 본 사람은 대체
로 패자(覇者)가 된다고 합니다."

이 말을 들은 환공은 매우 즐거워 몸이 흔들릴 정도로 웃으며 말했다.

"그게 바로 내가 본 놈이야!"

하고 비로소 의관을 바르게 갖추고 황자와 마주 앉아 이야기를 나누었
다. 환공은 그날이 채 가기도 전에 자신의 병이 말끔히 나았다는 사실조
차 몰랐다.

【語義】桓公田於澤(환공전어택):'桓公'은 춘추시대 제나라의 군주. 오패
(五覇)의 첫 번째 인물. 단 이것은 그가 패자가 되기 전의 이야기이다.
'田'은 '畋(전:사냥)'의 차자.

管仲(관중):환공의 재상인 관이오(管夷吾)의 자. 仲父는 그의 경칭
이다.

鬼(귀):다음 글의 예에서 알 수 있듯 여기서는 인간에게 피해를 주는
정령(精靈)을 가리킨다.

公撫管仲之手(공무관중지수):'撫'는 가볍게 두드리는 것. 귀신이 모르
게 관중의 주의를 끌기 위한 것이다.

公反誒詒爲病(공반희이위병):'誒詒'는 癡(치:痴, 어리석음)의 완언이
리라. 흐리멍덩한 상태를 가리킨다.

數日不出(수일불출):司馬彪本에는 '日' 대신 '月'로 되어 있다(≪경전
석문≫의 설). 月 쪽이 과장이 심하고 재미있지만 저본에 있는 대로 해
석했다. '不出'은 조정에도 나가지 못하고 틀어박혀 있는 것.

齊士有皇子告敖者(제사유황자고오자):'士'는 처사(處士), 즉 벼슬자
리에 있지 않고 민간에서 학문을 닦는 자이다. '皇'은 성(姓:司馬彪의

설), ‘皇子’가 성이라는 설도 있다. 춘추시대 宋나라 귀족에 皇氏가 있었는데(≪좌씨전≫ 僖公 24년·哀公 18년 등의 항을 참조), ‘皇子’의 실재 여부는 확실하지 않다. 司馬彪의 설에 ‘皇은 성, 告敖는 자, 齊의 賢士다.’라고 했지만 확증에 의한 설은 아니다. 가공의 인물로 여유가 있고 도량이 크며 작은 일에 구애받지 않는다는 뜻의 이름이 아닐까?

夫忿滀之氣散而不反則爲不足(부분축지기산이불반즉위부족):‘忿’은 ‘溢(분:들끓다, 용솟음치다)’의 차자, ‘滀’은 ‘모여 가득 차다’의 뜻. ‘忿滀之氣’는 사람 몸에 가득 찬, 양과 음의 일체인 기를 가리킨다. 이 이하 인체의 기의 세 가지 상태를 이야기하고 있는데 특히 그 기가 몸속에 울결(鬱結)되는 경우를 설하려 하는 것이다. ‘不足’은 생기가 부족한 것을 가리킨다.

上而不下則使人善怒(상이불하즉사인선노):올라가는 것은 음기, 내려오는 것은 양기이다. 몸속에 음기만 가득 차면 음양의 조화가 유지되지 않아 쉬이 노하게 됨을 뜻한다.

下而不上則使人善忘(하이불상즉사이선망):양기만 몸속에 가득 차면 건망증이 심하게 됨.

不上不下中身當心(불상불하중신당심):음양의 기가 몸속에 울결 정체하면 그 기가 부패하여 결국 병이 생기는 것이다.

然則有鬼乎(연즉유귀호):환공이 여전히 귀신에 구애되어 있음을 나타내는 말이다.

沈有履(침유리):‘沈’에는 심오하다는 뜻이 있다. 따라서 ‘沈’은 집의 깊은 곳, 서남쪽 모서리를 뜻하는 것이 아닐까? ‘履’가 어떤 신괴(神怪)인지는 명확하지 않다.

竈有髻(조유결):부엌에는 부엌귀신인 결(髻)이 있음. 司馬彪의 설에 ‘조신(竈神)은 그 모습이 미녀와 같으며 붉은 옷을 입고 있다’고 했다.

고대에 '竈'는 오사(五祀:門 · 戸 · 中霤 · 竈 · 行)의 하나로서 제사지냈
으며 따라서 여기에는 귀신이 있다고 믿었을 것이다.

戸內之煩壤雷霆處之(호내지번양뇌정처지):成玄英은 '문호(門戸) 안
의 분양(糞壤) 속에 귀신이 있는데 뇌정(雷霆)이라 한다'로 해석했다.
즉 '煩'을 '糞'의 차자로 본 것이다. 《산해경》 해내동경(海內東經)에
'뇌택(雷澤) 중에 뇌신(雷神)이 있다. 용의 몸에 사람의 머리를 했으며
배를 두드린다. 吳의 서쪽에 있다.'라고 한 것에서 유추하면 문 안에 비
로 쓸어 모아 놓은 진토(塵土) 속에는 뇌신이 있다는 속신(俗信)이 있
었던 듯하다.

東北方之下者(동북방지하자):'東北'은 이른바 변천(變天), 즉 간(艮)
의 방향으로서 陰이 極하여 陽으로 바뀌는 곳이다. 단 여기서는 가옥
내에 관해 말하고 있는 것이다.

倍阿(배아):馬敍倫은 도마뱀, 司馬彪는 신의 이름이라 했다.

鮭蠪(해롱):司馬彪의 설에 '해롱(鮭龍), 작은 아이처럼 생겼고 길이
1척 4촌, 검은 옷을 입고 붉은 헝겊으로 싼 큰 관을 썼으며 검을 차고
창을 들었다'고 했다.

西北方之下者則泆陽處之(서북방지하자즉일양처지):가옥의 '서북방'
은 이른바 옥루(屋漏)다. 신령을 모셔 두는 깊은 곳이다. 신령이 있는
곳 밑에는 신괴(神怪)도 있다고 믿은 듯하다. '則'은 앞의 '者'와 중복되
므로 군글이다. '泆陽'에 대하여 司馬彪는 표범 또는 개의 머리에 말의
꼬리를 가진 짐승이라고 했으며 일설에는 신의 이름이라 했다.

罔象(망상):일정한 모습이 없고 해를 끼친다는 뜻의 이름이리라. 《국
어》 노어(魯語)에 '물에 사는 怪를 龍 · 罔象이라 한다'고 했고, 韋昭의
注에 '罔象은 사람을 잡아먹으며 목종(沐腫)이라고도 한다'고 했다. 司
馬彪는 '모습은 어린아이 같으며 검고, 붉은 옷을 입었으며 귀가 크고

팔이 길다'고 했다.

莘(줄):≪경전석문≫에는 '신(莘)'으로 되어 있으며 또 '신(莘)'으로 되어 있는 판본도 있다. '莘'은 산이 험하게 솟아 있는 모양. '莘'은 나라 이름, 또는 풀이 무성하다는 뜻. '莘'은 원의(原義)가 명확하지 않다. 莘이 正字가 아닐까? 司馬彪의 설에 '莘은 모습은 개와 같고 뿔이 있으며 몸에 오채(五采)의 무늬가 있다'고 했다.

夔(기):司馬彪의 설로는 북 모양으로 생겼으며 다리가 하나라고 한다.

野有彷徨(야유방황):'彷徨'은 '方皇·仿偟·徬徨·方良' 등으로 써도 같으며 요컨대 '彷(헤매다, 방황하다)'을 본의로 한다. 司馬彪의 설에는 '方皇은 모습은 뱀과 같고 머리가 둘이며 五采의 무늬가 있다'고 했다. ≪국어≫ 魯語에 '木石의 怪를 蝄蜽(罔兩)이라 한다'고 하고, 韋昭의 注에 '蝄蜽은 산정(山精)이다. 즐겨 사람 목소리를 흉내 내어 사람을 미혹시킨다'고 했는데 馬敍倫의 설로는 彷徨은 蝄蜽과 같다고 한다. 단 여기서는 원야(原野)의 정령이다.

委蛇(위이):여기서는 꾸불꾸불한 모습을 한 큰 뱀을 가리킨다.

委蛇其大如轂……殆乎霸:이와 비슷한 이야기가 ≪산해경≫ 해내경(海內經)과 ≪관자≫ 소문편(小問篇)에 있다.

其爲物也惡聞雷車之聲(기위물야오문뇌거지성):'惡'에서 구를 나누어 '惡'를 추악하다는 뜻으로 해석하는 설이 있는데(吳汝綸·馬敍倫 등) 적당하지 않다. 환공의 사냥과 연관 지어 일부러 '惡聞……'이라고 말한 것이다. '雷車'는 우레와 같은 소리를 내며 내달리는 수레.

則捧其首而立(즉봉기수이립):'捧'은 '奉'의 속자. 여기서는 '擧(거:들다)'의 뜻.

殆乎霸(태호패):대체로 패자(霸者)가 됨. '殆'는 '거의, 대개'의 뜻.

囅然(진연):'囅'은 웃는 것. 이 우화의 전체적인 분위기를 생각하면

자신의 뜻을 이루게 될 것을 몹시 즐거워하여 몸을 흔들면서 크게 웃는
것을 가리키는 말이리라.

於是, 正衣冠與之坐(어시정의관여지좌):비로소 복장을 바르게 하고
고오(告敖)를 예우한 것이다. 병상에 있던 자가 몸치장하는 것으로 해
석하는 것은 적당하지 않다.

【補說】이상의 〈위이우화〉는 제(齊)의 환공과 황자고오의 문답을 빌려 천
지편의 '無心得, 而鬼神服'과 거의 같은 취지를 이야기하고 있는데 그 서
술의 전개가 무척 재미있다.

황자(皇子)는 처음에 환공이 스스로 마음의 병에 걸려 있음을 지적하
고 '正理'(成玄英의 설)로써 이야기하지만 환공은 '然則有鬼乎'라 물어,
여전히 귀신에 구애되어 있음을 드러낸다.

중국에서는 은·주의 옛적부터 괴물 마신(魔神)에 대한 미신이 성행
했다. 《논어》 술이편에 '공자께서는 괴력난신(怪力亂神)에 관해 말씀
하지 않으셨다(子不語怪力亂神)'라는 기록이 있을 정도이다. 장사(長
沙)에서 출토된 전국시대의 백서(帛書)에는 괴신(怪神)의 象이 그려져
있다. 이러한 미신은 여간해서 물리칠 수 없다는 것도 사실이다.

그리하여 황자는 어디에나 귀신이 있음을 이야기한다. 그렇지만 귀
신의 존재를 무시할 수 없다는 것을 주장하려는 것이 아니고, 위이(委
蛇)를 이야기함으로써 환공이 관심을 가지고 있는 패업 달성에 초점을
맞추려는 것이다. 황자가 위이를 이야기하기까지의 어조 변화에 주의
를 기울일 필요가 있다.

위이를 본 것이 패업을 이룰 징조라는 말에 환공은 병에 대한 일을
싹 잊는다. 요컨대 '鬼神服', 귀신이 없어져 버린 것이다. 이것을 王夫
之는 황자의 편후(鞭後)의 術이라고 했다. 논리로 이해시키지 못하여

감정에 호소하여 이해시키는 것은 우리 주변에서 흔히 볼 수 있는 일이다. 또 이렇게 논리보다는 자신의 감정에 좌우되는 것이 인정이라 할 수 있다. 이러한 사실에 눈을 돌려 이야기를 전개하는 것이 이 우화가 지닌 재미다.

제10장 목계우화(木鷄寓話)

紀渻子爲王養鬪雞. 十日而問, "雞己乎." 曰, "未也. 方虛憍
而恃氣."
十日又問. 曰, "未也. 猶應嚮景."
十日又問. 曰, "未也. 猶疾視而盛氣."
十日又問. 曰, "幾矣. 雞雖有鳴者, 已無變矣. 望之似木雞矣.
其德全矣. 異雞無敢應者, 反走矣."

기나라의 성자라는 사람이 (제나라) 왕을 위하여 싸움닭을 기르게 되었
다. 열흘쯤 지나자 왕이 "이제 됐나?" 하고 물었다. 성자는 "아직 이릅니
다. 아직도 헛 위세를 부리고 마구 날뜁니다."라고 대답했다.

그로부터 열흘 뒤, 왕이 또 됐느냐고 물었다. 성자는 "아직 이릅니다. 하
찮은 소리나 그림자에도 싸우려 듭니다."라고 대답했다.

그로부터 열흘 뒤, 왕이 다시 물었다. 성자는 "아직 이릅니다. 다른 닭을
보면 잡아먹을 듯 노려보며 분기합니다."라고 대답했다.

그로부터 다시 열흘이 지나 왕이 또 물었다. 이번에는 성자가 이렇게 대
답했다.

"됐습니다. 이제 다른 닭이 울어도 전혀 모습을 바꾸지 않습니다. 이 닭
을 멀리서 보면 마치 나무로 조각한 닭처럼 보입니다. 그 德이 완전해졌
습니다. 다른 닭들은 감히 덤벼들 생각을 못하고 등을 돌려 도망칩니다."

【語義】 紀渻子(기성자):‘渻’이 ‘消’로 되어 있는 판본도 있다(《경전석문》
의 설). ‘성은 紀, 이름은 渻子이다.’(成玄英의 설)라고 했지만 ‘紀’는 국
명이고 ‘渻子’는 자이리라. 산동성 수광현(壽光縣) 남쪽에 옛날 紀(金
文에는 ‘己’로 씌어 있음)나라가 있었는데 춘추시대인 B.C. 693년 제
(齊)에 멸망당했다. ‘渻’에는 감소시킨다는 뜻이 있다. 따라서 ‘渻子’는
기세를 없앤다는 뜻의 이름을 지닌 인물로 설정된 게 아닐까? 《열자》
황제편에도 나오는데 이 우화를 근거로 한 것이리라.

　　爲王養鬪雞(위왕양투계):《열자》 황제편에는 ‘爲周宣王養鬪雞’로
되어 있는데 《경전석문》에 인용된 司馬彪의 설에 ‘왕은 齊나라 왕이
다.’라고 한 것을 보면 《장자》 원본에는 ‘周宣’ 두 자가 없었다고 보
아야 한다. ‘鬪雞’는 닭을 서로 싸우게 하여 승부를 다투는 유희 또는
그 닭. 투계에 관한 가장 오래 된 기록으로는 《좌씨전》 昭公 25년 항
을 들 수 있다.

　　雞已乎(계이호):《열자》 황제편에는 ‘雞可鬪已乎’로 되어 있는데
‘已乎’만으로는 표현이 충분하지 못하다 생각하여 ‘可鬪’ 두 자를 보충한
것이리라. ‘可鬪’ 두 자가 없는 쪽이 대화로서 더욱 생생하다. ‘已’는 다
음의 ‘未’에 대응하는 말로 싸울 수 있도록 훈련이 다 된 것을 가리킨다.

　　方虛憍而恃氣(방허교이시기):‘虛憍’는 허세를 부리는 것. ‘恃氣’는 지
지 않으려고 마구 기세를 부리는 것.

　　十日又問日……:저본에는 ‘日’이 ‘白’으로 되어 있는데 잘못 베낀 것
이리라. ‘日’로 고쳤다.

　　應嚮景(응향영):대수롭지 않은 조짐에도 방어 자세를 취함. ‘嚮’은 ‘響’
의 차자, ‘景’은 ‘影’의 차자.

　　疾視而盛氣(질시이성기):‘疾’은 ‘嫉’의 차자. ‘疾視’는 증오하는 눈빛으
로 쏘아보는 것. ‘盛氣’는 기세가 등등한 것.

幾矣(기의):이 '幾'는 '盡'의 뜻. 즉 훈련을 다 마쳤다는 뜻.

木雞(목계):나무로 만든 닭. 어떠한 외물에도 동요하지 않는 닭이 되었음을 뜻한다.

其德全矣(기덕전의):천지편 〈기심우화〉의 '執道者德全', '天下之非‧譽, 無益損焉. 是謂全德之人哉', 각의편 〈순소도지론〉의 '平易恬惔, 則憂患不能入, 邪氣不能襲. 故其德全而神不虧', 본편 〈순기우화〉의 '是純氣之守也' 등 참조.

【補說】이상의 〈목계우화〉는 싸움닭을 길러 달라고 부탁받은 기나라의 성자가 닭에게 싸움 기술을 훈련시킨 게 아니라 의기‧감각을 없애도록 하여 목계처럼 그 德이 완전하게 된 닭이 무적의 투계가 되었음을 서술하여 허정 무위의 德이야말로 만물의 근본임을 설하고 있다. 서술이 명쾌하고 우의가 평이한 가품(佳品)이다. 다만 어떻게 하면 그 德을 성취할 수 있고 기술의 훈련 없이도 무적의 경지에 도달할 수 있는지를 구체적으로 제시하지는 못하고 있다.

【餘說】덕(德)과 순기(純氣)

이 우화는 일견 '氣'를 소거해야만 하는 것으로 취급하고 오직 '德'의 성취만을 설하고 있는 것처럼 생각되지만 그런 의도에서 지어진 것은 아닐 것이다. 이미 인간세편 〈심재우화〉에서 '氣也者, 虛而待物者也. 唯道集虛'라고 하여 '氣'에는 虛(心)의 상태가 있으며 虛여야만 道와 일체가 된다고 했던 것이다. 또 응제왕편 〈허기우화〉에서는 '吾與之虛而委蛇'라고 하여 虛氣의 무한한 묘용(妙用)을 설하고 있다.

'氣'를 소거하고 '虛氣'의 상태가 된다는 것은 외물인 감각의 작용을 받은 '邪氣'를 제거하고 하늘이 준 '氣'의 순수함을 보전하는 것이다. '虛氣'란 이른바 '純白', '純素', '純氣'임에 틀림없다. 그 순수한 氣의 영묘함을 '神', '神性', '神氣', '神明'이라고도 한다. 또 순수한 氣가 道와 일체가 되어 자연스럽게 행해지는 영묘한 작용이 바로 '德'인 것이다. 요컨대 氣를 순수하게 하는 것이야말로 천래의 묘용을 성취하는 것이라는 주장이다.

제11장 공자 · 장부문답 : 성어명우화 (孔子 · 丈夫問答 : 成於命寓話)

孔子觀於呂梁. 縣水三十仞, 流沫四十里, 黿鼉魚鱉之所不
能游也. 見一丈夫游之. 以爲有苦而欲死也. 使弟子竝流而拯
之. 數百步而出, 被髮行歌而游於塘下.
孔子從而問焉曰, "吾以子爲鬼. 察子則人也. 請問蹈水有道乎."
曰, "亡. 吾無道. 吾始乎故, 長乎性, 成乎命. 與齊俱入, 與汩
偕出. 從水之道, 而不爲私焉. 此吾所以蹈之也."
孔子曰, "何謂始乎故, 長乎性, 成乎命."
曰, "吾生於陵, 而安於陵, 故也. 長於水, 而安於水, 性也. 不
知吾所以然而然, 命也."

공자가 (제자들을 데리고 천하의 명승인) 여량을 구경하고 있었다. 거대
한 물줄기가 30길이나 되는 큰 물기둥으로 변해 내리쏟아지고 있었고 그
아래에는 급류가 물보라를 날리며 40리에 걸쳐 흐르고 있었다. 물살이 매
우 세어 큰거북 · 악어 · 물고기 · 자라조차도 헤엄칠 수 없는 곳이었다. 그
런데 한 사나이가 그런 곳에서 헤엄을 치고 있는 것이 보였다. 공자는 그
사나이가 세상을 비관하여 물에 빠져 죽으려는 줄 알았다. 그래서 제자들
에게 얼른 물길을 따라 내려가 그 사나이를 구해 오라고 했다. 그런데 그
사나이는 한참을 더 헤엄쳐 내려가더니 물가로 기어 올라와 물에 젖은 머
리로 노래를 부르면서 제방 주변을 어슬렁거렸다.

공자가 그 뒤를 따라가 물었다.

"나는 당신이 틀림없이 귀신일 거라고 생각했습니다. 그런데 살펴 보니

보통 사람입니다. (그런데 어떻게 그런 일을 할 수 있을까?) 저 급류를 건너는 데는 무언가 道가 있습니까? 그렇다면 가르쳐 주십시오."

그러자 그 사나이는 이렇게 말했다.

"아니오, 제게는 아무런 道도 없습니다. 저는 故에서 시작하여 性으로 익숙해지고 命으로 그렇게 된 것입니다. 그러므로 저 소용돌이치는 물을 따라 물속에 들어가고, 솟아오르는 물을 따라 물 밖으로 나옵니다. 물이 흐르는 道에 따를 뿐으로 사심(私心)으로 그렇게 하는 것이 아닙니다. 이것이 내가 급류를 건너는 방법입니다."

공자가 다시 물었다.

"故에서 시작하여 性으로 익숙해지고 命으로 그렇게 되었다'는 것은 무슨 뜻입니까?"

그 사나이는

"저는 땅에서 태어났으므로 안심하고 땅에서 삽니다. 이것이 '故'입니다. 또 물속을 헤엄치는 일에 익숙해져 있으므로 안심하고 물속을 헤엄칩니다. 이것이 '性'입니다. 땅 위에 있건 물속에 있건 제가 어떻게 하여 그러한지 전혀 모르면서 안심하고 있습니다. 이것이 '命'입니다."

라고 대답했다.

【語義】 呂梁(여량):여러 설이 있는데 천하에서 가장 유명한 용문(龍門)을 가리키는 것으로 해석해야 할 것이다. 이와 같은 우화가 ≪열자≫ 황제편에 있으며 비슷한 우화가 ≪열자≫ 설부편(說符篇)·≪설원(說苑)≫ 잡언편(雜言篇)·≪공자가어≫ 치사편(致思篇)에 있다.

縣水三十仞(현수삼십인):'縣水'는 폭포를 이루어 걸려 있는 것. 황제편에는 '縣'이 '懸'으로 되어 있다. 1인(仞)은 7~8척(尺).

流沫四十里(유말사십리):≪열자≫ 황제편에는 四가 아니라 '三'으로

되어 있으며 설부편·잡언편·치사편 등에는 圜(環)流九十里'로 되어 있
다. '圜(環)'은 '旅'의 차자. '沫'은 물보라.

竈鼉魚鼈之所不能游也(원타어별지소불능유야):'竈'은 큰 거북. '鼉'
는 악어. '鼈'은 자라.

使弟子竝流而拯之(사제자병류이증지):'竝'은 함께 가는 것. '拯'은 건
져내어 구해 주는 것.

數百步而出(수백보이출):'1보(步)'는 약 150cm.

被髮行歌而游於塘下(피발행가이유어당하):'被髮'은 머리를 어지럽게
풀어헤친 모양. '行歌'는 노래를 부르면서 걷는 것. '游'는 여기서는 '遊'
의 차자로 어슬렁거린다는 뜻. '塘'은 제방(堤防).

蹈水(도수):'蹈'는 '밟다'의 뜻. 여기서는 격류를 헤치고 물을 건너는
것을 가리킨다.

曰亡(왈무):'亡'는 '無'와 동자.

與齊俱入與汨偕出(여제구입여골해출):'齊'는 '淀(선)'의 차자(馬敍
倫의 설). 《설문해자》에 '淀은 回泉이다.'라고 했다. 소용돌이치는
것. '汨'은 '淈(굴)'의 차자(馬敍倫의 설). 용솟음치는 것. 《설문해자》
에는 '물이 흐르는 모양'이라 했다.

從水之道而不爲私焉(종수지도이불위사언):응제왕편〈순물자연우화〉
에 '汝遊心於淡, 合氣於漠, 順物自然, 而無容私焉'이라 한 것 참조.

始乎故長乎性成乎命(시호고장호성성호명):'故'는 타고난 것. '性'은
여기서는 습성을 가리킨다. 이들 가운데 '成乎命'이 가장 중요하다. '故'
도 '性'도 '命'에 따르고 있음을 말하는 것이다.

生於陵(생어릉):'陵'은 여기서는 수류(水流)에 대하여 육상(陸上)을
가리킨다. 이 우화에 등장하는 사나이는 이 물가의 육지에서 태어나 헤
엄치는 것을 업으로 삼아 성장했던 것이다.

【補說】 이상의 〈성어명우화〉는 양생주편 〈신기우화〉나 본편의 〈순기우화〉
·〈용지불분우화〉 등과 같이 '기예의 완성'을 주제로 하고 있다. 한편
으로는 자연의 道에 따를 것을 논하고, 다른 한편으로는 본편 〈달생론〉
의 '達生之情者, 不務生之所無以爲', 즉 천명에 만족해야 할 것을 논함
과 아울러 사람의 일생에는 '故'와 '性'이 있으며 그 어느 쪽의 천명에나
만족할 것을 논하고 있다는 데 새로운 흥미가 있다. 서술이 간결하면서
억양의 변화가 있는 뛰어난 작품이다.
　한 가지 뛰어난 능력을 지닌 사람이 그로써 안심하고 세상을 건너는
일은 흔히 볼 수 있는데 천명에 만족하는 것은 꼭 어떤 뛰어난 기술을
지니고 있어야만 가능한 것은 아닐 것이다. 이 우화는 급류를 헤엄쳐 건
너는 사람을 그 제재로 삼고 있으나 '故·性'의 命에 안주하는 것은 그
같은 사람만이 할 수 있다는 주장은 아니리라.

제12장 노후 · 재경문답:이천합천우화(魯侯 · 梓慶問答:以天合天寓話)

梓慶削木爲鐻. 鐻成. 見者驚猶鬼神.
魯侯見而問焉曰, "子何術以爲焉."
對曰, "臣工人. 何術之有. 雖然有一焉. 臣將爲鐻, 未嘗敢以
耗氣也. 必齊以靜心. 齊三日, 而不敢懷慶賞爵祿, 齊五日,
不敢懷非譽巧拙, 齊七日, 輒然忘吾有四枝形體也. 當是時
也, 無公朝. 其巧專而外滑消. 然後入山林, 觀天性形軀至矣.
然後成見鐻. 然後加手焉. 不然則已. 則以天合天. 器之所以
疑神者, 其是與."

목공인 경(慶)이 나무를 깎아 경(磬)이나 종(鐘)을 걸어놓는 거(虡)를 만
들게 되었다. 그 거가 완성되었다. 거에 조각된 상(像)을 본 사람들은 모두
놀라 이 세상 것이 아닌 귀신인가 하고 생각했다.

노나라의 제후가 이를 보고 경에게 물었다.

"그대는 어떤 기술로 이것을 만들었는가?"

경이 대답했다.

"저는 단지 나무를 다루는 사람일 뿐입니다. 무슨 기술이 있겠습니까?
있다면 오직 한 가지 기술이 있다 할 수 있습니다. 저는 거를 만들 때 이
것저것 마음을 써서 기(氣)를 소모시키는 짓을 결코 하지 않습니다. 반드
시 목욕재계하여 마음을 가다듬습니다. 3일 동안 재계하면 칭찬을 듣거나
작위나 봉록을 바라는 마음이 없어집니다. 재계를 계속하여 닷새가 지나면
세간의 평가나 자신의 재능에 대한 의혹이 마음속에서 사라지게 됩니다.

재계를 계속하여 이레가 지나면 제게 손발과 몸이 있다는 사실조차 까맣게 잊게 됩니다.

그때에는 제 몸이 조정에 있다는 것도 모릅니다. 저의 마음은 그 기교에 집중되어 마음을 어지럽히는 것은 마음속에 하나도 없게 됩니다. 이때가 되어야 비로소 산에 들어가 나무들 가운데 그 천성의 모습이 거를 만들기에 가장 좋은 것을 찾습니다. 그것이 있어야만 좋은 거의 상이 만들어지는 것입니다. 그러한 확신이 있어야 비로소 나무를 잘라 세공을 가합니다. 그런 나무가 없으면 만들지 않습니다. 이와 같이 하여 저는 하늘이 준 氣의 작용과 나무의 천성인 形을 일치시키는 것입니다. 제가 만든 거의 조각상이 귀신 같다고 느끼는 것은 이 때문일 것입니다."

【語義】 梓慶(재경):'梓'는 '재인(梓人)'. 목공·조각을 업무로 하는 관명. '慶'은 이름.

鐻(거):경(磬) 또는 종(鐘) 따위 악기를 걸어 놓는 대(臺)의 양쪽 나무 기둥. 《주례(周禮)》 고공기(考工記)에 의하면 거기에는 갖가지 동물의 모습을 조각하는데 그 조각이 괴이할수록 악기의 소리를 좋게 한다고 여겼다 한다.

猶鬼神(유귀신):郭象이 '사람이 만든 것 같지 않음'으로 해석하고, 成玄英이 이를 부연하여 '나무를 새겨 조각함에 그 교묘함이 사람의 솜씨가 아니다. 보는 사람마다 놀라 귀신이 만든 것이 아닌가 하고 의심했다.'라고 한 후, 재경의 術이 귀신의 솜씨가 아닌지 의심스럽다는 뜻으로 해석하는 것이 통설이 되고 있지만 이는 잘못된 해설이다. 귀신과 같은 것은 거(鐻)에 새겨진 조각이다. 그래서 다음에 '何術以爲焉', '器之所以疑神' 등의 말이 있는 것이다.

未嘗敢以耗氣也(미상감이모기야):'耗'는 '耗'의 속자. 속사(俗事)에 의

해 없어지는 것.

不敢懷慶賞爵祿(불감회경상작록):명예에 대한 욕심이 사라지는 것을
가리킨다.

忘吾有四枝形體也(망오유사지형체야):자신을 잊는 것을 가리킨다.
'四枝'는 사지(四肢), 즉 손과 발.

無公朝(무공조):'公朝'라 한 것은 노후(魯侯)의 나라에 대한 일이기 때
문이리라. 郭象은 '군주에게 발탁되고자 하는 마음이 없어진다'로 해석
했다.

其巧專而外滑消(기교전이외활소):'巧'는 여기서는 기교를 가리킨다.
앞의 〈용지불분우화〉의 '用之不分'과 비슷한 뜻이다. '滑'은 외계의 일
로 몹시 어지러워지는 것을 가리킨다.

觀天性形軀至矣(관천성형구지의):宋의 林希逸 이래, '천성을 보고 그
모습의 지극함을 찾는다'로 해석하는 사람이 많은데 그럴 경우 '天性'이
란 말이 애매해지며 뒤의 '以天合天'과 호응하지 못하게 된다. '나무들
중 그 천성의 모습이 거(鐻)를 만들기에 가장 좋은 것을 찾는다'로 해
석한다. '形軀'는 形의 뜻. 요컨대 나무의 모습인데 鐻의 조각을 새기게
되므로 '軀(몸매)'라 한 것이리라. '形軀至矣' 대신 '區別'로 된 판본도 있
다(王叔岷의 설).

然後成見鐻(연후성현거):매우 난해한 구로 이설도 적지 않다. 여러
설을 종합하여 생각하건대 '成'은 '誠'의 차자로 '반드시'의 뜻이며 '見'은
'現'의 뜻인 듯하다. 이 구는 그 나무가 비로소 鐻가 될 수 있음을 확신
한 것을 뜻하는 말이리라. 馬敍倫은 이 구를 군글로 보았다.

以天合天(이천합천):앞의 '天'은 재경(梓慶)의 天, 즉 순기(純氣), 〈신
기우화〉의 '神欲'이다. 뒤의 '天'은 나무의 '天性形軀至'이다.

器(기):인공으로 만든 物, 즉 鐻의 조각상이다.

其是與(기시여):‘其’는 의문의 뜻을 나타내는 조사. ‘與’는 감탄의 뜻을 지닌 의문 조사.

【補說】이상의 〈이천합천우화〉도 ‘기예의 완성’을 주제로 한 작품 가운데 하나다. 기예의 완성이 기술자와 대상의 일치로 이루어진다는 것은 이미 양생주편 〈신기우화〉에서 ‘神欲’과 ‘天理’의 가르침으로 나타낸 바 있는데 본편의 〈용지불분우화〉·〈목계우화〉·〈성어명우화〉 등과 같이 기술자 자신의 純氣 양성을 주로 하고 있으면서도 이 우화는 기술이 가해지는 대상에도 ‘天’(자연의 理)이 있음을 뚜렷이 제시하고 純氣와 天理의 합을 강조하고 있다. 바로 이 점이 새로운 취향이라 할 수 있으리라.

특히 여기서 완성된 것은 虡의 조각인, 이른바 예술품이다. 예술은 선천의 묘기뿐 아니라 기술자의 혜안(慧眼)으로 이루어진다. 그렇더라도 그 기술이 발휘되는 제재와 주제에 따라 평가가 달라지는 경우가 많다는 것도 사실이리라. 이런 점에서 이 우화는 절실한 현실미도 지니고 있는 것이다.

제13장 동야직지어:망적지적잠(東野稷之馭:忘適之適箴)

> 東野稷以御見莊公. 進退中繩, 左右旋中規. 莊公以爲文(造
> 父)弗過也. 使之鉤百而反.
> 顔闔遇之. 入見曰, "稷之馬將敗."
> 公密而不應. 少焉果敗而反.
> 公曰, "子何以知之."
> 曰, "其馬力竭矣. 而猶求焉. 故曰敗."
> 工倕旋而蓋規矩. 指與物化, 而不以心稽. 故其靈臺一而不桎.
> 忘足, 屨之適也. 忘要, 帶之適也. 知忘是非, 心之適也. 不內
> 變, 不外從事, 會之適也. 始乎適, 而未嘗不適者, 忘適之適也.

　동야직이 마차 모는 기술로 출사하고자 위(衛)의 장공(莊公)을 알현했다. 장공은 동야직의 솜씨를 시험하고자 그에게 마차를 몰도록 했다. 동야직의 말 다루는 솜씨는 참으로 대단했다. 말의 진퇴는 마치 먹줄을 친 선 위를 가듯 곧고, 좌우로 돌 때에는 마치 그림쇠로 그린 선 위를 돌듯 정확했다. 장공은 그의 솜씨가 조보(造父)에 못지않다고 생각하고 시가지를 한 바퀴 돌아오도록 분부했다.

　때마침 안합이 입궐하다 동야직과 마주쳤는데 안합은 궁중에 들어와 장공에게 이렇게 말했다.

　"직(稷)의 말은 틀림없이 넘어질 것입니다."

　장공은 불쾌한 듯 대꾸도 하지 않았다.

　그런데 얼마 안 있어 안합의 말대로 말은 보이지 않고 동야직 혼자 돌아왔다.

장공이 안합에게 물었다.

"그대는 어떻게 직의 말이 쓰러지리라는 것을 알았소?"

안합이 대답했다.

"직의 말은 매우 지쳐 있었습니다. 그런데도 직은 마구 채찍질을 하여 말을 몰았습니다. 그래서 말이 틀림없이 쓰러지리라고 생각했던 것입니다."

명공(名工) 수(倕)가 솜씨를 발휘할 때에는 척도가 필요 없었다. 그의 손가락이 物과 일체가 되어 만들고자 하는 것이 저절로 만들어졌다. 마음속으로 무엇을 어떻게 해야겠다고 생각하는 것이 없었다. 즉 어떻게 만들어야겠다는 의식조차 없었던 것이다. 따라서 그 정신은 언제나 일정하고, 영묘한 작용은 막히는 법이 없었던 것이다.

신고 있다는 것을 모르게 해 주는 신발이 가장 잘 맞는 신발이며, 매고 있다는 것을 느끼지 않게 하는 허리띠가 가장 잘 맞는 허리띠이다. 이와 마찬가지 이치로 사람의 지혜가 물사의 좋고 나쁨을 생각하지 않게 되어야만 마음의 편안함이 있으며, 안(정신)도 변하지 않고 밖(물사)을 좇는 일도 없어야만 화합하는 즐거움도 있는 것이다. 요컨대 물사의 적절함을 얻은 즐거움에서 비롯하여 어떠한 경우에나 늘 적절히 쾌적하다는 것은 적절함을 의식하지 않게 됨으로써 실현되는 쾌적함이다.

【語義】 東野稷(동야직):성은 東野, 이름은 稷. 수레 모는 기술이 뛰어나 매
　우 유명했다. 이 우화와 거의 같은 것이 ≪여씨춘추≫ 적위편(適威篇)
　에 나오며 또 이와 비슷한 이야기가 ≪순자≫ 애공편(哀公篇), ≪한시
　외전≫, ≪신서(新序)≫ 잡사편(雜事篇), ≪공자가어≫ 안회편 등에 나
　온다. 애공편 등에서는 '稷'이 아니라 '畢'로 되어 있다.
　　莊公(장공):魯의 莊公(B.C. 693~B.C. 661 재위)으로 보는 설(李
　頤의 설), 衛의 莊公(B.C. 480~B.C. 478 재위)으로 보는 설(≪경전

석문》或說), ≪순자≫ 애공편 등에 이와 흡사한 이야기가 魯의 장공과 안연의 문답으로 되어 있어 그에 의해 莊公을 定公(B.C. 509~B.C. 495 재위)을 잘못 베낀 것으로 보는 설(兪樾의 설) 등이 있다. 魯나라 莊公이라 할 경우, 아무리 우화라 할지라도 안합의 때와 시대가 맞지 않는다. 魯의 定公으로 보려는 것은 이 우화를 개작하여 유가의 우화로 삼으려는 의도에서 비롯된 것이리라. ≪여씨춘추≫ 적위편에는 '莊公'으로 되어 있다. 衛나라 莊公으로 해석하는 것이 온당할 것이다. 그것은 인간세편 〈입어무자우화〉에서 안합이 그의 부(傅)가 되려고 했던 위(衛) 靈公의 태자가 바로 莊公이기 때문이다.

莊公以爲文弗過也(장공이위문불과야):'文'을 글자 뜻 그대로 '무늬'의 뜻으로 해석하여 '장공은 잘 짜인 옷감의 무늬보다도 정교하다고 생각함'으로 해석하거나(司馬彪의 설), '고삐를 조종하는 것이 끈목을 짜는 것처럼 정교함'으로 해석하는 게(林希逸·王先謙의 설) 보통이나, ≪여씨춘추≫에는 이 대목이 "장공이 말했다. '매우 훌륭하다. 造父(周나라 穆王 때의 유명한 마부)도 따르지 못하리라.'"로 되어 있으며 이쪽이 타당하므로 '文'은 '造父'의 오탈자로 보지 않으면 안 된다.

使之鉤百而反(사지구백이반):郭象·成玄英은 '鉤百'을 글자 뜻 그대로 '선회(旋回)하는 것 백번'의 뜻으로 해석했는데 '百'은 '陌(동서로 통하는 밭두둑 길)'의 차자로 보지 않으면 안 된다. 단, 여기서는 '陌'을 시가지 길로 보아야 할 것이다.

顔闔(안합):노(魯)나라의 현인. 필시 안회를 본뜬 가공의 인물이리라. 열어구편에서는 魯의 哀公(B.C. 494~B.C. 468 재위)과 공자의 됨됨이에 관해 문답하고 있다. ≪순자≫ 등에는 '顔淵'으로 되어 있다.

公密而不應(공밀이불응):成玄英은 '公은 믿지 못하여 침묵한 채 응하지 않았다'로 해석했는데 안합의 예언을 믿지 않아서가 아니라 안합의

말을 불쾌하게 생각한 것이다. '謐'은 '謐(밀:고요하고 평온한 것)'의 차
자. 다만 여기서는 침묵을 지킨다는 뜻으로 쓰였다.

少焉(소언):이윽고.

其馬力竭矣(기마력갈의):마제편에 '及至伯樂, 日, 我善治馬. 燒之剔
之, 刻之雒之, 連之以羈馽, 編之以皁棧. 馬之死者, 十二三矣. 飢之渴
之, 馳之驟之, 整之齊之. 前有橛飾之患, 而後有鞭筴之威. 而馬之死者,
已過半矣'라고 하여 인위적인 사육·훈련이 말의 자연스런 생명을 손상
하니 이를 배격해야 한다는 주장과 상통하는 사상이다. '竭'은 '渴(갈:다
하다, 소진하다)'의 차자.

工倕(공수):전설상의 인물로 인간 생활에 필요한 여러 도구를 발명
했다 한다.

指與物化而不以心稽(지여물화이불이심계):'順物自然, 而無容私焉'과
비슷한 사상이다. 손가락이 소박한 자연의 변화와 일체가 되어 모르는
사이에 기물을 만들어 내는 것을 가리킨다. '稽'는 '計(꾸미다, 계획하
다)'의 차자.

故其靈臺一而不桎(고기영대일이부질):'靈臺'는 '靈府'와 같다. 정신이
머무는 곳, 즉 마음속을 가리킨다.

忘足屨之適也忘要帶之適也(망족구지적야망요대지적야):일반적으로
신발이나 허리띠가 잘 맞으면 발과 허리를 의식하지 않는 것이 아니라
신발이나 허리띠를 의식하지 않게 되는데 그런 경지에서 발전하면 신발
과 발, 허리와 허리띠까지 의식하지 않게 될 것이다. 그래서 '忘足', '忘
要'라고 극언한 것이다. '屨'는 신발 종류. '適'은 적절·적합에 쾌적·유
락(愉樂)의 뜻을 겸하고 있다.

不內變不外從事會之適也(불내변불외종사회지적야):덕충부편 〈재전
덕불형우화〉의 '才全而德不形'과 비슷한 사상이다. '不內變'은 '其靈臺

一'에 해당하며 '不外從事'는 '不以心稽'와 〈대각우화〉의 '聖人不從事於
務'에 해당한다. '會'는 ≪주역≫ 건위천괘(乾爲天卦) 문언전(文言傳)에
'군자는 仁을 체득하여 사람들을 기를 수 있으며 많은 아름다움이 갖추
어져 있어 禮에 합할 수 있다.(君子體仁足以長人, 嘉會足以合禮)'라 한
'嘉會'에 해당하리라. 즉 사람들을 화합시켜 서로 친밀하게 하는 것이다.

【補說】 말 다루는 기술을 자부하는 동야직의 실패에 대한 장공과 안합의
문답을 예로 들고 그에 잠언을 덧붙여 기술뿐만 아니라 일반적인 사람
의 처세에서도 물사의 선악을 의식하지 않게 되어야만 이른바 '忘適之
適'에 이를 수 있음을 설하고 있다.

【餘說】 〈망적지적잠〉에 관하여

　　동야직이 수레몰이에서 실수한 데 대한 장공과 안합의 문답은 ≪여씨
춘추≫ 적위편에도 실려 있다. 이 편의 서술이 간결한 데 반해 ≪여씨
춘추≫ 쪽은 약간 세세한 부분까지 기술하고 있다. 그렇다고 하여 ≪장자≫
의 편자가 ≪여씨춘추≫에서 이 문답을 채록한 것으로 볼 수는 없을 것
이다. ≪여씨춘추≫가 편집되기 전부터 이러한 문답이 있었음은 확실
하다.
　　≪순자≫ 애공편 등에 東野稷이 東野畢로, 莊公이 定公으로, 顔闔이
顔淵으로 되어 이 잠(箴)과 거의 같은 내용의 문답이 실려 있다. 애공편
은 순황(荀況)의 자작이 아니며 그 서술이 약간 복잡하게 되어 있고 주
제와 관계가 희박한 장면 묘사가 더해져 있는데 이런 사실로 보면 애공
편에 실려 있는 문답은 ≪여씨춘추≫의 것을 고쳐 유가의 정치론과 관
계있는 우화로 만든 것이리라. 애공편의 서술 선례를 본떠 '顔淵, 魯의

定公을 台에서 侍坐하고 있었다. 東野畢, 台 아래에서 말을 부렸다.'
라고 하여 장면 묘사를 한층 상세하게 하고 또 수사를 집중시킨 것이
≪한시외전≫에 실려 있는 것이며 그 후 수사에 약간 다른 점이 있으나
≪신서≫ 잡사편 · ≪공자가어≫ 안회편의 순으로 그것이 전승된 것이
다. 東野稷(畢)의 수레몰이는 그만큼 좋은 화제였던 것이다.

그런데 '工倕施而蓋規矩' 이하 이른바 〈망적지적잠〉은 처음부터 장
공 · 안합의 문답과 붙어 있던 것일까? ≪장자≫에는 소요유편의 〈유무
궁우화〉, 제물론편의 〈천뢰우화〉 등처럼 우화를 실은 다음 논설을 전
개하는 구성 형식이 있다. 이것도 그런 예에 드는 것으로 문답에 부수
하여 잠언을 더한 것이리라. 그렇다 해도 문답과 잠언은 문세가 다를
뿐 아니라 양자의 관계도 긴밀하다고 할 수 없다. 잠언은 앞의 문답과는
작자가 다르며 문답이 성립된 뒤에 더해졌으리라 생각된다. ≪장자≫
주해자 중에는 잠언을 문답과는 별개의 한 절로 취급하는 사람이 많다.

잠언은 언제 더해진 것일까? ≪여씨춘추≫에서는 문답 다음에 '따라
서 혼란한 나라의 군주는 백성을 부릴 때 사람의 性을 살피지 않고 사
람의 情을 고려하지 않으며, 번잡하게 가르침을 펴고는 모른다고 責하
고, 무수히 많은 令을 내리고는 따르지 않음을 그릇되었다 하고, 큰 위
험을 만들어 놓고 그것을 피해 가면 죄를 지었다 하고, 무거운 임무를
맡기고 해내지 못하면 벌주며……(故亂國之使其民, 不論人之性, 不反
人之情. 煩爲敎而過不識. 數爲令而非不從. 巨爲危而罪不敢. 重爲任而
罰不勝)'라는 論을 전개하고 있다. 이 論은 ≪여씨춘추≫의 주장이며 또
매우 순당하게 문답에 이어져 있지만 ≪여씨춘추≫는 여러 책에서 제재
를 취한 편집물이라 잠언이 없는 문답에 처음으로 論을 더한 것인지 아
니면 본디 잠언이 있었는데 그에 대신하여 이 論을 전개시킨 것인지는
판정하기 곤란하다.

≪순자≫에는 公의 '그대는 어떻게 그것을 알았는가?'라는 물음에 대한 안연의 대답이 '신은 정치하는 방법으로써 이렇게 되리라고 예측했던 것입니다. 옛날 舜은 백성을 다스리는 방법이 매우 훌륭했고 조보(造父)는 말을 부리는 솜씨가 훌륭했는데 舜은 백성이 고통 받지 않을 범위 안에서 그들을 다스렸고, 조보는 말이 지치지 않을 범위 안에서 말을 부렸던 것입니다.……(臣以政知之. 昔舜巧於使民, 而造父巧於使馬. 舜不窮其民, 造父不窮其馬)' 이하 약간 긴 문장을 이루고 있다. 이 답변이 ≪여씨춘추≫의 論에 근거하여 안합의 대답을 안연의 정론(政論)으로 바꾸어 놓은 것임은 굳이 초들 것까지도 없을 것이다.

게다가 ≪순자≫에서는 새로 "定公이 말하기를 '알았네. 좀 더 자네의 의견을 들을 수 없겠는가?' 하자 안연이 답하였다. '제가 듣기로 새가 막다른 곳에 몰리면 부리로 쪼고, 짐승이 막다른 곳에 몰리면 발톱을 세우고 달려들며, 사람이 막다른 곳에 몰리면 거짓말을 하게 된다고 말입니다. 예로부터 지금까지 백성을 막다른 골목에 몰아넣고 위태롭지 않았던 군주는 단 한 사람도 없습니다.'(定公曰, 善. 可得少進乎. 顔淵對曰, 臣聞之. 鳥窮則啄, 獸窮則攫, 人窮則詐. 自古及今, 未有窮其下而能無危者也)"의 문답을 더하고 있다. 이 새로 더해진 문답은 이미 잠언이 있었기 때문에 그에 대항하기 위해 지어진 것이 아닌가 하는 추측을 갖게 한다. '鳥窮則啄' 이하의 세 구가 啄·攫·詐의 魚部 압운으로 이루어져 있다는 것도 이러한 추측을 확증하는 것이다. 유가도 그 설을 평속화(平俗化)하기 위해 잘 알려진 이야기를 전용했던 것이다.

〈망적지적잠〉이 ≪한시외전≫에 앞서 애공편이 성립된 시기에 있었다고 한다면 늦어도 ≪장자≫가 편집되기 이전의 일일 것이다. 그래서 본서에서는 장공·안합의 문답과 묶어 취급했다.

덧붙여 말하면 '忘適之適'은 명언이다. 그 표현 형식은 '무위이면서 하지 못하는 것이 없다.(無爲而無不爲)'라고 하는 도가의 상투적 역설과 같으나 '適'에는 적합·적절의 뜻과 함께 쾌적·자적의 뜻도 있어 이 명제는 절실하기도 하고 심원하기도 하다. 수레를 모는 데나 물건을 다루는 데나 법칙이 있기 때문에 동야직이든 공수(工倕)든 그 법칙에 적합하도록 애쓰지 않으면 안 될 것이다. 그러나 법칙의 적부만을 신경 쓰면 구투(舊套)를 지키느라 자기 자신을 스스로 속박하게 된다. 법칙을 초월하고 그것을 전적으로 의식하지 않게 되어야만 비로소 자유스런 창조적 쾌적의 경지가 열린다.

학문도 마찬가지다. 宋의 대철학자 주희(朱熹)는 학문의 극치에 관하여 '그래서 ≪대학(大學)≫의 첫 번째 가르침은 배우는 자로 하여금 모든 천하의 물사에 관해 이미 알려진 理를 근거로 더욱 이치를 궁구하여 그 극점에 도달하도록 노력하게 하는 것이다. 그와 같이 오랫동안 노력하면 어느 날 아침 눈앞이 환히 밝아지게 된다. 그러면 모든 사물의 속과 겉, 세부도 개요도 남김없이 알게 된다. 그리고 자신의 마음이 완전한 본체라는 것과 그 마음의 큰 작용이 남김없이 명확해진다.(是以大學始敎, 必使學者卽凡天下之物莫不因其已知之理而益窮之以求至乎其極. 至於用力之久而一旦豁然貫通焉, 則衆物之表裏精粗, 無不到. 而吾心之全體大用, 無不明矣)'라고 했다. '一旦豁然貫通焉'이라 한 것은 '忘適之適'을 가리키는 말임에 틀림없다. 그것은 物의 이치를 남김없이 밝히려는 노력을 초월한 명지(明知)의 경지인 것이다.

'忘適之適'이란 명제는 '適'의 다의성을 교묘하게 이용하여 이러한 경지를 보여 주고 있다.

제14장 손휴·편경문답:경혹우화(孫休·扁慶問答:驚惑寓話)

有孫休者. 踵門而詫子扁慶子曰, "休, 居鄕, 不見謂不脩, 臨
難, 不見謂不勇. 然而田原, 不遇歲, 事君, 不遇世. 賓於鄕
里, 逐於州部. 則胡罪乎天哉. 休惡遇此命也."

扁子曰, "子獨不聞夫至人之自行邪. 忘其肝膽, 遺其耳目, 芒然
彷徨乎塵垢之外, 逍遙乎無事之業. 是謂爲而不恃, 長而不宰.
今汝飾知以驚愚, 脩身以明汙, 昭昭乎若揭日月而行也. 汝,
得全而形軀, 具而九竅, 無中道夭於聾盲跛蹇, 而此於人數,
亦幸矣. 又何暇乎天之怨哉. 子, 往矣."

孫子出. 扁子入. 坐有閒, 仰天而歎. 弟子問曰, "先生何爲歎乎."

扁子曰, "向者休來, 吾告之以至人之德. 吾恐其驚而遂至於
惑也."

弟子曰, "不然. 孫子之所言是邪, 先生之所言非邪. 非固不能惑
是. 孫子所言非邪, 先生所言是邪. 彼固惑而來矣. 又奚罪焉."

扁子曰, "不然. 昔者, 有鳥止於魯郊. 魯君悅之, 爲具太牢,
以饗之, 奏九韶以樂之. 鳥乃始憂悲眩視, 不敢飮食. 此之謂
以己養養鳥也. 若夫以鳥養養鳥者, 宜棲之深林, 浮之江湖,
食之以委蛇. 則平(便)陸而已矣. 今休款啓寡聞之民也. 吾告
以至人之德, 譬之若載鼷以車馬, 樂鴳以鍾鼓也. 彼又惡能無
驚乎哉."

손휴라고 하는 사람이 있었다. 그가 편경자 선생을 방문하여 이렇게 한
탄했다.

"저는 향리에 살면서 수양이 부족하다는 말을 들은 적이 없고, 전쟁터에서는 용기가 없다는 말을 들은 적이 없습니다. 그런데도 들에 나가 곡식을 심으면 풍년을 만나지 못하고, 군주를 섬기면 세상의 영화를 만나지 못합니다. 또 향리에서는 배척당하고 관청에서는 쫓겨납니다. 저는 하늘로부터 어찌하여 이런 벌을 받고 있을까요. 저는 왜 이런 운명을 만난 것일까요?"

편 선생이 대답했다.

"자네는 저 지극한 경지에 이른 사람이 어떻게 행동을 하는지 들은 적이 없는가? 그는 간장이나 쓸개의 내면적 작용과 귀나 눈의 외물과 접하는 작용을 완전히 잊어버리고 아무런 생각 없이 어지러운 세상을 마음대로 어슬렁거리며 무위자연이 작용하는 대로 굳이 애쓰는 일 없이 늘 마음 편안하게 있네. 이를 일러 '일을 이루어도 자신의 공을 드러내지 않고, 자기가 길렀으면서도 자기 마음대로 움직이지 않는다'고 하는 것이네. 그런데 자네는 자신의 지혜를 빛내어 세상의 어리석은 자들을 놀라게 하고 자신의 몸을 닦아 다른 사람들의 아름답지 못한 행동을 눈에 띄게 하여 눈부신 일월의 빛을 내걸듯 자신의 존재를 과시하고 있네. 자네는 오체(五體)를 온전히 지니고 있을 뿐 아니라 눈·코·입·귀 등 아홉 구멍이 갖추어져 있고 지금까지 살아오면서 귀머거리·장님·절름발이·앉은뱅이 등이 되는 재난을 만나지 않고 사람 축에 끼일 수 있다는 것만도 다행이라 생각해야 할 것이네. 그런데도 하늘을 원망할 수 있단 말인가. 어서 물러가게!"

손휴가 물러갔다. 편경자는 안으로 들어가 잠시 앉아 있다가 하늘을 우러러보며 길게 탄식했다. 그 모습을 본 편경자의 제자가 물었다.

"선생님께서는 어찌하여 탄식하십니까?"

편경자가 대답했다.

"아까 손휴가 왔을 때 나는 그에게 지인(至人)의 경지를 이야기해 주었다. 내가 두려워하는 것은 그가 내 이야기에 놀란 나머지 미혹에 빠지지나 않을까 하는 것이다."

제자가 말했다.

"그럴 리가 없습니다. 설령 손휴의 말이 옳고 선생님의 말이 그르다 해도, 그른 것이 옳은 것을 혼란시킬 수는 없습니다. 하물며 손휴의 말이 그르고 선생님의 말씀이 옳을진대 선생님의 말에 손휴가 혼란되었다 해도 그것은 그가 본디 혼란 속에 있었기 때문이니 선생님의 가르침에는 아무런 죄가 없지 않겠습니까?"

그러자 편경자가 다음과 같이 말했다.

"그렇지가 않다. 예전에 새 한 마리가 노나라의 교외에 내려앉은 일이 있었다. 노나라 군주는 이를 기뻐하여 태뢰(太牢)의 진미를 갖추어 대접하고 구소(九韶)의 음악을 연주하여 즐겁게 해 주려고 했다. 그런데 그 새는 슬픈 듯이 눈만 껌뻑거릴 뿐 차려 준 음식을 먹거나 마시려고 하지 않았다. 이를 '인간의 보양법으로 새를 기르려고 한다'고 하는 것이다.

무릇 새에 알맞은 방법으로 새를 기르려면 깊은 삼림 속에 살게 하고 강이나 호수 위를 마음대로 날게 하며 들의 뱀 등을 잡아먹게 하면 되는 것이다. 결국 새는 넓은 육지를 편하게 여기고 있는 것이다. 그런데 손휴는 견식이 너무나도 좁은 사내다. 그럼에도 그에게 지인(至人)의 德에 관해 가르치고 말았다. 이것은 마치 생쥐를 싣는 데 마차를 사용하고, 메추라기를 즐겁게 해 주기 위해 종과 큰북의 음악을 사용한 것과 같으니 너무나도 어울리지 않는 일이다. 그가 어찌 놀라고 혼란되지 않겠는가."

【語義】 孫休(손휴):성은 孫, 이름은 休, 노(魯)나라 사람이라 한다(成玄英의 설).

踵門而詫子扁慶子(종문이타자편경자):≪경전석문≫에 의하면 '詫'가 '託'으로 되어 있는 판본도 있다 한다. '踵'은 여기서는 '至'의 뜻. 따라서

'踵門'은 방문하는 것. '詫'는 탄식하여 호소하는 것. '子扁慶子'의 앞의 '子'는 선생에 대한 경칭. '扁'은 성. '慶子'는 그의 자. '子扁慶子'와 '孫休'는 가상의 인물인데 그 이름에 우의가 담겨 있는지는 명확하지 않다.

居鄕不見謂不脩(거향불견위불수):선생에게 하는 말이므로 완곡하게 부정형(否定形)으로 표현한 것이다. 다음 구도 같다. 사실은 몸을 잘 닦았다고 칭찬을 받고 있는 것이다. '見'은 어떠한 일을 당한다는 뜻을 나타내는 조사. '脩'는 '修'의 차자.

遇歲(우세) · 遇世(우세):'歲'는 풍작을 뜻한다. '世'는 세상의 영화, 즉 부귀를 가리킨다.

賓於鄕里(빈어향리):'賓'은 '擯(빈:물리치다, 배척하다)'의 차자. '鄕里'는 고향.

州部(주부):'州'는 '里'보다 큰 행정상의 지방 구획. '部'는 관공서.

胡罪乎天哉(호죄호천재):고대에는 재난 · 불행 등을 하늘의 신이 인간을 벌주는 것으로 생각했다. '哉'는 의문을 나타내는 조사.

夫至人之自行(부지인지자행):'至人'은 至德을 지닌 인간. '自行'은 자연스런 행위나 몸가짐.

忘其肝膽……逍遙乎無事之業:대종사편 〈기인우화〉에 이와 거의 같은 표현이 보인다. 그에 근거한 것이리라.

爲而不恃長而不宰(위이불시장이부재):현덕(玄德)의 작용을 가리킨다. 物 각각의 자연스런 성장에 맡기는 것이다. '恃'는 자신의 공을 과시하는 것. '宰'는 다스리다, 즉 간섭하여 지배하는 것.

飾知以驚愚……若揭日月而行也:'飾知以驚愚'는 인간세편 〈심재우화〉의 '是以人惡有其美也'에 근거한 말이리라. 또 '脩身以明汙'는 같은 우화의 '故其君因其脩以擠之'에 근거한 말이리라. 이 세 구와 대동소이한 표현이 다음의 산목편 〈지인불문우화〉에 나온다. 〈지인불문우화〉 쪽이 전후 문맥이 순조롭다. 이것은 〈지인불문우화〉의 표현을 답습한 것이리라.

具而九竅(구이구규):'而'는 '汝'의 뜻. '九竅'는 目·耳·口·鼻·배설 기관의 아홉 구멍. 이것을 갖추고 있다는 것은 생명 활동을 영위하는 것을 가리킨다.

無中道夭於聾盲跛蹇(무중도요어롱맹파건):'中道'는 인생의 중도. '夭'는 여기서는 '妖'의 차자로 재난을 만나는 것을 뜻한다. '蹇'은 앉은뱅이.

比於人數(비어인수):사람 축에 끼는 것. '比'는 남들과 나란히 하는 것. '數'는 '집단, 모임'의 뜻.

吾恐其驚而遂至於惑也(오공기경이수지어혹야):이 이하 대화의 줄거리는 필시 제물론편 〈대각우화〉에서 암시를 얻어 환골탈태한 것이리라.

孫子之所言是邪……又奚罪焉:제물론편 〈우무경지론〉에 '旣使我與若辯矣, 若勝我, ……'라고 논쟁에 관하여 기술한 것에서 암시를 얻었으리라. 그런데 제자의 아부하는 듯한 무책임함이 나타나 있어 재미있다.

昔者有鳥……食之以委蛇:지락편 〈조달복지우화〉에 이와 거의 같은 서술이 있다. 〈조달복지우화〉 쪽이 표현이 정리되어 있으나 오히려 그 쪽이 이 우화를 고쳐 만든 것이 아닌가 생각된다.

則平陸而已矣(즉평륙이이의):'平'을 '便'의 차자로 보아야만 할 것이다. '便'은 편리하게 여기는 것.

款啓寡聞(관계과문):'款'은 '窾(한:드묾)'의 차자. '啓'는 깨우쳐 아는 것. '寡'는 매우 드문 것. '聞'은 들어 아는 것. 요컨대 이 구는 전혀 도리를 알지 못하는 것을 뜻한다.

若載鼷以車馬樂鴳以鍾鼓(약재혜이거마낙안이종고):너무나도 어울리지 않는 일에 대한 비유다. '鼷'는 생쥐. '鴳'은 메추라기. '鍾'은 '鐘(종)'의 차자.

【補說】 이상의 〈경혹우화〉는 신행(身行)을 닦아도 불우하기만 하다고 하소연하는 손휴에게 편경자가 세속을 초월하여 무위자연 속에서 자적하는 지인(至人)의 德을 설명하는 단과, 견식이 좁은 손휴에게 지인의 德을 가르친 것은 새에게 예악을 사용한 것과 다름없는 어리석은 행위로 손휴를 혼란시켰을 뿐이라고 편경자가 반성하는 단으로 이루어져 있다.

이 우화의 주의(主意)에 관해서는 대체로 두 가지로 해석이 있다. 그 하나는 편경자의 지인설(至人說)을 중시하여 '오직 지인만이 모든 생의 道를 안다. 이 우화는 천하의 모든 사람들을 손휴처럼 너무나도 견식이 좁다고 비웃고 있다.'라고 해석하는 것이며(宣穎·林雲銘의 설 등), 다른 하나는 손휴의 미혹을 중시하여 '이 우화는 그 생을 기르는 데에는 각각의 성분(性分)에 맡기는 것이 좋음을 설하고 있다.'라고 해석하는 것이다(郭象의 설).

이 우화의 줄거리는 제물론편의 〈대각우화〉 및 지락편의 〈조달복지우화〉와 비슷한 점이 있다. 이들 가운데 至(聖)人의 德을 묘도(妙道)를 터득한 행위라고 성급히 결론지은 것에 대해 是라고도 非라고도 하지 않고 이른바 '妄言'을 하고 있는 〈대각우화〉가 가장 함축이 있다고 생각한다. 至人의 德은 미지에 대한 무위무언의 탐구이기 때문이다. 그에 비하여 이 우화는 至人의 德을 '昭昭乎'라 하여 기정의 가르침으로서 받아들이고 있다. 〈대각우화〉의 '妄言'을 明敎(명백한 가르침)로 바꾸어 놓은 것이다. 그렇지만 이 우화에서는 각각의 性分인 자연에 맡기라고는 말하고 있지 않다. 性分에 맡기라고 이야기하고 있는 것은 '名止於實, 義設於適'이라 한 〈조달복지우화〉이다. 至人의 가르침을 취하든 말든 그것은 각자에게 달린 문제라 하더라도 가르침을 갑자기 받게 되면 우선 그것을 취할 것인지 버릴 것인지 하는 미혹이 생기게 된다. 〈조달복지우화〉에 설명되어 있는 것처럼 미혹됨이 있기 때문에 그것을 피해 각각의 性分에 맡기는 것이 아닐까?

이 우화는 다른 편의 진술을 이용한 대목이 적지 않고 서술의 순조로움을 잃고 있는 점이 있지만 이처럼 〈대각우화〉와 〈조달복지우화〉 중간에 있으면서 새로운 문제를 제시하고 있는 것이다.

제20편
산목(山木)

  첫 번째 우화에 있는 '山中見大木'을 줄여 편명으로 삼고 있다. 아
홉 개의 우화가 실려 있는데 모두 이미 앞에서 본 논설·우화 등에 새
로운 취향을 가미한 것들로 그 취향이 재미있다. 이들 우화 중에서도
제8화 〈망진우화(忘眞寓話)〉는 널리 알려진 작품이다. 대체로 처세
를 주요한 문제로 다루고 있어 王夫之처럼 인간세편의 설을 부연하고
있다고 보는 학자도 있으나 그런 주장이 나올 만큼 전편이 통일된 설
로 이루어져 있지는 않다.

제1장 장자·제자문답:도덕향우화(莊子·弟子問答:道德鄕寓話)

莊子行於山中, 見大木枝葉盛茂. 伐木者止其旁而不取也. 問
其故, 曰"無所可用." 莊子曰, "此木以不材得終其天年[矣]."
夫子出於山, 舍於故人之家. 故人喜, 命豎子殺鴈而烹之. 豎子
請曰"其一能鳴, 其一不能鳴. 請奚殺." 主人曰"殺不能鳴者."
明日, 弟子問於莊子曰, "昨日山中之木, 以不材得終其天年,
今主人之鴈, 以不材死. 先生將何處."
莊子笑曰, "周將處夫材與不材之間. 材與不材之間, 似之而非也.
故未免乎累. 若夫乘道德而浮游, 則不然. 無譽無訾, 一龍一蛇,
與時俱化而無肯專爲. 一上(下)一下(上), 以和爲量, 浮遊乎萬物
之祖, 物物而不物於物. 則胡可得而累邪. 此神農·黃帝之法則也.
若夫萬物之情·人倫之傳, 則不然. 合則離, 成則毀, 廉則挫,
尊則議, 有爲則虧, 賢則謀, 不肖則欺. 胡可得而必乎哉. 悲夫.
弟子志之. 其唯道德之鄕乎."

장자가 산속을 지나다 가지와 잎이 매우 무성한 큰 나무를 보게 되었다.
그런데 초부(樵夫:나무꾼)들은 그 곁에 서서 쳐다보기만 할 뿐, 그 나무를
베려고 하지 않았다. 장자가 그 이유를 물었더니 한 초부가 '이 나무는 전
연 쓸모가 없기 때문이오.' 하고 대답했다. 장자는 '이 나무는 쓸모가 없기
때문에 천수를 다할 수 있군.' 하고 중얼거렸다.

장자는 산에서 내려와 옛적 친구 집에 들렀다. 그 친구는 장자의 방문을
크게 기뻐하여 어린 하인을 불러 거위를 삶도록 했다. 어린 하인은 '한 놈

은 잘 울고, 다른 한 놈은 울지 못합니다. 어느 놈을 잡을까요?' 하고 물었다. 집 주인은 '울지 못하는 놈을 잡아라.'라고 말했다.

이튿날 장자에게 그의 제자가 물었다.

"어제 산속에 있ㅁ던 나무는 쓸모가 없기 때문에 천수를 다할 수 있었습니다. 그런데 친구 분 집에 있던 거위는 재능이 없기 때문에 죽고 말았습니다. 선생님께서는 쓸모 있는 것과 쓸모 없는 것 중 어느 쪽에 처하시겠습니까?"

장자가 웃으면서 말했다.

"나는 이 세상에 쓸모 있는 것과 쓸모 없는 것의 그 어느 쪽도 아닌 중간에 있고 싶다. 그런데 그 중간이라는 것이 좋은 듯이 보여도 실은 그렇지 않다. 그것으로도 세상의 번뇌를 피할 수 없다. 저 무위자연의 도덕에 따라 자유를 누리게 되면 번뇌는 없다. 세상 사람들로부터 칭찬도 없고 비방도 없으며 하늘을 내달리는 용처럼 웅대하게 움직이기도 하고 땅 속에 숨는 뱀처럼 고요하기도 하며 사계의 움직임에 따라 변화하고 결코 제멋대로 행동하는 일이 없다. 또 오르기도 하고 내려가기도 하면서 늘 융화를 근본으로 삼고 떠나니 만물을 만들어 내는 조물자에게 가 그를 도와 만물을 각각의 物로서 자라게 하고 자신은 다른 物로부터 하나의 物로서 부림 받는 일이 없다. 이러하니 세상 사람들이 어찌 그를 괴롭힐 수 있겠는가. 이 도덕에 따라 자유를 누리는 것, 이것이 태고의 성왕인 신농과 황제가 법칙으로 삼았던 것이다.

그런데 만물의 현상이나 인간 세상의 작태는 결코 그렇지 않다. 서로 합하면 언젠가는 떨어지고, 이루어지면 무너지며, 청렴하게 몸을 지키면 수치를 당하고, 존귀하면 실각당하며, 유능하면 방해를 받고, 현명하면 계략에 의해 함정에 빠지며, 어리석으면 기만당한다. 어떻게 그 어느 것이 좋다고 근거로 삼을 수 있겠는가. 슬픈 일이다.

제자들이여, 잘 새겨 두어라. 인간이 의지해야 할 것은 오직 도덕의 고향이라는 것을!"

【語義】莊子行於山中(장자행어산중):이 이야기는 ≪여씨춘추≫ 필기편(必己篇)에도 실려 있다.

得終其天年夫子出於山(득종기천년부자출어산):≪경전석문≫에는 '夫出'로 되어 있고 '夫'는 夫子, 즉 장자를 가리킨다고 되어 있으며 '夫子'로 되어 있는 판본도 있다고 기록되어 있다. 필기편에는 '年' 자 다음에 '矣' 자가 있으며 '夫子' 두 자가 없고 '山' 다음에 '及邑' 두 자가 있다. '年' 자 밑에 '矣' 자가 있는 쪽이 더 짜임새 있는 문장이다. 또 '夫子'라고 하는 용어는 전후 문맥상 썩 어울리는 말은 아니다. 저본의 '夫'를 '矣'로 고치고 '子'를 삭제해야 한다(馬敍倫 · 王叔岷의 설). '及邑' 두 자는 보충할 필요가 없다.

故人(고인):옛날의 친구.

命豎子殺鴈而烹之(명수자살안이팽지):'豎子'는 어린 하인. '鴈'은 '雁'의 이체자로 여기서는 거위[鵝]를 뜻한다.

先生將何處(선생장하처):이 '將'은 의문의 뜻을 강조하는 조사. '處'는 '據(거:근거하다, 의거하다)'의 뜻.

周將處……:'周'는 장자의 이름. 이 '將'은 바람을 나타내는 조사.

材與不材之間似之而非也故未免乎累(재여부재지간사지이비야고미면호루):'材 · 不材'의 材는 유용 · 유효의 뜻에 재능의 뜻까지 겸하고 있다. 가치관이 수반되는 한 材 · 不材의 중간도 취할 만한 것이 아니며 그것을 초월한 절대 유일의 것에 근거하지 않으면 안 된다. '似之而非'는 위선 · 속임수 등을 뜻하는 상투적인 표현. '似之而非'의 之는 '근거해야 하는 것(앞의 先生將何處나 周將處……의 處)'을 가리킨다. '故'는

固(고:본디부터)의 뜻. '累'는 성공·실패, 명예·비방 등 세간에서 받는 재난.

乘道德而浮遊(승도덕이부유):'道德'은 自然인 道와 그 無爲의 德. 구체적으로 노자의 가르침을 가리키며 실천적으로는 無心無爲한 것. 재유편 〈물자화우화〉 참조.

一龍一蛇與時俱化而無肯專爲(일룡일사여시구화이무긍전위):자연의 변화에 따라 자유롭게 활동하는 것을 가리킨다. '龍'은 양기를 상징하며 성대한 활동에 비유된다. ≪역경≫의 건위천괘 참조. '蛇'는 음성의 정령으로 고요함에 비유된다. '無肯專爲'는 '與時俱化'의 보충 설명이므로 '專'은 擅(천:제멋대로 함)의 뜻으로 해석해야만 한다.

一上(下)一下(上)以和爲量(일상일하이화위량):이하의 서술은 화합의 氣가 널리 행해져 만물을 생겨나게 하는 것에 비유하여 그 행동이 조화를 얻고 그 위에 독립의 경지를 이루는 것을 가리킨다. 여기의 '量'은 도량(度量), 즉 기준의 뜻이다.

浮遊乎萬物之祖(부유호만물지조):道와 일체가 되는 것을 가리킨다. '萬物之造'는 조물자. 나아가, 道.

物物而不物於物(물물이불물어물):재유편 〈독유인설〉에 '物而不物, 故能物物'이라 한 것을 참조.

萬物之情人倫之傳(만물지정인륜지전):'情'은 실정·현상 등을 가리킨다. '人倫'은 여기서는 인류. 나아가, 세간을 뜻한다. 만물 속에는 인간도 포함되지만 특별히 인간을 강조하기 위해 별도로 게재한 것이다. '傳'은 세간의 언설·행동 등을 가리킨다.

合則離, 成則毀(합즉리성즉훼):이 두 구는 기물(器物)의 일에 관해 말한 것인지 처세의 현상에 관해 말한 것인지 명확하지 않다. 이합집산·성공실패에 관해 말한 것으로 본다.

廉則挫, 尊則議(염즉좌존즉의):'廉'은 청렴결백을 가리킨다. '尊'은 사
람들을 다스리는 높은 신분에 있는 것. '議'는 고음이 같은 '俄(아:기울
어지다)'의 차자(俞樾의 설).

有爲則虧(유위즉휴):'有爲'는 유능한 것.

賢則謀(현즉모):'謀'는 모략에 의해 함정에 빠지는 것.

胡可得而必乎(호가득이필호):'得而'는 '得'을 강조한 표현이다. 앞의
'胡可得而累邪'의 '得而'도 같다. '必'은 틀림없다고 일방적으로 믿는 것.

道德之鄕(도덕지향):이 '鄕'은 소요유편 〈무하유향우화〉의 '無何有之
鄕', 또는 천지편 〈제향우화〉의 '帝鄕'에서 암시를 얻은 용어이리라.

【補說】 이상의 〈도덕향우화〉는 장자와 제자의 문답을 빌려, 쓸모가 있는
것이나 쓸모가 없는 것이나 다 같이 세상의 재난을 피할 수 없다는 실례
를 토대로 재난을 받지 않는 방법에 관해 논하고 있다. 그것은 모든 것
을 초월한 무위자연의 도덕향을 따라야 한다는 것이다. 일부 추상적인
서술이 있으나 비교적 평명하며 특히 도덕향의 절대성을 잘 보여 주는
작품이어서 많은 사람들로부터 사랑을 받고 있다.

【餘說】 재(材)와 부재(不材)

무용 · 부재(無用 · 不材)의 대목(大木)이 무위의 道를 체득한 자에 비
유되는 것은 소요유편 〈무하유향우화〉나 인간세편 〈대용우화〉 · 〈신인
부재우화〉 등에서 볼 수 있었다. 이 우화는 그것들을 바탕으로 하며 그
로부터 발전하여 무용 · 부재의 것도 해를 받는 예를 들어 새로운 論을
전개시키고 있다. 앞의 우화들을 알고 있으면 본 우화의 이러한 전환이
매우 재미있게 여겨지는 것은 당연한 일이리라.

그러한 재미뿐 아니라 무위자연의 도덕을 명확하게 하고 있다는 점에서도 의의를 지니고 있다. 단지 무용·부재이기만 하면 도덕에 접근할 수 있는 게 아님을 보여 주고, 또 도덕이 유용·무용, 재·부재 등의 상대적인 비교를 초월한 경지임을 명백히 하고 있다.

이 우화에서는 부재·무용을 재·유용과 상대되는 차원으로까지 격하시키고 있는데 앞의 여러 우화에서 그것은 〈대용우화〉에 '且也彼其所保, 與衆異. 而以義譽之, 不亦遠乎'라 한 것처럼 상대의 차원을 초월한 것이었다. 적어도 〈무하유향우화〉에 '何不樹之於無何有之鄕'이라고 비유적으로 이야기된 것처럼 '無'가 되는 것이 이른바 도덕향에 접근하는 道였다. 재·유용, 그리고 상대적인 부재·무용에 집착하는 자신의 미망을 없애버리고, 오로지 부재·무용이어야 하는 것이었다. 이렇게 하면 절대의 경지를 헛되이 주창하고 내세우는 일 없이 저절로 그에 도달하는 것이다. 같은 재·부재라 하더라도 이 우화와 앞의 여러 우화들은 그 의미를 달리하고 있음에 주의하지 않으면 안 된다.

부재목(不材木)의 우화 가운데서는 이 우화가 가장 나중에 만들어졌을 것이다. 물론 장주가 지은 것은 아니다. 앞으로 나오는 것들은 그 論의 윤곽을 갖추고 있긴 하나 이 우화처럼 구도(求道)의 실천적인 절실함을 간과한 것도 있다.

市南宜僚見魯侯. 魯侯有憂色. 市南子曰, "君有憂色, 何也."
魯侯曰, "吾學先王之道, 脩先君之業. 吾敬鬼尊賢. 親而行
之, 無須臾離居. 然不免於患. 吾是以憂."
市南子曰, "君之除患之術淺矣. 夫豊狐·文豹, 棲於山林, 伏
於巖穴. 靜也. 夜行晝居. 戒也. 雖飢渴隱約, 猶且胥疏於江
湖之上而求食焉. 定也. 然且不免於罔羅機辟之患. 是何罪之
有哉. 其皮爲之災也. 今魯國獨非君之皮邪. 吾願君刳形去
皮, 酒心去欲, 而遊於無人之野.
南越有邑焉. 名爲建德之國. 其民愚而朴, 少私而寡欲, 知作
而不知藏, 與而不求其報, 不知義之所適, 不知禮之所將. 猖
狂妄行, 乃蹈乎大方. 其生可樂, 其死可葬. 吾願君去國捐俗,
與道相輔而行."

시남(市南:수도의 남쪽)에 사는 의료가 노나라의 군주를 뵈었다. 그런데
노의 군주는 뭔가 근심스러워하는 표정을 짓고 있었다. 그래서 시남 선생
(의료)이 여쭈어 보았다.

"군주께서는 근심스런 낯빛을 하고 계신데 무슨 일입니까?"

노의 군주가 대답했다.

"나는 선왕의 道를 배우고, 선조 대대의 정업(政業)을 받들고 있소. 또
신을 공경하고 현명한 사람을 존중하오. 이런 일들을 몸소 행하며 잠시도
이를 등한히 하는 일이 없소. 그런데도 고난에서 벗어날 수가 없소. 그래

서 근심하는 것이오."

이 말을 듣고 시남 선생은 다음과 같이 설명했다.

"고난에서 벗어나기 위해 군주께서 취하신 방법들은 너무 미온적이었습니다. 소담스런 털을 가진 여우나 아름다운 무늬가 있는 표범은 사람 눈에 띄지 않게 산림 속에 살며 어두운 굴속에 엎드려 숨어 있습니다. 조용히 하여 사람들에게 들키지 않으려는 것입니다. 또 밤에만 돌아다닐 뿐 낮에는 깊이 숨어 있습니다. 신중히 경계하기 위해서입니다. 허기지고 목이 말라 무척 괴로워도 인가에 접근하지 않고 강이나 호숫가를 몰래 돌아다니며 먹이를 구합니다. 몸을 지키고자 하는 마음이 한결같기 때문입니다. 이토록 주의에 주의를 기울여도 그물과 올가미에 걸리는 재난을 면하지 못합니다. 이것이 어찌 조심성이 부른 재난이겠습니까? 바로 아름다운 털가죽이 그런 재난을 불러들인 것입니다. 지금 군주께서 노나라를 다스리고 계신 것이야말로 여우나 표범의 털가죽이 따르지 못할 군주의 털가죽인 것입니다. 그래서 저는 군주께서 몸과 털가죽을 버리고 마음을 깨끗이 씻어 욕망을 없애고 아무도 없는 들에서 노니시기를 바라는 바입니다.

월나라 남쪽에 고을이 있는데 이름을 건덕국이라 합니다. 그곳 백성들은 우직하고 소박하여 이기심이 적고 욕심이 거의 없습니다. 물건을 만들어낼 줄만 알고 그것을 저축하여 이익을 꾀할 줄은 모릅니다. 남에게 줄 줄만 알며 그 대가를 바라지 않습니다. 또 義가 무엇인지도 모르며 禮를 어떻게 행해야 하는지도 모릅니다. 마음 내키는 대로 행동하는데도 그것이 저절로 道에 따르는 것이 됩니다. 그들은 살아서는 즐겁게 지내고 죽어서는 편안히 묻힙니다. 군주께서도 나라와 백성을 버리시고 道와 서로 도우면서 건덕국으로 떠나시기 바랍니다."

【語義】市南宜僚(시남의료):≪춘추좌씨전≫ 애공(哀公) 10년 항에, 市南에

사는 웅의료(熊宜僚)라는 자가 나온다. 楚나라 사람으로 성은 熊, 이름
은 宜僚. 따라서 '魯侯'는 애공이리라. 단, 이것은 실화가 아니다.

先王之道(선왕지도):유가에서 존숭하는 고대의 성왕인 요·순·우·
탕·문·무·주공의 道를 가리킨다.

先君之業(선군지업):魯나라의 여러 조상의 業.

敬鬼尊賢(경귀존현):'鬼'는 神을 가리킨다. 이것은 묵가의 주장이다.
≪묵자≫의 天志篇·明鬼篇·尙賢篇 등 참조.

親而行之無須臾離居(친이행지무수유리거):'親'은 자기 자신. '須臾'는
매우 짧은 시간. '離居'에 관해서는 이설이 적지 않다. '離'는 '先王之道',
'賢' 등으로부터 떠나는 것이며 '居'는 '先君之業', '鬼' 등을 방치하는 것
을 가리킨다.

靜也(정야):이것과 다음의 '戒也', '定也'는 이 우화의 결어인 '虛'를 끌
어내기 위한 복선이다. 즉 虛己에 중요한 靜·定 등에 주의하더라도 毛
皮를 버린 '虛'가 아니면 안 된다는 것을 가리킨다. 천도편에 '夫虛靜·
恬淡·寂漠·無爲者, 萬物之本也'라고 했다.

戒也(계야):재유편〈정기독존우화〉의 '愼女內, 閉女外. 多知爲敗' 같
은 말이 이에 해당하리라.

隱約(은약):쌍성 연사(連詞), '厄(액:재앙)'의 완언이다. 매우 어려움
을 겪는 것을 가리킨다.

猶且胥疏於江湖之上(유차서소어강호지상):'且'는 '猶'의 뜻을 강하게
하고 있다. '胥疏'에 관해서는 이설이 많다. 고음은 胥와 疏가 같았으므
로 '胥疏'는 중언 연사이다. 먹이를 구하기 위한 행동을 가리키는 말임
에서 추측하면 胥·疏와 동음인 '跙(저:머뭇거리다)'의 완언으로 먹이를
구하기 위해 조심스럽게 돌아다니는 것을 가리키는 말이다.

定也(정야):일신을 지키는 마음이 일정한 것을 가리킨다. 천도편〈천

락론〉에 '一心定而萬物服'이라 한 것 참조.

罔羅機辟(망라기벽): '罔'은 '網'의 원자. '罔羅'는 일반적으로 '그물'의 뜻. '機辟'은 올가미.

刳形去皮(고형거피): 대종사편 〈좌망우화〉의 '墮枝體, 黜聰明, 離形去知, 同於大通' 참조.

南越(남월): 월나라의 남쪽. 지금의 광동·광서 지방.

建德之國(건덕지국): 무위의 德으로 세운 나라라는 뜻이다.

猖狂妄行乃蹈乎大方(창광망행내도호대방): ≪논어≫ 위정편에 '마음 내키는 대로 행동해도 법도를 넘어서지 않았다.(從心所欲, 不踰矩)'라 한 것을 본뜬 것인지도 모른다. '猖狂'은 無心·無作意하게 행동하는 것. '妄行'은 마음 내키는 대로 행동하는 것. '大方'은 大道.

其生可樂其死可葬(기생가락기사가장): ≪맹자≫ 양혜왕 상편에 '산 사람을 기르고 죽은 사람을 장사지내는 데 유감이 없게 하는 것이 왕도의 첫걸음이다.(養生喪死無憾, 王道之始也)'라고 한 것을 기조로 한 표현이리라.

去國捐俗(거국연속): 이 '俗'은 '族', 즉 백성을 가리킨다.

君曰, "彼其道遠而險. 又有江山, 我無舟車. 奈何."
市南子曰, "君, 無形倨, 無留居, 以爲君車."
君曰, "彼其道幽遠而無人. 吾誰與爲鄰. 吾無糧, 我無食. 安得而至焉."
市南子曰, "少君之費, 寡君之欲, 雖無糧而乃足. 君其涉於江, 而浮於海, 望之而不見其崖. 愈往而不知其所窮. 送君者皆自崖而反, 君自此遠矣. 故有人者累, 見有於人者憂. 故堯

非有人, 非見有於人也. 吾願去君之累, 除君之憂, 而獨與道
遊於大莫之國.
方舟而濟於河, 有虛船來觸舟, 雖有惼心之人不怒. 有一人在
其上, 則呼張歙之. 一呼而不聞, 再呼而不聞, 於是三呼邪,
則必以惡聲隨之. 向也不怒, 而今也怒. 向也虛而今也實. 人
能虛己以遊世, 其孰能害之.”

노(魯)의 군주는 시남 선생의 말에 놀라 이렇게 물었다.

"그곳으로 가는 길은 멀고도 험하오. 게다가 도중에는 커다란 강과 산
이 있는데 내게는 배도 없고 수레도 없소. 그러니 어떻게 하면 좋겠소?"

시남 선생이 대답했다.

"주군께서는 높은 지위를 믿는 오만함을 버리는 것과 욕망에 사로잡히지
않는 것을 수레로 삼으십시오."

노나라의 군주가 다시 물었다.

"그곳은 벽지여서 가는 길이 멀 뿐 아니라 사람도 살지 않소. 그러니 누
구와 이웃할 수 있겠소? 또 내게는 비축된 식량이 없으니 가는 도중에 허
기가 져도 먹을 것이 없소. 그러니 어떻게 그곳에 갈 수 있겠소."

그러자 시남 선생은 다음과 같이 설명했다.

"주군께서 비용을 절약하고 욕망을 줄이면 식량이 없더라도 부족을 느끼
지 않을 것입니다. 주군께서 큰 강을 건너고 바다에 나가게 되면 아무리 눈
을 부릅뜨고 보아도 그 끝이 보이지 않을 것입니다. 바다 위를 가면 갈수록
어디까지 갈지 알 수 없게 될 것입니다. 그리고 주군을 전송하기 위해 왔던
사람들이 모두 물가에서 각자 돌아갈 곳으로 가면 그때부터 주군께서 홀로
멀리 가시기 바랍니다. 사람들을 다스리는 것이 번뇌의 씨앗이며, 반대로

사람들로부터 간섭받는 것도 고통입니다. 그래서 성왕이었던 요(堯)는 사람들 일에 관여하지도 않고 다른 사람으로부터 간섭을 받지도 않았던 것입니다. 저는 주군께서도 그런 번거로움과 근심을 떨쳐 버리시고 홀로 道와 더불어 대막(大莫)의 나라에서 노닐기를 바랍니다.

배를 타고 강을 건너는데 빈 배가 떠내려와 이쪽 배에 부딪쳤다면 아무리 화를 잘 내는 사람이라도 욕을 하진 않을 것입니다. 그렇지만 그 배에 한 사람이라도 누가 타고 있다면 큰소리로 외쳐 배의 방향을 바꾸라고 할 것입니다. 그때 한번 외쳐서 듣지 않고 두 번 외쳐서 듣지 않으면 세 번째 외칠 때에는 반드시 욕설이 따를 것입니다. 조금 전에는 욕설을 퍼붓지 않았는데 이번에는 욕설을 퍼붓게 되는 것은 아까는 빈 배였지만 지금은 사람이 타고 있기 때문입니다. 이와 마찬가지로 인간도 자신을 공허하게 하여 세상에서 자유롭게 산다면 대체 누가 그에게 해를 끼칠 수 있겠습니까?"

【語義】 彼其……:'彼'를 강조하기 위한 표현이다.

　　無形倨無留居以爲君車(무형거무류거이위군거):'形'은 외형·외면의 뜻. '倨'는 倨傲(거오:거만하다). '形倨'는 여기서는 國君으로서의 권위를 갖춘 태도·행동을 가리킨다. '留居'는 집착하는 것. '居', '留' 모두 머무른다는 뜻. '以爲君車'라 한 것은 여로(旅路)와 관계있는 대화이기 때문이리라.

　　吾誰與爲鄰(오수여위린):≪논어≫ 미자편에 '내가 천하의 사람과 더불어 살지 않으면 누구와 살겠는가?(吾非斯人之徒與, 而誰與)'라고 한 것을 기조로 한 표현이다.

　　吾無糧我無食(오무량아무식):'我'가 '餓'로 되어 있는 판본도 있다 (≪경전석문≫의 설). 통상 '我'를 글자 뜻대로 해석하는 경우가 많은데 '餓'의 차자로 보아야 할 것이다(馬敍倫의 설). '我(餓)無食'은 다음의 '而乃足'과 대응하는 표현이다.

雖無糧而乃足(수무량이내족):'乃'는 '雖'와 호응하여 '仍(그렇지만)'의 뜻. 일설에 '能'의 뜻으로 해설한 게 있는데 적당하지 않다.

不見其崖(불견기애):'崖'는 '涯(애:물의 끝)'의 차자.

愈往而不知其所窮(유왕이부지기소궁):바다를 무상하게 떠돌아다니는 것을 서술하여 보내는 자의 이별의 정을 자연스럽게 표현하고 있는 것이다. 교묘한 방법이다. '愈'는 '逾'가 정자이다.

送君者皆自崖而反(송군자개자애이반):郭象은 '君이 욕심을 버리면 백성들은 모두 자신의 본분으로 돌아가 그것을 지킴'을 우의한다고 해석했다. 이 '崖'는 '岸'의 뜻.

君自此遠矣(군자차원의):郭象은 '초연히 만물 위에 독립함'을 우의한다고 해석했다.

故有人者累(고유인자루):'有'는 자신의 物로 생각하여 마음대로 취급하는 것

堯非有人非見有於人也(요비유인비견유어인야):≪논어≫ 공야장편에 "子貢이 '저는 제가 싫어하는 일을 남으로부터 강요받는 것도 원치 않으며 남이 싫어하는 일을 남에게 강요하지도 않겠습니다.'라고 하자, 공자께서 '賜야, 네가 할 수 있는 일이 아니다.'라고 하셨다.(子貢曰, 我不欲人之加諸我也, 吾亦欲無加諸人. 子曰, 賜也, 非爾所及也)"라고 한 것을 본뜬 것인지도 모른다. '堯'는 ≪장자≫ 중에서 인위의 정치를 행한 인물로 비판받기도 하고 성왕으로 칭송되기도 하는데 여기서는 무위의 정치를 행한 성인으로 취급되고 있다.

大莫之國(대막지국):앞의 '無人之野'와 함께 소요유편의 '無何有之鄕, 廣莫之野'에서 암시를 얻어 만들어진 말이리라. '莫'은 여기서는 '無'의 뜻.

方舟(방주):'方'은 '榜(방:배를 젓다)'의 뜻으로 쓰인 듯하다. 馬敍倫은 '方'을 '舫'의 차자로 보아, '배로써 건너다'의 뜻으로 해석했다.

雖有褊心之人不怒(수유편심지인불로):'褊心'은 도량이 좁아 노(怒)하는 것.

則呼張歙之(즉호장흡지):≪회남자≫ 전언훈(詮言訓)에 '한 사람이라도 그 안에 있다면 한쪽에서 사이를 벌려 피하라 하고, 다른 한쪽에선 물러가라고 한다(有一人在其中, 一謂張之, 一謂歙之)'라 한 것으로 보아 '一呼張之, 一呼歙之'로 하지 않으면 안 된다는 설(馬敍倫의 설)이 있으나 적당하지 않다. ≪회남자≫가 이 문장을 고쳐 지은 것이다.

以惡聲隨之(이악성수지):'惡聲'은 욕설. '隨'는 뒤를 좇는다는 뜻. '之'는 비키라고 외치는 소리를 가리킨다.

向也虛而今也實(향야허이금야실):'向'은 '嚮(앞, 曏전)'과 같다. '虛'는 '虛船'의 虛에 虛心을 빗대어 말한 것이고, '實'은 실제로 사람이 있다는 것으로 현실에 구애됨을 빗대어 말한 것이다.

【補說】 이상의 〈허기유세우화〉는 魯의 군주와 시남의료의 문답을 빌려, 세상의 권위 · 명성 등을 잊고 자기를 공허하게 함으로써 유유자적하게 세상을 살 수 있음을 논하고 있다.

한 나라의 군주가 안고 있는 세속적 고민에 대해 처음에는 해학미 넘치는 풍호 · 문표(豊狐 · 文豹)의 예로써, 다음에는 서경적 정미(情味) 어린 가공의 건덕국을 초듦으로써, 마지막에는 참으로 그럴 듯한 허주(虛舟)의 예로써 그 해결법을 제시하여 '虛己遊世'를 설하고 있다. 서술에 기복의 변화가 있고 문식이 있어 재미있는 우화이다. 이 우화를 크게 칭찬하는 학자가 많다.

그런데 이 우화는 사상의 발전을 꾀하기보다는 우화 구성에 주된 흥미를 두고 있다. 또 표현에 전고(典故)가 많은 것으로 미루어 보아 비교적 후기의 작품으로 생각된다.

제3장 경기 · 북궁사문답:조탁복박우화(慶忌 · 北宮奢問答:彫琢復朴寓話)

> 北宮奢爲衛靈公賦斂以爲鍾. 爲壇乎郭門之外, 三月而成上下之縣.
>
> 王子慶忌見而問焉曰, "子何術之設."
>
> 奢曰, "一之閒, 無敢設也. 奢聞之, '旣彫旣琢, 復歸於朴. 侗乎其無識, 儻乎其怠疑, 萃(芴)乎芒乎, 其送往而迎來. 來者勿禁, 往者勿止.' 從其彊梁, 隨其曲傅, 因其自窮. 故朝夕賦斂, 而豪毛不挫. 而況有大塗者乎."

　북궁사가 위나라 영공을 위하여 동재(銅材)를 늘이고 오그리고 하여 종을 만들게 되었다. 구리를 녹이기 위해 토단을 성문 밖에 세운 지 석 달 만에, 악기대에 걸 상하 두 단의 종 16개가 완성되었다.

　왕자인 경기가 이것을 보고, 너무도 빠르고 훌륭히 완성한 데 놀라 북궁사에게 물었다.

　"당신은 무슨 비법이라도 알고 있소?"

　북궁사가 대답했다.

　"그저 하나의 정신이 가는 대로 했을 뿐, 결코 마음에 무슨 준비를 하거나 한 적은 없습니다. 저는 이런 말을 들은 적이 있습니다. '새기고 쪼고 하는 가운데 소지(素地)의 자연스러움에 돌아간다. 망연히 아무것도 모르는 사이에 손이 움직이고 꿈결에 손이 멈추며 깨닫지도 생각하지도 않고 단지 자연스럽게, 가는 것을 보내고 오는 것을 맞아들인다. 오는 것은 막지 않고 가는 것은 붙들지 않으며 무심히 응대한다'는 것입니다. 저는 이렇게 굳게 버티고 있는 것과 부드럽게 굽어 있는 것이 자연스레 종의 모습을 이루도록 할 뿐입니다. 그러므로 날마다 아침부터 밤까지 펴기도 하고 줄이기도 하며 종을 만들어도 머리카락만큼도 상하지 않게 할 수 있는 것입니다. 하물며 큰 치수가 정해져 있는 곳을 상하게 하다니, 그런 일은 있을 수 없습니다."

【語義】北宮奢爲衛靈……:'北宮奢'는 위(衛)나라의 대부로서, 北宮에 살고 있었기 때문에 '北宮'이라는 호가 붙었으며 이름은 奢이다(李頤의 설).

賦斂以爲鍾(부렴이위종):'賦斂'은 이제껏 백성들로부터 세를 거두어들인다는 뜻(林希逸의 설), 재료를 백성들에게 할당하여 바치도록 한다는 뜻(郭嵩燾의 설) 등으로 해석되고 있는데 그럴 경우 다음 글의 '朝夕賦斂而豪毛不挫'가 전연 성립될 수 없는 문장이 되고 만다. 馬敍倫이 '賦'를 '撲(두드리다)'의 차자로, '斂'을 '漱(쇠붙이를 불리다)'의 차자로 해석한 것은 새로운 견해이나 斂과 漱의 옛음이 과연 상통했는지는 의심스럽다. 특히 鍾은 단조(鍛造)하여 만드는 것이 아니다. '賦'는 '布(펴다)'의 차자로, '斂'은 글자 뜻 그대로 '수납하다·수축하다'의 뜻으로 해석한다. 즉 鍾의 주형, 또는 그에서 꺼낸 동재(銅材)를 늘이거나 줄어지도록 하여 종 모양에 맞게 하는 것을 말한다. '鍾'은 '鐘'의 차자.

爲壇乎郭門之外(위단호곽문지외):'壇'을 쌓는 것은 신에게 기도하기 위한 것(李頤의 설)이 아니라 주조소(鑄造所)를 여기에 지으려는 것이다. '郭門'은 성문(城門).

三月而成上下之縣(삼월이성상하지현):매우 빠르게 완성되었음을 가리킨다. 이 종은 편종(編鐘)이다. 편종은 12율(律)의 순서로 조율된 종을 한 단에 8개씩 두 단으로 된 나무틀[虡]에다 16개를 단 악기. 종 하나를

만드는 것도 쉽지 않은 일인데 그것을 음계에 맞추기 위해 대소 차이를
두어 16개나 만드는 것이다.

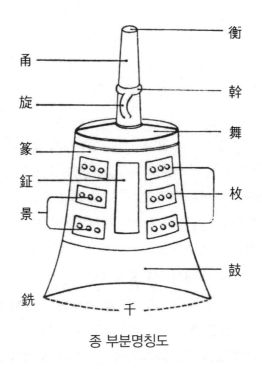

衡
幹
舞
枚
鼓
千

甬
旋
篆
鉦
景
銑

종 부분명칭도

王子慶忌(왕자경기):종래, 周의 王子로서 大夫가 된 자(李頤의 설)라
고 했지만 ≪여씨춘추≫ 충렴편(忠廉篇)에 의하면 오왕(吳王) 요(僚)의
아들로 위(衛)에 망명했던 자에 王子慶忌가 있다(馬敍倫의 설).

一之閒無敢設也(일지간무감설야):'一'은 정신의 純一을 가리킨다. '一
之閒'은 결국 '一心定而萬物服'의 '一心'을 가리킨다. '設'은 作爲하는 것.

旣彫旣琢復歸於朴(기조기탁복귀어박):인공을 가하나 그것이 결국 본
성인 자연에 따른 것임을 가리킨다. 응제왕편 〈허기우화〉에 '雕琢復朴,
塊然獨以其形立'이라 한 것과 천도편에 '樸素而天下莫能與之爭美'라 한
것을 참조.

侗乎其無識(동호기무식):망연히 아무것도 모르는 사이에 손이 움직이는 것을 가리킨다. '侗乎'는 멍하니 아무 생각이 없는 모양. '同乎'와 같다.

儻乎其怠疑(당호기태의):'儻乎'는 멍하니 아무 생각이 없는 모양. '怠疑'는 '佁儗'와 같다. 나아가지 못하는 것.

萃乎芒乎……:동작에 머뭇거림이 없는 것을 가리킨다. '萃'는 '芴'을 잘못 베낀 것(奚侗의 설). 지락편 〈지락론〉에 '芴乎芒乎, 而無有象乎'라 했다.

來者勿禁往者勿止(내자물금왕자물지):物의 자연스러움에 대응하는 것을 가리킨다. 응제왕편 〈유무진설〉에 '不將不迎, 應而不藏. 故能勝物而不傷'이라고 한 것을 참조.

從其彊梁(종기강량):'彊梁'은 '彊'의 완언. 매우 강한 것을 뜻한다. 여기서는 종의 부분에 관해 말하고 있는 것이므로 종의 단단하고 돌출되어 있는 곳을 가리키는 것으로 보아야 한다. 필시 甬을 가리키는 말이리라(종 부분명칭도 참조). '從其彊梁'이라 한 것은 단단하게 돌출된 부분은 그대로 이용하여 종을 만드는 것을 뜻한다.

隨其曲傅(수기곡부):'傅'는 '匍(엎드리다, 아래로 향하다)'의 차자(馬敍倫의 설). '曲傅'는 '彊梁'에 상대되는 것으로 종의 부분 중 아래쪽으로 곡선을 그리고 있는 부분을 가리킨다. 필시 鉦 · 鼓를 가리키는 것이리라.

因其自窮(인기자궁):郭象 이하 成玄英 · 林希逸 · 林雲銘 등이, 종을 만들기 위해 납세하는 것에 대한 백성들의 태도나 능력을 표현한 것으로 해석했는데 모두 옳지 않다. 이는 앞의 '賦斂以爲鍾'을 잘못 해석했기 때문에 생긴 오류다. '窮'은 동음인 '斛(구부러진 모양)'의 차자로 보아야만 한다. 즉 주물에서 꺼낸 종의 자연스런 모습을 그대로 살려 종을 완성하는 것을 가리킨다. 바로 '順物自然'을 가리킨다.

而豪毛不挫(이호모부좌):'豪'는 '毫(짐승의 털, 나아가 매우 작은 것에
대한 비유)'의 차자. '挫'는 '剉(좌:꺾다, 깎다, 상처내다)'의 차자.

而況有大塗者乎(이황유대도자호):'大塗'를 '大道'의 뜻(郭象·成玄英의
설)으로 보아, '나도 아무 마찰 없이 세금을 거두어들일 수 있다. 하
물며 천하에 처하여 대도를 터득한 인물에게야 더 말할 것이 있겠는
가?' (宣穎의 설)라고 해석하는 게 통설인데 편종 만드는 법을 이야기하
다 갑자기 대도를 이야기하는 것은 아무래도 이상하다. 또 '大塗'는 '賦斂'
과 관계있는 말이 아니라 앞의 '豪毛'에 대응하는 말이다. '塗'는 '度(길
이, 치수, 척도)'의 차자. 즉 ≪주례(周禮)≫ 고공기(考工記)에 '銑間의
10분의 8을 鉦의 길이로 삼고, 그 10분의 6을 鼓의 폭으로 삼으며 또
舞의 폭을……'이라고 한 것처럼 종의 크기·무게·치수 등을 가리키
는 것이리라.

【補說】 이상의 〈조탁복박우화〉는 경기와 북궁사의 문답을 빌려, 종을 신
속하게 완성하는 기술이 인위적인 기교가 아니라 정신의 통일로써 物의
본래성에 좇아 자연스럽게 행해지는 것임을 설하고 있다. 기술 완성에
관한 몇몇 우화 가운데 하나로서 앞의 달생편 〈이천합천우화〉와 비슷
하지만 '彫琢復朴', 즉 인공이 物의 소박한 본래성과 일체가 되어야 기
술의 완성이 있다고 한 점에 새로운 맛이 있다.

전에는 원문의 '賦斂'의 의미를 오해하고 있었다. 그 때문에 이해하
기 퍽 난해한 우화였다. '賦斂'을 조세와 관계되는 말로 해석했기 때문
에 이야기의 전개에 무리가 많았다. 그런데 이러한 오해를 차치하고도
이 우화는 결코 평이한 작품으로는 볼 수 없다. 고대의 종은 주조물이
었다. 주조에 있어서 큰일은 우선 구리에 주석 등을 섞어 재질을 확보

하는 일이었다. 다음으로 종을 몇 개의 부분으로 나누어 그 부분에 맞는 주형을 만들고 이에 융해된 동재(銅材)를 부어 각 부분을 만들어야 하는데 주형이 정해진 치수에 맞아야 할 뿐 아니라 동재가 규정대로 부어져 원하는 부분이 제대로 만들어져야 하는 등, 참으로 그 과정이 복잡하고 어려웠다. 마지막으로 각 부분품을 접합시키고 수정을 가하여 종을 완성시켜야 한다. 이 우화는 이 마지막 과정에 관해 서술했는지 '從其彊梁, 隨其曲傅'라 하고 있으나 매우 추상적인 표현이며 명확하지 않다. 종의 주조 방법이나 제작상의 어려움에 관해 잘 알고 있는 사람의 글로 보기는 어렵다. 요컨대 '旣彫旣琢' 이하 '往者勿止'까지의 의미를 음미해야 할 것이다.

제4장 공자·대공임문답:지인불문우화(孔子·大公任問答:至人不聞寓話)

孔子圍於陳蔡之間, 七日不火食. 太公任往弔之曰, "子幾死乎."
曰, "然."
"子惡死乎."
曰, "然."
任曰, "子嘗言不死之道. 東海有鳥焉, 其名曰意怠. 其爲鳥也, 翂翂翐翐, 而似無能. 引援而飛, 迫脅而棲. 進不敢爲前, 退不敢爲後. 食不敢先嘗, 必取其緒. 是故其行列不斥, 而外人卒不得害. 是以免於患. '直木先伐, 甘井先竭.' 子其意者飾知以驚愚, 脩身以明汙, 昭昭乎, 如揭日月而行. 故不免也.
昔, 吾聞之大成之人, 曰, '自伐者無功. 功成者墮, 名成者虧. 孰能去功與名, 而還與衆人. 道流而不明居, 得行而不名處. 純純常常, 乃此於狂.' 削迹捐勢, 不爲功名. 是故無責於人, 人亦無責焉. 至人不聞. 子何喜哉."
孔子曰, "善哉."
辭其交遊, 去其弟子, 逃於大澤, 衣裘褐, 食杼栗. 入獸不亂羣, 入鳥不亂行. 鳥獸不惡. 而況人乎.

공자가 제국을 유력하다가 진나라와 채나라 사이에서 그 지방 사람들에게 포위당하여 이레 동안이나 익힌 음식을 볼 수가 없었다. 그때 태공임이 위문차 가서,

"선생께선 곧 죽을 것만 같습니다."

라고 말했다. 공자는

"그렇소."

하고 대답했다. 이에 태공임이 물었다.

"선생께선 죽는 게 싫습니까?"

공자가 대답했다.

"그렇소."

이에 태공임은 다음과 같이 이야기했다.

"그럼 제가 불사(不死)의 道에 관해 말하겠습니다. 동쪽 바다에 새가 있는데 그 이름을 의태(意怠)라 합니다. 이 새는 파닥파닥 날개를 칠 뿐, 잘 날지도 못할 뿐 아니라 아무런 재주도 없는 듯이 보입니다. 다른 새에 끌려 간신히 날고, 다른 새에 눌려 보금자리에 듭니다. 나아갈 때에는 결코 앞장 서려 하지 않고, 물러날 때에는 맨 뒤로 처지려고 하지 않습니다. 먹이를 먹을 때도 남보다 먼저 먹는 일이 없고, 반드시 다른 새가 먹다 남긴 것을 먹습니다. 이 때문에 새들에게서 쫓겨나는 일도 없고, 또 사람들로부터 해를 입지도 않습니다. 그래서 고난을 당하는 일이 없습니다. 이 새와 정반대의 경우를 말하는 것으로 '쭉 곧은 나무일수록 먼저 잘리고, 맛 좋은 물이 나는 샘일수록 먼저 마른다.'라는 속담이 있습니다. 그런데 선생께서는 자신의 지혜를 빛내어 어리석은 자들을 놀라게 하고, 자신의 몸을 닦아서 남의 추행을 눈에 띄게 하여 해와 달을 높이 내건 것처럼 자신을 과시하고 있으니 이는 쭉 곧은 나무나 단물이 나는 샘 정도가 아닙니다. 이런 재난을 당하는 것은 너무나도 당연합니다.

전에 저는 위대한 덕을 이룬 분으로부터 다음과 같은 말을 들었습니다. '스스로 자신을 뽐내는 자에게는 참된 성공이 없다. 공적은 성취되면 무너지는 것이며 명예는 성취되면 상처받는다. 그 누가 자신의 공적과 명예를 버리고 보통사람과 함께 어울려 그들처럼 행동할 수 있겠는가. 이것이 가능한 자야말로 지인(至人)이다. 무위의 도는 세상에 널리 퍼져 하나의 物에 머물러 있는 일이 없고, 무심의 덕은 항상 그 근본으로 돌아가 명예에 집착하는 일이 없다. 그러므로 어떠한 일도 인위적으로 도모하려 하지 말고 모든 것을 자연에 맡겨야만 세상을 자유자재로 살 수 있는 지인과 같은 사람이 될 수 있는 것이다.'

그래서 저는 공업(功業)을 추구하려는 것을 그만두고 권세도 버리며 공적이나 명예도 얻으려고 하지 않습니다. 그렇게 하면 남을 책망할 일도 없고 남으로부터 책망 받을 일도 없습니다. 지인은 결코 자신의 명성을 떨치려고 하지 않습니다. 그런데 선생께선 어찌하여 공명 따위를 그토록 좋아하시는가요?"

공자는 이 말을 듣고 크게 감동하여

"참으로 좋은 이야기요."

라고 말했다.

공자는 그때부터 사람과의 교제를 끊고 제자들을 물러가게 한 다음, 큰 못가에 몸을 숨기고 검소한 옷을 몸에 걸치고 도토리나 밤을 따먹는 소박한 생활을 시작했다. 그렇게 하자 공자가 들짐승 속에 들어가도 들짐승들이 두려워하여 무리를 어지럽히는 일이 없고, 들새들 속에 들어가도 들새들이 줄을 어지럽히는 일이 없게 되었다. 새나 짐승조차도 공자를 미워하지 않게 되었으니 사람들이 공자를 미워하지 않게 된 것은 말할 것도 없다.

【語義】 孔子圍於陳蔡之間七日不火食(공자위어진채지간칠일불화식):천운 편 〈추구우화〉참조.

太公任(태공임):≪경전석문≫에는 '太'가 '大'로 되어 있다. 일설에 '大 公은 大夫의 칭호이며 任은 이름이다.'(李頤의 설)라고 했으며, 또 다른 일설에는 '大公은 성이다.'(俞樾의 설)라고 했지만 '매우 공명한 사람'이 란 뜻으로 설정된 가공의 인물이 아닌지 매우 의심스럽다.

意怠(의태):글자 뜻 그대로 게으르고 느슨하다는 우의를 지닌 가공의 새이리라.

迫脅(박협):脅迫과 같다. 여기서는 다른 새에게 눌리는 것을 과장하여 표현한 말이다.

進不敢爲前退不敢爲後(진불감위전퇴불감위후):달생편의 '柴立其中央', 본편의 '處夫材與不材之間'의 사상이다. '前'은 선구(先驅), 전 행렬을 유도하는 자. '後'는 후위(後衛). 행군의 경우에는 후방 방어에 해당하는 중요한 역할을 맡는다.

必取其緒(필취기서):'緒'는 여기서는 잔여(殘餘)의 뜻. 남들이 선택하고 남은 것.

子其意者……:'意者'는 '或者'와 같은 뜻. 의심스런 생각을 나타낸다.

箭知以驚愚……如揭日月而行:이 표현은 달생편 〈경혹우화〉에도 보이는데 〈경혹우화〉가 이것에 근거했으리라.

大成之人(대성지인):무위의 덕을 성취한 인간.

道流而不明居得行而不名處(도류이불명거득행이불명처):'道流而不明居'는 '道流而不居明'의 도언. 뒤의 '不名處'도 '不處明'의 도언. '道流'란 道가 절대 보편이며 나아가 유일한 실재 근거, 즉 만물의 유일한 근본임을 가리키는 말이다. '不明居'는 道가 無爲無名, 즉 자연임을 가리킨다. '得行'의 '得'은 '德'의 차자. '行'은 앞의 '流'에 대응하는 말이므로 '순탄하다 · 돌아다니다'의 뜻으로 해석해야 한다.

純純常常乃比於狂(순순상상내비어광):'純純常常'은 사려 분별을 사용하지 않는 것. '純'은 純一 · 純素 등의 뜻으로 해석하는 사람이 많은데 '忳(어리석다)'의 차자로 보아야 한다. '常'은 '惝(멍한 요양)'의 차자.

'比'는 '나란히 하다, 동료가 되다'의 뜻. '狂'은 앞의 '猖狂妄行'의 '狂', 즉 자유롭게 마음 내키는 대로 세상을 사는 별난 사람을 뜻한다.

至人不聞(지인불문):소요유편 〈유무궁우화〉의 '聖人無名', 추수편 〈반기진우화〉의 '道人不聞'과 같다.

辭其交遊去……:응제왕편 〈허기우화〉에서 열자와 호자의 문답 뒤에 '然後列子自以爲未始學而歸. 三年不出. 爲其……'라고 하여 후일담을 소개한 것과 같은 취향이다. 이 우화가 〈허기우화〉의 취향을 본떴으리라.

裘褐(구갈)·杼栗(서율):의식(衣食)에 대한 욕망을 줄이고 검소하게 생활하는 것을 가리킨다. '裘'는 동물의 모피로 만든 옷. '褐'은 털로 짜 만든 옷. 일설에는 거친 베로 만든 옷이라 했다. '杼'는 도토리.

入獸不亂羣入鳥不亂行(입수불란군입조불란행):지극한 德을 갖추어 소박한 생활에 복귀하는 것을 가리킨다.

【補說】 이 〈지인불문우화〉는 공자와 태공임의 문답, 특히 태공임의 이야기를 통해 道의 올바른 실행에 관하여 논하고 있다. 비유로 든 의태의 행동, 지인의 가르침 등에서 알 수 있는 道의 바른 실천은 겸퇴(謙退)의 미덕을 행하는 것이다.

이 우화는 ≪노자≫의 문체를 닮은 교훈이라는 점에서 주목된다. ≪여씨춘추≫에 '노담은 至公이다.'라는 말이 있음에 근거하여 본문의 至人은 노자를 가리키는 것으로 보는 학자도 있다. 이러한 사실을 전제로 이 우화는 ≪노자≫가 지어진 뒤에 나온 것임을 추측할 수 있다. 단, ≪노자≫의 문장을 직접적으로 인용하지 않고 그와 비슷한 문장을 만든 것으로 미루어 보아 ≪노자≫가 별반 정착되지 않았을 무렵에 만들어진 우화라는 것도 어렵지 않게 추측할 수 있다.

孔子問子桑雩曰, "吾再逐於魯, 伐樹於宋, 削迹於衞, 窮於
商·周, 圍於陳·蔡之閒. 吾犯此數患, 親交益疏, 徒友益散.
何與."
子桑雩曰, "子獨不聞假人之亡與. 林回棄千金之璧, 負赤子
而趨. 或曰, '爲其布與, 赤子之布寡矣. 爲其累與, 赤子之累
多矣. 棄千金之璧, 負赤子而趨, 何也.' 林回曰, '彼以利合,
我以天屬也.' 夫以利合者, 迫窮禍患害, 相棄也. 以天屬者,
迫窮禍患害, 相收也. 夫相收之與相棄, 亦遠矣. 且君子之交
淡若水, 小人之交甘若醴. 君子淡以親, 小人甘以絶. 彼無故
以合者, 則無故以離."
孔子曰, "敬聞命矣."
徐行, 翔佯而歸. 絶學捐書. 弟子無挹於前, 其愛益加進.
異日. 桑雩又曰, "舜之將死, 眞(直)泠(命)禹曰, '汝戒之哉.
形莫若緣, 情莫若率.' 緣則不離, 率則不勞. 不離不勞, 則不
求文以待形. 不求文以待形, 固不待物."

공자가 은자인 상우에게 물었다.

"나는 조국 노나라에서 두 번이나 쫓겨났고, 송나라에서는 내가 앉았던
나무가 베어졌으며 위나라에서는 내 발자국조차 지워졌으며 상과 주나라
사이에서는 궁지에 몰렸고, 진과 채나라 사이에서는 사람들에게 포위까지
당했습니다. 나는 이런 수난을 수없이 당했습니다. 또 친한 사람들이 내게

서 멀어지고, 따르던 친구마저도 내게서 떠나게 되었습니다. 이건 대체 어찌된 일일까요?"

상우가 대답했다.

"선생께서도 가(假)나라 사람이 도망쳤을 때의 이야기를 알고 있겠죠? 그 가나라의 임회라는 자는 천금의 값어치가 있는 구슬을 버리고 갓난애를 업고 도망쳤습니다. 어떤 사람이 그를 보고 '값으로 말할 것 같으면 갓난애의 값은 얼마 되지 않으며 거추장스러운 것으로 말하면 갓난애 쪽이 훨씬 더하오. 천금의 구슬을 버리고 갓난애를 업고 도망치는 것은 무슨 이유인가?' 하고 물었습니다. 그때 임회는 '나와 천금의 구슬은 이익으로 관계될 따름이지만 나와 갓난애는 천도(天道)의 자연과 관계되는 것이오.'라고 말했습니다. 이와 같이 이익으로 맺어진 것은 위험이나 재난을 만나면 버리게 되지만 하늘에 의해 맺어진 것은 곤란이나 위험에 직면하더라도 서로 구제해 줍니다. 서로 구제하는 것과 눈을 돌려버리는 것은 대단한 차이입니다. 또 '군자의 사귐은 물처럼 담담하지만 소인의 사귐은 단술처럼 달다. 군자의 사귐은 맑기 때문에 더욱 친밀해지고 소인의 사귐은 달기 때문에 오히려 끊어지게 된다'고 합니다. 결국 소인들은 별다른 이유도 없이 결합하므로 별 이유 없이 헤어지는 것입니다."

공자는 이 말을 듣고,

"삼가 가르침을 좇겠습니다."

라고 말했다.

공자는 천천히 물러나와 돌아온 다음, 학문을 그만두고 책을 버렸다. 그러자 제자들이 공자 앞에서 손을 마주 잡고 추종하는 일은 없어졌으나 제자들의 공자에 대한 친애는 더욱 깊어졌다.

그 후 어느 날, 상우는 공자에게 다음과 같이 말했다.

"순임금이 임종에 즈음하여 우(禹)에게 이렇게 말했습니다.

'너는 이것을 주의하여 경계하라. 행위는 자연을 따르는 것보다 좋은 게 없으며 심성도 자연을 따르는 것보다 좋은 게 없다.'

행위가 자연에 따르면 物에서 떠나지 않으며 뜻이 자연에 따르면 사려분별의 수고로움이 없어집니다. 物에서 떠나지 않고 수고로움이 없어지면 선생께서 하시는 것처럼 예의를 구하는 등 세상 사람들의 형식적인 행위에 기대할 것도 없습니다. 겉치레로 꾸밀 필요가 없게 되면 독립의 자유를 누리게 되고, 이 세상의 物에 의존하지 않아도 됨은 말할 나위도 없습니다."

【語義】 子桑雽(자상우):대종사편〈기인우화〉의 '子桑戶', 〈명부득구우화〉의 '子桑'을 가리키는 말임에 틀림없다.

伐樹於宋……圍於陳蔡之間:천운편〈추구우화〉참조.

親交益疏徒友益散(친교익소도우익산):'徒友'는 '友徒'와 같다. 친구들.

假人之亡(가인지망):'假'는 나라 이름(李頤의 설). 일설에 '假'는 '殷'을 잘못 베낀 것이라고 했으며 또 '殷'은 '宋'을 가리킨다고 했다. '亡'은 도망. 급란(急難)을 당하여 도망치는 것.

林回(임회):도망자의 성명.

赤子之布(적자지포):'布'는 통상 재화·금전의 뜻으로 해석된다. '赤子之布'는 '千金之璧'에 대응하는 말이므로 금전에 관계되는 말임에 틀림없으나 얼마를 말하는 것인지 확실하지 않다.

爲其累與赤子之累多矣(위기루여적자지루다의):'累'는 시중들고 보살피는 것.

此以天屬也(차이천속야):'此'는 어린아이를 가리키며 '天'은 이 경우에는 무위자연을 가리킨다.

君子之交……人人甘以絕:≪예기≫ 표기편(表記篇)에 '따라서 군자의 사귐은 물과 물이 합쳐지는 것과 같고, 소인의 사귐은 단술과 단술이 섞이는 것과 같다. 군자의 사귐은 담백하여 오래 계속되나, 소인의 사귐은 달기는 하나 오래가지 않고 무너진다(故君子之接如水, 小人之接如醴. 君子淡以成, 小人甘以壞)'고 했다. '군자'(成德者), '소인'(도리를 모르는 下賤한 인간) 등의 말도 유가의 개념이다.

弟子無挹於前(제자무읍어전):제자들이 일부러 예의에 맞게 행동하려는 일이 없는 것을 가리킨다. '挹'은 '揖'의 차자. 예법에 따라 두 손을 마주잡고 예를 올리는 것.

舜之將死眞泠禹曰(순지장사진령우왈):'眞'은 直(乃와 같다)을, '泠'은 '命'을 잘못 베낀 것이다.

形莫若緣情莫若率(형막약연정막약솔):'緣'은 物의 天, 즉 자연에 좇는 것을 가리키리라. '率'은 '따르다ㆍ좇다'의 뜻. 이것도 天에 따르는 것이리라. 즉 이 두 구는 形과 情을 나누어 표현했지만, 요컨대 자신의 형체도 진정도 자연에 좇는 것을 말하고 있다.

緣則不離(연즉불리):재유편 〈물자화우화〉에 '若彼知之, 乃是離之'라 한 것을 참조.

不求文以待形(불구문이대형):'文'은 '天'에 대하면 허식(虛飾)으로 여기서는 공자가 부르짖는 예의를 가리키는 것으로 보아야 한다. '形'은 여기서는 외형의 뜻, 즉 '친교'. '徒友'의 예의에 의한 친애를 가리킨다.

固不待物(고부대물):'物'은 魯ㆍ宋ㆍ衛 등의 國君ㆍ人民 등 세속적인 것을 가리킨다. '不待物'은 그에 의존하지 않고 그것을 초월하여 자신의 독립 자유를 지켜나가는 것.

【補說】〈천속우화〉는 자상우의 공자에 대한 가르침 형식으로 하늘, 즉 자연에 좇아 세속적인 노고에 괴로워해서는 안 된다고 이야기하고 있다.

예화를 들고 격언을 싣고 이중으로 후일담을 덧붙이는 등 복잡한 구성을 보이고 있다. 그 가운데 격언, 우에 대한 순의 가르침, 자상우의 말에 대한 공자의 확신 등 유가설을 알고 의식적으로 그것을 이용하여 흥미를 높이려 하고 있다. 그만큼 유가설이 우세했던 때의 작품일 것이다.

그러나 노·장의 하늘과 자연이란 부모 자식 관계(물론 부모 자식 관계도 선천적인 자연임은 사실이지만)와 같은 자명하고 기정적인 필연만을 말하는 것은 아니다.

제6장 위왕·장자문답:비빈지별우화(魏王·莊子問答:憊貧之 別寓話)

莊子衣大布而補之, 正緳係履, 而過魏王. 魏王曰, "何先生之
憊邪."
莊子曰, "貧也. 非憊也. 士有道德, 不能行, 憊也. 衣弊履穿,
貧也. 非憊也. 此所謂非遭時也.
王獨不見夫騰猿乎. 其得柟·梓·豫章也, 攬蔓其枝, 而王長
其閒. 雖羿·蓬蒙, 不能睥睨也. 及其得柘·棘·枳枸之閒
也, 危行側視, 振動悼慄. 此筋骨非有加急而不柔也. 處勢不
便, 未足以逞其能也.
今, 處昏上亂相之閒, 而欲無憊, 奚可得邪. 此比干之見剖心
徵也夫."

장자가 누덕누덕 기운 남루한 옷을 입고 삼끈으로 얽어맨 신발을 신고서
위왕 앞을 지나갔다. 왕이 이를 보고 말했다.

"어이하여 선생께선 그토록 고달픈 모습입니까?"

장자가 대답했다.

"가난한 것이지 결코 고달픈 것은 아닙니다. 남자가 도덕을 지녔으면서
도 그것을 실행하지 못하는 것을 고달픈 것이라고 합니다. 옷이 해지고 신
에 구멍이 난 것은 가난한 것이지 고달픈 것이 아닙니다. 이것은 소위 세상
에서 말하는 때를 만나지 못한 것입니다.

왕께서는 저 나무를 잘 타는 원숭이를 보지 못하셨습니까. 굴거리나무·

가래나무·녹나무 등 큰 나무에 있을 때에는 나뭇가지 사이를 의기양양하게 돌아다닙니다. 그럴 때에는 예(羿)나 봉몽(蓬蒙) 같은 명궁이라도 겨냥을 할 수가 없습니다. 그런데 메뽕나무·가시나무·탱자나무 등 가시가 돋친 나무에 있을 때에는 조심조심 곁눈질을 하며 겁을 먹고 벌벌 떱니다. 이것은 원숭이의 근육이나 뼈가 부드러움을 잃고 굳어버렸기 때문이 아닙니다. 있는 곳이 불편하여 자신의 능력을 충분히 발휘할 수 없기 때문입니다.

혼군과 난신 틈바구니에서라면 어찌 고달프지 않을 수가 있겠습니까. 군주의 잘못을 간하려다간 비간(比干)처럼 가슴이 찢기게 될 것입니다."

【語義】 衣大布而補之(의대포이보지):'補'는 해진 곳을 수선한 것.

正緳係履(정혈계리):'緳'은 드물게 보는 글자다. 司馬彪는 '띠다[帶]'의 뜻으로 해석했는데 무엇을 근거로 그런 해석을 했는지 명확하지 않다. 필시 그 음이 '結'과 같아, 그에서 추정한 것이리라. '緳'은 '突(구멍)'의 차자로 보아야 한다. 그래야 다음의 '履穿'이라 한 표현과 상응한다. '正'은 '고치다, 수선하다'의 뜻. '係'는 발에 걸치는 것. '履'는 풀 따위로 엮어 만든 신발 종류.

魏王(위왕):위(魏)나라의 혜왕(惠王) 또는 양왕(襄王)으로 보는 사람이 많은데 이는 장주의 생존 연대에 대한 통설에 근거한 것일 뿐이다. 이 우화가 사실에 근거하여 지어졌다고는 생각할 수 없다.

貧也非憊也(빈야비비야):이처럼 상대방의 예상과 상반된 답변으로써 상대방의 주의를 끄는 것은 유세(遊說)의 경우에 잘 쓰이는 수단이다. '憊'는 '고달프다·초라하다'의 뜻.

履穿(이천):앞의 '正緳'에 대응하는 표현이다. '穿'은 구멍이 뚫려 있는 것.

所謂非遭時也(소위비조시야):능력을 발휘할 수 있는 성시(盛時:잘 다스려지는 시대)를 만나지 못한 것을 가리킨다. '所謂'를 쓰고 있다는 데 주의. '非'는 여기서는 '不'과 같다.

騰猿(등원):'騰'은 뛰어오르는 것.

攬蔓(남만):'攬'은 '쥐다·잡다'의 뜻. '蔓'은 '曼(잡아당기다)'의 차자.

王長(왕장):成玄英은 '自得한 모양'이라 했는데 이는 '王'의 왕성(旺盛)하다는 뜻과 '長'의 신장(伸張)하다의 뜻에서 추정한 것이리라. '王이 되거나 長이 되는 것'(王夫之·俞樾의 설)으로 해석하기도 한다. 그런데 어느 쪽 해석도 다음의 '雖羿·蓬蒙不能睥睨也'와 순당하게 이어지지 않으며 동시에 다음의 '危行側視, 振動悼慄'과 대응하지 못한다. 필시 민첩한 모습을 형용한 말인 듯한데 이 두 자가 어떤 자의 가차에 해당하는지 명확하지 않다.

羿·蓬蒙(예봉몽):모두 궁술(弓術)의 명인이다. '蓬蒙'은 '逢蒙·蠭蒙·逢門' 등으로도 쓴다.

睥睨(비예):노려보다, 주목하다.

危行側視振動悼慄(위행측시진동도율):'側視危行, 悼慄振動'의 도치다. '側視'는 옆을 둘러보는 것. '悼慄'은 두려워 벌벌 떠는 것. '振'은 '震'과 같다.

加急(가급):'急'은 여기서는 '오므라들다, 수축하다'의 뜻. '加'는 도가 지나치게 됨을 뜻한다.

今處昏上亂相之間(금처혼상란상지간):林雲銘은 '군주에 대한 말투가 아니다.'라고 평했는데 이것은 현실이 그렇다는 것이 아니라 가정이다. 가정으로써 위왕(魏王)을 풍자하고 있는 것이다. '今'이 가정을 뜻하는 말이다. '昏上'은 어리석은 군주. '亂相'은 난신(亂臣).

而欲無憊(이욕무비):이 '而'는 '則'과 같은 뜻. '憊' 자를 사용하고 있다는 데 주의해야 한다. 장자 자신의 상황을 말한다면 '貧'이라 해야 하겠지만 일반론으로서 결국 '儦'의 문제로 끌어들이고 있는 것이다.

比干之見剖心徵也夫(비간지견부성징야부):'比干'은 은나라 말기의 폭군인 주왕(紂王)의 숙부로 주왕의 악정을 간하다 가슴을 찢겨 죽은 충신. '徵'은 조짐. 낌새. '也夫'는 감탄의 뜻을 나타낸다.

【補說】 이상의 〈비빈지별우화〉는 고달픈 것과 가난한 것의 다른 점을 밝힌 장자의 말을 빌려, 그릇된 왕정에 대한 풍간(諷諫)을 담고 있다.

풍간의 방법이 매우 교묘하나 장자류 특유의 사상은 약간 결여되어 있다. 또 장자의 말투가 유세가(遊說家)의 말투를 닮았다는 것이 이 우화의 특색이라면 특색이다.

孔子窮於陳 · 蔡之閒, 七日不火食. 左據槁木, 右擊槁枝, 而
歌焱氏之風. 有其具而無其數, 有其聲而無宮 · 角. 木聲與人
聲, 犁然有當於人之心. 顔回端拱還目而窺之.

仲尼恐其廣己而造大也, 愛己而造哀也. 曰, “回, 無受天損
易, 無受人益難. 無始而非卒也. 人與天一也. 夫今之歌者,
其誰乎.”

回曰, “敢問, ‘無受天損易.’”

仲尼曰, “飢渴寒暑, 窮桎不行, 天地之行也. 運物之泄也. 言
與之偕逝之謂也. 爲人臣者, 不敢去之. 執臣之道猶若是. 而
況乎所以待天乎.”

“何謂‘無受人益難.’”

仲尼曰, “始用四達, 爵祿竝至而不窮, 物之所利, 乃非己也.
吾命有在外者也. 君子不爲盜, 賢人不爲竊. 吾若取之何哉.
故曰, ‘鳥莫知於鷾鴯, 目之所不宜處, 不給視. 雖落其實, 棄
之而走. 其畏人也. 而襲諸人閒, 社稷存焉爾.”

“何謂, ‘無始而非卒.’”

仲尼曰, “化其萬物, 而不知其禪之者. 焉知其所終, 焉知其所
始. 正而待之而已耳.”

“何謂‘人與天一’邪.”

仲尼曰, “有人天也. 有天亦天也. 人之不能有天性也. 聖人晏
然體逝而終矣.”

공자가 진(陳)과 채(蔡)의 국경에서 그 지방 사람들에게 포위당해 이레 동안이나 밥을 지을 수가 없었다. 그때 공자는 왼손으로 마른 나무에 몸을 의지하고, 오른손으로 마른 가지를 두드리면서 태고 시절의 제왕 염씨(焱氏)의 풍속가를 부르기 시작했다. 노랫소리와 반주의 악음(樂音)은 갖추어져 있었지만 조화를 이루고 있지 못했으며 궁상각치우(宮商角徵羽)의 음계에 맞지 않았다. 그러나 마른 가지를 치는 소리와 사람의 목소리가 기묘하게 어울려 듣는 사람의 가슴을 통절하게 때리는 데가 있었다. 제자 안회는 두 손을 마주 잡고 놀란 눈으로 이를 지켜보고 있었다.

공자는 안회의 모습을 보고, 안회가 스승의 신념이 너무 크고 처지가 고달픈 데 동정하여 비애에 빠져 있지나 않은가 걱정했다. 그래서 안회에게 말했다.

"회여, 사람으로서 하늘이 주는 손해를 받지 않는 것은 쉽지만 타인의 도움을 받지 않는 것은 어렵다. 물사에는 시작도 없지만 끝도 없다. (우리의 이 곤궁이 지금 시작된 것도 아니거니와 갑자기 끝날 일도 아니다. 모든 것이 하늘의 자연스러운 운행인 것이다.) 사람과 하늘은 일체다. 방금 노래하던 자는 대체 누구겠는가? (나일까? 내가 아니다. 하늘이 나로 하여금 노래하게 한 것이다.)"

공자의 말을 듣고 안회가 물었다.

"하늘이 주는 손해를 받지 않는 것은 쉽다고 하셨는데 그것이 무슨 의미인지 가르쳐 주십시오."

공자가 대답했다.

"배고픔과 목마름에 괴로워하고 춥고 더운 날씨에 고통 받으며 옴짝달싹 못하는 것도 천지의 운행이다. 그것이 이 세상에서 생을 영위하는 것들의 변천이다. 사람은 이 천지의 운행과 일체가 되어 사는 것이다. 어떤 군주의 신하가 되면 그는 감히 군주로부터 떠날 수 없다. 신하로서의 道를 지키는 것조차 그와 같다. 하물며 하늘에 의지하고 있는 사람이 어떻게 하늘의 자연스런 운행으로부터 떨어질 수 있겠는가."

안회가 또 물었다.

"타인의 도움을 받지 않기는 어렵다 함은 어떤 의미입니까?"

공자가 대답했다.

"처음 군주에게 발탁된 이래 모든 일이 순조롭게 진행되어 관위나 봉록이 한없이 올라간다 해도 그것은 사물의 우연이 주는 이익이지 자기 본래의 것이 아니다. 우리 운명은 자신과 관계없이 행해지는 것이다. 군자나 현인은 자기 것이 아닌 것을 훔치거나 약탈하지 않는다. 그러한데 내가 관위나 봉록을 탈취하는 따위의 일을 할 수 있겠는가. 새 중에서는 제비가 가장 지혜가 뛰어나다고 한다. 제비는 살기에 적합하지 않다고 본 곳은 더 이상 눈여겨보려 하지 않는다. (오직 살기에 적합하다고 본 곳으로 쏜살같이 날아간다.) 물고 있던 열매를 떨어뜨려도 주우려 하지 않고 그냥 날아간다. 사람에게 잡힐 것을 두려워하기 때문이다. 그러면서도 인간 세계에 살면서 일족의 사직(社稷)을 그곳에 안존시킨다. (나도 제비처럼 세상의 군주들에게 아첨하지 않고 오로지 나의 운명에 따르는 것이다.)"

안회가 다시 물었다.

"그러면 어떤 것을 '시작도 없고 끝도 없다'고 합니까?"

공자가 대답했다.

"만물은 변화하지만 사람으로서는 그것이 어떻게 변해 가는지 알지 못한다. 결국 사물이 어떻게 끝나는지, 어떻게 시작하는지 알 리가 없다. 그래서 사람은 자신을 바르게 지켜 그 변천에 의존하는 수밖에 없는 것이다."

안회가 마지막으로 물었다.

"그러면 사람과 하늘이 일체가 된다 함은 어떤 것입니까?"

공자가 대답했다.

"사람이 그 형체를 갖추어 이 세상에 태어나고 죽는 것은 하늘의 자연스러운 운행에 의한 것이다. 사람과 만물을 생멸 변화시키는 하늘이 있는 것도 하늘의 자연스러운 운행에 의한 것이다. 그런데 사람이 자주적으로 하늘의 자연스러운 운행을 지배할 수 없다는 것이 사람의 형체에 갖추어진 性이다. 그래서 성인은 그 性에 의하지 않고 마음 편히 자연의 운행과 일체가 되어 그 생애를 끝내는 것이다."

【語義】 焱氏之風(염씨지풍):'焱氏'는 有焱氏와 같다. 고대의 無爲의 제왕이라 한다. '風'은 풍속가(風俗歌).

　有其具而無其數(유기구이무기수):'具'는 악기음과 노랫소리가 잘 어울리는 것. '數'는 '趨(추)'의 차자로 악기음과 노랫소리가 조화하여 이른바 절주(節奏)를 이루는 것. '無其數'는 악기의 소리와 사람의 노랫소리가 조화되지 못하고 뿔뿔이 흩어져 산만하게 들리는 것을 가리킨다.

　有其聲而無宮角(유기성이무궁각):'聲'은 노랫소리. '宮角'은 이른바 오음(五音:宮·商·角·徵·羽) 가운데 두 음. 그 감정이 자연스럽게 노래를 이루고 있지만 노래로서의 일정한 가락은 갖추고 있지 못함을 가리킨다. 요컨대 형식에 구애받지 않은 자연스러움을 강조한 표현이리라.

　犁然有當於人之心(유연유당어인지심):'犁'는 전율하는 모양.

　端拱還目(단공환목):자세를 바르게 하고 두 손을 마주 잡고서 놀란 눈으로 쳐다봄. '還'은 통상 눈동자를 굴린다는 뜻으로 해석되는 일이 많은데 여기서는 '還'의 원자인 '睘(瞏:눈을 크게 뜨는 것)'의 뜻으로 해석해야 할 것이다.

　其廣己而造大也愛己而造哀也(기광기이조대야애기이조애야):≪논어≫ 위영공편에 기록된 바에 의하면 공자는 陳·蔡의 사이에서 위난

을 당했을 때, 자로의 분격을 저지하고 '군자도 쪼들리게 마련이다. 소
인은 쪼들리게 되면 넘나는 짓을 한다.(君子固窮, 小人窮斯濫矣)'라고
하여 자신의 불퇴전(不退轉)의 의지를 표명했다. 또 ≪사기≫ 공자세
가에 의하면 그때 공자의 道에 관하여 여러 제자가 회의(懷疑)하자 안
연이 '선생님의 道는 매우 훌륭하나 천하가 이를 이해하지 못하고 선생
님을 버려두고 있다. 쓰이지 않는 것이 어찌 걱정할 일이겠는가? 쓰이
지 않기에 더욱 선생님의 군자다움을 본다.'라는 요지의 말을 하여 공
자가 즐거워했다고 한다. '廣己而造大'라고 한 것은 이러한 사실들을 전
제로 한 표현이리라. 또 陳·蔡 사이에서의 일은 아니지만 ≪논어≫ 선
진편에 의하면 공자가 광(匡)이라고 하는 곳에서 그곳 주민들에게 악당
으로 오인 받아 어려움을 겪게 되었을 때, 안연이 일행에서 떨어진 것
을 염려하다 나중에 안연을 만나 마치 죽은 자식이 살아난 것처럼 기뻐
했다 한다. '愛己而造哀'라고 한 것은 이런 류의 우환을 전제로 하고 있
는 것은 아닐까?

無受天損易(무수천손이):이 구와 다음 구는 모든 것을 천명에 맡기는
것을 가리킨다. '天損', 즉 하늘이 내리는 손해란 다음 글에 의하면 빈천
따위의 곤궁함을 가리킨다.

無受人益難(무수인익난):人益은 인간이 후천적으로 획득하는 작위·
부귀 등의 영달을 가리킨다.

無始而非卒也(무시이비졸야):시작도 없고 끝도 없다는 뜻. 여기서
'非'는 '無'의 뜻. 이는 도가의 매우 중요한 주장이다.

人與天一也(인여천일야):문맥상 공자의 노래가 매우 자연적임을 가
리키지만 여기서도 ≪장자≫의 중요한 주장인 '天과 일체가 된다'고 하
는 것에 대해 언급하고 있다.

夫今之歌者其誰乎(부금지가자기수호):공자가 자신이 노래 부르고 있

는 게 아니라고 말하고 있는 것이다.

窮桎不行(궁질불행):'窮·桎' 모두 막힌다는 뜻. '不行'은 순조롭게 진척되지 않는다는 뜻.

運物之泄也(운물지예야):'運'은 天行을 근거로 하여 움직이는 것. '泄'는 '跇(예:뛰어넘다. 이동하다)'의 차자.

始用四達(시용사달):'四達'은 어떤 방면에 대해서도 형편이 매우 좋은 것.

吾若取之何哉(오약취지하재):공자가, 섬겨야 할 군주를 구하고자 유력하고 있는 것을 반성하는 듯한 느낌의 말을 하고 있다.

鷾鴯(의이):제비를 가리키는 말이라 하는데 무엇을 근거로 그런 해석이 나왔는지 명확하지 않다.

不知其禪之者(부지기선지자):'其' 다음에 '所以' 두 자를 보충하여 해석한다. '禪之者'는 道 또는 조물자를 가리켜야 하는데 여기서는 '天'을 가리킨다.

人之不能有天性也(인지불능유천성야):郭象은 인간에게는 天과 일체인 性이 있기 때문에 그 性의 자연스러움에 맡겨야 한다는 뜻으로 해석했는데 이는 어디까지나 郭象의 철학이지 원문에 충실한 해석은 아니다. '人之不能有天'이란 대종사편 〈진인론〉의 '天與人不相勝也'나 같은 편 〈조화우화〉의 '且夫物不勝天久矣'처럼 '天'과 '人'에는 구별이 있음을 나타내는 말이다. 이 구별은 '不以人助天', '無以人滅天'으로 전개되어, 결국 '安時而處順'을 주장하는 것이 된다. 또 ≪장자≫에서 말하는 '性'은 소박한 인간성, 즉 변무·마제편 등에 나오는 '性命之情'을 가리키는 경우와, 천지편 〈물성생리론〉의 '形體保神, 各有儀則, 謂之性'처럼 현재 존재하는 인간의 후천성을 가리키는 경우가 있다. 이 절의 '性'은 후자 쪽이다. 특히 인위의 근본이 되는 호오의 情 따위를 가리킨다.

晏然體逝而終矣(안연체서이종의):'體逝'는 天의 자연스런 운행과 일체가 되는 것. 각의편에 '聖人之生也天行, 其死人物化'라고 한 것과 같은 사상이다. '晏'은 '安'의 차자.

【補說】 이상의 〈체서우화〉는 공자와 안회의 문답을 빌려, 천명에 만족할 것과 세속의 영욕에 이끌리지 말 것, 인위를 물리칠 것 등 장자의 주요한 사상을 해설하고, 모든 것을 體逝, 즉 하늘의 운행에 맡겨야 한다는 것을 논한다.

　　　장자의 여러 사상을 집중시킨 우화인데 표현력이 약간 부족한 것이 흠이다. 숙명론적인 경향을 보이고 있다.

【餘說】 공자가 진·채(陳·蔡)에서 위난을 당한 것에 관하여

　　　≪장자≫ 중에는 공자가 진·채 사이에서 당한 위난을 소재로 한 작품이 여러 편 들어 있다. 우선 천운편의 〈추구우화〉가 있으며, 또 장면은 같으나 공자와 득도자를 등장시켜 문답케 하는 것으로 본편의 〈지인불문우화〉 및 〈천속우화〉가 있고, 또 동일한 장면을 설정했으나 공자와 그의 제자들을 등징시킨 것으로는 이상의 〈체서우화〉 외에 뒤에 나오는 양왕편의 〈궁통상락우화〉가 있다. 간난에 어떻게 대처해야 하는가는 인생의 절실한 문제다. 더욱이 그것이 공자의 대처법임에랴! 모든 사람의 관심사였기 때문에 ≪장자≫의 여러 우화에서 좋은 재료로 쓰였던 것이리라.

　　　≪논어≫ 위영공편에는,

在陳絕糧. 從者病莫能興. 子路慍見曰, 君子亦有窮乎. 子曰, 君子固窮. 小人窮斯濫矣.

진(陳)나라에서 식량이 바닥났다. 따라갔던 제자들이 병들어 쓰러지고 일어나지 못하게 되었다. 자로가 격분하여 공자를 뵙고 따지듯이 물었다. '군자에게도 곤궁함이 있을 수 있습니까?' 공자께서 말씀하셨다. '곤궁은 군자에게 늘 따라다니는 것이다. 소인이라면 능히 모면할 수 있는 것이겠지만……'

라는 기록이 있다. 공자의 말은 간단하지만 그 면목은 언외에 약여(躍如)하게 드러나 있다. 다만 어떻게 하여 식량이 바닥나게 되어 생사의 기로에 처하게 되었는지는 명확하게 밝혀져 있지 않다. 맹자는 '공자께서 陳과 蔡 사이에서 고난을 당한 것은 그 나라의 군신 모두가 악인이어서 친하게 교제할 만한 사람이 없었기 때문이다(君子之戹於陳蔡之間, 無上下之交也)'(진심 하편)라고 했는데 과연 그것이 구체적으로 무엇을 가리키는 것일까?

그 실전(實傳)이 뚜렷하지 않아서이기도 하겠지만 이것을 고의로 왜곡한 전설도 나오게 되었다. 그 대표적인 예가 ≪묵자≫ 비유편(非儒篇)에 실려 있는 이야기로 그 전모를 소개하면 다음과 같다.

孔某窮於蔡陳之間. 藜羹不糝十日. 子路爲亨豚. 孔某不問肉之所由來而食. 褫人衣, 以酤酒, 孔某不問酒之所由來而飮. 哀公迎孔子, 席不端弗坐, 割不正弗食. 子路進請曰, 何其與陳蔡反也. 孔子曰, 來, 吾語女. 曩與女爲苟生, 今與女爲苟義. 夫, 飮約則不辭妄取以活身, 贏飽則僞行以自飾, 汙邪詐僞, 孰大於此.

공자가 언젠가 채나라와 진나라 사이에서 곤궁에 처하게 되었다. 멀건 명아주국만 먹기 열흘, 자로가 어디서 구했는지 돼지고기를 삶아다 올렸다. 공자는 그 고기가 올려지게 된 내력은 묻지도 않고 게눈 감추듯 먹어치웠다. 또 자로가 남의 옷을 벗기어 그것을 술과 바꾸어 공자에게 올리자 공자는 술이 어디서 났는가를 묻지 않고 마셔 버렸다. 그런데 그 후 노나라 애공(哀公)이 공자를 맞아들였을 때 공자는 방석이 바르게 놓여 있지 않으면 앉지 않았고, 고기가 바르게 썰어져 있지 않으면 먹지 않았다. 자로가 나아가 물었다. '진·채 사이에 계실 때와는 어쩌면 그리도 다르십니까?' 이에 공자가 자로를 가까이 불러들여 말했다. '이야기해주마. 저번에는 굶어 죽지 않고 살아남는 일이 급했지만 지금은 의리를 나타내야 하기 때문이다.' 굶주려 곤궁할 때에는 수단 방법을 가리지 않고 자기 한 목숨을 살려 내고, 여유가 있으면 위선의 탈을 쓰고 자신을 꾸미니 더럽고 사악하기가 이보다 더한 경우가 있을까?

이러한 악의에 찬 비난에, 유가도 방어를 필요로 하게 되었으리라. ≪순자≫ 유좌편(宥坐篇)에는 이때에 관한 기록으로 다음과 같은 것이 있다.

孔子南適楚, 厄於陳蔡之閒. 七日不火食, 藜羹不糝, 弟子皆有飢色. 子路進問之曰, 由聞之, 爲善者, 天報之以福, 爲不善者, 天報之以禍. 今夫子累德積義, 懷美行之日久矣. 奚居之隱也. 孔子曰, 由不識. 吾語汝. 汝以知者爲必用邪. 王子比干不見剖心乎. 女以忠者爲必用邪. 關龍逢不見刑乎. 女以諫者爲必用邪. 吳子胥不磔姑蘇東門外乎. 夫遇不遇者時也. 賢不肖者材也. 君子博學深謀, 不遇時者多矣. 由是觀之, 不遇世者, 何獨丘也哉. 且夫芷蘭生於深林, 非以無人而不芳. 君子之學非爲通也. 爲窮而不困, 憂而意不衰, 知禍福終始, 而心不惑也. 夫賢不肖者材也. 爲不爲者人也. 遇不遇者時也.

死生者命也. 今有其人, 不遇其時, 雖賢其能行乎. 苟遇其時, 何難之有. 故君子博學深謀, 修身端行, 以俟其時. 孔子曰, 由居. 吾語汝. 昔晉公子重耳覇心, 生於曹. 越王勾踐覇心, 生於會稽. 齊桓公小白覇心, 生於莒. 故居不隱者思不遠, 身不佚者志不廣. 女庸安知吾不得之桑落之下乎哉.

공자가 남쪽으로 楚나라에 가던 중 陳·蔡 사이에서 큰 곤란을 겪게 되었다. 이레 동안이나 불에 익힌 음식을 입에 대지 못하고 명아주국에 쌀 한 줌도 넣어 먹을 수 없어 제자들 모두 주린 기색이 역력했다. 자로가 공자에게 물었다. '저는 선을 행하는 자에게는 하늘이 복을 내리고, 불선을 행하는 자에게는 재앙을 내린다고 들었습니다. 지금 스승님께서는 미덕과 정의를 두텁게 쌓고 훌륭한 행위를 오랫동안 실천하셨음에도 어찌하여 이런 고난에서 벗어나지 못하고 계신가요?'

공자가 대답했다. '由야, 너는 정녕 모르느냐? 내 너에게 이야기해 주마. 너는 지혜 있는 자는 틀림없이 중용된다고 생각하느냐? 殷의 왕자였던 비간은 紂 때문에 가슴이 찢겨 죽지 않았느냐. 또 충의한 자는 반드시 중용된다고 생각하느냐? 夏나라 때의 관용봉은 桀 때문에 죽임을 당하지 않았느냐. 간하는 자는 반드시 중용된다고 생각하느냐? 吳나라에 출사했던 오자서는 부차(夫差) 때문에 수도인 고소(姑蘇)의 동문 밖에서 죽임을 당하지 않았느냐.

영달하느냐 불우하게 일생을 끝내느냐는 시세(時世)에 따라 결정되는 것이다. 현명한가 어리석은가는 소질에 의해 결정된다. 박학하고 생각이 깊은 군자가 때를 만나지 못하는 경우는 허다하다. 때를 만나지 못한 사람이 어디 나 丘 혼자뿐이랴!

지(芷)와 난(蘭)은 깊은 산속에서 자라면서 그 향기를 맡아 주는 사람이 없다 하여 향기를 내지 않는 일은 없다. 군자가 배움을 닦는 것도 이와 마찬가지로 결코 영달을 그 목적으로 삼지 않는다. 따라서 곤궁하더라도 괴로워하지 않고, 근심스러운 일이 있어도 의기가 꺾이지 않으며, 화복의 도리와 물사의 이치를 잘 알기 때문에 미혹에 빠지는 일이 없다.

현명한가 어리석은가는 그 사람의 바탕에 매인 것이고, 행할 것인가 행하지 않을 것인가는 그 사람의 결단에 따라 결정되는 것이다. 영달하느냐 불우하게 일생을 마치느냐 하는 것은 시세(時世)에 따라 결정된다. 생사는 운명에 따라 결정된다. 좋은 사람이 있더라도 적절한 때를 만나지 못한다면 비록 그가 어질다 하더라도 어찌 그것을 행할 수 있겠느냐? 때만 잘 만난다면 무엇이 문제이겠느냐. 따라서 군자는 널리 배우고 생각을 깊이 하며 자신의 몸을 닦아 행위를 바르게 하며 때가 오기를 기다리는 것이다.'

공자는 계속하여 자로에게 이렇게 말했다. '由야, 앉거라. 내 너에게 이야기해주마. 옛날, 진(晉)의 공자인 중이(重耳)가 패자가 되겠다는 마음을 먹은 것은 조(曹)나라에서 망명 생활을 하면서였다. 월왕 구천이 패자가 되고자 결심한 것은 회계산의 치욕 때문이었다. 제나라 환공 소백(小白)이 패자가 되고자 결심한 것은 거(莒)나라에서 망명 생활을 하면서였다. 이와 같이 곤궁함을 겪지 않은 자는 생각하는 것도 원대하지 않고, 방랑의 고통을 맛보지 않은 자는 뜻이 클 수 없다. 내가 이곳에서 무엇을 얻었는지를 네가 어찌 알 수 있겠느냐?'

이것은 《논어》에 보이는 공자의 태도를 부연하여 해설한 것이라 할 수 있다. 또 《한시외전》에는 유좌편(宥坐篇)의 것을 고쳐놓은 전설이 실려 있다.

《여씨춘추》 신인편(愼人篇)에 실려 있는 전설은 그 개요가 유좌편의 그것과 거의 같지만 공자·자로 외에 재아·안회·자공까지 등장하며 이야기의 줄거리도 매우 복잡하게 되어 있다. 거듭되는 어려움에도 구애받지 않고 공자가 금(琴)을 연주하며 노래를 부르자 자로가 격분하고 만다. 안회가 이를 달랠 수 없게 되어 사실대로 공자에게 고하자 공자는 자로와 자공을 불러, '이는 곤궁이 아니라 松柏의 지조를 나타낼 기회로서 내게는 오히려 행복한 일이 아니겠느냐?'라고 말하고 다시 금을 연주했다. 그에 자로는 춤을 추기 시작했고, 자공은 공자가 窮도 達도 똑같다고 한 것을 찬탄하여 '이 고난은 한서풍우(寒暑風雨)의 序에 불과하다.'라고 한 것이다. 공자의 弦歌나 窮通을 寒暑風雨의 序라고 한 것은 〈체서우화〉에서 영향 받은 것인지도 모른다. 양왕편의 〈궁통상락우화〉는 이것보다는 약간 간략하게 되어 있는데 ≪여씨춘추≫의 것을 바탕으로 한 듯하다.

〈추구우화〉 같은 것들은 도가의 입장에서 공자가 재액(災厄)에 이른 연유를 비판한 것들인데 그 가운데서도 〈추구우화〉가 가장 신랄하다. 성립된 시기에는 큰 차이가 없는 듯하나 〈천속우화〉가 가장 앞서며 〈지인불문우화〉가 그 다음이 아닐까? 〈체서우화〉는 이들 가운데 가장 뛰어난 작품으로 〈천속우화〉에 앞서 성립되었으리라. 그런데 간난에 대처하는 데는 자신을 공허하게 하고 천운에 맡길 수밖에 방법이 없다 했는데 오직 그것만이 최선의 방법일까?

≪사기≫ 공자세가에는 공자가 진·채 사이에서 군대에 의해 포위당한 것은 공자가 楚에 임용되면 진·채의 대부들이 자신들의 지위가 위태로워질 것을 염려했기 때문이라는 합리적인 설명이 실려 있다. 그러나 이것이 사실(史實)이 아니라는 것은 이미 논증되었다. ≪사기≫는 또 앞에 소개한 ≪논어≫ 위영공편의 문장과, 공자가 자공에게 자신의 일관된 道를 알리는 문장을 싣고 있다. 요컨대 ≪사기≫에는 진·채 사이에서 공자 일행이 위난을 당한 것에 대해 직선적인 성격의 자로, 세상일에 더없이 밝은 자공, 독실한 안회 등 세 사람의 감회가 기록되어 있는데 자로와 안회의 그것은 이미 소개한 바 있고, 자공의 감회는 '스승님의 道가 너무 위대하기 때문에

세상 사람들에게 인정받지 못한다. 그 정도를 약간 낮추는 것이 어떨까?'
라는 것이다. 세 사람의 성격이 여실하게 드러난 감회라 할 수 있다. 이는
어쩌면 공자 일행이 진·채 사이에서 당한 위난에 대한 여러 전설을 섭렵
한 사마천이 창작한 것인지도 모른다. 어쨌든 세 사람의 입을 통해 각기 특
색 있는 견해를 나타낸 것은 참으로 묘미 있는 필치다.

제8장 인저·장주문답:망진우화(藺且·莊周問答:忘眞寓話)

> 莊周遊乎雕陵之樊. 覩一異鵲自南方來者. 翼廣七尺, 目大運
> 寸, 感周之顙, 而集於栗林. 莊周曰, "此何鳥哉. 翼殷不逝,
> 目大不覩."
> 蹇裳躩步, 執彈而留之. 覩, 一蟬方得美蔭, 而忘其身, 螳蜋
> 執翳而搏之, 見則而忘其形, 異鵲從而利之, 見利而忘其眞.
> 莊周怵然曰, "噫, 物固相累, 二類相召也." 捐彈而反走, 虞
> 人逐而誶之.
> 莊周反入, 三月(日)不庭. 藺且從而問之, "夫子何爲頃間甚不
> 庭乎."
> 莊周曰, "吾守形而忘身. 觀於濁水而迷於淸淵. 且吾聞諸夫
> 子, 曰, '入其俗, 從其俗.' 今吾遊於雕陵而忘吾身. 異鵲感吾
> 顙, 遊於栗林而忘眞, 栗林虞人以吾爲戮. 吾所以不庭也."

장주가 어느 날 조릉의 울타리 주변을 산책하다가 이상한 까치 한 마리
가 남쪽에서 날아오는 것을 보았다. 날개폭이 일곱 자, 눈의 지름이 한 치
나 되었다. 그 새는 장주의 이마를 스치고 지나가 울타리 안의 밤나무 가지
에 내려앉았다. 장주는 '저것은 도대체 무슨 새일까? 날개가 큰데도 잘 날
지 못하고, 눈이 큰데도 잘 보지 못하니……' 하고 중얼거렸다.

장주는 옷자락을 걷어 올리고 발소리를 죽이며 재빠르게 다가가 활로 그
새를 쏘려 하였다. 그런데 보니, 매미 한 마리가 서늘한 나무 그늘에서 기
분 좋게 노래하며 곧 닥쳐올 위험을 까맣게 모르고 있었다. 그 매미 뒤에는

커다란 사마귀 한 마리가 앞발을 든 채 매미를 노리고 있었다. 그런데 그놈도 먹이에 정신이 팔려 제 몸을 잊고 있었다. 아까의 이상한 까치는 바로 이 사마귀를 노리고 있었는데 이 새 역시 먹이에 정신이 팔려 (장주가 활을 쏘려는 것도 모르고) 제 몸의 진정(眞情)을 잊고 있었다.

이것을 본 장주는 저도 모르게 섬뜩하여 '아, 모든 物은 본래 난처한 관계로 맺어져 있고, 비슷한 事는 잇따라서 일어나는구나!'

하고 중얼거렸다. 손에 들었던 활을 버리고 몸을 돌려 도망치기 시작했다. 그런데 장주를 도둑이라고 생각한 숲지기가 쫓아와 장주에게 심한 욕을 했다.

집으로 돌아온 장주는 사흘 동안이나 언짢은 기분이었다. 인저가 장주에게 물었다.

"선생님께선 무슨 일로 그렇게 언짢아하십니까?"

장주가 대답했다.

"나는 形에 정신을 빼앗겨 나 자신의 진실을 잊고 있었다. 흐린 물이 눈에 익어, 맑은 연못을 보고도 그 맑음이 물의 참모습인가 의심한 것과 같다. 더욱이 나는 '속세에 들어가면 속세를 좇아 화합하라'고 선생님에게서 들었다. 그런데도 나는 조릉에서 노닐다가 내 자신을 잊었다. 이상한 까치 한 마리가 내 이마를 스치고 지나가자 그에 이끌려 밤나무 숲속까지 들어가 나의 진실을 잊고 말았다. 그래서 俗과 화합하기는커녕 숲지기로부터 욕을 당했다. 그래서 이렇게 언짢아하는 것이다."

【語義】 雕陵之樊(조릉지번):'雕陵'은 지명. 하남성 부구현(扶溝縣) 서북에
　　있었다고 한다. 이곳에 '栗林'이 있었다. '樊'은 넓은 지역을 나무 따위
　　로 둘러싼 것.
　　異鵲(이작):'異'는 기이하다는 뜻.

翼廣七尺目大運寸(익광철척목대운촌):1척(尺)은 22.5cm, 1촌(寸)은 그 10분의 1. '運'은 '員(둥글다, 동그라미)'과 같다.

感周之顙(감주지상):'感'은 '撼'과 같다. '흔들다, 흔들리다'의 뜻. 까치가 낮게 날아 그 날개에서 일어난 바람이 장주의 이마를 스치고 지나간 것이리라.

集於栗林(집어율림):'集'은 여기서는 '止'의 뜻. '栗林'은 조릉의 울타리 안에 있는 밤나무 숲.

翼殷不逝(익은불서):'殷'은 성대(盛大)하다는 뜻. '逝'는 나아가는 것.

蹇裳躩步(건상각보):'蹇'은 '褰(건:소매나 치맛자락 같은 것을 걷어 올리는 것)'의 차자. '躩'은 큰 걸음으로 소리 나지 않게 재빨리 걷는 것.

執彈而留之(집탄이류지):'彈'은 새총의 탄알. '留'는 '抽'의 뜻. 당기는 것.

執翳而搏之(집예이박지):'翳'는 사마귀가 도끼처럼 생긴 앞발을 높이 들고 있는 것이 마치 관을 쓰고 있는 듯한 모습을 가리키는 말이리라.

見利而忘其眞(견리이망기진):司馬彪는 '眞은 身을 가리킨다'고 했다. 구체적으로는 그 身의 眞情을 잊고 있는 것을 가리키는데 그 身에 眞이 있음을 나타내고 있다.

怵然(출연):놀라 움찔하는 모양.

物固相累(물고상루):이하 두 구는 '覩一蟬' 이하의 결말이다. 제물론 〈천뢰우화〉에 '與物相刃相靡, 其行盡如馳, 而莫之能止'라 한 것처럼 ≪장자≫는 物은 끊임없이 서로 손상하는 관계에 있다고 보고 있는 것이다. 여기서는 蟬・螳螂・異鵲・莊周가 이른바 '物'인 것이다.

二類相召也(이류상소야):비슷한 현상은 필연적으로 일어나게 마련임을 뜻한다. '二類'는 蟬과 螳螂, 螳螂과 異鵲인데 여기서는 두 物을 함께 들어 유사하다는 뜻으로 쓰이고 있다.

虞人逐而誶之(우인축이수지):'虞人'은 율림(栗林)을 지키는 사람. '誶'는 질책하여 꾸짖는 것.

莊周反入三月不庭(장주반입삼월부정):'入' 자 다음에 '宮' 자가 있는 판본이 있는데 宮 자가 없더라도 글 뜻은 명료하며 오히려 宮 자가 있는 쪽이 문세의 간결함을 손상시킨다. '三月'이 '三日'로 되어 있는 판본도 있는데 '三日' 쪽이 옳다. 그래야 다음의 '頃間'이란 말과 호응된다. '三月'이라고 하면 비교적 과장이 적은 이 우화의 문세와 어울리지 않는다. '庭'은 '逞(령:본음은 '정'으로 만족을 느껴 상쾌하다는 뜻)'의 차자. '不庭'을 '庭에 나가지 않는다'는 뜻으로 해석하는 것은 적당하지 않다.

藺且(인저):장주의 제자의 이름이라 한다(可馬彪의 설).

頃間(경간):최근, 요사이. '頃'은 매우 짧은 시간을 가리킨다.

吾守形而忘身(오수형이망신):'守'는 여기서는 집착한다는 뜻. '形'은 외형, 즉 異鵲에 의해 흔들린 이마를 가리킨다. 이 구는 다음의 '吾遊於雕陵而忘吾身'과 일부러 중복시킨 표현이다.

吾聞諸夫子(오문제부자):'諸'는 '之於'와 같다. '夫子'는 노자를 가리키는 것이라고 하는데(成玄英의 설), 노자가 장주의 스승이었다는 명증은 없다.

入其俗從其俗(입기속종기속):앞의 '俗'은 사람들의 집단, 뒤의 '俗'은 풍습. ≪맹자≫ 양혜왕 하편에 '신은 처음 국경에 이르렀을 때, 제나라의 금령에 관해 물어 본 다음 들어왔습니다. 신이 듣건대, 교관 안에 사방 40리에 이르는 왕의 동산이 있는데 그 안에 있는 사슴을 잡은 자는 살인죄로 다스린다는 것이었습니다.(臣始至於境, 問國之大禁, 然後敢入. 臣聞, 郊關之內有囿, 方四十里, 殺其麋鹿者, 如殺人之罪)'라고 했다. 이와 같은 제도를 말한다고 생각한 듯, 郭象은 이 구를 '그 금령을 위반하지 않는다'로 해석하고, 이제껏 이 해석이 거의 정설로 되었다.

또 아래의 '俗'을 '令'으로 고친 판본도 있는데 이는 郭象의 注에 근거하였기 때문이리라. 그런데 금령에 좇는 것을 '從其俗'이라 했다고는 생각되지 않으며, 특히 장주가 스스로 불쾌하게 생각한 것은 다음 글에 의하면 금령에 좇지 않았기 때문이 아니라 '忘眞'에 의해 우인에게서 욕을 당했기 때문이다. 이것은 천지편 〈기심우화〉에서 이른바 혼돈씨의 術을 서술하여 '夫明白入素, 無爲復朴, 體性抱神, 以遊世俗之間者, 汝將固驚邪'라 한 것 중 '遊世俗之間', 평이하게 말하면 거협편의 '樂其俗'과 같은 사상이다. 뒤의 천하편에서도 장주의 사상을 기려 '不譴是非, 以與世俗處'라고 했다. ≪장자≫의 사상에 있어서는 俗과 자연스럽게 조화하는 것도 중요한 주장 가운데 하나다.

忘吾身(망오신):唐代의 사본에는 '吾' 자가 없다(王叔岷의 설). 앞 글의 예에서 보더라도 '吾' 자는 군글자인 듯한데 '吾' 자가 거듭 사용됨으로써 새로운 맛이 난다.

異鵲感吾顙遊於栗林而忘眞(이작감오상유어율림이망진):'異鵲感吾顙'의 구는 문맥상 그 위치가 약간 이상하며 삽입구인 듯하다. 또 이 한 구는 생략되어도 대의(大意)가 통한다. 대종사편 〈진인론〉에 '亡身不眞, 非役人也'라 했고, 또 재유편 〈재유론〉에 '故貴以身於爲天下, 則可以託天下'라 한 것처럼 이 우화도 '자기 몸의 독립 자유에 자신의 眞이 있다'고 하는 입장을 취하고 있다.

栗林虞人以吾爲戮(율림우인이오위륙):'戮'은 여기서는 밤을 훔친 죄를 범하는 것을 가리킨다. 일설에는 욕설을 퍼붓는 것을 가리킨다고 했다(成玄英·馬敍倫의 설).

【補說】 ≪장자≫의 우화 가운데서도 매우 유명한 것이다. 평이한 이야기인 듯하나 발상이 기발하고 서술에 변화가 많다. 시사하는 바가 크다.

'울타리'는 이 세상을 의미하며 숲속에서 벌어진 일은 세상사를 의미한다. 밤을 훔치지도 않았는데 장주가 숲지기한테서 욕을 먹은 것은 오해가 많은 세상의 모습을 암시한다. 장주의 이야기에 자기의 진실을 회복하는 길이 제시되어 있지 않아 독자가 스스로 그 길을 찾아야 하는데 이 점이 구성상 매우 잘된 점이라 할 수 있다. 이 세상에 태어난 인간은 物의 利를 추구하여 眞인 자신을 잃게 됨을 지적하고 있으며 '物固相累, 二類相召也'와 '忘眞'이 이 우화에서 말하고자 하는 요점이다.

제9장 양자일사(陽子逸事)

> 陽子之宋, 宿於逆旅. 逆旅人有妾二人, 其一人美, 其一人惡.
> 惡者貴而美者賤.
> 陽子問其故. 逆旅小子對曰, "其美者自美, 吾不知其美也. 其
> 惡者自惡, 吾不知其惡也."
> 陽子曰, "弟子記之, 行賢而去自賢之行(心), 安往而不愛哉."

양자가 송나라에 가서 여관에 묵게 되었다. 여관 주인에게는 첩이 둘 있
었는데 한 여자는 곱고 다른 한 여자는 추했다. 그런데 추한 쪽이 더 대접
을 받고, 고운 쪽은 천대를 받았다. 양자는 매우 이상히 여겨 그 까닭을 물
었다. 그러자 여관의 젊은 주인은 이렇게 대답했다.

"얼굴이 반반한 것은 자신이 미인이라 하여 콧대가 셉니다. 그래서 제게
는 예뻐 보이지 않습니다. 추한 쪽은 자신이 밉다는 것을 알고 모든 일에
공손하므로 제게는 그 점이 맘에 듭니다."

이 말을 들은 양자는 제자들에게 말했다.

"제자들이여, 잘 들어 두어라. 어진 행동을 하면서도 자신이 어질다고
생각하는 마음을 갖지 않는다면 어디를 가더라도 사랑을 받지 않겠느냐."

【語義】陽子之宋宿於逆旅(양자지송숙어역려):'陽子'는 철저한 개인주의를
　　주장했던, 전국시대의 사상가 양주(楊朱)를 가리킨다고 한다(司馬彪의
　　설). 또 양자거(陽子居)와 동일인으로 子居는 자, 秦나라 사람이라고 成
　　玄英은 주장했다. 이 이야기는 ≪한비자≫의 설림 상편 및 ≪열자≫ 황

제편에도 실려 있다. ≪한비자≫와 ≪열자≫에는 '楊子過宋, 東之於逆
旅'로 되어 있다. '逆旅'는 나그네를 맞아들이는 곳, 즉 여관. '逆'은 '迎'
의 뜻.

　　逆旅人有妾二人(역려인유첩이인):≪한비자≫에는 '逆旅人' 석 자가
없다.

　　逆旅小子對曰(역려소자대왈):≪한비자≫에는 '逆旅之父'로 되어 있다.

　　美者自美吾不知其美也(미자자미오부지기미야):≪노자≫에 '스스로
드러내려 하면 드러나지 않고, 스스로 옳다고 하면 분명하지 않게 되며,
스스로 뽐내면 공이 없어지고, 스스로 자랑하면 오래가지 않는다(自見者
不明, 自是者不彰, 自代者無功, 自矜者不長)'(제24장)라고 한 것과 같
은 사상이다.

　　陽子曰……安往而不愛哉:≪한비자≫에는 '陽子謂弟子曰'로 되어 있
고 '弟子記之' 넉 자가 없으며 '自賢之行'의 '行'이 '心'으로 되어 있고 '安'
이 '焉'으로 되어 있으며 '不愛哉'가 '不美'로 되어 있다. '行'은 '心'으로
고쳐야 할 것이다. '賢'은 여기서는 남보다 훌륭하다는 뜻.

【補說】 이 우화도 회자되는 이야기이다. 자부·자만심을 버리라는 것이
　　이 우화의 요지. 양자는 필시 전국시대의 사상가 양주(楊朱)일 것이다.
　　≪한비자≫에도 이 이야기가 실려 있는 것으로 미루어 보아, 양주의 숨
　　은 일로서 전해지고 있었는지도 모른다. ≪한비자≫에 실려 있는 우화
　　쪽이 그 서술이 더 순당하다. 이 우화는 그것을 채록한 것이 아닐까?

제21편
전자방(田子方)

편 머리의 인명을 취하여 편명으로 삼고 있다. 열 개의 우화와 하나의 잠언으로 구성되어 있다. 사상적으로 덕충부편과 비슷하다는 지적도 있는데(姚鼐의 설) 그것은 ≪장자≫ 후학의 일반적인 경향이며 또 그와는 다른 것도 있다. 새로운 사상의 전개는 적지만 〈진화자우화〉·〈불사지사우화〉 등은 널리 알려진 작품이다.

제1장 위문후 · 전자방문답:토경우화(魏文侯 · 田子方問答:土梗寓話)

田子方侍坐於魏文侯, 數稱谿工.

文侯曰, "谿工子之師邪."

子方曰, "非也. 無擇之里人也. 稱道數當. 故無擇稱之.'

文侯曰, "然則子無師邪."

子方曰, "有."

曰, "子之師誰邪."

子方曰, "東郭順子."

文侯曰, "然則夫子何故未嘗稱之."

子方曰, "其爲人也眞. 人貌而天虛, 緣而葆眞, 淸而容物. 物無道正, 容以悟之, 使人之意也消. 無擇何足以稱之."

子方出. 文侯儻然, 終日不言. 召前立臣而語之曰, "遠矣, 全德之君子. 始吾以聖知之言, 仁義之行爲至矣. 吾聞子方之師, 吾形解而不欲動, 口鉗而不欲言. 吾所學者, 眞(直)土梗耳. 夫魏眞(直)爲我累耳."

전자방이 위(魏)의 문후를 모시고 있으면서 자주 계공을 칭찬했다.

문후가 물었다.

"계공은 그대의 스승인가?"

자방이 대답했다.

"아닙니다. 같은 마을에 살고 있는 사람입니다. 그의 말이 도리에 합당한 것이 많아 제가 칭찬했던 것입니다."

이에 문후가 다시 물었다.

"그러면 그대에게는 스승이 없는가?"

자방이 대답했다.

"있습니다."

문후가 다시 물었다.

"그게 누구인가?"

자방이 대답했다.

"동곽순자입니다."

문후가 물었다.

"어찌하여 그대는 자신의 스승에 대해 한 번도 칭찬의 말을 하지 않았는가?"

그러자 자방이 대답했다.

"그분은 '진(眞)'입니다. 사람의 모습을 하고 있지만 무위·무형의 하늘처럼 허심하고, 物의 자연스러움에 순응하면서도 眞을 잃지 않으며 편안한 마음으로 모든 物을 포용합니다. 인도하여도 바르게 될 것 같지 않은 자라도 수용하여 저절로 깨닫게 하고 인간의 작위하는 마음을 사라지게 합니다. 그러할진대 어찌 제가 그분을 형용하여 칭찬할 수 있겠습니까."

자방이 물러난 다음, 문후는 넋을 잃고 하루 종일 아무 말도 하지 않았다. 그러다 정신이 들자 앞에 시립하고 있던 신하들을 불러 말했다.

"까마득한 일이로다, 온전한 덕을 갖춘 군자가 되려면. 전에 나는 성현의 가르침이나 인의의 행위를 가장 완전한 것으로 생각하여 그것을 실행하려고 힘썼다. 그런데 지금 자방의 스승에 관한 말을 들으니 몸은 맥이 빠져 움직이려고도 않으며 입은 닫힌 채 열리려고도 않는다. 내가 여태까지 배워 온 것은 외형만 흉내 낸 흙인형에 불과한 것이다. 위나라도 나를 괴롭히는 번민의 씨앗일 뿐이다."

【語義】田子方(전자방):성은 田, 이름은 無擇, 子方은 그의 자. 魏나라 文公의 중신 중 한 사람으로 문후는 자방을 자신의 스승으로서 존경했다 하며(≪사기≫ 魏世家), 또 문후의 둘도 없는 친구였다 한다(≪여씨춘추≫ 擧難篇·察賢篇). 공자의 제자인 子夏의 제자라고도 하며(≪여씨춘추≫ 當染篇), 子貢의 제자라고도 한다(≪사기≫ 유림전). '擇'은 '斁(역:싫증나다)'의 차자. '無斁'은 常의 뜻. '子方'의 方도 常法의 뜻.

魏文侯(위문후):이름은 사(斯:일설에는 都). B.C. 446~B.C. 397년 재위. B.C. 425년, 晉으로부터 독립하여 제후가 된 魏(당시 산동성 夏縣에 수도가 있었다)의 군주로 공자의 제자인 子貢에게서 배우고, 田子方·段干木·魏成子·李克·西門豹·翟璜 등의 현인을 중용하여 국위를 떨친 명군이다.

谿工(계공):성은 谿, 이름은 工. 魏나라의 현인이라고 하는데(李頤, 成玄英의 설), '東郭順子'와 비교하여 그 재능이 '稱道數當'이라 평가된 것으로 추론하면 '谿'는 동음인 '慧'의 뜻을 우의한 것으로, '谿工'은 명민하게 물사에 대응하는 인물을 뜻하여 붙여진 이름이리라.

稱道數當(칭도삭당):稱·道 모두 여기서는 '말하다, 설하다'의 뜻. 道를 이야기한다는 뜻이 아니다. '數'은 '늘, 자주'의 뜻.

然則子無師邪(연즉자무사야):유가에서는 제자가 좋은 일을 하면 그 공을 스승에게 돌려야 한다고 했다.

東郭順子(동곽순자):馬敍倫은 ≪순자≫ 子道篇·≪묵자≫ 非儒篇 등에 南郭惠子라는 인물이 있는데 그것을 ≪상서대전(尙書大傳)≫·≪설원(說苑)≫ 등에서 東郭惠子라 했으며 또 惠와 順은 통용되는 문자이므로 東郭順子는 실재 인물로서 東郭惠子임에 틀림없고 그는 子貢의 제자라고 주장했다. 그러나 南郭子綦와 같은 취향으로 '物의 자연스러움에 따른다'는 뜻을 지닌, 성곽 동문 밖에 사는 사람이라 東郭을 씨호(氏

號)로 삼은 인물로서 설정되었으리라.

其爲人也眞(기위인야진):‘眞’은 道와 일체이며 따라서 무위, 자연이다.

緣而葆眞(연이보진):‘緣’은 物의 자연에 좇는 것. ‘葆’는 ‘保’의 차자.

淸而容物(청이용물):‘淸’은 靖(정:편안, 평화)의 차자로 보아야 할 것이다. 靖, 즉 ‘德之和’가 있어야만 物을 포용할 수 있으리라.

物無道正容以悟之使人之意也消(물무도정용이오지사인지의야소):郭象 이래, ‘物無道’에서 구를 끊는 것이 정해(定解)가 되어, 결국 ‘正容’을 용의를 바르게 한다는 뜻으로 해석하고 있는데 과연 용의를 바르게 하는 것을 특기해야 할 필요가 있었을까? ≪장자≫ 중에도 인간세편 〈심재우화〉의 ‘端而虛, 勉而一’이나 천지편 〈지덕지세우화〉의 ‘端正而不知以爲義’처럼 용의를 설하고 있는 데가 없는 것은 아니나 그것이 결코 ≪장자≫의 주된 주장이 될 수는 없다. ‘物無道正’에서 단구(斷句)해야 한다. ‘物無道正’이란 인간세편 〈입어무자우화〉에 ‘彼且爲嬰兒, 亦與之爲嬰兒. 彼且爲無町畦, 亦與之爲無町畦. 彼且爲無崖, 亦與之爲無崖. 達之入於無疵’라고 한 것의 ‘爲無町畦’이 이에 해당하리라. ‘容以悟之’ 이 하는 ‘達之入於無疵’에 해당한다. 이 문장은 덕충부편 〈화덕유심우화〉의 ‘無形而心成’을 설하고 있다. ‘人之意’는 인위적 의도. ‘也’는 ‘意’를 강하게 제시하기 위한 조사.

儻然(당연):넋을 잃고 멍청해진 모양.

全德之君子(전덕지군자):천지편 〈기심우화〉에 ‘天下之非·譽, 無益損焉. 是謂全德之人哉’라고 했다.

吾形解(오형해):‘解’는 ‘懈(해:소홀히하다, 게으름 피우다)’의 차자(馬敍倫의 설).

眞土梗(진토경):≪경전석문≫본에는 ‘眞’이 ‘直’으로 되어 있다. 다음의 ‘眞爲我累耳’의 ‘眞’도 마찬가지. ‘土梗’은 土偶와 같다. 흙으로 만든 인형.

【補說】 이상의 〈토경우화〉는 전국시대 초기의 명군이었던 魏의 문후와 그
를 섬겼던 전자방의 문답을 빌려, ≪장자≫에서 이상으로 여기는 '군자
의 德의 위대함'을 논하고 있다. 또한 유교의 가르침에 깊은 회의를 갖
게 되었다는 문후의 말로써 유가를 조롱하고 있다.
　　이러한 구성은 다른 우화에서도 찾아볼 수 있는데 특히 호학의 군주
였던 문후를 등장시킨 점이 이 우화의 흥미의 초점이다.

제2장 온백설자공자지회면:목격도존우화(溫伯雪子孔子之會面:目擊道存寓話)

> 溫伯雪子適齊舍於魯. 魯人有請見之者. 溫伯雪子曰, "不可. 吾聞, '中國之君子, 明乎禮義, 而陋於知人心.' 吾不欲見也." 至於齊.
>
> 反舍於魯. 是人也又請見. 溫伯雪子曰, "往也蘄見我, 今也又蘄見我. 是必有以振我也."
>
> 出而見客, 入而歎. 明日見客, 又入而歎. 其僕曰, "每見之客也, 必入而歎, 何邪."
>
> 曰, "吾固告子矣, '中國之民, 明乎禮義, 而陋乎知人心.' 昔之見我者, 進退, 一成規一成矩, 從容, 一若龍一若虎. 其諫我也似子, 其道我也似父. 是以歎也."
>
> 仲尼見之而不言. 子路曰, "吾(夫)子欲見溫伯雪子久矣. 見之而不言, 何邪."
>
> 仲尼曰, "若夫人者, 目擊而道存矣. 亦不可以容聲矣."

온백설자가 제나라에 가던 중, 노나라에서 객사에 들었다. 그때 노나라 사람으로 온백설자를 만나고자 하는 사람이 있었다. 이에 온백설자는

"안 된다. 나는 '중화의 군자는 예의에는 밝지만 사람의 본심을 아는 데는 어둡다.'고 들었다. 나는 만나고 싶지 않다."

라고 말하여 거절하고 제나라로 갔다.

제나라에서 돌아오는 길에 온백설자는 또 노나라에서 묵게 되었다. 그러

자 전의 그 사람이 다시 만나 뵙기를 청했다. 온백설자는 '전에도 나를 만나고자 했고, 지금 또 만나고자 한다. 이는 나를 일깨워 주려는 것임에 틀림없다.'고 생각하였다.

밖으로 나가 그 사람을 만나고 돌아온 온백설자는 크게 감탄하였다. 다음날도 그 사람을 만나고 들어오자 크게 감탄하였다. 이를 본 하인이 물었다.

"(만나기 싫다던 그 손님을 만나시고, 또) 만나실 때마다 들어오셔서 감탄을 하시니 어찌된 일입니까?"

온백설자가 대답했다.

"내가 전에도 네게 말했지, '중화의 군자는 예의에는 밝지만 사람의 본심을 아는 데는 어둡다'고. 그 말대로 아까 내가 만난 사람은 그 진퇴가 어떤 때엔 그림쇠로 그린 듯이 원만하고, 어떤 때엔 곡척으로 그린 듯이 절도가 있더군. 또 그 점잖은 태도는 때로는 용인 듯 신비스럽고, 때로는 범인 듯 위엄이 있어. 나를 간할 때는 마치 자식이 아버지를 대하듯하고, 나를 이끌 때는 마치 아버지가 자식을 대하듯했지. 그렇게 형식적인 것을 참 잘도 한다고 감탄한 것이야."

그런데 공자는 온백설자를 만났으나 한 마디도 하지 않고 돌아왔다. 제자 자로가 이상히 여겨 물었다.

"선생님께서 온백설자를 만나고 싶어 하신 것은 오래 전부터였습니다. 그런데도 모처럼 만나서 아무 말씀도 하지 않고 돌아오심은 무슨 까닭입니까?"

공자가 대답했다.

"그러한 분이 道를 갖추고 있다는 것은 한눈에 알 수 있다. 구태여 말을 할 필요가 있겠느냐."

【語義】 溫伯雪子(온백설자):남국의 현인이다(李頤의 설), '성은 溫, 이름은 伯, 자는 雪子, 楚나라 사람이다.'(成玄英의 설) 등 여러 설이 있는데 무엇을 근거로 그런 해석을 했는지 명확하지 않다. '溫伯'이 성이라고 하는 설(俞樾의 설)도 있다. 필시 옛날의 국명(하남성 溫縣에 있었던)에 의탁하여 온화함과 눈 같은 냉엄함을 갖춘 인물을 상징하기 위해 설정된 것이리라.

魯人(노인):공자의 문인 가운데 한 사람이리라(成玄英의 설).

中國之君子(중국지군자):다분히 야유의 뜻이 섞인 경칭이다. '中國'은 중앙의 문화가 꽃핀 나라라는 뜻으로 魯나라를 가리킨다.

陋於知人心(누어지인심):'陋'는 '좀스럽다·서투르다'의 뜻. '人心'은 사람의 본심. 요컨대 이 구는 외형에 구애되어 사람의 진실을 인식할 수 없는 것을 가리킨다.

是必有以振我也(시필유이진아야):이 '以'는 '所'의 뜻. '振'은 바로 잡는다는 뜻.

入而歎(입이탄):'歎'은 원래 감탄하는 것을 뜻하는데 탄식하다[嘆]의 뜻으로도 쓰인다. 成玄英은 이 구의 '歎'은 물론 이하의 '歎' 모두 '탄식하다'의 뜻으로 해석했고, 또 이것이 지금까지 정설로 되어 있었다. 이 해석은 얼핏 보아 그럴 듯하나 사실은 이 우화의 흥미를 완전히 반감시키는 것이다. 만약 成玄英의 설대로 '탄식하다'의 뜻으로 해석할 경우, 만나기 싫은 사람을 마음에 없이 만나고 들어와 탄식하는 것은 하등 이상할 것이 없으며 따라서 하인이 설자의 '歎'을 괴이하게 여길 리가 없는 것이다. 또 다음의 '是以歎也'의 이유가 되는 '中國之民(앞의 君子를 民으로 바꾼 데는 다분히 모멸적 의미가 들어 있다)'의 '進退·從容·諫·道' 등의 서술은 '歎'을 어떤 뜻으로 해석해야 하는지를 간접적으로 말하고 있다. 이를 보고 탄식한다는 것은 너무나 비약이 심한 해석이다.

마땅히 '크게 감탄하다'의 뜻으로 해석해야 하며 덧붙여 말한다면 그 감탄은 어디까지나 표면적인, 즉 더없이 신랄한 야유가 담긴 '감탄'인 것이다. 이것을 증명하는 것이 '中國之民, 明乎禮義, 而陋乎知人心'을 거듭 초들고 있다는 사실이다. 또 이하의 서술에 '明乎禮義'에 관한 것만 있으며 '陋乎知人心'에 관한 것이 없다는 것도 이를 말해주는 것이리라.

從容一若龍一若虎(종용일약룡일약호):'從容'은 여기서는 마음 편히 있는 모양을 뜻하는 게 아니다. '從'은 '動'의 차자. '從容'은 행동거지, 행동. '一若龍一若虎'는 용처럼 신비적이고 범처럼 위엄 있는 모습을 가리킨다. ≪묵자≫ 비유편·≪순자≫ 비십이자편 등에 의하면 전국시대 말기에는 유가 가운데 그러한 예의의 형식주의자가 있었다 한다.

仲尼見之而不言……:이 이하는 ≪여씨춘추≫ 정유편(精諭篇)에도 보이는데 다만 표현에 약간 차이가 있다.

目擊而道存矣(목격이도존의):상대방을 한 번 쳐다본 것만으로도 상대방의 마음에 道가 있음을 깨달음. '擊'은 순간적으로 物과 접촉하는 것. '눈길을 주자마자' 정도로 해석할 수 있다. '道存矣'는 '知道存焉'을 생략한 것.

【補說】이상의 〈목격도존우화〉는 유가의 형식주의적 예의를 비웃으며 체도자로 설정한 공자의 말에서 밝혀진 것처럼 인간의 진실은 사람의 언어나 행위보다 판단자의 직관으로 알 수 있다는 것을 논하고 있다.

≪여씨춘추≫ 정유편에 공자와 온백설자의 면회 부분만을 싣고, '까닭에 그 사람을 보지 않고서도 그 뜻을 알고, 그 사람을 보고서는 마음과 뜻 모두를 본다. 천부(天符)와 같기 때문이다. 성인을 앎에 어찌 말이 필요하겠는가.'라는 해설을 덧붙이고 있다.

또 ≪여씨춘추≫ 정유편에는 '눈은 무형으로 보고, 귀는 무성으로 들는다.'와 같은 이야기가 많이 실려 있다. 그 밖에 선식람(先識覽)처럼 사전에 어떤 징조를 살펴야 한다는 것을 이야기한 편도 있다. 이런 것들을 보면 전국시대 말기에는 이 우화의 유가 비판과는 별도로 일반적으로 영감적인 직관이 매우 중요한 관심사였던 것 같다.

제3장 안연·중니문답:불망자우화(顔淵·仲尼問答:不亡者寓話)

顔淵問於仲尼曰, "夫子步亦步, 夫子趨亦趨, 夫子馳亦馳. 夫子奔逸塵, 而回瞠若乎後矣."

夫子曰, "回, 何謂邪."

曰, "夫子步亦步也, 夫子言亦言也. 夫子趨亦趨也, 夫子辯亦辯也. 夫子馳亦馳也, 夫子言道, 回亦言道也. 及奔逸絶塵, 而回瞠若乎後者, 夫子不言而信, 不比而周, 無器而民滔乎前, 而不知所以然而已矣."

仲尼曰, "惡, 可不察與. 夫哀莫大於心死, 而人死亦次之. 日出東方, 而入於西極, 萬物莫不比方. 有目有趾者, 待是而後成功. 是出則存, 是入則亡. 萬物亦然. 有待也而死, 有待也而生. 吾一受其成形, 而不化以待盡. 效物而動, 日夜無隙, 而不知其所終. 薰然其成形, 知命, 不能規乎其前. 丘以是日徂, 吾終身與汝交一臂, 而失之. 可不哀與.

汝殆著乎吾所以著也. 彼已盡矣, 而汝求之以爲有. 是求馬於唐肆也.

吾服汝也甚忘. 汝服吾也亦甚忘. 雖然汝奚患焉. 雖忘乎故吾, 吾有不忘者存."

안연이 스승인 공자에게 물었다.

"선생님께서 보통 걸음으로 가시면 저도 보통 걸음으로 갑니다. 선생님께서 빠른 걸음으로 가시면 저도 빠른 걸음으로 갑니다. 선생님께서 달리시면 저도 달립니다. 그런데 선생님께서 흙먼지 하나 일으키지 않고 허공을 날듯 내달리시면 저는 오직 선생님의 아득한 뒤쪽에서 멍하니 바라보고만 있을 뿐입니다. (어떻게 하면 선생님을 따라갈 수 있겠습니까?)"

이에 공자가 되물었다.

"회(回)야, 그 무슨 말이냐?"

안연이 대답했다.

"선생님께서 보통 걸음으로 가시면 저도 보통 걸음으로 간다는 것은 선생님께서 의견을 말씀하시면 저도 의견을 말하려고 한다는 뜻입니다. 선생님께서 빠른 걸음으로 가시면 저도 빠른 걸음으로 간다는 것은 선생님께서 사물의 이치를 해명하시면 저도 사물의 이치를 해명하려고 한다는 뜻입니다. 선생님께서 달리시면 저도 달린다는 것은 선생님께서 사람들에게 도리를 설명하시면 저도 사람들에게 도리를 설명하려고 한다는 뜻입니다. 여기까지는 제가 선생님을 따라갈 수 있습니다. 그런데 선생님께서 흙먼지 하나 일으키지 않고 내달리시면 저는 오직 뒤쪽에서 멍하니 바라보고만 있을 뿐입니다. 선생님께서는 아무 말씀을 않으셔도 사람들에게 신뢰 받고, 특별히 사람들과 친밀히 지내려고 하지 않으셔도 두루 사람들로부터 존경받고, 사람들을 다스리는 위치에 계신 것도 아닌데 선생님 앞에는 백성들이 무리를 짓습니다. 저는 어찌하여 그렇게 되는 것인지 도저히 알 수가 없습니다."

공자는 안연에게 조용히 대답했다.

"아아, 잘 생각해야 한다. 무릇 인간에게는 마음이 죽는 것보다 슬픈 것은 없다. 신체가 죽는 것은 그 다음의 일이다. 태양은 동쪽에서 떠올라 서쪽 끝으로 진다. 지상의 모든 物은 이를 본받지 않는 것이 없다. 특히 눈과 발이 있는 인간은 태양의 운행에 의지하여 저마다의 일을 성취시킨다. 태양이 떠오르면 일이 시작되고, 태양이 지면 일도 끝난다. 지상의 모든 物의 일도 이와 같다. 뭔가 의존하는 것이 있어 죽게 되고, 또 뭔가 의존하는 것이 있어 태어나게 된다. 나도 인간의 형체를 받고 태어난 이상, 당장 죽지는 않더라도 언젠가는 다하게 된다. 온갖 사물 사이에 끼어 활동하는 동안 밤낮의 때는 조금도 쉴 새 없이 지나가 내가 앞으로 어떻게 될지는 아무도 알 수가 없다. 나도 모르는 사이에 인간의 형체를 받은 것이니 그 운명을 알려 해도 어찌 그것을 명확히 알 수 있겠느냐. 이처럼 나는 날로 변천하니 내가 평생 동안 너와 팔을 마주 잡고 친하고자 해도 결국 헤어지게 된다. 어찌 슬퍼하지 않을 수 있겠느냐.

그런데 너는 내가 이미 밝힌 것을 또 밝히려고 하는 듯하다. 그것은 변하여 이미 사라지고 없는 것인데 너는 그것이 아직도 있는 것처럼 생각하고 있다. 그것은 마치 장이 끝난 말시장에 가서 말을 사려는 것과 같은 짓이다.

지금 이렇게 내가 너를 거느리고 있는 것도 앞으로 어찌 되는지 전혀 알 수 없다. 또 네가 나를 추종하고 있는 것도 앞으로 어찌 되는지 전혀 알 수 없다. 그러나 심란해 할 것까지는 없다. 너는 지금까지 나에게서 어떤 무상함을 느꼈을지라도 내 마음속에는 영구히 멸하지 않는 것이 있다."

【語義】夫子步亦步⋯⋯回瞠若乎後矣:≪논어≫ 자한편의 '안연이 크게 탄식하여 말했다. '우러러 볼수록 높아 보이고 뚫어 팔수록 견고함을 느낄 수 있으며 앞에 있는 듯이 보이다 홀연히 뒤에 있다. 선생님께서는 단계적으로 사람을 계발시키신다. 학문으로 나를 넓혀 주시고 예로써 나의 행동을 단속하신다. 그만두려 해도 그만둘 수 없게 잘 가르쳐 주시니 모든 재주를 다하여 배우는데 그러면 그 앞에 다시 새로운 목표를 세워 놓으신다. 선생님을 좇으려 하나 결코 좇을 수가 없다(顔淵喟然歎曰, 仰之彌高, 鑽之彌堅. 瞻之在前, 忽焉在後. 夫子循循然善誘人, 博我

以文, 約我以禮. 欲罷不能, 旣竭吾才, 如有所立卓爾. 雖欲從之, 末由也已)'를 번안한 것이리라.

奔逸絶塵(분일절진):허공을 가르며 질주하는 것. '奔'도 '逸'도 내달린다는 뜻. '絶塵'은 흙먼지도 일지 않는다는 뜻.

瞠若(당약):멍하니 바라보는 모양. '若'은 '然'과 같다.

夫子曰(부자왈):'孔子曰' 또는 '仲尼曰'을 잘못 적은 것이리라.

不言而信(불언이신):덕충부편 〈재전덕불형우화〉에 '未言而信, 無功而親'이라고 했다.

不比而周(불비이주):≪논어≫ 위정편에 '공자께서 말씀하셨다. "군자는 널리 사람들과 친하지만 물들어 한쪽으로 치우치는 일은 없다. 소인은 서로 물들어 사리 사정으로 모일 뿐 널리 친할 수 없다."(子曰, 君子周而不比, 小人比而不周)'라고 한 것에 근거한 것이리라. '比'는 애써 친하려고 하는 것. 사당(私黨)을 만드는 것. '周'는 보편적으로 사귀는 것. 널리 친교하는 것.

無器而民滔乎前(무기이민도호전):'器'는 여기서는 국가를 통치하는 위치·권세를 가리킨다. '滔'는 보이는 것.

哀莫大於心死(애막대어심사):덕충부편 〈화덕유심우화〉의 '而心未嘗死者乎'를 참조.

比方(비방):'比'는 늘어서다. 나아가, 뒤따르다, 좇다의 뜻. '方'은 '倣(방:본뜨다)'의 차자. 요컨대 '比方'은 다음의 '待是(是는 태양을 가리킨다)', '有待'와 관계되는 말이다.

有待(유대):제물론편 〈유대우화〉 참조. 그런데 여기서는 태양의 운행에 비유되는 道, 조화자의 영위를 가리킨다.

吾一受其成形……:제물론편 〈천뢰우화〉의 '一受其成形, 不亡以待盡'이라고 한 것에 근거한 것이다.

效物而動日夜無隙而不知其所終(효물이동일야무극이부지기소종):
'效'는 '爻(효:교차하다, 어울리다)'의 차자. '隙'은 '郤'과 같다. 틈. 여기
서는 '짬'의 뜻. 이 문장은 제물론편 〈천뢰우화〉의 '與物相刃相靡, 其行
盡如馳, 而莫之能止. 不亦悲乎'에 근거한 것이다.

薰然其成形(훈연기성형):'薰'은 '曛(훈:날이 저물다, 어둡다)'의 차
자. 따라서 '薰然'은 昏然과 같다. 즉, 알지 못하는 가운데. 이 구는 앞의
'一受其成形', 그리고 뒤의 '不能規乎其前'과 상응한다. 지락편 〈망홀우
화〉의 '雜乎芒芴之間, 變而有氣. 氣變而有形. 形變而有生' 참조.

知命不能規乎其前(지명불능규호기전):덕충부편 〈재전덕불형우화〉
의 '……是事之變, 命之行也. 日夜相代乎前, 而知不能規乎其始者也'에
근거한 말이다. '知命'은 ≪논어≫ 위정편의 '나이 쉰에 천명을 알았다.
(五十而知天命)', 또는 요왈편의 '命을 모르면 군자라 할 수 없다(不知
命, 無以爲君子也)'의 '知命'을 빌린 것이리라.

交一臂(교일비):'交臂'는 서로 팔짱을 끼고 친밀한 사귐을 맺는 것. 다
음의 '吾服汝', '汝服吾'에 해당한다.

汝殆著乎吾所以著也彼已盡矣(여태저호오소이저야피이진의):'著'는
명백히 하는 것. '所以'는 '事'의 뜻. 이 문장은 ≪논어≫ 선진편의 '자장
이 善人의 道에 관해 물었다. 공자께서 "발자취를 따르지 않으면 깊은
방에 들 수 없다."라고 하셨다(子張問善人之道. 子曰, 不踐迹, 亦不入
於室)'와 '공자께서 말씀하셨다. "말이 독실하다 하여 군자일까? 외모만
장중하게 꾸미는 자가 아닐까?"(子曰, 論篤是與. 君子者乎, 色莊者乎)'
를 전제로 한 것인지도 모른다. ≪논어≫에서 이야기하는 바는 선인의
사적(事迹)을 밟지 않으면 그 오의(奧義)에 도달할 수 없는데 그렇다고
하여 선인의 독실한 말씀만을 높이 올리면 외형만 그럴 듯한 자가 될 염
려가 있다는 것이다.

唐肆(당사):≪경전석문≫에 의하면 '唐'이 '廣'으로 되어 있는 판본도 있다 한다. '唐'은 '空(텅 빈 것)'의 뜻(林雲銘의 설). '康'의 차자이다(馬敍倫의 설). '肆'는 시장. 여기서는 말시장을 뜻한다.

吾服汝也甚忘(오복여야심망):'服'은 따르는 것. 다음의 '汝服吾也'의 '服'도 같다. 그런데 여기서는 공자가 안연을 제자로서 거느리고 있다. '忘'은 '亡', 또는 茫然의 '茫'의 차자로 보아야 한다. 요컨대 이 부분의 기술은 제물론편 〈천뢰우화〉의 '人之生也, 固若是芒乎. 其我獨芒, 而人亦有不芒者乎'를 구체화한 것이다.

雖忘乎故吾(수망호고오):앞의 '瞠若乎後'에 응하는 말이다. '忘'을, 글자 뜻 그대로 해석해도 되나 '亡(茫)'의 차자로 보아 해석하는 것이 더 좋다. '故'는 '古'의 차자. 여기서는 '종래의 것'이란 뜻.

吾有不忘者存(오유불망자존):不忘者, 즉 不亡者는 전후 문맥으로 생각하면 心이지만 이 우화가 의탁하고 있는 제물론편 〈천뢰우화〉와의 관계에서 생각하면 眞 또는 道이며 덕충부편과의 관계에서 생각하면 德이다.

【補說】 이상의 〈불망자우화〉는 끊임없이 변화하는 무용의 형해(形骸)를 모방할 것이 아니라 그 근본의 썩지 않는 것을 배워야 함을 논하고 있다.
안연이 일념으로 배워도 스승인 공자를 따를 수 없음을 한탄하였다는 ≪논어≫에 수록된 사실을 구성의 기본으로 삼고 있다. ≪논어≫에 나오는 이야기로 ≪장자≫의 사상을 돋보이게 한 점이 이 우화의 재미라 할 수 있다. 이 우화의 작자가 유가의 사상에 일가견을 갖고 있다는 것은 누구라도 쉽게 예측할 수 있을 것이다.

제4장 공자·노자문답:천지지대전우화(孔子·老子問答:天地之大全寓話)

孔子見老耼. 老耼新沐, 方將被髮而乾. 熟然似非人.
孔子便而待之. 少焉見. 曰, "丘也眩與, 其信然與. 向者, 先生形體掘若槁木, 似遺物離人而立於獨也."
老耼曰, "吾遊於物之初."
孔子曰, "何謂邪."
曰, "心困焉而不能知, 口辟焉而不能言. 嘗爲汝議乎其將. 至陰肅肅, 至陽赫赫. 肅肅出乎天, 赫赫發乎地. 兩者交通成和, 而物生焉. 或爲之紀, 而莫見其形, 消息滿虛, 一晦一明, 日改月化. 日有所爲, 而莫見其功. 生有所乎萌, 死有所乎歸, 始終相反乎無端, 而莫知乎其所窮. 非是也, 且孰爲之宗."

공자가 노자를 만나려고 찾아갔는데 마침 노자는 머리를 감은 다음이라 머리를 풀어헤친 채 햇볕에 말리고 있었다. 그 모습이 너무 고요하여 인간의 모습으로는 생각되지 않았다.

공자는 물러나와 기다렸다가 잠시 뒤에 노자를 만나 이렇게 말했다.

"저의 눈이 어지러웠던 것일까요, 아니면 그것이 진정 선생의 모습이었을까요. 아까 선생의 모습은 마치 마른 나무가 우뚝 서 있는 것처럼 주위의 온갖 物을 잊은 듯했고, 인간 세상에서 멀리 떠나 오직 홀로 서 계신 듯싶었습니다."

그러자 노자가 대답했다.

"나는 만물을 이루는 근원의 경지에서 유유히 놀고 있었다."

공자가 다시 물었다.

"그것이 무슨 말씀이십니까?"

노자가 대답했다.

"마음으로 아무리 알려고 해도 미혹되어 알 수가 없고, 입으로 표현하려 해도 입이 벌어지기만 할 뿐 표현할 수 없는 경지다. 그러나 그대를 위해 그 대강을 얘기해 볼까 한다.

순음(純陰)은 쓸쓸하고 차가워 긴축시키고, 순양(純陽)은 밝게 빛나 성대하게 한다. 긴축시키는 작용은 대지에서 일어나 하늘에 미치고, 성대하게 하는 작용은 하늘에서 일어나 대지에 퍼진다. 양자는 서로 통하고 화합한다. 그로써 비로소 物이 생겨난다. 그런데 物의 처음이 되는 것이 있는 듯한데 그 형체를 잡을 수가 없다. 음양이 쇠하거나 성하거나 가득 차거나 부족하거나 하는 그대로 혹은 어두운 밤이 되고 혹은 밝은 낮이 되면서 세월은 변천해 간다. 지상의 物은 날마다 변천해 가면서 무언가 일을 완성하려고 하지만 그것은 완성하는 것이 아니다. 사람의 生에는 그 처음에 조짐이 되는 곳이 있고, 사람의 죽음에는 마침내 돌아가야 할 곳이 있는 것 같은데 그 이른바 시종(始終)은 어느 것이 시작이고 어느 것이 끝인지 알 수 없는 가운데 순환하고 있어서 그 구극(究極)이 어떻게 되는지 알 수 없다. 그러니 物의 근원에 있는 것을 제외하고 대체 무엇을 만물의 종주라 할 수 있겠는가."

【語義】 熱然(접연):‘熱’은 몸이 움츠러드는 것. 司馬彪는 꼼짝도 아니하는 모습으로 해석했는데 이는 전후의 문맥으로 추측한 것이리라.

便而待(변이대):‘便’은 ‘屛(병:물러나다)’의 차자.

形體掘若槁木(형체굴약고목):‘掘’은 ‘崛(굴:산 같은 것이 우뚝 솟은 모양)'의 차자. 이 표현은 제물론편 〈천뢰우화〉의 표현에 근거한 것이다.

似遺物離人而立於獨也(사유물리인이립어독야):'似'는 '~와 흡사하다'
의 뜻. '獨'은 〈천뢰우화〉의 '嗒焉似喪其耦'에서 생각하면 고독의 뜻, 그
리고 道와 일체가 되어 독립한다는 뜻을 겸하고 있으리라. '於'는 '如'의
뜻으로 해석하는 게 좋다. 대종사편 〈영녕우화〉에 '朝徹而後能見獨. 見
獨而後能無古今. 無古今而後能入於不死不生'이라고 했다.

吾遊於物之初(오유어물지초):成玄英疏本에는 '遊' 자 다음에 '心' 자가
있는데 군글자이리라(王敍岷의 설). '物之初'는 道이자 無이자 조물자이다.

心困焉而不能知口辟焉而不能言(심곤언이불능지구벽언이불능언):곤
혹한 경지를 표현한 말이다. 천운편 〈함지악우화〉의 '惑故愚. 愚故道'
참조. 또 덕충부편 〈재전덕불형우화〉의 '悶然而後應, 氾而若(氾若而)
辭'와 흡사한 취향이다.

議乎其將(의호기장):'議'는 사리를 바르게 말하는 것. '將'은 '奬(장)'의
차자. '대충 · 대강 · 줄거리'의 뜻.

至陰肅肅至陽赫赫(지음숙숙지양혁혁):이 이하는 음양의 변화로 일어
나는 현상계에 관하여 서술한 것이다. '至陰', '至陽'은 道인 一元에서 분
출된 순수한 음양. '肅肅'은 肅殺, 즉 物을 쇠약하게 하거나 헛되게 하거
나 사멸시키는 작용. '赫赫'은 빛나는 것. 나아가, 성대하게 하는 작용.

肅肅出乎天赫赫發乎地(숙숙출호천혁혁발호지):양기는 하늘에서, 음
기는 땅에서 나온다고 하는 것이 통념인데 이 문장은 이에 완전히 반대
되는 생각을 보여 주고 있다. 郭象은 '음과 양의 교차를 말하고 있다'로
해석했지만 음양의 교류에 관해서는 다음에 명기되어 있으므로 음양의
교류를 나타내기 위해 이처럼 역으로 표현했다고는 생각되지 않는다.
필시 天과 地를 오도(誤倒)한 것이리라. 단 여기서는 '出'을 '위로 솟아
오르다'의 뜻으로 '發'을 '널리 퍼지다'의 뜻으로 해석하겠다.

或爲之紀而莫見其形(혹위지기이막견기형): 제물론편 〈천뢰우화〉의 '有始也者. 有未始有始也者. ……'에 근거한 말이리라. '紀'는 '己·基'의 차자. '網紀(법칙), 근본'의 뜻(成玄英·林希逸의 설)으로 해석하는 것은 적당하지 않다.

日有所爲而莫見其功(일유소위이막견기공): 〈천뢰우화〉의 '終身役役, 而不見其成功'에서 암시를 얻은 표현이리라. 다음의 '死有所乎歸'도 〈천뢰우화〉의 '茶然疲役, 而不知其所歸'를 근거로 한 표현이리라.

非是也且孰爲之宗(비시야차숙위지종): '物之初'야말로 大本·大宗임을 설하고 있다. '是'는 '物之初', 즉 道를 가리킨다. '且'는 '孰'을 강조하기 위한 조사.

【補說】 이상은 〈천지지대전우화〉의 제1단이다. 공자의 물음에 답하는 노담의 말을 빌려, 인간은 성쇠의 변화를 무한히 거듭하는 현상계에서 탈출하여 '物이 성립되는 최초의 경지'에서 놀아야 한다고 논하고 있다.

孔子曰, "請問遊是."
老耼曰, "夫得是, 至美·至樂也. 得至美而遊乎至樂, 謂之至人."
孔子曰, "願聞其方."
曰, "草食之獸, 不疾易藪, 水生之蟲, 不疾易水. 行小變而不失其大常也. 喜怒哀樂, 不入於胷次.
夫天下也者, 萬物之所一也. 得其所一而同焉, 則四支百體, 將爲塵垢, 而死生終始, 將爲晝夜, 而莫之能滑. 而況得喪·禍福之所介乎.
棄隸者, 若棄泥塗. 知身貴於隸也. 貴在於我, 而不失於變. 且萬化而未始有極也. 夫孰足以患心已. 爲道者解乎此."

공자가 다시 물었다.

"物의 근원의 경지에서 노닌다는 것은 어떻게 하는 것인지 가르쳐 주십시오."

노자가 대답했다.

"그 경지에 도달하면 무위의 지극한 미(美)와 무심의 낙(樂)을 누릴 수 있다. 그 지극한 미를 몸에 지니고 최상의 즐거움 속에서 유유자적하는 사람, 이를 지인(至人)이라 한다."

공자가 다시 물었다.

"그럼, 지인의 경지에 이르는 방법을 가르쳐 주십시오."

노자가 대답했다.

"초식동물은 어느 숲으로 가든 풀만 얻을 수 있으면 고통스러울 게 없고, 물속에서 사는 벌레는 어느 물로 가든 물만 있으면 고통스러울 게 없다. 환경에는 약간의 변화가 있지만 자신의 생명을 유지하는 원칙에는 변화된 게 없기 때문이다. 생명을 유지하기 위한 대원칙을 잃지 않는 한, 작은 변화에 의한 희로애락의 감정 따위가 마음을 어지럽히는 일은 없는 것이다.

무릇 천하는 모든 것이 다 같이 하나로 모여 있는 곳이다. 그래서 그 하나로 모이는 근본의 道를 깨달아 그와 일체가 되면 사지와 여러 관절로 이루어진 신체도 티끌이나 때처럼 하찮게 여겨지고 생사나 物의 시종(始終)도 낮과 밤의 교대처럼 자연스러운 것으로 여겨져 이들로 인하여 마음이 괴롭게 되는 일이 없다. 하물며 세상의 속인들이 문제시하는 득상(得喪)·화복(福福) 따위로 마음이 어지러워지는 일이 있겠는가!

사람은 노예 버리기를 진흙을 버리는 것쯤으로 여긴다. 자신이 노예보다 귀하다는 것을 알기 때문이다. 이와 마찬가지로 진실로 귀한 것이 무엇인지를 확실히 알면 사물의 변화로 자신의 마음을 어지럽히는 일이 없다. 게다가 모든 物은 천변만화하여 그 종말이 어떻게 될지 알 수가 없다. 그러니 그런 것이 어찌 마음을 괴롭힐 수 있겠는가. 도를 닦으려는 자는 이런 것들을 잘 생각하면 어떻게 해야 되는 것인지를 이해할 수 있으리라."

【語義】 至美至樂(지미지락):郭象은 '至美'를 '無美'의 뜻으로 해석했다. 천도편 〈허정 · 염담 · 적막 · 무위론〉에 '樸素而天下莫能與之爭美'라고 했다. 그렇지만 다음 글에 '得其所一而同焉'이라 한 것을 보면 이것은 道를 가리키는 말이리라. 지북유편 〈관어천지설〉에 '天地有大美而不言, 四時有明法而不議, 萬物有成理而不說. 聖人者, 原天地之美而達萬物之理'라 했다. '至樂'은 무심의 德을 가리키는 말이리라. 천도편 〈천락론〉의 '與天和者, 謂之天樂', 또 '一心定而萬物服. 言以虛靜推於天地, 通於萬物. 此之謂天樂'의 '天樂'임에 틀림없다. 지락편 〈지락론〉에는 '至樂無樂'이라는 구가 있다.

　行小變而不失其大常也(행소변이불실기대상야):이 문장과 다음의 '喜啓怒哀樂……'이라 한 문장은 비유에서 연역하여 일반적 교훈을 서술하고 있는 듯하지만 실은 앞에 든 비유의 참뜻을 설명하면서 일반적인 교훈을 시사하고 있는 것이다. '小變'은 '易藪', '易水', 즉 물사의 변화를 가리킨다. 郭象은 '생사도 小變變이다.'라고 했다. '大常'은 생명 유지에 관한 대원칙, 즉 다음 글의 '其所一'에 해당한다. ≪논어≫ 자장편에 '기본적인 큰 德의 범주를 벗어나지 않는다면 말단적인 일에 있어서는 약간의 융통성이 있어도 좋다(大德不踰閑, 小德出入可也)'라고 한 자하(子夏)의 말이 실려 있다.

　喜怒哀樂不入於胷次(희로애락불입어흉차):'胷'은 '胸'과 같다. '次'를 달생편 〈순기우화〉의 '死生驚懼, 不入乎其胷中'에 비추어 '中'의 뜻(李頤의 설)으로 해석하는 경우가 많다. 큰 뜻은 같지만 '中'에는 '次'의 뜻이 없다. '次'는 '머무르는 곳, 묵는 곳'의 뜻이다.

萬物之所一也(만물지소일야):'一'은 '齊一, 同一'의 뜻.

得其所一而同焉(득기소일이동언):정밀하지 못한 표현이다. '所一'은 '所以一', 즉 道를 가리킨다.

而況得喪禍福之所介乎(이황득상화복지소개호):'得'은 이득, '喪'은 손실. '介'는 '구별되다, 사이를 떼다'의 뜻. 成玄英은 마음에 두는 것을 뜻한다고 했다.

且萬化而未始有極也(차만화이미시유극야):이 문장은 다음의 '夫孰足以患心已'에 연결된다. 또 그 표현은 대종사편 〈진인론〉의 '若人之形者, 萬化而未始有極也'에 근거한 것이다. 다만 여기서는 그 주어가 전후 문맥과 '棄隸'의 비유로 생각해 보면 肢體 · 生死, 즉 '得喪禍福之所介'이다.

夫孰足以患心已(부숙족이환심이):成玄英은 '누가 마음을 어지럽히겠는가?'의 뜻으로 해석했는데 적당하지 않다. 만물 그 어느 것도 마음을 어지럽히지 못할 것임을 뜻한다. '已'는 '矣'와 같으며 어세를 강하게 하는 조사. 앞 글의 '也'와 호응한다. '已'를 다음의 '爲道者'에 이어서 해석하는 사람이 많은데 적당하지 않다.

爲道者解乎此(위도자해호차):郭象은 '所謂縣解'(양생주편 〈안시처순우화〉 참조)로 해석했다. 이에 의하면 '乎此'를 '여기에 이르러'의 뜻으로 해석한 듯하다. 成玄英은 '오직 修道한 달인만이 이를 풀 수 있다'로 해석했다. '此'를 '孰足以患心'을 가리키는 것으로 본 것이리라. 그렇게 해도 통하지만 이 '解'는 인간세편 〈신인부재우화〉의 '故解之, 以牛之白顙者, ……'의 '解'와 같으며 구체적인 예로써 이해하는 것을 가리킨다고 해석해야 할 것이다. 따라서 '此'는 직접적으로는 '棄隸'의 예를 가리킨다.

【補說】 이상은 〈천지지대전우화〉의 제2단이다. 노자가 공자에게 '至人의
경지에 이르려면 신체·생사·화복 등 物의 변화에 마음을 어지럽히지
말고 무위의 道와 일체가 되어야 한다'고 가르치고 있다.

孔子曰, "夫子德配天地. 而猶假至言以脩心. 古之君子, 孰能
脫焉."
老耼曰, "不然. 夫水之於汋也, 無爲而才自然矣. 至人之於德也,
不脩而物不能離焉. 若天之自高, 地之自厚, 日月之自明. 夫
何脩焉."
孔子出以告顔回曰, "丘之於道也, 其猶醯雞與. 微夫子之發
吾覆也, 吾不知天地之大全也."

노자의 가르침을 듣고 공자가 말했다.

"선생님의 덕은 천지와 일체가 되어 있습니다. 그런데도 훌륭한 교훈을
빌려 마음을 닦고 계십니다. 그러니 옛날의 군자들도 마음을 닦는 데 힘썼
던 것이군요."

노자가 이를 타일러 말했다.

"그렇지 않다. 무릇 물은 아무리 적은 양이라도 그 본성을 지니고 있다.
마찬가지로 지인은 덕을 의식적으로 닦지 않아도 物이 그 덕에서 떠나지
않는다. 그것은 마치 하늘은 본디 높고 땅은 본디 두터우며 해와 달은 절로
빛나는 것과 같다. 어찌 의식적으로 덕을 닦겠는가."

공자는 물러나와 안회에게 이렇게 말했다.

"나는 道에 대해서는 마치 초파리나 다를 바 없다. 노자 선생께서 나의

수도자인 체하던 어리석음을 깨우쳐 주시지 않았더라면 나는 천지자연의
도가 얼마나 완전한가를 알 수 없었을 것이다."

【語義】 夫子德配天地(부자덕배천지):'夫子'는 노자를 가리킨다. '配'는 '나
란히 하다, 짝을 이루다, 합하다'의 뜻. '天地'는 가장 완전한 것의 상
징. 천도편 〈천락론〉에 '夫明白於天地之德者, 此之謂大本大宗. 與天和
者也'라고 했다.

　　而猶假至言以脩心(이유가지언이수심):'假'는 앞의 '嘗爲汝議乎其將'
에 응하는 표현. '至言'은 至道에 관한 가르침. '脩'는 '修'와 같다.

　　古之君子孰能脫焉(고지군자숙능탈언):덕충부편 〈천형우화〉에 '孔子
曰, 弟子勉之. 夫無趾兀者也. 猶務學以復補前行之惡. 而况全德之人乎'
라고 하여 공자가 여전히 면학에 구애되고 있음을 말한 것과 동공이곡
(同工異曲)이다. '脫'은 '탈출하다, 벗어나다'의 뜻(成玄英의 설).

　　夫水之於汋也無爲而才自然矣(부수지어작야무위이재자연의):'汋'은
매우 적은 양의 물을 가리킨다. 개개의 사람의 행위에 비유된다. ≪노
자≫에 '上善은 물과 같다. 만물을 이롭게 하되 다투지 않는다. 뭇사람
이 싫어하는 낮은 곳에 처한다. 그래서 道에 가깝다.(上善若水. 水善利
萬物而不爭. 處衆人所惡. 故幾於道)'(제8장)라고 한 것을 전제로 한 표
현이리라.

　　不脩而物不能離(불수이물불능리):재유편 〈물자화우화〉에 '各復其根
而不知. 渾渾沌沌, 終身不離. 若彼知之, 乃是離之'라 했고, 또 덕충부편
〈재전덕불형우화〉에 '德不形者, 物不能離也'라고 했다.

　　醯雞(혜계):초를 담아 놓은 항아리 따위에 꾀는 매우 작은 날벌레.

　　發吾覆(발오복):'發'은 '撥'의 차자. 여는 것. '覆'은 초항아리의 뚜껑에
비겨 마음이 덮여 있는 것을 가리킨다.

天地之大全(천지지대전):'天地'는 '天之自高', '地之自厚'에 응하는 표현. 자연 그 자체의 뜻을 포함하고 있다. '大全'은 '至美', '至樂'에 응하는 표현. '大'는 '太'와 같으며 최상·극도의 뜻. '全'은 완전무결한 것. 즉 여기에는 유가인 공자의 '君子修心'에 대하여 노자의 道가 천지자연의 가장 완전한 것이라고 하는 대조가 있다.

【補說】 이상은 〈천지지대전우화〉의 제3단이다. 노자가 유가의 주의(主義)에 이끌려 자신의 가르침을 의식적인 수심(修心)으로 이해하는 공자를 훈계하고 있다. 德은 자연스럽게 길러지는 것이지 인위에 의하여 길러지는 것이 아님을 논하고 있다. 공자가 안회에게 한 말은 노장의 道의 완전함을 보여 주는 것이다.

이 우화는 노자와 공자의 문답을 소재로 한 것 중 하나인데 비교적 평이한 문체로 지인(至人)의 경지를 논하고 있다. 서술에 변화가 많고 재미가 있어 이 우화를 극구 칭찬하는 사람이 적지 않다.

제5장 애공·장자문답:유복우화(哀公·莊子問答:儒服寓話)

莊子見魯哀公. 哀公曰, "魯多儒士. 少爲先生方者."
莊子曰, "魯少儒."
哀公曰, "擧魯國而儒服. 何謂少乎."
莊子曰, "周聞之, '儒者冠圜冠者, 知天時. 履句屨者, 知地形.
緩(綏)佩玦者, 事至而斷.' 君子有其道者, 未必爲其服也. 爲
其服者, 未必知其道也. 公固以爲不然, 何不號於國中, 曰,
'無此道而爲此服者, 其罪死.'"
於是哀公號之. 五日而魯國無敢儒服者. 獨有一丈夫, 儒服而
立乎公門. 公卽召而問以國事. 千轉萬變而不窮.
莊子曰, "以魯國而儒者一人耳. 可謂多乎."

장자가 노나라의 애공을 만났다. 그때 애공은 장자를 조롱하듯 이렇게
말했다.

"노나라에는 공자의 道를 닦은 유사(儒士)가 많소. 선생의 도를 닦는 사
람은 별로 없소."

이에 장자가 반박했다.

"아닙니다. 노나라에는 유자(儒者)도 별로 없습니다."

애공은 다시 장자를 힐책했다.

"노나라 천지가 모두 유자의 복장을 하고 있소. 그런데도 어찌 유자가 없
다고 할 수 있겠소."

장자가 대답했다.

"저는 '유자 가운데 둥근 관을 쓴 자는 천시(天時)에 밝음을, 네모진 신을 신은 자는 지형(地形)에 밝음을, 끈을 드리우고 큰 띠에 옥패를 찬 자는 결단력이 있음을 나타내는 것이다.'라고 들었습니다. 그러나 군자로서 그러한 도를 터득한 자만이 그런 복장을 하는 것은 아닙니다. 반대로 그러한 복장을 하고 있는 자가 반드시 도를 알고 있다고도 할 수 없습니다. 그래도 공께서 끝까지 그렇지 않다고 생각하신다면 한번 온 나라에, '천시·지형·결단의 군자의 도를 터득하지 않았는데도 유자의 복장을 한 자가 있다면 그를 사형에 처하겠다.'고 포고를 내려 보시지 않겠습니까."

그래서 애공은 그런 내용의 포고를 내렸다. 그러자 겨우 닷새가 지났는데 노나라에는 유자의 복장을 하는 자가 없어졌다. 오직 한 사람만이 유자의 복장을 하고 대궐 문 앞에 섰다. 애공은 즉시 그 사람을 불러 노나라의 정치에 관해 물어 보았다. 그 사람은 어떤 어려운 문제에도 막히지 않고 훌륭히 대답했다.

장자가 말했다.

"노나라에는 유자가 오직 한 사람입니다. 이래도 유자가 많다고 하실 수 있겠습니까."

【語義】 魯哀公(노애공):'魯'는 산동성 곡부현에 있었다. 공자의 조국이다. '哀公'은 춘추시대 노나라의 마지막 군주(B.C. 494~B.C. 468 재위). 애공 10년에 공자가 죽었다. 전국시대 후기의 인물인 장주가 애공을 만났다는 것은 말할 것도 없이 허구다.

儒服(유복):≪예기≫ 유행편(儒行篇)·≪묵자≫ 공맹편(公孟篇)·≪순자≫ 애공편(哀公篇) 등에는 유자(儒者)의 복장에 관한 기술이 실려 있다. 여기서 말하고 있는 것과 같은 복장은 아니지만 전국시대에는 유자임을 나타내는 복장이 정해져 있었던 듯하다.

履句屨者知地形(이구구자지지형):'句'는 '矩'의 차자로 방형(方形)을 가리킨다. '天圓地方'으로 방형은 大地를 상징한다고 한다. 일설에 의하면 '句'는 '絢'의 차자로서 신발 앞부분의 장식이라고 한다.

緩佩玦(완패결):≪경전석문≫에 '司馬本에는 緩이 綏로 되어 있다.'라고 했다. '緩'은 잘못 베낀 것이다. 저본의 글자를 고친다. '綏'는 꼰 끈. 오색의 끈을 꼬아 만든다고 한다(成玄英의 설). 이것으로 허리에 맨 큰 대(帶)에 결(玦)을 매어 단다. '玦'은 한쪽 부분이 트여 있는 고리 모양의 옥. 그 트여 있는 것이 결단을 상징한다고 한다.

何不號於國中(하불호어국중):따지는 말이 아니라 권유하는 말이다. '號'는 명령. 여기서는 널리 命을 내리는 것.

獨有一丈夫(독유일장부):'一丈夫'는 공자를 가리키는 것이라고 한다(成玄英의 설). 공자를 상정한 것인지도 모르지만 '一丈夫'가 공자냐 아니냐 하는 것보다, 단지 한 사람뿐이라고 한 것이 재미있다.

千轉萬變而不窮(천전만변이불궁):어떤 문제에도 임기응변하며 적절한 방책을 이야기하여 막힘이 없음.

【補說】 이상의 〈유복우화〉는 애공과 장자의 문답을 빌려, 유자의 복장을 한 사람이 많더라도 참된 유자는 극히 적다는 것, 또 외형의 치장만으로는 진가를 알 수 없다는 것을 논하고 있다. 외식(外飾)을 따르는 것이 세속이지만 외식이 화려할수록 진실을 결하고 있음은 예나 지금이나 변하지 않는 진리다.

단순한 우화로 음미하면 서술이 생동적이어서 매우 재미있다. 그런데 노(魯)의 애공과 장자의 만남은 시대착오적인 장면 설정이다. 또 장자가 깊이 있는 사상을 설하지 못하고 궤변과 다를 바 없는 논리를 펴는 변자(辯者)로 전락되어 있다. 이러한 점들이 이 우화의 가치를 적잖이 손상시키고 있다.

제6장 심잠(心箴)

> 百里奚, 爵祿不入於心. 故飯牛而牛肥, 使秦穆公忘其賤與之
> 政也. 有虞氏, 死生不入於心. 故足以動人.

   백리해는 벼슬이나 녹봉 따위에는 전혀 관심이 없었다. 그래서 소 치는
일에 종사하였는데 기르는 소마다 통통하게 살이 쪘다. 그 때문에 진(秦)
나라의 목공(穆公)은 그의 천한 신분을 개의치 않고 백리해에게 정사를 맡
겼다.
   순(舜)임금은 아직 낮은 신분에 있을 무렵, 자신의 생사에 대해서는 마음
을 두지 않고 부모와 아우를 위해 몸 바쳤다. 그래서 많은 사람들을 감동시
키고 그들로부터 존경을 받았던 것이다.

【語義】百里奚(백리해):전국시대의 사람으로 기구한 운명에서 몸을 일으키
  고 秦의 목공을 보좌한 현신으로 유명하다. ≪맹자≫ 만장 상편·≪여
  씨춘추≫ 신인론·≪사기≫ 진본기 등에 그에 관한 기록이 있다.
   故飯牛而牛肥(고반우이우비):백리해가 소를 길렀다는 것은 ≪맹자≫
  외에 ≪여씨춘추≫ 신인론 등에서도 볼 수 있다. '飯'은 사육한다는 뜻.
   秦穆公(진목공):춘추시대 秦나라의 명군. B.C. 658~B.C. 621 재위.
  중원 진출을 꾀하여 晉의 文公이 죽은 뒤 패자가 되려 했으나 실패했다.
  그러나 현신을 등용하여 내치를 정비하고 서쪽으로 영토를 넓혀 秦이
  강대해질 수 있는 기초를 다졌다. ≪상서(尙書)≫의 진서편(秦誓篇)은
  목공의 인재등용의 이념이 서술된 편으로 전해지고 있다.

有虞氏(유우씨):순(舜)임금을 가리킨다.

死生不入於心(사생불입어심):≪맹자≫ 만장 상편에 의하면 舜의 아우인 象은 끊임없이 舜을 죽이려 했고 또 舜의 부모도 이에 동조했으나 舜은 부모에게 孝를 다하고 아우를 사랑으로 이끌었다 한다. 이런 종류의 전설에 근거한 말이리라.

故足以動人(고족이동인):≪사기≫ 오제본기에 의하면 舜의 효심이 堯에게까지 알려지자 堯는 자신의 두 딸을 舜에게 보내어 그의 가정 생활의 善否를 알아보도록 했는데 舜은 가정을 잘 다스리고 많은 사람들로부터 존경을 받아 그가 있는 곳은 큰 마을을 이룰 정도였다. 堯는 舜을 등용하여 국무(國務)를 보도록 했으며 마침내는 천자의 자리를 그에게 물려주었다고 한다. 이 구는 이러한 종류의 전설에 근거했으리라.

【補說】 이상의 〈심잠〉은 백리해·순임금의 예로써 '자신의 작록·생사 등을 생각하지 않아야 존귀해지며 또 사람들을 감동시킬 수 있다.'고 논한다.

너무 비약적인 논리이고 표현에 있어서도 고르지 못하다. 백리해의 예는 차치하고라도 순임금의 예는 설득력이 부족하다. 다음에 나오는 우화의 전론(前論)으로 보는 설도 있지만 내용에 있어 일치되지 않는 점이 많다. 앞의 〈천지지대전우화〉의 '修心'에 관련된 잠언으로서 기록된 것 같다.

제7장 진화자우화(眞畫者寓話)

> 宋元君將畫圖. 衆史皆至. 受揖而立, 舐筆和墨. 在外者半.
> 有一史後至者. 儃儃然不趨. 受揖不立, 因之舍. 公使人視之,
> 則解衣槃礴嬴. 君曰, "可矣. 是眞畫者也."

　　송나라의 원군(元君)이 그림을 그리게 하려고 화공을 모았다. 많은 화공이 너나없이 몰려들었다. 화공들은 저마다 화판을 받자 그 자리에서 거드름을 피우며 붓을 핥기도 하고 먹색을 고르기도 했다. 방 안에 들어가지 못하여 방 밖에서 기다리는 자가 반을 넘었다. 그런데 다른 화공보다 늦게 온 화공이 있었다. 그는 유유히 행동하며 결코 서둘지 않았다. 다른 사람들과는 달리 화판을 받자 방 밖에 서서 기다리지 않고 숙소로 돌아갔다. 원군은 사람을 보내어 그가 어떻게 하는가를 엿보게 했다. 그 화공은 옷을 풀어 헤치고 두 다리를 뻗은 채 태연히 앉아 있었다. 이 말을 전해들은 원군은 '됐다. 이야말로 진짜 화공이다.'라고 말했다.

【語義】　宋元君(송원군): '宋'은 장주의 조국. 하남성 상구시에 있었다. '元君'은 춘추시대 후기의 송의 군주로 元公 佐일 것이다. B.C. 531~B.C. 517 재위. 공자의 청장년기에 해당한다. 그의 치세 때 내란이 있었고, 그는 노(魯)에 여행하는 도중 죽었다. 어떠한 인물이었는지는 확실하지 않다.

　　將畫圖(장화도): '圖'는 신괴 · 인물 · 화조 · 산천 등의 그림.
　　衆史(중사): 화공(畫工)을 가리킨다. 필묵(筆墨)을 사용하기에 '史'라 한 것이다.

受揖而立(수집이립):成玄英 이래, '군명(君命)을 받아 배읍(拜揖)하고
서다'라는 뜻으로 해석되고 있는데 그럴 경우 뒤의 '受揖不立'이란 말이
이상하게 된다. '揖'은 고음이 비슷한 '牒(첩:널빤지)'의 차자로 보아야
만 한다. 그림을 그리는 판을 가리킨다. '立'은 '位(자리)'의 뜻이라고 한
다(馬敍倫의 설).

舐筆和墨(지필화묵):거드름 피우며 막 그림을 그리려는 화공들의 모
습을 표현한 것이다. '舐筆'은 붓을 핥는 것. '和墨'은 먹의 농도를 조정
하는 것.

儃儃然不趨(단단연불추):'儃儃然'은 서둘지 않고 유유하게 걷는 모
습. '趨'는 종종걸음으로 바삐 걷는 것. 윗사람 앞에서는 당상·실내를
제외하고는 趨로써 진퇴하는 것이 예였다고 한다.

因之舍(인지사):'因'은 '而'와 같은 뜻이다.

則解衣槃礴羸(즉해의반박라):달생편〈이천합천우화〉의 '輒然忘吾有
四枝形體也'와 같은 취향인데 그 표현이 한층 구체적이다. '槃礴'을 箕
坐(기좌:허리를 무너뜨리고 발을 쭉 뻗고 앉는 것)의 뜻으로 해석하는
것(司馬彪, 成玄英의 설)이 통설인데 그 근거가 명확하지 않다. 편안하
게 앉아 생각을 가다듬는 것을 가리킨다. '槃'은 '膀'의 차자, '礴'은 옛음
이 비슷했던 것으로 생각되는 '匍(배를 땅에 대다)'의 차자이리라. '羸'
는 '裸·倮'와 같다. 벌거벗은 것.

【補說】 이상의〈진화자우화〉는 송나라 원군의 화공 선정을 소재로 한 것
으로 ≪장자≫의 여러 우화 중에서도 명품에 속한다. 짧은 글이지만 어
중이떠중이 화공들의 모습을 재미있게 묘사함으로써 '진화자(眞畫者)'
의 이미지를 선명하게 부각시키고 있다.

기예 완성에 관한 우화 가운데 하나인데 다른 우화들이 技와 道의 일체를 논하고 있음에 대해 이 우화는 완벽한 기예를 추구하기 위한 자세를 논하고 있는 것이 특색이다. 또 진화자(眞畫者)에 관한 이야기는 비단 그림을 그리는 데 국한되지 않고, 예도(藝道)를 추구하는 모든 것에 적용되는 이야기라고 할 수 있다. '忘我'가 무위를 실현하는 요체임은 말할 것도 없다.

文王觀於臧. 見一丈夫(人)釣. 而其釣莫釣. 非持其釣有釣者也, 常釣也.

文王欲擧而授之政, 而恐大臣 · 父兄之弗安也. 欲終而擇之, 而不忍百姓之無天也. 於是, 且(旦)而屬之大夫曰. "昔者, 寡人夢見良人. 黑色而頿, 乘駁馬而偏朱蹄. 號曰, '寓而政於臧丈人. 庶幾乎民有瘳乎.'"

諸大夫蹵然曰, "先君[命]王也."

文王曰, "然則卜之."

諸大夫曰, "先君之命. 王其無它. 又何卜焉."

遂迎臧丈人而授之政. 典法無更, 偏令無出.

三年, 文王觀於國, 則列士壞植散羣, 長官者不成德, 斔(斞)斛不敢入於四境. 列士壞植散羣, 則尙同也. 長官者不成德, 則同務也. 斔(斞)斛不敢入於四境, 則諸侯無二心也. 文王於是焉, 以爲大師, 北面而問曰, "政可以及天下乎."

臧丈人昧無而不應, 泛然而辭. 朝令而夜遁, 終身無聞.

顔淵問於仲尼曰, "文王其猶未邪. 又何以夢爲乎."

仲尼曰, "默. 汝無言. 夫文王盡之也. 而又何論刺焉. 彼直以循斯須也."

문왕이 장(臧) 지방을 시찰하다 한 노인이 낚시질을 하는 것을 보게 되었다. 그런데 낚싯줄 끝에는 낚시가 붙어 있지 않았다. 그 노인은 결코 물고기를 낚기 위해 낚싯대를 들고 있는 것 같지가 않았다. 그런데도 물고기는 계속 낚였다. 문왕은 그 노인에게 감탄하였다.

문왕은 그 노인을 등용하여 행정의 실권을 맡기고 싶었지만 그에 대해 대신들과 일족의 장로들이 불안하게 여길까 걱정되었다. 그렇다고 그 노인을 단념하자니 백성들이 하늘처럼 우러러볼 사람을 잃는다는 것이 너무나 안타까웠다. 그래서 문왕은 다음날 아침, 대부들에게 다음과 같이 말했다.

"나는 간밤의 꿈에 훌륭한 분을 보았다. 얼굴빛이 검고 검은 수염을 길렀으며 한쪽 발굽이 붉은 빛을 띤 얼룩말을 타고 계셨다. 그런데 그분이 '정사를 장(臧)에 있는 노인에게 맡기면 백성들의 고통이 사라질 것이다.' 라고 말씀하셨다."

이에 여러 대부들은 놀라고 두려워하며

"그것은 선왕께서 왕께 분부하신 것입니다."

라고 말했다.

문왕이 말했다.

"그렇다면 점을 쳐 보도록 하라."

여러 대부들은 이를 극구 만류했다.

"선왕의 분부이십니다. 의심하셔서는 안 됩니다. 점을 칠 필요가 없습니다."

이리하여 마침내, 장에 사는 노인을 맞아들여 그에게 정치를 맡기게 되었다. 그런데 그 노인은 법제를 고치는 일도 없고 명령을 내리는 일도 없었다.

3년쯤 지나서 문왕이 국내를 시찰해 보니 일반 관리들은 파벌을 만드는 짓을 그만두고 집단을 해산시켰으며 여러 관직의 우두머리들은 자신의 덕을 드러내려는 짓을 그만두었으며 남의 나라의 말[斗]을 가지고 나라 안으

로 들어오는 자가 없어졌다. 일반 관리들이 당파를 없애고 무리를 해산시
킨 것은 대동단결을 숭상하게 되었기 때문이다. 여러 관직의 우두머리들이
자신의 덕을 드러내려는 짓을 그만두게 된 것은 모든 사람들이 한마음으로
힘쓰게 되었기 때문이다. 다른 나라의 말[斗]을 휴대한 상인이 나라 안으로
들어오지 않게 된 것은 다른 나라의 군주들이 이 나라의 틈을 노리지 않게
되었기 때문이다. 그래서 문왕은 이 노인을 태사(太師)로 임명하고, 스스
로 신하로서의 예를 갖추어 북면(北面)하여 물었다.

"이 좋은 정치를 천하에 고루 미치게 해 주실 수는 없겠습니까."

그러자 그 장의 노인은 멍한 얼굴로 대답하지 않다가 이윽고 사직해 버
렸다. 문왕의 청을 받은 것은 아침이었는데 그날 저녁 그 노인은 어디론가
사라져 버렸다. 그 후 그 노인이 어찌 되었는지는 아무도 모른다.

이상의 이야기에 대해 안연이 공자에게 물었다.

"문왕의 덕이 미숙했던 것일까요? 꼭 꿈 이야기를 빌려야만 했을까요?"

공자가 타일러 말했다.

"입을 다물어라. 너는 그런 말은 해서는 안 된다. 문왕의 덕은 지극한 경
지에 이르고 있었다. 어찌 비판할 수 있겠느냐. 꿈을 핑계 삼은 것은 다만
한때의 방편에 지나지 않는 것이다."

【語義】 文王觀於臧(문왕관어장) : '文王'은 周나라의 문왕이리라. '臧'을, 成
玄英은 '위수(渭水) 부근의 지명'으로 보았는데 이것은 태공망(太公望)
여상(呂尙)의 전설에 근거하여 추정한 것으로 근거가 없다. '臧'은 藏,
즉 倉. 道를 안에 감춘다는 뜻이며 여기서는 그러한 뜻을 지닌 지명으
로 쓰이고 있다. 낚싯바늘 없는 낚싯대로 낚시질한다는 것과 조응한다.

見一丈夫釣(견일장부조) : ≪경전석문≫에 의하면 '丈夫'가 '丈人'으로
되어 있는 판본도 있다 한다. 다음 글에는 모두 '丈人(老人의 뜻)'으로

되어 있다. 저본의 '夫'를 '人'으로 고친다.

非持其鉤有鉤者也常鉤也(비지기조유조자야상조야):낚싯바늘 없이 낚시질하는데도 낚임. 이른바 '무위인데도 하지 못하는 것이 없음(無爲 而無不爲)'(≪노자≫ 제48장)을 우의하기 위하여 '鉤' 자를 중복하여 사용한 것이리라. 처음의 '鉤'는 낚싯줄, 낚시 바늘 등의 낚시 도구를 뜻한다. '有'는 '爲'의 뜻. 두 번째 '鉤'는 낚시질하는 동작. 마지막의 '鉤'는 낚시질하여 획득한 物이 있음을 가리킨다.

欲終而釋之(욕종이석지):'終'은 단념하는 것. '釋'은 '捨'와 같은 뜻.

無天(무천):'天'은 가장 존중하며 의뢰하는 대상을 가리킨다.

於是且而屬之大夫(어시차이촉지대부):'且'가 古逸叢書本·成玄英疏本 등에는 '旦'으로 되어 있다. '屬'은 '囑(촉:부르다, 고하다)'의 뜻.

昔者寡人夢見良人黑色而顩(석자과인몽견량인흑색이염):'昔'은 '夕'의 뜻(郭慶藩의 설). '寡人'은 제후의 자칭. '良人'은 여기서는 현인의 뜻(成玄英의 설). '顩(저본에는 頗으로 되어 있으나, 정자로 고쳤다)'은 '髥· 髯'과 같으며 수염.

曰先君王也(왈선군왕야):'君'의 아래에 '命' 자가 있어야 한다(俞樾의 설). 周 문왕의 선군은 계력(季歷)이다.

無它(무타):'它'는 '他'와 같다. 여기서는 다른 마음을 품는 것, 즉 의심하는 것을 가리킨다.

偏令無出(편령무출):唐寫本에는 '偏'이 '篇'으로 되어 있다. '偏(篇)'은 '辯(다스린다는 뜻)'의 차자(章炳麟의 설).

列士壞植散羣(열사괴식산군):'列士'는 관위에 있는 사람들. '植'은 당파를 세운다는 뜻.

斔斛不敢入於四境(유곡불감입어사경):'斔'는 '斞'를 잘못 베낀 것이리라. '斞'는 그 용량이 16斗·64斛·6斛·4斗라는 등 여러 설이 있어 확실하지 않은데 요컨대 곡물의 용량을 재는 되이다. '斛'은 10斗의 되이다. 그런데 여기서는 용량의 다소에는 별 문제가 없으리라. '四境'은 사방의 국경. 유곡(斞斛)이 국경 안에 들어올 수 없는 이유에 관하여 郭象은 다음 글에 '諸侯無二心也'라고 한 것에 근거하여 '천하가 서로 믿게 되어, 도량형을 같이 쓰게 되었다'로 해석하고, 또 이것이 거의 정설로 굳어져 있었다. 그러나 이것은 명백한 오해이리라. 도량은 상인과 관계 있지 제후와는 관계가 희박한 것이다. 또 그럴 정도로 천하로부터 신뢰받았다고 한다면 다음 글의 '政可以及天下乎'라는 물음이 필요 없을 뿐 아니라, 또 丈人이 그 소리에 달아날 일도 없을 것이다. 갖가지 되를 가지고 들어온다는 것은 상행위 때문이다. ≪노자≫에 '얻기 힘든 재화를 귀하게 여기지 않으면 백성들을 도둑으로 만들지 않을 수 있다. 욕심을 일으킬 만한 것을 내보이지 않으면 백성들의 마음이 어지러워지지 않는다.(不貴難得之貨, 使民不爲盜. 不見可欲, 使民心不亂)'(제3장)라 한 것처럼 상행위는 爭亂의 근본이다. 그래서 '작은 나라에 백성도 적은 것이 이상적이다. 가령 다른 사람보다 훨씬 뛰어난 능력을 지닌 사람이 있어도 그 재능을 쓰지 못하게 한다. 백성으로 하여금 생명을 가장 중하게 여겨 죽음을 중대한 것으로 생각하게 하며 멀리 이사하여 살고 싶다는 마음이 일어나지 않게 한다. 배나 수레가 있어도 그것을 타고 갈 필요를 느낄 수 없으며 갑옷과 무기가 준비되어 있어도 진(陳)을 칠 일이 없다.(小國寡民. 使有什伯人之器而不用. 使民重死而不遠徙. 雖有舟轝, 無所乘之. 雖有甲兵, 無所陳之)'(제80장)라고 한 것이다. 利를 추구하면 다른 나라가 또 利를 추구하여 그 틈을 엿보게 되는 것이다.

尙同(상동):'尙'은 '공경하다, 존경하다'의 뜻. '同'은 협동.

二心(이심):두 마음. 배반하는 것. 이 우화는 문왕이 아직 천자가 되지 않은 때를 배경으로 하고 있으므로 이 '二心'은 여러 나라가 문왕의 나라의 혼란을 엿보는 것을 가리킨다.

於是焉以爲大師北面而問(어시언이위대사북면이문):이 ‘焉’은 ‘乎’와 같은 뜻이다. '於是'를 강조하고 있다. '大師'는 여상(呂尙)이 ‘師’라 불렸던 역사적 사실에 근거한 말이리라. 周代에 ‘師’라 불리는 인물에는 악관(樂官)의 長·군단(軍團)의 長, 특히 군주의 옆에 있으면서 君을 보좌하고 간언하는 사보(四輔)의 하나인, 이른바 大師가 있었다. 여상은 본디 군단의 長이었던 것으로 생각되는데 여기서는 사보의 하나인 大師로 취급된 듯하다. ‘北面’은 신하의 위치. 南面한 군주에 대하여 남쪽에서 북쪽을 향하기 때문에 ‘北面’이라 한 것이다.

昧然而不應泛然而辭(매연이불응범연이사):덕충부편 〈재전덕불형우화〉에 悶然而後應, 氾而若(氾若而)辭라고 한 것에 근거한 말이다. '昧然'은 어두운 모양. '泛然'은 어리둥절해하는 모양.

朝令而夜遁終身無聞(조령이야둔종신무문):'終身'은 丈人의 생애 동안.

文王其猶未邪(문왕기유미야):문왕은 유가에서 존숭해 마지않는 성왕이다. 이러한 성왕을, 그것도 공자의 가장 뛰어난 제자가 의심한다고 하는 것은 결코 범상한 일이 아니다. 이것이 이 우화의 첫 번째 흥미이리라.

循斯須也(순사수야):唐寫本에는 ‘也’ 자 다음에 ‘耳’ 자가 있다. '斯須'는 須臾와 같다. ‘잠시’의 뜻으로, 나아가 ‘일시적인, 그때만의’의 뜻. 그런데 공자는 어떤 생각에서 문왕이 일시적인 계책을 쓴 것일 뿐이라고 한 것일까? 인간세편 〈대용우화〉에서 장석(匠石)이 ‘密. 若無言. 彼亦直寄焉. 以爲不知己者詬厲也. 不爲社者且幾有翦乎. 且也彼其所保, 與衆異. 而以義譽之, 不亦遠乎’라고 해설한 것처럼 공자는 문왕의 德의 해설자, 요컨대 의연하게 문왕을 신봉한 것이었을까? 제물론편 〈천뢰우화〉에서 ‘然則朝四而暮三’이라 한 저공(狙公)처럼 ‘休乎天鈞’의 성인의 德을 공자가 달관하고 있었던 것일까? 그렇지 않으면 제물론편 〈대각우화〉에서 장오자(長梧子)가 '丘也與女皆夢也. 予謂女夢, 亦夢也'라고 한 것처럼 공자도 문왕의 德도 사수(斯須)의 德도 꿈속의 꿈이라고 체관했던 것일까?

【補說】 이상의 〈순사수우화〉는 문왕이 낚싯바늘 없이 장(臧)에서 낚시질을 하는, 즉 '無爲而無不爲'의 우의를 지닌 丈人을 발견하고 그에게 행정의 실권을 맡기고자 하나 대신 · 장로들의 반대가 두려워 꿈에 계시가 있었다는 계책으로 그를 등용, 무위의 다스림으로 나라가 잘 다스려졌는데 문왕이 그 다스림을 천하에 널리 펴려 하자 노인이 갑자기 자취를 감추어 버렸음을 서술하고, 마지막으로 안연과 공자의 문답을 빌려 문왕의 계책은 그 시비를 논할 성질의 것이 아니라 '斯須의 計'였음을 논하고 있다. 요컨대 이 우화의 주안은 문왕, 나아가서는 丈人의 행동이 斯須라고 하는 데 있다.

　　꿈속에서 얻은 계시로 재야의 현인을 얻었다고 하는 전설에는 殷의 무정(武丁)이 부열(傅說)을 발견한 이야기가 있다(≪국어≫ 초어 참조). 낚시를 하며 자적하는 현인을 등용했다고 하는 전설에는 태공망 여상의 이야기가 있다(≪여씨춘추≫ 수시편 참조). ≪사기≫ 제태공세가에 의하면 周의 문왕은 사냥길에서 돌아오는 도중 위수 북쪽에서 낚시질을 하는 여상을 만나, '이 사람이야말로 우리의 태공 때부터 오래도록 기다리던 인물이다.'라고 말하고, 그를 '태공망(太公望)'이라 불렀으며 같이 수레를 타고 돌아와 그를 師에 임명했다고 한다.

　　이것은 널리 알려져 있는 전설이다. 이들 전설이 언제 성립되었는지는 확실하지 않으나 이 우화가 이런 종류의 전설을 본뜬 작품이라는 것은 의심할 여지가 없다.

제9장 열어구·백혼무인대화:불사지사우화(列禦寇·伯昏無人 對話:不射之射寓話)

列禦寇爲伯昏無人射. 引之盈貫, 措杯水其肘上發之. 適矢復
沓, 方矢復寓. 當是時, 猶象人也. 伯昏無人曰, "是射之射, 非
不射之射也. 嘗與汝登高山, 履危石, 臨百仞之淵, 若能射乎."
於是無人遂登高山, 履危石, 臨百仞之淵. 背逡巡, 足二分垂
在外. 揖禦寇而進之. 禦寇伏地, 汗流至踵.
伯昏無人曰, "夫至人者, 上闚靑天, 下潛黃泉, 揮斥八極, 神
氣不變. 今汝怵然有恂目之志. 爾於中也, 殆矣夫."

열자가 백혼무인의 명을 받아 활을 쏘게 되었다. 열자는 활을 쥔 왼손
팔꿈치 위에 물을 가득 채운 잔을 올려놓은 채 활을 쏘았는데 물 한 방울
흘리지 않았다. 더욱이 앞의 화살이 시위를 떠나자마자 물이 흐르듯 다음
화살이 메겨졌고, 시위를 떠난 화살은 꼬리에 꼬리를 물고 일직선으로 날
았다. 그때 열자의 하반신은 마치 붙박이 인형처럼 미동도 하지 않았다.

열자의 모습을 보고 백혼무인이 말했다.

"자네의 활솜씨는 사술을 의식한 유심의 활솜씨지, 무심의 도를 터득한
자의 활솜씨는 아니다. 시험 삼아 높은 산에 올라 당장이라도 무너질 듯한
바위 끝에 서서 그 아래 백 길이나 되는 까마득히 깊은 못을 내려다보라.
그곳에서도 이곳에서처럼 쏠 수 있겠는가."

백혼무인은 열자를 데리고 높은 산에 올라, 깎아지른 듯한 바위 끝에 서
서 그 아래 백 길 깊이의 못을 열자와 함께 내려다보았다.

열자는 무의식중에 뒷걸음질쳤는데 발이 거의 바위에서 벗어나 곧 미끄러져 떨어질 것만 같았다. 그런데도 백혼무인은 바위 끝에 태연히 서서 앞으로 더 나오라고 열자에게 손짓했다. 열자는 두려워 그 자리에 납작 엎드려 식은땀을 발뒤꿈치까지 흘렸다.

백혼무인은 열자를 훈계하여 이렇게 말했다.

"지인(至人)은 위로는 푸른 하늘 끝까지 엿보고, 아래로는 황천바닥까지 들어가며 천지 팔방에 자유자재로 날아다니면서도 그 신기(神氣)가 조금도 변하지 않는다. 그런데 자네는 두려워서 벌벌 길 뿐 아니라 눈까지 가물거리고 있다. 그래 가지고서는 과녁을 맞추기 어렵지 않겠는가."

【語義】 列御寇(열어구):列子·子列子라고도 한다. 이 우화는 《열자》 황제편에도 나온다. 통상, '御'를 '禦'로 쓴다.

伯昏無人(백혼무인):'伯昏瞀人'으로 되어 있는 판본도 있다. 뒤의 열어구편에도 '伯昏瞀人'으로 되어 있다.

引之盈貫(인지영관):'盈'은 '가득, 충분하게'의 뜻. '貫'은 '彎(만:활에 화살을 메겨 당김)'의 차자(馬敍倫의 설).

適矢復沓方矢復寓(적시복답방시복우):두세 가지의 다른 견해가 있으나 이 구가 활 쏘는 동작의 신속함을 나타내는 것만은 틀림없다. '適矢'는 과녁을 향하여 날아가는 화살. 과녁에 적중한 화살로 해석해도 된다. 이에 비하면 '方矢'는 '方'이 '放'의 차자이므로 이제 막 시위를 떠난 화살로 해석해야 한다. '復'은 《시경》 齊風 〈의차(猗嗟)〉의 정전(鄭箋)에, '예사(禮射)는 세 번으로 끝내며 매번 네 대씩 쏜다. 네 대의 화살이 모두 과녁에 맞은 것을 복(復)이라 한다.'라고 한 것에 근거한 말이리라. 그렇지만 '復寓'의 復은 '중복'의 뜻이다. '沓'은 글자 뜻 그대로 '겹치다, 포개다'의 뜻으로 화살이 잇따라 적중하는 것을 가리킨다. '寓'는 '偶'의 차자이다. 適矢의 다음에 날아가는 放矢가 適矢와 평행하여 비행할 리는 없지만 마치 適矢의 뒤를 바짝 쫓아가는 것처럼 날아가므로 과장하여 '偶'라 말한 것이다.

猶象人也(유상인야):오른손 말고는 거의 미동도 하지 않는 것을 가리킨다. '象人'은 인형.

射之射(사지사):사술(射術)을 의식한 활솜씨.

背逡巡足二分垂在外(배준순족이분수재외):열자가 엉겁결에 뒷걸음질치자 발이 '위석(危石:당장이라도 무너질 것처럼 위태롭게 솟아 있는 암석)' 밖으로 걸쳐진 것을 가리킨다. '二分'은 '3분의 2'의 뜻이라 한다 (林希逸, 宣穎의 설).

夫至人者上闚青天下潛黃泉揮斥八極(부지인자상규청천하잠황천휘척팔극):어떤 곳에서도 자유로운 것을 가리킨다. 제물론편 〈부지이해우화〉에 '至人神矣. 大澤焚而不能熱. 河漢冱而不能寒. 疾雷破山, 風振海, 而不能驚. 若然者, 乘雲氣, 騎日月, 而遊乎四海之外'라고 한 것 참조.

今汝怵然有恂目之志(금여출연유순목지지):'怵然'은 깜짝 놀라 두려워하는 모양. '恂'은 '眴'의 차자. '眴'은 눈앞이 캄캄해지는 것. '志'는 마음의 움직임.

爾於中也殆矣夫(이어중야태의부):'殆'는 과녁에 안 맞는 것. '矣'는 어세를 강하게 하는 조사. '夫'는 감탄의 뜻을 나타낸다.

【補說】 이상의 〈불사지사우화〉는 평지에서는 신기와 같은 사술을 지닌 열자도 높은 산의 위험한 곳에서는 제 몸 하나 가누지 못하고 벌벌 떨었다는 이야기를 통해, '不射之射'야말로 사술의 극치라는 것, 나아가 의식적인 기교를 초월하여 어떠한 경우에도 '神氣不變'(=정신 부동의 자연 상태)을 유지해야 한다는 것을 이야기하고 있다.

이 우화도 기예 완성에 관한 우화 중 하나다. 그런데 다른 것들이 기예 완성의 경지를 추구하는 데 주안점을 두고 있는 것에 비해 이것은 의식적 기교의 한계를 지적하고 있는 데 새로운 맛이 있다. 그리고 그 한계에 대비하여 신기불변(神氣不變)을 제시하고 있다.

어떤 문제를 추구하다 막다른 곳에 부닥치면 그 장면을 전환하는 것으로 타개되는 일이 있다. 이것은 경험적 사실이다. 또 모든 기예는 그 사람의 정신에 귀착하므로 단련된 정신이 필수불가결함은 말할 나위도 없다. 그렇다고 단지 정신의 단련이나 장면의 전환만 있으면 되는 것은 아니다. 거기에는 열성으로 일관한 추구와 엄격한 자기반성이 동반되어야 한다. 이 우화에 대해서 말하면 열자는 헛되이 '神氣不變'을 생각하고 있을 게 아니라 높은 산 위험한 바위 위에서도 다른 대에서와 마찬가지로, 즉 어디에서든 자연 상태를 유지할 수 있도록 수련하는 것이 필요할 것이다.

제10장 견오·손숙오문답, 중니평:득실비아우화(肩吾·孫叔敖問答, 仲尼評:得失非我寓話)

肩吾問於孫叔敖曰, "子三爲令尹而不榮華. 三去之而無憂色. 吾始也疑子. 今視子之鼻閒, 栩栩然. 子之用心獨奈何."
孫叔敖曰, "吾何以過人哉. 吾以, 其來不可却也, 其去不可止也. 吾以爲得失之非我也, 而無憂色而已矣. 我何以過人哉. 且不知其在彼乎, 其在我乎. 其在彼邪, 亡乎我. 在我邪, 亡乎彼. 方將躊躇, 方將四顧. 何暇至乎人貴·人賤哉."
仲尼聞之曰, "古之眞人, 知者不得說. 美人不得濫, 盜人不得刦, 伏戲·黃帝不得友. 死生亦大矣, 而無變乎己. 況爵祿乎. 若然者, 其神經乎大山而無介, 入乎淵泉而不濡, 處卑細而不憊, 充滿天地. 旣以與人, 己愈有."

은자 견오가 초나라의 현인 손숙오에게 물었다.

"선생께서는 세 번이나 초나라 영윤이 되었으나 그것을 영화로 생각하지 않았고, 세 번 그 자리에서 떠났지만 그럴 때마다 조금도 근심하지 않으셨습니다. 저는 전에 정말로 선생께서 그러셨을까 하고 의심했지만 지금 선생의 코 언저리가 온화하신 걸 보니 진실인 것 같습니다. 선생의 마음 씀이 어떠하시기에 그럴 수 있습니까?"

손숙오가 대답했다.

"내게 다른 사람과 무슨 다른 점이 있겠습니까. 나는 관직이 주어지면 그저 물리칠 수 없다고 생각했고, 관직에서 떠나게 되면 그 또한 막을 수 없다고 생각했을 뿐입니다. 나는 物을 얻고 잃는 것이 내 탓이 아니라고 생각했기 때문에 근심하지 않았던 것입니다. 내게 다른 사람보다 무슨 뛰어난 점이 있겠습니까?

더욱이 나는 物을 얻고 잃는 것이 남이 시켜서 그렇게 되는 것인지, 아니면 내가 하고자 하여 그렇게 되는 것인지 아무리 해도 알 수가 없습니다. 남이 시켜서 되는 것이라면 내가 어떻게 할 수가 없는 것입니다. 또 내가 뜻하여 되는 것이라면 남이 어떻게 할 수가 없는 것입니다. 나는 物에 부닥친 다음에야 주저하기도 하고 주위를 둘러보기도 합니다. 그러니 사람들이 존귀하다고 하는 것이나 비천하다고 하는 것들에 관해 어찌 마음 쓸 틈이 있겠습니까?"

견오와 손숙오의 대화를 전해들은 공자가 감탄하여 말했다.

"옛날의 진인(眞人)은 간지(奸智)에 뛰어난 자도 설복할 수 없었고, 미인도 유혹할 수 없었으며 도둑도 협박할 수 없었고, 또 성왕인 복희나 황제도 그를 벗으로 사귈 수가 없었다. 인간에게 죽음과 삶은 매우 중대한 문제다. 그러나 진인은 생사 때문에 자신의 眞을 바꾸는 일이 없다. 하물며 관직이나 녹봉 때문에 그런 일이 일어날 수 있겠는가. 이런 사람은 그 정신이 태산을 통과할 때도 아무런 장애를 받지 않고, 깊은 못 밑바닥까지 들어가도 물에 젖지 않으며, 천한 지위에 있어도 고달프지 않고, 천지간의 어디에서도 자유로 충만하다. 이른바 '모든 것을 남에게 다 주는데도 자신의 것은 더 많아진다'는 것이다.'

【語義】肩吾(견오):여기서는 楚나라의 은자로 상정된 듯하다.

孫叔敖(손숙오):楚의 장왕(莊王:B.C. 613~B.C. 591년 재위)으로 하여금 패업을 이루게 한 어진 재상으로 유명했다. 성은 위(蔿), 이름은 敖, 孫叔은 그의 자라 한다(孫星衍의 설). 낮은 신분에서 몸을 일으켜 영윤(令尹)이 되었으며 수신(修身)과 검약(儉約)으로 유명했다 한다.

子三爲令尹而不榮華三去之而無憂色(자삼위영윤이불영화삼거지이무
우색):'令尹'은 楚나라의 관명으로 가장 높은 벼슬인 경(卿). 재상(宰
相). 영윤에 3번 올랐다 물러난 것은 ≪논어≫ 공야장편에 나오는 초나
라 문왕(B.C. 689년 즉위)·도오(堵敖)·성왕(成王:B.C. 626년 몰)의
3대에 출사했던 투곡어토(鬪穀於菟:자는 子文)의 일이다. '三就三去'가
어떤 것인가에 관해서는 이론이 있는데 이 우화가 ≪논어≫의 子文의
일에서 번안되었다는 것은 의심의 여지가 없으며 또 손숙오의 '三就三
去'는 이 우화에서 시작된 것이 아닐까?

栩栩然(허허연):제물론편 〈물화우화〉에 나왔던 말을 사용한 것이다.
단 여기서는 마음이 부드럽고 즐거운 것을 뜻한다.

吾以其來不可却也其去不可止也(오이기래불가각야기거불가지야):
대종사편 〈영녕우화〉의 '其爲物, 無不將也, 無不迎也……'나 응제왕편
〈유무진설〉의 '不將不迎, 應而不藏' 등과 같은 사상이다. 요컨대 인간
세편 〈심재우화〉의 '一宅而寓於不得已'이다.

方將躊躇方將四顧(방장주저방장사고):양생주편 〈신기우화〉의 '提刀
而立, 爲之四顧, 爲之躊躇'에 의거한 표현이다.

古之眞人……伏戲黃帝不得友:'說'을 成玄英은 '辯說'의 뜻으로 해석
했는데 '悅'의 뜻으로 해석해야 할 것이다. 말을 교묘하게 하여 알랑거
리는 것. '濫'은 '어지럽히다, 유혹하다'의 뜻. '刦'은 '劫'의 속자. 힘을 다
하여 빼앗는 것. ≪맹자≫ 등문공 하편의 '부귀도 마음을 어지럽히지 못
하고, 빈천도 마음을 움직이지 못하며, 어떠한 위협에도 굴하지 않는다
면 그를 대장부라 할 만하다(富貴不能淫, 貧賤不能移, 威武不能屈, 此
之謂大丈夫)'나 ≪순자≫ 권학편의 '어떠한 권세와 이익도 그 마음을 움
직일 수 없고, 군중의 압력으로도 그 마음을 변하게 할 수 없으며 천하

의 모든 힘으로도 그 마음을 움직일 수 없다. 사는 것도 죽는 것도 오직 학문에 의하니 이를 덕조라 한다(權利不能傾也, 羣衆不能移也, 天下不能蕩也, 生乎由是, 死乎由是. 夫是之謂德操)'등과 비교하면 여기의 진인에 관한 서술은 비속(卑俗)하며 기교(奇矯)하다. 이는 의식적으로 그렇게 한 것이리라.

若然者其神……入乎淵泉而不濡:대종사편〈진인론〉에'若然者, 登高不慄, 入水不濡'라고 한 것에 근거한 것이리라.

處卑細而不憊(처비세이불비):'細'는'천하다, 낮다'의 뜻. '憊'는'고생하다, 괴로워하다'의 뜻.

旣以與人己愈有(기이여인기유유):≪노자≫에'가지고 있는 것을 남을 위해 쓰는데도 내 것은 더욱 있게 되고, 가지고 있는 것을 남에게 주는데도 내 것은 더욱 많아진다(旣以爲人己愈有, 旣以與人己愈多)'(제81장)라고 했다. 이에 근거한 말이리라. 이 구는 이 우화의 원문이 아니라 후인이 방주(傍注)한 글인 듯한데 저본대로 해석했다. 이'旣'는'모두, 남김없이'의 뜻.

【補說】이상의〈득실비아우화〉는 견오와 손숙오의 문답에 대한 공자의 평을 빌려 진인의 정신은 무한히 자유로우며 풍부하다는 것을 이야기하고 있다.

≪논어≫ 공야장편에도 이와 비슷한 이야기가 있다. 공자가 세 번 영윤이 되었다 세 번 사퇴하고도 전연 희로의 감정이 없었던 초나라의 자문(子文)을 충실한 인물이라고 논평한다. 이 우화는 그것을 환골탈태한 것이다. 자문을 손숙오로 바꾸고, 그를 道를 터득한 사람으로 승격시켰을 뿐이다. 내용이나 서술 방법에 있어 앞의 우화와 다른 점이 거의 없다.

제11장 초왕·범군대화:무존망우화(楚王·凡君對話:無存亡寓話)

楚王與凡君坐. 少焉楚王左右曰, "凡亡者三."
凡君曰, "凡之亡也, 不足以喪吾存. 夫凡之亡, 不足以喪吾
存, 則楚之存, 不足以存存. 由是觀之, 則凡未始亡. 而楚未
始存也."

대국인 초나라와 소국인 범(凡)의 왕이 마주 앉아 있었다. 잠시 후 초왕
을 모시는 신하가

"범에는 망국의 징후가 세 가지 있습니다."

하고 이야기를 꺼냈다.

그 말을 듣고 범의 왕이,

"범나라가 망한다 해도 내가 지금 여기에 이렇게 앉아 있는 것을 無로 할
수는 없습니다. 그런데 범의 멸망이 내가 지금 여기에 있는 것을 無로 할
수 없다면 반대로 초나라의 현존이 여기에 계시는 분을 영원히 존속시킬 수
없는 것이 되고 맙니다. 이러한 사실을 근거로 생각해 보면 (초왕이 존재
함으로써 초나라가 존재한다면 마찬가지로 내가 여기에 있는 한) 범은 처
음부터 멸망하지 않게 되어 있다고 말하지 않으면 안 되며, 또 (내가 여기
에 있는 것이 범의 멸망과 관계가 있다면 마찬가지로 초왕이 여기에 계시
는 한) 초나라는 본디부터 존속할 수 없게 되어 있다고 말해야 하겠지요."

하고 말했다.

【語義】 楚王與凡君坐(초왕여범군좌):成玄英은 '초나라의 문왕이 凡의 희

후(僖侯)와 마주앉아 합종회맹(合從會盟)의 일을 논함'이라고 해석했는데 무엇을 그러한 해석의 사료로 삼았는지 명확하지 않다. '凡'은 하남성 휘현(輝縣)에 있던 나라. ≪춘추좌씨전≫ 희공(僖公) 24년의 기록에 의하면 주공(周公)의 일족이 봉해졌던 나라였다. 언제 멸망했는지는 명확하지 않다. 그런데 여기의 '凡'에는 '범용(凡庸)'의 뜻이 우의되어 있는지도 모른다.

左右曰凡亡者三(좌우왈범망자삼):郭象은 '좌우에서 凡君에게 凡에는 3가지 亡徵(망할 징조)이 있음을 말함'이라고 해석하고, 成玄英은 그 亡徵으로서 '鬼를 공경하고 賢을 존경하며 民을 기르는' 세 가지 일에 힘쓰지 않는 것을 들고 있다. 이 외에도 '좌우 중에서 凡의 멸망을 이야기한 자가 셋이다.'(俞樾의 설), '좌우에서 凡의 멸망을 이야기하기 3번이다.'는 등의 설이 있다. 이러한 해석들은 너무나 생경한 것들이다. ≪안자춘추(晏子春秋)≫에 다음과 같은 이야기가 실려 있다. 안자는 키가 몹시 작았다. 안자가 초나라에 사자로 가자, 초왕은 안자를 조롱하여 키가 작으면 인물도 볼 것이 없다는 듯이 '齊에는 사람이 없는가?' 하고 물었다. 초왕의 의도를 간파한 안자는 시치미를 떼고 齊에는 사람이 많다고 대답하여 초왕의 '그런데 어찌하여 자네를 사자로 보냈나?'라는 물음을 유도한 다음, '현명한 군주가 있는 나라에는 현인을 사자로, 불초한 왕에게는 소인과 같은 자를 사자로 보냅니다.'라고 대답하여 초왕을 꼼짝도 못하게 만들었다. 이 구에도 이러한 류의 기지·궤변이 담겨 있다고 보지 않으면 안 된다. '亡徵'이 成玄英이 말한 것과 같은 것인지 아닌지는 별문제로 하고, '楚는 크고 凡은 작음. 楚에는 凡을 집어삼킬 뜻이 있음. 따라서 종자(從者)로 하여금 말로써 그것을 느끼게 하려는 것임'이라는 견해는 당연히 따를 만한 것이다.

不足以存存(부족이존존):'存存'은 현존한다고 불리는 것의 존재를 보증하는 것. 현존하는 것, 즉 뒤의 '存'은 초왕을 가리키며 그것을 '楚王

之存'이라고 드러내는 것을 피하고 완곡하게 표현한 것이다.

【補說】〈무존망우화〉는 楚의 조정에서 망국의 치욕을 받은 凡君이 교묘한
변론으로 '楚는 본디부터 존속할 수 없게 되어 있다.'고 말하여 초왕의
반성을 촉구한 이야기이다.

【餘說】〈무존망우화〉의 해석

이상의 〈무존망우화〉는 언뜻 보아 평이한 듯하나 실은 매우 난해한
작품이다. 현재 세상에서 행해지는 해석은 본서의 번역과는 다른 것이
어서 약간의 해설을 덧붙이고자 한다.

郭象은 '존망은 갈마들며 마음이 애석하게 여기는 곳에 존재할 뿐, 천
하에는 결국 존망이 없다.(夫存亡更在於心之所惜耳. 天下竟無存亡)'라
고 해설하고 있다. 결국 개인의 실재와 국가의 존망은 밀접한 관련이
없으므로 체도자는 국가의 존망으로 마음을 어지럽히지 않는다는 것이
다. 이것이 세상에서 행해지는 통설의 근거가 되고 있다. 확실히 이 우
화의 의미를 골똘히 생각해 보면 그런 것이 된다. 그러나 이것이 과연
이 우화를 깊이 있게 해석한 것이 될 수 있을까?

楚와 凡의 역사적 배경은 명확하지 않지만 과연 凡의 군주가 체도자
로서 개인은 국가를 초월하는 참 실재임을 이야기한 것일까? 나쁘게 말
하면 공허한 무정부론을 주장한 것일까? 망국이란 그 군주의 혈통이 끊
어지거나 그 나라의 수도가 정복자의 손에 떨어져 통치권을 잃는 것이
다. 이 凡의 군주는 강제로 楚에 잡혀와 자기 나라가 멸망하는 위기에
직면해 있었던 것이 아닐까? 楚의 신하가 凡의 망국을 말한 데 대하여
국도가 楚의 손에 떨어져도 그 君이 '나는 존재한다.'라고 한 것은 은근

히 凡의 존속을 말한 기지일 것이다.

국가의 존망은 개인의 실재와는 긴밀한 연관이 없다고 하는 해석에서는 처음의 '凡之亡也, 不足以喪吾存'의 '亡' 또는 '存' 한 자의 의미를 存亡 양면의 의미로 확대하고, 따라서 '楚之存, 不足以存存'을 거의 같은 논리의 반복적 진술로 본다. 이것은 '凡之亡'에 대해 '楚之存'을 초든 것을 별 흥미 없는 것으로 만들 뿐 아니라 '夫凡之亡, 不足以喪吾存'이라고 반복하여 강조하고 있는 의의를 박약하게 만들고 말리라. '凡之亡, 不足以喪吾存'을 간략하게 말하면 '국가의 멸망은 개인을 멸망시킬 수 없다'는 것이며 이에 대하여 '楚之存, 不足以存存'은 '국가의 존속은 개인을 존속시킬 수 없다'는 것으로 틀림없이 전자의 역설이 된다. 逆이 반드시 眞이라 할 수는 없지만 逆의 일부는 眞인 경우가 있으므로 이것을 이용한 궤변은 흥미를 자아내는 것이다.

'凡之亡, ……'으로부터 삼단논법의 형식으로 진행된 추론의 귀결은 그 전제에 대해 큰 비약이 있지만 그 형식이 '凡之亡'에 대해 '凡之未亡', '楚之存'에 대해 '楚之未存'이라 한 것처럼 逆이 되고 있다는 것은 이 우화에서의 역설의 이용이 의식적인 것임을 충분히 증명하는 것이리라.

요컨대 이것은 凡君의 기지 · 궤변을 보여 주는 흥미 있는 우화이다. 이러한 흥미 외에 개인과 국가가 뗄 수 없는 관계에 있는 것이 아니라는 것이 전제가 되고 있음도 확실한 사실이다. 그러나 그것은 무위 · 체도라고 하는 종래 교의의 반복이 아니라 망국의 치욕이 일어나려 함에도 '吾存'이라 한 凡君의 자시(自恃)이자 국가의 강대함은 의지할 것이 못 된다는 楚王에 대한 훈계의 말이며, 또 楚王에게 자신의 야심을 반성하여 凡을 존속시켜 달라는 부탁이기도하다. 국가의 존망으로도 마음이 움직이지 않는다는 것은 凡君에게만이 아니라 楚의 군주에게도 필요한 것이다. 이런 점을 시사하기에 이 우화가 여기 채록되었을 것이다.

제22편

지북유(知北遊)

편 머리의 석 자를 따서 편명으로 삼고 있다. 장절을 나누는 것에
관해 약간의 이설이 있지만 열한 개의 우화와 논설풍의 세 개의 문장
으로 이루어졌다고 보는 것이 옳다. 유사한 우화를 모아 정리한 흔적
이 있지만 우화 사이에 특별한 관련이 있는 것은 아니다. 〈무심우화〉
·〈주편함우화〉 등은 널리 알려진 것들이다. 내편의 대종사편과 논
지가 비슷하다는 것을 지적하는 학자가 있으나, 인생을 일기(一氣)의
변화로 보고 이를 운명론적으로 다루고 있음이 일반적인 특색이며 내
편의 논지보다 실제적이지만 시야가 좁다.

제1장 지·무위위·광굴·황제문답:득도우화(知·無爲謂·狂屈·黃帝問答:得道寓話)

知北遊於玄水之上, 登隱弅之丘, 而適遭無爲謂焉. 知謂無爲謂曰, "予欲有問乎若. 何思何慮, 則知道. 何處何服, 則安道. 何從何道, 則得道."
三問而無爲謂不荅也. 非不荅, 不知荅也.
知不得問. 反於白水之南, 登狐闋之上, 而睹狂屈焉. 知以之言也, 問乎狂屈.
狂屈曰, "唉, 予知之. 將語若."
中欲言, 而忘其所欲言.
知不得問. 反於帝宮, 見黃帝而問焉. 黃帝曰, "無思無慮, 始知道. 無處無服, 始安道. 無從無道, 始得道."

지(知)가 북방의 현수 근방을 여행하다 은분의 언덕에 올라갔을 때 우연히 무위위를 만나게 되었다. 지는 무위위에게 물었다.

"선생께 묻고 싶은 게 있습니다. 무엇을 생각하고 어떻게 연구해야 道를 알 수 있습니까? 무엇을 어떻게 행해야 道에 안주할 수 있습니까? 무엇을 어떻게 좇아야 道를 터득할 수 있습니까?"

지가 같은 질문을 세 번이나 했지만 무위위는 대답하지 않았다. 대답하지 않은 것이 아니라 어떻게 대답해야 할지도 몰랐다.

지는 더 이상 물을 수가 없어 할 수 없이 백수의 남쪽으로 돌아가 호결의 언덕에 올라 광인 굴(屈)을 만났다. 지는 여기서도 먼저와 같은 질문을

했다. 그러자 광인 굴은

"음, 나는 알고 있어. 그대에게 가르쳐 주지."

하고 말했으나 그 순간 하려던 말을 잊고 말았다.

지는 물어 볼 수가 없어 이번에는 황제의 궁전으로 가서 황제를 뵙고 물었다. 황제는

"아무것도 생각하지 않아야만 道를 알 수 있으리라. 아무것도 하지 않아야만 道에 안주할 수 있으리라. 어느 것에도 의지하고 따르지 않아야만 道를 터득할 수 있으리라."

라고 했다.

【語義】 知(지):이것은 인간의 분별지(分別知)를 의인화한 것이다.

玄水之上(현수지상):'上'이 '北'으로 되어 있는 판본도 있다(≪경전석문≫의 설). '玄'은 흑색이며 오행설에 의하면 북방에 해당한다. 북방은 음기가 극하여 서서히 양기로 전환되는 곳이다. '玄'은 또 '元', 즉 근본을 뜻하기도 한다. 원문이 '玄水之北'으로 되어 있었다고 한다면 그것은 우주 활동의 근원, 요컨대 ≪노자≫ 제1장에 '현묘하고도 현묘하도다. 온갖 미묘한 현상을 만들어 내는 문이로다.(玄之又玄, 衆妙之門)'라고 한, 만유의 근원인 道이다. 요컨대 이것은 체도(體道)의 경지를 가리킨다.

隱弅之丘(은분지구):'隱弅'은 '氳(온)'의 완언으로 천지의 氣가 서로 합하여 어리는 모양. '隱弅之丘'는 道의 작용이 시작되는 곳이다.

無爲謂(무위위):천지편 〈군자십사설〉에 '無爲爲之之謂天. 無爲言之之謂德'이라 하고, 또 ≪노자≫에 '道를 닦으면 나날이 줄어든다. 이것을 줄이고 또 줄이면 無爲에 이르게 된다. 하는 것이 없으면 하지 못하는 것이 없게 된다.(爲道日損. 損之又損, 以至無爲. 無爲而無不爲)'(제

48장)라고 한 것처럼 '無爲·無謂'는 체도자의 모습이다. 이것을 의인화하여 인명으로 한 것이리라.

三問而無爲謂不咨也(삼문이무위위부답야):제물론편 〈부지이해우화〉에서 왕예(王倪)가 '吾惡乎知之'라고 답하고, 재유편 〈물자화우화〉에서 홍몽(鴻蒙)이 '吾弗知. 吾弗知'라고 대답한 것과 같은 취향이다. '咨'은 '答'의 차자.

白水之南(백수지남):'白'은 오행설에 의하면 西에 해당하며 계절로는 가을에 해당한다. 따라서 '白水之南'은 西南, 여름의 양기가 물러가고 가을의 숙살(肅殺)의 음기가 서서히 성해지기 시작하는 방위이다. 요컨대 이 말에는 양기의 작의(作意)를 억제하고 고요하게 한다는 우의가 있다.

狐闋(호결):'闋(끝나다, 쉬다)'의 완언이리라. 즉 여우굴이란 자면(子面:문자의 구성·배열·형상 등으로부터 받는 시각적 느낌, 또는 문자의 표면적 의미)을 빌려 작위적인 양강(陽剛)의 행위가 멈추었다고 하는 우의를 담고 있는 지명이라 생각된다.

狂屈(광굴):'屈'이 '詘'로 되어 있는 판본도 있다(《경전석문》의 설). 어느 자가 되었든 물리친다는 뜻의 '屈'의 완언이다. 즉 스스로 억제하여 無爲無知하려고 하는 사람이리라.

黃帝(황제):여기서는 우주의 유일 최고의 지배자를 뜻한다. 황제의 궁전은 漢代의 설에는 북극성인 자미궁(紫微宮)으로 되어 있으나 여기서는 하늘의 중앙이리라.

知問黃帝曰, "我與若知之, 彼與彼不知也. 其孰是邪."
黃帝曰, "彼無爲謂眞是也. 狂居似之. 我與汝終不近也.

夫 ‘知者不言, 言者不知.’ 故聖人行不言之敎. 道不可致, 德
不可至. 仁可爲也. 義可虧也. 禮相僞也. 故曰, ‘失道而後德,
失德而後仁, 失仁而後義, 失義而後禮. 禮者道之華而亂之首也.’
故曰, ‘爲道者日損. 損之又損之, 以至於無爲. 無爲而無不爲
也.’ 今已爲物也, 欲復歸根, 不亦難乎. 其易也, 其唯大人乎.
生也死之徒, 死也生之始. 孰知其紀. 人之生, 氣之聚也. 聚
則爲生, 散則爲死. 若死生爲徒, 吾又何患. 故萬物一也. 是
其所美者, 爲神奇, 其所惡者, 爲臭腐, 臭腐復化爲神奇, 神
奇復化爲臭腐. 故曰, ‘通天下一氣耳.’ 聖人故貴一.”

지는 또 황제에게 물었다.

“저와 임금님은 道에 관해 알고 있지만 무위위와 광인 굴은 알지 못합니
다. 과연 어느 쪽이 옳은 것일까요?”

황제가 대답했다.

“무위위가 진실로 옳은 것이다. 광인 굴은 그 다음으로 옳다. 나와 그대
는 결국 道로부터 멀리 떨어져 있는 것이다. 무릇 ‘物에 관해 정말로 아는
자는 그것을 입 밖에 내어 말하지 않는다. 반대로 함부로 그것을 말하는
자는 物에 관해 정말로 알고 있는 것이 아니다.’ 그래서 성인은 말하지 않
고 자연히 감화시키는 ‘무언(無言)의 가르침’을 행한다. 왜냐하면 道는 인
간이 지혜로 파악하여 말로 표현할 수 있는 것이 아니며 덕(德)은 의식적
으로 행할 수 있는 것이 아니기 때문이다. 이와 반대로 인(仁)은 사람이 의
식적으로 행하는 것이고, 의(義)는 사람이 자신의 지혜로 적(適)·부적(不
適)을 비난하는 것이며, 특히 예(禮)는 사람들이 교활하게 겉을 꾸미며 서로
기만하는 짓이다. 그래서 ‘도가 행해지지 않으니 덕이 존중되고, 덕이 행해

지지 않으니 인이 존중되며, 인이 행해지지 않아 의가 존중되고, 의가 행해지지 않아 예가 존중된다. 예는 도의 허무한 겉 꽃으로서 난세를 만드는 근본이다.'라고 하는 것이다.

그래서 '도를 닦으려면 지혜나 작위를 제거해야 한다. 제거하고 또 철저히 제거하여 스스로 아무것도 하지 않도록 하지 않으면 안 된다. 그렇게 해야만 모든 일에 그르침 없이 대응할 수 있다.'라는 교훈이 생겼다. 그런데 나와 그대는 이미 예(禮)에 속박된 物이 되어 있어 그 근원인 道로 복귀하고자 해도 매우 어려운 것이다. 그러한 일을 쉽사리 할 수 있는 사람은 오직 대인(大人)뿐일 것이다.

우리의 삶은 죽음에 이어져 있고 죽음은 새로운 삶의 시발이다. 그러니 어느 쪽이 그 근원이고 시작인지 알 수 있겠는가? 인간이 이 세상에 생겨나는 것은 기(氣)가 모인 것이다. 기가 모이면 생명을 얻게 되고, 기가 흩어져 사라지면 죽게 된다. 이와 같이 인간의 삶과 죽음은 피할 수 없는 동반자적 관계이므로 우리가 이를 깨닫고 있으면 근원인 道로 복귀하는 것은 어려울지라도 무엇을 걱정할 것이 있겠는가. 모든 物은 그것이 대인이든 우리와 같이 하찮은 존재이든 똑같이 일기(一氣)의 변화이기 때문이다. 物 가운데 가장 좋은 것은 영묘한 작용을 하는 것이 되고, 추악한 것은 썩어 없어지는 것이 되는데 썩어 없어진 것은 다시 변화하여 영묘한 작용을 하는 것이 되고, 영묘한 작용을 하는 것은 다시 변화하여 썩어 없어지는 것이 된다. 그래서 '천하 만물을 널리 같이 변화시키는 것은 오직 일원(一元)의 氣이다.'라고 말하는 것이다. 성인은 이 일원을 깨닫는 것을 가장 중요하게 생각한다. 우리도 이것을 깨달아 모든 것을 이에 맡기지 않으면 안 된다."

【語義】狂屈似之(광굴사지):'似'는 여기서는 '다음, 가깝다'의 뜻. 비슷하다는 뜻(成玄英의 설)으로 해석하는 것은 적당하지 않다.

我與汝終不近也(아여여종불근야):알려고 힘쓰고 말로 표현하고자 하기 때문에 道로부터 멀어지는 것이다. 道에 이를 수 없는 존재로 자신을 규정한 것으로는 대종사편 〈기인우화〉의 '而丘遊方之內者也'나 천지편 〈기심우화〉의 '我之謂風波之民' 등의 예가 있는데 그것들과 비교하면 이것은 약간 미온적이다.

知者不言言者不知(지자불언언자부지):≪노자≫ 제56장의 말이다. 또 천도편 〈서부족귀지론(書不足貴之論)〉에도 나온다.

不言之敎(불언지교):덕충부편 〈화덕유심우화〉에 '固有不言之敎, 無形而心成者邪'라고 했다. ≪노자≫ 제43장에 나오는 말이다.

道不可致德不可至(도불가치덕불가지):'致'는 불러들이는 것. 成玄英은 '얻는다'는 뜻으로 해석했다. 道란 '可傳而不可受, 可得而不可見', 즉 체득해야 하는 것이지 밖에 있어 좇아야 하는 것이 아니다. '至'는 어떠한 것을 목적으로 하여 의식적으로 행하는 것. '德者成和之脩也'라 한 것처럼 德이란 안에 보전해야 하는 것이기 때문에 '德不可至'라 한 것이다. ≪노자≫에 '뛰어난 德을 지닌 사람은 자신이 德을 행하고 있다는 것을 의식하지 않는다. 오직 자연스럽게 행동하는데 그 행위가 道에 꼭 들어맞는다. 그래서 참된 유덕자라는 말을 듣게 되는 것이다. 德이 부족한 사람은 수양을 쌓고 의식적으로 德을 잃지 않으려고 애를 쓴다. 그러한 태도가 위선적인 행동이 되기 때문에 결국 德이 없다는 말을 듣게 된다. 뛰어난 德을 지닌 사람은 道에 따라 無爲(다른 사람 눈에 띄는 것과 같은 작위적인 행동을 하지 않는 것)이며, 또 스스로 일을 이루고자 하는 의식을 지니지 않는다. 그리하여 진정 德을 행하게 되는 것이다. 그런데 德이 부족한 사람은 다른 사람 눈에 띄게 행동하려 하고 스스로 일을 이루려고 하는 생각을 가지고 있다.(上德不德, 是以有德. 下德不失德, 是以無德. 上德無爲, 而無以爲. 下德爲之, 而有以爲)'(제38장)라고 했다.

仁可爲也義可虧也禮相僞也(인가위야의가휴야예상위야):'可'는 여기
서는 '所'와 같은 뜻이다. '事'의 뜻. '爲'는 의식적인 행위, 즉 작위. '虧'
는 손상하다. 여기서는 절도에 적당하지 않은 것을 비난한다는 뜻. ≪노
자≫에 '뛰어난 仁을 지닌 사람은 다른 사람 눈에 띄게 행동하지만 스스
로 일을 완수했다고 의식하지는 않는다. 뛰어난 義를 지닌 사람은 다른
사람 눈에 띄게 행동하며 더욱이 스스로 일을 완수했다는 의식을 갖는
다. 훌륭한 禮를 갖춘 사람은 다른 사람 눈에 띄게 행동을 하며 상대방
이 禮를 어길 때에는 그의 팔을 잡아당겨 강제로라도 禮에 따르도록 한
다.(上仁爲之, 而無以爲. 上義爲之, 而有以爲. 上禮爲之, 而莫之應, 則
攘臂而仍之)'(제38장)라고 했다. 또 변무편에는 '自虞氏招仁義以撓天下
也, 天下莫不奔命於仁義'라는 말이 있다.

先道而後德……禮者道之華而亂之首也:≪노자≫ 제38장의 문장과 거
의 같은 뜻의 문장이다. 단 ≪노자≫에서는 '무릇 禮란 인간의 진심이
엷어진 결과 생겨난 것으로 쟁란의 시초라 할 수 있다. 남보다 먼저 깨
닫는 것은 아직 결실하지 않은 道의 꽃이라 할 수 있는 것으로 모든 사
위(邪僞)의 씨앗이다.(夫禮者忠信之薄而亂之首. 前識者道之華而愚之
始)'(제38장)라고 했다. 필시 이 우화는 의식적으로 '忠信之薄'을 버리
고 '道之華'를 채용한 것이리라. 禮는 허식에 지나지 않는 것임을 가리
킨다.

爲道者日損……無爲而無不爲也:≪노자≫ 제48장에 이 문장과 거의
같은 취향의 문장이 있다. 필시 그것을 본뜬 것이리라. 단 ≪노자≫에
나오는 문장의 첫머리는 '학문은 배울수록 증가하나 道는 닦을수록 줄
어든다(爲學日益, 爲道日損)'이다.

欲復歸根不亦難乎(욕복귀근불역난호):재유편 〈물자화우화〉에 '萬物
云云, 各復其根. 各復其根而不知. 渾渾沌沌, 終身不離. 若彼知之, 乃是

離之. 無問其名, 無闚其情'이라고 한 것에 근거한 말이다.

大人(대인):유덕자. 재유편 〈대인지교지설〉 참조. 여기서는 무위위를 가리킨다.

生也死之徒(생야사지도):'徒(무리, 동료)'로서는 다음 구인 '死也生之始'의 '始'와 짝이 되지 않는다. '緒' 또는 '初'를 잘못 베낀 것이 아닌가 생각되는데 '徒' 대신 '緒' 또는 '初'로 되어 있는 판본이 없다. 또 이 이하의 論은 생사를 직접적인 문제로 삼고 있는 게 아니라 다음의 '萬物一也', 요컨대 '通天下一氣耳'를 설하고 있다. '萬物'이라고 하면 그 속에는 대인, 무위위, 광굴, 지, 황제 모두 포함되는 것이다.

人之生氣之聚也……:'氣'는 만물(주로 생물)의 형체적 존재·작용 등의 보편·공통적 근본 인소(因素)이다. 본디 만물의 생사·성쇠 등의 변화 현상을 설명하기 위해 風(春風에 초목의 싹이 트고 夏風에 초목이 성장하며 秋風에 시들고 冬風에 말라죽는다)에 비유되어 널리 있으되 무형한 것으로, 게다가 갖가지로 변화하는 속성을 가진 보편적 근본인(根本因)으로 생각되었던 것이다. 이것은 인간에 있어서는 혼백 관념과 결합하여 전개되었으며 이른바 생기(生氣)이다. 유가에서는 인간이 자주적 목적체임을 주장하지만 도가에서는 이를 부정하고 인간도 초목, 그밖의 것과 마찬가지로 생멸하는 현상체에 지나지 않는다고 주장한다. 그래서 도가에서는 크게 '氣'라고 하는 개념을 사용한다. 그런데 종전의 여러 편에서는 인간세편 〈심재우화〉에 '氣也者, 虛而待物者也. 唯道集虛'라고 한 것처럼 세속적인 목적관을 배격하는 데 주로 사용됐다. 이것은 純白, 純粹, 純素, 純氣, 至道之精, 精神 등의 주장으로서 전개되고 있다. 이에 비해 이 우화가 인간의 생사를 氣의 집산(集散) 현상으로 보고 있는 것은 지락편 〈망홀우화〉의 '氣變而有形. 形變而有生. 今又變而之死. 是相與爲春秋冬夏四時行也'와 함께, 인간이 氣의 현상체임을 기정적 사실로 보았기 때문이다. 특히 이 우화는 그것을 명확하게 설하고 있다. 이것은 도가에서의 氣의 개념을 그 근본으로 파고들어 규정한 것으로서 주목되고 있지만 또 한편으로는 인생을 하나의 자연현상으로서 운명론적으로 생각하는 경향이 현저한 것이다.

若死生爲徒吾又何患(약사생위도오우하환):'若'은 여기서는 '乃'의 뜻. '만약'의 뜻으로 해석하는 것은 적당하지 않다. 氣의 집산에서 생각하여 生과 死가 동반자인 것이다. '吾又何患'을 통상 생과 사를 걱정하지 않는다는 뜻(郭象, 成玄英의 설)으로 한정하여 해석하고 있는데 이 단은 앞단을 받고 있으므로 '欲復歸根, 不亦難乎', 나아가서는 '物'로서의 지(知)도 황제도 대인과는 별개의 존재임을 근심하지 않는다는 뜻을 포함하고 있다고 해석하지 않으면 안 된다. 이렇게 해석하지 않으면 이 단과 앞단은 거의 연관성이 없는 논술이 되고 만다.

故萬物一也(고만물일야):만물, 즉 무위위·광굴·황제·지·대인 그 밖의 모든 物이라 불리는 物은 똑같이 氣의 전개임을 가리킨다. 제물론편 〈천뢰우화〉의 '天地與我竝生, 而萬物與我爲一'과 흡사한 사상인데 〈천뢰우화〉가 근본의 달관을 주로 하고 있는 데 비해 이것은 자연스런 운명에의 위임을 주로 하고 있다. 또 천지편 〈군자십사설〉의 '萬物一府'나 추수편 〈반기진우화〉의 '萬物一齊'와 흡사하지만 그것들이 포화(包和)를 주로 하고 있는 데 비해 이 우화는 무차별을 강조하고 있다.

是其所美者爲神奇……神奇復化爲臭腐:郭象은 '제각기 아름답다 생각하는 것을 신기하다 하고, 싫다 생각하는 것을 추악하다 할 뿐이다. 그래서 그가 아름답게 여기는 것을 내가 싫어하기도 하고, 내가 아름답게 여기는 것을 그가 싫어하기도 한다. 마땅히, 좋아하고 싫어함에 구애받지 않아야 한다. 어찌 生死彼我의 다름이 있겠는가.(各以所美爲神奇, 所惡爲臭腐耳. 然彼之所美, 我之所惡也. 我之所美, 彼或惡之. 故通

其神奇, 通其臭腐耳. 死生彼我豈殊哉)'라고 해석했는데 이것이 지금까지의 통설이다. 그러나 여기서는 사람들의 의견의 대립을 지적하고 그에 대한 극복을 주장하는 것은 아닐 것이다. 宣穎은 '生을 신기(神奇)라 하여 좋아하고, 死를 취부(臭腐)라 하여 싫어한다.'라고 해석했다. 신기·취부를 생·사로 해석한 것은 正解에 가까운데 '所美者', '所惡者'는 여러 가지 선미(善美)한 것·추악(醜惡)한 것을 뜻한다. 이것들의 '所'는 '可'와 통용된다(王引之의 설). 可美·可惡의 '可'는 可憐·可愛·可疑의 可처럼 그 상태가 충분함을 나타내는 조사이다. '氣'에는 淸·濁이 있다고 하며 또 陰·陽의 작용이 있다고 하는데 그것을 魂(神)魄에 배당하여 설한 것이 있다. 《예기》 제의편(祭義篇)에, '氣는 神이 성대한 것이며, 魄은 鬼가 성대한 것이다. 鬼와 神을 합쳐 제사지내는 것은 가르침의 지극함이라 할 수 있다. 살아 있는 것은 반드시 죽는다. 또 죽으면 반드시 흙으로 돌아간다. 그것이 鬼이다. 인간의 뼈와 살은 땅속에서 썩어 들의 흙이 된다. 그러나 그 氣는 하늘로 날아올라 조명(照明)한 神이 된다. 氣가 끓어올라 사람으로 하여금 두렵게 하는 것은 만물의 精이다. 神이 나타난 것이다.(氣也者神之盛也. 魄也者鬼之盛也. 合鬼與神, 敎之至也. 衆生必死. 死必歸土. 此之謂鬼. 骨肉斃于下, 陰爲野土. 其氣發揚于上, 爲昭明. 焄蒿悽愴, 此百物之精也. 神之著也)'라고 했다. 이 우화의 '其所美者'란 《예기》 제의편의 '百物之精', '神之著'임에 틀림없다. 그것이 '神奇(신비하고 영묘한 작용을 하는 것)'가 되는데 이 신기에는 《관자》 내업편에 '(物의 精을) 가슴 속에 감춘 사람을 聖人이라 한다.'라고 한 명제에서 추론하면 '大人'도 포함되는 것이리라. '其所惡者'는 제의편의 '魄', '鬼'임에 틀림없다. 그래서 '臭腐'(臭는 여기서는 殠의 차자. 즉 臭도 腐도 '썩다·상하다'의 뜻)가 된다고 한 것이다. 단 제의편에서는 氣와 魄을 별개의 物처럼 취급하고 있지만 이 우화에서는 魂(精)도 魄도 똑같이 一氣의 변화로 보고 있는 것이다.

故曰通天下一氣耳(고왈통천하일기이):이에 해당하는 옛말을 발견할 수 없는 것을 보면 '萬物一也'를 바꾸어 말한 것으로 이 우화의 결어라 할 수 있다. 제물론편 〈천뢰우화〉의 '凡物無成與毁, 復通爲一'과 거의 같은 논법이며 '천하의 만물을 널리 변화시키는 것은 一氣일 뿐이다.'라는 뜻이다. '天下가 一氣에 통할 뿐이다.'라고 해석하는 것은 적당하지 않다.

聖人故貴一(성인고귀일):대종사편 〈기인우화〉의 '造物者爲人, 而遊乎天地之一氣', 재유편 〈정기독존우화〉의 '我守其一', 천지편 〈군주천덕설〉의 '通於一, 而萬事畢' 등에 근거한 주장이리라. 대인과 성인에 차별을 두고 있는지는 명확하지 않지만 성인이 一을 귀하게 여기면 뭇사람도 一을 귀하게 여기게 된다는 것은 말할 것도 없다. '故'는 '固(본디부터)'의 뜻.

知謂黃帝曰, "吾問無爲謂, 無爲謂不應我. 非不我應, 不知應我也. 吾問狂屈, 狂屈中欲告我而不我告. 非不我告, 中欲告而忘之也. 今子問乎若, 若知之. 奚故不近."
黃帝曰, "彼其眞是也, 以其不知也. 此其似之也, 以其忘之也. 予與若終不近也, 以其知之也."
狂屈聞之, 以黃帝爲知焉.

지는 황제의 말을 듣고 다시 물었다.

"제가 무위위에게 물었더니 무위위는 제게 아무 대답도 하지 않았습니다. 대답하지 않은 게 아니라 어떻게 대답해야 할지도 몰랐습니다. 제가 광인 굴에게 물었더니 굴은 말해 주려고 했지만 결국 그러지 못했습니다. 말해 주지 않은 게 아니라 그 순간 말해 줄 것을 잊어버린 것입니다. 그런데 바로 전 제가 임금님께 물었더니 임금님께선 확실히 알고 계셨습니다. 그런데도 道에서 멀리 떨어져 있다고 하시니 이는 무슨 까닭입니까?"

황제가 대답했다.

"무위위가 정말로 옳다는 것은 그가 道와 한 몸이 되어 조금도 그것을 알려고 하지 않았기 때문이다. 그리고 광인 굴이 그 다음으로 옳다는 것은 그가 처음엔 그것을 알려고 했지만 곧 잊고서 道와 한 몸이 되었기 때문이다. 그런데 나와 그대가 道로부터 멀리 떨어져 있다고 한 것은 一氣가 변화하는 대로 그에 따르는 몸이면서 그것과 떨어져 그 시초가 되는 道만을 알려고 공연히 애쓰기 때문이다."

광인 굴은 지와 황제의 문답을 전해 듣고, 황제는 物의 이치를 알고 있는 사람이라고 생각하였다.

【語義】 予與若終不近也以其知之也(여여약종불근야이기지지야):이 우화의 주제인 '知로써는 道를 체득할 수 없다.'고 하는 것은 앞에서 인용한 《노자》의 명제 외에 《장자》 중에서도 '已而爲知者, 殆而已矣', '離形去知, 同於大通', '多知爲敗' 등으로 거듭 강조된 주장이다. 그렇지만 여기서는 약간 새로운 의미를 지니고 있다. 그것은 이제껏 知에 관한 설이 외물을 아는 것을 주된 주제로 삼은 데 비해 이것은 자기 자신의 내부인 道를 깨닫는 것을 주된 주제로 삼고 있기 때문이다. 요컨대 여기서는 자신을 대상화하여 道와 떨어진 존재로 의식해서는 안 됨을 말하고 있다. 一氣의 흐름과 변화에 맡기는 가운데 자연히 오득(悟得)된다는 주장을 함축하고 있다고 생각한다.

狂屈聞之以黃帝爲知言(광굴문지이황제위지언):'知言'은 物의 도리를 탐구하여 터득하는 것, 또는 그 의견이나 사람. 그런데 이 우화의 작자는 분명 어떤 목적을 가지고 이 글을 추가한 것이리라. 宣穎은 '결구(結句)는 냉연(冷然)하다. 무위위의 無言으로 매듭지어진 것이 묘미 있다'고 평했다. 간단한 결구가 오히려 깊이 생각하게 한다. '知言'이란 ≪논어≫ 요왈편에 '말을 모르면 남을 알 수 없다(不知言, 無以知人也)'고 했고, 또 ≪맹자≫ 공손추 상편에서 맹가(孟軻)가 '나는 남이 하는 말을 안다(我知言)'고 하여 자부한 것처럼 유가에서 몹시 중시했던 것이었다. 그래서 이 우화는 황제가 유가처럼 언론의 영역에 구태의연하게 구애받고 있다는 것을 야유하고 있는 것일까? 굳이 이 말을 광굴의 말로 삼고 있다는 것으로 추측한다면 無言의 경지를 제시하여 인상을 깊게 하고, 또 그 하나의 단계를 시사하기 위해 황제를 知言이라 한 것이리라. 이것은 덕충부편 〈재전딕불형우화〉에서 애태타의 재덕을 해설한 공자를 애공이 덕우(德友)라고 평한 것과 거의 같은 취향이다. 언론의 영역을 용인하는 절충성이 더해져 있는 것이리라.

【補說】 이상 3절의 〈득도우화〉에서는 지와 무위위·광굴·황제의 문답을 설정, 그 중에서도 특히 지와 황제의 문답을 통해 道는 인간의 분별지로 얻어질 수 없음을 이야기하고 一氣의 변화에 맡길 것을 주장하고 있다.

사람의 생사를 氣의 집산으로 이야기하고 있는 것이 좀 새롭지만 역시 앞의 모든 우화에 의존하는 바 크다. 특히 이 우화는 ≪노자≫가 세간에 자리잡은 뒤의 것임을 뚜렷이 나타내고 있다. 그것은 '知者不言, 言者不知'와 같은 ≪노자≫에 나오는 문구가 그대로 인용된 것으로 알 수 있다.

제2장 관어천지설(觀於天之說)

天地有大美而不言, 四時有明法而不議, 萬物有成理而不說.
聖人者, 原天地之美而達萬物之理. 是故至人無爲, 大聖不
作. 觀於天地之謂也.
今彼神明至精, 與彼百化. 物已死生方圓, 莫知其根也. 扁然
而萬物, 自古以固存. 六合爲巨, 未離其內, 秋豪爲小, 待之
成體.
天下莫不沈浮, 終身不故. 陰陽四時, 運行各得其序. 惛然若
亡而存, 油然不形而神, 萬物畜而不知. 此之謂本根, 可以觀
於天矣.

천지는 만물을 길러내는 위대한 미덕을 갖추고 있으면서도 그것을 드러
내지 않는다. 네 계절은 주기적으로 순환하는 뚜렷한 법칙을 지니고 있으
면서도 그것을 논하지 않는다. 나고 자라는 만물은 각각 정해진 이치가 있
지만 그것을 설명하지 않는다. 성인은 천지의 미덕을 깊이 궁구하여 만물
의 이치에 통달해 있다. 따라서 지인은 사려·분별을 통해 일을 하려 하지
않고(無作), 대성인은 새로이 일을 꾀하지 않는다(不作). 이것이 바로 천지
의 도를 명찰한 것이다.

천지의 미덕을 성립시키는 신령의 가장 정묘한 氣는 物과 더불어 온갖
변화를 한다. 일단 物이 되어서는 사멸·생육·방형·원형 등 다종다양한
변화를 하여 그 근본이 무엇인지 알 수 없다. 그러나 정묘한 氣는 일변하
여 만물이 되지만 그 자체는 태고부터 엄연히 존재해 온 것이다. 천지 사방

의 사이가 넓지만 氣의 범위를 벗어나지 못하며 짐승의 가을털이 비록 작고 가늘어도 氣가 있어야 형체를 이룰 수 있다.

이 세상에서는 어떤 것이든 성쇠의 변화를 거치지 않는 것이 없고 어느 것도 본래의 모습을 끝까지 지킬 수가 없다. 그러나 천지의 음양이나 사시는 쉴 사이 없이 돌며 올바른 질서를 유지한다. 정묘한 氣는 사람의 지혜로는 도저히 알 수 없어 존재하지 않는 듯하지만 엄연히 존재하며 겉으로 드러나 확연히 나타나지는 않지만 영묘한 작용을 한다. 이렇게 하여 만물이 길러지는 것인데 만물은 그것을 알지 못한다. 이 정묘한 氣를 만물의 근본이라 한다. 이 근본을 알면 天(천지)의 도를 통찰할 수 있다.

【語義】 天地有大美而不言(천지유대미이불언):'大美'를 ≪경전석문≫에서는 '하늘이 物을 덮고 땅이 物을 싣는 것을 가리킨다'고 해석하고 있지만 다음 글에 '陰陽'이 거론된 점에서 생각하면 天을 陽의 근원, 地를 陰의 근원으로 하여 그 和를 가리키는 것으로 해석해야 한다. ≪주역≫ 단전(彖傳)에 '위대하구나, 乾(陽을 가리킨다)元. 만물이 그것을 근본으로 하여 시작된다.(大哉乾元. 萬物資始)', '지극하구나, 坤(陰을 가리킨다)元. 만물이 그것을 근본으로 하여 생겨난다.(至哉坤元. 萬物資生)'라고 한 것처럼 陽은 만물이 생겨나는 시초이며 陰은 그것을 기른다고 생각했다. 또 ≪주역≫ 문언전(文言傳)에 '乾始(乾元)는 美利로써 천하를 이롭게 하나 그것을 말하지 않는다.(乾始能以美利利天下, 不言所利)'라고 했다.

成理(성리):개개의 物이 갖추고 있는 진실. 천지편 〈물성생리론〉의 '物成生理, 謂之形' 참조.

是故至人無爲大聖不作(시고지인무위대성부작):위의 '聖人'을 '至人'과 '大聖'으로 나누어 말한 것이리라.

今彼神明至精(금피신명지정):‘神明'은 여기서는 ‘明神'과 같으며 神을 뜻한다. 천지음양의 변화를 일으키는 사람임을 가리키는 것이리라. ‘至精'은 ‘至道之精'과 같은 표현법으로 신명의 정묘함을 가리키며 나아가서는 음양의 氣를 가리키는 것이리라.

與彼百化(여피백화):‘彼'는 物을 가리킨다. ‘百'은 더없이 많음을 뜻한다.

物已死生方圓(물이사생방원):‘死生'은 物의 시간적인 갖가지 변화를, ‘方圓'은 物의 공간적인 여러 가지 변화를 나타낸다.

扁然而萬物自古以固存(편연이만물자고이고존):‘扁然'은 갑자기 변하는 모양. ‘而'는 여기서는 ‘爲'의 뜻. ‘是故惟天地之氣而精(따라서 천지의 氣만이 精이 된다.)'(≪춘추번로≫ 순천지도편), ‘君後三歲而侯, 八歲爲將相(군은 3년 후에는 후가 됩니다. 후가 되어 8년이 되면 장상이 됩니다.)'(≪사기≫ 주발세가) 등을 참조. ‘扁然而萬物'은 앞 글의 ‘與彼百化'를 바꾸어 말한 것이다. ‘自古以固存'은 대종사편 〈진인론〉에서 道의 영구불변함을 서술했던 표현인데 여기서는 道를 대신하는 ‘神明至精'에 대한 서술로 쓰이고 있다. 이하의 서술에서도 그 주어는 ‘神明至精'이며 이러한 논법은 〈진인론〉의 그것과 거의 같다.

天下莫不沈浮終身不故(천하막불침부종신불고):‘沈浮'는 ‘浮沈'과 같다. 성쇠를 가리킨다. ‘終身'은 그 物이 삶을 마칠 때까지.

惛然(혼연):어두운 모양. ‘惛'은 ‘昏'의 차자.

油然(유연):통상 ‘힘차게 일어나는 모양, 새롭게 태어나는 모양' 등으로 해석하는데 그럴 경우 ‘不形'의 수식어도 되지 않으며 ‘惛然'의 짝도 되지 않는다. 동음인 ‘猶然'의 뜻으로 해석하지 않으면 안 된다. 마음 편히 있는 모습, 나아가 물사가 좀처럼 진행되지 않는 모양.

可以觀於天矣:(가이관어천의):‘觀於天'은 앞 글과의 관계로 보면

'觀於天地'의 생략된 표현이리라. 재유편〈물불가불위지설〉에 '……神而不可不爲者, 天也. 故聖人觀於天, 而不助. ……'라고 했다. ≪주역≫ 관괘의 단전에 '天의 神道를 관찰함에, 춘하추동의 운행이 조금도 어긋남이 없다. 성인이 神道로써 民을 가르치고 인도하니 천하의 民이 심복한다.(觀天之神道, 而四時不忒. 聖人以神道設敎, 而天下服矣)'라 하고, 계사전에 '성인, 괘를 만들고 상을 관찰한다.(聖人設卦觀象)'라고 했으며 또 설괘전에 '음양의 변동을 관찰하여 괘를 만들어 내었다.(觀變於陰陽而立卦)'라고 한 것처럼 천상(天象)을 관찰하는 것을 강조하는 것은 ≪주역≫의 여러 傳의 특징이다. 본절의 주장은 이것과 관계가 있으리라.

【補說】이상의〈관어천지설〉에서는 만물은 알 수 없는 천지의 영묘한 작용에 따라 변화하고 있으므로 그와 같은 천지의 道를 명찰하여 무위로 돌아가야 한다고 이야기하고 있다.

앞의〈득도우화〉가 一氣의 변화에 맡기는 것에 대하여 이야기하고 있으므로 그것의 보충 설명으로 이것을 놓은 것이리라. 그러나 앞의 우화가 분별지의 포기를 말하고 있는 데 비해 이것은 불가지론적인 천지에의 절대적인 위임을 이야기하고, 앞의 우화에서는 物의 변화 현상을 든 데 지나지 않았지만 이것에서는 物에 성리(成理)가 있음을 말하는 등 서로 다른 점이 있다. 수사에 집중한 것 치고는 내용이 빈약하다.

재유편의〈물불가불위지설〉, 천지편의〈군주천덕설〉·〈왕덕설〉, 천도편의〈제왕무위론〉등과 논조가 비슷한데 그것들보다 성립 연대는 다소 후세이리라. ≪주역≫의 여러 傳과 유사한 사고방식과 표현이 쓰이고 있다는 점에서 생각하면 秦·漢 사이의 작품이리라.

제3장 설결·피의문답:무심우화(齧缺·被衣問答:無心寓話)

齧缺問道乎被衣.
被衣曰, "若正汝形, 一汝視, 天和將至. 攝汝知, 一汝度, 神將來舍. 德將爲汝美, 道將爲汝居. 汝瞳焉如新生之犢, 而無求其故."
言未卒, 齧缺睡寐. 被衣大悅, 行歌而去之. 曰, "形若槁骸, 心若死灰. 眞其實知, 不以故自持, 媒媒晦晦, 無心而不可與謀. 彼何人哉."

설결이 스승 피의에게 도를 닦는 법에 관해 물었다.

피의가 (서서히 구성진 말로) 논하기 시작했다.

"태도나 동작을 단정히 하고 시선을 한 곳에 모으도록 하라. 그렇게 하면 네 몸에는 하늘(자연)의 화기(和氣)가 찾아들 것이다. 몸의 조화가 갖추어지면 사려·분별을 억제하고 마음을 순일(純一)하게 하라. 그렇게 하면 신령한 정기(精氣)가 네 몸에 깃들 것이다. 이렇게 하여 德이 네게 갖추어지고 道가 너의 근거로서 정해질 것이다. 그러면 너는 마치 갓 태어난 송아지처럼 눈을 뜰 뿐, 세상의 물사가 어떻게 하여 일어나는 것인가 따위는 알려고 하지 않게 된다."

그런데 피의의 말이 채 끝나기도 전에 설결은 곤히 잠들어 있었다. 이 모습을 본 피의는 크게 기뻐하여 노래를 부르면서 그곳을 떠나갔다. 그때 피의가 부른 노래는 다음과 같다.

"보아라, 형체는 바싹 마른 해골 같고 마음은 불 꺼진 재와 같네.

내면의 知를 진실하게 하고 세상의 物에 마음 주는 일 없네.

정적 가운데 정기를 얻고 심오한 가운데 道를 깨달아 완전히 무심의 경지에 들었으니 더 이상 속세의 말을 걸 수가 없네.

도대체 설결이란 녀석은 어떻게 된 녀석일까? (속세의 인간이 아니로다.)"

【語義】 齧缺(설결):제물론편 〈부지이해우화〉 참조. 응제왕편 〈진덕우화〉에 의하면 다음에 나오는 피의(被衣:蒲衣子)의 제자이며 천지편 〈물해우화〉에 의하면 피의의 손제자(孫弟子:제자의 제자)이다. 이 우화는 ≪회남자≫ 도응훈에도 나오는데 문자 사용에 다른 점이 있다.

　被衣(피의):응제왕편 〈진덕우화〉의 '포의자(蒲衣子)'와 같다.

　正汝形一汝視(정여형일여시):인간세편 〈심재우화〉의 '端而虛, 勉而一'과 유사한 사상이다.

　天和將至(천화장지):재유편 〈정기독존우화〉에 '我守其一, 以處其和'라고 한 '和'와 거의 같은 사상인데 여기서는 특히 신체의 자연스런 조화를 가리킨다. 이 우화는 신체와 心을 구분하여 설하고, 신체의 조화가 이루어진 속에 道의 체득이 있으며 나아가 고도의 和가 있다고 주장하고 있다. 이 '將'과 다음에 나오는 '將'은 '반드시 ~이 되다'의 뜻을 나타낸다.

　攝汝知一汝度神將來舍(섭여지일여도신장래사):인간세편에 '夫徇耳目內通, 而外於心知, 鬼神將來舍'라고 한 것과 같은 사상이다. '攝'은 제지한다는 뜻. '一'은 내성(內省)을 철저히 하여 心을 순일하게 하는 것. '度'는 생각하여 꾀하는 것, 이른바 마음(成玄英의 설).

　德將爲汝美(덕장위여미):≪회남자≫에는 '德將來附若美'로 되어 있는데 저본 쪽이 좋다. ≪대학≫에 '德은 몸을 윤택하게 한다(德潤身)'고 한 것과 흡사한 표현이다.

道德爲汝居(도덕위여거): ≪맹자≫의 '천하라는 넓은 곳(仁을 가리킨다)에서 산다(居天下之廣居)'(등문공 하편)와 비슷한 착상에 의거한 표현이다.

瞳焉(동언): '瞳'은 '僮(어리석음, 무지)'의 차자. 여기서는 사려·분별을 하지 않는 것을 가리킨다.

如新生之犢(여신생지독): 송아지를 비유로서 사용하고 있는 것은 응제왕편〈진덕우화〉의 '一以己爲牛'를 받고 있기 때문이리라. 또 '新生'이라 한 것은 無知함을 나타내기 위해서일 뿐 아니라 그 생기발랄함을 표현하기 위한 것이리라. 이러한 예는 ≪노자≫ 등에서도 찾을 수 있다. ≪노자≫에는 生新·潑剌함을 갓난아이의 비유로써 표현한 것이 있다(제55장).

無求其故(무구기고): '故'를 통상 다음의 '不以故自持'의 '故'와 완전히 같은 것으로 보아 事(작위)의 뜻(成玄英의 설), 구습(舊習)의 뜻(郭象의 설) 등으로 해석하고 있는데 이것은 '新生'과 관계되는 것이므로 '생겨나는 이유', 나아가서는 물사의 理를 가리키는 말이리라(林雲銘의 설). 요컨대 이제 막 태어난 송아지가 멍청하게 서 있는 모습을 자연에 모든 걸 위임한 모습으로 보고 있는 것이다. 추수편〈반기진우화〉에 '故生而不說, 死而不禍. 知終始之不可故也'라고 했다.

齧缺睡寐(설결수매): '睡寐(깊이 잠든 모양)'는 응제왕편〈진덕우화〉의 '泰氏其臥徐徐'와 대응하는 표현으로 체도자의 무심하며 평안한 모습을 나타낸다. 태연스럽게 제자가 선생의 가르침을 받다 잠들었다고 하는 것은 대종사편〈좌망우화〉의 안자(顔子)의 坐忘과 흡사한 취향이다.

形若槁骸心若死灰(형약고해심약사회): '槁骸'를 '槁木', '槁木之枝' 등으로 표현한 곳도 있다. 槁骸라고 한 표현이 순당하다. 단 '槁木'·'槁

木之枝' 등에 맞춘다면 '骸'는 '格(돌출한 나뭇가지)'의 차자이다. 그러나 서무귀편 〈자상우화〉에도 '槁骸'로 되어 있으므로 원문대로 해석한다. 필시 죽음과 관계되는 말로서 '槁骸'라 한 것이리라. 피부·살 등이 하나도 없는 해골. 槁木(骸)·死灰 등은 무위·무심의 구체적인 모습에 비유된 것.

眞其實知不以故自持(진기실지불이고자지):≪회남자≫에는 '眞實不知以故自持墨墨'으로 되어 있는데 오탈자가 있는 듯하며 '眞實不知以故, 自持墨墨'으로 구를 끊은 것이리라. '眞其實知'는 응제왕편 〈진덕우화〉의 '其知情信'에 대응하는 표현으로 내면의 知를 진실하게 하는 것을 가리킨다. '實'은 내면에 충실한 것. 선성편의 '中純實而反乎情, 樂也'의 實과 같다. 充과 거의 같은 뜻. '不以故自持'의 '故'는 작위·事의 뜻(成玄英의 설)으로 해석해도 통하지 않는 것은 아니나 앞의 '無求其故'의 '故'에서 확대하여 世故(속사)·구습의 뜻으로 해석해야 한다(郭象의 설). '持'는 '恃(시:믿다, 의지하다)'의 차자. 요컨대 이 구는 구래(舊來)의 것에 구애되지 않는 것, 바꿔 말하면 나날이 그 德을 새롭게 하는 것을 가리킨다. 앞의 '新生'과 호응한다.

媒媒晦晦無心而不可與謀(매매회회무심이불가여모):≪회남자≫에는 '墨墨灰灰無心可與謀'로 되어 있다. '墨墨'은 앞 구에 속하여 '自持墨墨'의 뜻이 되며 墨墨 이하는 '재처럼 무심하니 무엇을 꾀하리.'의 뜻으로 해석해야 할 것이다. '媒'는 '昧'의 뜻(≪경전석문≫의 설), 또는 '昧'의 차자(馬敍倫의 설)라고 하지만 '媒'는 옛음이 之部에 속하며 昧는 微部에 속하여 媒와 昧는 동음이 아니었다. '媒'는 그 옛음이 같은 墨·默의 뜻으로 해석해야 한다. '媒媒晦晦'는 무심한 상태를 반복하여 형용한 것으로 보아야 할 것이다. 요컨대 재유편 〈정기독존우화〉에 '至道之精, 窈窈冥冥. 至道之極, 昏昏默默'이라고 한 것처럼 도덕·정신의 극치, 특히 여기서는 그것을 체득하는 것을 말하고 있다고 해석하지 않으면 안 된다.

彼何人哉(피하인재):감탄의 뜻을 나타낸 것이다.

【補說】 이 우화는 응제왕편의 〈진덕우화〉를 환골탈태한 것이다. 두 우화를 비교해 보면 재미있다. 이 우화에서 가장 재미있는 것은 세속적 이해 · 시비에 구애되는 설결이 선생이 가르치는 도중에 정신없이 잠들고, 피의는 그것을 무심의 참모습이라고 노래하는 부분이다. 제자가 선생의 뜻과 생각 밖에서 道를 체득한다는 취향은 대종사편 〈좌망우화〉에 이미 보인 바 있지만 이 우화에는 〈좌망우화〉에서와 같은 강렬함이 없고 반상식적 · 탈속적 선미(禪味)가 있다.

이 우화는 ≪회남자≫에도 채록되어 있다. 어쩌면 이것은 ≪회남자≫에서 취해졌을지도 오른다. ≪회남자≫의 것보다 수사가 세련되었다.

제4장 순·승문답:천지지위형우화(舜·丞問答:天地之委形寓話)

舜問乎丞曰, "道可得而有乎."

曰, "汝身非汝有也. 汝何得有夫道."

舜曰, "吾身非吾有也. 孰有之哉."

曰, "是天地之委形也. 生非汝有, 是天地之委和也. 性命非汝
有, 是天地之委順也. 孫子非汝有, 是天地之委蛻也. 故行不
知所往. 處不知所持, 食不知所味, 天地之彊陽之氣也, 又胡可得
而有邪."

순임금이 승에게 물었다.

"道란 소유할 수 있는 것입니까?"

승이 대답했다.

"자기 몸조차 자기 것이 아니거늘 어찌 도를 자기 것으로 만들 수가 있
겠습니까."

순임금이 다시 물었다.

"내 몸이 내 것이 아니라면 대관절 누구의 것입니까?"

승이 대답했다.

"몸이란 천지로부터 잠시 위탁받은 형체에 지나지 않습니다. 임금님의
삶도 임금님의 것이 아니라 천지가 임금님께 잠시 맡긴 것입니다. 임금님
의 생사 역시 임금님의 것이 아니라 천지로부터 위탁받은 때의 추이에 따
르는 운명입니다. 임금님의 자손도 임금님의 것이 아니라 천지로부터 위탁
받은 속이 빈 껍질입니다. 그러니 날마다 가면서도 어디에 가 닿을지를 모

르고, 살면서도 무엇에 기대어 살아야 할지를 모르며, 날마다 먹으면서도 무엇이 맛있는지를 모릅니다. 이것들은 모두 천지의 삶을 영위하는 氣의 작용입니다. 그러니 어찌 도를 소유할 수 있겠습니까."

【語義】 舜問乎丞(순문호승):'舜'은 유가에서 존숭하는 성천자 舜임금. '丞'은 사보(四輔)의 하나. 君의 측근에 있으면서 君을 보좌하고 간언하는 것을 주요 임무로 하는 자. 이 우화는 《열자》 천서편(天瑞篇)에도 실려 있다.

　天地之委形也(천지지위형야):'委'는 부탁한다는 뜻. 대종사편 〈진인론〉의 '夫大塊載我以形'과 거의 같은 사상이다.

　委和(위화):《노자》에 '만물에는 모두 음과 양이 갖추어져 있으며 冲氣가 이 음·양을 조화하여 만물에 깃들게 한다.(萬物負陰而抱陽, 冲氣以爲和)'(제42장)라고 했다.

　性命非汝有是天地之委順也(성명비여유시천지지위순야):'性命'은 여기서는 생명·생사의 뜻. 대종사편 〈진인론〉에 '死生, 命也'라 했고, 또 〈조화우화〉에 '且夫得者時也, 失者順也. 安時而處順'이라고 했다.

　孫子(손자):子孫과 같다.

　蛻(세):매미·뱀 따위의 허물. 새롭게 태어나는 것을 가리키는 게 아니라 텅 빈 껍질에 지나지 않음을 가리킨다.

　彊陽之氣(강양지기):'彊'은 '强'의 본자. '彊陽之氣'는 글자 뜻대로 해석하면 활동의 근본인(根本因)이 되는 강건한 양기·생기이다(林希逸·林雲銘의 설). 요컨대 行·處·食이 氣에 의한 것이라는 설은 앞의 〈일기우화〉에서 설한 것과 거의 같은 주장이다.

【補說】 〈천지지위형우화〉는 순임금과 승의 문답 형식을 빌려, 인간의 만사

는 조화(造化)가 나타내 보이는 일시의 가상(假象)으로서 거기에서 道를 발견할 수는 없다고 이야기하고 있다.

이 우화의 '是天地之委形也'는 지락편 〈관화우화〉의 '生者假借也'와 함께 잘 인용되는 문구로 허무적 운명론의 입장에서 이용되는 일이 많다.

제5장 공자·노담문답:지도우화(孔子·老聃問答:至道寓話)

孔子問於老聃曰, "今日晏閒. 敢問至道."
老聃曰, "汝齋戒, 疏瀹而心, 澡雪而精神, 掊擊而知.
大道窅然難言哉. 射爲汝言其崖略.
夫昭昭生於冥冥, 有倫生於無形. 精神生於道, 形本生於精.
而萬物以形相生. 故九竅者胎生, 八竅者卵生. 其來無迹, 其
往無崖, 無門無房, 四達之皇皇也. 邀於此者, 四枝彊[良], 思
慮恂達, 耳目聰明, 其用心不勞, 其應物無方. 天不得不高,
地不得不廣, 日月不得不行, 萬物不得不昌, 此其道與.
且夫博之不必知, 辯之不必慧. 聖人以斷之矣. 若夫益之而不
加益, 損之而不加損者, 聖人之所保也. 淵淵乎其若海, 魏魏
乎[其若山], 其終則復始也. 運量萬物而不匱, 則君子之道,
彼其外與. 萬物皆往資焉而不匱, 此其道與."

공자가 노자에게 물었다.

"오늘은 한가하신 것 같습니다. 부디 지극한 道에 관해 가르쳐 주시기
바랍니다."

노자가 대답했다.

"그대는 재계하여 마음을 비우고 정신을 맑고 정결하게 하며 알량한 지
혜를 몰아내야 한다.

무릇 道란 심오하여 말로 설명하기 어려운 것이다. 하지만 그대를 위하
여 그 대략을 말해 보겠다.

무릇 분명하여 눈으로 볼 수 있는 것은 포착할 수 없는 암흑 속에서 시작되고, 갖가지 구별이 있는 物은 형체가 없는 것에서 생긴다. 이런 이치로 인간의 정신은 알 수 없는 道에서 생기고, 인간의 신체의 근본은 미묘한 정기에서 생긴다. 그리고 인간만이 아니라 모든 物은 각각 형체를 지니고 끊임없이 태어난다. 아홉 구멍을 가진 길짐승은 어미의 뱃속에서 태어나고, 여덟 구멍을 가진 날짐승은 알에서 깬다. 그런데 道는 어디에서 오는지 발자국도 없이 찾아와 그것들에게 정기를 주고, 어디까지 간다는 한정도 없이 그것들의 정기를 데리고 간다. 또 이것을 불러들이는 문도, 그 가는 것을 막는 방법도 없으며 모든 방향으로 통하여 널리 퍼져 있다. 이 道를 참으로 받아들인 자는 신체가 강건하고 사려가 모든 사물에 막힘없이 통하며 귀나 눈은 총명하게 밝고 마음에 아무런 고통도 없으며 사물에 대응해서는 어떤 일에도 적절함을 얻는다. 하늘은 이것이 없으면 높이를 유지하지 못하고 땅은 이것이 없으면 넓이를 유지하지 못하며 해와 달은 이것이 없으면 영원히 변치 않는 운행을 유지하지 못한다. 그와 마찬가지로 모든 사물도 이것을 얻어야만 번창한다. 이것이 바로 道이다.

사물에 관해 널리 배워 아는 것을 반드시 명지(明知)라고 할 수는 없으며 사물의 도리를 깊이 해명한다고 하여 반드시 명민(明敏)하다고 할 수는 없다. 성인은 그런 것들을 깨끗이 버린다. 증가시키려 해도 전혀 증가하지 않고 줄이려 해도 전혀 줄지 않아 언제나 변함이 없는 것, 이것이 바로 성인이 소중히 지키는 것이다. 그것은 깊고 깊어 바다 같기도 하고 높고 높아 산 같기도 하며 끝나면 다시 시작되고 시작되면 또 끝나서 영원히 계속된다. 모든 物을 物로서 하나도 남기지 않고 다스리는 것이 그대가 제창하는 道일 것이다. 그러나 그것은 단지 표면적인 것일 뿐이다. 그에 반해 모든 物이 그로부터 각각의 근본을 취해도 조금도 줄지 않는 것, 이것이 바로 道이다."

【語義】 晏閒(안한):安閒·安閑으로도 쓴다. 한가하게 마음 편히 있는 것. 하는 일 없이 기분 좋게 있는 것.

汝齋戒疏瀹而心……:인간세편 〈심재우화〉의 '心齋'를 기초로 한 표현이리라. '疏瀹而心'은 '夫徇耳目內通'과 거의 같다. '疏'는 도랑 따위를 만들어 물이 잘 흐르도록 하는 것. '瀹'은 '瀶'의 이체자이며 잘 흐르도록 하는 것. 요컨대 '疏瀹'은 막힌 것을 통하게 하는 것(林雲銘의 설), 즉 이목(耳目)이 외물에 구속되는 것을 없애는 것이다. '而'는 여기서는 '汝'와 같다. '而精神', '而知'의 '而'도 같다.

澡雪而精神掊擊而知(조설이정신부격이지):인간세편 〈심재우화〉의 '外於心知'에 해당하는 표현이다. '澡雪而精神'은 虛心하게 되는 것. '澡'는 씻는 것. '雪'은 '涮(쇄)'의 차자로 닦아 없애는 것. '掊擊'은 여기서는 '타파하다, 쫓아버리다'의 뜻.

窅然(요연):멍하여 물사를 구별하지 못하는 모양. 나아가 오심(奧深)한 모양.

崖略(애략):대강, 대충, 개략.

夫昭昭生於冥冥有倫生於無形(부소소생어명명유륜생어무형):'昭昭'는 일월의 빛. '冥冥'은 암흑. 눈으로 볼 수 있는 것은 볼 수 없는 것이 근본이 됨을 가리킨다. '倫'은 '理'와 거의 같은 뜻(成玄英의 설). 物을 구별하는 기준을 가리킨다.

精神生於道(정신생어도):이 '精神'은 '澡雪而精神'의 정신과 함께 이른바 정기를 가리킨다. 정기는 무형의 道에서 발생한다.

形本生於精(형본생어정):통상 앞 구의 '精神'과 이 '精'을 별개의 것처럼 해석하는데 이 '精'은 정신을 이어받고 있다. 즉 '冥冥'에서 '有倫'에 이르는 순서를 氣(精)에 관한 서술로 설명하고 있다. '本'은 근본의 뜻(宣穎의 설).

九竅(구규)·八竅(팔규):目·鼻·耳·口……등 9개의 구멍이 있는 것은 사람과 짐승 종류. 8개의 구멍이 있는 것은 조류.

無門無房(무문무방):'房'을 글자 뜻 그대로 돌아가 쉬는 곳(宣穎의 설)·생활공간으로서의 방(林雲銘의 설) 등으로 해석하고 있는데 그럴 경우 '門'을 '나가는 곳'의 뜻으로 한정하지 않는 한 '門'과 '房'의 의의가 중복되게 된다. '房'은 '防'의 차자. 門이 들어간다는 뜻을 주로 하는 데 비해 밖으로 나간다는 뜻을 주로 하며 그 출입을 방해하는 칸막이를 가리키는 것으로 해석하지 않으면 안 된다.

四達之皇皇也(사달지황황야):이 '之'는 '而'와 같은 뜻이다. 다음에 나오는 '形之不形', '不形之形'의 '之'도 같다. '皇皇'은 너른 모양.

邀於此者四枝彊(요어차자사지강):'邀'는 '만나다'의 뜻. '順(좇다)'의 뜻으로 해석해야 한다는 주장도 있다. '此'가 주로 道를 가리키고 있다는 점을 생각하면 順의 뜻으로 해석하는 것이 좋지만 이 우화의 '道'는 정신을 포함하고 있으므로 '만나다'의 뜻으로 해석하는 것이 좋다.

思慮恂達(사려순달):'恂'은 '徇'의 차자. '널리'의 뜻.

應物無方(응물무방):한쪽으로만 응하는 것이 아닌 것.

天不得不高……不得不昌:대종사편 〈진인론〉에 '夫道有情有信, 無爲無形. 可傳而不可受, 可得而不可見. 自本自根, 未有天地, 自古以固存. 神鬼神帝, 生天生地'라 한 것에 근거한 말이리라.

且夫博之不必知……聖人以斷之矣:≪노자≫의 '참으로 선행을 하는 자는 말솜씨를 부리지 않는다. 말을 솜씨 있게 하는 자는 실은 선행을 하지 않는 자이다. 진실로 잘 아는 자는 박식하지 않다. 잡다한 지식을 널리 알고 있는 자는 실은 그 어느 하나도 잘 알고 있지 않다.(善者不辯, 辯者不善. 知者不博, 博者不知)'(제81장)에 의거하여 유가의 박학·명변(博學·明辯)을 배격하고 있다. '斷'은 '絶'과 같은 뜻. 잘라서 버리는 것.

若夫益之而不加益……聖人之所保也 : ≪노자≫ 제4장과 제45장의 내용에 근거한 말이리라. '保'는 지켜나가는 것. 일설에 '寶'의 차자(馬敍倫의 설)라 했다.

淵淵乎其若海魏魏乎其終則復始也(연연호기약해위위호기종즉복시야) : '淵淵乎'는 매우 깊은 모양. '魏魏乎'는 매우 크고 높은 모양. 이 다음에 '若山' 두 자가 빠져 있다고 보지 않으면 안 된다(馬敍倫의 설). 이것을 보충한다. '其終則復始也'는 영원히 전개되는 것을 가리킨다.

運量萬物而不匱則君子之道彼其外與(운량만물이불궤즉군자지도피기외여) : '運'은 운용하다, '量'은 재다. 나아가 다스리다의 뜻. '匱'는 다음의 '匱'에 끌려 '遺'를 잘못 베낀 것이리라(王叔岷의 설). '遺'는 '버리다·방치하다'의 뜻. ≪주역≫ 계사전에 '易은 천지간의 만물을 음양 변화의 이법으로써 하나하나 자세히 성취시켜 하나도 흘려 남기는 바가 없다.(曲成萬物而不遺)'라고 했고, 또 ≪중용≫에 '군자의 道는 필부필부로부터 시작되나 그 지극함은 천지보다 밝다.(君子之道, 造端乎夫婦, 及其至也, 察乎天地)'라고 했다.

萬物皆往資焉而不匱(만물개왕자언이불궤) : ≪노자≫에 '大道는 널리 미치지 않는 곳이 없다. 만물이 이를 의지하여 생겨나는데 거부하는 법이 없다.(大道汎兮, 其可左右. 萬物恃之以生而不辭)'(제34장)라고 했고, 또 ≪주역≫ 건괘의 단전에 '위대하구나, 乾元. 만물이 그것을 근본으로 하여 시작된다.(大哉乾元. 萬物資始)'라고 했다. '匱(상자, 궤짝)'는 '饑(기 : 부족하다, 다하다)'의 차자.

【補說】 〈지도우화〉는 공자와 노담의 문답을 빌려 노자의 道가 무명·무형·무위이며 또 이를 체득한 자만이 번창할 수 있다고 하면서 유가에

서 주장하는 군자의 道가 외면적인 것임을 지적하고 있다.

공자와 노자의 문답 형식으로 된 우화 가운데 하나이다. 공자를 노자의 제자로 등장시키고 있으나 유가설에 대한 비판은 매우 미온적이다. 이러한 유형의 우화로는 가장 후기에 이루어진 작품인 듯하다.

제6장 대득지설(大得之說)

中國有人焉. 非陰非陽, 處於天地之閒, 直且爲人, 射反於宗.
自本觀之, 生者暗醷物也. 雖有壽夭, 相去幾何. 須臾之說也.
奚足以爲堯·桀之是非.
果·蓏有理. 人倫雖難, 所以相齒. 聖人遭之而不違, 過之而不
守, 調而應之, 德也. 偶而應之, 道也. 帝之所興, 王之所起也.
人生天地之閒, 若白駒之過郤, 忽然而已. 注然勃然, 莫不出
焉. 油然漻然, 莫不入焉. 已化而生, 又化而死. 生物哀之, 人
類悲之. 解其天弢, 墮其天袠, 紛乎宛乎, 魂魄將往, 乃身從
之, 乃大歸乎.
不形之形, 形之不形, 是人之所同知也. 非將至之所務也, 此
衆人之所同論也. 彼至則不論, 論則不至. 明見無值, 辯不若
默. 道不可聞, 聞不若塞. 此之謂大得.

중국에는 많은 사람이 살고 있다. 그들은 언제나 강건한 양기에 의해서
만 존재하는 것도 아니고, 언제나 유약한 음기에 의해서만 존재하는 것도
아니다. 음양의 변화와 중화(中和)에 의해 천지간에 존재하며, 단지 잠깐
동안 인간의 모습을 취해 그 본원으로 돌아가려 하는 것이다. 결국 근본의
道로써 생각하면 인간이 이 세상에 생존한다는 것은 氣가 일시 집결해서
이루어진 物에 지나지 않는다. 그런 까닭에 세상에는 장수와 단명이 있지
만 대체 그것들이 얼마나 떨어져 있다는 말인가. 지극히 짧은 시간의 이야
기일 뿐이다. 이와 같이 한 순간, 한 때의 세상인 중국에서 이른바 성왕 요

와 폭군 걸의 시비 따위를 논쟁할 필요가 어디에 있는가.

나무나 풀의 열매에는 그들을 구별할 수 있게 하는 법칙이 있다. 인간에게 질서를 부여하는 도리는 나무나 풀의 열매처럼 쉽게 구별할 수는 없지만 사람들이 자연히 지키고 있는 순리가 그것이다. 그래서 성인은 특별히 순리에서 벗어나려 하지도 않고, 억지로 그것을 고수하려 하지도 않는다. 즉 자연히 그와 조화하고 그에 응한다. 이것이 德이다. 이렇게 자연히 그에 가까이 있어서 응하는 것, 이것이 道이다. 이와 같이 道와 德에 의해서 자연히 행하는 것이 황제나 임금의 정업(政業)을 성(盛)하게 하는 근본이다.

인간이 천지간에 생존하는 것은 문틈 사이로 백마가 뛰어가는 것을 언뜻 본 것과 같은 순간의 일에 지나지 않는다. 모든 사람은 물이 솟아나듯이 나타났다가 곧 물이 빨려 들어가듯이 사라져 간다. 변화하여 태어나고 변화하여 죽어 간다. 온갖 생물이 그것을 슬퍼하고 사람인 한 또 그것을 한탄한다. 그러나 하늘로부터 받은 몸이라는 주머니를 풀어 놓고 하늘로부터 받은 가슴이라는 보자기를 찢고 뒤얽혀 구르면서 혼백이 사라져 가려 하면 그 몸도 혼백을 따라가 다시 그 몸으로 되돌아가는 일이 없는 근원으로 귀착하게 될 것이다.

형체가 없는 것에서 형체를 갖추어 나타나고, 지금까지 형체가 있던 것이 형체 없이 사라진다는 것은 인간이라면 누구든 알고 있는 사실이다. 그러나 앞으로 어떻게 되는가 하는 미래는 인지(人知)로 추측할 수 있는 일이 아니다. 그럼에도 세상의 많은 사람들은 그것에 대해 논쟁하고 있다. 그 미래가 현재의 일이 되면 그때 사람들은 그것에 대해 논쟁하려 하지 않는다. 결국 논쟁하고 있는 한 그 장래는 그 논쟁하는 바대로 현재의 일이 되지 않는 것이다. 그래서 사람의 명찰(明察)은 사물의 실체에 적중하는 일이 없다. 그러므로 사물을 분명히 설명하려 하기보다는 잠자코 있는 편이 낫다. 즉 사물의 변화하는 근원인 道는 분명하게 설명을 들을 수 있는 것이 아니다. 道를 들으려 하기보다는 마음속으로 깊이 성찰해 보는 것이 좋다. 이렇게 성찰하여 얻은 것을 대덕(大德)이라 한다.

【語義】 中國有人焉非陰非陽……:'中國有人焉'은 추수편 〈반기진우화〉의 '計中國之在海內, 不似稊米之在太倉乎'를 본뜬 것이리라. '非陰非陽'은 음양의 변화와 中和로 생겨나는 것을 소극적으로 표현한 것.

　將反於宗(장반어종):재유편 〈물자화우화〉의 '萬物云云, 各復其根'과 같은 사상이다. '宗(근본)'은 道를 가리킨다.

　生者暗醷物也(생자음의물야):'暗醷'를 郭象은 '氣가 모이는 것'으로 해석했는데 무엇을 근거로 그러한 해석을 내렸는지 확실하지 않다. '夫大塊噫氣, 其名爲風'의 '噫'의 완언이리라. 단 여기서도 '토해내다'의 뜻보다는 '안에 담겨 있다'는 뜻을 주로 한다. ≪설문해자≫에 '意(意의 이체자)는 가득 찬 것'이라고 한 것처럼 '意'라는 말에는 '충만하다'라는 뜻이 담겨 있다.

　果蓏有理人倫雖難所以相齒(과라유리인륜수난소이상치):'果'는 나무에 열리는 열매. '蓏'는 풀에 달리는 열매. '理'는 각각을 구별하는 법칙. '人倫'은 인간을 질서 지우는 도리. '齒'는 질서를 지키는 것.

　白駒之過郤(백구지과극):더없이 짧은 시간에 지나가 버리는 것을 가리킨다. '白駒'를 햇빛으로 해석하는 설과 글자 뜻 그대로 질주하는 백마(白馬)의 뜻으로 해석하는 설이 있다. 햇빛으로 해석하는 쪽이 비유로서는 뛰어나나 ≪예기≫ 三年問篇에 '네 필 말이 끄는 마차가 지나가는 것이 잠시 문틈으로 보이는 것과 같다.(若駟之過隙)'라고 한 것을 보면 말을 가리키는 것으로 해석해야 할 것이다. '駒'는 젊고 힘이 센 말.

　忽然(홀연)·注然勃然(주연발연):'忽然'은 돌연·졸연·갑작스런 모양. '注然'은 '汪然(왕성한 모양)'을 잘못 베낀 것이 아닐까? 글자 뜻 그대로 해석하면 한곳으로 모이는 모양을 가리키는 말이다. '勃然'은 급히 또는 왕성하게 흥기(興起)하는 모양.

油然漻然(유연료연):'油然'은 평안한 모양. '漻然'은 고요한 모양.

解其天弢墮其天袠(해기천도휴기천질):인간의 신체를 하늘이 준 氣를 싸고 있는 주머니에 비유한 것이다. '弢'는 활을 넣는 주머니. '袠'은 주로 책 따위를 넣는 주머니. 문·무, 행동과 지식까지 뜻하고 있는지 어떤지는 확실하지 않다.

紛乎宛乎(분호완호):氣가 변화하는 모양. '紛乎'는 어지러운 모양. '宛乎'는 변하는 모양.

不形之形形之不形(불형지형형지불형):形 없는 것에서 생겨난 形 있는 것이 다시 形 없이 죽는다는 데서 연역하여 일반적으로 변화는 예측할 수 없음을 말하고 있다. 다음의 '將至'의 도입이다. 통설로는 생사의 문제에 한정하여 해석하고 있는데 불충분하다.

非將至之所務也(비장지지소무야):'將至'를 통설에서는 理에 이른다는 뜻(成玄英의 설), 道에 이른다는 뜻(宣穎의 설) 등으로 해석하는데 적당하지 않다. '將至'는 글자 뜻 그대로 '장래·미래'의 뜻(王夫之의 설)이다. 요컨대 이 구는 ≪노자≫의 '남보다 먼저 안다고 하는 智者는 道의 헛꽃이며 사위(邪僞)의 시초가 되는 것이다.(前識者道之華而愚之始)'(제38장)와 거의 같은 사상을 보여 주고 있다.

此衆人之所同論也(차중인지소동론야):≪중용≫에 '지극한 진실의 道는 미리 알 수 있는 법이다. 국가가 흥하려 할 때에는 반드시 길조가 있고, 국가가 망하려 할 때에는 반드시 흉조가 있어 그것이 시초점(蓍草占)과 거북점에 나타나며 사람들의 행동에 나타난다. 재앙과 복이 닥쳐옴에 그것을 미리 아니 지극한 정성은 神과 같은 것이다.(至誠之道, 可以前知. 國家將興, 必有禎祥, 國家將亡, 必有妖孼, 見乎蓍龜, 動乎四

體. 禍福將至, 善必先知之, 不善必先知之. 故至誠如神)'라고 한 것처럼 유가는 전식(前識)을 중시한다. 유가뿐 아니라 전식은 사람들의 관심사이다. 이 구는 이러한 사실을 가리키고 있다.

明見無値(명견무치):'明見'은 '將至'를 논한, 이른바 前識을 가리키는 말이리라. '値'는 상당(相當)한다는 뜻. 요컨대 실체에 해당하는 것.

聞不若塞(문불약색):'塞(막히다)'은 글자 뜻 그대로 해석해도 통하지만 '窒(색)'의 차자로 보는 것이 더 좋다. 깊이 생각하다, 즉 내성(內省)을 깊게 하는 것을 가리킨다.

此之謂大得(차지위대득):'大得'은 '得'을 글자 뜻 그대로 풀어 '크게 道를 깨닫다'(成玄英의 설)로 해석해도 통하지만 '得'을 '德'의 차자로 보아 '참된 德'의 뜻으로 보아야 할 것이다.

【補說】 〈대득지설〉은 '인생은 일시적인 변화 현상에 지나지 않으므로 무위·자연의 도덕이 제왕도(帝王道)의 근본이다.'라 하고, 이어서 '인생은 허무하며 그 미래를 알 수 없으므로 道는 知에 의하지 않고 內省에 의해 체득해야 한다. 內省에 의한 道의 체득이 大德이다.'라고 이야기하고 있다.

앞의 〈지도우화〉는 道가 만사 만물의 근원임을 주로 이야기하고 있어 그 道의 체득에 대해서는 많이 이야기하지 않았다. 그래서 道의 체득에 대한 이야기를 보충하고자 이 우화를 여기에 채록했을 것이다.

종래 이 우화를 앞 우화의 노자의 계속되는 말로 해석하거나 앞 우화에 접속되는 보설로 해석하는 일이 많았다.

그러나 앞 우화의 중복 표현이 '天下得不高, 地不得不厚……'처럼 가층적(加層的)인 데 비해 이것은 '生物哀之, 人類悲之'와 같이 반복적이며, 전자가 적극적으로 만물의 번성을 용인한 데 비해 후자는 사람의 대귀(大歸)를 들고 있고, 전자는 박력이 있는 데 비해 후자는 애조를 띠는 경향이 많은 등 문세가 다르다. 특히 전자는 至道의 論이고 후자는 인생론으로 그 논점이 다르며 각각 거의 완결된 우화 또는 이야기로 되어 있다. 서로 다른 시기에 다른 작자에 의해서 이루어진 독립된 것으로 보아야 한다.

이 이야기의 주안점은 편 머리의 〈득도우화〉나 앞의 〈천지지위형우화〉와 비슷하나 허무주의적 경향이 그것들보다 한층 강하다.

'白駒過郤'이나 '彼至則不論, 論則不至'는 날카로운 경구(警句)이다. 인간의 지식은 미래를 지향한다. 과거에 관한 지식도 미래에 소용되게 하려는 것이다. 그런데 그것들은 과연 현재 그 자체를 다루고 있는 것일까, 과연 현재는 다룰 수 있는 것일까. 아니면 현재는 다만 잠자코 행동할 수밖에 없는 것일까.

제7장 동곽자·장자문답:주편함우화(東郭子·莊子問答:周徧咸寓話)

東郭子問於莊子曰, "所謂道惡乎在."

莊子曰, "無所不在."

東郭子曰, "期而後可."

莊子曰, "在螻蟻."

曰, "何其下邪."

曰, "在稊稗."

曰, "何其愈下邪."

曰, "在瓦甓."

曰, "何其愈甚邪."

曰, "在屎溺."

東郭子不應.

莊子曰, "夫子之問也, 固不及質. 正獲之問於監市履狶也, 每下愈況. '汝唯莫必. 無乎逃物.' 至道若是. 大言亦然. 周·徧·咸三者, 異名同實, 其指一也.

嘗相與遊乎無何有之宮, 同合而論無所終窮乎. 嘗相與無爲乎. 澹而靜乎. 漠而淸乎. 調而閒乎. 寥已吾志, 無往焉而不知其所至, 去而來, 不知其所止. 吾已往來焉, 而不知其所終, 彷徨乎馮閎. 大知入焉, 而不知其所窮.

物物者, 與物無際. 而物有際者, 所謂物際者也. 不際之際, 際之不際者也. 謂盈虛衰殺. 彼爲盈虛, 非盈虛. 彼爲衰殺, 非衰殺. 彼爲本末, 非本末. 彼爲積散, 非積散也."

동곽자가 장자에게 물었다.

"선생이 말씀하시는 道란 어디에 있습니까?"

장자가 대답했다.

"없는 곳이 없습니다."

"어떠한 사물에 있는지 지적해 주시면 알 수 있겠습니다."

"땅강아지나 개미에게 있죠."

"너무나 천박합니다."

"강아지풀이나 돌피에도 있죠."

"더욱 천박합니다."

"기와나 벽돌에도 있죠."

"점점 더 천박한 정도가 심해지고 있습니다."

"똥이나 오줌에도 있죠."

동곽자는 더 이상 대꾸하지 않았다.

그러자 장자가 말했다.

"선생의 질문은 道의 본질적인 문제에 미치지 못하고 있습니다. 시장 감독관이 시장의 우두머리가 돼지를 밟아 그 가치를 평가하는 것을 보고 방법을 물은즉 돼지 몸의 맨 아래 쪽을 밟아 보는 것이 그 가치를 가장 확실히 아는 방법임을 알았습니다. 그래서 그 감독관은 시장의 우두머리에게 '자네는 숨겨서는 안 되네. 시장의 상인들이 물건의 가치를 속이지 못하도록 하게.' 하고 말했습니다. 이처럼 하찮은 것에까지 상세함으로써 비로소 참 가치가 명백해집니다.

훌륭한 道도 이와 마찬가지입니다. 지극한 道에 관한 높고 원대한 말도 마찬가지로 고상한 체할 필요가 없습니다. 물사의 보편을 표현하는 데는 주(周:주위, 일대)·편(徧:널리 미치다)·함(咸:전부, 모두)의 세 가지 말이 있는데 명칭은 달라도 실질은 같아서 그 전체를 다함으로써 비로소 그

보편이라고 하는 의미가 있는 것이지요. 道도 그렇게 하여 명백해지는 것입니다.

그러니 그와 같이 일일이 사물을 열거하기보다는 잠시 무하유(無何有)의 궁전에서 놀며 함께 무한의 道에 관해 이야기해 봅시다. 잠시 인간 세상의 일을 잊고 아무런 일도 하지 맙시다. 그러면 모든 욕심이 사라지고 마음이 고요해집니다. 모든 심려가 사라지고 마음이 평안해질 것입니다. 잘 조화되어 한가로워질 것입니다. 그와 같이 텅 비어 고요해진 우리의 마음은 나가면 어디에 가 닿을지 알 수 없고 돌아오면 어디에 머무를지 알 수 없을 것입니다. 그런 마음은 자유로이 어디든 오고가 언제까지나 광대한 공간을 즐겁게 돌아다닐 것입니다. 그러는 동안 眞知가 몸에 갖추어져 그 다할 때를 알 수 없이 모든 사물에 적절히 대응하는 묘용(妙用)을 발휘할 것입니다.

모든 사물을 성립시키는 것은 이와 같이 사물에 대해 구별을 두지 않는 것입니다. 그에 반해 物에 대해 분한(分限)을 만드는 것은 이른바 物로서의 분한입니다. 그 분한이란 지금까지 분한이 없었던 것으로부터 나타나고, 분한이 있던 것으로부터 없어지는 것입니다. 그것은 가득 찼다가 없어지고 성했다가 쇠해지는 현상입니다. 그러나 그것은 일시적인 현상으로 物이 찼다가 없어졌다가 하는 것은 物 자체의 참된 滿이나 虛가 아니고, 物이 성했다가 쇠했다가 하는 것 역시 物 자체의 참된 盛이나 衰가 아닙니다. 物의 본말(本末)도 物 자체의 참된 본말이 아니고, 物이 모였다 흩어졌다 하는 것도 물 자체의 集이나 散이 아닌 것입니다."

【語義】 東郭子(동곽자):성곽 동쪽에 살고 있는 선생이라는 뜻. 成玄英은 전자방편 〈토경우화〉의 '東郭順子'와 동일인으로 보고 있으나, 두 사람의 성격을 비교해 보면 각기 다른 사람이다.

無所不在(무소부재):제물론편 〈천뢰우화〉에 '道惡乎往而不存'라 했다.

期而後可(기이후가):'期'는 여기서는 정하다, 즉 어떤 物에 해당시키는 것을 가리킨다. '可'는 '可知'를 생략하여 표현한 것.

螻蟻(누의):땅강아지와 개미. 미소한 物의 예로 든 것이다.

稊稗(제패):강아지풀과 피. 쓸모없는 곡물의 예로 든 것이다.

瓦甓(와벽):'瓦'는 불에 구운 토기, 또 기와의 총칭. '甓'은 봉당 같은 곳에 까는 납작한 기와.

固不及質(고불급질):'質'은 다음의 '異名同實'의 '實'과 같다. 실질 · 실체. 앞에서는 螻蟻 · 稊稗 등의 이른바 이름만을 이야기한 것으로 그 이름은 실질이 아님을 가리킨다.

正獲(정획):'正'은 관명. 시장에서 상거래의 질서를 감독하는 자이며 '獲'은 그 자의 이름이라 한다(成玄英의 설). 시장의 질서를 유지시킬 뿐 아니라 세금도 징수했으리라.

問於監市履狶也(문어감시리희야):'監市'는 시장의 우두머리로서 도살하는 자. '狶'는 큰 돼지.

每下愈況(매하유황):돼지의 하체 쪽으로 밟아 볼수록 살찐 정도를 확실히 알 수 있음. '況'은 '光 · 皇' 등과 통하며 명백하게 한다는 뜻.

汝唯莫必無乎逃物(여유막필무호도물):이 두 구에 관해서는 이견이 적지 않은데, 단 '汝'가 東郭子를 가리키고 있으며 또 이 구가 道에 관한 직접적인 설명이라는 데는 의견을 같이 한다. 그런데 앞서는 東郭子를 '夫子'라고 했는데 어찌하여 여기에 이르러 느닷없이 '汝'가 되었을까? '逃物'이란 과연 무엇을 말하는 것일까? 사실 이 구는 正獲의 말로 보아야 한다. '汝'는 監市를 가리킨다. '必'은 틀림없이 믿는다는 뜻으로 해석해도 되나 '秘(숨기다)'의 차자로 해석하는 것이 좋다. '乎'는 필시 '俾(팽:~로 하여금 ~하게 함)'을 잘못 베낀 듯한데 이 문장을 '無

逃物乎'를 도치시킨 것으로 보아도 된다. '逃'는 '陶誕(도탄:완고하고 도리에 어두움)'의 '陶'와 같으며 은닉의 뜻. 즉 상인이 물건의 진가를 속이는 것을 가리킨다.

至道若是大言亦然(지도약시대언역연):'至道'와 '大言'이 짝이다. '至道'는 '所謂道'에 응하고, '大言'은 '何其下邪'에 응하는 야유 섞인 표현이다.

嘗相與遊乎無何有之宮(상상여유호무하유지궁):'嘗'은 잠시 말해 보겠다는 뜻을 나타낸다. '無何有之宮'은 '無何有之鄕'을 본뜬 것. 道를 체득한 無의 경지에 대한 비유다.

同合而論無所終窮乎(동합이론무소종궁호):'同合'을 精粗의 物 모두를 합동한다는 뜻으로 보고, '論'에서 구를 끊는 것이 종래의 해석 방법이다. 그러나 '同合하여 論한다'는 것은 순당하지 않은 표현이다. 物을 합동하여 논한다고 하면 '論' 다음에 '之' 또는 '物' 자가 있어야 하며 더욱이 이미 '無何有之宮'에서 놀고 있기 때문에 物에 관해 논할 필요가 전연 없는 것이다. 또 '論'에서 구를 끊어 '無所終窮乎'가 그 결과가 되면 다음의 '嘗相與無爲乎'와 대응하는 표현이 되지 못한다. '同'은 '함께'의 뜻. '合'은 '迨(합:뒤쫓아 가다)'과 같다. 따라서 '同合'은 장자와 동곽자가 만났다는 뜻으로 해석해야 한다. '論'이란 앞에서 계속 道의 소재에 관해 논했기 때문에 그 말을 빌려 표현한 것이다. 그래서 '嘗相與無爲乎'의 구를 보충할 필요가 있다. 또 '無所終窮'을 논한다는 것은 결국 논하지 않는 것, 無爲와 같다. '無所終窮'이란 이른바 '周·徧·咸'임에 틀림없으며 道를 가리키는 것이다.

澹而靜乎漠而淸乎調而閒乎(담이정호막이청호조이간호):'澹'은 '憺'의 차자. '恬淡'의 '淡'과 같으며 무욕한 것. '漠'은 적막(寂寞), 나아가 無心한 것. '淸'은 '靖'의 차자로 편안한 것. '調'는 조화(調和). '閒'은 한일

(閑逸), 느긋하게 있는 것.

寥已吾志(요이오지):‘寥’는 앞의 無爲·靜·淸(靖)·閒을 함축한 말. 오직 虛心한 것을 가리킨다. ‘已’는 여기서는 구 가운데 들어가 감탄의 기분을 나타내고 있다. ‘志’는 ‘心’의 뜻. ‘吾’는 ‘우리들’의 뜻으로 쓰이는 게 보통이나, 여기서는 화자(장자) 자신만을 가리키는 말이리라.

無往焉而不知其所至去而來不知其所止(무왕언이부지기소지거이래부지기소지):‘無’는 군글자라 한다(馬敍倫의 설). 古逸叢書本·成玄英疏本 등에는 ‘來’ 다음에 ‘而’ 자가 있으나 저본대로 해석한다. 본디 ‘來而不知……’로 되어 있고, ‘去而’ 두 자는 방주가 본문 중에 잘못하여 들어간 것으로 생각되지만 이것도 저본대로 해석한다. 이 두 문장은 마음이 무한하게 자유자재한 것을 가리킨다.

彷徨乎馮閎(방황호빙굉):재유편 〈독유인설〉의 ‘出入六合, 遊乎九州, 獨往獨來. 是謂獨有’와 비슷한 취향의 표현이다. ‘往徨’은 여기서는 자유롭게 출입하는 것. ‘馮閎’은 ‘虛空·大空’의 뜻(郭象의 설). 즉 절대 자유의 세계이다.

物物者與物無際(물물자여물무제):재유편 〈독유인설〉의 ‘物物者之非物’, 산목편 〈도덕향우화〉의 ‘一上(下)一下(上), 以和爲量, 浮遊乎萬物之祖, 物物而不物於物’ 등을 참조. ‘物物者’는 여기서는 道이다. ‘際’는 분한, 또는 한계를 설정하는 것.

不際之際際之不際(부제지제제지부제):앞의 〈대득지설〉의 ‘不形之形形之不形’과 같은 취향의 표현이다.

盈虛衰殺(영허쇠쇄):‘殺’는 체력이 약해지는 것.

【補說】 이상의 〈주편함우화〉는 동곽자와 장자의 문답을 빌려, 物을 성립시키는 보편적 근거가 道임을 분명히 밝히고, 道를 체득한 자의 초월적

인 절대적 자유와 명지에 관해 설하고 있다.

物을 성립시키는 보편적 근거가 道라는 것을 밝히기 위해 땅강아지·똥·오줌·감시(監市) 등 기상천외한 예증을 들고 있는데 그 착상이 기발하다. 이러한 점이 사람들의 흥미를 모은다. 또 체도자의 절대적 자유를 설하는 전환도 산뜻하다. 재미있는 우화인데 장주 자신이 지은 것은 아니다. 앞서 나온 논설·우화 등에 의존하는 바가 많으며 이 때문에 논설 순서에 비약이 적지 않다.

제8장 아하감·신농·엄강조문답:광언우화(妸荷甘·神農·弇堈弔問答:狂言寓話)

妸荷甘與神農同學於老龍吉. 神農隱几闔戶晝瞑. 妸荷甘日
中奓戶而入曰, "老龍死矣."
神農隱几擁杖而起, 嚗然放杖而笑, 曰, "天知予僻陋慢詑.
故棄予而死已矣. 夫子無所發予之狂言而死矣夫."
弇堈弔聞之曰, "夫體道者, 天下之君子所繫焉. 今, 於道, 秋
豪之端, 萬分未得處一焉, 而猶知藏其狂言而死. 又況夫體道
者乎. 視之無形, 聽之無聲, 於人之論者, 謂之冥. 冥所以論
道, 而非道也."

아하감과 신농은 노룡길에게서 함께 가르침을 받고 있었다. 하루는 신농
이 방문을 닫고 안석에 의지한 채 잠을 자고 있었는데 아하감이 방문을 열
고 들어오며 말했다.

"노룡 선생이 돌아가셨다."

신농은 이 말에 깜짝 놀라 양손으로 지팡이를 짚고 일어섰다.

그러나 곧 지팡이를 내던지고 웃으며 말했다.

"존귀하신 분께서는 내가 되지도 않을 일에 힘쓰며 안달하는 것이 천박
하고 옳지 못하다고 생각하셨다. 그래서 나를 단념하고 돌아가신 것이 틀
림없다. 선생님께서는 나의 어리석음을 깨우쳐 줄, 세상의 보통 사람들로
부터는 들을 수 없는 가르침을 남기지 않고 돌아가셨다."

엄강조가 이 말을 듣고 말했다.

"무릇 道를 터득한 자는 신농이나 아하감에게서만 아니라 천하의 도리를 알려고 하는 모든 사람들로부터 존경을 받는다. 신농은 道에 관해 추호의 만분의 일도 알지 못했지만 자신이 사모하던 노룡길이 지극한 가르침을 감춘 채 죽었다는 것을 알았다. 하물며 도를 체득한 자야 어떠하겠는가. 사람들은 아무리 뜯어보아도 그 형체를 알 수 없고 아무리 귀를 기울여도 그 소리를 들을 수 없는 것을 논할 경우에 그것을 冥(명:감각으로는 포착할 수 없는 실재)이라 말한다. 그러나 冥이란 道에 대해 논하기 위해 임시로 마련한 말이지, 道 그 자체는 아니다."

【語義】 妸荷甘(아하감):成玄英은 성은 妸, 자는 荷甘인 인물로 해석했는데 '妸'는 아모(阿母:유모의 뜻)의 뜻이거나 접두어이리라. '荷甘'의 음을 줄이면 坎(감:穴의 뜻)이 되며 여와(女媧)가 窩(와:穴의 뜻)의 뜻을 갖는 것과 비슷하다. 여와는 일설에 의하면 삼황(三皇)의 한 사람으로 처음으로 인간을 만들어 냈다고 전해진다. '妸荷甘'은 여와를 본떠 설정한 인물이리라.

　神農(신농):成玄英은 '三皇의 하나인 神農을 가리키는 것은 아니다.'라고 해석했으나 그 神農을 가리키는 것이리라. 神農은 농업을 창시한 고제왕(古帝王)이라 전하며 염제(炎帝)와 동일인이라고도 한다. 요컨대 妸荷甘이 순음(純陰)의 氣라면 神農은 순양(純陽)의 氣이다.

　老龍吉(노룡길):'龍'은 순양의 氣를 상징하기도 하지만 천신이기도 하다. 여기서는 천제인 황제를 암시하며 또 一元의 氣를 의미하리라. 따라서 그가 체도자임은 말할 것도 없으리라.

　奓戶(차호):'奓'는 활짝 연다는 뜻.

　神農隱几擁杖而起(신농은궤옹장이기):'隱几' 두 자는 잘못하여 삽입된 글자다(俞樾의 설). 이 두 자를 빼고 번역한다. '擁杖而起'는 깜짝 놀라 두 손으로 지팡이를 짚고 일어서는 것.

曝然放杖而笑(폭연방장이소):'曝然'은 지팡이를 떨어뜨리는 소리. '笑'는 양생주편〈안시처순우화〉에서 진실(秦失)이 노담의 죽음을 조문하면서 세 번만 울고 나왔던 것과 같은 취향.

天知子僻陋慢訑(천지여벽루만탄):'天'은 가장 믿고 존경하는 자에 대한 경칭. '僻陋'는 야비하고 천한 것. '慢'은 '謾(만:속이다)'의 차자. '訑'은 속이는 것. 요컨대 神農이 애를 써서 농업을 일으킨 것을 '僻陋'라 하고, 농산물을 풍성하게 한 것을 수확도 할 수 없는 '慢訑'이라 한 것이다.

狂言(광언):역설적인 표현으로 이른바 至言을 가리킨다.

弇堈弔(엄강조):'弇'은 '덮다, 숨기다'의 뜻, '堈'은 '剛'과 동음, '弔'는 '叔'의 원자인 점에서 생각하면 剛陽의 氣를 누르는 陰柔의 淑人(숙인:善人)을 뜻하는 인물로 상정되었으리라. 道를 아는 인물이다.

君子所繫焉(군자소계언):'繫'는 '연결되다·관련되다'의 뜻. 나아가 '의뢰하다·귀의하다'의 뜻.

秋豪之端萬分未得處一焉(추호지단만분미득처일언):'豪'는 '毫'의 차자. 추호(秋毫) 끝의 만분의 일만큼도 얻지 못함. 조금도 알지 못하는 것을 가리킨다.

視之無形聽之無聲(시지무형청지무성):≪노자≫의 '아무리 보려 해도 볼 수가 없다. 때문에 이름하여 夷, 즉 그림자도 모습도 없는 것이라 한다. 아무리 들으려 해도 소리를 들을 수 없다. 때문에 이름하여 希, 즉 소리가 없는 것이라 한다. 손으로 만지려 해도 만질 수가 없다. 때문에 이름하여 微, 즉 숨어 있는 것이라 한다(視之不見. 名曰夷. 聽之不聞. 名曰希. 博之不得. 名曰微)'(제14장)를 기조로 한 것이리라.

於人之論者謂之冥冥所以論道而非道也(어인지론자위지명명소이론도

이비도야):‘論者’를 한 단어로 보아 ‘學人·論者’의 뜻(成玄英의 설)으로 해석하는 학자가 많은데 ‘人之論’을 한 단어로 보고 ‘者’는 ‘則’과 같은 말로서 다음 말을 제시할 때 쓰이는 조사로 해석해야 한다. 또 ‘謂之冥冥’에서 구를 끊는 설(郭象, 成玄英의 설)을 좇는 학자가 많다. 확실히 천지편 〈왕덕설〉의 ‘視乎冥冥, 聽乎無聲’처럼 ‘冥冥’은 자주 사용되는 말이다. 그러나 여기의 ‘冥冥’은 한 말이 아니라 앞의 冥은 앞 구에, 뒤의 冥은 다음 구에 속한다.

【補說】〈광언우화〉는 노룡길의 죽음을 둘러싼 아하감과 신농의 대화와 그에 대한 엄강조의 비평을 빌려, ‘체도자는 道를 말로 표현하지 않고 다만 속에 간직하며, 체도의 경지에 이르면 道란 어떠한 말로도 표현되지 않으므로 無言으로써 道를 표현한다’는 것을 이야기하고 있다.

신농은 농업신을 실재의 인물로 의인화한 것으로 해석해야 한다. 신농은 염제로서 세속적인 삶에 힘쓰며, 또 그러한 생활 방식을 가르친 자이다. 아하감은 여성이며 陰으로 상징된다. 노룡길은 一元의 氣이며 체도자이다. 신농이 안석에 의지하여 낮잠을 자고 있었다는 것은 제물론편 〈천뢰우화〉의 ‘南郭子綦隱几而坐’와는 다른 취향을 보여 주는 것으로 신농이 일에 지쳐 피곤해진 것이리라. 음성(陰性)인 아하감이 대낮에 문을 활짝 열고 들어왔다는 것은 음양의 조화를 어지럽히는 것을 의미한다. 재유편 〈정기독존우화〉의 ‘雲氣不待族而雨, 草木不待黃而落’이나 〈물자화우화〉의 ‘天氣不和’ 등에 해당하는 현상을 희화화한 것이리라.

제9장 태청·무궁·무위·무시문답:유대허우화(泰淸·無窮· 無爲·無始問答:遊大虛寓話)

於是, 泰淸問乎無窮曰, "子知道乎."

無窮曰, "吾不知."

又問乎無爲. 無爲曰, "吾知道."

曰, "子之知道, 亦有數乎."

曰, "有."

曰, "其數若何."

無爲曰, "吾知道之可以貴, 可以賤, 可以約, 可以散. 此吾所
以知道之數也."

泰淸以之言也問乎無始曰, "若是, 則無窮之弗知與無爲之知,
孰是而孰非乎."

無始曰, "不知深矣. 知之淺矣. 弗知內矣. 知之外矣."

於是泰淸中(卬)而歎曰, "弗知乃知乎. 知乃不知乎. 孰知不知之知."

無始曰, "道不可聞, 聞而非也. 道不可見, 見而非也. 道不可
言, 言而非也. 知形形之不形乎. 道不當名."

無始曰, "有問道而應之者, 不知道也. 雖問道者, 亦未聞道.
道無問, 問無應. 無問問之, 是問窮也. 無應應之, 是無內也.
以無內待問窮, 若是者, 外不觀乎宇宙, 內不知乎大初. 是以
不過乎崑崙, 不遊乎大虛."

그래서 태청이 무궁에게 물었다.

"당신은 道를 압니까?"

무궁이 대답했다.

"나는 알지 못합니다."

태청은 다시 같은 말을 무위에게 물었다. 무위가 대답했다.

"나는 道에 대하여 알고 있습니다."

"道를 알고 있다고 하셨는데 그럼 그 道를 아는 방법이 있다는 것입니까?"

"있습니다."

"어떠한 것인지 들려주실 수 있겠습니까?"

"나는 道가 널리 행해져 物을 고귀하게도 하고 비천하게도 하며 모이기도 하고 흩어지기도 한다는 것을 알고 있습니다. 이것이 내가 道에 관해 알고 있는 대략입니다."

태청은 두 사람의 말을 무시에게 전하며 물었다.

"무궁은 알지 못한다고 얘기했고 무위는 알고 있다고 얘기했는데 과연 누가 옳고 누가 그른 것입니까?"

무시가 대답했다.

"모른다고 한 것은 생각이 깊고, 안다고 한 것은 천박합니다. 모른다고 한 것은 자기 자신의 내부의 일로 삼고 있는 것이지만 안다고 한 것은 자신을 떠난 다른 일로 알고 있는 것입니다."

이 말을 듣자 태청은 하늘을 우러러보며 감탄하여 말했다.

"모르는 게 아는 것이고, 아는 게 모르는 것인가! 어느 누가 모르는 것이 아는 것임을 알고 있을까!"

무시가 말했다.

"道란 들을 수 없는 것. 들었다면 道가 아닙니다. 道란 볼 수 없는 것. 보았다면 道가 아닙니다. 道란 말로 표현할 수 없는 것. 말로 표현되었다면

道가 아닙니다. 귀·눈·입 등의 감각으로 포착할 수 있는 형체를 이루게
하는 道 자체는 형체가 없다는 것을 알아야 합니다. 道는 道라고 하는 이름
으로도 부를 수 없는 것입니다."

무시는 계속 말했다.

"누가 道에 대해 물었을 때 이에 대해 대답하는 사람은 道를 알지 못하
는 사람입니다. 道에 대해 물은 사람 역시 참된 도에 관해 들을 수 없습니
다. 道란 물을 수도 없는 것이며 답할 수도 없는 것입니다. 물을 수 없는
것을 묻는 것은 헛된 물음입니다. 답할 수 없는 무의미한 물음에 답하는 것
은 마음속의 성찰이 없기 때문입니다. 내면의 성찰이 없이 무의미한 물음
에 답하려는 자는 밖으로는 명지를 얻어 우주를 달관할 수 없고, 안으로는
모든 물사의 근원을 깨달을 수 없습니다. 따라서 서쪽 끝에 있는 곤륜산을
지나 사해 밖으로 나가 만유의 근원인 대허에서 유유자적할 수 없습니다."

【語義】 於是(어시):≪회남자≫ 도응훈에 이와 거의 같은 우화가 실려 있는
데 거기에는 이 두 자가 없다.

泰清(태청):하늘의 德을 의인화한 것이리라. ≪노자≫에 '하늘은 一
元의 氣를 얻어 푸르고, …… 하늘이 이 一元의 氣를 얻지 못하여 맑지
못하면 필시 갈라져 버릴 것이다.(天得一以淸, ……天無以淸, 將恐裂)'
(제39장)라고 했다.

無窮(무궁):여기서는 시간적으로도 공간적으로도 무한하다는 뜻이며
그것을 체도자의 이름으로 한 것이다.

無爲(무위):천도편에 '夫虛靜·恬淡·寂漠·無爲者, 天地之平而道德
之至'라고 한 것처럼 '無爲'는 체도의 경지임에 틀림없지만 여기서는 '無
爲로써 하지 못함이 없음'의 뜻을 갖고 있으리라.

亦有數乎(역유수호):이 '數'는 방책의 뜻.

吾知道之可以貴……可以散:≪회남자≫에는 ‘吾知, 道可以弱, 可以
强, 可以柔, 可以剛, 可以陰, 可以陽, 可以窈, 可以明, 可以包裏之天地,
可以應待無方’으로 되어 있다. 이에 의하면 ‘無爲’는 道가 행하지 못하
는 것이 없음을 아는 사람이었다. 알고 있으면서도 안다고 하지 않는다
는 것이 無爲라는 인물에 의탁하여 나타내고자 하는 우의이리라. ‘約’
은 여기서는 한 곳에 모인다는 뜻.

泰淸以之言也問乎無始曰……:≪회남자≫에는 “太淸又問於無始曰,
鄕者, 吾問道於無窮, 曰 ‘吾弗知之.’ 又問於無爲. 無爲曰……”로 되어
있으며 ‘無爲曰’ 이하에 앞 글의 無爲의 말이 실려 있다. ‘無始’는 제물
론편 〈천뢰우화〉의 ‘有始也者. 有未始有始也者. 有未始有夫未始有始也
者’, 또 추수편 〈반기진우화〉의 ‘道無終始’와 같은 류의 사고에 근거하
여 다음 글의 ‘大初’를 의미하는 인물로서 설정된 것이리라.

無始曰不知深矣……知之外矣:≪회남자≫에는 ‘弗知之深而知之淺,
弗知內而知之外, 弗知精而知之粗’라고 되어 있다. ‘內’는 心內, 만유의
근원이며 ‘外’는 외물·외계이다. 소요유편 〈무궁우화〉에 ‘而宋榮子猶
然笑之. 且擧世而譽之, 而不加勸, 擧世而非之, 而不加沮. 定乎內外外
分’이라고 한 것 참조.

於是泰淸中而歎(어시태청중이탄):≪회남자≫에는 ‘於是’ 두 자가 없
다. ‘中’이 ‘卬’으로 되어 있는 판본도 있다(≪경전석문≫의 설). 이것으
로 고친다. ‘卬’은 ‘仰’의 古字.

弗知乃知乎……孰知不知之知:≪회남자≫에는 ‘弗知’의 위에 ‘然則’ 두
자가 있으며 ‘弗’이 ‘不’로, 또 ‘乎’가 모두 ‘耶’로 되어 있다. ‘孰知不知之
知’는 ‘孰知知之爲弗知, 弗知之爲知耶’로 되어 있다. 이에 따라 원문을
수정해야 한다는 설도 있는데(奚侗의 설) ≪회남자≫의 표현은 순당하
고, 원문의 표현은 간략할 뿐이지 내용에 있어서 큰 차이는 없다.

聞而非也(문이비야):이하의 서술은 대종사편 〈진인론〉의 '夫道有情有信, 無爲無形. 可傳而不可受, 可得而不可見'에서 연역한 것이리라. '而'는 '則'과 같은 뜻. 다음의 '見而非也' '言而非也'의 '而'도 같다.

知形形之不形乎(지형형지불형호):≪회남자≫에는 '知' 자 앞에 '孰' 자가 있으며 '形'을 중복시키지 않고 '不形'의 다음에 '者' 자가 있다. 원문대로 번역하겠다. 또 ≪회남자≫는 이 우화를 여기서 ≪노자≫ 제2장 '天下皆知美之爲美, 斯惡已. 皆知善之爲善, 斯不善已' 및 제56장 '知者不言, 言者不知'로써 맺고 있다.

道不當名(도부당명):≪노자≫의 '개념화되어 언어로써 표현된 道는 항상 그러한 실재의 道가 아니다. 언어로써 표현된 이름은 그 이름을 붙이기 이전의 실재의 것이 아니다. 본디 천지가 열리기 전에는 이름이 없었다. 만물의 어머니인 천지가 열려 비로소 천지라고 하는 이름이 생긴 것이다.(道可道, 非常道. 名可名, 非常名. 無名, 天地之始. 有名, 萬物之母)'(제1장)에 의해 '形形之不形'을 방기(傍記)한 것이 본문 속에 들어간 것이리라. '言而非也'와 중복된다. 단, 이것을 빼지 않고 원문대로 번역하겠다.

是問窮也(시문궁야):'窮'은 '空'의 뜻(郭象의 설), '空'의 차자(章炳麟의 설). 무의미한 것.

是無內也(시무내야):馬敍倫은 이것을 뒤의 천하편의 '至小無內'에 해당하는 것으로 해석하여 결국 앞의 '問窮'을 '至大無外'에 해당하는 것으로 보았는데 견강부회한 해석이리라. '內'는 앞 글의 '弗知內矣'를 받고 있다.

外不觀乎宇宙內不知乎大初(외불관호우주내부지호대초):'宇'는 四方上下, '宙'는 古往今來. '不觀乎宇宙'는 추수편 〈반기진우화〉의 '大知觀於遠近'과 상반하는 말. '大初'는 '太初'로도 쓰며 천지편 〈물성생리론〉에

'泰初有無. 無有無名, 一之所起'라고 한 '泰初'와 같다. 物의 근원을 가리
킨다. '不知乎大初'는 '極物之眞, 能守其本'과 상반하는 것이다.

是以不過乎崑崙不遊乎大虛(시이불과호곤륜불유호대허):'崑崙'은 서
쪽 끝에 있는 신령스런 산. 그런데 여기서는 앞의 〈득도우화〉의 '知北
遊於玄水之上'과 비슷한 취향을 보여 주는 것으로 사람의 정기가 이 신
령스런 산을 지나 '大虛'에 간다는 것을 뜻하고 있으리라. '大虛'는 '太
虛'로도 쓰며 虛의 虛, 즉 無의 無인데 실은 '太初'와 같다. '遊乎大虛'는
달생편 〈순기우화〉의 '壹其性, 養其氣, 合其德, 以通乎物之所造'나 전
자방편 〈천지지대전우화〉의 '吾遊於物之初' 등과 같은 사상이다. 요컨
대 道를 체득하고 조물자와 일체가 되어 자연 그대로 자유자적하는 것
이다.

【補說】 이 〈유대허우화〉를 앞의 〈광언우화〉에 이어진 것으로 보는 사람이
많다. 〈광언우화〉에 이미 나온 '道란 말로써 표현할 수 없다'는 것을 논
하며 또 글 첫머리에 '於是'라는 말이 있기 때문이다. 그러나 두 우화는
각각 완결된 내용을 지니고 있다. 또 '於是'라는 말이 이 우화의 첫머리
에 나온 것은 〈유대허우화〉 중의 '於是泰淸中(卬)而難'에서 볼 수 있는
'於是'의 사용법으로 볼 때, 옮겨 적는 과정에서 잘못되어 우화의 첫머
리에 나오게 된 것으로 생각된다.

두 우화는 인물 설정에서도 뚜렷한 차이를 보이고 있고 내용에서도
취향을 달리하고 있다. 〈광언우화〉가 말로 나타낼 수 없는 체도에 관해
논하고 있는 데 비해 〈유대허우화〉는 인지의 대상으로 道를 생각해서
는 안 된다는 것을 논하고 있다. 별개의 것으로 성립된 우화가 여기에
함께 수록된 것으로 보아야 한다.

【餘說】〈유대허우화〉와〈득도우화〉의 관계

　　이〈유대허우화〉와 다음의〈무무우화〉및〈가불용우화〉는 모두 ≪회
남자≫ 도응훈에도 수록되어 있다. ≪회남자≫는 先秦의 고문헌에서
많은 소재를 취한 편집서여서 ≪회남자≫가 ≪장자≫로부터 위의 우화
들을 채록했다고 보는 것이 당연하겠지만 꼭 그렇게 말할 수만은 없다
고 생각한다.

　　≪회남자≫에 실려 있는 것은〈유대허우화〉의 '知形形之不形乎'까지
이며 '無始曰, 有問道而應之者' 이하 無始의 마지막 말은 실려 있지 않
다. 거의 동일한 부분에서는 ≪회남자≫ 쪽이 서술이 정리되어 있어 순
당하며〈유대허우화〉쪽이 대체로 간략하게 처리되어 있다. 간략한 것
으로부터 표현이 점차 정비되어 가는 것이 전개의 필연적인 과정인데
이 경우에는 오히려〈유대허우화〉가 ≪회남자≫를 절록(節錄)한 듯이
여겨진다(王叔岷의 설). 또 ≪회남자≫에 실린 부분은 그것만으로 완결
된 우화가 되며 이야기하고자 하는 바도 명료하다. 그것은 바로 '弗知內
矣. 知之外矣'이다. 즉 道를 안다는 것은 內省의 체인 · 체득의 문제이므
로 이것을 聞 · 見 · 言의 지적 문제로 삼을 수 없다는 것이다.

　　≪회남자≫에는 없는〈유대허우화〉의 無始의 마지막 말은 道에 관
한 문답의 무용론으로 문제가 옮겨져 있으며 어떻게 해석해도 말의 유
희이고 '若是者, 外不觀乎宇宙, 內不知乎大初. 是以不過乎崑崙, 不遊
乎大虛'라고 한 결어 사이의 추론에 커다란 비약이 있다. 이 결어를 더
하기 위해 이 마지막 말이 지어졌다고까지 생각된다. 이것은 이 우화
가 ≪회남자≫에 실린 이야기를 근거로 하여 증수(增修)되었음을 말하
는 것이리라.

　　이것을 방증하는 것이 본편 맨 처음의〈득도우화〉다.〈득도우화〉의

주요 주제는 道를 얻는 것에 있고 不知야말로 道를 얻은 것임을 그 주안점으로 하고 있어 〈득도우화〉는 《회남자》에 실린 〈태청지우화〉 및 〈유대허우화〉의 주요부와 흡사하다. 인물 설정에 있어서도 그 취향이 비슷하다. 단, 그 설정은 평명하며 통일성을 갖추고 있지만 '玄水之上', '狐闋之上' 등과 그 묘사에 세공(細工)의 흔적이 있다는 사실로 추론하면 《회남자》에 실려 있는 〈태청지우화〉보다 고박(古朴)하다고는 말할 수 없으리라. 또 〈득도우화〉에도 중간에 세속에서 생활하는 자의 복귀에 관한 설과 萬物一氣의 설 등이 부가된 부분이 있으며 끝에도 '黃帝知言'의 부가 부분이 있다. 이들 부가 부분이 설하고자 하는 내용의 통일을 무너뜨린다고는 볼 수 없지만 그 주안에 견주어 부차적이다. 이로써 〈득도우화〉는 《회남자》에 실린 〈태청지우화〉를 개수(改修)한 것이라고 생각하지 않을 수 없으리라.

〈유대허우화〉와 〈득도우화〉만큼은 현저하지 않다 하더라도 《장자》 중에는 비슷한 우화·논설이 여러 편 실려 있다. 類는 類를 불러 개작·개수가 행해졌던 것이다. 이 두 우화와 흡사한 것이 다른 데 또 있는지도 알 수 없다. 道는 人知로는 포착할 수 없다는 것은 노·장의 중요한 주장 가운데 하나이므로 그 원형이 다른 데 있었는지도 모른다. 응제왕편의 〈진덕우화〉도 그 하나이리라. 이 두 우화의 관계에 관해 조심스럽게 결론을 내리자면 《회남자》의 〈태청지우화〉를 개수하여 〈유대허우화〉가 만들어지고, 마침내 〈유대허우화〉를 개작하여 〈득도우화〉가 성립된 것이 아닐까?

제10장 광요·무유문답:무무우화(光曜·無有問答:無無寓話)

光曜問乎無有曰, "夫子有乎, 其無有乎."
光曜不得問. 而孰視其狀貌, 窅然空然. 終日視之而不見, 聽
之而不聞, 搏之而不得也.
光曜曰, "至矣. 其孰能至此乎. 予能有無矣. 而未能無無也,
及爲無有矣, 何從至此哉."

광요가 무유에게 물었다.

"선생께서는 존재하는 것입니까, 아니면 존재하지 않는 것입니까?"

광요는 질문에 대한 대답을 듣지 못했다. 그래서 무유의 모양을 눈여겨 살펴보았다. 그 모양은 멍하여 무엇인가가 있는 것도 같고 아무것도 없는 것도 같아 무어라 말로 표현할 수가 없었다. 하루 종일 바라보았지만 아무 것도 볼 수 없었고, 무언가 소리가 나지 않나 귀를 기울였지만 아무 소리도 들을 수 없었으며, 붙잡아 보려 했지만 잡히는 것이 없었다.

그래서 광요는

"정말 훌륭하다. 다른 누가 이와 같은 경지에 이를 수 있단 말인가. 나 는 '無가 있다'고 하는 경지는 알고 있다. 그러나 '無의 無'라는 경지는 전 혀 모른다. 無가 있다고 하는 그것마저 없어진 경지, 그러한 경지에 이르 려면 어떻게 해야 하는가?"

하고 말했다.

【語義】 光曜(광요):빛남. 광체에서 발산되는 빛을 의인화한 것이다. 형체

는 없지만 눈에 보인다. 그래서 '有無'라 한다. 나아가 상대적인 無이
다. 이 우화도 ≪회남자≫ 도응훈에 있으며, 또 숙진훈에 그 요지가 실
려 있다.

夫子有乎其無有乎(부자유호기무유호):≪회남자≫에는 '子果有乎, 其
果無有乎'로 되어 있으며 이 다음에 '無有弗應也'의 한 구가 있다. 이 구
가 없어도 뜻은 통한다.

孰視(숙시):'孰'은 '熟'의 원자이다.

終日視之而不見聽之……不得也:≪노자≫ 제40장에 근거한 말이다.
≪회남자≫에는 '也' 자가 없으며 '不得' 다음에 '望之不可極也'의 한 구
가 있다.

至矣其孰能至此乎子能有無矣而未能無無也(지의기숙능지차호여능
유무의이미능무무야):'至也'가 ≪회남자≫에는 '貴矣哉'로 되어 있으며
'至'와 '此' 사이에 '於' 자가 있다. 다음의 '何從至此哉'의 경우도 같다.
또 '矣' 다음에 '而' 자가 없다. '無無'는 이른바 절대무. 비존재와는 다르
다. 제물론편 〈천뢰우화〉에 '俄而有無矣. 而未知有無之果孰有孰無也'
라고 한 '無'가 바로 이것이다. ≪노자≫에서는 이것을 '無狀之狀, 無物
之象'이라 하고 또 '恍惚'(제14장)이라 했다. '無無'를 '無가 없는'의 뜻으
로 해석하는 설(成玄英·林希逸의 설)이 있는데 광요의 우의에서 추론
하여 단순히 '無의 無'로 해석하는 것이 좋다(宣穎의 설 참조). 여기서는
'能有無'의 有의 부정이 아니라 無를 강조한 것으로 보아야 할 것이다.

及爲無有矣何從至此哉(급위무유의하종지차재):'無有'가 ≪회남자≫
에는 '無無'로 되어 있는데 그쪽이 알기 쉽다. 또 ≪회남자≫는 이상의
우화를 ≪노자≫의 '無有入無閒. 吾是以知無爲之有益'(제43장)으로 맺
고 있다.

【補說】〈무무우화〉는 구체적 존재물과 비교하면 존재하지만 고정적인 형체가 없는 상대적 無의 구상(具象)인 광요와, 구체적으로는 존재하지 않지만 실재의 근거인 무유와의 문답 형식을 빌려, 도가(특히 ≪노자≫ 제14장)의 無가 상대적인 無를 초월한 것임을 교묘히 이야기하고 있다.

간명한 우화이면서도 이른바 절대무, 실존의 근거가 되는 無에 관해 생각해야 할 문제를 제시하고 있다. 단, 그것을 의인화하는 것이 곤란한 일임은 말할 나위도 없지만 無有(無無)에 관해 생각할 수 있는 방향을 명시하는 데까지는 이르지 못했다.

제11장 대마·추구자문답:가불용우화(大馬·捶鉤者問答:假不用寓話)

大馬之捶鉤者, 年八十矣. 而不失豪芒.
大馬曰, "子巧與. 有道與."
曰, "臣有守也. 臣之年二十而好捶鉤, 於物無視也. 非鉤無察也."
是用之者, 假不用者也. 以長得其用. 而況乎無不用者乎. 物
孰不資焉.

　　대사마(大司馬)가 사용하는 구병(句兵:창·방패 따위의 병기)을 손질하
는 대장장이는 나이가 여든이었다. 그렇지만 구병을 벼리는 데 있어서는
털끝만한 실수도 하지 않았다.

　　대사마가 감탄하여 이렇게 물었다.

　　"솜씨가 참으로 훌륭하오. 뭔가 특별한 방법이 있소?"

　　대장장이는

　　"제게는 늘 수칙으로 삼고 있는 것이 있습니다. 저는 나이 스물 때부터
이런 것들을 손질하는 것을 좋아하여 다른 것에 조금도 한눈을 팔지 않았
습니다. 구병 외에는 눈길을 주지 않는다는 것이 그것입니다."

　　라고 말했다.

　　이것은 이 대장장이의 구병을 벼리는 작용은 구병 외의 것에는 눈을 주지
않는다는, 즉 직접적으로 구병을 손질하는 것이라고는 할 수 없는 작용의
힘을 빌리는 것이다. 이로써 오랫동안 그 작용을 지속할 수 있는 것이다. 하
물며 모든 물사에 묘한 작용을 발휘하는 道에 있어서는 不用·無爲가 근본
이 됨은 말할 것도 없다. 어떠한 물사인들 이에 의하지 않을 수 있겠는가?

【語義】大馬(대마):大司馬를 가리킨다. 군정(軍政)의 장관. 이 이야기도 ≪회남자≫ 도응훈에 실려 있으며 도응훈에는 '大司馬'로 되어 있다.

捶鉤(추구):'捶'는 '鍛(단:쇠붙이 따위를 벼리는 것)'의 차자. '鉤'에 관해서는 여러 설이 있다. 여기서는 '句兵(구병:방패나 창 따위)'의 약칭으로 보는 설(馬紋倫의 설)을 좇는다. 이것을 벼릴 때에는 칼날 부분의 곡선, 두께, 손잡이 등과의 관계에 각별히 신경을 써야 했다.

不失豪芒(부실호망):털끝만한 작은 실패도 하지 않는 것. '豪'는 '毫(가는 털)'의 차자. '芒'은 선단(先端)의 뜻.

臣有守也(신유수야):달생편 〈용지불분우화〉의 '我有道也'에 맞추어 '守'를 '道'의 차자로 보는 설(王念孫, 馬紋倫의 설)이 있지만 '守'의 글자 뜻대로 해석하는 쪽이 捶鉤者의 말로서 순당하다. 재유편 〈정기독존우화〉에 '我守其一, 以處其和'라고 한 것 참조.

是用之者假不用者也(시용지자가불용자야):≪회남자≫에는 '是' 다음에 '以' 자가 있다. 뒤의 말이 ≪노자≫에 근거한 말임을 명시하고 있는 것이리라. 또 '假' 자 위에는 '必' 자가, 아래에는 '於' 자가 있으며 '不'이 '無'로 되어 있다. '不用者'란 鉤의 예로써 생각하면 鉤 이외의 物이 될 수밖에 없지만(외물편 〈무용지용우화〉 참조) 여기서는 그런 뜻이 아니다. 成玄英이 '마음을 써 다른 物을 시찰하지 않음'이라고 해석한 것에 좇아야 한다. 일설에 '用之者'는 技이며 '不用者'는 神(陸長庚의 설)이라고 했는데 적당하지 않다. 요컨대 이것은 ≪노자≫의 '(道의 존재는 알 수 없다. 말하자면 無와 같은 것인데 그 작용을 비유하여 말하자면 다음과 같다.) 수레바퀴의 30개의 살은 가운데가 텅 빈 하나의 곡(轂) 부분으로 모인다. 그 곡의 텅 빈 부분이 축(軸)과 통하고 있기 때문에 비로소 수레바퀴는 그 작용을 할 수가 있는 것이다. 점토를 만져 그릇을 만든다. 그릇에는 텅 빈 부분이 있어야만 비로소 物을 담는 그

릇으로서 작용을 할 수 있다. 또 문이나 창을 달고 방을 만드는데 방
이란 사람이 들어가 있을 수 있는 빈 공간을 가져야만 방으로서 작용
을 할 수 있는 것이다. 이와 같은 까닭에 有, 즉 존재하는 것이 사람에
게 이익을 주는 것은 無, 즉 존재하지 않는 것, 숨겨진 것이 작용을 하
기 때문이다(三十輻共一轂. 當其無有車之用. 挻埴以爲器. 當其無有器
之用. 鑿戶牖以爲室. 當其無有室之用. 故有之以爲利, 無之以爲用)'(제
11장)에 근거한 것이다.

　而況乎無不用者乎物孰不資焉(이황호무불용자호물숙부자언):≪회남
자≫에는 '乎'가 '持'로, '資'가 '濟'로 되어 있다. 원문은 說理的이며 ≪회남
자≫는 捶鉤者의 情에 한층 합치하는 표현을 한 것이리라. '無不用者'를
체도의 성인(成玄英의 설), 神(陸長庚의 설), 無의 無(王先謙의 설) 등으
로 해석하는데 道를 가리키는 것으로 보아야 한다. ≪회남자≫는 ≪노자≫
제23장에서 취한 '從事於道者, 同於者'로 이 우화를 맺고 있다.

【補說】 이상의 〈가불용우화〉는 명공(名工)이 자신의 일과 관계되지 않는
　　　 것에는 눈도 주지 않는다는 것을 역용(逆用)하여 有用은 無用을 근거로
　　　 한다는 것, 나아가서는 道의 본원(本原)이 無라는 것, 바꿔 말하면 도가
　　　 에서 말하는 '無用의 用', 특히 ≪노자≫의 '故有之以爲利, 無之以爲
　　　 用'(제11장)의 無의 효용을 설하고 있다.

제12장 염구·중니문답:미유천지우화(冉求·仲尼問答:未有天地寓話)

冉求問於仲尼曰, "未有天地, 可知邪."

仲尼曰, "可. 古猶今也."

冉求失問而退. 明日復見曰, "昔者, 吾問未有天地可知乎. 夫子曰, '可. 古猶今也.' 昔日吾昭然, 今日吾昧然. 敢問, 何謂也."

仲尼曰, "昔之昭然也, 神者先受之. 今之昧然也, 且又爲不神者求邪. 無古無今, 無始無終, 未有子孫而有子孫, 可乎."

冉求未對. 仲尼曰, "已矣, 未(末)應矣. 不以生生死, 不以死死生, 死生有待邪. 皆有所一體.

有先天地生者, 物邪. 物物者非物. 物出不得先物也. 猶其有物也. 猶其有物也無已. 聖人之愛人也, 終無已者, 亦乃取於是者也."

염구가 스승 공자에게 물었다.

"아직 천지가 성립되지 않은 때는 어떤 상태였는지를 알 수 있겠습니까?"

공자가 대답했다.

"알 수 있다. 먼 옛적도 지금과 같았을 것이다."

염구는 그 이상 물을 수가 없어 공자 앞에서 물러났다. 그런데 다음날 다시 스승 앞에 나아가 물었다.

"어제 제가 아직 천지가 성립되지 않았던 때를 알 수가 있겠는지 여쭈었습니다. 선생님께서는 '알 수 있다. 먼 옛적도 지금과 같았을 것이다.'라고 말씀하셨습니다. 그 말을 듣고 어제는 뭔가 확실히 안 것 같았는데 오늘이 되니 확실히는 모르겠습니다. 선생님의 말씀이 어떤 말이었는지 가르쳐 주시기 바랍니다."

공자가 대답했다.

"어제 분명했던 것은 영묘한 신기(神氣)가 먼저 내가 말한 것을 받아 들었기 때문이다. 오늘 그렇지 못한 것은 그와 같은 신기를 덮어 감추는, 물사에 구애받는 세속의 마음이 이것저것 생각하여 알려 했기 때문이리라. 그것들은 일체이긴 하지만 예도 지금도, 시작도 끝도 없다고 한다면 아직 자손이 없는데도 벌써 다음 자손이 생겼다고 하는 것이 되어 버려, 좋다고 할 수 없는 것이다."

그러자 염구가 주저하며 뭔가 대답하려 했는데 공자가 그것을 막고 하던 말을 계속하였다.

"그만두어라, 대답하지 않아도 좋다. 인간의 생사에 관하여 말한다면 삶에 집착하여 죽을 수밖에 없는데 무리하게 살려고 하거나, 반대로 죽음을 두려워하여 살아가는데 짐짓 죽을 것처럼 슬퍼하거나 하는 일이 없다면 (삶에는 죽음의 그림자가 얽혀 있고, 죽음에는 삶의 고통이 매듭지어져 있는 것처럼) 삶과 죽음이 상대할 수가 있을까? 삶과 죽음에는 이것들을 일체로 하는 것이 있다. (이것을 깨닫는 것이 중요한 일이다.)

(아직 천지가 성립되어 있지 않은 때라고 하는 문제도 이 인간의 생사와 같다.) 무릇 천지가 성립되지 않은 먼 옛적에 천지에 앞서 생겨났던 것이 있다면 그것은 物이었을까? 모든 物을 시공(時空)의 사이에서 物로서 존재시키는 것은 그 속에 있는 하나의 物이 할 수 있는 게 아니다. (道의 작용이 그렇게 시키는 것이다.) 그런데 하나의 物이 物로서 성립되면 다른 物에 우선하여 그것들을 성립시키는 근본이 될 수는 없다. 物에는 여전히 物로

서만 서로 관련된 物이 있을 뿐이기 때문이다. (즉 먼 옛적의 物도, 지금의 物도 道에 의해 성립되어 서로 관련하여 전개되고 있는 것이다.) 그리고 物이 다른 物과 서로 관계한다는 것은 끝없이 전개한다는 것이다.

그래서 성인이 사람을 사랑하는 것, 언제까지고 그치지 않고 널리 사랑하는 것은 결국 道에 의해 만물이 고금에 걸쳐 전개되고 있는 데서 본보기를 취한 것이다.”

【語義】冉求(염구):공자의 제자. '冉'은 성. 자는 子有. 노(魯)나라 사람으로 공자보다 29세 아래다. 성격은 내성적이었으나 행정적 재능이 뛰어났다. '冉'의 정자는 '冄'인데 통상 속자인 '冉'이 사용되고 있다.

古猶今也(고유금야):≪논어≫ 위정편에 '앞으로 周의 바른 문화 전통을 계승한다면 백 대의 앞일도 예측할 수 있다.(其或繼周者, 雖百世可知也)'라고 하고, ≪순자≫ 불구편(不苟篇)에 '천지가 성립된 태초도 결국 지금의 상태와 같았다.(天地始者, 今日是也)'라고 한 것처럼 유가에서는 古今의 통일적 발전을 믿었다. 단, 이 '古猶今也'는 그러한 의미가 아니다. 다음의 서술에 의하면 달관하면 古今은 일체가 된다는 뜻이다. 그렇지만 그것은 지금을 초월하는 것이 아니라 오히려 지금으로 귀착하는 것이었다.

失問(실문):무엇을 물어야 할 것인가를 잊음(成玄英의 설). 冉有가 무엇을 예상하고 '未有天地'를 물었는지 명확하지 않다. 당시의 상식으로는 '未有天地'는 생각할 수도 없는 것이든지 또는 지금과는 더없이 큰 격차가 있는 것으로 생각했을 것이다. 그러나 대종사편 〈진인론〉에 의하면 '夫道有情有信, 無爲無形. 可傳而不可受, 可得而不可見. 自本自根, 末有天地, 自古以固存. 神鬼神帝, 生天生地'라고 했다. 말하자면 고금 일체(古今一體)이다.

且又爲不神者求邪(차우위불신자구야):'神'은 인간에게 깃들어 있는 보편적 영성을 갖는 정기이며 '不神者'는 각각의 物에 구애되는 세속적 마음이다.

無古無今無始無終(무고무금무시무종):이 구와 다음 구를 접속시키는 것은 꽤 난해하다. 고금의 다름이 엄존한다고 하는 것도, 고금의 다름은 결코 없다고 하는 것도 아니며 古와 今은 일체(一體)에 있어서의 양면임을 가리킨다. 대종사편 〈영녕우화〉에 '見獨而後能無古今. 無古今而後能入於不死不生'이라고 했다. 이것은 '見獨'의 경지에 나아가면 古今生死를 초월한다는 뜻인데 여기서는 역으로 이미 '見獨'의 경지에 도달한 것으로 보아 그 古今終始를 포섭할 것을 말하고 있는 것이다.

未有子孫而有子孫可乎(미유자손이유자손가호):고대의 사고로는 자손은 부모의 유체(遺體)이며 대대로 이어져 끝이 없어야 할 것이었다. 그래서 이 세속적인 예로써 고금 일체(古今一體)의 영속 관계를 말하려고 한 것이리라. 그런데 고금 일체는 달관상의 문제이며 자손이 이어지는 것은 구체적인 物의 계승 문제여서 이 표현이 적절하다고는 생각되지 않는다.

未應(미응):'未'는 '末(無의 뜻)'을 잘못 베낀 것으로 보아야 한다(馬敍倫의 설 참조). '末應'은 염유가 뭔가 말하려는 것을 공자가 가로막았음을 나타내는 말이다. 굳이 번역한다면 '가만히 있어라.' 정도.

不以生生死不以死死生(불이생생사불이사사생):생에 집착한 나머지 죽을 운명에 있는 사람마저 살려 하고, 죽음을 두려워하여 계속 살 수 있는 사람마저 곧 죽을 것처럼 슬퍼하는 분별지에 의한 부자연스런 어느 한 쪽에의 구애가 생사의 상대관을 형성하는 것을 가리킨다. 기교적인 수사이다.

死生有待邪(사생유대야):'待'는 상대(相待)의 뜻. 자타가 의지하여 존립함. '死生有待'는 제물론편 〈천뢰우화〉의 '方生方死, 方死方生'이라 한 생사의 상대관을 가리킨다.

皆有所一體(개유소일체):'皆'는 死生을 가리킨다. 대종사편 〈조화우화〉에 '孰知死生存亡之一體者'라고 했다.

有先天地生者(유선천지생자):道를 가리킨다. 대종사편 〈진인론〉에 '夫道有情有信, 無爲無形. 可傳而不可受, 可得而不可見, 自本自根, 未有天地. 自古以固存. 神鬼神帝, 生天生地. 在太極之先, 而不爲高, 在六極之下, 而不爲深. 先天地生, 而不爲久'라 했고, 또 ≪노자≫에 '有物混成, 先天地生. 寂兮寥兮, 獨立而不改, 周行而不殆, 可以爲天下母. 吾不知其名. 字之曰道'(제25장)라고 했다.

物出不得先物也猶其有物也(물출부득선물야유기유물야):앞의 〈지도우화〉에서 '萬物以形相生'이라 했으므로 他物에 앞지르는 것, 즉 物을 성립시키는 근원이라고는 할 수 없으리라. 근본적으로는 제물론편 〈천뢰우화〉에 '故自無適有, 以至於三. 而況自有適有乎'라고 한 것처럼 物에 대한 인식은 상대적인 것이며 그 전개는 멈추는 법이 없는 것이다.

猶其有物也無已(유기유물야무이):상이한 해석이 많다. 문면(文面)의 의미는 추수편 〈반기진우화〉의 '夫物, 量無窮'과 같다. 단, '物出不得先物也' 이하는 '物物者'의 전개를 설하는 것으로 보지 않으면 안 된다.

聖人之愛人也終無已者亦乃取於是者也(성인지애인야종무이자역내취어시자야):이 문장에 관해서도 상이한 해석이 많다. 결론적으로 말하면 '愛人'은 仁이다. 仁은 거의 대부분의 경우 노·장에서 거부하는 것이지만 재유편 〈물불가불위지설〉에 '親而不可不廣者, 仁也'라 하고, 천지편 〈군자십사설〉에 '愛人利物之謂仁'이라고 한 것처럼 그 유효성을 인정받기도 했다. '仁'은 유가의 매우 중요한 주장이지만 겸애(兼愛)는 묵가의 주장이기도 하며 특히 '사람을 사랑한다는 것은 널리 사람을 사랑

한 다음에 사람을 사랑한다고 말할 수 있는 것이다(愛人待周愛人, 而後
爲愛人)'(≪묵자≫ 소취편)라고 한 것처럼 그것이 박애(博愛)여야 함을
강조하고 있다. '是'란 '物物者', 나아가 古今 · 生死를 일체로 하고 있
는 것, 즉 道이다.

【補說】이상의 〈미유천지우화〉는 공자의 제자 가운데 한 사람인 염구와 공
자의 문답을 빌려, 체도자의 仁愛는 무한하다는 것을 설하고 있다. 즉
염구의 '未有天地, 可知邪'라는 물음에 공자가 답한, 달관하면 古今이
같다는 것은 生死가 일체의 변화인 것과 같으며 요컨대 古今 · 終始 · 生
死 등의 物의 전개는 道로부터 시작하여 무한한 것이며 道를 체득한 성
인의 사랑은 무한하다고 해설하는 것이다.
　　일관되는 논리가 무엇인지 여간해서 포착할 수 없는 우화이다. 우선
道의 현실상 전개를 주로 하고 있고 다음으로 유 · 묵의 사상에 접근하
고 있으며 마지막으로 노 · 장 사상에 의존하면서도 그 의존한 흔적이
명확하지 않기 때문이다.

제13장 안연·중니문답:장영우화(顔淵·仲尼問答:將迎寓話)

顔淵問乎仲尼曰, "回嘗聞諸夫子. 曰, '無有所將, 無有所迎.' 回敢問其遊."

仲尼曰, "古之人, 外化而內不化. 今之人, 內化而外不化. 與物化者, 一不化者也. 安化安不化, 安與之相靡, 必與之莫多. 狶韋氏之囿, 黃帝之圃, 有虞氏之宮, 湯武之室, 君子之人, 若儒·墨者師, 故以是非相韲也. 而況今之人乎.

聖人處物, 不傷物. 不傷物者, 物亦不能傷也. 唯無所傷者, 爲能與人(之)相將迎."

안연이 공자에게 물었다.

"전에 저는 선생님께서 '道를 체득한 사람은 자신의 뜻을 새삼스럽게 나타내려고도 않고, 남의 호의를 애써 받으려고도 않는다.'라고 말씀하신 것을 들었습니다. 어떻게 하면 그런 경지에서 놀 수 있는지 듣고자 합니다."

공자가 대답했다.

"옛날 사람은 밖으로는 物에 순응하여 변화하였지만 안으로는 마음이 일정하여 변화하지 않았다. 그런데 지금 사람은 안으로는 마음이 物에 끌려 변화하면서 밖으로는 완고하여 순응하려고 하지 않는다. 밖으로 物의 자연스러움에 순응하여 변화하는 자는 안으로는 정신이 안정하여 변화하지 않는 자이다. 변화하든 변화하지 않든 마음 편히 道에 맡기며 마음 편히 物의 자연스러움에 순응하고, 결코 약삭빠른 지혜로써 物로부터 떠나는 일이 없는 것이다.

희위씨(狶韋氏)가 원(苑)을 열고, 황제(黃帝)가 포(圃)를 경영하고, 유우씨(有虞氏:舜임금)가 궁전을 만들고, 은(殷)의 탕왕과 주(周)의 무왕이 묘당을 세우고 인의의 정치를 행하게 된 후부터 군자라고 하는 훌륭한 사람들 또는 유자·묵자의 선생들이 지혜를 짜내 物의 시비를 다투고 다른 사람을 밀어내게 되었다. 하물며 지금 사람들은 교지(狡知)를 다하여 망동(忘動)하고 있음에랴!

그런데 道를 체득한 성인이 物을 다스림에 있어서는 物을 손상시키지 않는다. 物을 손상시키지 않게 되면 物도 그 사람을 해치는 일이 없다. 그래서 오직 物에 잘 순응하며 손상시키는 일이 없는 자만이 참으로 보내는 일도 받는 일도 없는 대응을 할 수가 있는 것이다."

【語義】 無有所將無有所迎(무유소장무유소영):표현은 응제왕편 〈유무진설〉에 '至人之用心若鏡, 不將不迎, 應而不藏'이라 한 것을 본떴고, 이것을 공자의 말로 삼은 것은 인간세편 〈심재우화〉의 '無門無毒, 一宅而寓於不得已'에 의한 것이리라.

回敢問其遊(회감문기유):일설에 '遊'는 '由'의 차자라고 한 것이 있다. 또 成玄英은 '그 까닭을 묻다'로 해석했다.

外化而內不化(외화이내불화):인간세편 〈심재우화〉의 '內直而外曲'과 같은 사상이다. 補說 참조.

與物化者一不化者也(여물화자일불화자야):'與物化'는 응제왕편 〈순물자연우화〉의 '順物自然'과 같은 사상. '一不化'는 덕충부편 〈화덕유심우화〉의 '命物之化, 而守其宗也'와 거의 같은 사상. 이 우화의 '物'은 타인을 가리키고 있다.

安化安不化(안화안불화):대종사편 〈기인우화〉에 '彼方且與造物者爲人, 而遊乎天地之一氣'라고 한 것과 흡사한 사상이다. '安'은 마음 편히 맡기는 것(郭象, 成玄英의 설).

安與之相靡必與之莫多(안여지상미필여지막다):재유편 〈물자화우화〉에 '若彼知之, 乃是離之. 無問其名, 無闚其情, 物故自生'이라고 한 것과 비슷한 사상이다. '靡'는 쏠리다. 나아가, 따르다의 뜻. '多'는 '誃(치:분리시키다)'의 차자.

狶韋氏之囿(희위씨지유):이 이하 4구는 고대 제왕의 궁정을 예로 들어 은연중에 지금의 궁정에 있는 것을 풍자하고 있다. '狶韋氏'는 대종사편 〈진인론〉에 '狶韋氏得之, 以挈天地'라고 한 것으로 추론하면 천지를 창조한 古帝王이다. 그러나 여기서는 재유편 〈인의질곡우화〉에 '昔者, 黃帝始以仁義攖人之心', '夫施及三王, 而天下大駭矣'라고 한 것처럼 무위의 대도에 어긋난 제왕으로서 설정된 것이다. '囿'는 '苑'. 고대에는 신령을 제사지내는 땅이었으며 여기서 사냥도 행해졌지만 전국시대 이후에는 주로 왕후 귀족이 수렵을 하며 유연(遊宴)의 사교를 즐기는 곳으로 변했다.

黃帝之圃(황제지포):'黃帝'는 '皇帝'와 같다. 皇天上帝. '圃'는 縣圃. '縣圃'는 상천에 이르는 평탄한 땅이라는 뜻이므로 여기에 상제 이하 여러 신이 모인다고 생각했던 것 같다.

有虞氏之宮(유우씨지궁):'有虞氏'는 帝舜. 《상서》 순전편(舜典篇)에 의하면 帝舜은 관직을 크게 정비했다고 되어 있으므로 '宮'이라 한 것이리라.

湯武之室(탕무지실):'湯'은 殷 왕조를 열었다고 하는 湯王. '武'는 周 왕조를 연 武王. '室'은 조정의 의식을 행하는 大室을 가리킨다. 이것을 '堂'이라고도 한다. 이른바 묘당이다.

君子之人(군자지인):각의편에 나오는 이른바 '朝廷之士'와 같은 무리를 가리킨다.

相鳌(상제):'鳌'는 '擠(제:밀어내다)'의 차자. '화합하다'의 뜻으로 해석하는 것(成玄英의 설)은 적당하지 않다.

爲能與人相將迎(위능여인상장영):'爲'는 앞의 '唯'와 호응하여 다음의 술어를 강조하는 것을 나타낸다. '人'이 唐寫本에는 '之'로 되어 있다. 이에 근거하여 고친다(王叔岷의 설). '能與之相將迎'은 대종사편 〈영녕우화〉에 '其爲物, 無不將也, 無不迎也. 無不毀也, 無不成也. 其名爲攖寧'이라고 한 것에 근거한 것이리라.

【補說】 이상의 〈장영우화〉는 안연과 공자의 문답을 빌려, ≪장자≫의 중요 교의의 하나인 '不將不迎', 즉 간섭도 하지 않고 영합도 하지 않는 참으로 자연 그대로 대응하는 것을 '外化而內不化'라고 하는 명제로써 해설하고, 당대 사람들의 시비 논쟁을 비판함과 동시에 이 교의는 다른 사람을 손상시키지 않는 일상적 실천적 교훈임을 설하고 있다.

'外化而內不化'라 한 것은 우화 중에서도 그 뜻을 명확히 한 것처럼 내외 상반하는 두 면이 있다는 것이 아니다. 道를 체득하여 그 자연스런 전개에 맡기는 것은 하나이다. 다만 그 나타남이 내외의 두 면으로 나뉘어 보일 뿐이다. 그런데도 이런 명제를 내세운 것은 경험적인 사실로써 설명해야 이해하기 쉽기 때문이리라. 이 명제는 秦漢 이후 즐겨 쓰이고 있다.

'外化而內不化'라고 하는 명제는 인간세편 〈심재우화〉의 '內直而外曲'과 비슷하며 다만 그 '化'에의 순응을 강조하기 위해 전개시킨 것이다. '內直而外曲'은 〈심재우화〉에서는 작위가 많고 '猶師心者也'에 의해 물리쳐지고 있다. 그와 비슷한 이 명제를 내세우고 있다고 이 우화가 〈심재우화〉보다 앞서 성립되었음을 시사하는 것은 아니리라. 그것을 감안한 수정도 가해져 있고, 특히 한층 실제적인 교훈을 보여 주고 있기 때문이다. 실제적 경험을 주로 하여 내·외로 나누어 설명하는 것이 편리하다고 보고 있는 것이다.

이 우화는 공자와 안연의 문답 형식을 취한 작품 중에서는 가장 후기의 작으로 생각된다.

제14장 지언 · 지위지설(至言 · 至爲之說)

山林與, 皐壤與, 使我欣欣然而樂與. 樂未畢也, 哀又繼之. 哀
樂之來, 吾不能禦. 其去, 弗能止. 悲夫. 世人直爲物逆旅耳.
夫知遇而不知所不遇, 知能能而不能所不能. 無知 · 無能者,
固人之所不免也. 夫務免乎人之所不免者, 豈不亦悲哉.
至言去言, 至爲去爲. 齊知之所知, 則淺矣.

산림과 못 주변의 평평하고 경관 좋은 땅, 그 아름다운 풍경에 우리들은
즐거워하지 않을 수 없다. 그런데 그 즐거움이 채 다하기도 전에 슬픔이 서
서히 찾아든다. 즐거움과 슬픔 등의 감정이 찾아오는 것은 나로서는 도저
히 막을 수가 없다. 그것이 사라져 가는 것도 막을 수가 없다. 슬픈 일이어
라! 이런 점에서 말한다면 세상 사람들은 단지 외물에 따라 오고가는 감정
이 잠시 머무르는 숙소에 지나지 않는다.

무릇 세상 사람들은 인간의 사려 분별로 만날 수 있는 것만을 알고, 실은
그것으로는 만날 수 없는 것이 있다는 것을 모른다. 인간의 능력으로 할 수
있는 것만을 행하고, 실은 그것으로는 행할 수 없는 것이 있어 그것을 행
하지 못하는 것이다. 이처럼 알 수가 없는 것, 행할 수가 없는 것이 있다는
것은 말할 것도 없이 세상의 보통 인간으로서는 피할 수 없는 일이다. 그런
데도 그들은 그 피할 수 없는 것을 인간의 사려와 능력으로써 피해 보려고
애쓰고 있으니 이 어찌 슬픈 일이 아니겠는가!

그래서 체도자의 언설은 사람들의 언론을 버려 말이 없는 것이며 그 행위
는 사람들의 행위를 버려 행함이 없는 것이다. 세상 사람들의 빈틈없고 교
활한 사려 분별이 이해한다고 하는 것은 천박한 것이기 때문이다.

【語義】 皐壤與(고양여):물가에 있는 비교적 높은 땅. '皐'는 '皋'가 본자. 여기서는 '澤'의 뜻. '壤(부드러운 토양)'은 통상 글자 뜻대로 토지의 뜻으로 해석되는데 '敞(창:토지가 높고 평평하여 앞이 탁 틔어 있음)'의 차자로 해석해야 한다. '與'는 여정을 더하기 위한 조사.

樂未異也哀又繼之(낙미필야애우계지):漢나라 무제가 지었다고 전해지는 〈추풍사(秋風辭)〉의 '즐거움이 다하니 애달픈 정 가슴에 가득하다.(歡樂極兮哀情多)'라는 표현은 이것에 근거한 것이리라.

世人直爲物逆旅耳(세인직위물역려이):선성편에 '物之儻來, 寄也. 寄之, 其來不可圉, 其去不可止'라고 한 것과 같은 사고이다. 단, '物'은 직접적으로 哀 · 樂이 이에 해당하지만 간접적으로는 그 감정을 일으키는 山林 · 皐壤 등과, 나아가 세속의 물사이다. '逆旅'는 여관.

夫知遇而不知所不遇(부지우이부지소불우):'遇 · 不遇'는 세상의 행 · 불행과 만나는 것을 가리키는 것으로 보아야 한다. 이와 관련하여 말한다면 앞 語義의 선성편의 '物'이란 관작을 가리키는 것이다.

知能能(지능능):'能'은 군글자이다(馬其昶의 설). 이를 삭제한다.

至言去言……:≪여씨춘추≫ 정유편(精諭篇)에는 백공(白公)과 공자의 문답에 대한 평어로서 이 이하의 말이 실려 있다. 단, '去爲'가 '無爲'로 되어 있으며 끝구의 표현을 달리하고 있다. ≪열자≫ 황제편에도 精諭(정기의 감응)의 한 예화에 대한 평어로서 이 이하가 인용되어 있는데 '去爲'가 '無爲'로 되어 있다. 제물론편 〈보광지설〉에 '夫大道不稱, 大辯不言, 大仁不仁, 大廉不嗛, 大勇不忮'라고 했고, ≪노자≫에도 '참으로 곧은 것은 오히려 굽은 듯이 보이고, 참으로 훌륭한 것은 오히려 천한 듯이 보이며, 훌륭한 웅변은 오히려 눌변처럼 보인다.(大直若屈, 大巧若拙, 大辯若訥)'(제45장)라고 했다.

齊知之所知則淺矣(제지지소지즉천의):여기서는 앞 글의 '知'와 '能'이

'齊知'로 일괄되어 있으므로 이는 빈틈없이 약삭빠른 지혜를 가리킨다. '齊'가 명민한 知를 의미하게 된 것은 필시 '慧'의 음전(音轉)에 의한 것이리라.

【補說】 이상의 〈지언 · 지위지설〉은 산천의 아름다움을 즐거워하는 것도 잠시, 곧 그 즐거움이 슬픔으로 변하게 되는 것을 예로 들어 세인은 감정이 일시 머무르는 숙소에 지나지 않는다고 우선 결론짓고, 다음으로 세인에게는 人知 · 人能으로는 알 수 없는 것, 할 수 없는 것이 있음에도 사람들은 그것을 면하려고 애쓰고 있다고 개탄하고, 마지막으로 '至言去言, 至爲去爲'(人知에 의한 언론과 人能에 의한 작위를 제거해야만 참된 언설과 행위가 있음)를 부르짖고 있다.

　예로부터 이 한 절은 앞의 〈장영우화〉에 나온 중니의 말에 이어지는 말로 취급되었다. 사상에 있어서 상관되는 바가 있고, 대구 · 첩구의 사용 등 서로 흡사한 점이 있기 때문이리라. 그러나 앞 우화가 說理를 주로 하고 있음에 비해 이 절은 수사의 기교에 더욱 치중되어 있을 뿐 아니라 문세가 비조(悲調)를 띠고 있다. 특히 앞의 우화는 物에의 대응을 설하고 있는데 이 절은 物에 대한 불가지론적인 사고방식을 취하고 있어 차이가 있다. 이 절은 자체만으로도 완결된 내용의 작품이다. 앞의 우화와는 별개의 것으로 취급되어야만 한다.

　〈득도우화〉 뒤에 〈관어천지설〉을 두고 〈지도우화〉 다음에 〈대득지설〉을 두었던 것과 같은 것으로, 비슷한 성격의 작품들을 모아 전편의 체재를 정비하려 했던 것이리라. 특히 인간의 지혜와 행위에 대한 결론으로서 '至言 · 至爲'를 들기 위해 이것을 여기에 둔 것이리라. 이 문장이 지어진 시기는 위의 두 설보다 후기, 선성편 등보다도 후기일 것이라고 생각된다.

미래를 위한 과거로의 산책

세상을
움직이는 책